OS JURISTAS QUE FORMARAM O BRASIL

OS JURISTAS QUE FORMARAM O BRASIL

OS ADVOGADOS E JUÍZES QUE CONSTRUÍRAM O NOSSO PAÍS

ORGANIZAÇÃO
José Roberto de Castro Neves

EDITORA
NOVA
FRONTEIRA

Editora Nova Fronteira Participações S.A.
Av. Rio Branco, 115 – Salas 1201 a 1205 – Centro – 20040-004
Rio de Janeiro – RJ – Brasil
Tel.: (21) 3882-8200

Imagem de capa: Stanislav-Kondratiev

Dados Internacionais de Catalogação na Publicação (CIP)

N518j Neves, José Roberto de Castro
Os juristas que formaram o Brasil: os advogados e juízes que construíram o nosso país / organizado por José Roberto de Castro Neves. – Rio de Janeiro: Nova Fronteira, 2024.
752 p.; 15,5 x 23 cm

ISBN: 978-65-5640-833-0

1. Direito – Brasil. I. Título.

CDD: 349
CDU: 340

André Felipe de Moraes Queiroz – Bibliotecário – CRB-4/2242

SUMÁRIO

INTRODUÇÃO
Os juristas que formaram o Brasil

José Roberto de Castro Neves

Como se forma um país? Uma resposta simplista dirá que um país se forma com o reconhecimento da soberania política sobre determinada delimitação geográfica. Bastaria haver fronteiras e o poder estabelecido. Esse, contudo, seria apenas o corpo de um país. Mas uma nação precisa de alma. Já foi dito que, para compreender a importância da alma, basta comparar um homem morto a um vivo. A alma já deixou o primeiro. Um país não se forma verdadeiramente sem uma alma — e ninguém discute que um país é muito mais do que uma área no mapa.

Como se forma a alma de um país? A alma é a história do povo. Sua cultura, seus valores. A língua, a comida, o folclore. Um país não existe apenas pelos seus rios, montanhas, praias e acidentes geográficos. Muito além disso: o país está nas pessoas que vivem nele e na jornada que os levou até lá.

O Brasil, com suas idiossincrasias, é um país em construção. Com tanta injustiça social, não se pode dizer, com alguma consciência humanística, que somos um país plenamente desenvolvido. Temos muito por percorrer. Mas nada nasce pronto — e cada um tem seu caminho.

No Brasil, como em outras nações, os juristas tiveram papel decisivo para sua formação. Notadamente, advogados e juízes contribuíram para promover a liberdade, fundamental para estabelecer um Estado solidário e mais justo. Esses juristas, cada um de sua forma, foram nossos heróis, pela coragem, pela resiliência e pela grandeza dos propósitos que defenderam.

Infelizmente, não os cultuamos como deveríamos. Com certa dose de inveja (uma inveja doce, registre-se), vejo admirado como os nossos irmãos norte-americanos reverenciam, como ídolos, seus "pais-fundadores" Adams, Hamilton, Jefferson, Madison, entre outros. Todos eles advogados. A África do Sul endeusa Mandela e a Índia rende todas as homenagens a Gandhi. Ambos advogados. Em Cuba, Fidel, outro advogado, foi santificado. São inúmeros os exemplos de comunidades que reverenciam os juristas pelos seus feitos em benefício de seu país.

Há figuras incríveis na nossa história, que, lastimavelmente, não têm o devido reconhecimento. Uma pena, pois é precisamente louvando essas pessoas, nos lembrando dos seus feitos e do que significam, que se fortalece e cultiva a alma de uma nação.

Em sala de aula, no curso de Direito Civil, por vezes indago aos alunos se eles conhecem Raymundo Faoro, Tobias Barreto, Teixeira de Freitas, San Tiago Dantas, entre outros grandes juristas brasileiros, com inestimável contribuição para a nossa sociedade. A resposta, quase sempre, é negativa. As novas gerações ignoram essas figuras poderosas. De quem é a culpa desse desconhecimento? Dos mais jovens? Não. Os jovens não costumam carregar qualquer culpa. É a sociedade que deve amadurecer — e trabalhos como este, que o leitor tem nas mãos, servem para que todos nós conheçamos melhor nossa história.

Como o leitor verá, a maior parte dos juristas citados é composta de homens provenientes de famílias com posses, na medida em que, historicamente, era limitado o acesso às faculdades de Direito. Infelizmente, aqui, não se pode reescrever o passado. Espera-se que um trabalho semelhante, elaborado no futuro, espelhe a pluraridade da sociedade brasileira.

Nesta obra coletiva, professores, juízes e advogados atuantes prestam uma justa homenagem a grandes juristas que tiveram importância na formação dessa alma que chamamos de Brasil.

Fevereiro de 2024

JOSÉ LUIZ BULHÕES PEDREIRA[1]

Alberto Venancio Filho[2]
Luiz Alberto Colonna Rosman[3]

José Luiz Bulhões Pedreira (neto) nasceu no Rio de Janeiro em 01/07/1925 e faleceu nessa cidade em 24/10/2006, aos 81 anos. Pertence a uma estirpe de ilustres advogados: o avô José Luiz Bulhões Pedreira, formado pela Faculdade de Direito do Recife em 1885, teve como colegas futuros políticos como Borges de Medeiros e intelectuais como Alberto Torres, Manuel Cícero e Virgílio Carneiro Leão, que posteriormente se tornou lente da faculdade. Como advogado e promotor, atuou no famoso "Caso do Vovô Basílio" e ocupou as funções de desembargador da Corte de Apelação. Em acórdão proferido, o ministro Philadelpho Azevedo, em 1942, no STF, citou um acórdão de 1902, de sua autoria, sobre o valor da desapropriação.

O pai, Mário Bulhões Pedreira, foi um dos grandes advogados de seu tempo. De sólida cultura geral, transitando em todos os ramos do Direito, acabou especializando-se no Direito Penal e tornando-se um dos grandes criminalistas da época junto com Evaristo de Moraes.

---

[1] Várias partes deste trabalho integram o artigo "Bulhões Pedreira e o Direito Brasileiro", de autoria de Alberto Venancio Filho, publicado na *Revista de Direito bancário e do mercado de capitais* — RDBMC, ano 10, n.º 36, pp. 15-26, abr.-jun. 2007.

[2] Advogado no Rio de Janeiro e membro da Academia Brasileira de Letras.

[3] Advogado no Rio de Janeiro, com bacharelado em economia pela Faculdade Cândido Mendes e mestrado em Direito da economia pelo Instituto de Estudo do Direito da Economia — IEDE.

Evandro Lins e Silva, que com ele conviveu e presenciou grandes momentos de sua vida profissional, testemunhou:

"Mário Bulhões Pedreira foi o maior orador judiciário de que já ouvi falar. Alçava voo e mantinha o discurso em nível alto, sem fazer concessões à vulgaridade, do princípio até o fim, numa linguagem pura e castiça, influenciada pela leitura dos clássicos, que lhe eram familiares. Ouvi de Sebastian Soler, o notável penalista argentino, a mesma opinião e nunca ouvira tribuno igual."

Após sua morte, o Tribunal de Justiça do então Distrito Federal inaugurou seu busto no Tribunal do Júri. Falaram na ocasião representantes do Tribunal do Júri, da Corte de Apelação, do Ministério Público, dos colegas da turma de 1917 da Faculdade de Ciências Jurídicas e Sociais, dos advogados criminalistas, da "Gazeta Judiciária" e do Centro Carioca. Edmundo da Luz Pinto, pelos colegas de escritório, proferiu tocantes palavras:

"O seu fulgurante talento, reforçado na aplicação e no estudo, não usava truques nem artifícios de joias falsas, sua nobre alma formada na mais rígida têmpera cristã nunca abrigou sentimentos mesquinhos, era uma fonte permanente de bondade, de compreensão, de tolerância e de indulgência para todos os seus semelhantes."

O filho, José Luiz, agradeceu em nome da família:

> Ao interesse de seus clientes ele deu não somente o esforço intelectual, a dedicação profissional, mas também, e sobretudo, a solidariedade humana, o calor de seu coração, e o vigor de sua vitalidade. Vitalidade extraordinária, que prodigalizou sem parcimônia a todas as causas e consumiu na vibração emotiva com que se empregava no exercício diário da profissão. Vitalidade que o esbanjar generoso levou à morte precoce.
>
> Ele foi grande na profissão, mas muito maior ainda o foi pelo coração, cuja bondade frutificou no vosso afeto.

Essa tradição prossegue no filho Carlos Eduardo e nos netos, Luiz Eduardo e José Cândido, advogados militantes.

Formado em Direito pela Faculdade Nacional de Direito em 1947, José Luiz Bulhões Pedreira exerceu atividades empresariais por um curto período, foi nomeado advogado na criação do Banco Nacional de Desenvolvimento Econômico (BNDE) e logo em seguida alçado à posição de Consultor Jurídico.

Roberto Campos falaria da organização do BNDE:

> Para cargos de direção foram recrutadas pessoas de excepcional capacidade de trabalho. Entre as mais relevantes notava-se José Luiz Bulhões Pedreira, encarregado de assuntos jurídicos, que mais tarde se revelaria figura exponencial. Bulhões Pedreira viria a ser o grande autor de alguns dos textos legislativos fundamentais não só no BNDE, no início do governo Kubitschek, como depois na revolução de 1964, quando o governo Castelo Branco iniciou a temporada de reformas estruturais.

O depoimento de John Cotrim, primeiro presidente de Furnas nesse período, é esclarecedor:

> Coube-me a tarefa de coordenar o GTENE — Grupo de Trabalho de Energia Elétrica —, um dos vários sub-órgãos do Conselho do Desenvolvimento, dedicado aos problemas do setor elétrico. Era um organismo informal, composto de algumas pessoas do BNDE e de outras entidades do governo. Do grupo que trabalhou mais intensamente na montagem da estrutura empresarial de Furnas, destacaram-se, em particular, o dr. Benedito Dutra e o advogado José Luiz Bulhões Pedreira.

Cabe ressaltar que o dr. Benedito Dutra não era advogado, e, assim, a formulação jurídica deve ter cabido a Bulhões Pedreira. Trata-se do dec. n.º 41.019, de 1957, uma verdadeira regulamentação da legislação do setor, consolidando textos esparsos e às vezes contraditórios. Esse episódio revela mais uma vez a ampla cultura jurídica e o conhecimento do Direito da eletricidade. E, sobre ele, testemunhou John Cotrim:

> Foi nesse momento que vim a conhecer Bulhões Pedreira, que integrava o corpo de advogados do BNDE e, como especialista no Direito e no setor elétrico, assessorava o Lucas Lopes. Tornamo-nos grandes amigos e trabalhamos em equipe durante vários anos. Foi ele quem elaborou em grande parte os estatutos de Furnas, envolvendo-se em todo o processo que resultou na implantação da companhia. Mais tarde, participaria ativamente de vários programas do governo Kubitschek, tornando-se um dos mais notáveis juristas do país. Considero-o um gênio, a maior cabeça que conheci em matéria de legislação, com uma capacidade fantástica de formular e codificar leis.

Bulhões Pedreira era, em 1958, Consultor Jurídico do Ministério da Viação, cujo titular era o Almirante Lúcio Meira, no governo JK. Preparou em tempo recorde um projeto de Código de Navegação Marítima e Interior que não teve andamento. No mesmo ano, reuniu-se, em Genebra, a Conferência sobre o Direito do Mar, a primeira conferência destinada a regular esse direito no plano internacional, e Bulhões Pedreira foi designado membro da delegação. Presidia a comissão o embaixador Gilberto Amado, professor de Direito, ensaísta e ex-parlamentar, que representava o Brasil na Conferência de Direito Internacional da ONU, desde a sua criação, em 1947. E atuou como delegado várias vezes nas Assembleias Gerais das Nações Unidas como membro da 6ª Comissão (Assuntos Jurídicos).

Gilberto Amado era um homem de rara inteligência, mas de temperamento crítico e impulsivo. Ao tomar conhecimento da presença do novo delegado, imaginou um rapaz epistolado que vinha se divertir na Europa. Entretanto, ao primeiro pronunciamento do novo delegado, Gilberto Amado comentou com um dos assessores: "Este rapaz é um gênio."

O Almirante Lúcio Meira, nomeado presidente da Companhia Siderúrgica Nacional, convocou-o para ser consultor jurídico da empresa. No curto período da gestão Lúcio Meira, Bulhões Pedreira participou das negociações de importantes empréstimos de fornecimento para a empresa.

Bulhões Pedreira foi o instituidor da Rede Ferroviária Federal (RFF) e o principal autor do estatuto dessa primeira empresa pública criada no país — uma *holding* que abarcava dezenas de ferrovias, com os mais diversos regimes jurídicos. Constituída a empresa, foi eleito diretor jurídico com papel preponderante na elaboração dos contratos de fornecimento de locomotivas, materiais pesados e trilhos. A capacidade de trabalho, a cultura geral e o espírito lógico levaram-no a debater, nas reuniões de diretoria, questões não jurídicas, o que provocou o ciúme dos diretores técnicos. O estatuto foi modificado e foi criada a Diretoria de Assuntos Gerais, que lhe foi atribuída.

Todas essas atividades no serviço público foram exercidas antes de ele completar 35 anos, notável precocidade.

Em fevereiro de 1961, o demissionário das funções de diretor da Rede Ferroviária Federal foi a Brasília, na companhia de Cândido Mendes, colocar o cargo à disposição do governo. Encontrou no Palácio do Planalto um ambiente de desconhecimento sobre a preparação da mensagem do governo a ser enviada ao Congresso Nacional em 15 de março. Designados por José Aparecido de Oliveira, secretário particular do presidente Jânio Quadros, voltaram para o Rio. E em um gabinete da Rede, com a colaboração de especialistas, colhendo subsídios descoordenados dos vários Ministérios, elaboraram em tempo recorde o esboço da mensagem.

O texto causou a melhor impressão; era precedido de introdução, verdadeiro capítulo de ação pública. Continha uma frase que impressionou o então embaixador norte-americano no Brasil, Lincoln Gordon: "Os malefícios de uma generalizada incapacidade de optar."

Em consequência desse trabalho, o presidente Jânio Quadros decidiu criar a assessoria técnica, que se compunha de ambos e mais Genival de Almeida Santos para a macroeconomia, Miguel Álvaro Osório de Almeida para econometria, Walter Oswaldo Cruz para assuntos científicos e Alberto Venancio Filho para assuntos educacionais e culturais.

Ao constituir o gabinete parlamentarista, Tancredo Neves convocou Bulhões Pedreira para dirigir a Comissão Nacional de Planejamento (Coplan), recém-criada, que se encontrava inativa. No curto período de sua gestão procurou fazer o levantamento pioneiro das contas consolidadas do setor público e um esboço de um programa de planejamento. Os economistas que com ele trabalharam se surpreenderam com sua capacidade de trabalho e seus conhecimentos econômicos. Procurou também ouvir especialistas de outras áreas; o encontro que teve com o grande educador Anísio Teixeira revelou também que as questões de educação lhe eram familiares.

Depois de colaborar na concepção dos planos de governo de Jânio Quadros e do gabinete parlamentarista de Tancredo Neves, Bulhões Pedreira decidiu abandonar a carreira de advogado do BNDE para abrir seu próprio escritório, em 1964, contando desde o início com a colaboração de seu grande amigo, Antônio Fernando de Bulhões Carvalho. Enquanto angariava clientes entre as maiores empresas do país, ainda teve tempo para dar formato jurídico às principais reformas econômicas do Plano de Ação Econômica do Governo (Paeg), como o Sistema Financeiro de Habitação, a criação do Banco Central, a reforma do mercado de capitais e muitas outras medidas que modernizaram a economia brasileira.[4]

Muito reservado, José Luiz era avesso à exposição da mídia. Diante de tantas realizações e prestígio, contudo, em 1971, o jornalista Santana Junior, da revista *Politika*, "que vinha tendo uma série de conversas e encontros com Bulhões Pedreira", entendia que era justo quebrar a confiança concedida por seu interlocutor extremamente reservado, tornando pública parte de suas conversas privadas:

> Ele pode ter razões para se esconder tanto. Nós, entretanto, não temos o direito de esconder o que sabemos (e o que ouvimos) dele. E por um motivo que os leitores julgarão válido ou não. José Luiz Bulhões Pedreira tem sido, nestes últimos 12 anos, um assessor im-

---

[4] O texto deste e do próximo parágrafo reproduz, com poucas modificações, um trecho de minuta de uma obra sobre a vida e a contribuição de José Luiz Bulhões Pedreira, que está sendo escrita por Bruno Carazza (com a colaboração de Evandro Proença Süssekind e Caio Farah Rodriguez), com o título provisório, nesta fase inicial do trabalho, de *Projeto José Luiz Bulhões Pedreira – Etapa I – 1925-1960.*

portante para ministros e presidentes da República. Foi ele quem formulou, quase sempre, o enquadramento jurídico das grandes medidas governamentais que transformaram a economia do país nestes últimos anos. Homens como Roberto Campos, Mário Henrique Simonsen, Vilar de Queiróz, João Paulo dos Reis Veloso, e outros também muito votados, consideram José Luiz Bulhões Pedreira um gênio. Num país de tantas mediocridades ululantes, que deitam falação diariamente, seria absurdo esconder o que pensa (para não ser publicado) um homem da estatura de José Luiz Bulhões Pedreira.[5]

Seria impossível arrolar os principais trabalhos e feitos dessa atividade, cabendo apenas — como faremos adiante — mencionar alguns dos mais relevantes e originais.

San Tiago Dantas, referindo-se às atividades do ministro Pires e Albuquerque, afirmou que "o foro sorveu — com o exclusivismo que conhecemos — o manancial de sua inteligência". Pode-se dizer que o manancial de inteligência do advogado de empresa é sorvido pelo anonimato. Essa atividade se exaure nas mesas de negociação, nos instrumentos jurídicos elaborados e que não têm publicidade, salvo alguns pareceres, mas Bulhões Pedreira raramente os divulgava e não os publicou em livro, apesar da insistência de seus colegas de escritório, salvo os referentes à sociedade anônima, que afinal foram reunidos em um livro de autoria também de Alfredo Lamy Filho.[6]

Alfredo Lamy Filho, notável professor e comercialista, no trabalho em conjunto durante mais de trinta anos, testemunharia:[7]

---

[5] SANTANA JUNIOR. "José Luíz Bulhões Pedreira: o homem mais inteligente do Brasil". *Politika*, p. 3, 6 a 12 de dez. 1971. Disponível em: http://memoria.bn.br/DocReader/126535/147. Acesso em 12 de fevereiro de 2024.

[6] LAMY FILHO, Afredo; PEDREIRA, José Luíz Bulhões. *A Lei das S.A.* Rio de Janeiro: Renovar, 1992. . Houve uma 2ª edição, em dois volumes, publicada em 1995.

[7] Em texto que havia escrito anos antes do falecimento de Bulhões Pedreira, solicitado por uma reportagem que ressalta como "sua modéstia e seu temperamento o impediram de vir a público", só vindo a ser publicado como homenagem a José Luiz Bulhões Pedreira na introdução do livro *Direito das companhias*, cuja primeira edição foi publicada em 2009, obra coletiva da qual são os coordenadores e, também, autores da maior parte de seus capítulos.

José Luiz Bulhões Pedreira, como profissional, foi, sem dúvida, o mais bem aparelhado advogado de empresa que conheci, além de dominar, com inexcedível acuidade, todos os problemas financeiros e contábeis da vida comercial. Esses atributos — objeto de admiração de quantos conheceram o jurista — dizem pouco do apaixonado da causa pública, do estudioso não apenas do Direito, mas também da economia, da sociologia, da política (matérias sobre as quais tem estudos prontos, embora não publicados), do cultor obsessivo da privacidade e da discrição da vida, praticante anônimo de gestos gratuitos.

Em 1963 ocorreu o famoso caso "Hanna". O ministro das Minas e Energia cancelara as autorizações de lavra da Companhia de Mineração Novalimense, subsidiária da Hanna Mining Company. Dada a relevância do tema, o consultor externo da empresa, dr. Alberto Torres Filho, achou conveniente socorrer-se de outros profissionais, e convidou para a defesa os provectos juristas Vicente Rao e Dario de Almeida Magalhães, e o jovem advogado José Luiz Bulhões Pedreira. Em reunião realizada no escritório da empresa, Bulhões Pedreira lançou uma ideia original. Vicente Rao, vindo especialmente de São Paulo, com os olhos brilhando, indagou: "Dr. Bulhões Pedreira, a sua ideia é muito interessante, mas gostaria que o senhor a explicasse melhor."

Nessa reunião se decidiu a preparação de um memorial para ser apresentado aos ministros do TFR, pendente o mandado de segurança impetrado pela empresa. Em poucos dias, Bulhões Pedreira apresentou texto que, impresso, continha setenta páginas, com o título "A tentativa de confisco das minas da Companhia de Mineração Novalimense" — um modelo de documento jurídico no qual se comprovam seus sólidos conhecimentos de Direito Civil, comercial, administrativo e da mineração. O memorial, assinado pelos quatro advogados e mais o dr. Antônio Falabella de Castro, era praticamente de autoria de Bulhões Pedreira.

O mandado foi denegado por maioria no TFR, mas o STF o proveu em parte, por considerar incompetente o ato do ministro das Minas e Energia, da alçada do presidente da República. O presidente Castelo

Branco decidiu a matéria determinando várias medidas, o que possibilitou posteriormente que a Novalimense fosse incorporada ao Grupo Antunes, negociações de que Bulhões Pedreira participou ativamente.

Prestando depoimento perante a Comissão Parlamentar de Inquérito sobre o caso Hanna, foi indagado se adquirira uma ilha na Grécia com os honorários recebidos. O espanto foi geral, mas respondeu com ironia: "Se tivesse uma ilha na Grécia, não estaria aqui."

Bulhões Pedreira foi durante muitos anos consultor jurídico do Grupo Moreira Salles. Em 1967, organizou com Antônio Fernando de Bulhões Carvalho o esquema jurídico de incorporação do Banco Agrícola Mercantil ao então Banco Moreira Salles, constituindo a União de Bancos Brasileiros, certamente uma das primeiras incorporações bancárias. A incorporação apresentava um problema político, pois retirava do Rio Grande do Sul um banco importante para a economia gaúcha.

Posteriormente foi responsável pela tentativa de fusão desse banco com o Banco Brasileiro de Descontos — Bradesco, frustrada por motivos operacionais. As prolongadas negociações se processavam na residência do embaixador Moreira Salles, que se transformou num autêntico escritório com secretárias, datilógrafas e contínuos, máquinas de escrever e de calcular, faxes (não havia ainda o computador). O sr. Amador Aguiar, presidente do Bradesco, chegava de avião de carreira vindo de São Paulo, pegava um táxi no aeroporto Santos Dumont e ia para a Gávea. O embaixador Moreira Salles comparecia à mesa de negociações com dois advogados e os diretores do banco, enquanto Amador Aguiar vinha sozinho. Ao final das negociações, para a redação dos instrumentos jurídicos, ele disse: "Os seus advogados são muito bons, eles podem redigir os contratos."

Certa feita, uma empresa de que era consultor jurídico, fabricante de um produto de especificação e que dominava praticamente o mercado mundial, tivera a exportação proibida, com a alegação de que o produto continha material radioativo, o que era considerado de interesse da segurança nacional. Bulhões Pedreira encontrou o ovo de Colombo: a empresa importaria material radioativo nas quantidades contidas no produto e a exportação seria liberada.

Demonstrando seu espírito original, promoveu, em 1970, a cisão de uma corretora de valores quando não havia regulamentação legal. Com uma sólida argumentação conseguiu convencer as autoridades do Banco Central da legalidade da medida.

Ao examinar o memorial forense, referente ao tema de interpretação da Lei das Sociedades Anônimas, Darcy Bessone, com a autoridade de ilustre jurista e professor de Direito da Universidade Federal de Minas Gerais, declarou:

> Esse jurisconsulto avulta-se pela capacidade singular, que revela, de conjugar o Direito com os elementos empresariais, especialmente os contábeis. Sempre me rebelei, inclusive em aulas, contra o excessivo abstracionismo jurídico. Parece que o Direito pouco tem a ver com as realidades concretas, com os fatos. Ainda há poucos dias, quando o Paulo Brassard reclamava contra a minha ausência das letras jurídicas, respondi-lhe que a minha vida empresarial havia esvaziado a minha fé nos estratosféricos doutores, que não conseguem sair de suas torres de marfim. O Bulhões constitui rara espécime. Anda com os pés no chão. Não conheço outro fenômeno igual. Há de fazer escola, certamente. O seu parecer é uma peça extraordinária, não apenas pela lucidez e profundidade, mas, sobretudo, pela objetivíssima objetividade.

Bulhões Pedreira nunca exerceu funções docentes e ficava constrangido quando o chamavam de professor. Mas sua atividade jurídica foi um magistério. Certa feita, instado a dar uma aula no curso de Direito especializado, organizado pelo Ministério das Minas e Energia, dirigido pelo ministro Antônio Dias Leite, em convênio com a Pontifícia Universidade Católica do Rio de Janeiro, preparou um texto excelente, "Fundamentos Econômicos e jurídicos do Direito da mineração", aliando com maestria os aspectos jurídicos com os aspectos econômicos e o amplo conhecimento do Direito de mineração.

Preocupado com a formação de bons advogados, criou em 1982, com Alfredo Lamy Filho, o Instituto de Estudos de Direito da Economia (IEDE), que, com a participação de outros grandes advogados e professores,[8] realizou com grande sucesso, durante o ano de 1983, um curso para advogados de empresa.

Paulo Cezar Aragão, que ministrou aulas no IEDE sobre mercado de capitais, assim se referiu sobre a capacidade de trabalho de Bulhões Pedreira e sua iniciativa, junto a Alfredo Lamy Filho, de criar o IEDE e organizar o curso sobre Direito da economia para jovens advogados:[9]

> De sua capacidade de trabalho, então, nada se pode dizer a não ser que impressionava, ou melhor, esmagava os demais. Na década de 1980, Bulhões Pedreira fez ressurgir, por assim dizer, o espírito do Ceped com a criação do IEDE — Instituto de Estudos de Direito de Empresa —, onde reuniu professores, dos mais notáveis a outros obscuros, como o autor deste texto, com vistas a propagar o conhecimento do Direito empresarial brasileiro entre jovens advogados, que hoje vejo em posições de destaque no cenário profissional.
>
> Durante um ano, seguindo rigorosamente o método socrático de ensino, com materiais de trabalho preparados com cuidado e antecedência, demos aulas quase diárias (e assistíamos a algumas dele, Bulhões Pedreira, e de outros mestres como Alfredo Lamy e Caio

---

[8] As matérias e respectivos professores que fizeram parte da primeira edição (e única, pelas razões expostas no texto de Paulo Cezar Aragão transcrito em sequência) do curso de Direito de economia e empresarial foram os seguintes:
Noções de economia e finanças para advogados — J. L. Bulhões Pedreira.
Direito Público da economia — Caio Tacito.
Direito das companhias — Alfredo Lamy Filho.
Mercado de valores mobiliários — Jorge Hilário Gouvea Vieira e Paulo Cézar Aragão.
Contratos e financiamentos internacionais — Carlos Augusto da Silveira Lobo.
Contabilidade e planejamento financeiro para advogados — Acyr Frederico Horta Barbosa Pinto da Luz (cuja apostila foi elaborada em colaboração com Bulhões Pedreira).
Tributos. imposto de renda 1º e 2º — Carlos Leoni Siqueira e Vitor Rogério da Costa.
Imposto de renda — Pessoas Jurídicas — J.L. Bulhões Pedreira.
Também ministraram algumas aulas ao longo do curso os advogados Alberto Venancio Filho, Gabriel Lacerda, Norma Jonssen Parente e Álvaro Pessoa.

[9] Artigo intitulado "Um verdadeiro maître à penser", publicado em BERGER, Renato; CARVALHO, Rafael Villac Vicente de; LEITE, Leonardo Belém. *40 anos da Lei das S.A.*: experiências, histórias e homenagens. São Paulo: Quartier Latin, 2016, pp. 175-176.

Tácito) sobre Direito empresarial. Ao final de um ano, convidou--nos Bulhões Pedreira para um almoço a fim de discutir as bases para o segundo ano de curso, ficando então combinado que, ao cabo de duas semanas, iríamos nos reunir mais uma vez para trocarmos os materiais preparados. Nesse segundo almoço — e creio que a sorte periclitante do IEDE, em função do esforço exigido, foi aí selada: nenhum de nós tinha algo realmente preparado, exceto Bulhões Pedreira, que fez distribuir um texto de algumas centenas de páginas, e que representava o sumário do seu pensamento sobre o assunto de suas aulas.

Entretanto, a colaboração ao governo prosseguia.

Luís Viana Filho, no livro *O governo Castelo Branco*, após mencionar que "Pedreira, dotado de grande talento jurídico e imaginação criadora, foi autor e coautor da maior parte da legislação financeira", arrolava algumas dessas colaborações, entre outras a Lei do Mercado de Capitais. "Concluído o trabalho de Mário Henrique Simonsen e José Luiz Bulhões Pedreira, economistas [a confusão comum de considerá-lo economista], cuja colaboração Roberto Campos solicitara, o Congresso recebeu o projeto que instituía o Banco Nacional de Habitação (BNH), o Serviço Federal de Habitação e Urbanismo (Serfau) e o Plano Nacional de Habitação."

E mais adiante: "Roberto Campos, indicado pelo presidente para preparar a reforma [agrária], aproveitou em boa parte os estudos do Instituto de Pesquisas Econômicas e Sociais, então revistos por um grupo de assessores, entre os quais Mário Henrique Simonsen, Nascimento Silva, Bulhões Pedreira e J. C. de Assis Ribeiro."

Roberto Campos, ao enviar um exemplar do livro *A lanterna na popa*, fez a seguinte dedicatória:

"Para o querido José Luiz,

O funcionário público mais barato do país, perito em transformar 'birutices' dos economistas em textos legais viáveis, com agradecimento pela colaboração paciente e lúcida ao longo dos anos, o mais afetuoso dos abraços."

No início de 1965, a pedido do ministro Roberto Campos, José Luiz Bulhões Pedreira elaborou o projeto que veio a transformar-se na lei n.º 4.728/65, que "disciplinou o mercado de capitais e estabeleceu medidas para o seu desenvolvimento", na qual foram introduzidos alguns novos institutos que se mostraram, posteriormente, muito úteis para o desenvolvimento das companhias e do mercado de capitais, dentre os quais vale ressaltar: (a) as debêntures conversíveis em ação, que foram utilizadas com grande sucesso pela Unipar — União de Indústrias Petroquímicas —, possibilitando o desenvolvimento inicial dessa empresa; (b) a permissão para a constituição de sociedades com capital autorizado, que poderiam, observados certos requisitos, adquirir as próprias ações (ações em tesouraria);[10] e (c) a alienação fiduciária, instituto que então destoava da tradição do Direito Civil brasileiro, mas que, embora não tenha inicialmente produzido os resultados esperados, passou, ao longo das décadas subsequentes, a ser largamente utilizado como modalidade de garantia em diferentes formas de negócios.

O anteprojeto de lei que resultou na lei n.º 6.404, de 15/12/1976, de sociedade por ações, foi resultado de uma parceria perfeita de Bulhões Pedreira com Alfredo Lamy Filho e constituiu uma grande contribuição ao aperfeiçoamento do sistema legislativo brasileiro. Ambos grandes advogados (com grande experiência no Direito empresarial), juristas, tendo uma excelente cultura geral, conhecimento da doutrina e da jurisprudência, mas atentos ao sentido prático da norma jurídica. O segundo trazendo a experiência durante anos de professor de Direito comercial da Pontifícia Universidade Católica do Rio de Janeiro.

---

[10] Alfredo Lamy Filho e José Luiz Bulhões Pedreira, no livro que escreveram em conjunto *A Lei das S.A.* (op. cit., 2.ª edição, 1995, p. 124), assim explicam essas duas inovações (debêntures conversíveis e companhias com capital autorizado) introduzidas pela chamada Lei do Mercado de Capitais: "A lei dispôs ainda sobre a debênture conversível em ação por ser um instrumento mais adequado para induzir a aquisição de ações [por] investidores acostumados à segurança de remuneração dos títulos de renda fixa. A fim de criar maior flexibilidade na distribuição das ações no mercado, permitiu a constituição de sociedades anônimas com capital autorizado, que podiam, observados certos requisitos, adquirir as próprias ações e aumentar o capital sem preferência de subscrição dos acionistas."

A elaboração do anteprojeto demandou vários meses, mas apesar da vigência do regime militar foi amplamente divulgado entre advogados, empresários e entidades de classe. As sugestões foram levadas em consideração pelos autores, o que se verifica pela comparação entre o projeto inicial e aquele encaminhado ao ministro da Fazenda. Críticas feitas, apontando a absorção de instrumentos estrangeiros, eram infundadas e foram desmentidas pela aplicação da lei.

A lei em vigor era o decreto-lei n.º 2.627, de autoria do jurista Trajano de Miranda Valverde, na época um diploma legal que atendia às necessidades da economia do país. Passados, entretanto, 37 anos, as mudanças ocorridas exigiam uma adaptação da estrutura legal — especialmente para propiciar o desenvolvimento do mercado primário de ações, fundamental para o financiamento e o crescimento das empresas brasileiras controladas por capitais privados —, mas os autores da lei n.º 6.404/76 procuraram, sempre que possível, manter os dispositivos da lei anterior.

A lei n.º 6.404/76 completou 45 anos e, com algumas modificações, continua em vigor e tem sido fundamental para o progresso econômico do país.

O dec. n.º 91.159, de 18/03/1985, criou uma comissão presidida por José Luiz Bulhões Pedreira e composta pelos drs. Alfredo Lamy Filho, Fábio Konder Comparato, Jorge Hilário Gouvêa Vieira e Cesar Vieira de Rezende, este último representante do Ministério da Fazenda, com a atribuição, entre outras, de disciplinar a responsabilidade dos administradores de instituições financeiras e criar instrumentos para prevenir e solucionar situações de liquidez e insolvência de instituições financeiras.

A comissão trabalhou intensamente e obteve do ministro da Fazenda a vinda de dois peritos do Bureau of Currency dos Estados Unidos, que durante várias semanas debateram com a comissão a experiência norte-americana. A comissão apresentou um relatório minucioso, sugerindo a criação de um órgão independente responsável pela matéria, mas o relatório encontrou resistências do Banco Central e foi arquivado. Entretanto, várias das ideias centrais propostas pela comissão foram gradualmente sendo implementadas pelos órgãos públicos, como a instituição do FGC — Fundo Garantidor de Créditos, que foi inspirado no citado trabalho.

A obra doutrinária de Bulhões Pedreira foi reduzida, mas de alta qualidade. Ao verificar a lacuna da doutrina jurídica sobre o imposto de renda, e estudando-a durante muitos anos, se abalançou a publicar, em 1969 (uma segunda edição foi publicada em 1971), um livro sobre a matéria — que cobria a parte geral, tributação das pessoas físicas, jurídicas e na fonte —, mas não gostava que fosse chamado de tributarista, pois se considerava um advogado generalista. Na introdução ao livro escreveria:

"O objetivo de proporcionar aos interessados obra de consulta ou referência, ou instrumento de trabalho que lhes facilite o conhecimento do tratamento fiscal de hipóteses concretas. A compreensão e interpretação das leis do imposto de renda exige essa associação de conhecimentos jurídicos, contábeis e econômicos, ainda que em grau elementar."

Em 1979, publicou um novo livro, em dois volumes, sobre imposto sobre a renda, desta feita tratando apenas da tributação das pessoas jurídicas (*Imposto sobre a renda*: pessoas jurídicas).

Em 1989, consolidando os ensinamentos ministrados no curso do IEDE sobre (i) finanças e economia para advogados e (ii) contabilidade e planejamento financeiro para advogados, publicou o extraordinário livro *Finanças e demonstrações financeiras da companhia (conceitos fundamentais)*, cuja introdução destaca que a exposição feita no livro "procura organizar uma estrutura de conceitos jurídicos, econômicos, financeiros e contábeis necessários ou úteis ao estudo dos fenômenos financeiros da companhia que auxiliam o advogado ao usar seu cabedal de conhecimentos jurídicos para conhecer esses fenômenos e as demonstrações financeiras".

Em 1992, Alfredo Lamy Filho e Bulhões Pedreira decidiram organizar um livro sobre sociedades anônimas, com vistas à melhor interpretação da lei n.º 6.404/76, quase como uma interpretação autêntica. O livro, a partir de sua segunda edição, é constituído de dois volumes, o primeiro examinando desde a evolução histórica do instituto à elaboração e à discussão do anteprojeto da lei, e o segundo com pareceres de ambos os autores, esclarecendo aspectos controvertidos do diploma legal.

Nos últimos anos, Bulhões Pedreira desejou deixar uma última mensagem: um novo livro sobre as sociedades anônimas, expondo o sistema da lei n.º 6.404/76 na visão dos autores do anteprojeto. Com realismo, teve consciência de que não poderia realizar a tarefa sozinho e chamou um grupo de jovens advogados para escrever parte dos capítulos. Alfredo Lamy Filho diria no prefácio da obra, cuja primeira edição saiu em 2009, como homenagem póstuma, que "este livro, de cuja elaboração participei, foi pensado e planejado por José Luiz Bulhões Pedreira, autor de vários de seus capítulos e da escolha dos colaboradores".

É preciso acrescentar que cada capítulo mereceu uma revisão cuidadosa de Bulhões Pedreira, propondo alterações, e, quando revia inteiramente, dizia delicadamente que fizera umas poucas alterações.

Após a análise da atuação do advogado e jurista, é preciso falar do homem. Antônio Fernando de Bulhões Carvalho, seu colega de escritório durante mais de quarenta anos, diria:

"Era um exemplo inexcedível de comportamento ético, honradez, estudo e reflexão. Enfrentou a enfermidade que o matou com bravura invulgar. Amigo incomparável. Um homem. Um homem emblemático."

Escrevendo sobre Mário Henrique Simonsen, pode-se concluir que Bulhões Pedreira traçou um perfil autobiográfico:

"Mário era um grande lógico, um sujeito espetacular. Dificilmente se acharia alguém mais competente para fazer uma crítica de uma ideia ou de um projeto. Era insuperável e tinha mais prazer nisso do que em ampliar sua permanência em qualquer governo. Afinal, tinha um senso crítico muito aguçado. A sua versatilidade se demonstrava na maneira de abordar os assuntos diversos com absoluta inteligência."

Sérgio Bermudes revelou a faceta do homem generoso:

> José Luiz Bulhões Pedreira foi um homem generoso. Soube escutar, comover-se, solidarizar-se com o sofrimento alheio e amparar necessitados, tudo isso feito em silêncio. Duas horas antes do seu

sepultamento, ouviu-se a voz alta e chorosa de um homem, que vinha em trajes simples, apoiado numa bengala, e repetia, como se alguém quisesse contê-lo: "Me deixem ver o meu amigo; quero ver o meu amigo." Debruçando-se sobre o caixão, o homem beijou a testa do morto. Soube-se depois que era uma pessoa dentre muitas a quem José Luiz estendia a mão, em gesto de amor ao próximo. Não seriam um sinal a voz, as lágrimas e o beijo daquele homem pobre?

Não só os colegas de escritório e de profissão; os economistas e os homens públicos prantearam a sua morte. Uma secretária do escritório falou do "ser humano Bulhões Pedreira" e testemunhou:

> Raras vezes chamava atenção de alguém, mas, quando chamava, tinha classe, estilo, delicadeza, pelo contrário, ao invés das pessoas saírem chateadas de sua sala, saíam felizes, porque a sua bronca não era uma crítica destrutiva e sim construtiva. Era uma pessoa que cumprimentava desde o ascensorista, faxineiro, até a alta cúpula de um banco, para ele não tinha distinção alguma. Quantas pessoas já ajudou, mesmo no anonimato. Ele queria era ver essas pessoas felizes e com problemas solucionados.

E como fecho deste incompleto resumo da vida e da obra de José Luiz Bulhões Pedreira, movido de amizade e admiração, por um convívio de cerca de cinquenta anos, que constituiu um rico e permanente aprendizado, cabem as palavras de seu grande colaborador e fraternal amigo, o saudoso Alfredo Lamy Filho:[11]

> Ocupante de cargos públicos em inúmeras oportunidades (autor, pouco citado, e não reivindicante, da maioria dos projetos de lei de natureza econômica que buscaram modernizar nosso universo

[11] Como referido na nota de rodapé 7, este texto foi publicado na introdução ao livro *Direito das companhias*.

jurídico), continuava, no seu escritório particular, com a marca indelével de sua vocação pública, vivendo seus momentos de realização plena quando colocava sua singular capacidade de trabalho a serviço de atividades, estudos, projetos, críticas, que visavam ao bem geral.

Sem buscar reconhecimentos, fugindo ao proscênio — a que só tem ascendido forçado pela grandeza de sua presença — guardou, ciosamente, uma excepcional densidade humana, feita de compreensão, generosidade e lucidez que fazem a riqueza dos amigos que tiveram o privilégio de seu convívio.

GETÚLIO VARGAS

Alice do Amaral Peixoto Moreira Franco[1]

...aos que pensam que me derrotaram,
respondo com a minha vitória.
(Carta-testamento de Getúlio Vargas, 1954)

Getúlio Dornelles Vargas, o mais influente político brasileiro do século XX, foi o governante que mais tempo ficou no poder. Comandou o Brasil durante o Governo Provisório (1930-1934); depois como presidente do Governo Constitucional, tendo sido eleito indiretamente pela Assembleia Nacional Constituinte (1934-1937); como presidente-ditador durante o Estado Novo (1937-1945); e, por fim, depois de cinco anos longe do poder, foi democraticamente eleito, pelo voto direto, presidente da República (1951-1954).

Getúlio Vargas nasceu em 1882,[2] em São Borja, Rio Grande do Sul, e sempre demonstrou muito orgulho ao manifestar sua forte essência gaúcha. Em 1907, formou-se pela Faculdade Livre de Direito de

[1] Tem graduação pela Pontifícia Universidade Católica – PUC RJ, pós-graduação em Direito, com foco em Arbitragem Comercial Internacional e Direito Privado pela Harvard Law School – Cambridge/USA. Atuou como Pesquisadora em Direito civil – Cambridge USA em 2004.

[2] Apenas em 1983, nos preparativos da comemoração do centenário de seu nascimento, que se verificaram os livros de registros da época e descobriu-se que Getúlio Vargas nasceu 1892 e que havia alterado o ano de nascimento para antecipar sua entrada nas Forças Armadas.

Porto Alegre (atual UFRGS) e, logo depois, começou a trabalhar como promotor público na cidade. Ficou apenas um ano nessa função, mas um episódio específico, que inclusive ganhou notoriedade e comoção pública na época, revelou sua perspectiva de justiça no período em que exerceu a profissão.[3]

Foi designado ao promotor público Getúlio Vargas um processo em que o operário havia sido preso por causar lesões corporais graves. Constava nos autos que o trabalhador, no caminho de volta da fábrica para casa, foi agredido por uma pessoa desconhecida e, durante a briga, causara-lhe graves ferimentos. No dia do julgamento, sem nada antecipar ao juiz ou ao defensor público, Getúlio Vargas apresentou sua manifestação esclarecendo que o operário carregava uma marmita vazia e no bolso um formão[4] e agredido usara para se defender a única arma que possuía, seu instrumento de trabalho. Não era, portanto, um criminoso, mas agira em legítima defesa e o acusador pediu a absolvição do réu.[5] Foi a primeira vez, pelo menos em Porto Alegre,[6] que um promotor deixava de acusar e pedia a absolvição do réu por legítima defesa.

Diante do feito, publicaram os jornais da época: "dr. Getúlio Vargas, promotor público, cumpriu, ontem, o compromisso que havia contraído quando estreou nesse cargo. Disse, então (...), que naquela cadeira seria o representante do interesse da sociedade, e que não acusaria

---

[3] VARGAS, Alzira. *Getúlio Vargas, meu pai*: memórias de Alzira Vargas do Amaral Peixoto. Rio de Janeiro: Objetiva, 2017, p. 35; (b) IBEIRO, José Augusto. *A Era Vargas*: 1882-1950: o Primeiro Governo Vargas. Rio de Janeiro: Casa Jorge Editorial, 2001, p. 82, v. 1; e (c) LIRA NETO. *Getúlio*: dos anos de formação à conquista do poder (1882-1930). São Paulo: Companhia das Letras, 2012, p. 106, v. 1.

[4] Formão significa: "ferramenta usada por carpinteiros e entalhadores e constituída por uma lâmina afiada numa das extremidades, estando a outra embutida num cabo". Disponível em: https://www.dicio.com.br/formao/#:~:text=Significado%20de%20Form%C3%A3o,(origem%20da%20palavra%20form%C3%A3o). Acesso em 12 de fevereiro de 2024.

[5] VARGAS, Alzira. Getúlio Vargas, meu pai: memórias de Alzira Vargas do Amaral Peixoto. Rio de Janeiro: Objetiva, 2017, p. 35.

[6] RIBEIRO, José Augusto. *A Era Vargas*: 1882-1950: o Primeiro Governo Vargas. Rio de Janeiro: Casa Jorge Editorial, 2001, p. 82, v. 1.

simplesmente pelo prazer de acusar, não pediria as penas da lei desde que não fosse um criminoso que comparecesse às barras do tribunal".[7]

Além de advogar, Getúlio Vargas começou cedo a carreira política e foi nessa atividade que mais contribuiu para a formação do Brasil.[8] Liderou o processo de modernização do país, implementando um modelo de governo nacional-desenvolvimentista capaz de direcionar um país agrário para o rumo da industrialização. Implementou significativo avanço social, que contribuiu para inclusão social e econômica de uma parcela da sociedade até então esquecida: o povo brasileiro.

Getúlio Vargas fomentou a centralização do poder no Estado, estabeleceu um modelo de desenvolvimento econômico que privilegiou a industrialização, fortaleceu o trabalhador urbano-industrial. Caracterizou-se, ainda, pelo crescimento da cidadania através da instauração dos direitos sociais, dando início ao resgate da imensa dívida social deixada pelo Império e a República Velha.[9]

A devoção de Getúlio Vargas ao povo brasileiro e ao desenvolvimento econômico e social do país acabou resultando em sua morte, transformando-o em um "símbolo heroico de resistência".[10] Nas palavras de sua filha, Alzira Vargas do Amaral Peixoto:

> Além do amor que nos unia, havia alguma coisa, ainda mais forte, mais penetrante, mais permanente, maior, mais nossa: uma comum dedicação por uma coisa chamada povo, por um objeto chamado Brasil, e pelo conjunto que se chama povo brasileiro, ao qual muito pouca gente dá importância, muitos poucos devotam inte-

---

[7] *Correio do Povo*, 8 de abril de 1908, *apud* LIRA NETO. *Getúlio*: dos anos de formação à conquista do poder (1882-1930), v. 1, São Paulo: Companhia das Letras, 2012, p. 106.

[8] Várias são as contribuições de Getúlio Vargas para a construção do Brasil e inúmeros são os livros, biografias e estudos que relatam detalhadamente as realizações e os alicerces concebidos durante o período em que ele esteve no poder.

[9] Ver o artigo "A Era Vargas e a construção da cidadania". Disponível em: https://monografias.brasilescola.uol.com.br/historia/a-era-vargas-construcao-cidadania.htm. Acesso em 12 de fevereiro de 2024.

[10] LIRA NETO. *Getúlio*: da volta pela consagração popular ao suicídio (1945-1954), v. 3, São Paulo: Companhia das Letras, 2014, p. 346.

resse, e ainda muito menos dedicam, pelo menos, uma lembrança. E foi por esses miúdos que o meu pai morreu.[11]

Imerso na constante defesa do povo brasileiro, Getúlio Vargas, em seu último ato político, ofereceu conscientemente sua vida para defender sua honra e impedir o golpe militar que já havia sido iniciado, assegurando que "esse povo de quem [foi] escravo, não mais será escravo de ninguém".[12]

A notícia da morte do presidente e de suas circunstâncias começou a ser transmitida, inclusive com a imediata divulgação, na Rádio Nacional,[13] da carta datilografada e assinada por Getúlio Vargas, encontrada em um envelope ao lado de sua cama,[14] que veio a ser denominada de carta-testamento.

A carta-testamento expôs os motivos de sua morte e retratou sua dedicação ao Brasil, transformando-se em seu legado político e pessoal, no símbolo de sua vida.[15] Trata-se, portanto, de um relevante relato do próprio Getúlio Vargas indicando as suas principais contribuições ao país.

---

[11] VARGAS, Alzira. *Getúlio Vargas, meu pai*: memórias de Alzira Vargas do Amaral Peixoto. Rio de Janeiro: Objetiva, 2017, p. 421.

[12] Ver íntegra da carta-testamento. Disponível em: https://www2.camara.leg.br/atividade-legislativa/plenario/discursos/escrevendohistoria/getulio-vargas/carta-testamento-de-getulio-vargas. Acesso em 12 de fevereiro de 2024.

[13] CPDOC- FVG. "Atlas histórico do Brasil". Disponível em: https://atlas.fgv.br/verbete/5759. Acesso em 12 de fevereiro de 2024.

[14] Polêmica quanto à autenticidade da carta. CPDOC- FVG. "Atlas Histórico do Brasil". Disponível em: https://atlas.fgv.br/verbete/5759 e https:memoria.bn.br/pdf/030015/per030015_1994_00138.pdf. Acesso em 12 de fevereiro de 2024. Jornal do Brasil de 24/08/1994. Apesar de existirem algumas controvérsias sobre a carta-testamento, todos são unânimes ao atribuir a Getúlio Vargas sua autoria, afinal a redação final foi aprovada e assinada por ele. É fato incontroverso a participação — maior ou menor — na elaboração do documento do jornalista José Soares Maciel Filho, o redator favorito dos discursos de Getúlio Vargas. Além do exemplar encontrado no leito da cama, a carta-testamento teve mais três cópias conhecidas. Alzira Vargas achou, entre os papéis retirados do cofre do pai, uma cópia assinada da carta, com erros de datilografia e correções, e uma cópia em carbono sem assinatura. O último exemplar da carta foi entregue por Getúlio a João Goulart pouco antes da reunião ministerial da madrugada do dia 24 de agosto de 1954. Jango, que viajaria naquele mesmo dia para o Rio Grande do Sul, teria guardado a carta sem lê-la, a pedido do próprio Getúlio Vargas, que o pediu para abrir apenas quando chegasse a Porto Alegre.

[15] Ver: D'ARAÚJO, Maria Celina. "Getúlio Vargas, cartas-testamento como testemunho de poder". *In*: GOMES, Angela de Castro (Org.). *Escritas de si, escritas da História*. Rio de Janeiro: Editora FGV, 2004, p. 304.

No início da carta, Getúlio Vargas descreveu que "as forças e os interesses contra o povo" se coordenaram contra ele, salientando que seus opositores "não (...) acusam, (...) insultam, não (...) combatem, caluniam, e não (...) dão o direito de defesa":[16]

Em seguida, fez um breve histórico de sua trajetória política: "depois de decênios de domínio e espoliação dos grupos econômicos e financeiros internacionais, fiz-me chefe de uma revolução e venci [Revolução de 1930]. Iniciei o trabalho de libertação e instaurei um regime de liberdade social. Tive que renunciar [em 1945]. Voltei ao governo nos braços do povo [eleição de 1950]" (grifou-se).

Ao tratar do período de libertação e instauração do regime de liberdade social, registra-se que foi a Constituição de 1934, promulgada no governo de Getúlio Vargas, que conferiu à mulher o direito de votar e ser votada, tornando-a cidadã de fato e de direito, possibilitando sua participação efetiva na vida política do país. Estabeleceu, ainda, o voto secreto[17] e constituiu a Justiça Eleitoral, com atribuição de organizar o alistamento eleitoral, a inscrição prévia dos candidatos, as eleições, a apuração dos votos e a proclamação dos eleitos, conferindo maior transparência e liberdade no processo eleitoral e no próprio exercício de voto.

Como enaltecido pelo próprio Getúlio Vargas em suas anotações:[18] "antes de 1930 vivíamos numa democracia de fachada, inteiramente artificial, porque não existia a liberdade do voto. Tudo se combinava e realizava através de combinações ou de conchavos feitos pelos maiorais

---

[16] Texto original da carta-testamento: "Mais uma vez as forças e os interesses contra o povo coordenaram-se e novamente se desencadeiam sobre mim. Não me acusam, me insultam, não me combatem, caluniam, e não me dão o direito de defesa". Disponível em: https://www2.camara.leg.br/atividade-legislativa/plenario/discursos/escrevendohistoria/getulio-vargas/carta-testamento-de-getulio-vargas. Acesso em 12 de fevereiro de 2024.

[17] O voto secreto significou o fim do voto aberto preponderante na República Velha, quando os coronéis tinham a oportunidade de controlar os votos.

[18] Os cadernos de Getúlio Vargas, manuscritos para o seu próprio registro durante os anos em que esteve recluso, após a queda do Estado Novo e antes das eleições diretas (1945 a 1949), alternam-se em anotações pessoais e reflexões de natureza política, que não foram inicialmente divulgados e apenas foram doados ao CPDOC-FGV em 2022 por Celina Vargas do Amaral Peixoto, neta de Getúlio Vargas. Como destacado no próprio site do CPDOC: "o tom desse documento, em particular, é de amargor pelo ostracismo experimentado logo após a sua deposição do poder, e de indignação pelos rumos do governo Dutra (1946-1950)."

da política, [à] revelia do povo, sem garantia do povo. Hoje essa garantia está assegurada por leis promulgadas no meu governo – voto secreto, voto feminino, justiça eleitoral".[19]

Em seguida, durante o regime do Estado Novo, Getúlio Vargas, conquanto tenha suspendido os direitos civis e políticos, promulgou e implementou as políticas sociais e trabalhistas.

A Consolidação das Leis do Trabalho (CLT) foi instituída para unificar a legislação trabalhista existente e estabelecer novas normas e direitos para os trabalhadores, como a jornada de trabalho de 8 horas diárias, o descanso semanal remunerado, o salário mínimo, o direito à sindicalização e à greve, entre outros.[20] Getúlio Vargas reconheceu como legítimo os direitos dos operários e demais trabalhadores urbanos, buscando equilibrar a relação entre patrões e empregados, fugindo das regras escravocratas arraigadas na sociedade da época.

Os avanços na legislação e nos direitos sociais ressignificaram o conceito de cidadania no país, concretizando os ganhos até então desconhecidos pelo povo brasileiro. A participação do Estado na concessão desses direitos sociais foi personificada na figura de Getúlio Vargas, atrelando esses benefícios ao próprio ente público, como se fosse uma concessão do poder central, não possibilitando, nesse momento, uma cidadania ativa.[21]

O governo de Getúlio Vargas criou também os alicerces necessários para propiciar o crescimento econômico do país, adotando, como se

---

[19] Os cadernos estão hoje disponíveis para consulta no site do CPDOC-FGV. Disponível em: https://cpdoc.fgv.br/pesquisa-conhecimento/arquivo-getulio-vargas. Acesso em 12 de fevereiro de 2024. Ver também reportagem da *Folha de São Paulo*, "Ilustríssima – Ilustrada", publicada em 3 de dezembro de 2023.

[20] Ver o artigo "A Era Vargas e a construção da cidadania". Disponível em: https://monografias.brasilescola.uol.com.br/historia/a-era-vargas-construcao-cidadania.htm. Acesso em 12 de fevereiro de 2024. "O movimento sindical surgiu praticamente na Era Vargas do qual foi o principal beneficiário, das leis trabalhistas de amparo ao trabalhador, cujo objetivo era incorporar ao sistema um grande contingente de excluídos. A organização dos trabalhadores em sindicatos era um dos pilares de sustentação, em especial no Segundo Governo Vargas. Embora tutelados pelo governo, tinham garantias de reunir-se, deixando de ser considerado 'um caso de polícia'.

[21] CARVALHO, José Murilo. *Cidadania no Brasil*: o longo caminho. Rio de Janeiro: Editora Civilização Brasileira, 2003, p. 89.

disse, um modelo nacional-desenvolvimentista. Nacionalizou as reservas brasileiras de petróleo, contrariando os interesses de grupos estrangeiros e deixou como herança eloquente de suas convicções: o BNDE (atual BNDES), a Vale do Rio Doce, a Petrobras, a CSN (Companhia Siderurgica Nacional) e a primeira tentativa de criação da Eletrobras, propiciando o ambiente necessário para o desenvolvimento do capitalismo no Brasil.

Seguro de que o desenvolvimento do país se sujeitava ao equilíbrio entre o reconhecimento dos direitos sociais e o crescimento econômico, Getúlio Vargas buscou atender os interesses de todas as classes sociais, pois identificava a interpendência das atividades econômicas e a necessidade de garantir os direitos do povo brasileiro. Nesse sentido, afirmou que:

> como homem público (...) nunca fui faccioso ou extremado. Antes de mais nada procurei agir com justiça e realizar o bem comum. Ricos e pobres são igualmente brasileiros. Se aos primeiros, muitos dos quais estiveram à beira da insolvência que agravaria a situação das classes desfavorecidas e dos assalariados, abri oportunidades de reerguimento e facilitei o crédito, consolidando e fortalecendo as bases da agricultura e da indústria, também não desamparei os trabalhadores. Defendi-os contra a ganância dos exploradores e, rompendo resistências que se levantaram à minha ação, iniciei, com firmeza e segurança, a legislação trabalhista no Brasil.[22]

A carta-testamento,[23] em seguida, tratou das dificuldades políticas e econômicas enfrentadas no governo de 1951-54, mencionando ex-

[22] D'ARAUJO, Maria Celina (Org.). Getúlio Vargas. Brasília: Câmara dos Deputados, Edições Câmara, 2011. (Série perfis parlamentares, n.º 62); Discurso de campanha presidencial: 1950, Centro de Documentação e Informação, Brasília: 2011, Recife, 27 de agosto de 1950, p. 659. Previamente disponível em: https://www2.camara.leg.br/atividade-legislativa/plenario/discursos/escrevendohistoria/getulio-vargas/perfil-parlamentar-de-getulio-vargas.

[23] Texto original da carta-testamento: "A campanha subterrânea dos grupos internacionais aliou-se à dos grupos nacionais revoltados contra o regime de garantia do trabalho. A Lei de Lucros Extraordinários foi detida no Congresso. Contra a justiça da revisão do salário mínimo

pressamente a oposição política contra o aumento de 100% (cem por cento) do salário mínimo,[24] das dificuldades enfrentadas para implantação da Petrobras e o veto para a criação da Eletrobras, impedindo a "potencialização das nossas riquezas". Denunciou a intervenção de "grupos internacionais" em aliança com "grupos nacionais revoltados contra o regime de garantia do trabalho", afirmando que seus opositores "não querem que o trabalhador seja livre", "não querem que o povo seja independente".

Por fim, a carta apresentou um trecho eminentemente político.[25] O suicídio deixa de ser uma questão pessoal para se tornar um ato de

---

se desencadearam os ódios. Quis criar liberdade nacional na potencialização das nossas riquezas através da Petrobras e, mal começa esta a funcionar, a onda de agitação se avoluma. A Eletrobras foi obstaculada até o desespero. Não querem que o trabalhador seja livre.
Não querem que o povo seja independente. Assumi o Governo dentro da espiral inflacionária que destruía os valores do trabalho. Os lucros das empresas estrangeiras alcançavam até 500% ao ano. Nas declarações de valores do que importávamos existiam fraudes constatadas de mais de 100 milhões de dólares por ano. Veio a crise do café, valorizou-se o nosso principal produto. Tentamos defender seu preço e a resposta foi uma violenta pressão sobre a nossa economia, a ponto de sermos obrigados a ceder."
Previamente disponível em: https://www2.camara.leg.br/atividade-legislativa/plenario/discursos/escrevendohistoria/getulio-vargas/carta-testamento-de-getulio-vargas.

[24] A proposta elaborada por João Goulart (Jango), na função de ministro do Trabalho, que mais incomodou os opositores o governo foi o aumento do salário em 100%. O nível de tensão aumentou a reação entre os setores conservadores e Getúlio se viu obrigado a destituir Jango do cargo para acalmar os ânimos.

[25] Texto original da carta-testamento: "Tenho lutado mês a mês, dia a dia, hora a hora, resistindo a uma pressão constante, incessante, tudo suportando em silêncio, tudo esquecendo, renunciando a mim mesmo, para defender o povo, que agora se queda desamparado. Nada mais vos posso dar, a não ser meu sangue. Se as aves de rapina querem o sangue de alguém, querem continuar sugando o povo brasileiro, eu ofereço em holocausto a minha vida.
Escolho este meio de estar sempre convosco. Quando vos humilharem, sentireis minha alma sofrendo ao vosso lado. Quando a fome bater à vossa porta, sentireis em vosso peito a energia para a luta por vós e vossos filhos. Quando vos vilipendiarem, sentireis no pensamento a força para a reação. Meu sacrifício vos manterá unidos e meu nome será a vossa bandeira de luta. Cada gota de meu sangue será uma chama imortal na vossa consciência e manterá a vibração sagrada para a resistência. Ao ódio respondo com o perdão.
E aos que pensam que me derrotaram respondo com a minha vitória. Era escravo do povo e hoje me liberto para a vida eterna. Mas esse povo de quem fui escravo não mais será escravo de ninguém. Meu sacrifício ficará para sempre em sua alma e meu sangue será o preço do seu resgate. Lutei contra a espoliação do Brasil. Lutei contra a espoliação do povo. Tenho lutado de peito aberto. O ódio, as infâmias, a calúnia não abateram meu ânimo. Eu vos dei a minha vida. Agora vos ofereço a minha morte. Nada receio. Serenamente dou o primeiro passo no caminho

resistência em favor do povo, caracterizando sua morte como o "preço do resgate" para garantir a libertação e evitar que "as aves de rapina" continuem a sugar o sangue do "povo brasileiro". Getúlio Vargas ofereceu seu "sacrifício" para manter o povo "unido", utilizando o seu nome como "bandeira de luta" para resistir ao golpe militar.

Nela afirma ser "escravo do povo", "mas esse povo de quem [foi] escravo não mais será escravo de ninguém. [S]eu sacrifício ficará para sempre em sua alma e [s]eu sangue será o preço do seu resgate".

A carta-testamento termina, então, com a célebre frase: "eu vos dei a minha vida. Agora vos ofereço a minha morte. Nada receio. Serenamente dou o primeiro passo no caminho da eternidade e saio da vida para entrar na História".

A morte de Getúlio Vargas provocou uma enorme comoção popular no país. "Quando as emissoras de rádio começaram a noticiar o suicídio de Getúlio, uma multidão acorreu ao Catete. Calcula-se que 100 mil pessoas foram se despedir do presidente morto, enquanto grupos de getulistas mais exaltados atacaram as sedes e os carros de reportagem [dos jornais] *Tribuna da Imprensa* e *O Globo*. Cerca de 3 mil populares foram atendidos nesse dia, pelo posto médico que servia ao palácio, vítimas de desmaios, crises nervosas e ameaças de ataques cardíaco. As filas se estenderam por vários quilômetros de ruas, com homens, mulheres e crianças de todas as classes sociais".[26] O caixão foi conduzido ao Santos Dumont pois o sepultamento foi em São Borja, e o cotejo tomou toda a extensão da orla, da praia do Flamengo até o aeroporto. Antes do embarque, a família dispensou às honras militares e recusou o avião da FAB que a Aeronáutica pusera à sua disposição.[27]

A morte de Getúlio Vargas gerou a comoção popular necessária para paralisar as Forças Armadas que estavam prontas para dar um golpe em 1954. O julgamento popular responsabilizou a oposição e os mi-

---

da eternidade e saio da vida para entrar na História". Disponível em: https://www2.camara.leg.br/atividade-legislativa/plenario/discursos/escrevendohistoria/getulio-vargas/carta-testamento-de-getulio-vargas. Acesso em 12 de fevereiro de 2024.

[26] LIRA NETO, op. cit., pp. 345-346.

[27] Idem.

litares pela morte do presidente e essa movimentação coletiva impediu o golpe militar através da intervenção armada.

Mais do que isso, a morte de Getúlio Vargas reverteu o quadro político de hostilidades transformando-o em herói e defensor do povo brasileiro, possibilitando que a escolha do novo presidente da República recaísse no candidato do PSD, por quem tinha preferência: Juscelino Kubitschek, tendo João Goulart como vice.[28] Juscelino venceu as eleições de outubro de 1955, mas sofreu um pedido de impugnação movido pela União Democrática Nacional (UDN). Carlos Lacerda ainda comandou um movimento golpista, pedindo a intervenção dos militares, mas não logrou êxito. Ao fim, Juscelino Kubitschek tomou posse e foi até o fim de seu mandato, permitindo que a Petrobras se consolidasse como empresa pública, que a Eletrobras fosse criada e que o Brasil progredisse e atingisse altos índices de crescimento.

Portanto, como reconhecido por muitos historiadores,[29, 30] além de sua contribuição para a construção do Brasil em vida, a morte de Getúlio Vargas também foi muito relevante, pois resultou no adiamento do golpe militar por dez anos, possibilitando a eleição direta e democrática de dois presidentes.[31]

---

[28] D'ARAUJO, Maria Celina (Org.), op. cit. Discurso de campanha presidencial: 1950, Centro de Documentação e Informação, Brasília: 2011, Recife, 27 de agosto de 195, p. 41. Previamente disponível em: https://www2.camara.leg.br/atividade-legislativa/plenario/discursos/escrevendohistoria/getulio-vargas/perfil-parlamentar-de-getulio-vargas

[29] RIBEIRO, José Augusto. *A Era Vargas*: agosto de 1954: a crise e a morte do presidente. Rio de Janeiro: Casa Jorge Editorial, 2001, p. 82, v. 3. Os acontecimentos iniciais da crise de 1964 deixaram desde logo uma impressão generalizada de que ela fora retardada por dez anos, desde o suicídio de Getúlio Vargas na manhã de 24 de agosto de 1954. Isso foi dito, por exemplo, por Tancredo Neves — "o suicídio adiou o golpe até 1964" — e ganhou autoridade cientifica nos trabalhos do professor Hélio Jaguaribe"

[30] Entrevista com o historiador Antonio Barbosa, professor da Universidade de Brasília (UnB) e do Instituto Legislativo Brasileiro (ILB). Disponível em: https://www12.senado.leg.br/noticias/materias/2014/08/22/morte-de-getulio-em-1954-adiou-o-golpe-em-10-anos-diz-historiador. Acesso em 12 de fevereiro de 2024.

[31] Nota-se que no primeiro governo, Juscelino Kubitschek ganhou as eleições diretas, tendo João Goulart como vice, sucessores políticos diretos de Getúlio Vargas. No segundo governo ganhou Jânio Quadros, mas renunciou no mesmo ano, assumindo seu vice João Goulart, que governou até ser deposto pela ditadura militar.

Nas palavras de Lira Neto: "os militares e a UDN precisaram de uma década inteira para, enfim, absorver o impacto provocado pela morte de Getúlio e conquistar o poder pelo argumento das armas".[32]

Tancredo Neves também afirmou que o suicídio adiou o golpe até 1964, salientando que os líderes de 1964 eram os mesmos de 1954, com os mesmos objetivo; "1964 foi uma revolução de direita, conservadora, nitidamente pró-americana, feita inclusive com a participação deles, americanos, que já tinham participado de 1954". Concluiu que Getúlio Vargas "preferiu sucumbir ao peso de suas aspirações patrióticas, morrendo com honra para poupar ao povo um tremendo sacrifício, e assegurar à Nação a continuidade do regime democrático".[33]

Pelo exposto, como atestado em sua carta-testamento, não há dúvida que Getúlio Vargas saiu da vida para entrar na História, sendo até hoje o governante que mais contribuiu para a construção e modernização do Brasil, conferindo a necessária importância à implementação dos direitos sociais e à defesa do povo brasileiro.

---

[32] LIRA NETO, op. cit., p. 348.

[33] "Discurso de Tancredo Neves" *apud* RIBEIRO, José Augusto Ribeiro. *Tancredo Neves*: a noite do destino. Rio de Janeiro: Civilização Brasileira, 2015, pp. 195-196.

CARLOS MAXIMILIANO

Arnaldo Sampaio de Moraes Godoy[1]

Carlos Maximiliano Pereira dos Santos (1873-1960) é jurista emblemático na reminiscência brasileira, personagem central na construção de um pensamento jurídico nacional. Nasceu em São Jerônimo (Rio Grande do Sul). Bacharelou-se em Direito em Belo Horizonte (1898). Advogado militante, participou ativamente da vida política de seu estado natal, que representou na Câmara Federal, como deputado, em duas legislaturas (1911-1914 e 1919-1923).

Ministro da Justiça do governo Wenceslau Brás (nessa qualidade rubricou o Código Civil de 1916), consultor-geral da República (1932), procurador-geral da República (1934-1936), Carlos Maximiliano foi nomeado ministro do Supremo Tribunal Federal por Getúlio Vargas (o decreto de nomeação é de 22 de abril de 1936). Aposentou-se em 1941, retornando à advocacia naquele mesmo ano. Faleceu no Rio de Janeiro.

---

[1] Livre-docente pela Faculdade de Direito da Universidade de São Paulo (USP). Doutor e mestre pela PUC-SP. Foi consultor-geral da União e procurador-geral Adjunto da Procuradoria-Geral da Fazenda Nacional. Professor-pesquisador visitante na Universidade da Califórnia (Berkeley), na Faculdade de Direito de Nova Déli (Índia) e no Instituto Max Planck de História do Direito Europeu (Frankfurt, Alemanha). Advogado em Brasília com atuação nos Tribunais Superiores.

É autor de algumas obras fundamentais, essenciais para a compreensão da formação de nosso pensamento jurídico. Comentou nossas Constituições, escreveu sobre Direito sucessório e sobre condomínios. Deixou-nos dois clássicos: *Direito intertemporal (teoria da irretroatividade das leis)* e *Hermenêutica e aplicação do Direito*. Este último (a primeira edição é de 1924) é provavelmente o livro mais citado, lido e lembrado no assunto: é nossa mais conhecida obra de hermenêutica. Passados quase cem anos de sua primeira edição, ainda é referência na concepção de uma linguagem comum entre os juristas. Sua leitura é ritual de passagem para os estudiosos. E é também uma fonte permanente de pesquisa para juízes e advogados.

O autor fixou que o objeto da hermenêutica consistia no estudo e na sistematização dos processos intelectuais aplicáveis para se determinar o sentido e o alcance das expressões do Direito. Bem antes das discussões relativas à teoria da linguagem (entre os juristas, bem entendido), Maximiliano compreendia que um estudo do alcance das normas jurídicas não poderia ser realizado com seriedade sem que se compreendesse os processos lexicográficos das normas interpretadas. A hermenêutica consistiria em uma teoria científica da arte de interpretar. Não confundia hermenêutica com interpretação. Aquela era uma ciência que acudia essa última.

As fontes que influenciaram suas obras estão dispersas nos pensadores do liberalismo jurídico continental e na sociologia jurídica norte-americana. Conhecia os autores que citava. Entre eles, Montesquieu, François Geny, Rudolf Stammler, Edmund Picard, Marcel Planiol, Rudolf von Iehring, Hermann Kantarowicz e Roscoe Pound.

Probidade, ilustração e critério são as qualidades que Maximiliano julgava imperiosas no intérprete do Direito. Exigia alto conteúdo ético, muita cultura e capacidade de discernimento. Usando dicionários de equivalência apontava o conteúdo semântico da palavra hermenêutica, substantivo identificador da ciência da interpretação. Era esse seu postulado fundamental.

Com base na doutrina de expressão inglesa, aproximava *hermenêutica* a *interpretation* e *construction*. Há uma sutil diferença entre essas expressões, dada a forma como são utilizadas no Direito norte-americano. *Interpretation* caracteriza um modelo interpretativo que busca a intenção original do legislador (principalmente o constitucional), o chamado *original meaning*; *construction* suscita uma visão criativa, a chamada *imaginative vision*, possibilitando liberdade para o intérprete, de onde a sinonímia com *creative meaning*, com o sentido de busca de um significado oculto, que possibilita resultado interpretativo mais livre, com maior garantia de acepções de reserva de sentido.

Para Maximiliano, a aplicação do Direito consistiria no enquadramento de um caso concreto a uma norma jurídica adequada, no contexto do que denominamos de um juízo descritivo de subsunção. Tem-se um diagnóstico de determinado problema, seguido por uma mediação operacional, o que remete o destinatário a uma solução do problema submetido à interpretação. Nesse sentido, a interpretação, a par de significar vocábulos, consistiria também na compreensão de toda forma de pensamento exteriorizado, por atitudes, gestos, e mesmo no vácuo ou no silêncio.

A lei (à época no centro das discussões sobre intepretação) era imperfeita, o que refletia a própria deficiência humana. Havia uma imperfeição, de forma e de fundo, que poderia — inclusive — conduzir a resultados práticos duvidosos, a usarmos a própria expressão do autor. Indisfarçável que uma atitude pragmática orientava o modelo que se propunha, especialmente porque, para Maximiliano, a interpretação da lei deveria revelar um sentido que fosse efetivamente apropriado para a vida real. Maximiliano abominava adornos intelectuais, acrobacias de retórica: o Direito respira na vida concreta.

A discussão jurídica, para Maximiliano, não era arte para simples deleite intelectual, para o gozo das pesquisas, passatempo de analisar, comparar e explicar os textos. Trata-se de um esforço intelectual eminentemente prático, útil na atividade diária, auxiliar e guia dos realizadores esclarecidos, preocupados em promover o progresso, dentro da ordem, como assinalava como ponto de partida para suas reflexões.

Lembrava que a hermenêutica era um dos capítulos menos seguro e mais impreciso da ciência do Direito, justamente porque compartilhava da sorte da linguagem, da qual era (e é) indissociável. A rigidez das palavras (e por extensão dos textos normativos) era ilusória, exterior. A palavra (como a norma) revela-se substancialmente elástica e dúctil, variando significados ao longo do tempo. Há a possibilidade radical de traduzir realidades jurídicas sucessivas. Segundo Maximiliano, palavra e norma também possuem os defeitos que são intrínsecos às suas qualidades. Isto é, no ambiente de um "invólucro fixo, inalterado, dissimula pensamentos diversos, infinitamente variegados e sem consistência real; por fora, o dizer preciso; dentro, uma policromia de ideias".

Adiantou-se em problemas de filosofia da linguagem e insistia em aspectos analíticos de consideração de mecanismos de fala. A língua, realçava, estabelece e cimenta as relações entre as pessoas. Em passagem que lembra textos de linguística, afirmava que "quando alguém pretende despertar em outrem ideia semelhante à que irrompeu no seu próprio cérebro, por meio dos nervos motores engendra um produto físico, o qual, por sua vez, impressiona os órgãos sensitivos do outro indivíduo, em cuja alma faz brotar a imagem planejada".

Do ponto de vista de uma política do Direito, aproximava-se do pensamento de Rudolf von Ihering, posteriormente desenvolvido por Hans Kelsen, concebendo o Estado como único detentor do poder de coagir, fonte única do Direito, revelado pelo jurista, e esclarecido pela hermenêutica. Entendia que o Direito, como um espelho, refletiria sua fonte produtora, e, por ela determinado, caminharia lentamente. É o que entendia como a evolução do Direito. Essas premissas eram comuns no pensamento jurídico da primeira metade do século XX.

Concebia uma historiografia jurídica muito peculiar para a época. Repudiava a grande façanha, o líder carismático, no sentido weberiano em que a palavra carisma é utilizada. Para o autor, a história não é "façanha de reis" e muito menos "heróis fundam nações". Maximiliano apontava para os dois extremos perigosos no manejo da história, "o excessivo apreço e o completo repúdio". Conhecia a obra de Savigny, que citava. Porém não era obcecado com uma justificação jurídica que refletisse sentimentos de um povo imaginário. Era um positivista, a valermo-nos de uma decisão precisa da expressão.

Por outro lado, pulverizava o legislador na coletividade. Dissolvia o agente concreto de confecção da lei no ambiente social, sem nenhuma concessão ou economia de recursos retóricos. O legislador não teria uma personalidade ao mesmo tempo física e individual. A lei, para Maximiliano, era obra de numerosos espíritos, cujas ideias se confundiam em um conjunto às vezes difícil de decompor.

É nesse ponto preciso que Maximiliano discutiu o tema da autonomia da norma em relação ao legislador. Para Maximiliano, a lei, depois de gerada e inserida no mundo normativo, ganhava existência distinta de seu criador. No entanto, deveria ser interpretada. Criticou Justiniano e Napoleão, que proibiram qualquer forma de interpretação não literal de seus respectivos códigos. Os intérpretes, para esses dois imperadores, eram "deformadores de códigos e de estatutos fundamentais".

Maximiliano, no entanto, condenava os excessos, o sobejo, a sobra interpretativa. Criticava a então chamada "jurisprudência sentimental", cujo marco era o "bom juiz Magnaud", magistrado francês que se mostrava como defensor dos oprimidos. Para Maximiliano, o magistrado não poderia se deixar guiar pelo sentimento. A disputa judicial se tornava uma loteria. Ninguém saberia como cumprir a lei.

Nesse livro clássico de teoria da interpretação, o autor insistia que o ato interpretativo é único, que não se fraciona, mas que deveria ser exercitado por vários processos distintos. Apresenta então uma série de conceitos que hoje são lugares comuns em tema de interpretação. Assim, o modelo gramatical, ou filológico, atentava para a letra do dispositivo. O "espírito da norma" seria desvendado em um conteúdo sociológico, não podendo o intérprete desprezar mecanismos de lógica formal. Essa última, no entanto, era mera auxiliar.

Para Maximiliano não havia antinomias. A culpa era do intérprete despreparado. Toda contradição indica que o intérprete deveria desconfiar de si, presumindo que não compreendeu bem o sentido do texto que equivocadamente interpretou. Empolgado com a sociologia jurídica norte-americana e com o realismo jurídico a ela vinculado, Maximiliano hostilizava a lógica em favor de uma compreensão menos geométrica e mais social do Direito. Sabia, como Oliver Wendell Holmes Jr., que o Direito não é lógica, é experiência. Advertiu, ainda, que apaixonar não é argumentar.

Defendeu com firmeza o dogma positivista da separação entre Direito e moral, negando que essas realidades culturais seriam concêntricas. Relativizou a jurisprudência como fonte interpretativa. Era a compreensão de seu tempo. Para Maximiliano, a jurisprudência auxiliava o trabalho do intérprete; não o substituía e nem o dispensava. Continha um valor, que afirmava ser relativo. A jurisprudência seria um guia para o intérprete apenas quando estivesse de acordo com a doutrina. Insistia na independência do magistrado-intérprete, defendendo intransigentemente o livre-arbítrio do juiz.

Em sua obra prescreveu enunciados que se tornaram clássicos, a exemplo do conceito de analogia, que consistiria na aplicação de hipótese não prevista em lei à disposição relativa a caso semelhante. Segundo o autor, até o silêncio se interpreta. O silêncio sempre traduz alguma coisa.

Elaborou distinções, também clássicas, entre regras de ordem pública e de ordem privada: entre as primeiras, sobreleva-se o interesse social; entre as últimas, a proteção do direito do indivíduo constitui o objetivo primordial.

Maximiliano explorou assuntos de intensa utilização na vida prática, a exemplo de tópicos de interpretação autêntica e doutrinal; Direito comparado; sentido de disposições transitórias; concepções de história legislativa (*ocassio legis*) e de política judiciária; equidade; importância dos costumes para aferição do Direito; analogia; nulidades; uso de brocardos; decadência; prescrição; princípios gerais de Direito, a par de problemas mais setorizados, constitucionais, comerciais, penais, fiscais; além de reflexões em âmbito de pequenas sutilidades, como distinções entre revogação e anulação. Maximiliano também expôs com rigidez conceitual outros temas, como coisa julgada. É ao mesmo tempo um pioneiro e um consolidador em vários tópicos.

Adiante de seu tempo, Maximiliano expressava ideia avançada, relativa à concepção de Constituição. Para Maximiliano, a Constituição deveria condensar princípios e normas asseguradoras do progresso, da liberdade e da ordem, e precisaria evitar casuística e minúcias, a fim de não se tornar demasiado rígida. Deveria permanecer flexível e adaptável a épocas e circunstâncias diversas, destinada a uma longevidade excepcional.

A simplicidade na escrita era característica de suas intervenções. A literalidade tinha, em seu pensamento, um sentido menos hierático e mais pragmático. Segundo Maximiliano, não prevaleceria exegese nenhuma em desacordo com o sentido comum da letra expressa da lei, muito embora se invoque o elemento histórico, ou o chamado Direito natural. De tal modo, formulava regra, nos seguintes termos: "recorra-se aos vários elementos de Hermenêutica a fim de decidir entre duas interpretações possíveis da palavra escrita, sem atingir jamais a uma exegese que o texto expresso não poderia razoavelmente permitir". Hostil à interpretação literal inconsequente, estrita, e não criativa ou integrativa, percebia na literalidade imprudente o desate da lei do menor esforço.

Equilibrava suas decisões a partir dos textos normativos que conhecia, e que interpretava nos limites estreitos da Constituição. Em época na qual ainda não se havia pacificado a ideia de que a Constituição qualificasse efetivo vetor da normatividade, adiantava-se na expectativa de que o texto constitucional marcasse dimensão atemporal, recebendo do intérprete a carga interpretativa dos momentos presentes.

Inspirado em Joseph Story, a quem reverenciava, Maximiliano lembrava que a Constituição se aplicava a casos não previstos por aqueles que a elaboraram. A Constituição seria também "a égide da paz, a garantia da ordem, sem a qual não há progresso nem liberdade. (...) Forçoso se lhe torna acompanhar a evolução, adaptar-se às circunstâncias imprevistas, vitoriosa em todas as vicissitudes, porém aparentemente imutável". Dignificava o texto constitucional.

Maximiliano viveu duas realidades constitucionais ao longo dos anos em que foi ministro do Supremo Tribunal Federal. Quando tomou posse, em 1936, nosso tribunal superior era denominado de Corte Suprema; estava em vigência a Constituição de 1934. Em 1937, com a Constituição outorgada naquele ano, retomou-se a denominação de Supremo Tribunal Federal; vigia a Constituição de 1937.

Nos termos da Constituição de 1934, a Corte Suprema tinha sede na capital da República e jurisdição em todo o território nacional. Era composta por onze ministros. Por proposta da própria Corte Suprema poderia o número de ministros ser elevado por lei até 16. De qualquer modo, o número era irredutível. O tribunal poderia conceber divisão funcional em câmaras ou turmas, cujas matérias, nos termos de lei, poderiam ser revistas, ou não, pelo pleno.

Como magistrado na Suprema Corte, Maximiliano exerceu grande influência na fixação dos contornos do mandado de segurança no Direito brasileiro. Exemplo de nossa criatividade, o mandado de segurança é, de certa forma, o resultado da evolução de doutrina que se originou de algumas peculiaridades do *habeas corpus*. Não se permitia o mandado de segurança quando se tratasse da liberdade de locomoção (exclusivamente), de ato em face do qual houvesse recurso administrativo com efeito suspensivo. A regra até hoje persiste.

Maximiliano exerceu também muita influência na fixação da competência e do campo de atuação do *habeas corpus*. Na Corte Suprema, repudiou-se o uso do *habeas* para discussão de matéria de fato. Isto é, firmou-se jurisprudência no sentido de que não se poderia usar do *habeas* para revisão de provas. Entre os vários temas debatidos em *habeas corpus*, discutiu-se pronúncia de menor, definição de atividade nociva, segurança nacional, estado de guerra, estado de sítio, ordem pública, terrorismo, partidos políticos, atuação da Ação Integralista Brasileira e liberdade de expressão, entre tantos outros assuntos.

Do ponto de vista de registros históricos mais conhecidos, foram apreciados em *habeas corpus* o caso de Ernesto Gattai — pai da memorialista Zélia Gattai, que foi casada com Jorge Amado —, a expulsão de Olga Prestes — que esperava um filho de Luís Carlos Prestes —, bem como o famoso caso do deputado baiano João Mangabeira.

Princípio da bagatela, expulsão de estrangeiros, extradição, controle de estrangeiros no território nacional, competência de magistrados para, de ofício, reverem as próprias decisões, crimes políticos, prescrição, competência da Justiça Militar, federalismo (a partir do alcance de lei federal em todo o território nacional), competência do Tribunal do

Júri, natureza da Constituição de 1937, Lei de Imprensa, crime de defloramento e ação penal privada, a par de questões de muita atualidade, a exemplo da discussão relativa à possibilidade ou não de réu responder em liberdade, ainda que foragido, encontram-se entre os inúmeros temas discutidos ao longo dos anos em que Maximiliano foi ministro da Corte Suprema.

Maximiliano enfrentou questões políticas gravíssimas, em tema de segurança nacional, assunto recorrente na ditadura de Getúlio Vargas. A Lei de Segurança Nacional suscitava críticas, porquanto era por muitos vista como texto normativo que fixava um tribunal de exceção.

É o que se observa, por exemplo, no HC n.º 26.897/ DF, relatado por Laudo de Camargo e julgado em 19 de outubro de 1938. Discutia-se crime de injúria. O paciente, ao que consta, publicara boletim em que teria ofendido autoridades federais. O paciente era o dr. Caio Monteiro de Barros, da Ordem dos Advogados do Brasil e da Associação Brasileira de Imprensa. O *habeas corpus* era preventivo e revelava insurgência em face do Tribunal de Segurança Nacional, que havia condenado o paciente.

O assunto radicava em episódio ocorrido na campanha de sucessão presidencial, em Minas Gerais. O paciente apoiara o candidato da União Democrática Mineira, braço da União Democrática Brasileira. Tais agremiações faziam oposição a Getúlio Vargas. Apurou-se que, ao longo da campanha presidencial, aparecera um impresso, divulgado na cidade de Mariana, no qual havia acusações a autoridades públicas. A discussão chegara ao Tribunal de Segurança Nacional, que condenou o paciente.

Maximiliano deferiu o pedido, qualificando para aquele caso o Tribunal de Segurança Nacional como incompetente para apreciar a matéria. A decisão, à luz de um efeito prático, fixava o Tribunal de Segurança Nacional como juízo de exceção.

A Lei de Imprensa e o julgamento dos crimes lá previstos pelo júri comum foi assunto debatido recorrentemente no Supremo Tribunal Federal durante o tempo em que Maximiliano foi ministro. Questão de expulsão de estrangeira também foi debatida no famoso caso Olga, quando se discutiu a propósito da expulsão de Olga Benário (também Maria Prestes), alemã que esperava um filho de Luís Carlos Prestes, e que fora entregue às autoridades da Alemanha nazista. O voto do ministro Carlos Maximiliano é histórico, de triste memória. Maximiliano conheceu do pedido e, no mérito, o indeferiu. Difícil julgarmos os homens fora de seus respectivos tempos e circunstâncias.

Maximiliano conheceu o Direito brasileiro em todas as suas dimensões. Foi legislador, colaborou com a Constituinte de 1934, ministro da Justiça, consultor-geral da República, procurador-geral da República, ministro do Supremo Tribunal Federal, advogado, doutrinador. Sua contribuição para nosso Direito é o registro firme de um pensador sóbrio, muitíssimo preparado, seguro e dono de uma cultura jurídica singular.

Referências bibliográficas

GODOY, Arnaldo Sampaio de Moraes. *Memória Jurisprudencial, Ministro Carlos Maximiliano.* Brasília: Supremo Tribunal Federal, 2010.

MAXIMILIANO, Carlos. *Comentários à Constituição Brasileira.* Rio de Janeiro: Jacinto Ribeiro dos Santos Editor, 1918.

______________. *Comentários à Constituição Brasileira.* Rio de Janeiro: Freitas Bastos, 1954.

______________. *Direito intertemporal.* Rio de Janeiro: Freitas Bastos, 1955.

______________. *Hermenêutica e aplicação do Direito.* Rio de Janeiro: Freitas Bastos, 1965.

RODRIGUES, Leda Boechat. *História do Supremo Tribunal Federal.* Rio de Janeiro: Civilização Brasileira, 2002, v. 4.

JOSÉ BONIFÁCIO, ANTÔNIO CARLOS E MARTIM FRANCISCO DE ANDRADA E SILVA

Arno Wehling[1]

A atuação política dos irmãos Andrada, cristalizada em projetos bem-definidos, possui poucos paralelos históricos. Na tradição ocidental, pode-se lembrar dos irmãos Tibério e Caio Graco, envolvidos nos graves problemas fundiários da Roma republicana, e dos três Kennedy, empenhados na proposta grandiosa da remodelação da sociedade norte-americana. Tais atuações, em circunstâncias históricas muito diferentes, tiveram como ponto comum a necessidade de dar tradução jurídica a objetivos políticos e sociais bem-definidos: a reforma agrária em Roma, o alargamento dos direitos civis nos Estados Unidos e a introdução do liberalismo constitucional num país recém-independente e que ainda definia a sua soberania, no caso dos brasileiros.

É pertinente, portanto, conhecer a construção jurídica que os Andradas julgavam necessária para o novo país que emergia da condição colonial, não só porque se concretizou, embora com modificações, numa constituição que durou 65 anos, mas pelo fato de ter marcado, com traços duradouros, todo o constitucionalismo brasileiro.

Quando se fala em ideias jurídicas na independência, a associação mais frequente é com Antônio Carlos Ribeiro de Andrada Machado

[1] Professor, acadêmico, advogado e historiador brasileiro. Foi presidente do Instituto Histórico e Geográfico Brasileiro de 1996 a 2019.

e Silva, devido a seu papel preeminente em textos da Revolução de 1817 e na Assembleia Constituinte de 1823. Ficam assim injustamente esquecidos seus irmãos, José Bonifácio de Andrada e Silva, que era ministro nos primeiros meses da Constituinte, atribuição acumulada com a de deputado e ocupante da presidência rotativa da assembleia, e Martim Francisco Ribeiro de Andrada, também constituinte e ministro da Fazenda à época.

Quando consultadas as fontes documentais, Antônio Carlos aparece como o autor da Lei Orgânica da Revolução Pernambucana de 1817, que foi uma definição de bases constitucionais, e como relator do projeto da Assembleia Constituinte de 1823. José Bonifácio é o redator das memórias e dos apontamentos para uso dos deputados paulistas às cortes de Lisboa, além de um esboço de constituição. A Martim Francisco atribui-se a autoria de um projeto constitucional saído da maçonaria, cujo texto até hoje não foi identificado. Todos, em especial Antônio Carlos, tiveram atuação na Assembleia Constituinte, registrada em seus anais.

De acordo com tais fontes, não há dúvida que concordavam em tudo o que era essencial em matéria de ideias constitucionais. Discordâncias houve, registradas nos documentos, mas de somenos, como ocorreu quando o governo quis enviar Felisberto Caldeira Brant, também deputado, em missão diplomática, pois a legislação vigente o impedia. Martim Francisco se opôs, enquanto Antônio Carlos, neste caso mais pragmático, concordou em nome da necessidade política.

Não se pode adentrar o universo jurídico dos Andradas — e de boa parte dos contemporâneos — sem atentar para o contexto que os envolvia. Esse contexto era o do Iluminismo, no plano das ideias e da cultura, da Revolução Industrial, no econômico, e dos grandes catalisadores políticos que foram a Revolução Americana em 1776 e a Revolução Francesa em 1789.

Em função dessas variáveis e da sua mediação pela experiência ibérica e luso-brasileira, os Andradas tinham duas posições complementares, uma contra e outra a favor. Voltaram-se decididamente contra a sociedade estamental, com seus privilégios secularmente sedimentados, o absolutismo e sua forma arbitrária de exercer o poder, o mercantismo e sua rígida regulação da atividade econômica e o pluralismo jurídico herdado da Idade Média, com suas múltiplas jurisdições e uma jurisprudência considerada asfixiante e contraditória.

Manifestavam-se decididamente a favor dos direitos do homem na ótica liberal, do Estado-Nação em substituição à monarquia absoluta, do liberalismo econômico com seu estímulo à concorrência e do monismo jurídico, entronizando a lei como a base de todo o ordenamento jurídico, em desfavor da jurisprudência e da doutrina.

Na conjuntura brasileira da independência, os Andradas viveram a transição do Reino Unido — que inicialmente apoiaram — para a da afirmação como país plenamente soberano. Com a crescente inviabilização de algum tipo de monarquia dual, optaram pela ruptura, com duas condicionantes principais: limitar a revolução aos quadros do liberalismo moderado e manter a integridade territorial do país. O primeiro caso implicava aceitar termos semelhantes aos da Constituição francesa de 1791, como o sufrágio censitário, a monarquia limitada e a autonomia dos poderes, e recusar o que consideravam os "excessos democráticos" da convenção jacobina, como o sufrágio universal e a república.

Tal quadro, aplicado ao Brasil, implicava a adoção daqueles pontos por meio da "monarquia representativa" e o reconhecimento de que o problema da escravidão deveria ser resolvido oportunamente e não de imediato. Temiam uma revolta dos escravizados como acontecera no Haiti, mas procuravam evitar uma crise econômica e a reação dos proprietários, com a abolição imediata.

O segundo problema era outra "cláusula pétrea" definida nos textos andradinos, isto é, a integridade territorial do país como existente à época não poderia ser contestada, cabendo encontrar uma fórmula política que contemplasse sua manutenção e ao mesmo tempo a vida regional. Assim como o fantasma do Haiti, desenhavam outro espectro no horizonte, a desintegração e as guerras civis como as que ocorriam naquele momento na américa espanhola.

A soberania conseguida com a independência exigia a elaboração de um novo ordenamento jurídico, tanto pela expectativa de abolição do Antigo Regime social e de seus privilégios quanto da erradicação definitiva da condição colonial. E esse novo ordenamento partia de um conceito há pouco reformulado, determinando uma mutação semântica, o de constituição. Os Andradas a entendiam, seguindo os doutrinadores liberais em geral, como o pacto que deveria reger as relações sociais, enunciando e garantindo direitos e dando as diretrizes da organização do Estado. Também entendiam tal pacto como uma autorregulação que deveria evitar os extremos do despotismo e da liberdade, ambos conducentes à tirania.

No que dizia respeito aos direitos, José Bonifácio afirmava no rascunho de um projeto que redigiu ser a melhor constituição aquela que garantia os direitos civis e políticos dos cidadãos, desde que seu exercício não comprometesse a ordem, que traduzia no equilíbrio social: "Sempre votarei — disse ele na Assembleia Constituinte — que se conceda aos cidadãos toda a liberdade que for justa, ainda mesmo para associações secretas, todas as vezes que não tenderem a perturbar a pública felicidade." Nessa fundamentação era acompanhado pelos irmãos.

No domínio dos direitos, a mensagem mais completa foi a de Antônio Carlos, quer na redação da Lei Orgânica e de outras proclamações da Revolução Pernambucana, quer no projeto da Constituinte. A Revolução de 1817, por sua mão, proclamou a tríade liberal dos direitos que descendiam de Locke: segurança, liberdade e propriedade. Aplicando o segundo conceito, defendeu a liberdade religiosa e a de imprensa. Combinando-o com o terceiro, afirmou o direito à liberdade dos escravizados, circunstancialmente postergado em nome da estabilidade social da propriedade.

No projeto da Constituinte, classificou no art. 7º os direitos em individuais e políticos. Na longa relação daqueles, mencionou a liberdade pessoal, inclusive a de indústria e a religiosa, a liberdade econômica (contra os monopólios e as corporações), o juízo por jurados e a inviolabilidade da propriedade. Em matéria de direitos políticos, defendeu o sufrágio aos cidadãos, o direito de disputar cargos eletivos e o de participar "das diversas autoridades nacionais e locais". Não se esqueceu da contrapartida dos deveres, que só aparecem em outro projeto, o do jornalista João Soares Lisboa, do *Correio do Rio de Janeiro*. Como deveres o projeto definiu o de obedecer às leis, "sofrer o castigo" delas, defender a pátria, contribuir com impostos e responder pela conduta como funcionário público.

Os Andradas tinham nítida percepção — como outros publicistas da época, constituintes ou não — que os direitos se hierarquizavam em básicos e derivados. Segurança (ou vida), liberdade e propriedade eram os direitos básicos ou fundamentais e os derivados eram secundários em relação a eles. Mas ainda entre os básicos ou fundamentais havia uma hierarquia, como José Bonifácio explicitou, na representação apresentada à Constituinte ao defender que o direito à liberdade se sobrepunha ao direito de propriedade por ser mais conatural ao ser humano do que esta:

> Mas dirão talvez que se favorecerdes a liberdade dos escravos será atacar a propriedade. Não vos iludais, senhores, a propriedade foi sancionada para o bem de todos, e qual é o bem que tira o escravo de perder todos os seus direitos naturais e se tornar de pessoa a cousa, no dizer dos jurisconsultos. (...) Se a lei deve defender a propriedade, muito mais deve defender a liberdade pessoal dos homens, que não pode ser propriedade de ninguém, sem atacar os direitos da Providência, que fez os homens livres e não escravos.

No âmbito da organização do Estado, o primeiro aspecto a considerar era o da definição do novo ente jurídico que iria substituir a monarquia do Antigo Regime, o Estado-Nação.

José Bonifácio, nas instruções aos deputados paulistas às Cortes de Lisboa, ainda no Reino Unido, delimitou os três tipos de problemas a enfrentar, os do Reino Unido, os do Brasil e os de São Paulo. A premissa da qual partia era sempre a do estabelecimento da monarquia representativa, como alternativa ao absolutismo e à república. Quando se caracterizou a impossibilidade da opção do Reino Unido, sua escolha continuou sendo aquela. Mais tarde, após o rompimento com o imperador, lamentou que teria sido melhor "antes de decidir quem devia ter a Coroa, ter determinado os poderes da Coroa".

Tal definição prévia possivelmente teria evitado, se acatada pelas partes, muitas das crises que culminaram com o fechamento da Constituinte.

No início dos trabalhos da Assembleia Constituinte ocorreu apenas um frágil equilíbrio, manifestado na afirmação de Antônio Carlos de que "a Assembleia não trairá seus representados dando direitos da Nação ao trono, nem terá o 'ardimento' de invadir prerrogativas da Coroa".

Os Andradas, como a maioria dos deputados à Constituinte, entendiam que a Nação havia previamente decidido pela monarquia, como afirmou Antônio Carlos no início dos trabalhos, em 6 de maio de 1823. Entendiam que, aclamado d. Pedro como "Defensor Perpétuo do Brasil" pela câmara do Rio de Janeiro, tinha sido essa a escolha de todo o país, assim representando os desejos da Nação. Era uma ficção jurídica, mas, como lembrou Norberto Bobbio, o próprio pacto entre governantes e governados, pilar da ideia de contrato social, também o era.

Nos dias iniciais da Assembleia discutiu-se se ela representava integralmente a Nação, ou se compartilhava com o imperador essa prerrogativa. Admitir a primeira hipótese era colocar o poder constituinte todo em suas mãos, permitindo que tudo fosse por ela definido, inclusive a forma de governo. Mais uma vez os Andradas, liderando a maioria, refutaram a ideia de uma assembleia representativa popular, afirmando, com o mesmo argumento, que a representação era dividida entre o imperador — legitimado pela decisão da câmara fluminense — e a constituinte. Martim Francisco expôs o tema didaticamente, lembrando que a Assembleia não detinha as atribuições da Nação inteira.

A monarquia surgia assim como cláusula pétrea da futura constituição.

Um episódio ilustrativo da situação ocorreu na diplomação do padre Venâncio Henriques de Resende, representante de Pernambuco, tido por republicano. Martim Francisco e outros deputados questionaram a validade da eleição, porque a Nação "já decidiu as bases da Constituição", isto é, a monarquia: como o padre defendia a "democracia representativa", não estava de acordo com as instruções eleitorais e sua eleição não deveria ser confirmada.

Foi uma das poucas situações em que os irmãos tiveram opiniões divergentes. Embora defensor da premissa monárquica, Antônio Carlos não via o padre Henriques de Resende como um republicano antimonárquico, alegando falta de provas e reclamando da interpretação excessivamente restrita de monarquia dada por Martim Francisco.

Ultrapassada a etapa dos fundamentos, três questões de relevância nacional esclarecem bem a posição dos Andradas em relação ao Estado a ser construído a partir da futura constituição: a representação política, o equilíbrio institucional e a organização geopolítica.

Os Andradas, como a maior parte da elite política que fez a independência, distinguiam claramente entre habitantes, cidadãos passivos e cidadãos ativos, caracterizando no projeto constitucional de 1823 um sistema censitário. O cidadão ativo poderia, em diferentes círculos, ser eleitor e eleito. O cidadão passivo não participava do processo eleitoral enquanto estivesse em certas condições: falta de idade mínima, empregados domésticos, membros de ordens religiosas, trabalhadores avulsos, entre outros. Os habitantes eram o indígena não aculturado, o escravizado e o estrangeiro não naturalizado.

Tais limitações eram um traço essencial do liberalismo, que logo seria muito salientado por seus críticos à esquerda, fossem democratas, jacobinos ou socialistas. Como lembrou Hannah Arendt, a propósito, a cidadania era o direito preliminar a ter direitos.

Os Andradas concebiam a cidadania dessa forma. Se os habitantes eram detentores de direitos naturais por sua condição humana — o que abrangia indígenas aculturados ou não, escravizados, menores, incapazes e outras categorias capituladas desde as Ordenações —, era apenas ao cidadão ativo que se atribuía a plenitude dos direitos civis e dos direitos políticos. E no âmbito dos direitos políticos o art. n.º 122 do projeto definiu as eleições como indiretas, "elegendo a massa dos cidadãos ativos aos eleitores" do colégio eleitoral, que por sua vez elegia os deputados e senadores.

Os cidadãos ativos admitidos a votar nos membros do colégio eleitoral, pelo art. n.º 123, deveriam possuir "de rendimento líquido anual o valor de 150 alqueires de farinha de mandioca (...) provenientes de bens de raiz, comércio, indústria ou artes"; eram elegíveis para membros do colégio eleitoral, por sua vez, aqueles que possuíssem rendimentos de 250 alqueires de farinha; para deputado "nacional" o rendimento deveria ser de quinhentos e para senador mil alqueires.

Havia uma aspiração democrática embutida nos projetos eleitorais desde o século XVIII, que aparece também no pensamento andradino: a promoção do progresso econômico, com melhor distribuição de renda e a educação geral da população, de modo a aperfeiçoar cultural e tecnicamente a população, como José Bonifácio incluiu em seus textos constitucionais, inclusive propondo o método lancasteriano de ensino mútuo para acelerar a alfabetização.

Se tais proposições eram uma aspiração do projeto liberal, também eram sinal de sua fraqueza: para que este efetivamente se realizasse em plenitude, era necessário cumprir pelo menos os dois requisitos, o econômico e o cultural.

O equilíbrio institucional foi outro desafio para os Andradas, como para todos os próceres que, desde fins do século XVIII, procuravam estabelecer o constitucionalismo liberal em diferentes países.

Nesse âmbito, dois eram os principais problemas que deveriam ser bem equacionados, a juízo dos Andradas.

Em primeiro lugar, o equilíbrio das funções do Estado. Parecia-lhes, como aos liberais em geral, que a distribuição em três ramos, como tinha sido teorizada por Locke e Montesquieu e como começara a se praticar na Inglaterra no século anterior, era o melhor encaminhamento. Esse "governo misto", definido pelo art. n.º 39 do projeto da Constituinte, era representado pelos poderes legislativo, executivo e judiciário. O tema já tinha sido proposto por Antônio Carlos na Lei Orgânica da Revolução de 1817 e por José Bonifácio na *Memória* de 1821, ao se referir à Constituição como um ente de três "corpos", um para "querer ou legislar; outro para obrar e executar e outro para aplicar as leis ou julgar".

Os três irmãos sabiam que não bastava enunciar os poderes; era necessário que fossem harmônicos, que "nenhum faça invasões no território do outro", como dizia José Bonifácio. E Martim Francisco, já constituinte e ainda ministro da Fazenda, sempre pragmático, advertiu a

Assembleia que fora eleita para fazer a Constituição, não para imiscuir-se em decisões do judiciário ou do governo e que a "invasão" de outros poderes seria malvista no exterior e poderia acarretar (sic) "pobreza".

Vale recordar que José Bonifácio, com descortínio, percebeu já em 1821 a necessidade de um "corpo de censores" ou órgão equivalente que dirimisse conflitos entre poderes e reconhecesse "qualquer ato dos três poderes que seja inconstitucional", antecipando a necessidade do controle de constitucionalidade das leis que, à época, apenas começava a se definir nos Estados Unidos.

Para que a dinâmica do governo misto funcionasse a contento, era indispensável definir claramente o mecanismo de elaboração das leis. O projeto constituinte, coerente com a concepção da dupla delegação da Nação à Assembleia e ao imperador, definiu no art. n.º 41 que o poder legislativo era delegado a ambos. Com isso a iniciativa dos projetos de lei caberia à câmara dos deputados ou ao imperador.

O ponto mais delicado da engenharia legal era o da sanção ou veto do executivo, tema que dividiu violentamente opiniões desde as discussões da Constituição francesa de 1791 e inclusive na de Cádiz, cuja influência no Brasil era notória. O direito de veto, sua inteira supressão ou soluções intermediárias representavam, na prática política, definir a extensão dos respectivos poderes.

A solução encaminhada no projeto com a intensa participação dos Andradas — à altura da redação final pela comissão, cujo relator era Antônio Carlos, seus irmãos já não mais estavam no ministério porque tinham rompido com Pedro I — era de que, se o imperador negasse a sanção, o veto teria efeito suspensivo. Se nas duas legislaturas seguintes fosse reapresentado e permanecesse a negativa do executivo, seria dado por sancionado.

O segundo grande problema institucional, que também perturbava outros países, como os Estados Unidos e as Províncias Unidas do Rio da Prata, futura Argentina, era o do equilíbrio entre o centro e as diferentes regiões.

As opções eram o regime unitário, com a hipertrofia do centro, o regime de confederação, com larga autonomia para as províncias e o regime de federação, representando um meio-termo entre ambos. Tal clareza conceitual, entretanto, não existia na década de 1820. Nos Estados Unidos a federação representava um centro político ou União forte, e a confederação, ao contrário, fortalecia os estados e fragilizava a União. Na Constituinte brasileira de 1823 falou-se de federação e confederação como sinônimos, opostos ao sistema unitário. Na França pós-revolucionária simplesmente optou-se por uma centralização política e administrativa que eliminou a vida regional, restando o governo central e o regime municipal, modelo classicamente analisado por Alexis de Tocqueville.

Embora José Bonifácio em sua *Memória* aos deputados paulistas fale em províncias — e não poderia ser diferente, considerando os destinatários de suas palavras — o projeto da Assembleia Constituinte com a relatoria de Antônio Carlos as menciona no art. 2º, mas logo no art. 4° considera que o território do país seria dividido em comarcas, estas em distritos e os distritos em termos e, "quanto for possível", obedecendo a limites naturais e quantidade de habitantes. Ao contrário da colônia, onde a comarca era unidade predominantemente judiciária de responsabilidade do ouvidor, na opção da Constituinte ela era uma unidade administrativa, dirigida por um presidente nomeado pelo imperador e que possuía um conselho eletivo. Cada distrito teria seu subpresidente e o respectivo conselho, também eletivo, e cada termo corresponderia a um município com sua câmara "na qual residirá todo o governo econômico e municipal".

O que significava tal organização para a relação centro-periferia?

O projeto de Antônio Carlos, como já perceberam os historiadores Tobias Monteiro e João Camilo de Oliveira Torres, abria caminho para a extinção das províncias, reduzidas, como ocorria na França pós-revolucionária, a identidades históricas sem maior expressão política e nenhuma expressão administrativa. Em seu lugar haveria um centro político-administrativo forte num extremo e a vida municipal no outro, com dois círculos administrativos de permeio, o distrito, reunindo as municipalidades, e a comarca, reunindo os distritos.

Fazia sentido tal orientação se lembrarmos que era um fato a força da identidade provincial: o padre Feijó, deputado paulista às Cortes de

Lisboa, dissera havia pouco tempo em Portugal, que representava São Paulo e não o Brasil.

Contra essa perspectiva havia a preocupação dos Andradas e de parte da elite política em dotar o país de um governo central forte. José Bonifácio, no início dos trabalhos da Constituinte e na condição de seu vice-presidente, disse com todas as letras que o governo — ainda era ministro — vinha trabalhando para "centralizar a união e prevenir as desordens que procedem de princípios revoltosos". O "quadro desolador" das guerras civis na América espanhola mostra, dizia ele, que "o povo quer constituição, mas não demagogia e anarquia".

Considerando que naquele momento ainda havia guerra pela independência no Maranhão e no Pará, que a temperatura política na capital seguia alta e que a soberania não estava consolidada, fazia sentido para os Andradas uma proposta que transformava as províncias em reminiscência histórica e dotava o país de uma nova organização, quebrando as identidades regionais.

Fechada a Assembleia e elaborado novo projeto de constituição, o tema foi — provavelmente pela moderação do marquês de Caravelas — discretamente retirado, substituindo-se a divisão em comarcas por uma emenda que dizia: "A Constituição mantém a divisão atual do território, e para o futuro far-se-ão novas criações ou divisões, segundo pedir a necessidade do serviço ou o cômodo dos povos."

A procrastinação possibilitava a redefinição territorial, mas não abria nova frente de conflito com as elites provinciais.

* * *

Como costuma acontecer nas biografias, cada um dos irmãos Andrada foi criticado ou endeusado, o que não era difícil, dadas algumas características pessoais das quais compartilhavam. A plena consciência de seu valor intelectual, o destaque que possuíam — e que conscientemente cultivavam — em relação a outros personagens da elite luso-brasileira, a assertividade e certo grau de irascibilidade fizeram deles figuras exponenciais na vida pública da época da Independência.

As ideias jurídicas que tinham eram as do Iluminismo, mas não se fecharam doutrinariamente. Ao contrário, eram, por motivos diferentes, pragmáticos: José Bonifácio, pela prolongada experiência científica; Antônio Carlos pelo trato com políticos, administradores e revolucionários; e Martim Francisco pelo interesse nos temas econômicos.

Nas palavras finais de seu projeto de Constituição, José Bonifácio fez um comentário que traduz bem esse pragmatismo:

"A bondade de qualquer Constituição é que esta seja a melhor-que a nação possa e queira receber. (...) Assim as melhores instituições absolutamente não são as melhores relativamente. (...) Tudo é filho do tempo e das luzes. Os homens são entes sensíveis, e das circunstâncias, e não entes de razão ou ideias de Platão."

Dessa forma, não foram liberais à *outrance*. Na questão dos direitos do homem, ficaram nos limites do liberalismo moderado, deixando para o futuro seu alargamento, com a condição de que fossem resolvidos os problemas da maior geração da riqueza e da educação popular. Percebiam a limitação do liberalismo constitucional, aliás largamente compartilhada ao longo do século XIX.

No conjunto das políticas públicas e mesmo na área econômica foram fiéis a essa concepção. Vindos da tradição pombalina e neopombalina, que optava pela modernização de cima para baixo, não é de surpreender que conciliassem seu liberalismo com algum grau de intervenção estatal, dadas as fragilidades econômicas do país e as persistências coloniais. Mas esse pragmatismo também seria adotado por governos liberais no mundo euro-americano e seu exemplo mais eloquente foi a atuação de François Guizot, uma das grandes expressões do liberalismo doutrinário e prático, no exercício do governo francês.

CAIO MÁRIO DA SILVA PEREIRA

Carlos Roberto Barbosa Moreira[1]

...toda a minha conduta como jurista e cidadão reflete como a democracia sempre esteve presente em minha vida.[2]

Caio Mário da Silva Pereira prestou um grande favor a seus biógrafos: narrou sua própria vida, em livro modestamente intitulado *Algumas lembranças*, publicado em 2001 pela Forense, editora à qual, como autor e diretor da célebre revista, permaneceu vinculado por muitas décadas. Embora nem todas as autobiografias sejam dignas de crédito — enquanto algumas exageram os feitos dos biografados, outras lhes atenuam as culpas —, as memórias de Caio Mário me soam fidedignas, porque descrevem, em sua maior parte, episódios de conhecimento público, dos quais ele participou ora como protagonista, ora como observador privilegiado. E à narrativa dos fatos não falta o sincero reconhecimento de alguns erros de avaliação, inevitáveis em qualquer trajetória humana.

---

[1] Bacharel em Direito pela Universidade do Estado do Rio de Janeiro. Professor de Direito civil do departamento de Direito da Pontifícia Universidade Católica do Rio de Janeiro – PUC Rio (1993-2003).

[2] PEREIRA, Caio Mário da Silva. *Algumas lembranças.* 1.ª ed. Rio de Janeiro: Forense, 2001, p. 154.

Tendo nascido em 1913 e falecido nove décadas mais tarde, Caio Mário foi testemunha de um século de intensas transformações, no Brasil e no mundo. Ao proceder ao inventário de marcantes acontecimentos da vida nacional — "um balanço existencial que eu revia no meu cineminha interior" —, o mestre enxerga "muitos erros e alguns acertos, (...) que me afetaram tanto quanto aos brasileiros em geral e aos homens preocupados com a nacionalidade em particular".[3] O comentário abrange o tempo que vai da juventude do autor à eleição do presidente Jânio Quadros, mas é possível estendê-lo a todo o período histórico posterior — é o que, aliás, demonstra Caio Mário, quando, em sua autobiografia, esquadrinha o que se seguiu do governo João Goulart à reeleição de Fernando Henrique Cardoso, ponto-final de sua narrativa. A observação certamente conservou sua atualidade.

A menção ao nome de Caio Mário traz à mente, de imediato, a figura do grande civilista, professor emérito da Universidade Federal de Minas Gerais e da Universidade Federal do Rio de Janeiro, autor das *Instituições de Direito Civil* e de outras obras fundamentais de sua disciplina (algumas, no seu tempo, de inegável originalidade), invariavelmente redigidas no estilo sóbrio que distingue toda a sua produção literária.

Em janeiro de 1998, ao discursar, na cerimônia de colação de grau da turma que adotara o nome do mestre, expressei a opinião de que, comparados às *Instituições*, trabalhos congêneres se revelavam "menos elegantes na forma e menos densos no conteúdo".[4] Passado um quarto de século, eu seria injusto se não reconhecesse a profundidade de autores mais novos, que trouxeram inegável contribuição ao Direito brasileiro, em trabalhos didáticos[5] de inegável valor; no entanto, permaneço

---

[3] Ibid., p. 252.

[4] A íntegra do discurso pode ser lida, sob o título "Homenagem ao professor Caio Mário da Silva Pereira", na *Revista Forense*, v. 344, pp. 466 e seguintes.

[5] Não se escandalize o leitor com o emprego, no texto, do vocábulo "didáticos", que de nenhum modo subestima a importância das *Instituições* de Caio Mário ou de qualquer outro trabalho de sistematização, anterior ou posterior. Afinal, "didático" qualifica o que é "destinado a instruir", "que facilita a aprendizagem", "que proporciona instrução e informação, assim como prazer e divertimento" (*Dicionário Houaiss da língua portuguesa*). Tenho dificuldade em encontrar maior elogio para exaltar as virtudes de qualquer obra que pretenda sinceramente ensinar algo ao leitor.

convencido de que, no tocante ao estilo, Caio Mário não foi superado (e vaticino: dificilmente o será).

Ao Caio Mário civilista deve ser também atribuída a paternidade da Lei n.º 4.591, de 16 de dezembro de 1964 (sobre condomínios em edificações e incorporações imobiliárias), e de um anteprojeto de Código de Obrigações, o qual, se não se converteu em Direito positivo, subsiste como prova da cultura e da capacidade de ordenação de seu autor.

No contexto de uma rica biografia, a carreira acadêmica e a produção intelectual de Caio Mário não devem obscurecer o desempenho de funções públicas relevantíssimas: consultor-geral da República no governo Jânio Quadros; advogado-geral e secretário de Segurança Pública do Estado de Minas Gerais no governo Magalhães Pinto; chefe de gabinete do Ministério da Justiça e, mais tarde, também do Ministério da Educação no governo Castello Branco; *last, but not least,* presidente do Conselho Federal da Ordem dos Advogados do Brasil.

Ao leitor desavisado talvez pareçam contraditórias, de um lado, a solene afirmação de fé na democracia, expressa no trecho reproduzido na epígrafe desta homenagem, e, de outro, a assunção de cargos no primeiro governo militar, após o golpe de 1964 — e, pouco antes disso, a confessada participação, "ao lado do governador de Minas, do movimento que pretendia derrubar o presidente da República e seus aliados".[6] Convém dar ao leitor ciência de alguns fatos, que o próprio Caio Mário recorda em suas memórias e que talvez possam ser sintetizados na afirmação, por ele feita, segundo a qual, desde cedo, "jamais deixaria de afinar-me com os movimentos liberais".[7]

De acordo com o relato do mestre, seu interesse por política surgiu, em 1929, com o advento da Aliança Liberal, a que ele aderiu na primeira hora, "contra os erros, os abusos e o autoritarismo predominantes na Primeira República".[8] Tornou-se "entusiasta admirador" de

---

[6] PEREIRA, Caio Mário da Silva. *Algumas lembranças*. 1.ª ed. Rio de Janeiro: Forense, 2001, p. 294.

[7] Ibid., p. 198.

[8] Ibid., p. 185.

Getúlio Vargas,[9] mas logo aprenderia "a desconfiar de qualquer atitude pública do caudilho",[10] sobretudo "ao perceber os traços continuístas de sua conduta nos anos que se seguiram à tomada do poder e à sua 'eleição' para a Presidência".[11]

Durante os anos 1930, a despeito da grande efervescência política, não se deixou seduzir nem pelo integralismo de Plínio Salgado,[12] nem pelo comunismo ("por mais atraente a sua roupagem e linguagem"[13]), embora, por motivos insondáveis, fosse tido por "comunista convicto" e "ferrenho"[14] — fama que seria lembrada décadas depois, em episódios não surpreendentemente ocorridos durante o governo militar.[15] No Brasil, vem de longe o hábito de submeter aos mesmos rótulos (em geral, impróprios) não apenas opositores a governos autoritários,[16] mas

---

[9] Ibid., p. 198.

[10] Ibid., p. 205.

[11] Ibid., p. 198.

[12] "Sob influência dos regimes fortes em ascendência na Europa, grupos e partidos tentavam implantar no Brasil doutrinas semelhantes, como os integralistas, cujas atividades acentuaram-se a partir de 1930, conquistando numerosos seguidores nos meios universitários. É claro que a Faculdade de Direito, um cadinho de ebulição política na capital de Minas originariamente engajada, deu uma boa contribuição. Mas eu resisti. Não me seduziram as ideias de Plínio Salgado, por mais revestidas de cunho nacionalista, que bem disfarçavam o seu conteúdo de extrema direita, desmascarado com a derrota do nazifascismo" (PEREIRA, Caio Mário da Silva. *Algumas lembranças.* 1.ª ed. Rio de Janeiro: Forense, 2001, p. 195).

[13] PEREIRA, Caio Mário da Silva. *Algumas lembranças.* 1.ª ed. Rio de Janeiro: Forense, 2001, p. 198.

[14] Ibid., p. 205.

[15] Ibid., pp. 304 e 314. O autor recorda que ele e o jurista Edgar da Matta Machado ficaram "ambos muito marcados como esquerdistas, no período dos governos militares" (op. cit., p. 225). O filho de Mata Machado, José Carlos Novais da Mata Machado, militante da esquerda, seria preso e torturado em 1973, vindo a falecer na carceragem do DOI de Recife: veja GASPARI, Elio. *A ditadura escancarada.* São Paulo: Companhia das Letras, 2002, pp. 389-390 (Caio Mário alude ao fato na p. 326 de *Algumas lembranças*). Já na década seguinte, o professor Mata Machado integrou a banca examinadora de concurso para o provimento de cargo de professor titular na Faculdade de Direito da UERJ. Meu pai participava da banca. Um dos candidatos era fraco e apresentara uma tese confusa. A banca o reprovou, mas as notas atribuídas a ele por Mata Machado eram de aprovação. Recordo-me bem do comentário de meu pai: "Quem perdeu um filho naquelas circunstâncias não mais consegue reprovar ninguém."

[16] Ao discursar perante a Assembleia Geral da ONU, em setembro de 2021, o então presidente Jair sustentou que o país se encontrava, antes de sua posse, "à beira do socialismo" (sic). Não foram poucas as vezes em que, durante o seu mandato, ele e seus seguidores mais fiéis expressaram o (imaginário) risco de tomada do poder por "comunistas".

até mesmo quem, integrando a estrutura do poder, todavia se mostre contrário a manifestações de sua exacerbação.

Vivendo, logo após a conclusão de seu curso universitário, a dura realidade de uma incipiente advocacia, Caio Mário adotou um "comportamento político pouco participativo, (...) de mero observador".[17] Porém, a veia política seria novamente despertada, em 1943, por ocasião do *Manifesto dos mineiros*, do qual o mestre foi signatário, ao lado de outros conterrâneos ilustres que se opunham ao Estado Novo. O documento, redigido "em termos equilibrados, sem excessos de linguagem, (...) conclamava o retorno da nação aos rumos de seu tradicional destino, ao amparo da democracia, da qual fora afastada, salientando a necessidade e o desejo de o país governar-se por si mesmo. Em termos velados e cautelosos, mostrava o descontentamento com a tutela de que se revestira Vargas, por autodeterminação".[18] Na avaliação de Caio Mário, a Constituição de 1937 implantara "uma terrível ditadura, realmente uma noite das mais negras na vida brasileira",[19] o que motivava a publicação do *Manifesto*, "palavra de ordem e grito de alerta, revelando que Minas continuava sempre vigilante, posto que silenciosa".[20]

A partir da queda do Estado Novo e da redemocratização do país, as lembranças de Caio Mário sugerem uma pausa em suas atividades políticas. Ele, no entanto, nunca deixou de conviver com algumas figuras de destaque da política de seu tempo. Milton Campos e Pedro Aleixo, também advogados e signatários do *Manifesto dos mineiros*, são personagens destacados desse período. A ascensão de ambos ao governo de Minas — o primeiro, como governador; o segundo, como integrante de seu secretariado — acabaria por contribuir para a projeção de Caio Mário na advocacia local, pois, com o impedimento dos ilustres concorrentes, passou ele à condição de "livre atirador desimpedido". "Obviamente meu escritório haveria de crescer", conclui o mestre.[21]

---

[17] PEREIRA, Caio Mário da Silva, op. cit., p. 201.
[18] Ibid., p. 207.
[19] Ibid., p. 202.
[20] Ibid., p. 208.
[21] Ibid., p. 227.

A despeito de sua "proximidade política e pessoal com o grupo udenista de Minas",[22] Caio Mário permaneceu, naqueles anos, concentrado na advocacia e no magistério superior. Mas a candidatura de Jânio Quadros à Presidência da República reacendeu a velha chama: "Acreditava-se, e acreditava eu, que um panorama novo se abriria (...). Enfim, alguém aparecera na hora certa com a pregação certa."[23] Eleito Jânio, Caio Mário "acompanhava o turbilhão à distância", recolhido em seu "canto de atenta passividade",[24] até que sobreveio o convite para assumir o cargo de consultor-geral da República — convite prontamente aceito, com o entusiasmado apoio da mulher, Marina, que fez o comentário certo na hora certa: "Até que enfim alguém se lembrou de você!"[25]

Caio Mário narra muitos episódios pitorescos do período — curto como o do próprio governo Jânio Quadros. O leitor de suas memórias descobre ter sido ele o redator de decretos presidenciais que marcaram a administração janista, acerca de assuntos "lamentavelmente desconsideráveis", os quais, todavia, povoavam o pensamento do então chefe do Executivo. Exemplo eloquente reside no decreto que "proíbe o traje de banho nos concursos e desfiles de beleza" (Decreto n.º 51.182, de 11 de agosto de 1961).[26] Entretanto, a atuação do consultor-geral da República não se circunscreveu ao Jânio folclórico: foi além, estendendo-se a temas da mais alta relevância, como o da criação do Parque Nacional do Xingu[27] (Decreto n.º 50.455, de 14 de abril de 1961), cujas terras deveriam "restar totalmente resguardadas de exploração", como se lê em seu primeiro considerando. Eu me pergunto o que Caio Mário sentiria hoje, ao tomar conhecimento da realidade do local (e de outros santuários): desmatamento, grilagem, garimpo ilegal, poluição

[22] Ibid., p. 244.
[23] Ibid., pp. 247-248.
[24] Ibid., p. 251.
[25] Ibid., p. 253.
[26] Ibid., p. 266 (onde há uma lista de decretos presidenciais redigidos pelo autor).
[27] Hoje, Parque Indígena do Xingu.

dos rios, disseminação de doenças e violência de toda espécie contra os povos indígenas.[28]

À renúncia de Jânio seguiu-se o pedido de exoneração do cargo de consultor-geral da República, que Caio Mário redigiu e entregou no mesmo dia. "Eu sentia carregar nas costas o peso da mais profunda decepção."[29] Sua percepção era a de que "tudo estava muito confuso, com indícios cada vez mais nítidos de rompimento do tecido institucional, cujas consequências seriam inevitavelmente trágicas para todo o país".[30] O tempo vivido em Brasília e os acontecimentos subsequentes — a contestada posse de João Goulart, a breve e fracassada experiência parlamentarista — encerram um período de "controversos sentimentos: profunda desilusão com a vida pública, mas a consciência de dever cumprido".[31]

Àquela altura da vida, Caio Mário supunha que sua existência "se reacomodara no leito tranquilo do curso anterior: sem redemoinhos...";[32] sobreveio-lhe, porém, o convite para integrar a administração do governo de Minas, primeiro como advogado-geral do Estado, mais tarde — um tanto para sua incredulidade — como secretário de Segurança, cargo dificilmente ocupado por um advogado cível e professor de Direito Civil. Mas, se é certo que "a boa administração tem seus espinhos",[33] não menos verdadeiro é que a experiência haurida noutros setores da vida jurídica pode sugerir diagnósticos e soluções diversos daqueles acessíveis a especialistas do campo penal — ou a quem se tenha limitado a conviver com policiais. Uma demonstração disso está em enxergar numa invasão de terras particulares "por famílias desabrigadas",

---

[28] Vejam-se, por exemplo, as seguintes publicações, que retratam algumas das atuais mazelas enfrentadas pelos indígenas:
https://noticias.uol.com.br/ultimas-noticias/rfi/2022/10/15/no-territorio-do-xingu-indigenas-se-sentem-abandonados-pelo-governo-brasileiro.htm. Acesso em 30 de janeiro de 2023.
https://g1.globo.com/jornal-nacional/noticia/2021/04/21/terra-indigena-do-xingu-completa-60-anos-cercada-pelo-avanco-do-desmatamento.ghtml. Acesso em 30 de janeiro de 2023.

[29] PEREIRA, Caio Mário da Silva, op. cit., p. 273.

[30] Ibid., pp. 274-275.

[31] Ibid., p. 275.

[32] Ibid., p. 276.

[33] Ibid., p. 284.

não uma simples questão de polícia, e sim "uma questão social delicada que, malconduzida, poderia degenerar em intranquilidade pública".[34] Intriga-me a visão de um jurista sofisticado como Caio Mário às voltas com delegados e meganhas.

Sobre 1964: Caio Mário admite ter apoiado, na primeira hora, o golpe militar, provavelmente influenciado pelo círculo udenista de Minas, no qual pontificavam figuras como o governador Magalhães Pinto, a cujo governo servira pouco antes, além dos amigos Milton Campos e Pedro Aleixo, entre outros. Segundo uma versão muita difundida, exposta mesmo por investigadores insuspeitos, "[h]avia dois golpes em marcha. O de Jango viria amparado no 'dispositivo militar' e nas bases sindicais, que cairiam sobre o Congresso, obrigando-o a aprovar um pacote de reformas e mudanças das regras do jogo da sucessão presidencial".[35] Caio Mário expressa idêntica visão: "Ou as forças da ordem se levantavam incontinente, ou o Brasil ficaria sob um regime esquerdista, dominado pelos pelegos que envolviam o presidente da República."[36] Evidentemente, não é esta a sede própria para exame de tema tão complexo. Não se pode refutar, todavia, a impressão, colhida pelo mestre, de que, em muitas rodas, "a exaltação anticomunista obliterava corações e mentes".[37]

Caio Mário nega, no entanto, qualquer participação na redação do Ato Institucional n.º 1, cujo propósito, que reputa "sincero naquele momento", seria o de "imprimir um rumo ao país diferente daquele que vinha indicando mais o abismo que o paraíso".[38] Constitui tarefa sempre difícil avaliar opiniões alheias (e mesmo as próprias...) fora do

---

[34] Ibid., p. 284.

[35] GASPARI, Elio. *A ditadura envergonhada*. São Paulo: Companhia das Letras, 2002, p. 51.

[36] PEREIRA, Caio Mário da Silva, op. cit., p. 294.

[37] Ibid., p. 302. É verdadeiramente inacreditável que, passados quase sessenta anos, ainda existam brasileiros temerosos do advento de uma ditadura "comunista". Aliás, com alguma dose de sarcasmo, comparei, certa vez, o patético final do governo Bolsonaro aos últimos dias do Terceiro Reich, tão magistralmente retratados no filme *A queda* (no original, *Der Untergang*): o líder, decadente e vencido, refugiado no *bunker*, acompanhado apenas de poucos seguidores fanáticos, à espera de que divisões imaginárias acorressem, para impedir a vitória do "exército vermelho"...

[38] Ibid., pp. 296-297.

contexto em que foram formuladas; mas a leitura do ucasse militar, mesmo no ambiente de aguda polarização política no qual foi editado, certamente já descortinava o precipício em que o país mergulharia em seguida. O próprio Caio Mário registra, a propósito daquele Ato Institucional: "(...) ao conferir pleno arbítrio ao presidente da República, desapareceram quaisquer garantias constitucionais. Sob uma relativa aparência formalística, criou-se a impossibilidade de exercício do Direito e do recurso à defesa, permitindo-se, em contrapartida, a multiplicidade de denúncias, muitas vezes movidas por vinditas pessoais."[39]

Durante o governo Castello Branco, Caio Mário foi chefe de gabinete de Milton Campos, no Ministério da Justiça, e, mais tarde, de Pedro Aleixo, no Ministério da Educação. A aceitação de ambos os convites atendeu a imposições de amizade — no primeiro caso, também ao "desejo (ou seria vaidade?) de coordenar a reforma dos códigos brasileiros".[40] Em outubro de 1965, Milton Campos demitiu-se do Ministério, por discordar da edição de um novo ato institucional, que endureceria o regime. Caio Mário seguiu-lhe os passos. Em suas memórias, ele admite, porém, a frustração em não ter sido convidado, naquele momento delicadíssimo, para assumir a pasta.[41] A vaidade pode ter sido arranhada pela ausência do convite, mas a biografia foi certamente enriquecida. Outro eminente jurista brasileiro, da mesma geração, não teve igual sorte, e seu nome permanece indelevelmente associado ao período mais cruel da ditadura militar.

A participação no governo Castello Branco não impediu que Caio Mário condenasse os excessos cometidos durante todo o regime militar. Em suas memórias, ele não hesita, por exemplo, em afirmar que o governo Médici "caracterizou-se pela violência e crueldade"[42] — um "período de mortes, desaparecimentos e torturas".[43] Os atentados promovidos no início dos anos 1980, pela "direita inconformada" com a

[39] Ibid., p. 297.
[40] Ibid., p. 299.
[41] Ibid., p. 309.
[42] Ibid., p. 325.
[43] Ibid., p. 326.

abertura política, também são censurados pelo mestre: "Já seriam estúpidos, não fossem criminosos."[44]

Convém, neste passo, que se examine a postura de Caio Mário à frente da Ordem dos Advogados do Brasil, entre 1975 e 1977, durante o governo do general Ernesto Geisel — um período "cheio de pequenos avanços e recuos, no caminho de uma indefinida democracia conservadora, evitando que a oposição chegasse muito cedo ao poder".[45] Se, de um lado, o discurso oficial pregava uma distensão "lenta, gradual e segura", de outro o governo não abdicou (até a Emenda Constitucional n.º 11, de 13 de outubro de 1978) do manejo dos atos institucionais, com os quais suspendia direitos políticos, cassava mandatos eletivos e cometia outras arbitrariedades — entre elas, o fechamento do Congresso e a decretação do tristemente célebre "pacote de abril", em 1977. A tortura prosseguia, e "os militares da linha dura continuavam a enxergar subversivos por toda parte".[46]

Caio Mário define sua atuação, naquele contexto adverso, como "um padrão de resistência pacífica aos desmandos ditatoriais".[47] Dois episódios daquele "período de trevas" (como a ele se refere o mestre)[48] ilustram a definição.

O primeiro deles traduziu-se na intransigente defesa da autonomia da Ordem, quando os governantes de então pretenderam submeter a entidade ao controle de algum órgão externo. Antes mesmo de se tornar seu presidente, Caio Mário já redigira um vigoroso parecer em que demonstrara a ilegalidade de dois decretos, do ano de 1974, que declaravam "vinculados" ao Ministério do Trabalho tanto o Conselho Federal quanto os Conselhos Seccionais da Ordem dos Advogados do Brasil. Mais tarde, já durante a presidência de Caio Mário, surgiu o plano, em altos escalões do governo federal, de impor à Ordem uma periódica prestação de contas ao Tribunal de Contas da União. A ideia foi enfati-

---

[44] Ibid., p. 328.

[45] FAUSTO, Boris. *História concisa do Brasil.* 2.ª ed. São Paulo: Edusp, 2006, pp. 270-271.

[46] Ibid., p. 271.

[47] PEREIRA, Caio Mário da Silva, op. cit., p. 147.

[48] Ibid., p. 139.

camente recusada pelo *batônnier* em conversa com o então ministro do Trabalho, a quem o presidente da República delegara a missão de obter um assentimento ao projeto intervencionista. A veemente resposta do homenageado pôs fim ao conflito: "Senhor ministro, quem está sujeito à prestação de contas perde a possibilidade de sustentar sua autonomia. A OAB sempre viveu gozando de liberdade e não será pela minha mão que ela irá se entregar ao Governo."[49]

O segundo episódio é ainda mais dramático e também é narrado, embora discretamente, no volume de memórias.[50] Há alguns anos, a professora Tânia da Silva Pereira, filha de Caio Mário, me franqueou acesso a documentos que completam o quadro ali descrito. Em 1975, presos políticos encarcerados em São Paulo dirigiram ao Conselho Federal da Ordem uma representação que continha a minuciosíssima descrição das atrocidades, promovidas por agentes estatais, a que eles, presos, estavam expostos. Como presidente da entidade, Caio Mário dirigiu ao governo da República um ofício, em tom firme, para dar às autoridades do Poder Executivo o exato conhecimento do relato das práticas nefandas — "na sua dolorosa e crua realidade", como pontuou o então líder da classe dos advogados. O expediente foi igualmente encaminhado aos presidentes do Supremo Tribunal Federal, do Senado Federal e da Câmara dos Deputados. Há, no ofício, um parágrafo que, por sua lucidez, certamente merece transcrição: "Eu não entro no mérito dos julgamentos, já o tenho inúmeras vezes repetido. Não postulo a imunidade penal para quem quer que seja. Mas entendo (...) que a ação mantenedora da segurança do Estado deve guardar um limite, a meu ver intransponível: o do respeito aos direitos da pessoa humana, que a civilização ocidental levou milênios a proclamar, e que é de origem divina."

---

[49] Ibid., p. 154. Em data bem mais recente, o tema aparentemente voltou à discussão, como sugere o parecer (de 2001) redigido pelo professor Arnoldo Wald, em resposta a uma consulta que lhe dirigiu a Ordem, publicado na *Revista Forense*, v. 358, pp. 187 e seguintes. Sua conclusão é a de que a atuação da entidade "exige e pressupõe a sua plena e total independência, tanto no plano hierárquico e disciplinar como em relação ao seu orçamento e no referente à fiscalização financeira. Descabe, pois, a fiscalização do Tribunal de Contas pela absoluta falta de amparo na Constituição vigente e na tradição do nosso Direito".

[50] PEREIRA, Caio Mário da Silva, op. cit., p. 148.

O retrato do Caio Mário democrata completa-se com a exibição de outra faceta do homenageado. Ao verdadeiro democrata não ocorre apenas a defesa de uma democracia formal. De acordo com a Constituição brasileira de 1988, são "objetivos fundamentais da República", entre outros, "construir uma sociedade livre, justa e solidária" e "erradicar a pobreza e a marginalização e reduzir as desigualdades sociais e regionais" (art. 4º, n.ºs I e III). O verdadeiro democrata há de empenhar-se na transformação desse belo projeto em realidade palpável. Por isso, ao encerrar esta homenagem, celebro o trecho em que, aproximando-se do fim de suas lembranças, Caio Mário revela sua preocupação com a questão social e com a injusta distribuição de renda no país, "um desafio que (...) avançará sobre muitos outros governos no porvir".[51]

Janeiro de 2023

[51] Ibid., p. 334.

JOSÉ ANTÔNIO PIMENTA BUENO

Cármen Lúcia Antunes Rocha[1]

O bem-estar do homem é tanto maior quanto maior é a sua liberdade, quanto menor é o sacrifício ou restrições dela.

Pimenta Bueno

Introdução

O Brasil soberano constitucionalizou-se pela Carta de Lei de 25 de março de 1824. Dos momentos que se seguiram à proclamação formal de independência de Portugal, em 7 de setembro de 1822, até a outorga daquela lei observada como Constituição do Império do Brasil, o país ainda observou normas do Direito português, mantendo-se, quanto à sua organização política, ordenamento que antecedia o novo cenário histórico. Quer-se dizer, o Direito prevalecente em Portugal com os decretos do imperador do Brasil, em adaptação ao novo quadro de Estado soberano, seguiu vigente no Brasil até a outorga da Constituição Imperial em 1824.

---

[1] Jurista, professora e magistrada brasileira, atual ministra do Supremo Tribunal Federal (STF) e do Tribunal Superior Eleitoral (TSE). Foi presidente da Corte Suprema e do Conselho Nacional de Justiça (CNJ) de 2016 a 2018. Além disso, exerceu os cargos de presidente do TSE e presidente da segunda turma do STF.

Chega a parecer bizarro que, mesmo após o ato formal de independência brasileira da Coroa portuguesa em 7 de setembro de 1822, deputados pátrios, representando o Brasil na Assembleia das Cortes Gerais, Extraordinárias e Constituintes da Nação Portuguesa, tenham assinado, em 30 de setembro daquele mesmo ano, a Constituição Política da Monarquia Portuguesa.[2]

Os quase dois anos passados entre 7 de setembro de 1822 e 25 de março de 1824 foram de políticas em ebulição e direitos em formulação nas terras brasileiras.

Com as singularidades que perpassam a história do Brasil (e talvez de todos os povos), antes mesmo da proclamação formal da independência, em 7 de setembro de 1822, convocara o ainda príncipe regente (depois imperador da Monarquia brasileira) uma Assembleia para elaborar uma constituição para o Brasil.

A despeito daquela convocação precedente à independência, somente em 3 de maio de 1823 se instalou aquela Assembleia Constituinte, no Rio de Janeiro, com 84 dos cem deputados eleitos pelas quatorze províncias. Paralelamente à instalação e aos trabalhos da Assembleia Constituinte persistiam, no Brasil, os movimentos libertários em algumas províncias, especialmente Maranhão e Grão-Pará, Pernambuco, Bahia e Mato Grosso, além das províncias da Cisplatina.

Conta-se, na história constitucional brasileira, que desde a sua definição como órgão soberano se iniciaram as desavenças entre a Assembleia Constituinte de 1823 e o imperador do Brasil, proclamado em 12 de outubro de 1822.

---

[2] De se registrar que, em 23 de setembro de 1822, na sessão solene das Cortes Gerais, Extraordinárias e Constituintes da Nação Portuguesa, reunida para o ato de juramento dos deputados à Constituição Política da Monarquia Portuguesa, ausentou-se grande parte dos deputados brasileiros.

E de se realçar que, em 5 de outubro de 1822, em Lisboa, os deputados constituintes pelo Reino do Brasil, Antônio Carlos Ribeiro de Andrada Machado e Silva (SP), Antônio Manuel da Silva Bueno (SP), Diogo Antônio Feijó (SP), José Ricardo da Costa Aguiar de Andrada (SP), Francisco Agostinho Gomes (BA), Cipriano José Barata de Almeida (BA) e José Lino Coutinho (BA), que, por não aceitarem o que fora decidido pela maioria lusitana, não juraram a Constituição Política da Monarquia Portuguesa, e embarcaram com destino a Falmouth, porto inglês do condado de Cornwall.

Naquela Assembleia Constituinte, em 1.º de setembro de 1823, o relator, deputado Antônio Carlos Ribeiro de Andrada Machado e Silva, apresentou projeto de constituição com 272 artigos, de natureza liberal e limitadora do poder imperial.[3]

Dificultadas as relações políticas entre o poder imperial constituído e a Assembleia Constituinte, que prosseguia com seus trabalhos, contrariaram mais ainda os interesses da Coroa e seus áulicos os debates e o encaminhamento de matérias relativas à liberdade de imprensa e à propriedade e ao direito sucessório, esses a impedirem (segundo proposições apresentadas) a continuidade de transferência de bens de estrangeiros (aí incluídos os portugueses) para o exterior, ao retornarem a seus países de origem.

O acirramento de ânimos atingiu temperatura mais elevada em 10 de novembro de 1823, ao ser pautada na Assembleia Constituinte a proposta sobre liberdade de imprensa. A reação imperial teria levado o deputado Antônio Carlos Andrada a propor que permanecesse a Assembleia em sessão permanente "enquanto durarem as inquietações na cidade e que se solicitem ao governo os motivos dos estranhos movimentos militares que perturbam a tranquilidade da capital".

Aprovada aquela proposta de manutenção dos deputados em sessão permanente, instalou-se a denominada "Noite da Agonia", que continuou de 11 a 12 de novembro. Então, no início da tarde daquela data, a tropa imperial cercou o prédio da Cadeia Velha, no Rio de Janeiro, onde tinha lugar o trabalho constituinte. Peças de artilharia foram instaladas nas entradas das ruas adjacentes e o imperador decretou a dissolução da Assembleia Constituinte.

Não bastou, contudo, a dissolução daquela primeira experiência constituinte brasileira. Sobrevieram prisões e exílios de alguns constituintes.

---

[3] Aquele projeto de constituição recebeu o apelido de "Constituição da Mandioca", o que se deu por estabelecer que somente brasileiros com renda anual similar a 150 alqueires de mandioca é que poderiam votar.

No dia seguinte, 13 de novembro de 1823, o imperador d. Pedro I nomeou um Conselho de Estado composto de dez membros para elaborar um projeto de constituição.[4]

Apresentado o projeto elaborado pelo Conselho a algumas Câmaras Municipais (em movimento mais formal que substancial de aprovação popular), a Carta de Lei observada como Constituição do Império do Brasil foi outorgada pelo imperador d. Pedro I em 25 de março de 1824.

O Brasil era, então, um país com aproximadamente 4,5 milhões de habitantes, sendo oitocentos mil índios, um milhão de brancos, 1,2 milhão de negros escravizados e 1,5 milhão mulatos, pardos, caboclos e mestiços.

Naquele Brasil, por lei de 11 de agosto de 1827, o imperador criou os dois primeiros cursos jurídicos no Brasil, um em São Paulo e outro em Olinda, em Pernambuco.[5]

---

[4] "Decreto de 13 de novembro de 1823
Crêa um Conselho de Estado e nomeia os respectivos membros.
Havendo eu, decreto de 12 do corrente, dissolvido a Assembléa Geral Constituinte e Legislativa, e igualmente promettido um projecto de Constituição, que deverá (como tenho resolvido por melhor) ser remettido ás Camaras, para estas sobre elle fazerem as observações, que lhe parecerem justas, e que apresentarão aos respectivos Representantes das Provincias, para dellas fazerem o conveniente uso, quando reunidos em Assembléa, que legitimamente representa a nação: E como para fazer semelhante projecto com sabedoria, e apropriação ás luzes, civilização, e localidades do Imperio, se faz indispensavel, que eu convoque homens probos, e amantes da dignidade imperial, e da liberdade dos povos:
Hei por bem crear um Conselho de Estado, em que tambem se tratarão os negocios de maior monta, e que será composto dez membros; os meus seis actuaes Ministros, que já são Conselheiros de Estado natos, pela Lei de 20 de Outubro proximo passado, o Desembargador do Paço Antonio Luiz Pereira da Cunha, e os Conselheiros da Fazenda Barão de Santo Amaro, José Joaquim Carneiro de Campos, e Manoel Jacinto Nogueira da Gama: os quaes terão de ordenados, que por outros empregos tiverem. O Ministro e Secretario de Estado dos Negocios do Imperio o tenha assim entendido, e faça executar, expedindo as ordens necessarias.
Paço em 13 de Novembro de 1823, 2° da Independencia e do Imperio.
Com a rubrica de Sua Magestade Imperial."

[5] Na Assembleia Constituinte de 1823, houve proposta de criação de uma faculdade de Direito Civil apresentada pelo deputado José Feliciano Fernandes Pinheiro (depois, visconde de São Leopoldo). Relatado o projeto por Martim Francisco, substituiu-se a proposta inicial pela instituição de duas universidades, uma em São Paulo, outra em Olinda. Embora aprovada, a dissolução daquela Constituinte frustrou também a instituição imediata de Escola de Direito no país.

Na instituição paulista, ainda hoje centro de excelência, viria a ser recebido, na primeira turma, José Antônio Pimenta Bueno, um dos maiores nomes do constitucionalismo brasileiro.

I. Nascimento, caminhos e talentos

1. Parece que da vida da pessoa, na civilização construída nestes tempos ditos modernos (pós-medievais), dá-se notícia de anotação certa do nascimento e da morte. E também os ocupantes de cargos públicos têm seus dados apontados nos lançamentos oficiais.

De José Antônio Pimenta Bueno desencontram-se os informes desde o seu nascimento.[6] Registro certo o de sua morte. E sua grandeza intelectual!

Nas cinco décadas cumpridas entre o seu ingresso na Faculdade de Direito de São Paulo e sua morte fica a certeza de uma vida dedicada ao bem ser de cada um e de todos no Brasil daqueles idos.

Em 20 de fevereiro de 1878, noticiava o *Jornal da Tarde*:

> Inscreve-se hoje na lousa dos que se finaram um dos homens mais illustres do Brazil, — nome altamente nobilitado pelo talento, pela sciencia, pelo trabalho nunca esmorecido a bem da pátria querida. É morto o Dr. José Antônio Pimenta Bueno, Marquês de S. Vicente, Senador do Império, Conselheiro d'Estado, Desembargador aposentado, ex-Diplomata, ex-Presidente do Conselho de Ministros e escriptor justamente considerado entre os que com mais brilho cultivaram no Brazil a difícil sciencia do Direito. Exemplo eloquentíssimo do que pode a inteligência quando bem dirigida e estimulada pelo amor ao trabalho, é o que o nobre finado deixa na terra, onde, de berço não favorecido pela fortuna, levantou-se até o mais elevado degrau da escala social.

[6] Não havia registro civil naquele período no Brasil, constando-se os assentamentos pessoais dados havidos nos livros de batismos da Corte Diocesana (no caso, de São Paulo ou de Santos).

Não se polemiza sobre a data de 4 de dezembro de 1803 como a de seu nascimento. E aí se estanca a certeza: historiadores e juristas divergem sobre sua ascendência. De "menino enjeitado"[7] a "adotado pelo médico santista José Antônio Pimenta Bueno, recebendo o mesmo nome",[8] ou "segundo alguns teria sido um exposto",[9] não há certeza sequer sobre o local do nascimento. Em sua matrícula na Faculdade de Direito de São Paulo, o então candidato n.º 3 — José Antônio Pimenta Bueno — consta como filho de "pais incógnitos".[10]

Afirma-se a cidade de Santos como sua naturalidade, embora se indique também ter ele nascido em São Paulo, como registrou ao casar-se.

Sua infância foi em Santos, com educação assegurada pela família que integrou, composta pelo pai, o renomado médico de mesmo nome, e a mãe, Mariana Benedita de Faria e Albuquerque.

E ali, em Santos, passou a relacionar-se com Martim Francisco, do clã dos Andradas, poderosos naqueles tempos.

Mencionada é sempre a sua "infância humilde", que apenas o projeta em sua dimensão humana de valor magno, pois Pimenta Bueno não teve facilitada a vida por condições pessoais ou legados familiares de privilégios.

E também essas possíveis agruras de sua primeira fase de vida poderiam, em parte, explicar o seu temperamento contido, para alguns introspectivo, a despeito dos cargos exercidos na vida pública, que dele

---

[7] RODRIGUES, José Honório. "O centenário da morte de Pimenta Bueno". *Carta Mensal*, Rio de Janeiro, n.º 280, p. 1, jun. 1978.

[8] KUGELMAS, Eduardo. *Marquês de São Vicente*. São Paulo: Ed. 34, 2002, p. 20.

[9] REALE, Miguel. *Figuras da inteligência brasileira*. Rio de Janeiro: Edições Tempo Brasileiro, 1984, p. 34 (Coleção Caminhos brasileiros, 6). Explique-se que a "roda dos expostos" era prática havida naqueles idos do século XIX pela qual eram abandonados recém-nascidos, que passavam ao cuidado de instituições de caridade. Com uma portinha giratória embutida na parede da instituição assegurava-se o anonimato de quem abandonava a criança até mesmo a quem a recebia. Essa prática veio-nos da Europa, onde era adotada desde o século XVI. No Brasil, as Santas Casas de Misericórdia foram as primeiras e talvez uma das principais instituições a manter a roda dos expostos.

[10] Cf., por exemplo, CASTELO BRANCO, Vitorino Prata. *Um esteio da liberdade na Corte do Segundo Império.* São Paulo: Sugestões Literárias S.A., 1972, pp. 21 e seguintes.

cobraram gestos públicos e exposição frequente. É de Machado de Assis a descrição do político e jurista Pimenta Bueno como alguém que "ria com facilidade, um riso bom mas que não lhe ia bem", que era ouvido com respeito, mas tinha a "palavra sem sonoridade".[11]

Em sua fase adulta, era descrito como um homem "de mediana estatura, pálido, pouca barba, cabelos pretos, nada formoso, já em moço. Quanto ao caráter — bondoso e sociável, delicado para com todos, especialmente para com o belo sexo. Tinha a locução difícil e defeituosa a dicção. Trocava os ll por rr". [12]

Estudos primários e secundários, Pimenta Bueno cumpriu-os em Santos.

Foi amanuense do tesouro provincial em 1824 (oficial do Conselho Geral da Província), tendo participado de alguns dos movimentos pela independência do Brasil.

2. Um dos 33 estudantes da primeira turma da Faculdade de Direito de São Paulo, nela se formou com 29 anos de idade em 20 de outubro de 1832, integrando o grupo composto de estudantes ingressos desde a criação daquela prestigiosa instituição.[13] Em 1843, defendeu tese e recebeu a borla e o capelo de doutor. Tido, sempre, como um estudioso aplicado, mantinha disciplina de estudo das seis ao meio e das dezenove às vinte duas horas invariavelmente. Acumulou, em sua vida, biblioteca de mais de mil volumes, o que era impressionante, especialmente se se considerar a realidade daquele período.

---

[11] MACHADO DE ASSIS, Joaquim Maria. *Obra completa*. Rio de Janeiro: Nova Aguilar, 1975, vol. 2, p. 640, *apud* KUGELMAS, Eduardo, op. cit., p. 19.

[12] NOGUEIRA, Almeida. *Reminiscências da Academia de São Paulo, apud* FERREIRA FILHO, Manoel Gonçalves. "Pimenta Bueno: o constitucionalista do Império". *Revista da Faculdade de Direito de São Paulo*, v. 72, p. 123, 1977.

[13] Outra turma se formou antes, em 1831, mas era composta de estudantes egressos da Faculdade de Direito de Coimbra, que passaram a cursar o ensino do Direito em São Paulo após a instituição daquele curso. Entretanto, a primeira turma formada desde a criação do curso de Direito da Faculdade de Direito de São Paulo teve, entre seus estudantes, Pimenta Bueno.

Antes mesmo do seu doutoramento com borla e capelo, que ocorreu em 1843, foi nomeado juiz da Alfândega de Santos e no ano seguinte foi o primeiro juiz daquela comarca, criada em 1834.

3. Em 23 de junho de 1834 se casou com Balbina Henriqueta, dessa união tendo nascido dois filhos, Ana Gertrudes e Francisco Antônio Pimenta Bueno.

4. Deputado provincial naquele mesmo e intenso ano de sua vida (1834), já em 1835, e sem prejuízo do seu cargo de juiz em Santos, foi feito presidente da província de Mato Grosso, mister que voltaria a cumprir ao ser designado para presidir a província do Rio Grande do Sul em 1850.

Antes porém daquelas missões e pouco depois de obter o grau de doutor pela Faculdade de Direito de São Paulo, incumbiu-lhe o governo de missão diplomática junto ao ditador paraguaio Carlos López.

De 1844 a 1847 foi designado encarregado de negócios, cônsul-geral e ministro plenipotenciário, em razão do seu desempenho naquela anterior experiência como presidente da província de Mato Grosso.

Foi designado para postular pelos interesses brasileiros junto ao governo do Paraguai, que controlava parte do acesso fluvial a Mato Grosso. E naquela condição assinou o Tratado de Amizade. O Brasil reconheceu a independência do Paraguai, obtendo êxito em seus objetivos naquela tratativa, o que teve o efeito colateral de provocar algum mal-estar com a Argentina pela grande irritação de Juan Manuel de Rosas, que tinha o propósito de incorporar aquela região a seu país.

Coube, ainda, a Pimenta Bueno, em 1845, ajustar protocolo que estabeleceu os termos para a navegação pelos rios Paraná e Uruguai, para o que se contou com a participação da Inglaterra e da França.

5. Em 1847, indicado para chefiar o Ministério da Justiça, ali se tornou competente, nos termos da legislação então vigente, pela "administração da justiça". Quanto à jurisdição, manifestou-se no sentido de ser insatisfatória, de precária distribuição, "um dos maiores flagelos da sociedade", quer pela geografia do país, quer pela precariedade dos servidores responsáveis pela administração da justiça. E denunciou, então, a morosidade da justiça, concluindo ser necessária a melhoria da estrutura do Judiciário imperial.[14]

Em sua condição de ministro da Justiça e reiterando sua preocupação com a jurisdição, Pimenta Bueno enfatizava o seu entendimento de ser essa função "um dos mais poderosos elementos da segurança e felicidade de um povo".

Em 1949, o político que iniciara a sua vida pública vinculado aos liberais deles se afastou, passando a alinhar-se ao Partido Conservador. Essa inclinação acarretou-lhe dissabores políticos, desconfianças individuais e reveses administrativos e legislativos.

6. Em 1852 assumiu uma cadeira no Senado, em processo eleitoral tido como permeado de problemas partidários. Nele, Pimenta Bueno encabeçou a lista tríplice ao Senado imperial por São Paulo.

Cargo então vitalício, o Senado era o mais cobiçado na política do Império, sossegando os seus titulares e assegurando-lhes a independência. Afirmava-se, então, que o senador só teria um poder ao qual haveria de "curvar a cabeça: é a morte".

7. Em 1959, passou a integrar o Conselho de Estado. Naquele cargo, teve destaque a defesa feita, em 1864, da ilegalidade de atos de aposentadoria forçada de vários juízes.

Foi Pimenta Bueno o relator de parecer demonstrando a ilicitude da prática, mostrando suas razões na sessão do Senado de 17 de maio daquele ano. Alegou, então, que:

> Suponha-se, porém, que trata-se de violação da lei fundamental do Estado, autoridade que é superior à Câmara dos Deputados, ao Senado, aos Poderes, quer Executivo, quer Moderador, porque

[14] Cabe, aqui, uma nota: 157 anos depois, outro ministro da Justiça, agora da República, mas com grandeza pessoal e compromisso com o bem ser de todos, Márcio Thomaz Bastos adotaria igual discurso e adotaria providências que conduziram à reestruturação administrativa do Poder Judiciário, especialmente com a emenda constitucional n.º 45/2004.

> todos são súditos dela, poderá essa violação ser legitimada? Não, e decididamente não; porque nem a Câmara dos Deputados, nem o Senado, nem o Poder Executivo, nem o Poder Moderador têm o direito de violar a lei fundamental do Estado, que é quem lhe dá o poder... Este é o nosso verdadeiro direito, tudo o que não for isto é falso, ofende a inteligência e a dignidade dos brasileiros, e com ela a nossa de seus dignos representantes, de homens de honra (apoiados). Nós estamos aqui para sustentar as liberdades da Nação, não para falseá-las, ou sacrificá-las.[15]

E prosseguiu, naquela sessão, a ponderar que:

> (...) falemos claro: por muito virtuoso e inteligente que seja um Príncipe, como é o nosso, nem por isso é impossível o erro. Por isso é que a sabedoria dos povos estabelece a distinção entre governo absoluto e governo constitucional. Ocupe o trono o Príncipe mais sábio, mais justo, qual a imaginação queira qualificá-lo, ele não tem senão a vida de um homem e é sujeito a enganar-se. O fim da minha demonstração é outro. A vida do Príncipe não passa da vida de um homem. Depois dele quem governará a Nação? Aí estão as eventualidades. Para evitá-las ou para neutralizar os maus conselhos, é que se estabelece o regime constitucional porque uma nação não deve viver só da fé e da confiança pessoal, por mais qualificada que seja; deve apoiar-se sobretudo nas suas instituições, nas suas provisões, nas suas regras soberanas, que devem dominar os fatos e presidir seus destinos e felicidade social.[16]

No período de 1865 a 1866, sendo chefe de gabinete o Marquês de Olinda, teve início o debate sobre a emancipação dos escravos naquela instância governamental. Pimenta Bueno foi autor de cinco projetos demonstrando, pelas justificativas apresentadas, seu estudo prévio

[15] RODRIGUES, José Honório, op. cit., p. 4.
[16] Idem.

e profundo da matéria. E, sempre, a sua sensibilidade social e o seu sentido de justiça predominaram em suas proposições e em suas ações.

Não passou despercebido a Joaquim Nabuco que era a tendência do imperador que incumbira a seu mais próximo e confiável consultor a tarefa de desempenhar-se da missão. Afirmava ele, então, que Pimenta Bueno era o "redator imperial". E pontuava:

> De certo, Pimenta Bueno não é um autômato, um instrumento, mas também o Imperador não o é, e dos dois o que exerce influência, senão ação sobre o outro, o que chama a si o outro, é o Imperador. Depois, há que ver a tradição e o motivo dos dois homens: de Pimenta Bueno não se sabe, antes disso, nenhum impulso abolicionista; do Imperador há sua constante atitude (quando não fosse senão de reserva) em relação à escravidão.[17]

Seja como for — ou como terá sido —, o que se documenta é que, figura destacada no Conselho de Estado pelo seu notável saber jurídico e pelo seu compromisso com o bem ser de todos no país, a questão da abolição da escravatura aproximou mais ainda Pimenta Bueno e d. Pedro II, com laços de respeito e admiração.

Não se há de deixar sem menção a condecoração com que é agraciado pelo Imperador, em 1867, como Visconde de São Vicente, e a outorga, em 1870, do título de marquês.

8. Em 1870, Pimenta Bueno passou a chefiar o gabinete do Conselho de Ministros.

Na sua vertente política e no exercício daquele cargo, defendeu e adotou providências para aprovar a denominada Lei do Ventre Livre (lei n.º 2040, de 28 de setembro de 1871). Nela se assegurava aos nascidos de mães escravas a condição de pessoas livres. Essa lei, atribuída em grande parte à atuação do Visconde do Rio Branco, sucessor de Pimenta Bueno na chefia do Conselho de Ministros, teve sua promoção pelo

[17] Idem.

constitucionalista, que promovera as medidas para aquele resultado. Tão decisiva foi sua participação política para a aprovação do projeto, em sua crença e defesa do bem ser de todos e da liberdade como essência do ser humano, que teve o reconhecimento de Nabuco o papel por ele desempenhado naquela empreitada. Afirmou, então, o Visconde do Rio Branco que, "(...) de certo... ele terá sido o primeiro dos nossos homens de governo que na questão dos escravos tentou e conseguiu mover o mecanismo político todo — Imperador, Conselho de Estado, ministério — de ter o primeiro a formular o conjunto de medidas que desenraizou a escravidão do nosso solo em 1871".[18]

Naquela quadra, Pimenta Bueno era considerado o grande consultor jurídico do imperador, que o respeitava e o ouvia, vendo nele homem de temperamento "tímido e reservado", mas de reto caráter e correção de condutas particulares e públicas. Isso traduz-se, não raramente, em considerações no sentido de ser ele um homem sem ânsias de poder, mais teórico que prático, "um conservador doutrinário, embebido de um liberalismo jurídico. ... Era eclético, moderador, em conformidade com os interesses, as tendências, as peculiaridades da posição do monarca".[19] Então, era considerado o "redator imperial", como antes mencionado.

Assumindo a chefia do Gabinete de Ministros, em que se manteve por curto período (de 29 de setembro de 1870 a 7 de março de 1871), Pimenta Bueno desempenhou as funções inerentes àquele cargo (24.º gabinete do Segundo Reinado) sem se afastar de suas qualidades pessoais. Não por outra razão senão a sua coerência com o compromisso sempre manifestado com o bem-estar do governo e do povo, é que, em discurso proferido para apresentar seu programa de governo, expunha:

> (...) reconheço não possuir as habilitações que desejaria ter, mas entendi que era de meu dever obedecer e servir ao país enquanto pudesse... É escusado dizer que observaremos e faremos observar

[18] NABUCO, Joaquim. *Um estadista do Império.* Rio de Janeiro: Nova Aguilar, p. 445.
[19] Ibid., p. 10.

as leis e os princípios da justiça; é isto dever de todos os governos, é a base em que repousam os direitos do homem e do cidadão; a liberdade prática e o verdadeiro progresso; é portanto uma obrigação de lei, de honra e de consciência... O país demanda sem dúvida algumas medidas ou reformas muito importantes. Especializarei as que se referem ao elemento servil e à melhor administração da justiça. (...) Na luta das legítimas opiniões políticas, ou das aspirações de influências na direção de interesses sociais, a moderação é sempre útil ao Estado e por isso mesmo a todos. Sem ela é difícil reconhecer bem a verdade, apreciar o que mais convém. O Ministério não só concorrerá para isso, mas desejaria mesmo a coadjuvação de todos os brasileiros, sem quebra de suas opiniões conscienciosas. Ele prezará os serviços feitos ao Estado, a honra e os talentos, onde quer que estejam, ou quaisquer que sejam as ideias políticas.

A ferrenha oposição oferecida ao ministério São Vicente não deu trégua em sua curta história. Não dado aos embates políticos nem insensível às arremetidas contra seus projetos, sobre Pimenta Bueno ainda afirmava Nabuco que lhe faltavam energia e resolução para entrar na luta político-partidária. Tavares Lira atribuiu a ele "temperamento politicamente negativo", afirmando-o inábil para conduzir reformas que reclamavam resistência para a luta política. Sem base entre os conservadores e com a oposição dos liberais, Pimenta Bueno concluiu que não teria êxito na lei de emancipação dos escravos, que tinha como seu objetivo aprovar.[20]

[20] Dos cinco projetos apresentados para a emancipação dos escravos, como então se rotulava a matéria, o seu sentido social de assegurar que os libertos ficassem seguros em sua trajetória após o fim da escravidão e não deixados em novas senzalas (essas sociais e mais invisíveis, mas tão cruéis quanto aquelas erguidas nas vastas propriedades dos senhores...), criando-se juntas protetoras de emancipação para esse empenho, não foi exitoso naquele período. Mas mostrou-se que não era dele o equívoco, senão de quem o não ouviu.
Data de 1868 a obra de Pimenta Bueno sobre a abolição da escravatura, antecedendo em vinte anos o que viria a ocorrer formalmente apenas em 1888.

O imperador manifestara-se no sentido de aspirar que seguisse o gabinete São Vicente, cabendo a Pimenta Bueno a honra de promover a emancipação dos escravos. De Buenos Aires, onde estava, queria d. Pedro II que regressasse o Visconde do Rio Branco para auxiliar, não para suceder ao marquês de São Vicente.

Pimenta Bueno preservou-se em sua qualidade reconhecida de não se apegar a cargo político e, demonstrando ao imperador suas dificuldades e as inconveniências de sua permanência para o êxito das reformas necessárias, retirou-se com a indicação do Visconde do Rio Branco como o que teria habilidade e legitimidade para dar continuidade ao projeto.

D. Pedro II recusou, inicialmente, o pedido, ofereceu-lhe poderes plenos para dispor do seu ministério como lhe aprouvesse. Garantiu-lhe, ainda, que permaneceria com a princesa na regência, pois pretendia ir à Europa.

Pimenta Bueno não se esmoreceu de seu intento e convicção. Afirmava que haveria mais glória em saber aprovado o projeto que libertava os filhos dos escravos e encaminhasse a abolição do que em permanecer no cargo pela insistência em permanecer.

Coube, então, ao imperador aceitar seu afastamento e convocar o Visconde do Rio Branco. Ali e sempre, pensou no país e nos fins públicos o ainda visconde de São Vicente.

9. Vale uma nota sobre a encontradiça afirmação de ter ocupado o cargo de juiz do Supremo Tribunal de Justiça.

Tanto não se deu.

Foi juiz de Direito da comarca do Paraná, desembargador da Relação do Maranhão e da Relação da Corte, ali tendo desempenhado suas funções durante dez anos. Pela sua alta representatividade, pelo decreto n.º 1.004, de 22 de setembro de 1858, o imperador aproou sua aposentadoria "com as honras de ministro do Supremo Tribunal de Justiça e com o ordenado anual de dois contos oitocentos e oitenta e oito mil trezentos e vinte réis".

10. Em sua labuta no Direito e pelas liberdades, Pimenta Bueno trabalhou até o final de sua vida.

Não amealhou patrimônio, sobre ele se noticiando que "morreu pobre, tendo obtido da venda de seus livros cerca de cento e cinquenta contos".

No período final de sua vida permaneceu em sua casa, na Gávea, Rio de Janeiro, de onde saiu quando, sentindo-se mais fraco, por problemas de saúde, foi ter na residência de seu filho médico, na rua do Príncipe do Catete, em fevereiro de 1878.

Ali, numa terça-feira, 19 de fevereiro de 1878, morreu deixando seu legado de homem de bem, voltado ao interesse maior de todos os brasileiros, em prol dos quais nunca deixou de trabalhar.

II. Obra jurídica: o constitucionalista do Império

11. Pimenta Bueno elaborou os princípios do Direito constitucional brasileiro para aqueles idos tempos imperiais e que ainda hoje são as bases do Direito. Suas ideias e a interpretação da Constituição do Império reverberam e são citadas até os dias atuais como fundamentos do pensamento jurídico-constitucional na doutrina e em decisões judiciais, incluídas aquelas do Supremo Tribunal Federal.

Como se menciona, com frequência, grande o papel pioneiro e definidor de Teixeira de Freitas para a formulação do Direito Civil brasileiro, maior ainda, ainda que na mesma linha de arquiteto do Direito nos primórdios do Estado brasileiro, é Pimenta Bueno no Direito Público, com sua obra jurídica.

12. Saudado e referenciado é Pimenta Bueno e sempre e principalmente pela obra *Direito Público brasileiro e análise da Constituição do Império*.

Entretanto, outros escritos do autor antecederam àquela monumental obra, outras se lhe seguiram, todas sendo marcos importantes em diversos campos do Direito brasileiro.

Data de 1850 o livro *Apontamentos sobre as formalidades do Processo Civil*, editada por Jacinto Ribeiro dos Santos, no Rio de Janeiro.

Até 1822 vigorou no Brasil a legislação portuguesa, quer dizer, as Ordenações do Reino, basicamente o terceiro livro do Código Filipino. Com a independência e com o advento da Constituição Imperial de 1824, sobreveio a lei de 29 de novembro de 1832, na qual se fez constar que, a partir dela, haveria de se observar o conjunto das normas postas no título único *Disposição provisória acerca da administração da Justiça Civil*.

Nos anos seguintes (basicamente em 3 de dezembro de 1841 e em 15 de março de 1842), sobrevieram modificações ao ordenamento processual e, em 25 de novembro de 1850, o regulamento n.º 737, que estabeleceu o processo aproveitado, em 1890, na República, pelo regulamento n.º 763. Somente em 1939 a República produziria o seu Código Processual (decreto-lei n. 1.608, de setembro de 1939).

Na esteira do sistema processual estabelecido em 1850 é que veio a lume a obra de Pimenta Bueno *Apontamentos sobre as formalidades do processo civil*. O autor buscou ordenar as normas processuais vigentes e restringir o regime das nulidades tidas, então, como insanáveis. Em sua obra afirma o autor que "estudar as leis não é estudar somente as suas expressões, mas também a sua teoria, sua razão, seus princípios, o valor de seus preceitos e seu fim de pública utilidade, porque o Direito funda-se na boa razão, ou porque '*jus est ars bonexz et aequi*'".

Pimenta Bueno afastava, assim, o processo civil brasileiro do paroxismo e intrincados óbices processuais constantes do Direito português.

Em 1857 se publica a primeira edição dos *Apontamentos sobre o processo criminal brasileiro*, que se teve à mão de algumas gerações de advogados. Em seu prefácio indagava o autor:

> (...) o que serão ou que proveito farão as melhores leis criminais, se o processo de sua aplicação for imperfeito ou não oferecer as garantias necessárias? A pena mais justa, na hipótese do crime, será uma

tirania quando aplicação ao homem inocente! De que valerá também ela para a segurança social, se o juízo puder eximir de punição o perverso que a tenha merecido? Certamente o processo é o criador da mais alta consideração pois que seus termos são o que fazem as leis entidades práticas, atos de justiça ou opressão; são os que decidem dos direitos mais preciosos da sociedade e de seus membros!

Com igual firmeza defendeu institutos como o do *habeas corpus* para garantir a liberdade dos que estivessem em constrangimento tido como inapelável.

Em 1863, pela edição da Tipografia Villeneuve, do Rio de Janeiro, vem a lume *O Direito internacional privado e a aplicação dos seus princípios, com referência às leis particulares do Brasil,* saudado como inovador por superar entendimentos que ainda prevaleciam, acanhadamente, sobre a matéria. No prefácio daquela obra o autor expunha o tom humanista de sua essência humanista: "(...) em última análise, a razão universal vê que o homem, qualquer que seja a sua pátria ou nacionalidade, é o indivíduo da humanidade; e aquela missão sublime é que deve dar-lhe perfeição e felicidade; ela compreende bem que a Providência não criou a terra para uma ou outra nacionalidade e, sim, para a felicidade do gênero humano."

Seus escritos profundos e proféticos, em não poucos temas, testemunham seu sentimento e inabalável compromisso com a humanidade mais digna e sua responsabilidade assumida por uma pátria tão necessitada.

13. 1857 é ano de publicações importantes para a formação do Brasil.

A *Confederação dos Tamoios*, de José Gonçalves de Magalhães, publicado em 1856, atraíra debates e polêmicas sobre a identidade do brasileiro e os rumos do movimento literário brasileiro e do pensamento nacional.

José de Alencar faz publicar, em 1857, *O guarani*, talvez para rivalizar aquel'outra, tornando o indigenismo romântico tema central do pensamento e da exposição literária de um nacionalismo nascente.

A tentativa de se abrir uma picada desbravadora ou formuladora de uma historiografia nacional levara à criação, em 1838, do Instituto Histórico e Geográfico Brasileiro. Francisco Augusto Varnhagen, Visconde de Porto Seguro, publicara entre 1853 e 1856 sua *História brasileira,* transferindo do indianismo para o colonizador português a sua interpretação sobre a centralidade da formação identitária brasileira.

Buscava-se, então, a construção de um imaginário que elaborasse ou explicitasse a nação brasileira. A dificuldade gerada para a formação de uma alma brasileira em Estado vinculado a outra nação amadurecida em sua cultura fazia-se mais ostensiva até mesmo pela manutenção da mesma dinastia dos Bragança a dominar o cenário brasileiro como o português.

Mas a alma de uma pátria se elabora pelos seus. Pela identidade de sua formação e de todos os viventes, suas histórias, suas dores, seus sonhos, seus usos e suas necessidades. Afinal, "cada roca tem seu fuso, cada povo tem seu uso".

A procura de nascente própria e de seu veio matriz conduziu, então, a obras como a de José de Alencar. Nela se tecia o desejo de mostrar uma nação que tem o seu herói, protagonizada pelo representante autóctone e, então, se formulava, a pouco e pouco, o ideário da época, com a criação de um mito fundante da nacionalidade exposta no personagem coerente com o imaginário de um país com belezas naturais e figuras genuínas.

Na imbricação desses descaminhos interpretativos em busca de uma vertente que defina ou explicite a alma brasileira, surge a obra que analisa a Constituição do Império, de Pimenta Bueno.

14. É daquele ano de 1857 a primeira edição da obra *Direito Público brasileiro e análise da Constituição do Império*, mencionada, como referência e fundamento, quase duzentos anos depois da outorga da Carta de Lei de 25 de março de 1824, em votos, sentenças, pareceres jurídicos e estudos variados, ainda neste primeiro quarto do século XXI.

15. Uma palavra sobre o Brasil dos anos 1950 do século XIX.

Não sei se há alguma quadra de facilidades para o Brasil. Nem sei se há para os viventes destas terras de meu Deus! Mas há períodos em que o desassossego não assombra os breus das noites nem enevoa os céus das manhãs. Gente precisa de alguma calma. Nem que seja breve, como o amor e a vida.

Nos idos de 1857, o Brasil viu despencarem os preços do café no mercado internacional embaraçando o crescimento de sua economia. Esta afirmava-se, naquela década, com base nesse produto.

O incremento da economia cafeeira levara ao surgimento de casas bancárias, especialmente no Rio de Janeiro, tornadas possíveis para a concorrência de instituições financeiras comerciais e privadas pela crise decorrente da oposição ao monopólio de crédito oficial, mantido desde 1808, quando fundado o Banco do Brasil por D. João VI.

É certo que, a par da oferta de crédito dos órgãos oficiais, prevalecia a prática dessa atividade por indivíduos. Desse figurino para a fórmula de instituições financeiras, que passaram a intermediar a oferta de crédito, acolheu-se o que é, ainda na atualidade, o modelo basicamente adotado, qual seja, as instituições valendo-se de depósitos de terceiros para promoverem e garantirem a circulação de bens, negócios e economias.

Em 1853, a área econômica do Governo do Império, pelo ministro da Fazenda, senador Rodrigues Torres, aprova uma reforma bancária, dela surgindo o Banco do Brasil renovado, produto da fusão do Banco do Comércio e da Indústria do Brasil e do Banco Comercial do Rio de Janeiro, que fora a primeira casa financeira particular a surgir no país em 1838.

Em 1857, chefiava o gabinete de ministros o senador Pedro de Araújo Lima, marquês de Olinda. Naquela composição, ocupou o cargo de ministro da Fazenda o senador liberal Bernardo de Souza Franco, que adota, como uma de suas primeiras providências, a realização de estudos para uma reforma monetária, voltada à pluralidade bancária e o fim do monopólio da emissão pelo Banco do Brasil.

Com esse movimento, houve um crescimento do crédito disponível na praça e os juros caíram de 11% para 8% ao ano.

Mas a retração dos negócios, na esteira da crise internacional de 1857, significou também a modificação não apenas do quadro econômico nacional como do cenário político.

É que, no plano internacional, o quadro de prosperidade que iluminava o cenário econômico na Europa e nos Estados Unidos no início da década de 1850, com a descoberta de ouro na Califórnia (1849) e na Austrália (1851), garantiu o crescimento econômico e animou segmentos bancários europeus e norte-americanos com reflexos em outras paragens, como na América Latina.

As relações comerciais intensificadas entre Estados soberanos, a expansão e a frequência de importação e exportação a modernizar as estruturas produtivas domésticas reformularam os figurinos político-financeiros e os intercâmbios entre países, mas também fizeram refletir as crises de uns sobre as economias dos outros.

Os mercados nacionais passaram a refletir a prosperidade e as dificuldades de outras praças, ampliando-se a influência dos Estados Unidos no cenário econômico internacional, passando ele a compor o grupo central de mercados prestigiosos no mundo capitalista.

A dificuldade da Rússia pela Guerra da Crimeia (1853-1856) reduziu sua participação no mercado internacional, especialmente no item específico da exportação de grãos, incrementando a atuação dos Estados Unidos, com seus produtores agrícolas. O final do conflito russo retraiu os benefícios auferidos naquela quadra pela nação norte-americana, comprimindo os lucros e retirando o suporte da economia dos Estados Unidos, que entraram, então, em declínio, especialmente com a drástica diminuição de suas exportações. O impacto da crise norte-americana disseminou-se e refletiu nos mercados de Londres e Hamburgo, com imediatas e diretas consequências em outras praças, entre as quais a do Brasil, África do Sul, Extremo Oriente. Talvez então se tenha sentido, objetivamente, o efeito do bater da asa de borboleta em outro ponto do planeta...

O otimismo reinante cedeu ao realismo péssimo para a economia brasileira, que iniciava suas práticas de capitalismo financeiro, como anotado antes.

16. O Brasil iniciara a década de 1850 sob a pressão inglesa contra o trágico e desumano tráfico de escravos, o que levara à elaboração da Lei n.º 581, de 4 de setembro de 1850, popularizada como Lei Eusébio de Queiroz.

Baseada na economia da "humanidade pelo valor da moeda", nada além da "desumanidade racionalizada em teoria de ganhos para os que muito têm", o Brasil reformulava-se vagarosamente. E mantinha os navios importadores de escravos por outras vias marítimas, reinventadas "para inglês ver" o que, factualmente, não acontecia, a dizer, a continuidade do tráfico de africanos.

Capitalizado o seu modelo econômico, o país via-se no quadro internacional como ator, não central, senão periférico, porém na condição de exportador de matérias-primas e importador de bens produzidos pelos mercados europeus e estadunidense.

A relação de dependência de outros mercados, que entraram em período de percalços, levou à crise de 1857, que punha em superiores dificuldades o Brasil.

Esse o cenário nacional, no qual vigorava a Constituição Imperial de 1824, 33 anos depois de sua promulgação, e em cenário imperial que se forjava no fragor dos acontecimentos, como é próprio da vida das gentes e dos países.

Esse o Brasil ao qual Pimenta Bueno, então com 54 anos, entrega a sua obra magna, referência do Direito constitucional brasileiro.

17. Seja pontuado que, antes do livro de Pimenta Bueno, outros autores tinham publicado trabalhos sobre o Direito constitucional brasileiro. Assim, por exemplo, em 1827, o desembargador Lourenço José Ribeiro fizera vir a público seu livro *Comentários à Constituição do Império.* E em 1848 foi publicado *Elementos do Direito público, geral e particular*, de Pedro Autran da Matta e Albuquerque.

A obra de Pimenta Bueno tem dimensão magna e sentido de permanência. É trabalho que traduz não apenas o espírito de um tempo, mas o espírito que não tem tempo único nem finito, o das liberdades e da crença na humanidade para a qual se formula o Direito. E no centro de todo o seu pensamento e de sua obra, as liberdades!

A Constituição do Império do Brasil de 1824 traz o cuidado com o Estado, sua estrutura e suas instituições, a forma unitária de Estado e os poderes (quatro) com atribuições específicas, conquanto se conferindo ao imperador o poder moderador, chave de todos os outros poderes (art. n.º 98).

E sem especificar o título como direitos fundamentais enuncia-os no art. n.º 179, desdobrados em 33 incisos, sobre os quais se debruça dedicada e sensivelmente Pimenta Bueno em sua obra. E expõe-se em sua sensibilidade pessoal e em seu comprometimento social.

18. "(...) não basta querer ser livre, é preciso saber sustentar a liberdade, para poder gozá-la".[21] Já em sua introdução Pimenta Bueno anuncia a relevância em que põe o indivíduo livre no cenário jurídico constitucionalizado.

O *Direito Público brasileiro* apresentado por Pimenta Bueno não é um manual de interpretação da Constituição do Império do Brasil. Insista-se ser obra que expressa e explica os princípios que o ordenamento jurídico põe, ainda contemporaneamente, como base da formulação democrática e representativa do estado de direito.

Conquanto outorgada em 25 de março de 1824, é certo afirmar que a Carta de Lei observada como Constituição do Império do Brasil, e que vigorou até o advento da República, em fins de século XIX, trouxe um catálogo de direitos fundamentais imprescindíveis para a formulação do sistema jurídico democrático ainda válido nos tempos atuais.

Se não foi aquele documento suficiente para tornarem efeitos os direitos individuais, não foi por falta de norma, mas pela ausência de efetividade social da Constituição Imperial. Como diria Carlos Drummond de Andrade, "as leis não bastam, os lírios não nascem das leis".

---

[21] PIMENTA BUENO, José Antônio. *Direito Público e análise da Constituição do Império.* Brasília: Senado Federal, 1978, p. 1.

Em seu livro maior, Pimenta Bueno enfatiza:

> O direito que o homem tem de defender sua existência física e moral; sua liberdade; seus direitos naturais; essa faculdade antecede a todas as leis positivas, provém da natureza e domina o homem porque é homem. O primeiro dever da lei positivo é de reconhecê-los, de respeitá-los, de garanti-los, por isso mesmo que o único fim legítimo da sociedade é de defendê-los, de assegurar o gozo deles, de consagrá-los como faróis luminosos que devem estar bem expostos aos olhos e ao respeito de todos.[22]

As expressões da liberdade foram asseguradas na Constituição Imperial Brasileira (art. n.º 179), tendo sido cuidadas por Pimenta Bueno como a centralidade e legitimidade do direito. Por isso explicitava ele que

> A liberdade é o próprio homem, porque é a sua vida moral, é a sua propriedade pessoal a mais preciosa, o domínio de si próprio, a base de todo o seu desenvolvimento e perfeição, a condição essencial do gozo de sua inteligência e vontade, o meio de perfazer seus destinos. (...) O melhor governo é pois aquele que conserve ao homem a maior soma de suas liberdades, a maior extensão deles, a consciência e convicção de que ele pertence a si mesmo, à sua inteligência, a seus fins naturais.[23]

Encarecendo a liberdade de expressão como legítima e necessária manifestação da inteligência humana, Pimenta Bueno enaltece a liberdade de imprensa, constitucionalmente assegurada na Constituição Imperial Brasileira, ensinando que

> (...) de todos os meios de comunicação a imprensa é sem dúvida o mais amplo e poderoso, sobre-excede mesmo a gravura e a litogra-

[22] Ibid., p. 382.

[23] Idem.

> fia. É um instrumento maravilhoso, que leva as ideias ou opiniões a todas as localidades, que as apresenta a todos os olhos, atravessa os Estados, percorre o mundo, consegue o assenso de muitos, porque comunica-se com todos, porque põe em movimento o pensar de milhões de homens. É por isso mesmo um instrumento poderoso, cujo uso e liberdade é característica dos povos e governos livres".[24]

A imprensa faz barulho. Por isso incomoda os tiranos. Porque ela reflete o povo, ruidoso e plural. Quem gosta de mudez é despotismo, democracia aprecia a tagarelice. Por isso enfatizava Pimenta Bueno que

> (...) a imprensa política é a sentinela da liberdade, é um poder reformador dos abusos e defensor dos direitos individuais e coletivos. Quando bem manejada pelo talento e pela verdade, esclarece as questões, prepara a opinião, interessa a razão política, triunfa necessariamente. É o grande teatro da discussão ilustrada, cujas representações têm mudado a face do mundo político. Encadeá-la fora entronizar o abuso e o despotismo. Mas por isso mesmo que tal é a alta missão da imprensa, é claro que se não deve abusar dela e transformá-la em instrumento da calúnia ou injúria, da desmoralização, de crime. Sua instituição tem por fim a verdade e o direito, não os ataques grosseiros, os sarcasmos, as perfídias, a desordem e anarquia. Em tais casos os próprios direitos individuais e públicos são os que clamam pela repressão.[25]

19. Súdito no Império do Brasil do século XIX e aproximado por respeito e atuação política ao imperador d. Pedro II, o jurista e humanista maior estende-se, em seu livro, sobre princípios republicanos. A igualdade é expressa em sua análise constitucional ao afirmar que "os principais direitos individuais são, como o art. n.º 179 da Constituição e seus parágrafos reconhecem, os de liberdade, igualdade, propriedade e

---

[24] Ibid., p. 387.

[25] Idem.

segurança, mas não só cada um deles se divide em diversos ramos, mas também eles se combinam entre si, e formam outros direitos igualmente essenciais".

Por isso postula Pimenta Bueno a abolição dos privilégios puramente pessoais, explicitando que essa providência, "salvo a única exceção dos que forem essenciais e meramente exigidos por utilidade ou serviços públicos, é uma outra consequência necessária do justo e útil princípio da igualdade perante a lei".[26]

Sábio, o constitucionalista lança nas bases do direito pátrio o entendimento segundo o qual

> (...) a natureza, circunstâncias ou educação, ou ambas, criam e constituem os homens com desenvolvimento de suas faculdades físicas, intelectuais e morais por modos diferentes. Suas ideias, aptidões, paixões, gostos, variam e estabelecem uma desigualdade que ninguém pode destruir, e que é mesmo um princípio providencial. Parece mesmo que a natureza é caprichosa, ou antes admiravelmente sábia; e que não segue a esse respeito lei alguma, que o homem possa dirigir; ou subordinar. O filho do sábio, do homem probo, é muitas vezes inepto ou vicioso; o filho do ignorante e vicioso, é por outras vezes cheio de talentos e de probidade; os dois primeiros filhos do primeiro homem formaram um notável contraste. Embora porém exista essa desigualdade importante e incontestável, por outro lado é fora de dúvida que todos os homens têm a mesma origem e destino, ou fim idêntico. Todos têm o mesmo direito de exigir que os outros respeitem os seus direitos, de alegar que uns não nasceram para escravos, nem outros para senhores, que a natureza não criou privilégios, favores ou isenções para uns, penas, trabalhos e proibições para outros, enfim que não tirou uns da cabeça de Brama e outros do pó da terra. Consequentemente, qualquer que seja a desigualdade natural ou casual dos indivíduos a todos os outros respeitos, há uma igualdade que jamais deve ser

[26] Ibid., p. 415.

> violada, e é a da lei, quer ela proteja, quer castigue, é a justiça, que deve ser sempre uma, a mesma, e única para todos sem preferência, ou parcialidade alguma. É de justiça que cada homem seja senhor de si próprio, que tenha igual liberdade de procurar satisfazer suas necessidades por seu trabalho, de elevar-se nas condições sociais por seus serviços e merecimentos, e de obter em proporção deles justa recompensa. Tal é pois a sábia disposição de nossa tese constitucional, justa e bem explícita.[27]

O direito democrático pensa-se republicanamente mesmo em monarquias e pode-se ter a melancólica experiência de raciocínios e práticas privilegiadoras nas mais estrepitosas Repúblicas declaradas em textos normativos.

Assim reconhecia Pimenta Bueno ao anotar sobre o acesso aos cargos públicos que "a admissão dos cidadãos nos cargos públicos, sem outra diferença que não seja de seus talentos e virtudes, é uma bela e lógica consequência da igualdade perante a lei".[28]

20. Cabe uma nota sobre as lições de Pimenta Bueno na análise dos direitos fundamentais (no rótulo contemporâneo) sobre o direito à instrução (inc. n.º 31 do art. n.º 179 da Constituição).

Realçava o autor que

> (...) a instrução primária é uma necessidade, não desta ou daquela classe, sim de todas, ou de todos os indivíduos; o operário, o artífice mais humilde, o pobre precisa saber ler, escrever, e pelo menos as primeiras operações aritméticas; aliás ele depende de outro, que o acaso lhe ministre, e não oferece a si mesmo a garantia a mais indispensável. (...) É pois uma necessidade geral e, consequentemente uma dívida da sociedade, pois que para as necessidades gerais é que se criam e recebem as contribuições públicas... Essa

---

[27] Idem.

[28] Idem.

instrução deve por isso mesmo não só ser gratuita, mas também ser posta ao alcance de todas as localidades; ela demanda finalmente uma inspeção ativa e zelosa, métodos fáceis e perfeitos, compêndios calculados por madura sabedoria.[29]

Exata é a afirmativa de Pimenta Bueno, donde o vislumbre melancólico de quadro brasileiro que, mais de século e meio depois de sua exposição, mantém longe de todas as formas de instrução o conjunto de brasileiros que não a obtém em modos constitucionalmente assegurados desde o Império, mantendo limitados em sua libertação os cativos da ignorância pelo descompromisso do Estado e da sociedade. Sem educação não há liberdade, sem a qual democracia é sonho ou ilusão.

O que a Constituição Imperial estabeleceu como direito fundamental de todos os cidadãos, encarecido pelo constitucionalista como essencial para todos e em todos os lugares, permaneceu, mesmo com o advento da República, como um descumprimento convertido em chaga sociopolítica a contaminar o direito e a comprometer a democracia social.

E antecipava, com sua visão humanista e sensível Pimenta Bueno, o que viria a ser teorizado e aplicado por outros educadores brasileiros, que viram no ensino e na aprendizagem o sentido dinâmico da libertação criativa e justa. Até porque, lembrando Paulo Freire, "quando a educação não é libertadora, o sonho do oprimido é ser o opressor". E onde há espaço para pesadelos opressores é a democracia mesma que se oprime.

21. Sob a égide de Constituição, que abrigava o Poder Moderador como um dos pilares institucionais do sistema (art. n.º 10 daquela Constituição), a ele conferindo a "chave de toda a organização política" e "delegado privativamente ao Imperador, como Chefe Supremo da nação, e seu primeiro representante" (art. n.º 98), Pimenta Bueno não

---

[29] Ibid., p. 521.

se descuidou do ideal maior das liberdades que temperam e asseguram as democracias.

Apresenta-se, expressamente, naquela obra a ideia firme do constitucionalista do imprescindível papel da oposição, a temperar os movimentos políticos sem galvanizar uma única e mesma ideia e opinião:

> (...) pelo que respeita à liberdade das discussões deve ela ser ampla como a primeira necessidade ou primeira garantia das opiniões legislativas. Desde que assim não fosse, não poderia haver verdade independência de ideias, censura de abusos, debate isento de toda e qualquer influência, ou coação, como é essencial. (...) Não há remédio senão contar de antemão com as paixões; essa é a natureza humana. Dando, como sempre, ao presidente de acordo com o regimento um justo poder discricionário é, todavia, necessário não despojar o representante da nação do direito de continuar a manifestar suas opiniões, não confundi-las com o abuso de suas expressões, não sacrificar os membros da minoria como vítimas da maioria; e, enfim, salvar as condições do sistema representativos que estão ligados com grandes interesses públicos.[30]

Em sistema constitucional estruturado no modelo imperial monárquico, Pimenta Bueno enfatizava o importante papel da oposição, a prestar "serviço valioso e cuja falta se faz sentir e adultera o sistema representativo, fazendo-o cair em frouxidão e marasmo, em uma atonia muito prejudicial".[31]

22. Para se afirmar um Estado constitucional há que se ter um ordenamento jurídico vigente e de obediência obrigatória por todos. Por isso, a instituição independente e imparcial do Poder Judiciário é condição sem a qual o direito é palavrório e a justiça, ilusão.

---

[30] Idem.

[31] Idem.

Ao Judiciário Pimenta Bueno referia-se com a igual altivez e sapiência do tratamento conferido aos princípios fundamentais do constitucionalismo democrático. Atribuía à justiça a natureza de "uma religião social e o Supremo Tribunal é o grande sacerdote dela".

Anotava, então, que

> (...) a sociedade deve possuir e exigir administração de justiça protetora, fácil, pronta e imparcial; por isso mesmo que este poder exerce preponderante influência sobre a ordem jurídica e destinos sociais, influência que se exerce sobre todas as classes, que se exerce diretamente sobre a honra, liberdade, fortuna e vida dos cidadãos; por isso mesmo, dizemos, é óbvio que nem a constituição, nem as leis orgânicas deveriam jamais olvidar-se das condições e meios essenciais para que ele ministre todas as garantias, para que possa desempenhar sua alta missão, e ao mesmo tempo não possa abusar sem recursos ou impunemente.[32]

Adjetivou Pimenta Bueno o Supremo Tribunal de Justiça, como uma instituição "filha de um alto, de um sublime pensamento, que compõe graves dificuldades, e que conseguiu firmar a ordem e harmonia na divisão dos poderes políticos de acordo com a perfeição e a inteira independência do poder judicial".[33] Aquele órgão (que antecede o órgão judicial de cúpula na República) detinha competências que antecedem ao que o direito somente consolidou no curso dos séculos XX e XXI, como o modelo de controle abstrato de constitucionalidade de leis e atos normativos. Mas sobre a interpretação e a aplicação das leis, em sistema que põe no ápice do ordenamento jurídico a Constituição, estendia-se com precisa atualidade Pimenta Bueno.

---

[32] Ibid., p. 321.

[33] Idem.

23. O marco e a diretriz que marcam as ideias dominantes na obra é o poder limitado e controlado e a garantia das liberdades individuais e os compromissos que, em tempos subsequentes, seriam enunciados e consagrados como direitos sociais (à educação, à saúde, à segurança). Ao analisar o art. 3.º da Constituição do Império, do qual consta a forma de governo monárquica — "Art. 3.º O seu governo é monárquico, hereditário, constitucional e representativo" —, Pimenta Bueno anota que

> (...) assim procedeu a Constituição brasileira: ela dividiu os poderes nacionais, designou suas atribuições, sua independência e concurso para o bem social; enumerou as liberdades públicas; fixou a maneira constante de governar a sociedade; colocou as balizas além das quais nem um poder deve passar. Nossa pátria não está pois sujeita à direção do arbítrio, da vontade ilimitada, da escravidão; cumpre só que ela faça observar religiosamente a Constituição...[34]

Aquele brasileiro eminente interpretou, explicou, ensinou e aplicou o sistema constitucional, não sendo suas lições serventes apenas ao modelo imperial monárquico, então prevalecente, senão a qualquer modelo político-jurídico voltado à garantia dos direitos fundamentais e comprometido com as liberdades, base e finalidade maior da democracia.

Lançou as bases do Direito Público brasileiro, mantendo-se atual e imprescindível como intérprete do Direito constitucional e ponderado autor a ensinar lições que persistem necessárias para a democracia garantidora das liberdades.

---

[34] Idem.

Conclusão

Em sua conclusão, na obra magna determinante da formação constitucional brasileira, Pimenta Bueno faz sua profissão de fé na liberdade e na justiça, mas, principalmente, no respeito ao Direito, quando anota que

> (...) tal é... nossa lei constitucional, cheia de sabedoria e liberdade. Se é verdade que leis sábias e liberais não podem dimanar senão de uma inteligência nacional ou concepção elevada, é também indubitável que, depois de postas em vida e ação, elas adiantam, avançam a civilização dos povos. Desde que a razão pública tem a ilustração e virtude precisa para perpetuá-la, para evitar inovações desnecessárias, mais ou menos incógnitas, mais ou menos perigosas, essa luz permanente vai se entranhando no caráter e inteligência nacional, fazendo parte de sua vida moral, de seus hábitos, ideias e costumes, e então encravada e robustecida, frutifica majestosamente. (...) Ela será sempre, como já tem sido, nossa Arca da Aliança em nossas tempestades e perigos; é, e será a base firme de nosso poder, nossa força crescente e nossa glória nacional.

164 anos depois da outorga da Carta Imperial de 1824 e 131 anos após o escrito de Pimenta Bueno, outro brasileiro proclamaria a promulgação de outra Constituição — a de 5 de outubro de 1988 — e convocaria outra vez os brasileiros a cumprir e fazer cumprir a Constituição e garantir a democracia no Brasil.

Naquela tarde de 1988, Ulysses Guimarães, presidente da Assembleia Constituinte, anunciava que:

> Não é a Constituição perfeita, mas será útil, pioneira, desbravadora, será luz ainda que de lamparina na noite dos desgraçados. É caminhando que se abrem os caminhos. Ela vai caminhar e abri-los. Será redentor o caminho que penetrar nos bolsões sujos, escuros e ignorados da miséria. A sociedade sempre acaba vencendo, mesmo

> ante a inércia ou o antagonismo do Estado. (...) A Constituição certamente não é perfeita. Ela própria o confessa ao admitir a reforma. Quanto a ela, discordar, sim. Divergir, sim. Descumprir, jamais. Afrontá-la, nunca.

Os rumos dos povos têm as rotas e os desvios que, como na vida das pessoas, dependem às vezes dos que planejam e se empenham em cumprir, às vezes de novidades e intempéries não sujeitas ao controle humano.

Em qualquer caso, na vida dos povos a previdência, a prudência e a esperança de ser capaz de protagonizar sua história segundo a vocação de cada um e as possibilidades que se oferecem é da essência e de responsabilidade de mulheres e homens comprometidos com a humanidade.

Viver é um aprendizado libertador, que segue mais fácil e confortável quando os rumos foram facilitados por pessoas que vieram antes e, generosamente, sonharam, pensaram, agiram e doaram, em suas vidas, modelos de compromisso com o presente e com o futuro.

José Antônio Pimenta Bueno é mencionado como constitucionalista do Império. É mais: é um grande constitucionalista brasileiro sem contraste, um enorme cidadão brasileiro de todos os tempos, um homem exemplar.

Um dos maiores juristas brasileiros fez do seu saber um testemunho de que a vida não enjeita quem quer que seja e que os limites que se nos impõem não são cerceios para quem é capaz de ser maior que as adversidades e mais eminente que cargos e honrarias.

Feito visconde e marquês, bradou, republicanamente, contra privilégios monárquicos; não enricou tendo ocupado os mais altos cargos públicos no Império; não esmoreceu diante das adversidades; fez-se exemplo de saberes e de sentidos do que o Direito pode oferecer e garantir às pessoas, para o que se dá a viver o ser humano em sua grandeza pessoal e cívica.

Por isso a retidão da nota constante do jornal do dia seguinte ao de sua morte:

O título com que o ilustre finado desce à sepultura não traduz somente a boa estrela de um indivíduo — o marquês de São Vicente não é apenas o senhor José Antônio Pimenta Bueno, honrado pelo governo de seu país como fiel intérprete da opinião, é a glorificação do trabalho e do patriotismo popular; é o povo que se enobrece por essas altas virtudes, e por elas sobe às camadas sociais; é a mais eloquente exaltação do regime liberal de que gozamos, em que o mérito tudo deve esperar, desde que tudo empenhe em benefício da pátria.

Referências bibliográficas

CASTELO BRANCO, Vitorino Prata. *Um esteio da liberdade na Corte do Segundo Império.* São Paulo: Sugestões Literárias S.A., 1972.

FERREIRA FILHO, Manoel Gonçalves. "Pimenta Bueno, o constitucionalista do Império". *Rev. da Faculdade de Direito.* São Paulo: USP, vol. 72, pp. 123-131, 1977.

FREITAS, Affonso A. de. *Tradições e reminiscências paulistanas.* São Paulo: Ed. da Universidade de São Paulo, 1985.

KUGELMAS, Eduardo. *Marquês de São Vicente.* São Paulo: Ed. 34, 2002.

LAGO, Laurenio. *Supremo Tribunal de Justiça e Supremo Tribunal Federal.* Brasília: Biblioteca do Exército, 1978.

NABUCO, Joaquim. *Um estadista do Império.* Rio de Janeiro: Nova Aguilar.

PAGLIARINI, Alexandre Coutinho; SOUZA, André Peixoto. "Juristas do Império e cultura jurídica brasileira". *Rev. de Doutrina e Jurisprudência do Superior Tribunal Militar.* Brasília, vol. 30, n.º 20, jan.-jun. 2021.

PIMENTA BUENO, José Antônio. *Direito Público e análise da Constituição do Império.* Brasília: Senado Federal, 1978.

REALE, Miguel. *Figuras da inteligência brasileira.* Rio de Janeiro: Tempo Brasileiro: Fortaleza: Universidade Federal do Ceará, 1984.

RODRIGUES, José Honório. "O centenário da morte de Pimenta Bueno". *Carta Mensal.* Rio de Janeiro, pp. 1-12.

SALGADO, J. A. Cesar. "José Antônio Pimenta Bueno: bandeirante do Direito brasileiro". *Justitia*, v. 78, pp. 161-172, 1972.

VAMPRÉ, Spencer. *Memórias para a história da Academia de São Paulo.* Brasília: INL: Conselho Federal de Cultura, 1977.

MIGUEL REALE

Celso Lafer[1]

-I-

São duas as notas identificadoras da personalidade de Miguel Reale que oferecem uma chave para a compreensão de seu percurso. A primeira é a de um incessante e criativo exercício de inteligência, voltado para o entendimento do mundo e das coisas. Nessa vertente, Miguel Reale teve a competência para sustentar sem ingenuidade e com capacidade crítica a vocação nomotética do Espírito, apto a integrar, sem reducionismos simplificadores, a multiplicidade da experiência. A segunda, que a complementa, foi uma curiosidade intelectual aberta a todos os horizontes, que explica a amplitude de seu saber e dos seus conhecimentos. Não era um homem de uma nota só, como disse num poema significativamente intitulado Confissão. Daí a abrangência da sua obra que se espraia por várias áreas.

[1] Celso Lafer, professor emérito da Faculdade de Direito da USP na qual estudou e se formou (1960-1964). Nela lecionou de 1971 a 2011, até a sua aposentadoria compulsória, Direito internacional e filosofia do Direito. Foi assistente na docência de Miguel Reale e em 1988 tornou-se titular do Departamento de Filosofia e Teoria Geral do Direito, na sucessão do magistério de Miguel Reale.

Essa abrangência tem o travejamento de uma reflexão filosófica que é o fruto de uma fundamentada tomada de posição perante as grandes correntes de pensamento que não é — como tantas vezes ocorre — apenas um aperfeiçoamento hermenêutico. Tem o significativo *plus* de originalidade no trato, por exemplo, da axiologia, da dimensão epistemológica da experiência, da noção de conjetura, num pertinente pluralismo cognoscitivo, sempre apoiado, como apontou Alceu Amoroso Lima, em conceitos integrativos.

Isso se situa no abrangente contexto de um historicismo axiológico no âmbito do qual elaborou o alcance de uma dialética de mútua implicação e recíproca complementariedade entre valores esclarecedores da incessante dinâmica dos contrários e contraditórios.

É a validade heurística desses conceitos inerentes do seu modo de pensar que confere uma identidade própria aos seus trabalhos, seja nos de maior envergadura e ambição, nos mais específicos, ou nos muitos textos da intervenção no correr dos anos de seus artigos para a imprensa, no trato da agenda das questões do mundo e da vida.

A abrangência da obra de Reale se estende por várias áreas do conhecimento, entre elas a História das Ideias e a História do Pensamento Brasileiro, no âmbito do qual desvendou em suas pesquisas o significado das recepções na construção da cultura nacional. Dedicou-se aos muitos quadrantes do Direito positivo, cabendo realçar o seu papel na elaboração do Código Civil brasileiro de 2002 que tem a marca de sua presença nos seus dispositivos e nas suas cláusulas gerais, e que não sem razão vem sendo chamado de "Código Reale". Na elaboração do novo código, Reale buscou a proporção real e pessoal *inter homines* de que falava Dante, cuja obra o marcou.

Atento aos fatos sociais, procurou uma atualizada correlação do Código com a sociedade brasileira dos nossos dias. Ao mesmo tempo ponderou o alcance da *vis directiva* dos valores na experiência jurídica e o seu papel propiciador da expansão não apenas lógica, mas axiológica, de um ordenamento legal. Daí, no novo Código, a relevância normativa atribuída a três valores: eticidade, sociabilidade e operabilidade. Isso está explicitado pela presença de cláusulas gerais de escopo mais amplo, como a da boa-fé e por meio da superação do forte caráter individualista do Código de 1916, pelo reconhecimento do imperativo da sociabilidade, no tratamento dado, por exemplo, à função social do contrato e à natureza social da posse.

Cabe registrar igualmente sua atuação no Direito constitucional e administrativo. Nessa esfera, beneficiou-se de seus estudos de teoria política, o que contribuiu para a sua pertinente visada de relações do direito/poder no estado de direito contemporâneo. A sua preocupação com o dever ser dos valores e da sua realizabilidade são um dado de sua análise sobre a relevância dos direitos humanos na convivência coletiva.

Os limites de uma colaboração para este livro impõem um recorte. Por isso focarei sua filosofia do Direito. Dela foi o grande catedrático da Faculdade de Direito da USP de 1940 a 1980 — um campo do conhecimento que renovou com indiscutível ressonância nacional e internacional e que é constitutivamente o pano de fundo de todo o seu percurso de lúcido jurista de grande presença na vida brasileira.

Registro, para dar um depoimento pessoal, que Miguel Reale foi um grande professor da matéria. Daí o respeito e a admiração que circundavam o seu magistério e o impacto que teve ao longo de quarenta anos na formação das sucessivas gerações de seus alunos na Faculdade de Direito do Largo de São Francisco.

Era um excelente expositor. Tinha o pleno domínio dos assuntos que versava associado ao gosto e à vocação da espontaneidade da palavra oral. Dominava a sala de aula com a *auctoritas* de seu conhecimento e o brilho de sua inteligência. Combinava o movimento da palavra falada com a arte de explicar, o que fazia dele um grande professor com efetiva vocação pedagógica. "As janelas do espírito se abrem por dentro", como ele dizia. Foi o que norteou a sua missão pedagógica, voltada para obter a adesão de seus alunos — e também de seus leitores — à força aliciante da razão e da busca da verdade, com *un amoroso uso di sapienza*, para lembrar uma formulação de Dante Alighieri que sempre inspirou, desde jovem, os seus caminhos.

-II-

Começo pontuando que a filosofia do Direito a partir de sua própria denominação coloca um problema de equilíbrio na determinação do seu alcance e das suas áreas de investigação. Com efeito, enquanto filosofia, convida à reflexão teórica. Entretanto, enquanto Direito diz respeito a uma atividade predominantemente prática. Por isso o melhor equilíbrio da *forma mentis* de um jusfilósofo não deve ser nem exclusivamente teórica, nem exclusivamente prática. É por esse motivo que se trata de um campo do conhecimento que se ajustava perfeitamente ao modo de ser de Miguel Reale.

Com efeito, teorizar a vida e viver a teoria na unidade indissolúvel do pensamento e da ação foi sempre o seu propósito. Guiou-o na disputa em 1940 da cátedra de filosofia do Direito e subsequentemente no sentido do seu magistério na Faculdade de Direito da USP. É o que ele destacou no prefácio à primeira edição de 1953 da sua *Filosofia do Direito*, esclarecendo que o livro resultou dos seus, na época, mais de dez anos de magistério. Teve a sua base nas suas lições taquigrafadas, às quais conferiu nova ordem e unidade. Explica que na elaboração do seu livro a experiência com as lides forenses, o trato assíduo com questões administrativas e políticas, assim como as oportunidades de legislar, abriram para ele novas perspectivas à compreensão dos limites do Direito vigente. Destacou, citando Jaspers, a autenticidade filosófica de quem se situa no campo de uma ciência para daí filosofar. Aponta que a primeira parte do seu livro, que é uma propedêutica filosófica, é de fato *ad usum jurisprudentiae* pois foi ilustrada com exemplos da vida jurídica.

Em síntese, para valer-me de um de seus conceitos, foi de uma dialética de mútua implicação e complementariedade entre pensamento e ação que se originou sua teoria tridimensional do Direito. Esta assinalou sua contribuição à filosofia do Direito, que alargou os horizontes do conhecimento jurídico.

José Guilherme Merquior, em seu admirável estudo situando orteguianamente à obra de Reale, afirma, com a amplitude da erudição que o singularizava, que Miguel Reale é "um dos poucos filósofos latino-americanos capazes de se impor à consideração ocidental".

A intuição da tridimensionalidade do Direito está *in nuce* na sua tese de concurso de 1940. Foi sendo subsequentemente elaborada e apurada nas várias edições da sua *Filosofia do Direito* e perpassa com aprofundamento seus muitos livros subsequentes. Dela arquitetou uma síntese no livro *Teoria tridimensional do Direito – situação atual* (5.ª edição revista e aumentada, São Paulo, Saraiva, 1994).

O tridimensionalismo de Reale não é apenas a genérica possibilidade de vislumbrar a experiência jurídica a partir da perspectiva sociológica de FATO, da perspectiva filosófica da aspiração do dever ser do VALOR do justo, ou da perspectiva da NORMA no âmbito da dogmática jurídica. Representa a afirmação da indivisibilidade, a interdependência e o inter-relacionamento do FATO, do VALOR e da NORMA que interagem continuamente numa dialética de mútua implicação e complementariedade.

Essa aspiração de abrangência, preocupada com a experiência da concreção jurídica, exprime a amplitude da *forma mentis* de Miguel Reale. Traduziu-se na elaboração da filosofia do Direito como um paradigma reflexivo que lida com a metodologia do conhecimento — que conta com o travejamento da sua reflexão filosófica.

É o que o leva a cuidar dos limites e do alcance do conhecimento e a apontar a natureza crítica axiológica do mesmo, chamando atenção para o seu coeficiente de estimativa e para sua circunstanciabilidade histórica, as quais se tornam difícil a certeza da exatidão, não impedem a busca do rigor e o esforço da coerência de uma *ratio* ordenadora. É com o lastro desse ponto de partida que trata integradamente da validade das normas, da sua efetividade em relação aos seus destinatários e da justiça e da legitimidade do que foi juridicamente positivado.

O tridimensionalismo jurídico de Reale oferece um inovador horizonte de entendimento, pois ampliou o mapa do conhecimento jurídico. Essa ampliação retém plena atualidade que faz dele um lúcido jurista de relevante presença na vida brasileira. É o que vou procurar destacar a seguir para os propósitos deste livro, na continuidade deste artigo.

-III-

A correlação Direito/poder encontra no tridimensionalismo jurídico esclarecedora análise dado o vínculo que Reale explora entre a experiência jurídica e a experiência política. O poder para Reale não é um dado externo à norma, postura frequente no normativismo jurídico de inspiração kelsiana, nem um dado independente da norma, atitude usual na ciência política, na sociologia jurídica ou na radicalidade do decisionismo de Carl Schmitt. Não é também um abstrato meio autônomo para se alcançar, deontologicamente, a norma desejável. No tridimensionalismo de Reale, o poder está internalizado na norma, como ele esclarece na análise da nomogênese jurídica, na qual se dá a interseção entre o jurídico e o político.

A denominação tradicional no âmbito do saber jurídico da política do Direito é a Teoria da Legislação. Esta examina critérios de oportunidade e conveniência de propostas de políticas públicas — para usar um termo atual — a serem transformados em leis. É um campo de confluência compartilhada com o saber político, pois as propostas de políticas públicas são valorações a partir dos fatos de propostas normativas, de diretrizes sobre como lidar com a convivência coletiva. Em função do pluralismo da sociedade, elas são conflituosas e raramente consensuais. Por isso, para adquirirem a forma específica de norma jurídica positiva, requerem a interferência decisória do poder, que é assim um dos momentos mais significativos da ação política no exercício hierárquico de atos de gestão da sociedade.

Se é certo que na política há sempre algo que não se reduz ao jurídico — e por isso o poder não é redutível a uma categoria jurídica pura —, não é menos verdade, como lembra Reale nesse contexto, que a institucionalização do poder, que propicia a positivação do Direito, leva num estado de direito a sua jurisfação.

Na interação Estado/Direito no mundo contemporâneo, a jurisfação despersonaliza o poder com a sua institucionalização progressiva num estado de direito. É o que explica como os fatos e valores inerentes às normas se dão no enquadramento do poder no âmbito das regras do governo das leis. A jurisfação contribui para filtrar as impurezas e contradições do poder e é, nesse sentido, uma contribuição do Direito à convivência coletiva.

Em síntese, Miguel Reale esclarece no seu tridimensionalismo jurídico que não há norma jurídica que possa afirmar-se como prescrição positivada sem a *voluntas* de um ato de poder que a torne realizável. Por outro lado, como ele destaca, inexiste ato decisório absoluto. Este se vê condicionado e delimitado, em maior ou menor grau, pelo quadro de possibilidades normativas, dado pela interação entre fatos e valores num determinado momento histórico-político, esclarecedor das condições concretas de governabilidade. É nesse contexto que se abre o espaço no tridimensionalismo jurídico para a análise da legitimidade do poder e de suas normas, assim como para avaliação da escolha do critério de justiça, positivado pela *voluntas* decisória do poder.

Em síntese, graças à mediação do poder, a norma integra fato e valor em cada situação, de maneira mais ou menos duradoura, mas nunca definitiva, numa dialética de implicação e complementariedade, convertendo-se numa intencionalidade objetivada e impessoal de uma diretriz de conduta e organização. Na *law in action* essas intencionalidades objetivadas das normas jurídicas serão objeto de interpretação na qual o intérprete se ocupa da passagem das *verba legis* para a *sententia legis*.

Aos desafios de interpretação, Reale, sempre atento à concreção jurídica, se dedicará como destacarei mais adiante para realçar a sua contribuição a partir do mapa de conhecimento que sua abrangente reflexão sobre a nomogênese jurídica elucida.

-IV-

No âmbito da teoria geral do Direito, um desdobramento da reflexão de Reale sobre a relação Direito/poder é a sua concepção de modelos jurídicos, que é uma expressão do contínuo *work in progress* do seu tridimensionalismo jurídico no trato das fontes do Direito. Este se viu adensado pelas suas reflexões sobre o Direito como experiência que se dá no mundo da vida, da *Lebenswelt* husserliana (REALE, Miguel. *O Direito como experiência*. 2.ª ed. São Paulo: Saraiva, 2002; *Fontes e modelos do Direito*: para um novo paradigma hermenêutico. São Paulo: Saraiva, 1994).

Na análise dos modelos jurídicos, Reale almeja ir além da relação Direito/Estado acima discutida para avaliar as múltiplas dimensões do poder na criação de normas jurídicas.

São duas as instigações que movem a sua elaboração conceitual que provém de sua percepção das transformações no tempo, instigadoras de uma mudança operada na análise das fontes do Direito. A primeira é deixar de lado a tradicional dicotomia do *aut/aut* fontes formais/fontes materiais. O seu objetivo é tratá-las como um *et/et* pois fato e valor das fontes materiais estão inseridos nas fontes formais, ou seja, nas normas que definem, de acordo com o estipulado no ordenamento jurídico, a validade do *quid sit juris*. A segunda é substituir uma ótica retrospectiva, que a própria metáfora da fonte induz, por uma ótica prospectiva, pois o Direito é um dever ser que se projeta para o futuro.

Nesse sentido, a metáfora do modelo aponta para o modelar na acepção de guiar, e assinala o seu caráter operacional. É o que leva Reale a ir além do "legalismo" das fontes formais. Assim, com a sua preocupação com a concreção jurídica examina, evidentemente, o modelo jurídico de natureza legislativa no estado de direito, mas trata também dos modelos costumeiros, com seus usos e costumes de conhecida presença no Direito econômico, dos modelos jurisdicionais como fonte reveladora de normas jurídicas e dos modelos jurídicos negociais, fruto de um acordo de vontades.

Na vida do Direito são múltiplas e pluralistas as estruturas normativas representativas da "modelagem jurídica" da realidade social. É nesse contexto que Miguel Reale discute e examina a dimensão de "modelagem" de modelos jurídicos, como as constituições, os códigos, as leis, os costumes, os negócios jurídicos, os tratados, os precedentes de súmulas vinculativas dos tribunais. Esses modelos integram fatos e valores numa dialética de mútua implicação de complementariedade que é posta por meio de normas que adquirem a força prescritiva de positividade por meio da interferência decisória do poder.

Com efeito, os modelos jurídicos, na sua vigência e eficácia, têm distintos índices de obrigatoriedade e áreas diversificadas de incidência, pois a sua positividade transita pela mediação do poder — público ou privado — que os torna realizáveis. Em síntese, a positividade e seus graus — que Reale discute com originalidade — estão correlacionados com o pluralismo das modalidades de poder de decidir e prescrever condutas no *inter homnes esse*.

É o caso, por exemplo, do papel do acordo de base que modela a dinâmica da vida das *joint-ventures*, que é fruto de um acordo de vontades de um negócio jurídico. No âmbito do Direito internacional público, cabe fazer referências ao Tratado de Itaipú de cuja concepção participou Miguel Reale. Como ele explica, o Tratado de Itaipú criou uma empresa pública binacional, fruto da celebração de um acordo internacional entre o Brasil e o Paraguai. Essa empresa pública binacional representa a transladação de um modelo jurídico elaborado no âmbito do Direito administrativo para a esfera do Direito internacional. Modelou juridicamente a cooperação energética Brasil-Paraguai (REALE, Miguel. *Estudos de filosofia e ciência no Direito*. São Paulo: Saraiva, 1978).

Reale diferencia os modelos jurídicos dotados de força prescritiva dos modelos dogmáticos dotados de força indicativa ou persuasiva, elaborados doutrinariamente no âmbito da teoria geral do Direito. No meu entender, a plasticidade do conceito de modelos jurídicos dogmáticos como uma metalinguagem sobre os modelos prescritivos é heurística numa época como a nossa. Esta caracteriza-se pela fragmentação das cadeias de poder.

A fragmentação distancia o conceito de fontes formais do conceito de fontes materiais insuficientes para lidar com a experiência jurídica. Com efeito, conjugado com os processos de globalização que internalizam o mundo na vida dos países, o Estado deixou de ser o centro geométrico da positividade jurídica. Por via de consequência, a clássica pirâmide normativa do ordenamento coexiste com incoerências provenientes da presença crescente das redes e dos fluxos. É o que explica a renovada importância das categorias de "reenvio" e "recepção" e o diálogo das Cortes.

Nesse contexto os modelos jurídicos dogmáticos no âmbito da teoria geral do Direito abrem espaço e se prestam ao entendimento do que Tercio Sampaio Ferraz Jr. qualifica como regras de calibração — que estão voltadas na sua operacionalidade para manter a coesão do sistema normativo, na constatação de sua não plena coerência sintático-analítica. Sua função é fazer que o sistema jurídico pragmaticamente se mantenha com um mínimo de *ratio* ordenadora em termo dos vários modos de funcionamento dos diversificados modelos jurídicos prescritivos. É o caso, por exemplo, da modulação da sentença que na aplicação da NORMA leva em consideração as potenciais consequências da coisa julgada no plano do FATO.

Em síntese, a reflexão sobre modelos jurídicos alarga a compreensão da experiência jurídica e é uma expressão da vocação da abrangência da filosofia do Direito de Miguel Reale e da sua atualidade, ao descortinar horizontes da vigência e da eficácia do Direito.

-V-

A interpretação integra o léxico fundamental do Direito. É no direito em ação, como mencionei, que o intérprete se preocupa com a passagem das *verba legis* para a *sententia legis*.

A indispensabilidade dessa passagem na vida do Direito torna a problemática da interpretação um tema recorrente, de permanente instigação e adensamento da teoria geral do Direito em natural confluência com as contribuições especulativas da filosofia do Direito e da renovada importância contemporânea da teoria da linguagem que entre nós vem sendo pioneiramente elaborada por Tercio Sampaio Ferraz Jr., que, como eu, foi um dos colaboradores de docência de Miguel Reale. Diz respeito à concreção jurídica, nas suas vertentes sintáticas, semânticas e pragmáticas e está alinhado com a ótica prospectiva dos modelos. Por isso mesmo, é um dos grandes temas de reflexão de Miguel Reale.

O desafio da interpretação para Reale, sempre atento à experiência jurídica, provém da correlação entre ato normativo e ato interpretativo.

O intérprete atualiza e renova o nexo normativo que, num modelo jurídico, integrou fatos de acordo com valores positivados.

Toda época, aponta Reale, fixa os critérios e os limites de sua exegese do Direito em função dos valores culturais prevalescentes. Assim, por exemplo, no século XIX a concepção de Estado liberal não intervencionista corresponde a uma compreensão restrita da interpretação jurídica. No século XX, os valores do Estado interveniente propiciaram uma hermenêutica construtivamente intervencionista. Num estado de direito contemporâneo, na busca da intencionalidade das normas, o intérprete pode tomar partido do espaço da elasticidade normativa. No entanto, deve obedecer nesse processo aos limites objetivos do espectro da possível interpretação contemplada nas normas. Esses limites objetivos atendem ao valor da segurança jurídica, inerente à lógica do governo das leis (REALE, Miguel. *Estudo da filosofia e ciência do Direito*. São Paulo: Saraiva, pp. 72-82, 1978); *O Direito como experiência*, cit. pp. 227-257).

No momento atual do Brasil, um dos grandes desafios da hermenêutica é lidar com a constitucionalização dos princípios que permeiam a Constituição de 1988, e também outras constituições contemporâneas.

Para esse desafio, a reflexão de Reale oferece um fecundo caminho, que é uma das dimensões que fez dele um lúcido jurista de relevante presença na vida brasileira.

Os princípios gerais não são regras que proporcionam critérios específicos sobre como se deve, não se deve, ou pode atuar em determinada situação. Os princípios proporcionam critérios mais genéricos para se tomar uma posição diante de situações concretas. Estas, no entanto, *a priori* são indeterminadas, só adquirindo significado operativo no momento de sua aplicação a um caso concreto. A função dos princípios gerais, para recorrer à lição de Bobbio, é proporcionar a expansão não apenas lógica, mas axiológica, de um ordenamento jurídico.

Os princípios gerais caracterizam-se por não serem, em tese, mutuamente excludentes no plano abstrato. No entanto, na sua aplicação ao caso concreto, suscitam hipóteses de antinomias e numerosas dificuldades. Estas são muito distintas das que caracterizam a interpretação e a aplicação de regras específicas.

É justamente no trato dessas dificuldades que a visão da hermenêutica de Miguel Reale oferece um caminho dos mais fecundos à luz do seu historicismo axiológico — exemplo de como na sua obra é heurística e complementar a relação entre a filosofia e a filosofia do Direito.

A hermenêutica dos princípios é um exercício de razão problemática, pois exige escolhas que passam por um balanceamento dos valores positivados nos princípios. Os valores, para Reale, são apropriados objetos do conhecimento. Revelados no processo histórico, são um bem cultural. Têm como nota específica ser algo que se refere à realidade, mas a ela não se reduz. Por isso requerem tanto um suporte — uma base na realidade —, mas pressupõem igualmente um significado, que aponta para uma direção de dever ser. Assim, é da natureza dos valores possuir ao mesmo tempo, como objeto do conhecimento, a dimensão da realizabilidade e da inexauribilidade. A dimensão da realizabilidade é uma abertura para os fatos sociopolíticos e econômicos e diz respeito à capacidade do valor efetivar-se na *práxis*. A da inexauribilidade indica que o valor, por obra de seu sempre renovado significado vetorial, projeta-se como uma *vis directiva*. É assim uma abertura para o futuro de seu dever ser. Em conjunto, dão vida aos modelos jurídicos.

Faço esta muito sumária indicação de aspectos da axiologia de Reale pois o método de ponderação que vem sendo desenvolvido pelo Supremo Tribunal Federal no trato dos princípios gerais é um balanceamento de valores no âmbito em que se discute proporcionalidade, adequação e necessidade. Essa discussão transita implicitamente por realizabilidade e inexauribilidade, que permeiam a interpretação e a aplicação dos princípios gerais como uma atividade contextualizada voltada para a expansão axiológica de ordenamento.

Trata-se de uma atividade que requer o exame das circunstâncias e exige a conciliação dos valores positivados nos princípios por meio de uma dialética de mútua implicação e polaridade na qual operam complementações e restrições recíprocas. Nessas complementações e restrições recíprocas, estão presentes, na interação entre FATO e NORMA, o

VALOR e a concomitante modulação estimativa da sua realizabilidade e da sua inexauribilidade.

É por essa razão que a ponderação é um parar para pensar os desafios contemporâneos da experiência jurídica na interpretação dos princípios gerais. Trata-se de uma interpretação multifuncional que pressupõe na sua fundamentação tanto o ângulo interno da coerência sintática das normas inseridas num ordenamento quanto o ângulo externo da sua semântica que provém de uma concomitante abertura para os fatos e os valores, e requer, além do mais, a pragmática da persuasão dos destinatários — específicos e gerais — da *sententia legis*. É por isso que essa multifuncionalidade se amolda à hermenêutica da tridimensionalidade jurídica de Reale, que oferece nesse campo, metodologicamente, uma heurística e fecunda *vis directiva*.

-VI-

Gostaria de pontuar, para ir concluindo, que se a filosofia do Direito de Miguel Reale teve o lastro da sua experiência de advogado e da efetiva prática da criação e aplicação do Direito, de maneira complementar, a sua filosofia do Direito contribui para a sua oportuna presença no *law in action* da vida jurídica brasileira.

Isso se deu de maneira paradigmática nas suas atividades de parecerista. O parecer jurídico é elaborado para o deslinde de um problema jurídico e, desse modo, contribui para a sua decidibilidade, seja no âmbito do judiciário, seja na esfera da Administração Pública e privada. O valor de um parecer reside na qualidade esclarecedora de sua *ratio decicendi* e no reconhecimento da *auctoritas* do conhecimento de quem o subscreve.

A abrangência dos conhecimentos jurídicos de Miguel Reale e a vocação de concreção de sua filosofia do Direito fizeram dele um parecerista muito solicitado e respeitado no meio jurídico brasileiro.

É o que documentam os vários volumes de seus pareceres nos quadrantes da experiência jurídica do nosso país. Eles são, numa dialética

de complementariedade, uma faceta na *práxis* do seu coerente empenho de teorizar a vida e viver a teoria na unidade do pensamento e da ação que guiou, num outro plano, a elaboração da sua filosofia do Direito, cujos contornos procurei expor nesta contribuição.

GILBERTO DE ULHÔA CANTO

Condorcet Rezende[1]

Inteligente, estudioso, metódico, com profunda sensibilidade jurídica e dedicação integral à profissão: esses são os atributos que fizeram de Gilberto de Ulhôa Canto um dos mais eminentes e acatados juristas da segunda metade deste século.

Seus estudos e pareceres não apenas influenciaram a doutrina jurídica nacional e a jurisprudência de nossos tribunais, como também encontraram eco e acolhimento no exterior.

Sua proeminência em matéria tributária era tamanha que muitos esqueciam — e alguns até ignoravam — que Gilberto era igualmente proficiente em vários outros ramos do Direito, como demonstram suas inúmeras incursões pelos direitos constitucional, societário, civil, comercial, administrativo e econômico.

Durante mais de 37 anos, tive uma convivência quase diária com Gilberto, que se iniciou em 18 de junho de 1958 e se encerrou de forma abrupta — e prematura — na manhã do dia 31 de outubro passado.

Desde que comecei minha caminhada profissional ao seu lado, pude verificar que Gilberto tratava o Direito como um verdadeiro

[1] Foi um dos expoentes do Direito tributário e societário no Brasil. Entrou para o Instituto dos Advogados Brasileiros em dezembro de 1962, foi diretor secretário de 1972 a 1974 e era membro da Comissão de Direito Financeiro e Tributário.

artesanato, em que cada trabalho era objeto de extensas pesquisas legislativas, jurisprudenciais e doutrinárias, e matéria de profunda meditação; cada estudo, parecer ou arrazoado era burilado à exaustão, até que a peça representasse a joia que ele melhor pudesse criar com os materiais de que dispunha. Gilberto era um perfeccionista em tudo que fazia, um detalhista que só se dava por satisfeito quando todos os aspectos possíveis da questão haviam sido examinados em profundidade.

Nada nele era improvisado; tudo era planejado e executado com absoluta fidelidade ao plano. Dizia sempre que não buscava fazer o melhor, em termos absolutos, mas apenas o melhor que lhe era pessoalmente possível. E assim julgava o trabalho alheio — esperava que cada um fizesse o melhor de que fosse capaz, embora não fosse necessariamente o melhor teoricamente possível.

Testemunhei, também, a forma como expunha seus pontos de vista e buscava o convencimento dos interlocutores, fossem eles colegas tarimbados ou simples neófitos: sempre pelo raciocínio lógico; jamais pela força de sua grande autoridade.

O Direito, dizia ele, é pura lógica. Assim, é preciso conduzir o raciocínio de forma a que se chegue ao único resultado lógico possível. E a imagem que sempre evocava para exemplificar seu método de convencimento era a do gado tangido por um labirinto de passagens que levam, inelutavelmente, ao matadouro. Da mesma forma, quem lhe ouvia os argumentos era levado, pelo raciocínio lógico, a atingir a conclusão por ele já alcançada e que era, na sua opinião, a única possível.

A porta de sua sala permanecia aberta para os colegas, fossem eles estagiários ou experimentados profissionais; fossem representantes da iniciativa privada em busca de seus pareceres ou colegas que iam colher sua orientação para solucionar questões jurídicas postas sob seu patrocínio. A todos acolhia amistosamente, transmitindo-lhes tudo que sua vasta cultura jurídica oferecia.

Gilberto jamais trancou as portas de seu tesouro jurídico para exclusivo uso próprio. Pelo contrário, estimulava a pesquisa em sua biblioteca e dava livre acesso a qualquer interessado ao sempre atualizado fichário jurídico por ele iniciado quando ainda estava nos bancos acadêmicos, e que hoje, quase integralmente informatizado, representa um acervo de informações legislativas, jurisprudenciais e doutrinárias que chega à casa de meio milhão de fichas. Esse notável banco de dados sempre foi seu maior orgulho profissional e era com indisfarçável satisfação que o via manuseado por estudantes, colegas, magistrados e professores, em busca dos elementos necessários à realização de suas tarefas. Quem quer que visitasse o escritório — advogado, ou não — era invariavelmente levado por Gilberto à biblioteca para conhecer aquela obra, verdadeira chave-mestra de todo o trabalho que o escritório realiza.

Imbuído de profundo espírito cívico, Gilberto jamais deixou de colaborar com os poderes públicos na elaboração ou na revisão de projetos de lei ou atos normativos. Não se cansava de repetir que via com muita preocupação a crescente falta de civismo em certos setores de nossa sociedade, que, não raro, colocavam seus interesses pessoais acima do bem comum — e essa era uma atitude que ele execrava.

Por isso, sempre que convidado a participar de comissões encarregadas da redação de matéria legislativa, despia-se de sua condição de advogado, para, como cidadão e jurista, emprestar seu concurso ao esforço em prol da comunidade, tendo como único objetivo o atendimento dos interesses maiores da pátria, sem, todavia, jamais relegar a segundo plano os direitos fundamentais do cidadão.

Sua decisiva participação na redação da emenda constitucional n.º 18, de 1965, que reformulou e procurou sistematizar a matéria tributária em nível constitucional; sua ativa contribuição na elaboração do Código Tributário Nacional e seu Projeto de Contencioso Tributário são exemplos notáveis, não apenas de sua reconhecida capacidade jurídica, mas de sua preocupação em aperfeiçoar a legislação tributária nacional.

Desde que instalou seu próprio escritório de advocacia, em fevereiro de 1959, no 12.º andar do edifício Andorinha, Gilberto criou o hábito — altamente salutar, no seu caso — de almoçar lá mesmo (para isso, chegamos a ter um serviço de cozinha), não — como fazem alguns — a fim de melhor aproveitar o tempo para produzir, mas, muito pelo contrário, apenas para conversar sobre generalidades com seus jovens e inexperientes colegas de escritório. E, assim, melhor conhecê-los e orientá-los, além de permitir o melhor entrosamento da equipe.

Nesses almoços, tratava-se de tudo, e naquela "conversa caseira" íamos todos recebendo do mestre verdadeiras lições de vida. Ele nos contava a respeito de seus estudos no Colégio São Bento; de sua grande admiração por Philadelpho de Azevedo (que fora seu professor de Direito Civil e seu padrinho de casamento); de suas tardes de sábado jogando *bridge* na casa de Hermes Lima e de seus domingos de tênis na Tijuca; de suas "traquinagens" jurídicas a quatro mãos com Valed Perry (em cuja casa residiu quando veio de São Paulo para estudar no Rio); de seu amor pela música clássica e pela literatura francesa; de sua admiração pela filosofia de Kant e pela poesia de Rilke; de suas experiências como advogado principiante, primeiro no escritório de Levi Carneiro e, posteriormente, no de Abelardo Carneiro da Cunha; de seus conhecimentos de enologia e de seu gosto pelo bom vinho; de seu prazer em assistir a um bom jogo de futebol e de sua paixão (comedida, aliás) pelo Botafogo.

De uns anos para cá, Gilberto vinha demonstrando crescente interesse em retribuir à sociedade tudo aquilo que dela recebera durante sua carreira profissional. Ele estava convencido de que cada geração tinha uma dívida para com as gerações passadas e que a forma de saldá-la era propiciando oportunidades às gerações futuras. Daí, sua alegria em ver que o banco de dados jurídicos que criara era útil a todos, e seu empenho em difundir o ensino do Direito, o que vinha realizando por meio de sua querida Associação Brasileira de Direito Financeiro (ABDF), de que foi um dos fundadores, presidente por 28 anos e principal propulsionador.

Mas os traços mais fortes que nos ficam da personalidade de Gilberto eram sua afabilidade e modéstia, virtudes nem sempre encontradas naqueles que conseguem atingir o ápice da glória profissional. Quem com ele conviveu de perto, certamente se convenceu de que Gilberto era realmente infenso a elogios (que o deixavam constrangido); que jamais buscou a fama ou a autopromoção. Os galardões que recebeu, fê-lo mais por educação social do que por julgar-se merecedor. Jamais manifestou preocupação em saber se suas opiniões eram, ou não, acatadas pela doutrina ou pela jurisprudência. Emitia-as em estudos e pareceres como o cientista que expõe suas teorias ou o resultado de suas pesquisas. Porém, jamais furtou-se a reconhecer seus próprios erros e a permitir correções em seus trabalhos. Foi o primeiro a admitir que errara ao concordar com a redação do art. n.º 111, 11, do Código Tributário Nacional, que determina que as isenções sejam interpretadas literalmente. Em carta dirigida a Rubens Gomes de Sousa uma semana após a publicação do CTN, já fazia o *mea culpa* em relação a esse dispositivo. E o reconhecimento desse erro ele fez questão de consignar em estudos e pareceres posteriores ao advento do Código.

Contudo, ao lado do jurista de escola, do pesquisador detalhista, do trabalhador incansável, do artesão do Direito, estava o Gilberto ser humano compreensivo, o colega solícito, o companheiro de convivência amena, o contador de casos e anedotas, enfim, uma grande pessoa humana, em todos os sentidos.

Ao completar setenta anos de idade, Gilberto foi homenageado pelos amigos mais íntimos com um jantar. Vários de nós fomos chamados a dar testemunho sobre a personalidade do aniversariante, e alguém observou que Gilberto só conquistara amigos, desconhecendo-se qualquer desafeto seu. Ao agradecer, disse Gilberto: "É muito fácil conquistar amigos e não fazer inimigos: basta não aborrecer as pessoas." E foi o que procurou fazer a vida toda: não aborrecer as pessoas. Mesmo quando discordava de alguém, esmerava-se em divergir de forma a não aborrecer a outra parte.

Apreciador do bom futebol, Gilberto gostava de relembrar um episódio ocorrido entre dois grandes atacantes do passado, Heleno de Freitas (botafoguense, como Gilberto) e Orlando, conhecido como "Pingo de Ouro", em razão de sua baixa estatura e bom futebol. Contava Gilberto que, em determinada partida entre cariocas e paulistas, Heleno, em noite de muita inspiração, criara inúmeras oportunidades de gol que, infelizmente, foram desperdiçadas por Orlando. Ao final do jogo,

Heleno, muito irritado, disse para o companheiro: "Se você é Pingo de Ouro, eu sou uma 'cascata de diamantes'."

Pois bem, para todos nós, Gilberto sempre foi uma verdadeira "cascata de diamantes", tais e tantos foram os conhecimentos e a experiência profissional que ele nos transmitiu no decorrer dos anos.

THEREZA GRISÓLIA TANG

Fátima Nancy Andrighi[1]
Maria Cláudia da Silva Antunes de Souza[2]

Introdução

O presente trabalho tem como escopo contribuir para a obra coletiva que destaca o legado de profissionais do Direito no Brasil.

As autoras escolheram pesquisar sobre a trajetória de Thereza Grisólia Tang, por ter sido a primeira mulher a ingressar na carreira da magistratura catarinense (1954), a segunda na magistratura nacional[3] e a primeira desembargadora do Brasil (1975); por ter desbravado caminhos fechados e eivados de obstáculos para as mulheres. Sábia e de profissionalismo impecável, foi reconhecida e homenageada por inúmeras instituições no período em que atuou no Poder Judiciário e, posterior-

[1] Ministra do Superior Tribunal de Justiça. Corregedora Nacional de Justiça (2014-2016). Ministra do Tribunal Superior Eleitoral e corregedora-geral da Justiça Eleitoral (2010-2013). Doutoranda em ciência jurídica pela Universidade do Vale do Itajaí — Univali. Mestre em mediação — Institut Universitaire Kurt Bösch (2011).

[2] Doutora e mestre em *derecho ambiental y de la sostenibilidad* pela Universidade de Alicante — Espanha. Mestre em ciência jurídica pela Universidade do Vale do Itajaí — Brasil, graduada em Direito pela Universidade do Vale do Itajaí — Brasil. Professora permanente no programa de pós-graduação *stricto sensu* em ciência jurídica, nos cursos de doutorado e mestrado, e na graduação no curso de Direito da Universidade do Vale do Itajaí — Univali. Membro vitalício à cadeira n.º 11 da Academia Catarinense de Letras Jurídicas — Acalej. Advogada e consultora jurídica. E-mail: mclaudia@univali.br.

[3] Precedida apenas pela magistrada cearense Auri Moura Costa, empossada em 1939.

mente, quando já estava aposentada. Destaca-se a Academia Catarinense de Letras Jurídicas (Acalej),[4] fundada em 13 de dezembro de 2012, na qual se encontra emoldurado à imortalidade o nome de Thereza Grisólia Tang como patrona da cadeira n.º 11, ocupada atualmente por Maria Cláudia da Silva Antunes de Souza (coautora deste texto) desde 19 de junho de 2015.

A abordagem teórico-metodológica utilizada foi o método indutivo, com pesquisa em fontes doutrinárias e documentais.

Biografia e trajetória profissional de Thereza Grisólia Tang

Thereza Grisólia Tang nasceu em 10 de fevereiro de 1922, na cidade de São Luiz Gonzaga, estado do Rio Grande do Sul, filha de Maria Cândida Wertonge e João Grisólia. Vinda de uma família tradicional de jornalistas, Thereza sempre se destacou nos estudos, chegando a receber um prêmio por ter sido a melhor aluna do estado do Rio Grande do Sul, o que levou o município de São Luiz Gonzaga, por meio de seu prefeito, a organizar uma festa para recebê-la com direito à banda de música, partida de futebol e baile. O evento foi noticiado por semanas na imprensa: homenagens à melhor aluna do estado.

Durante os festejos, conheceu aquele que viria a ser o seu esposo, Gunther Friedrich Walter Tang, de nacionalidade alemã, cuja chegada se fazia recente à cidade, na qual exercia a profissão de cirurgião-dentista. Essa festa tornou-se o evento do ano, chamando a atenção do jovem, que ficou curioso para conhecer a melhor aluna do estado do Rio Grande do Sul. Thereza e Walter, logo após o evento, iniciaram o namoro.

Aos 21 anos, Thereza casou-se com Gunther, mais conhecido como Walter Tang, à época com 34 anos, em 27 de maio de 1943. O casal

---

[4] Acalej, cuja finalidade é preservar e resgatar história, obras e documentos jurídicos, com vistas ao aprimoramento das letras jurídicas catarinenses e nacionais, assim como à expressão, difusão e publicação de relevância, zelando pela qualidade e excelência na produção do Direito. Disponível em: https://acalej.org.br/. Acesso em 17 de janeiro de 2023.

teve uma única filha, chamada Tania Grisólia Tang, nascida em 18 de março de 1944.

Após três anos do casamento, Thereza e Walther iniciaram o curso de Direito na Universidade Federal do Rio Grande do Sul, vindo a colar grau na mesma solenidade. Desde o início do curso, Thereza manifestava vontade de ingressar na magistratura, no entanto, nesse período, a resistência às mulheres na área jurídica era notória. Um de seus professores da faculdade disse-lhe certo dia: "Os pioneiros sofrem." Thereza jamais esqueceu aquela frase.

O Tribunal de Justiça do Rio Grande do Sul vetava expressamente a participação de mulheres em concurso público da magistratura, o que influenciou na decisão da família Tang de residir em Santa Catarina, estado que, apesar de ainda não haver registro de mulheres na magistratura, não impunha cláusula expressa no edital que lhes vetasse a inscrição no concurso.

Assim, Thereza Tang participou de concurso público no Tribunal de Justiça de Santa Catarina.[5] Após ser aprovada, ingressou na magistratura catarinense em 21 de dezembro de 1954. Lutou, com coragem, perspicácia e perseverança, tornando-se a primeira juíza do estado de Santa Catarina, recebendo a melhor avaliação na seleção realizada. Na cerimônia de posse, o desembargador Guilherme Abreu disse-lhe: "A senhora é o teste", transferindo-lhe uma imensa carga de responsabilidade, pois o "teste" objetivava verificar se mulheres desempenhariam bem o cargo de juíza.[6]

Nesse mesmo ano, ela foi designada juíza substituta da 12ª circunscrição judiciária, sediada em Criciúma, no sul do estado. Ao longo

---

[5] O Tribunal de Justiça de Santa Catarina foi instalado após a Proclamação da República, quando foi promulgada a primeira Constituição Estadual em 1.º de outubro de 1891 (SANTA CATARINA. *Tribunal de Justiça de Santa Catarina*: memórias dos 110 anos. Ed. Comemorativa 1891-2001. Florianópolis: Divisão de artes gráficas, 2001.). Somente em 1954 é que foi aprovada a primeira mulher no concurso público para juíza no estado de Santa Catarina, Thereza Grisólia Tang.

[6] Extraído de entrevista com Tania Grisólia Tang, filha de Thereza Tang, na cidade de Genebra, Suíça, em 19 de outubro de 2019, realizada pela coautora Maria Cláudia da Silva Antunes de Souza.

de sua carreira, foi juíza de várias comarcas catarinenses, incluindo Palhoça, São José, Laguna e Florianópolis. Thereza Tang manteve-se como a única juíza do sistema judiciário catarinense até 1975.[7]

Dedicou-se muito e, aos poucos, foi colhendo o justo reconhecimento por suas aptidões para o exercício da jurisdição junto ao Tribunal de Justiça de Santa Catarina, que, por sua vez, beneficiou-se de sua fama ao consagrar-se como estado pioneiro em ações louváveis ao tê-la nomeado como magistrada.

Thereza Grisólia Tang foi nomeada desembargadora em 15 de outubro de 1975, ou seja, 83 anos após a instalação do Tribunal de Justiça de Santa Catarina, tornando-se a primeira mulher, no Brasil, a assumir esse cargo. Curiosamente, Thereza Tang manteve o título de única desembargadora de Santa Catarina até 2002, uma vez que, somente em 2003, Salete Silva Sommariva passou a ocupar o mesmo cargo. Posteriormente, em 2005, Maria do Rocio Luz Santa Ritta assumiu como a terceira desembargadora do Estado.

Em 1985, Thereza Tang foi corregedora-geral de Justiça; alçou-se à presidente do Tribunal Regional Eleitoral em 1986 e, enfim, à presidente do Tribunal de Justiça de Santa Catarina em 1989.

Thereza Grisólia Tang estava à frente de seu tempo, superou vários obstáculos para se tornar a primeira mulher em colocações até então exclusivamente masculinas. Tornou-se um exemplo de pessoa e de magistrada, por ser dinâmica, empreendedora e atualizada, tendo sido responsável por muitas iniciativas importantes, as quais fazem parte do cotidiano atual; além, é claro, de sua cordialidade e paciência para ouvir quem quer que lhe procurasse.[8]

Permaneceu na profissão até se aposentar, como desembargadora, aos setenta anos, e faleceu em 17 de outubro de 2009, em Florianópolis — SC, aos 87 anos de idade. Há muitos anos, sua única filha reside em Genebra, na Suíça. Thereza deixou três netos, seis bisnetos e uma trineta.

---

[7] Dados coletados no Museu do Poder Judiciário de Santa Catarina, seção cadastral funcional. Acesso em 16 de janeiro de 2023.

[8] Dados extraídos do jornal mensal da Associação dos Magistrados Catarinenses — *O Judiciário*, ano 4, n.º 38, jun. 2009. Disponível em: www.amc.org.br. Acesso em 12 de fevereiro de 2024.

É conhecida a máxima de que há pessoas que optam por fazer de suas vidas uma missão capaz de mudar a história. Não vêm ao mundo a passeio: estão sempre a serviço de algum ideal, algum projeto grandioso, em contínuo exercício de uma ambição virtuosa. Essas pessoas, que pretendem transformar a própria vida em exemplo, nos arrastam. Thereza Grisólia Tang é uma dessas pessoas que inspira e ilumina muitas mulheres!

Atualmente, o Tribunal de Justiça de Santa Catarina possui 434 magistrados em primeira instância e, destes, 162 são mulheres.[9] A esfera superior do Poder Judiciário de Santa Catarina possui ainda menor participação feminina: dos 93 desembargadores, apenas 14 são mulheres.[10]

Os dados acima apontam a desigualdade de gênero na carreira judiciária catarinense, mas vale ressaltar que a cada concurso público vem crescendo a participação e a aprovação femininas. No entanto, os números demonstram a significativa diferença que ainda existe e o quanto as mulheres terão que percorrer na trajetória profissional que, por muitos anos, foi "exclusiva dos homens".

Considerações finais

Thereza Grisólia Tang estava à frente de seu tempo, superou vários obstáculos para se tornar a primeira mulher em colocações até então exclusivamente masculinas. Dedicou-se muito e, aos poucos, foi colhendo o justo reconhecimento por suas aptidões para o exercício da jurisdição junto ao Tribunal de Justiça de Santa Catarina, que, por sua vez, fez jus à fama de ser pioneiro em ações louváveis ao nomeá-la como magistrada.

Outrossim, inovou o sistema do judiciário, informatizando-o e tornando-o mais célere, além de ter sido justamente homenageada em

---

[9] Dados coletados no Museu do Poder Judiciário de Santa Catarina, seção cadastral funcional. Acesso em 16 de janeiro de 2023.

[10] Idem.

diversas ocasiões, não só pelo seu pioneirismo, como também por ser o paradigma das mulheres na investidura da carreira jurídica, principalmente do judiciário, dedicando toda sua vida profissional ao desenvolvimento da Justiça, chegando, inclusive, a receber o troféu da Justiça em Santa Catarina.

No começo, reconheceu as dificuldades para conciliar em um mesmo ser o papel de mãe, mulher e magistrada, a começar pela luta contra o preconceito. A sua vitoriosa atuação, desde o primeiro momento, despertou enorme interesse, inclusive nacional. É sem dúvida, por todos os títulos, uma referência, um brilhante exemplo, que orgulha a magistratura catarinense e brasileira. Sempre que possível, ela ressaltava o notável desempenho das desembargadoras e juízas, recordando as dificuldades que superou, o caminho que abriu e seu legado. Aos seus colegas de carreira, deixou o exemplo de amor e dedicação ao trabalho, tornando-se um instrumento a serviço da cidadania.

Referências bibliográficas

ALVES, Eliana Calmon. "A quebra do paradigma e o gênero feminino na administração da Justiça, face ao processo de modernização da sociedade brasileira, imposta pela globalização". Disponível em: www.stj.gov.br. Acesso em 16 de janeiro de 2023.

______________. "A mulher magistrada". Disponível em: www.stj.gov.br. Acesso em 16 de janeiro de 2023.

______________. *Livro do Tribunal de Justiça de Santa Catarina*: memórias dos 110 anos. Florianópolis: ed. comemorativa 1891-2001.

______________. Museu do Tribunal de Justiça de Santa Catarina. Disponível em: tjsc@jus.br. Acesso em 17 de janeiro de 2023.

______________. Jornal mensal da Associação dos Magistrados Catarinenses — *O Judiciário*, ano 4, n.º 38, jun. 2009. Disponível em: www.amc.org.br. Acesso em 17 de janeiro de 2023.

______________. "Discurso de posse de Maria Cláudia da Silva Antunes de Souza". Acalej. Disponível em: https://acalej.org.br/. Acesso em 17 de janeiro de 2023.

TEIXEIRA DE FREITAS

Francisco Amaral[1]

Introdução: o pensamento jurídico

É louvável e objeto de merecido reconhecimento a iniciativa do acadêmico e professor José Roberto de Castro Neves de reunir, neste livro, estudos sobre grandes figuras do Direito brasileiro, juristas que contribuíram para a gênese da ordem jurídica do nosso país pós-independência. Assim procedendo, não só resgata a memória de personagens históricos, como também contribui para o conhecimento do pensamento jurídico brasileiro, particularmente, do nosso Direito Privado, na sua gênese e evolução.

O pensamento jurídico, expressão própria da cultura ocidental, indica a existência de uma dimensão jurídica específica que é o enraizamento profundo de um Direito ligado aos valores essenciais de uma sociedade, objeto de um conhecimento não somente técnico e científico, mas do mais alto grau de compreensão que os filósofos chamam de pensamento, porém ligado ao cerne da ação humana.[2]

---

[1] deputado federal por seis mandatos vice-presidente da Assembleia Legislativa, e também prefeito da cidade de Campinas em duas ocasiões, nas décadas de 1970 e 1980.

[2] GROSSI, Paolo. *Quaderni fiorentini per la storia del pensiero giuridico moderno*. Milano: Giuffrè, 1974-1975, pp. 263 e seguintes; VILLEY, Michel. La formation de la pensée juridique

Qual seria, então, o pensamento jurídico que orientou Teixeira de Freitas na sua tentativa de codificação da matéria jurídica brasileira no campo da sociedade civil?

Recordem-se, a propósito, alguns acontecimentos históricos que influíram na proclamação da nossa independência e, posteriormente, na gênese do Direito Civil brasileiro. São eles: em 1808, a vinda da corte portuguesa para o Brasil; em 1815, a criação do Reino Unido de Portugal, Brasil e Algarves; em 12 de outubro de 1822, a aclamação do príncipe regente como imperador do Brasil; em 7 de setembro de 1822, a proclamação de independência do Brasil; em 20 de outubro de 1823, a lei que declara em vigor a legislação pela qual se regia o Brasil até 25 de abril de 1821, as leis promulgadas por d. Pedro, como regente e imperador, e os decretos da corte portuguesa que são especificados; em 1824, a outorga da Carta Constitucional do Império, estatuto da emancipação jurídica brasileira, influenciada pelo liberalismo de matriz europeia, tanto francês quanto inglês.

No dizer de Afonso Arinos de Mello Franco, que considerou essa Constituição como um texto flexível, moderado, liberal e prudente, a Constituição de Império foi um grande fator de consolidação da independência brasileira e da unidade nacional.[3]

Esses fatos políticos revelam que o Brasil continuava espiritualmente como um prolongamento da Europa, o que contribuiria para o nosso deslumbramento com ideias estrangeiras, a caracterizar um filoneísmo, um gosto excessivo pelas novidades, característica ainda hoje encontradiça entre nós.

Consequentemente, até o momento da nossa independência política, em 1822, o Direito brasileiro era o Direito português,[4] já que a colônia utilizava todo o arsenal jurídico da metrópole, que tinha como

---

moderne. Paris: Dalloz, 1976; ARNAUD, André-Jean Arnaud. Les juristes face à La Societè, du XIX siècle à nos jours. Paris: Presses Universitaires de France, 1975.

[3] MARQUES, Rui de Figueiredo; NORONHA, Carlos Fernandes Mathias e Ibsen. *História do Direito brasileiro*. Rio de Janeiro, São Paulo: Forense Universitária, 2014, p. 293.

[4] FONSECA, Ricardo Marcelo. "Os juristas e a cultura jurídica brasileira na segunda metade do século XIX". *Quaderni Fiorentini*, v. 35, Milano, Dott. A. Giuffrè Editore, 2006, p. 344.

base as velhas Ordenações Filipinas, a primeira de todas as fontes de Direito,[5] e, como fonte subsidiária, o Direito romano, o *usus modernus pandectarum*, a que se recorria para o preenchimento das inúmeras lacunas das Ordenações, principalmente em matéria de Direito Privado, até o advento, em Portugal, da famosa Lei da Boa Razão, de 18 de agosto de 1769, assim chamada porque permitia a "aplicação subsidiária do Direito romano somente quando este se fundava na boa razão, isto é, nos princípios fundamentais do Direito natural e das gentes".

Constata-se, assim, que a independência do Brasil só nos separou de Portugal politicamente. A cultura portuguesa, (com seus atávicos elementos) e nela o Direito, permaneceriam por longo tempo subsidiária do país colonizador, até que uma nova ordem jurídica se criasse e um novo pensamento se desenvolvesse, já como produto de uma nova realidade política e social brasileira, mantendo-se, assim, no Brasil, um Direito muito próximo da velha tradição portuguesa. "O Direito que ia vigorar na colônia não tinha que nascer do choque de interesses das populações postas em contato, pois era um Direito que já estava feito e que precisava simplesmente ser aplicado depois de importado."[6]

Com o objetivo de superar essa lacuna, criaram-se, com a lei de 11 de agosto de 1827, dois cursos de ciências jurídicas e sociais, um em São Paulo outro em Olinda, para formar juridicamente a juventude brasileira. Esses cursos não passavam, porém, de arremedo do curso de Coimbra, mantendo-se, assim, a influência teórica portuguesa, tanto no ensino quanto na prática forense, até meados do século XIX.[7] Instaladas em 1828 as faculdades de Direito de Olinda e de São Paulo, transferiu-se a primeira, posteriormente, para Recife, onde mais tarde despontariam juristas de grande relevo na história do pensamento jurídico-filosófico brasileiro, como Tobias Barreto, Sílvio Romero, Farias

---

[5] CRUZ, Guilherme Braga de. "A formação histórica do moderno Direito Privado português e brasileiro". *II Coloquium Internacional de Estudos Luso-Brasileiros*, São Paulo, set. de 1954.

[6] MARTINS JUNIOR, Isidoro. *História do Direito nacional.* Departamento de Imprensa Nacional: Brasília, 1979, p. 100.

[7] VENÂNCIO FILHO, Alberto. *Das arcadas ao bacharelismo.* São Paulo: Perspectiva, 1982, p. 63.

Brito, Clóvis Beviláqua, Paula Batista, Isidoro Martins Junior, Aprígio Guimarães, José Higino, Braz Florentino etc.

Nessa fase despontou Teixeira de Freitas, da turma de 1864, que veio a ser considerado a mais expressiva figura da cultura jurídica do Império. Conhecedor do Direito romano e do pensamento de Savigny, trouxe para o Brasil a teoria da relação jurídica, consagrada pela pandectística alemã, criando a inovadora divisão do Código Civil em parte geral e parte especial, mais tarde, aliás, adotada pelo BGB, demonstrando uma apurada preocupação conceitualista e abstrata[8] com que elaborou a *Consolidação das leis civis* e o *Esboço de Código Civil,* diplomas de grande influência no processo de codificação do Brasil e dos países da América Latina, em idêntica fase legislativa.

A obra de Freitas influenciou, assim, o pensamento jurídico de outros juristas latino-americanos, como: o de Dalmacio Vélez Sarsfield, na Argentina; o de Luis de Gasperi, no Paraguai; o de Acevedo e Tristán Narvaja, no Uruguai, tendo sido, também, a base do nosso primeiro Código Civil; e o de Clóvis Beviláqua, que substituiu o Direito Privado vigente em nosso país, por um edificante diploma legal, dando origem a um novo pensamento jurídico, já afinado com a dogmática e a chamada modernidade jurídica, caracterizada pela racionalização da vida e do pensamento jurídico, levando ao sistema e, consequentemente, ao pensamento sistemático, expresso no Código Civil e, posteriormente, na Constituição.

1. Teixeira de Freitas e sua circunstância

Sendo certo que a pessoa humana, nas vicissitudes de sua existência, é ela e sua circunstância, como afirmou Ortega y Gasset,[9] seria útil e interessante indagar que realidade e que circunstâncias teriam influenciado a vida e a obra de Teixeira de Freitas na criação da dogmática e

---

[8] FONSECA, Marcelo Ricardo, op. cit., p. 355.

[9] MARIAS, Julian. História da filosofia. São Paulo: Martins Fontes, 2004, pp. 500 e seguintes.

do pensamento jurídico brasileiro no campo do Direito Privado. A *dogmática*, termo horrível, no dizer de Calasso, como "sinônimo de ciência jurídica que estuda o Direito na sua sistematização e realização prática, configurando o método ou estilo, o estilo sistemático.[10]

Que concepções histórico-filosóficas teriam influenciado o pensamento jurídico daquele que, por sua relevância no processo de formação da ordem jurídica brasileira no campo do Direito Privado fez jus ao título de "Jurisconsulto do Império", título da monografia consagradora de Silvio Meira.[11]

Teixeira de Freitas nasceu em 19 de agosto de 1816, na vila de Nossa Senhora do Rosário do Porto da Cachoeira, no Recôncavo Baiano, levada à categoria de vila em 1723. Foi bom estudante na escola primária, sendo que, com a idade de oito anos, já estudava, com seus colegas, literatura, gramática portuguesa e latim. Em 5 de novembro de 1833, fazia na Faculdade de Direito de São Paulo o segundo ano do curso de Direito, depois de ter cursado o primeiro ano na Faculdade de Olinda, com apenas 16 anos. Tendo cursado o segundo, o terceiro e o quarto anos em São Paulo, regressa a Recife, onde se diplomou em Olinda em 1837 com apenas 21 anos de idade.

Outra circunstância a considerar seria a influência da modernidade jurídica (séculos XVIII, XIX e XX), paradigma que tinha como características a racionalização da vida jurídica, expressa na adoção do sistema, do pensamento sistemático e, consequentemente, dos códigos e das constituições; a completude e a neutralidade do ordenamento jurídico; o primado da lei e do normativismo; o Estado como única fonte do Direito; a distinção entre o público e o privado; a generalidade e abstração das regras jurídicas; a figura abstrata do sujeito de direito; a segurança e a certeza como valores fundamentais; a posição central do

---

[10] GUASTINI, Ricardo. "Dogmatica giuridica". Digesto delle discipline privatistiche, v. 7, UTET, Torino, p. 27, 1992. Miguel Reale. *Filosofia do Direito*, p. 68; PUCEIRO, Enrique Zuleta. *Paradigma dogmático y ciencia del Derecho*. Madrid: Editoriales de Derecho Reunidas, 1981, p. 11.

[11] MEIRA, Silvio. *Teixeira de Freitas*: o jurisconsulto do Império: vida e obra. 2.ª ed. Brasília: Cegraf, 1983.

Código Civil na disciplina da sociedade jurídica; o raciocínio lógico-dedutivo e o processo interpretativo como exegese do texto legal e sua "aplicação" aos problemas da vida concreta.

A modernidade jurídica também se caracterizaria pela filosofia do positivismo normativista, que via o Direito como objeto, como realidade externa ao sujeito, pré-constituída, referida a normas e com o objetivo de sua *aplicação*, e não como "conjunto de critérios orientadores da atividade humana" resultante de uma prática interpretativo-criativa. A grande contribuição do Direito e do Estado moderno foi, então, a racionalização da vida jurídica, com a adoção da ideia de sistema, do que são exemplo as constituições do século XIX, e ainda o princípio da subjetividade, o indivíduo como causa e razão de ser do Direito Civil.

Em apertada síntese, tem-se, então, que Freitas, na realização da sua obra, orientou-se por dois modelos ou paradigmas então vigentes no mundo jurídico-filosófico europeu, o germânico e o português, que se caracterizavam pela historicidade e pela sistematicidade do fenômeno jurídico, mais propriamente o de Direito Civil. A historicidade no sentido de que o Direito Civil, o Direito mais antigo, mais clássico, forneceu as noções, os conceitos e as categorias que se encontram hoje em todos os sistemas jurídicos,[12] o que evidencia que a matriz e o fundamento do Direito, particularmente o civil, estão na história, sendo seu paradigma originário e fundamental o Direito romano.

A história é, assim, um critério-guia no estudo do Direito, pois leva-nos a percorrer o caminho da sua evolução, permitindo compreender como chegamos ao pensamento jurídico da modernidade e da contemporaneidade. A sistematicidade como uma construção jurídica, lógica, racional, obediente ao princípio positivista de que o objeto da ciência do Direito são apenas as normas positivadas (dogmas), independentemente da realidade social subjacente.[13]

---

[12] PRATO, Enrico del. *Le basi del diritto civile*. Torino: Giapichelli Editore, 2018, p. 1.

[13] ÁFTALION, Enrique, *et al.* Introducción al Derecho. Buenos Aires: Cooperadora de Derecho y Ciencias Sociales, 1975, p. 878. Niklas Luhman. *Rechtssystem und rechtsdogmatik* (Sistema jurídico y dogmática social), p. 27 ss.; Carlos Santiago Nino. *Introducción al analisis del derecho*, p. 321 ss. V. Cap. I, nota 83.

A perspectiva histórica revela, assim, o apreço de Freitas pelo Direito romano e pela escola histórica alemã, na qual Savigny, de grande influência na obra do jurista brasileiro, foi paradigmática figura. Para o jurista brasileiro, o Direito Civil era a transformação moderna do Direito romano.[14]

Essa escola, ao mesmo tempo em que defendia o rigor histórico, advogava a aplicação da lógica ao Direito, caminhando para uma concepção deste como ciência e como sistema. Valorizava, desse modo, o aspecto dogmático, a construção científica, com espírito unitário e coerente, do vasto material normativo que a vida oferece ao jurista. Sua base era o Direito romano, em cuja elaboração científica e aplicação prática via um instrumento de progresso para a ciência jurídica. A escola histórica era, assim, "uma nova e mais profunda concepção da ciência do Direito, como história e sistema ao mesmo tempo, em que a evolução lenta e verdadeiramente orgânica do Direito de cada uma de suas partes, imparcialmente observada à luz da crítica histórica, sem preconceitos filosóficos, nem preocupações escolásticas, compõe a base do sistema",[15] desprezando a metafísica e usando a lógica jurídica. "O fim proposto era a verdade histórica, alcançável pelo caminho do mais coerente raciocínio."[16]

A escola histórica desaguou no positivismo, desenvolvendo a crença de que o Direito de um povo é o que exprime o seu ordenamento jurídico. A ciência do Direito transforma-se na dogmática jurídica, e o sistema no seu principal instrumento e construção formal. Os "dogmas" são os conceitos que se obtêm, por meio da generalização e abstração, da experiência jurídica.[17]

Teixeira de Freitas não teve, porém, acesso ao processo de construção jurídica tão bem desenvolvido[18] por Ihering, Puchta, Windscheid,

---

[14] HESPANHA, Antonio Manuel. *História das instituições*: épocas medieval e moderna. Coimbra: Almedina, 1982, p. 14

[15] Ibid., p. 121.

[16] Ibid., p. 125.

[17] Ibid., p. 130.

[18] R. Von Ihering, *L' esprit du droit romain*, trad. Paris, 1887, III, p. 25.

Binding. Sendo a *Consolidação das leis civis* contratada em 1855 e entregue em 1858, somente de Savigny pode ter tido o jurista brasileiro algum conhecimento, pelo que se depreende das citações que faz na *Introdução à Consolidação*, juntamente com Bentham, Ortolan, Maynez, Correia Telles, Blondeau, Ahrens, Marezoll, Zacharie, Marton, Molitor, Toullier, Troplong, Mackeldey, ao referir-se ao tratado de Direito romano, tradução de Gueneux, de 1850.

Se qualquer influência se manifestasse em Freitas, quanto à ideia do Direito como sistema, seria apenas de Savigny, pois os demais sistematizadores alemães apareceram mais tarde, e, quanto aos franceses, seguiam todos a Escola da Exegese. Revela-se, assim, o caráter inovador e criativo de Freitas, visando sistematizar o Direito de seu país sem copiar os modelos ou a construção alienígena.

Pelo que se deduz do conjunto de suas obras, a *Consolidação*, o *Esboço* e a *Nova apostila*,[19] a influência de Savigny estaria também no pensamento antijusnaturalista de Freitas, na ideia do valor da história e do método positivo para o Direito, na concepção da pessoa como titular de direitos reais e pessoais, pedra angular de seu sistema jurídico, na teoria da posse a que se refere na *Introdução à Consolidação* e, principalmente, no culto ao Direito romano como fonte perene da cultura e da ciência jurídica.

2. Teixeira de Freitas e sua obra

2.1. A Consolidação das leis civis

Quanto à dogmática jurídica, a mais infeliz palavra do Direito, no dizer de Calasso,[20] termo que tanto significa a ciência jurídica, que estuda o Direito vigente, as normas jurídicas como "objeto privilegiado", no seu processo de sistematização e reconstrução, quanto a doutrina de-

---

[19] FREITAS, Teixeira de. Nova apostila à censura do senhor Alberto de Morais Carvalho sobre o projeto do Código Civil português. Rio de Janeiro: Editora Laemmert, 1859.

[20] CALASSO, Francesco. *Storicità del Diritto*. Milano: Giuffré Editore, 1066, p. 180.

dicada ao estudo dos dogmas jurídicos, isto é, os conceitos e princípios técnicos explicativos dos institutos jurídicos, ou ainda como particular método ou estilo, o dogmático, que descreve o Direito vigente e sua exposição de modo sistemático, reagrupando as normas por institutos, como é próprio do normativismo e se liga aos "postulados fundamentais do positivismo jurídico",[21] em Freitas, a dogmática estaria expressa na *Consolidação das leis civis* e no *Esboço de Código Civil*, obras de que se faz aqui sumária apresentação.[22]

Tendo sido Teixeira de Freitas autor do primeiro projeto de codificação civil no Brasil, contratado em 1855 para: 1) classificar a legislação existente, portuguesa e brasileira, revogada ou vigente, por ordem cronológica e observada a divisão pública e privada; e 2) consolidar a legislação civil brasileira e, posteriormente, elaborar o projeto de um Código Civil. Sua grande preocupação foi criar um sistema jurídico, observando as regras da sistematização científica, indo do mais simples ao mais complexo, partindo das relações jurídicas, reunindo as respectivas normas jurídicas em institutos e estes em corpos legislativos.

O material de que dispunha era caótico, compreendendo as normas das Ordenações Filipinas "que eram pobríssimas", as regras de Direito romano e as leis, decretos, alvarás, cartas régias, resoluções, avisos, portarias, regulamentos, regimentos, estatutos, instruções, estilos e praxe assentos da Casa de Suplicação, que formavam o Direito português da época. Transformar isso em um todo uniforme e coerente foi sua primeira grande tarefa. A segunda foi elaborar o projeto do Código Civil.

Na sua obra de sistematização, adotou o seguinte método: primeiro, conhecer o Direito vigente, consolidando-o, para depois codificá-lo. Surgiu assim, em 1857, a *Consolidação das leis civis*, dando início, em 1859, ao projeto de Código Civil, a que deu o nome de *Esboço*.

---

[21] GUASTINI, Ricardo. "Dogmatica giuridica". Digesto delle discipline privatistiche, v. 7, UTET, Torino, p. 27, 1992. Miguel Reale. *Filosofia do Direito*, p. 68; PUCEIRO, Enrique Zuleta. *Paradigma dogmático y ciencia del Derecho*. Madrid: Editoriales de Derecho Reunidas, 1981, p. 11. ss.

[22] Recorro aqui à conferência por mim proferida na Universidade de Roma, no Congresso Augusto Teixeira de Freitas e o Direito latino-americano, de 12 a 14 de dezembro de 1983, sobre o mesmo tema.

A *Consolidação das leis civis* dividia-se em duas partes, a geral, com 75 artigos, e a especial, com 1.257 artigos.

A geral reunia os princípios fundamentais das relações jurídicas de Direito Civil em dois títulos distintos referentes, um, às pessoas, outro, às coisas, como parte introdutória à disciplina das relações jurídicas da parte especial.

Na parte especial disciplinava as relações jurídicas em dois livros. O primeiro, dos direitos pessoais, o segundo, dos direitos reais, divisão característica do sistema de Freitas. O livro dos direitos pessoais dividia-se em duas seções, a primeira, dos direitos pessoais nas relações de família (casamento, pátrio poder, parentesco, tutelas e curatelas); a segunda, dos direitos pessoais nas relações civis, compreendendo suas causas de nascimento (atos lícitos e ilícitos) e de extinção. O livro dos direitos reais contém quatro títulos, respectivamente, do domínio, da servidão, da herança e da hipoteca, com um título final sobre a prescrição aquisitiva (*usucapio*).

Passando à aplicação prática desses princípios, Freitas estuda a proteção aos direitos dividindo, com base no Direito romano, as ações em pessoais e reais, conforme o objeto de sua tutela (*actio in personam e actio in rem*).

> Dissipem-se as ideias tradicionais, medite-se livremente sobre a natureza dos direitos, apliquem-se os princípios precedentemente fixados; e ver-se-á, abandonado como tem sido o processo formulário dos romanos, que não há outras ações possíveis, na esfera do Direito Civil propriamente dito, senão as ações reais e as ações pessoais, que precisamente correspondem às duas grandes categorias dos direitos reais e dos direitos pessoais. A ação nasce do Direito, dele descende e nele se confunde. Em uma palavra, a ação é o Direito posto em movimento.[23]

[23] T. Freitas. *Consolidação das leis civis*.

Freitas referia-se ainda, e isso lhe dava a marca do jurista atento à realidade do seu tempo e dotado de espírito inovador, à importância das relações econômicas no Direito, ao fenômeno do crédito como impulsionador da Revolução Industrial. Via, como grande problema do Brasil, a necessidade de desenvolver os grandes recursos naturais, com o aproveitamento do solo e a circulação do capital. Distinguia o crédito pessoal do real, como projeção da teoria dos direitos pessoais e reais na economia, detendo-se no tema da aquisição da propriedade em que, refutando a eficácia translativa do contrato de compra e venda do Código Civil francês, exigia a manifestação de vontade como título de aquisição, e um fato material, a "tradição", como "modo" de adquirir. No tocante ao crédito real, demonstrava a importância da hipoteca no sistema de garantias do cumprimento das obrigações, e defendia a transcrição, ato subsequente ao contrato, e meio de operar a transmissão dos imóveis e de lhe dar publicidade.

2.2. O Esboço de Código Civil

Demonstrada sua capacidade para a tarefa da codificação, Freitas foi contratado em 10 de janeiro de 1859 pelo governo imperial do Brasil para elaborar um projeto de Código Civil, no qual aproveitava o plano da *Consolidação,* com pequenas mudanças, feitas para adaptar sua obra às críticas e sugestões recebidas.

A versão final do *Esboço* apresenta o seguinte plano: um "título preliminar" (arts. n.os 1-15), estabelecendo os princípios referentes ao âmbito de aplicação de normas no espaço e no tempo; uma "parte geral" (arts. n.os 16-866), contendo as disposições referentes aos elementos das relações jurídicas, as "pessoas", as "coisas" e os "fatos"; uma "parte especial" (arts. n.os 867-4.908), contendo a disciplina específica das diversas relações jurídicas, a saber, os "direitos pessoais" e os "direitos reais"; e um título final com disposições comuns aos direitos reais e pessoais.

No *Esboço*, é manifesta a influência do Direito romano, das *Institutiones* de Gaio, de Justiniano, e do *Digesto*. Na parte das obrigações, suas fontes foram os clássicos, Ulpiano, Paulo, Pompônio, Papiniano, Modestino e Gaio.[24] Em termos de Direito comparado, consultou os códigos da Prússia, da Áustria, da França, da Lousiana, e o projeto Seabra, de Portugal, e, principalmente, as Ordenações. Quanto a influências pessoais, Savigny, Zachariae, Molitor, Ortolan, Maynz, Pothier — tudo em francês.

Com o Esboço incompleto, e renunciado ao plano inicial, Freitas parte em 1867 para uma solução que achava fundamental no seu sistema de Direito Civil: a unidade do Direito Privado. Antecipando-se a Vivante, que em 1892 apresentou a tese da "unidade do Direito das obrigações", Freitas defendia essa ideia na carta que, em 20 de setembro de 1867, enviou ao governo imperial, repudiando a existência de dois códigos, um civil e outro comercial, e defendendo a elaboração de dois diplomas, um código geral, com normas sobre a aplicação das leis e com as disposições elementares sobre as pessoas, os bens e os fatos, e um Código Civil com normas sobre as relações jurídicas específicas.

Analisando a matéria sob o ponto de vista metodológico e dogmático, Freitas justificava, assim, a mudança do plano inicial expresso no *Esboço*:[25] "O governo quer um projeto de Código Civil para reger como subsídio ao complemento de um código do comércio; intenta conservar o código comercial existente com a revisão, que lhe destina; e hoje minhas ideias são outras, resistem invencivelmente a essa calamitosa duplicação de leis civis, não distinguem no todo das leis desta classe algum ramo, que exija um código do comércio. Não há tipo para essa arbitrária separação de leis, a que se deu o nome de Direito comercial ou código comercial; pois que todos os atos da vida jurídica, excetuados os benefícios, podem ser comerciais ou não comerciais, isto é, tanto podem ter por fim o lucro pecuniário quanto outra satisfação da existência. Não há mesmo alguma razão de ser para tal seleção de leis; pois que em todo o decurso dos trabalhos de um Código Civil aparecem raros casos em que seja de mister distinguir o fim comercial dos atos, por motivo de diversidade nos efeitos jurídicos."

[24] *Esboço*, p. 246.

[25] Ibid., p. 374.

Verifica-se, assim, que a concepção formal do sistema de Freitas partia de duas ideias fundamentais, a do método de classificação dos direitos, desenvolvida na *Consolidação* e no *Esboço*, e a unidade do Direito Privado, expressa no Código Civil, único para as relações civis e comerciais, e precedido de um código geral sobre aplicação de todos os ramos do Direito.

3. O sistema material de Freitas. As relações e os valores jurídicos

A concepção material ou intrínseca de sistema está diretamente ligada aos valores e aos princípios em que se fundamenta a construção sistemática.

Partindo do pressuposto de que "o sistema inteiro de um código depende muitas vezes de uma só disposição",[26] Freitas constrói todo o seu sistema de Direito Civil baseado na distinção dos direitos em pessoais e reais.

Seu ponto de partida foi a relação jurídica: "As diferenças inalteráveis das relações jurídicas determinam as naturais divisões da legislação",[27] no que está de acordo com Savigny, que também chegou à relação jurídica como conceito fundamental do sistema jurídico.[28] O outro elemento fundamental de sua construção foram os valores que nortearam o método jurídico utilizado na *Consolidação* e, principalmente, no *Esboço,* os valores políticos e econômicos vigentes na sua época, o individualismo, o liberalismo, a propriedade e a igualdade.

Freitas revela também a importância que dava às relações econômicas, colocando no centro de todo o processo o fenômeno do crédito, pessoal e real, correspondente às duas grandes classes de Direito, os pessoais e os reais. O primeiro, fundamental para o comércio e a indústria, o segundo, para a agricultura. Reconhecia o Brasil como país agrícola, e

---

[26] T. Freitas, *Consolidação*, LIX.

[27] Ibid., LXII.

[28] F. Amaral, em Enciclopédia Saraiva do Direito, São Paulo, 1997, 64/408.

considerava que "o desenvolvimento de seus grandes recursos naturais, a mobilização de seu solo, a circulação dos valores que ele encerra são o mais importante problema a resolver".[29]

O fundamento axiológico da sua teoria dos direitos pessoais e dos direitos reais aparece, assim, como sendo de natureza político-econômica, claramente na concepção de que "as relações humanas mostram-se na ciência econômica como vínculos de produção, distribuição e consumo de riquezas, sem o que o homem não pode satisfazer suas necessidades nem desenvolver as aspirações de seu gênio".[30] Isso em 1858, dez anos após o *Manifesto comunista* de que, naturalmente, jamais teria ouvido falar, consideradas as circunstâncias de comunicação da época. Sua opção era manifestamente capitalista, em um país que saía de uma estrutura agrária, escravocrata e latifundiária para um capitalismo, embora incipiente. A partir de 1850, deslocava-se o polo de influência econômica da classe escravista para a burguesia capitalista, aumentando a importância da burguesia urbana e rural no sistema político econômico e social e, consequentemente, nas estruturas de direito. Com a extinção do trabalho, formava-se um Estado burguês capitalista[31] a exigir novas estruturas jurídicas.

Também no *Esboço* é manifesta a influência do Direito romano, principalmente no campo das obrigações no qual avultavam as lições de Paulo, Ulpiano, Pompônio, Modestino, Papiniano e Gaio, sendo maior a presença destes dois últimos.[32] Isso lhe dá o caráter histórico-cultural de seu método, de que aliás se vangloria.[33] E esse pendor histórico revela também sua adesão à escola histórica de Savigny, sem compartilhar, contudo, das reservas deste quanto à obra de codificação, e conservando, quanto a ele, uma autonomia de vistas que lhe permitiam antecipar conclusões que ainda hoje são novidades no mundo jurídico.[34]

---

[29] T. Freitas, *Consolidação*, CLXXIV.

[30] Idem.

[31] ALBUQUERQUE, Manuel Maurício de. P*equena história da formação social brasileira*. Rio de Janeiro: Editora Graal, 1981, p. 291.

[32] MEIRA, Silvio, op. cit., p. 246.

[33] Idem.

[34] REALE, Miguel. *A doutrina de Kant no Brasil*. São Paulo, 1949, p. 69.

Se no campo econômico os valores de Freitas eram os do individualismo, do liberalismo e do capitalismo — antecipando, em uma nação emergente do sistema agrário-escravista, concepções jurídicas que só depois se encontrariam nos códigos europeus, como a unidade das obrigações —, no campo filosófico a teoria de Freitas coadunava-se com o pensamento kantiano, haurido, talvez, por meio de Savigny.

As definições de Direito subjetivo, de autonomia privada, de negócio jurídico e de vontade negocial de Savigny correspondem à concepção kantiana da liberdade que pode coexistir com a liberdade dos outros.

Com tudo isso, pode-se dizer que Freitas, à semelhança de Savigny, constrói uma teoria geral do Direito que substitui o jusnaturalismo das Ordenações e constitui uma filosofia do Direito positivo. A base dessa filosofia seria a teoria jurídica de Kant, a existência autônoma do Direito, o Direito subjetivo como espaço de liberdade que prova coexistir com a liberdade dos outros, e a ética da liberdade de Kant desenvolvida por meio de uma dogmática jurídica elevada à categoria de uma ciência filosófica.[35] O sistema material de Freitas se identificava assim. Portanto, podemos concluir que, com a ética kantiana e à semelhança de Savigny, Freitas elaborou a dogmática civil brasileira orientada pelos valores da liberdade, da igualdade, da democracia e, politicamente, do nacionalismo.

Como dizia ele na *Consolidação*,[36] reportando-se a Chassat,[37] "o que importa em legislação é consagrar princípios, lançar vistas largas, que dominem as opiniões no sentido dos interesses gerais". E tais princípios ele colocou na sua obra, como pioneiro da dogmática civil brasileira.

---

[35] Ibid., p. 650.

[36] T. Freitas, *Consolidação*, CXLI.

[37] Ibid., CXL.

Conclusão

Freitas foi um precursor no trabalho de elaboração científica do Direito Civil, no Brasil e na América. Depois dele, surgiram as notáveis contribuições de Ihering e dos pandectistas alemães aos problemas do método e da sistematização jurídica. Antes dele, e com certa influência sobre o seu espírito científico, as obras de Leibniz e de Savigny, cada um a seu modo contribuindo para a formação do pensamento científico e da concepção metodológica do grande jurista brasileiro.

Sob o aspecto formal, a sistemática de Freitas apresenta-se na *Consolidação das leis civis* e no *Esboço do Código Civil*. Em ambos, o ponto de partida foi a relação jurídica, conceito até então pouco cultivado no Direito brasileiro, para não dizer desconhecido, com que se distinguiam os direitos em pessoais e reais, os primeiros afetando determinadas pessoas, e os segundos a totalidade das pessoas que o agente pudesse contatar. Como contribuição inédita, Freitas já distinguia na codificação civil uma parte geral, reunindo os conceitos e os princípios comuns às relações específicas, também divididas em duas categorias fundamentais, as de natureza pessoal e real. Antes de terminar o *Esboço*, refunde seu pensamento metodológico e defende a unidade do Direito Privado, com a adoção de um código geral sobre a aplicação das normas jurídicas, o que lhe revela a originalidade científica e premonitória no campo do Direito. Sob o ponto de vista material, Freitas trabalhou com o Direito romano e o Direito reinícola, sob a égide dos valores fundamentais da liberdade, da igualdade e da propriedade privada, identificando-se, sob o ponto de vista filosófico, com a ética de Kant, segundo o qual "a pessoa é o momento central da experiência jurídica". Não era adepto do jusnaturalismo, "expressão de princípios superiores ligados à natureza racional e social do homem", tendo construído uma teoria geral do Direito e um sistema de Direito positivo. Foi criador, com originalidade e profundidade científica, da dogmática civil e do pensamento jurídico brasileiro no campo de Direito Privado.

ALFREDO LAMY FILHO

Francisco Antunes Maciel Müssnich[1]
Luiz Antonio de Sampaio Campos[2]

Um poleá que a viu, espantado e tristonho,
Um poleá lhe perguntou:
— Mosca, esse refulgir, que mais parece um sonho,
Dize, quem foi que te ensinou?[3]

Ter conhecido Alfredo Lamy Filho foi um privilégio que não pode ficar restrito àqueles que com ele conviveram profissional ou pessoalmente. Como todo privilégio, na medida do possível, deve ser compartilhado. É esse o espírito que move os autores desta breve e pálida nota, que, a despeito do esforço, nem de longe conseguirá fazer justiça à figura gigante de ser humano e jurista que foi Alfredo Lamy Filho, o nosso querido professor Lamy.

Alfredo Lamy Filho foi um advogado, professor e jurista excepcional, cuja simplicidade e generosidade marcaram todos que com ele conviveram. Nunca procurou os holofotes, a glória ou os aplausos. Entretanto, sua formação humana e humanística, sua capacidade de trabalho, sua dedicação aos estudos e sua inteligência fulgurante fizeram

[1] Advogado no Rio de Janeiro e em São Paulo.
[2] Advogado no Rio de Janeiro e em São Paulo.
[3] "A mosca azul", poema de Machado de Assis, que Alfredo Lamy Filho sabia de cor desde a infância.

com que a glória profissional fosse atrás dele e não o contrário, como é mais comum.

No BMA tivemos o prazer de recebê-lo várias vezes, porque, para nossa sorte, por muitos anos, nossos escritórios[4] ficavam no mesmo prédio, da avenida Almirante Barroso, n.º 52, e ainda, para aumentar a sorte, na mesma torre de elevadores.

Quantas aulas não tivemos naquele elevador e quantas consultas não filamos... Ele sempre com infinita paciência e generosidade. Não raro, quando o assunto não se encerrava, nos convidava para continuar no seu escritório ou nos telefonava depois para dar uma ideia ou sua conclusão sobre o tema, mostrando que a conversa amena e atenciosa não era fruto de pura educação e cortesia. Ao contrário, encerrada a conversa (ou melhor, a viagem de elevador), a questão posta continuava a atormentá-lo e ele generosamente continuava a refletir, dividindo a sua conclusão e muitas vezes, também em demonstração de simplicidade e curiosidade, nos indagava a que conclusão havíamos chegado.

E falamos aqui de um momento em que Alfredo Lamy Filho certamente já era o grande parecerista em matéria societária e coautor da Lei das Sociedades por Ações.

Mas nessas visitas e mesmo em palestras às quais tivemos o privilégio de assistir ou estar na mesma mesa, quando começavam a elogiá-lo e descrever seus feitos e qualidades, ele sempre encontrava uma maneira de cortar e abreviar, muitas vezes falando "EU CONFESSO", como quem diz: por favor, não me torture mais com os elogios.

Dele pode-se dizer, inspirado no que disse Anatole France ao discursar ao pé da estátua de Renan, em Tréguier, que sua vida e suas atitudes eram de uma simplicidade tal como se quisesse a todo tempo se desculpar da sua superioridade. Assim era Lamy: simples, culto, arguto, profundo, generoso e genial. E, claro, com ironia fina e muito senso de humor, sem cair no ridículo de se levar a sério.

---

[4] Nessa época, o professor Lamy dividia o escritório com seus amigos e excelentes advogados Caio Tácito Pereira de Vasconcellos e Antonio Augusto de Azevedo Sodré, em parte de um andar cedido pela Brascan.

Hoje em dia parece impossível falar de Alfredo Lamy Filho sem falar de José Luiz Bulhões Pedreira e vice-versa. As duas figuras mais elevadas do panteão do direito societário brasileiro. Representam hoje não uma unanimidade, mas mais do que isso: uma unidade.

Contudo, nem sempre foi assim. Antes dessa benfazeja união, os dois eram individualmente duas destacadas figuras no ambiente da advocacia empresarial brasileira. Lamy era, ainda, um professor de direito comercial admirado e amado pelos alunos.

Lamy já era um professor de faculdade nomeada, a PUC-Rio, do curso Rio Branco e do Ceped da UERJ, este último organizado sob a reitoria de Caio Tácito, sob os auspícios e patrocínio da Ford Foundation e voltado especialmente para o estudo do direito empresarial.

Em 1971, Lamy foi convidado pelo Instituto de Planejamento Econômico e Social (Iped), órgão subordinado ao Ministério do Planejamento, cujo ministro era o João Paulo dos Reis Veloso, para elaborar um projeto de alteração da Lei das Sociedades por Ações. Esse estudo, que impressiona pela qualidade e densidade, está publicado, entre outros locais, na *Revista de Direito Mercantil*, n.º 7, 1972.

Apesar da densidade e da qualidade do estudo e dos debates que ele fomentou, o tema não prosseguiu, em razão do projeto do Código Civil, como será melhor explicado adiante neste texto.

Bulhões Pedreira já estava se envolvendo na elaboração de importantes legislações que vinham modernizando o país, valendo, em tema societário, citar a Lei n.º 4.728/65, conhecida na época como Lei do Mercado de Capitais, feita a pedido do ministro Roberto Campos. Essa lei foi responsável pela introdução, no ambiente legislativo brasileiro, do bônus de subscrição, do capital autorizado, de debêntures conversíveis em ações, entre outros instrumentos inovadores e que, com alguma frequência, equivocadamente são atribuídos à lei n.º 6.404/76.

Em junho de 1974, o então ministro da Fazenda, Mário Henrique Simonsen, apresentou uma exposição de motivos, na qual estabeleceu os principais conceitos para um projeto de Lei de Reforma das Sociedades por Ações, designando sua elaboração a Alfredo Lamy Filho e a José Luiz Bulhões Pedreira. Estava promovido o feliz e profícuo casamento de Lamy e Bulhões Pedreira, que tão bem fez ao Brasil e será tratado mais adiante nesta nota.

Existe, no entanto, "um Lamy sem Bulhões Pedreira", que precisa ser individualizado em sua essência, para que a juventude jurídica brasileira possa ter dimensão de seu brilhantismo.

Alfredo Lamy Filho foi, de fato, muito mais do que coautor do anteprojeto da Lei das Sociedades por Ações. Foi advogado, marido, professor, pai, fundador do Centro de Estudos e Pesquisas no Ensino do Direito (o Ceped), escritor, parecerista, árbitro, mediador e torcedor do Flamengo. Precisou viver 99 anos para dar conta disso tudo com a discrição e o bom humor que lhe eram inerentes.

Nascido no interior em 1918 e filho de um comerciante proprietário de uma loja de tecidos e de uma dona de casa, Lamy passou a sua infância e parte da sua juventude na cidade de Campos dos Goytacazes, estado do Rio de Janeiro. Segundo seu neto, Marcelo Lamy Rego, nosso professor "teve uma infância típica de interior, com fruta colhida do pé, estilingue e o *footing* para arranjar namorada à beira rio", bem como "adquiriu gosto pelo bilhar francês — passava horas imaginando o efeito necessário para concluir jogadas mais difíceis, a ponto de ser elogiado como o 'melhor taco do bilhar' pelo dono, causando certa decepção em seu pai, preocupado com seus estudos".[5]

Estudante do Liceu de Humanidades de Campos até o ginásio, Lamy participava de todos os tipos de corrida, fazia natação, foi patrono de regatas e admirava a maneira extraordinária como seus professores (todos aprovados no Colégio Pedro II) davam aula e desafiavam os seus alunos. Fã de literatura e poesia, Lamy tinha todas as coleções dos clássicos das literaturas brasileira, portuguesa e universal, como Balzac, Tolstói e Eça de Queiroz; era um leitor voraz.

Mudou-se para a cidade do Rio de Janeiro para cursar a faculdade de Direito. A vontade de cursar Direito surgiu durante os dias em que assistia às sessões do Tribunal do Júri do interior, que deixavam o

[5] REGO, Marcelo Lamy. "Introdução". *In*: VENÂNCIO FILHO, Alberto el al (Org.). *40 anos da Lei das S.A.* Rio de Janeiro: Forense, 2017.

público com as emoções à flor da pele e dividido em torcidas a favor e contra o acusado.

Apesar de seu pai querer que ele cursasse medicina, Lamy perseguiu seu próprio desejo e ingressou na faculdade de Direito. Era o aluno mais novo de sua turma. Durante a faculdade, teve a oportunidade de ser colega do ex-ministro do Supremo Tribunal Federal, Philadelpho Azevedo, e de ser aluno de grandes professores, como Nelson Hungria, Hermes Lima e Leônidas de Resende. Formou-se em 1939, aos 21 anos.

Engana-se quem pensa que Lamy se apaixonou pelo direito comercial à primeira vista. Como na época de sua faculdade estava ocorrendo uma revolução no setor dos serviços públicos no Brasil, Lamy estudou e se interessou muito por direito administrativo. Esse conhecimento de direito administrativo pode ser comprovado em "O Estado empresário",[6] erudito estudo elaborado em homenagem ao seu grande amigo e catedrático do direito administrativo, o professor Caio Tácito.

O interesse de Lamy pelo direito comercial surgiu apenas quando ele foi indicado para ser assistente de um professor catedrático de direito comercial da Pontifícia Universidade Católica do Rio de Janeiro (PUC-Rio), o mineiro Gudesteu Pires, à época diretor do Banco do Brasil e autor de um consagrado manual de Sociedades por Ações.[7] Como Gudesteu precisava ir a Belo Horizonte, pediu a Lamy, que na época tinha pouco mais de vinte anos, que assistisse às aulas que lecionava às terças e quintas e o substituísse nas aulas que ministrava aos sábados, apenas repetindo o conteúdo das aulas anteriores. Lamy contava que não sabia nada de direito comercial:

> Eu imaginei, com vinte e poucos anos, o ridículo que era eu chegar lá para repetir, sem saber nada de comercial, a aula que o professor deu... Ele deu ato de comércio, eu me lembro muito... E ele começava: "Ato de comércio. O que é ato de comércio?" E aí falava.

---

6 LAMY FILHO, Alfredo. "O estado empresário". *In:* DIREITO, Carlos Alberto Menezes (Org.). *Estudos em homenagem ao professor. Caio Tácito.* Rio de Janeiro: Renovar, 1997.

7 PIRES, Gudesteu. *Manual das sociedades anônimas.* Rio de Janeiro: Freitas Bastos, 1942.

> E eu pensando: "Vou fazer um papel ridículo..." Fui para a *Revista Forense* e peguei todos os índices sobre ato de comércio. Quando chegou o sábado, eu mostrei a cara e disse: "Olha, meus amigos, eu não vim aqui para dar aula, não. Vim fazer uma conversa de porta de foro." Aí comecei: "Vejam o caso do sapateiro... Pediram a falência do sapateiro porque ele comprava sola para vender com lucro. Está dentro do ato de comércio? Ele pode abrir a falência?" Aí começou a discussão... Era uma turma que tinha Hélio Jaguaribe, Serpa Filho, sei lá mais quem, e eu tinha vinte e poucos anos...[8]

A propósito de Gudesteu Pires e do já propalado senso de humor de Lamy, ele costumava contar, em tom de blague, que, em certa ocasião, uma amiga de sua mãe perguntou como ia o filho, ao que a sua mãe respondeu: "Está com Gudesteu", e a amiga emendou: "E é grave?", contava Lamy, seguido de risos.

O método socrático adotado pelo futuro professor tornou as aulas dinâmicas, propondo discussões e reflexões sobre casos práticos. Com foco e dedicação, Lamy estudou e se aprofundou em diversos assuntos de direito comercial para encarar esse desafio. Não demorou muito para que as suas aulas fizessem sucesso entre os alunos, que tinham praticamente a sua idade, chamando, inclusive, a atenção do próprio Gudesteu. O resultado foi que as aulas de sábado começaram a ficar mais cheias que as do meio da semana e Lamy nunca mais deixou o direito comercial de lado. Suas aulas eram tão imperdíveis, que um dos coautores desse artigo "matava" as próprias aulas da graduação para assistir às aulas que Lamy lecionada no mestrado da PUC-Rio. Muitas das ideias precursoras da futura Lei Societária eram discutidas durante essas escapulidas.

Quando Gudesteu precisou retornar a Belo Horizonte permanentemente, indicou Lamy para se tornar professor assistente da cadeira de direito comercial, da qual era titular e dessa cadeira não mais saiu, permanecendo como professor titular por mais de trinta anos, de 1945 a

---

[8] "Diálogos com a doutrina: entrevista com Alfredo Lamy Filho". *Revista trimestral de Direito Civil.* Rio de Janeiro: Padma, n.º 31, p. 296, jul.-set. 2007.

1978. Foi tanto o gosto que tomou por lecionar, que, segundo seu neto, Marcelo Lamy Rego, quando Lamy se casou "levou livros (no plural) de direito comercial para sua lua de mel — sob protestos, obviamente".[9] Em uma das diversas conversas com um dos coautores deste artigo, o professor afirmou que, para ser um bom advogado de direito comercial, era necessário saber toda a parte de direito marítimo do Código Comercial, já revogado.

Destacando-se no meio acadêmico, em 1966 foi convidado, por Caio Tácito, à época diretor da Faculdade de Direito da Universidade do Estado da Guanabara (UEG), atual Universidade do Estado do Rio de Janeiro (UERJ), para criar um centro de pesquisa com a finalidade de aperfeiçoar professores e advogados, mediante a aplicação de novos métodos de ensino jurídico e a execução de pesquisas e estudos especializados no campo do direito. Assim, ao lado de Amilcar Falcão e Caio Tácito, entre outros, fundaram o Ceped da UERJ. A fundação do órgão teve o apoio da Agência de Desenvolvimento Internacional dos Estados Unidos (USAID) e da Fundação Ford.

A metodologia de ensino do Ceped, que garantiu o diálogo construtivo entre professores e alunos, foi marcada por duas técnicas básicas e inovadoras para a época: (i) o estudo de casos, ou seja, a análise da jurisprudência mediante a apreciação sistemática e previamente organizada de precedentes sobre determinadas matérias; e (ii) o estudo de problemas, com a solução deles pelos alunos sob a orientação e direção dos professores, de maneira que os alunos eram instigados pelos professores a aplicar os seus conhecimentos teóricos numa hipótese concreta e complexa. Uma verdadeira revolução no ensino do Direito brasileiro.

O Ceped foi uma relevante realização para Lamy, que era um crítico do ensino jurídico engessado, não muito diferente de San Tiago Dantas, a quem declaradamente admirava pela inteligência.[10] Em arti-

[9] REGO, Marcelo Lamy, op.cit.

[10] DANTAS, San Tiago. "A educação jurídica e a crise brasileira", 1955. *Revista Forense*, n.º 159, p. 453, 1955.

go que tratou sobre a crise do ensino jurídico e a experiência do Ceped, o professor teceu comentários duros, mas legítimos, acerca da realidade do ensino jurídico no Brasil. Lamy salientou, por exemplo, que:

> [O]s estudantes se queixam de que o ensino é "teórico", que o aprendizado que lhes é ministrado não os prepara para o desempenho da profissão, seja na forma tradicional de advocacia liberal, seja nas formas de assessoria da Administração Pública ou da de empresas privadas, seja, ainda, em termos de cultura geral; que os professores são, na maioria, desinteressados, e alguns até incompetentes, e, na quase totalidade sem tempo para dedicar ao ensino e ao aluno. (...) Do ângulo do corpo docente, o panorama não é mais animador: lidam com alunos desinteressados, estão obrigados a cumprir, apressadamente, um currículo enciclopédico a que chamam "*curriculum* mínimo", sabem que o sistema de aferição de mérito é deficiente, e não dispõem de condições financeiras ou de tempo para a modificação do quadro em que os frutos de seus esforços são magros e parcos.[11]

Para Lamy, a metodologia do ensino do Direito clamava por modificações. Segundo ele, "muito mais importante que formar o conhecedor (se lograsse tanto) da letra de todos os códigos, é preparar o raciocínio do estudante, adequá-lo ao tratamento jurídico dos fenômenos sociais, fixar princípios através do exame dos casos atuais, e da participação ativa dos alunos no aprendizado jurídico, habituá-lo a 'pensar juridicamente' sobre dados sociais em constante mutação".[12]

O professor defendia o ensino de noções básicas de economia, sociologia e política pelas faculdades de Direito, bem como a necessi-

[11] LAMY FILHO, Alfredo. "A crise do ensino jurídico e a experiencia do Ceped", p. 4. Disponível em: https://bibliotecadigital.fgv.br/dspace/bitstream/handle/10438/10396/Cadernos%20FGV%20Direito%20Rio%20-%20Edi%C3%A7%C3%A3o%20Especial%20Alfredo%20Lamy%20Filho.pdf. Acesso em 14 de fevereiro de 2023.

[12] Ibid., pp. 6-7. Disponível em: https://bibliotecadigital.fgv.br/dspace/bitstream/handle/10438/10396/Cadernos%20FGV%20Direito%20Rio%20-%20Edi%C3%A7%C3%A3o%20Especial%20Alfredo%20Lamy%20Filho.pdf. Acesso em 14 de fevereiro de 2023.

dade de especializações dentro das universidades, para que os alunos pudessem aprofundar o estudo no setor de atividade a que pretendiam dedicar-se. Além disso, ressaltava a importância da adoção do método de ensino socrático, em que o professor se reserva a função de estimulador, orientador e moderador dos debates, dirigindo a discussão para os termos fundamentais de uma controvérsia jurídica, e afirmava ser necessário que o ensino jurídico renunciasse ao "falso enciclopedismo", devendo o currículo imposto pelas autoridades educacionais ser o mínimo, permitindo que os cursos se organizassem de forma a transmitir aos alunos os pontos fundamentais, sem preocupação de exaurir toda a matéria.

Em 1971, João Paulo dos Reis Veloso, então ministro do Planejamento, pediu que Lamy elaborasse um projeto da Lei das Sociedades por Ações. Apesar de Lamy ter desenvolvido o projeto, a iniciativa foi interrompida, pois Miguel Reale, sob os auspícios do Ministério da Justiça, estava elaborando o projeto que viria a ser o Código Civil. Segundo Reale, a matéria a ser tratada na Lei das Sociedades por Ações estaria abarcada pelo novo Código Civil, que tinha a ambição de unificar todo o Direito Privado, inclusive o chamado direito mercantil, de modo que não seria necessário elaborar um projeto de lei voltado especificamente à regulação das sociedades por ações.

Com rara habilidade e sensibilidade, e a participação do próprio Lamy, argumentando pela necessidade de se tratar a sociedade anônima em lei especial, haja vista a sua instrumentalidade para o desenvolvimento econômico e a necessidade de se preservar o seu dinamismo, conseguiu-se demover o governo e o próprio Miguel Reale dessa ideia de inserir a regulamentação das sociedades anônimas do projeto do novo Código Civil, que ficou, nesse tema, limitado a dois artigos apenas e mesmo assim só foi promulgado em 2002, 26 anos após a lei n.º 6.404/76. Sem dúvida saiu ganhando o direito societário, que recebeu uma lei extremamente bem-pensada e moderna e, ainda, muito antes do Código Civil.

E com isso, por iniciativa do Ministério da Fazenda e da Secretaria de Planejamento, deu-se início ao anteprojeto da Lei das Sociedades por Ações, em 1974, reunindo Lamy e Bulhões Pedreira na comissão encarregada de elaborá-lo.

Segundo Lamy, a parceria sempre deu muito certo pois, enquanto ele era mais professor, Bulhões Pedreira era mais advogado. Unindo a prática com a técnica, é inegável que o resultado dessa *joint venture* seria um sucesso. A elaboração da lei resultou numa amizade profunda entre os dois, que jamais se interrompeu em vida. No período da discussão da Lei das S.A., a convivência foi quase integral. Lamy conta que Bulhões Pedreira telefonava tarde da noite com alguma questão para debater e acabava tirando o sono do coautor, que passava a noite pensando na tal dúvida.[13]

Embora tenham construído uma amizade profícua e desenvolvido uma parceria de sucesso, que contribuiu de maneira significativa para a expansão do mercado de capitais brasileiro, Lamy e Bulhões Pedreira nem sempre concordavam. Lamy contava que os dois viviam discutindo e que, às vezes, "ligava para ele [Bulhões Pedreira] à noite, querendo alterar alguma coisa combinada de dia. Ele reclamava, e um argumentava com o outro. Mas foi desse processo que saiu a união da lei brasileira com a estrangeira".[14]

A Lei das Sociedades Anônimas brasileira contém questões que dificilmente seriam um problema no mercado de capitais em 1976 e, até hoje, ela ainda não foi explorada ou descoberta em todas as suas possibilidades. Sem dúvidas, a Lei das S.A. é um monumento jurídico, cuja sistemática é marcada por organização e eficiência. Tudo isso somente foi possível pela forte base teórica e vasta experiência prática de Lamy e Bulhões Pedreira.

O anteprojeto de Lamy e Bulhões Pedreira, ousado para os tempos, teve uma função didática e introduziu ou enriqueceu assuntos ain-

---

[13] "Três décadas depois, Lamy vê finalmente o mercado florescer". Disponível em http://assessoria.vrc.puc-rio.br/cgi/cgilua.exe/sys/start.htm?infoid=20685&sid=70. Acesso em: 14 de fevereiro de 2023.

[14] LAMY FILHO, Alfredo. "O casamento que deu certo. Da parceria entre Lamy e Bulhões, e da união dos sistemas europeu e norte-americano, nasceu a lei brasileira das sociedades por ações". *Revista de capital aberto*, n.º 36, p. 17, jul. 2006.

da pouquíssimo explorados no Brasil e alguns até no mundo, tais como o bônus de subscrição, aquisição das próprias ações, acordos de acionistas, responsabilidade do acionista controlador, voto múltiplo, grupos de sociedades, subsidiária integral, incorporação de ações, oferta pública, dividendo obrigatório, entre outros. A longevidade e a atemporalidade da lei demonstram o acerto dos autores.

Na elaboração do anteprojeto, Lamy e Bulhões Pedreira demonstraram, além de impressionantes técnica, criatividade e profundidade, enorme desprendimento, humildade e visão democrática, explicando e debatendo publicamente o seu anteprojeto ao mesmo tempo em que prestavam contas e justificavam por que muitas das críticas que não foram acolhidas não procediam, acolhendo várias sugestões que se convenceram pertinentes.

Muitos desses debates e justificativas encontram-se na primeira parte do livro *A Lei das S.A.: pressupostos, elaboração, aplicações*,[15] publicado em 1991, 15 anos após a promulgação da lei.

Apesar de reconhecer que na época da criação da Lei das S.A. o mercado de capitais ainda não era desenvolvido o suficiente, Lamy sempre teve a certeza de que o mercado iria amadurecer e que a lei funcionaria no decorrer do tempo, como um indutor eficiente para o seu desenvolvimento.

A profunda transformação do mercado de capitais de 1976 para o de hoje, que se pode dizer copérnica, não alterou a atualidade da Lei das S.A., comprovando a genialidade de Lamy e Bulhões Pedreira.

Posta constantemente à prova pela criatividade, pelos desafios e pelas necessidades dos agentes do mercado, a Lei das S.A. permanece atual, demonstrando o acerto de não limitar as suas possiblidades e de enxergar longe, à frente de seu tempo.

Basta perceber que a Lei das S.A. — promulgada em um momento marcado pela presença das empresas estatais, das sociedades de economia mista, e das companhias com controle definido, e muito antes das

[15] LAMY FILHO, Alfredo; PEDREIRA, José Luiz Bulhões. *A Lei das S.A.*: *pressupostos, elaboração, aplicações*. Rio de Janeiro: Renovar, 1991.

privatizações, do crescimento e da larga disseminação dos investidores institucionais e fundos de investimentos em ações — ainda vigora altiva em um ambiente de sofisticação do mercado de ações, novo mercado e companhias com capital pulverizado.

Passados mais de 46 anos da promulgação da Lei das S.A., com pouquíssimas modificações relevantes, hoje se comprova e se reverencia a visão vanguardista e esclarecida de Lamy e, mesmo os críticos da época, não demoraram a mudar de opinião e a reconhecer os enormes méritos da Lei das S.A.

Registre-se, ainda, que muitas das modificações que a Lei das S.A. sofreu, a pretexto de aperfeiçoá-la, acabaram por piorá-la, pela falta de técnica ou mesmo pelo desconhecimento do seu sistema.

Nesse particular, deve-se registrar que nem Lamy nem Bulhões Pedreira correram para fazer comentários ou um manual sobre a Lei das S.A. Ao contrário, somente após mais de 15 anos de sua vigência e experiência é que publicaram o livro *A Lei das S.A.*, com o modesto propósito de "contribuir para o fácil acesso dos estudiosos a trabalhos e materiais que possam ser de utilidade ao intérprete do texto vigente ou ao legislador que se propuser a alterá-lo".[16]

Insatisfeitos com a má compreensão do sistema da Lei das S.A., em 2009, publicam o *Direito das companhias*, em razão (i) de equívocos de interpretação em comentários, que concorrem para criar dúvidas no entendimento do texto da lei, e (ii) da observação de que emendas e tentativas de alteração na Lei das S.A., felizmente rejeitadas pelo Congresso Nacional ou corrigidas por vetos do presidente da República, confirmavam o desconhecimento do sistema da lei.[17]

A Lei das S.A. é tão bem elaborada, como um sistema, que um dos coautores deste artigo gosta de dizer que foi feita com régua e compasso.

Em entrevista a uma revista jurídica, ao ser questionado sobre qual a herança mais preciosa que o Direito oferece ao século XXI, Lamy,

---

[16] LAMY FILHO, Alfredo; PEDREIRA, José Luiz Bulhões. *A Lei das S.A.: pressupostos, elaboração, aplicações*, 2.ª ed. Rio de Janeiro: Renovar, 1995, nota à 1ª edição.

[17] Alfredo Lamy Filho e José Luiz Bulhões Pedreira (coord.). *Direito das companhias*. v. 1. Rio de Janeiro: Forense, 2009, nota dos coordenadores.

bem-humorado e orgulhoso de seu trabalho, respondeu objetivamente: "A Lei das S.A."[18] E essa preciosidade tem muito a ver com o seu senso prático para compreender o mundo do direito comercial. Segundo ele:

> No direito comercial é fundamental saber o porquê, rigorosamente não há nada improvisado, tudo tem uma razão de ser. É uma matéria fascinante, o Direito em transformação. O comércio foi criando um mundo diferente quando surgiu a indústria. E por isso não existe Lei de S.A. eterna, porque toda vez que o comércio adotar um sistema novo, ela terá de ser repensada.[19]

Foi pautado nesse raciocínio que, durante mais de trinta anos, Lamy lecionou na PUC-Rio como professor titular de direito comercial, marcando diversas gerações de advogados com sua simplicidade de ensinar e saber. Por meio de suas obras, aulas e pareceres, e durante toda a sua vida profissional e acadêmica, Lamy esclareceu, de forma descomplicada, questões sofisticadas muitas vezes pouco exploradas no Brasil, sempre aliando seu profundo conhecimento do Direito (nacional e estrangeiro) a uma visão moderna dos institutos jurídicos. Lamy é lembrado por seus alunos como um grande professor que, com simplicidade, explicava questões jurídicas mais complexas. Não por acaso ele foi paraninfo e homenageado pela maioria de suas turmas. Além disso, em homenagem a Lamy, a PUC-Rio, por meio dos professores de societário, criou o Prêmio de Monografias professor Alfredo Lamy Filho, direcionado a monografias que tratam de direito empresarial e societário. Indo para a sua 13ª edição, o prêmio homenageou, por ocasião do seu aniversário de dez anos, o professor Lamy, representado na premiação por seus filhos.

---

[18] "Diálogos com a doutrina: entrevista com Alfredo Lamy Filho". *Revista trimestral de Direito Civil.* Rio de Janeiro: Padma, n.º 31, p. 308, jul.-set. 2007.

[19] "Três décadas depois, Lamy vê finalmente o mercado florescer". Disponível em: http://assessoria.vrc.puc-rio.br/cgi/cgilua.exe/sys/start.htm?infoid=20685&sid=70. Acesso em 14 de fevereiro de 2023.

Mas Lamy não vivia só da vida acadêmica e de jurista. Ele também se destacava como advogado ativo e concorrido, sendo procurado por grandes empresas e empresários em busca de soluções jurídicas para suas questões. Foi, por muitos anos, advogado da Atlântica Boavista, representando os interesses de uma das maiores seguradoras do Brasil, que foi incorporada pelo Banco Bradesco na década de 1980. Também trabalhou para a Light e como assessor em ministérios e outros cargos do serviço público.

Foi também mediador, tendo, inclusive, atuado em um importante caso no qual um dos coautores deste artigo figurou de um lado, e Luiz Leonardo Cantidiano do outro, representando interesses opostos. Sua atuação foi um exemplo de caráter e de justiça.

Entusiasta da arbitragem, Lamy integrava a lista de árbitro da Câmara de Arbitragem do Mercado e apostava na sua eficiência como uma alternativa ao fato de o Poder Judiciário não funcionar como o esperado.

Por último, e não menos importante, Alfredo Lamy também foi um excepcional parecerista, podendo-se ter acesso a alguns de seus mais relevantes pareceres no essencial livro *A Lei das S.A.*, v. 2, publicado em conjunto com Bulhões Pedreira,[20] sendo este reconhecidamente um livro que trata dos mais diversos e importantes assuntos de direito societário de forma completamente prática. Posteriormente, também publicou outros estudos e pareceres no livro *Temas de S.A.*, que dedicou a seu amigo José Luiz Bulhões Pedreira.[21]

A respeito de seus pareceres sobre temas abrangidos pela Lei das S.A., convém deixar registrado que Lamy e Bulhões Pedreira, no princípio da vigência dessa lei, deram muitos pareceres em conjunto. Mais do que isso, combinaram que, se os dois não estivessem de acordo com a questão, não dariam o parecer, de sorte que mesmo os pareceres que não eram assinados pelos dois representavam o convencimento de ambos,

---

[20] LAMY FILHO, Alfredo; PEDREIRA, José Luiz Bulhões. *A Lei das S.A.*, v. 2, 2.ª ed. Rio de Janeiro: Renovar, 1996.

[21] LAMY FILHO, Alfredo. *Temas de S.A.* Rio de Janeiro: Renovar, 2007.

que, como se disse, muitas vezes se consultavam reciprocamente sobre os temas de seus pareceres individuais.

A leitura desses estudos e pareceres impressiona não só pela linguagem simples, direta, acessível e elegante do texto, longe do barroquismo próprio de muitos advogados, mas também pela didática e profundidade do conhecimento, pela clareza e sofisticação do raciocínio.

Mais ainda, num momento em que já se falava de "aldeia global", mas muito longe da facilidade da internet e da velocidade logística atuais, surpreende não só a vastidão do conhecimento — que passeia com facilidade para além dos temas jurídicos, por temas de economia, administração e sociologia —, mas também pela atualidade das fontes. Nomes fora do Direito, como Daniel Bell e Karl Polanyi, dentre outros.

Basta ver o texto de 1971 aqui já referido, no qual se constata, para além dos clássicos, a contemporaneidade das fontes nacionais e estrangeiras, que certamente impressionará qualquer um que se detenha na sua análise.

Em razão de sua notoriedade e sabedoria, nós, os coautores deste artigo, tivemos a oportunidade de convidar Lamy para elaborar diversos pareceres jurídicos para disputas em que nossos clientes estavam envolvidos. Os pareceres, alguns publicados em seus livros, tratavam sobre as mais diferentes questões societárias, como debêntures permutáveis, que não tinham previsão legal, "bônus de subscrição gordo" e "bônus de subscrição magro", conversão de debêntures em ações, extinção de partes beneficiárias e subsequente capitalização dos créditos que decorreriam da alienação dessas partes beneficiárias à própria companhia, correção monetária do capital social e distribuição de dividendos, ação sem valor nominal, reorganização societária, entre outros. Lamy gentilmente sempre nos recebia para tomar algumas taças de vinho branco em sua cobertura em Ipanema quando o procurávamos para discutir assuntos jurídicos.

Em uma dessas consultas, os coautores notaram que o professor Lamy, embora fosse a maior autoridade sobre o tema, cobrava honorários substancialmente inferiores ao de outros juristas que estavam oferecendo parecer para a mesma questão e fizeram Lamy saber disso.

Ao que Lamy, agradecendo, respondeu, bem ao seu estilo e com a sua simplicidade: "Pois é, eu tenho reparado, porque já me disseram isso em outro caso, mas o que importa é que eu durmo tranquilo."

Registre-se, a propósito, que havia uma verdadeira romaria de advogados e empresários de todo o Brasil em busca da opinião do professor Lamy, não apenas em pareceres, mas muitas vezes para uma conversa orientadora e esclarecedora. Lamy recebia a todos com impressionante cortesia e fidalguia, e aos mais jovens ainda com muito carinho.

Lamy era uma figura muito admirada por todos, principalmente por outros grandes juristas. Situação ímpar ocorreu quando os coautores deste artigo, que tiveram a honra de representar o professor Fábio Konder Comparato em uma questão jurídica, contaram com a presença deste no escritório do BMA no Rio de Janeiro. Durante uma conversa amena com o professor Comparato, os coautores mencionaram que o professor Lamy também tinha escritório no mesmo prédio (na época estávamos no 28º andar e o professor Lamy no 31º). Ao saber disso, o professor Comparato nos pediu imediatamente para ligar para o professor Lamy a fim de registrar a sua presença e disse, demonstrando a sua admiração: "Professor Lamy, estou aqui no prédio e, como sempre, vários degraus abaixo do senhor."

Lamy também tinha muita consciência a respeito do teor e da importância de um parecer, que não via como forma de sustentar uma tese, mas apenas para afirmar aquilo que estava absolutamente convicto de ser a interpretação correta da questão jurídica que lhe havia sido colocada. Muitas vezes recusava o parecer, afirmando que não concordava com a tese. Outras vezes, quando havia uma maior insistência e bons argumentos, dizia: "Talvez você tenha razão, era para ser assim, mas infelizmente não é o que diz a lei." Ou, ainda, saía-se com a seguinte afirmação: "A tese é boa, mas é tese para advogado, não para parecerista."

Um dos coautores dessas notas, quando diretor e membro do colegiado da Comissão de Valores Mobiliários, por diversas vezes procurou o professor Lamy para se aconselhar sobre a melhor interpretação da Lei das S.A., inclusive por ocasião das discussões e dos vetos do que se transformou na reforma feita pela lei n.º 10.303/01. Sempre foi recebido com enorme generosidade e disposição, não só para atender, mas também para entender as questões e opinar de forma absolutamente desinteressada e com uma desconcertante lucidez, vivacidade e agilidade de raciocínio, acompanhadas por enorme curiosidade e impressionante atualização e conhecimento dos temas.

O mesmo ocorreu durante o convívio de um dos coatores deste artigo com o professor Lamy quando da elaboração do livro *Direito das companhias*, organizado por Lamy e Bulhões Pedreira.[22] Foram inúmeras reuniões e Lamy sempre colaborou com as discussões, trazendo questionamentos e reflexões muito pertinentes e proporcionando momentos de troca e aprendizados, sem perder o equilíbrio entre profundidade e descontração e jamais utilizando argumento de autoridade. Nessas oportunidades, muitas vezes acompanhadas de vinho ou whisky, ou dos dois, tinha-se o privilégio de ver as conversas repletas de admiração recíproca entre Lamy e Bulhões Pedreira. Os temas eram muito variados e evidentemente não se restringiam ao Direito. Havia muita discussão, mas que, como ele dizia, sempre acabava em acordo, passando por política, economia, temas nacionais e literatura. A sua curiosidade intelectual era marcante.

Seu neto Marcelo Lamy dá notícia de que essa interminável curiosidade intelectual o levou a discutir física, psicanálise, economia, medicina e engenharia com seus filhos e desafiar as premissas de suas teses de mestrado e doutorado nessas áreas.[23]

Um dos coautores lembra-se de uma ligação ao professor Lamy apenas para saber como ele estava, já passado de seus noventa anos bem-vividos, e ele, falando da vida, disse que estava, naquele momento, relendo *Oréstia* e dizia: "É impressionante, já estava tudo lá."

Para além da sua vida profissional, Lamy também firmou uma longa parceira com a sua esposa. Juntos, permaneceram mais de sessenta anos casados, tiveram seis filhos e alguns netos e bisnetos. Um dos

---

[22] LAMY FILHO, Alfredo; PEDREIRA, José Luiz Bulhões. (coord.). *Direito das companhias*. 2.ª ed. Rio de Janeiro: Forense, 2017.

[23] REGO, Marcelo Lamy, op. cit.

coautores deste artigo, ao apresentar o professor numa palestra que iria realizar na Câmara de Comércio Americana do Rio de Janeiro, disse que Lamy tinha sete filhos. O professor, sempre bem-humorado e com sua reconhecida vivacidade e presença de espírito, interrompeu o apresentador e o corrigiu, dizendo: "Pelo amor de Deus, não cria problemas com a minha mulher. Tenho só seis filhos..."

Nenhum de seus filhos seguiu a carreira jurídica, realidade da qual ele normalmente se gabava, dizendo que seus filhos foram muito mais inteligentes do que ele próprio. Por outro lado, os filhos herdaram o gosto de Lamy pela literatura e pela poesia.

Mas, embora não tenha tido filhos advogados, teve netos, que seguiram a carreira do avô que, sempre incentivando-os, costumava dizer a eles que a advocacia "é a única profissão que tem sempre um sujeito do outro lado pago para chamar a gente de burro".[24]

Após 99 anos bem-vividos, Lamy faleceu em 2018. Ele teve uma vida longa e deixou saudades para todos nós que tivemos a oportunidade de conviver com ele: um dos maiores juristas da história brasileira. De fato, este pequeno e singelo artigo que tivemos o prazer de escrever não é capaz de revelar todo o legado que Lamy deixou para a comunidade jurídica, em especial para o direito comercial. Tampouco descreve a sua genialidade em todos os detalhes.

Sua contribuição para o desenvolvimento do mercado de valores mobiliários — e para o ensino do Direito como um todo, em especial para o direito comercial — é incontestável.

Lamy não foi pródigo de obras escritas. Poderia ter feito muito mais por seu conhecimento e erudição, mas as que deixou são suficientes para dar uma "amostra grátis" do gigante que foi. Entretanto, sua contribuição marcou diversas gerações de advogados, que com ele aprenderam a raciocinar o direito comercial e societário. Essa contribui-

---

[24] "Três décadas depois, Lamy vê finalmente o mercado florescer". Disponível em: http://assessoria.vrc.puc-rio.br/cgi/cgilua.exe/sys/start.htm?infoid=20685&sid=70. Acesso em 14 de fevereiro de 2023.

ção não se limita aos que deles foram alunos na cátedra, mas a todos que puderam minimamente sorver de seu convívio, em qualquer dimensão.

O que Lamy disse em texto em homenagem ao seu amigo José Luiz Bulhões Pedreira, a quem admirou, como disse, sem reservas, também lhe cabe perfeitamente:

> Esses atributos — objeto de admiração de quantos conhecem o jurista — dizem pouco do apaixonado da causa pública, do estudioso não apenas do Direito, mas também da economia, da sociologia, da política (matérias sobre as quais tem estudos prontos, embora não publicados) e do cultor obsessivo da privacidade e da obsessão da vida, praticamente anônimo dos gestos gratuitos.
> Sem buscar reconhecimentos, fugindo ao proscênio — a que só ascendeu forçado pela grandeza de sua presença — guardou, ciosamente, uma excepcional densidade humana, feita de compreensão, generosidade e lucidez que fizeram a riqueza dos amigos que tiveram o privilégio de seu convívio.

Lamy será sempre lembrado como um jurista genial, um professor revolucionário, um pai presente, um marido parceiro, um parecerista brilhante. Esse foi Alfredo Lamy Filho, muito além de coautor da Lei das S.A., um ser humano excepcional. Sentimos saudade do nosso querido mentor e professor.

JOSÉ JOAQUIM CALMON DE PASSOS

Fredie Didier Jr.[1]

Toda saudade é um capuz / transparente / que veda / e ao mesmo tempo / traz a visão / do que não se pode ver / porque se deixou pra trás / mas que se guardou no coração.[2]

Aceitei o convite de meu amigo Castro Neves para escrever sobre uma personalidade do Direito brasileiro. Não apenas aceitei o convite de imediato, como também prontamente disse que trataria de uma das maiores personalidades da vasta história do Direito na Bahia: Calmon de Passos.

José Joaquim Calmon de Passos é um dos maiores juristas baianos de todos os tempos e, seguramente, o maior entre os processualistas. Minha relação com Calmon deu-se num período de doze anos, com um, por que não dizer?, frenético nível de intensidade. Considero-o um dos meus três grandes mestres, aquele com quem mais de perto pude aprender.[3]

Este é mais um texto memorialista do que um necrológio — embora não deixe de trazer informações biobibliográficas. A ideia é tentar apresentar ao leitor o Calmon da minha memória, que é o Calmon

---

[1] Professor titular de direito processual civil da Faculdade de Direito da UFBA. Advogado.

[2] Gilberto Gil, "Toda saudade".

[3] Já disse isso em DIDIER Jr., Fredie. *Sobre academia, memória e imaginação*: uma vida em processo. Salvador: s/ed., 2021, p. 82.

interpretado por mim a partir de alguns episódios da nossa relação. É um texto de micro-história pessoal — quem sabe falando dessa parte o Calmon inteiro, ou próximo disso, possa revelar-se?

Em 1996, estava no quarto ano do curso de graduação em Direito na Universidade Federal da Bahia, que então passava pela mais grave crise de sua história. Juntamente com alguns amigos, tivemos a ideia de produzir uma revista de formandos, que servisse como veículo de publicação da produção dos professores e alunos da faculdade.

Calmon de Passos era, então, o maior jurista baiano vivo; e ainda dava aulas na faculdade duas vezes por semana no curso de especialização que ele mantinha havia uns vinte anos — ele se aposentara em 1990 e já não dava aulas na graduação. Nós o víamos chegar, sempre pontualmente, com sapato preto, calça cinza, camisa branca e sua indefectível maletinha de congresso, na qual guardava livros e o material da aula. Tomei coragem, cheguei cedo à faculdade e o abordei, pedindo-lhe três coisas, após as apresentações e cumprimentos de praxe: a) que nos enviasse um trabalho de sua autoria para a nossa revista; b) fizesse a palestra de lançamento da revista; c) e, se fosse possível, pudesse ler um trabalho que eu havia escrito, para ser publicado nessa mesma revista, sobre o depoimento pessoal das pessoas jurídicas de Direito Público. Calmon aceitou prontamente os dois primeiros convites e disse que leria o meu trabalho. Algumas semanas depois, Calmon encontra-me, dizendo que tinha gostado do que eu escrevera; aproveitou para perguntar se eu tinha interesse de assistir às suas aulas no curso de especialização, como seu convidado. Evidentemente, era difícil acreditar no que acontecia: Calmon de Passos, então com 76 anos, tinha perdido o seu precioso tempo com a leitura de um rabisco escrito por um "quartanista" de Direito? E ainda por cima me oferecia, gratuitamente, a possibilidade de assistir ao seu curso de especialização?

Começava ali a nossa amizade, que durou até o seu falecimento, em 2008.

No dia do lançamento da revista, em outubro de 1996, aconteceu um dos momentos mais emocionantes de minha vida até então. Bastante emocionado com o evento, que concretizava um sonho tido por muitos como não realizável, pude ouvir as palavras do professor Calmon de Passos, que começou o discurso da seguinte maneira: "Estou me sentindo como aquele sujeito que chega em casa após um dia de trabalho e, sem saber, é surpreendido com uma festa de aniversário para ele... Isso aqui que presenciei hoje é uma festa de aniversário surpresa para mim. Eu tinha preparado um discurso, mas percebi que ele não é adequado ao que está acontecendo..." e, jogando o texto preparado fora, fez um dos mais belos discursos, totalmente de improviso, que já ouvi em minha vida. Estava ao seu lado, com a cabeça baixa, chorando... Ele me fustigava, dizendo-me: "Levanta a cabeça, Fredie!" Arrematou, assim, o seu discurso:

> Quando eu era promotor em Remanso, no interior da Bahia, na minha casa havia um quintal, cheio de barro e gravetos. Diziam-me que aquele barro era grama e os gravetos, uma goiabeira. Não acreditava. Mas ninguém sabe da força da natureza, quando vem a chuva. Com ela, o que era barro virou grama; o que era graveto virou uma bela goiabeira! Essa faculdade, por muitos anos um grande graveto, começa a tornar-se uma goiabeira com a presença de vocês!

Nesse mesmo ano, por questão de brigas políticas na Faculdade de Direito da UFBA, o Calmon transfere o seu curso de especialização para a Universidade Salvador (Unifacs). Após quase quarenta anos de ininterrupta carreira no magistério da UFBA, Calmon a deixou, ainda que provisoriamente, como se verá a seguir.

Pausa para um recuo. É bom que o leitor tenha a dimensão do que significava esse encontro.

Em dezembro de 1994, o CPC-1973 passou pela sua primeira grande reforma. As mudanças foram impressionantes. Basta registrar que a tutela provisória satisfativa genérica (então chamada de antecipação da tutela) e a primazia da tutela específica das obrigações de fazer e de não fazer, antes peculiaridades de alguns procedimentos especiais, foram generalizadas (arts. n.os 273 e 461, CPC-1973, respectivamente). A reforma entraria em vigor em março de 1995, exatamente quando eu começava a estudar processo civil na faculdade.

Como era natural, a quantidade de congressos sobre processo civil explodiu em 1995 — coincidindo exatamente com o início das minhas participações nesses eventos. Houve um seminário sobre a reforma de 1994, ocorrido no Othon Hotel, Salvador, em maio de 1995. Foi o meu primeiro seminário. Cheguei no fim da tarde para assistir à palestra de um ex-professor da UFBA, já aposentado, que então ainda não conhecia: Calmon de Passos, que aliás tinha acabado de publicar seu primeiro livro sobre as reformas, já em janeiro de 1995.

Sei que isso não aconteceu apenas comigo, mas não posso deixar de registrar: ouvir Calmon pela primeira vez, falando sobre um assunto que já começava a me interessar, arrebatou-me completamente. Foi uma epifania: eu queria *ser* aquele senhor, *falar* como ele e *pensar* sobre o que ele pensava.

A reforma do CPC-1973 foi a responsável por esse primeiro encontro, mesmo que à distância, com Calmon de Passos, cuja relação comigo se estreitou a partir de 1996, como contei acima. Conhecer Calmon foi o gatilho de que precisava para querer ser um processualista. Na verdade, todos os processualistas da minha geração são fruto desse contexto histórico, mas eu tinha por perto, como catalisador, ninguém menos do que essa enorme figura.

Somos hoje muitos processualistas, certamente porque processo era o que se debatia quando nossas vidas intelectuais começavam — fenômeno semelhante deve ter ocorrido com os constitucionalistas, a partir de 1988, e com os civilistas, a partir de 2002. Até 2006, o CPC-1973 passaria por mais duas etapas de reformas e, em todas elas, eu apresentaria as minhas considerações dogmáticas, agora já como processualista razoavelmente conhecido. Reformas processuais, aliás, é um dos temas que me acompanham desde sempre. Se é correta a lição de que o exemplo arrasta, Calmon era a própria correnteza.

Agora posso retomar o fio.

Em 1997 (último ano do meu curso de graduação), procurei-o na Universidade Salvador a fim de mostrar-lhe o artigo que estava escrevendo para o segundo volume da *Revista dos Formandos*, cujo tema era a "possibilidade jurídica do pedido", um dos tantos examinados pelo mestre, ainda na década de 1960 do século passado. Ele leu o trabalho e me disse uma frase, que me arrasou: "Fredie, não gaste vela com um defunto vagabundo..." Baixei a cabeça, agradeci e saí. Quando já estava no ponto de ônibus, ouvi Calmon me chamando. Perguntou-me para onde iria. Não obstante estivesse indo exatamente para o sentido contrário ao da sua casa, ele disse que me daria uma carona. Era a sua forma de dizer: "Meu querido, digo tudo isso para lhe provocar. Vá em frente e conte comigo." Lembrando-me agora do episódio, com o distanciamento que somente o tempo oferece, posso constatar a correção de tal lição e perceber que Calmon foi, de fato, um homem de seu tempo: sempre se preocupou com as questões de sua época, enfrentando-as sem medo.

Também em 1997, apareceu a notícia de que aconteceria em Brasília um congresso com todos os maiores processualistas brasileiros — lembro-me de, lendo o cartaz, encontrar o nome de todos os que eu conhecia e mais de um monte de gente que até então não conhecia. Eram as II Jornadas Brasileiras de Direito Processual Civil, do Instituto Brasileiro de Direito Processual (IBDP), que durariam uma semana de agosto daquele ano. O valor da inscrição era caríssimo, mesmo com o desconto para estudantes — algo como o equivalente a dois meses de remuneração do estágio, isso sem contar passagens áreas e hospedagem.

Não hesitei: liguei para Calmon e perguntei se ele, como palestrante, não me conseguiria uma cortesia. Ele disse que falaria com o Petrônio — Petrônio Calmon Filho, também baiano, secretário do IBDP e responsável pela organização do congresso. Petrônio assentiu prontamente, desde que, como contraprestação, eu colasse cartazes do evento nas faculdades e nos fóruns soteropolitanos, o que evidentemente fiz com muito prazer. Viajei sozinho e sozinho assisti aos cinco dias de evento; presenteei Ada Pellegrini Grinover e Cândido Dinamarco com um exemplar da *Revista dos Formandos*; vi exposições de pessoas que ainda não tinha ouvido falar (Bedaque, Yarshell, Marinoni, Donaldo Armelin, Cruz e Tucci, Teresa Arruda Alvim e muitos outros). Eu terminaria o curso de graduação dali a quatro meses; se ainda havia dúvida sobre qual profissão jurídica seguir, uma certeza eu já tinha: queria ser professor de processo civil. Por isso as Jornadas simbolizam muito para mim. Em 2003, seis anos depois, eu estrearia como palestrante nas Jornadas em Foz do Iguaçu — e Calmon de Passos estaria na primeira fila, me ouvindo, tranquilizando e aplaudindo.

Nesse mesmo 1997, Calmon recebeu o título de professor emérito da Universidade Federal da Bahia, a cuja solenidade tive a honra e o prazer de comparecer.

A minha turma de graduandos pela UFBA, como forma de homenagear Calmon pelo que fez por nós um ano antes, e ainda prestar-lhe um desagravo pelo ocorrido na faculdade, resolveu escolhê-lo como paraninfo. Impossível esquecer o dia em que eu, Fabrício Oliveira e Jorge Santiago Jr. (colegas de faculdade) fomos à casa de Calmon para fazer-lhe o convite. Qual não foi a nossa surpresa (lembrando-me do episódio tantos anos depois, percebo que não haveria razão para essa surpresa, sendo o convidado quem era) quando Calmon simplesmente recusou o convite, sob o fundamento de que a paraninfia, para ele, era o símbolo do mercado das vaidades da faculdade. Ele nos disse que jamais aceitara um convite para ser paraninfo.

Entretanto, nós não desistimos facilmente; explicamos que, não obstante não tenhamos sido seus alunos na graduação, em razão de sua aposentadoria compulsória, gostaríamos de fazer-lhe essa homenagem, como agradecimento pelo que nos proporcionou e como um ato silencioso de repúdio ao que tinha acontecido na faculdade meses antes. Calmon foi convencido; sentimos que, ao seu modo, ele ficou comovido com o convite. Disse-nos, então, uma frase que é um emblema da sua personalidade: "Aceito, então, essa prebenda!" — confesso que tive de ir ao dicionário buscar o significado dessa palavra. No dia 7 de fevereiro de 1998, no salão Iemanjá do Centro de Convenções da Bahia, Calmon de Passos celebra a sua primeira e única oração da paraninfia, para minha turma, com muito orgulho para nós: "Aos que vão prosseguir."[4]

[4] PASSOS, José Joaquim Calmon. "Aos que vão prosseguir". *Revisitando o direito, o poder, a justiça e o processo*: reflexões de um jurista que trafega na contramão. Salvador: Editora Juspodivm, 2012, pp. 299-314.

A nossa amizade, que se iniciava, foi-se estreitando até que, em 1999, quando assumiu a direção da Escola de Advocacia Orlando Gomes, ele me deu a oportunidade de dar algumas aulas de processo civil, ajudando-me muito no início da minha carreira.

Nesse mesmo período, há um episódio que, lembrado tantos anos depois, tem a sua graça. Eu começava a dar aulas e buscar temas para escrever artigos; achei interessante (sei lá por que razões!) defender a licitude do ajuizamento de ação monitória contra o Poder Público — tese que, tempos depois, veio a confirmar-se n.º 339 da súmula do Superior Tribunal de Justiça.

Perguntei a Calmon se ele poderia receber-me para que lhe apresentasse a ideia deste meu pretenso novo artigo — que não viria a nascer, antecipa-se o fim da história. Como sempre, ele me recebeu em seu apartamento com toda sua conhecida generosidade. Comecei a lhe explicar o objeto da minha investigação, quando, abruptamente, ele me interrompeu, num tom mais duro, perguntando-me o que eu já tinha lido sobre direito constitucional, teoria do Direito e obrigações. Sem me deixar responder (ainda bem que não respondi, aliás), avançou para dizer que eu não tinha lido nada (o que era verdade) e que, antes de tratar desse tipo de problema dogmático com ele, eu deveria estudar mais essas três frentes de investigação.

Em seguida, me expulsou de seu apartamento. Bem... talvez isso hoje não fosse considerado um comportamento adequado para a relação mestre-discípulo; mas a nossa relação permitia esse nível de franqueza e dessa forma ele me dizia, do seu jeito,[5] que esperava mais de mim, que eu chegasse "mais pronto", por assim dizer. Essa é uma lição

---

[5] A propósito, veja o que ele mesmo disse a respeito de seu temperamento: "Sou uma pessoa desabrida, sem capacidade de conter meus ímpetos, meus sentimentos e minhas paixões, por isso mesmo incapaz de conviver com quem quer que seja que de mim exija reserva, cuidado e cautela. Quando isso não é possível, simplesmente ponho à margem quem não consigo ver num espelho cristalino, ou simplesmente sepulto em meu cemitério particular os que preciso esquecer que existem ou já existiram" (p. 23); "Eu sou um cavalo velho que ainda corcoveia e arremessa as patas" (p. 24); "Eu sou um semeador sem prudência que vai jogando sementes que caem nas pedras, nos espinheiros, em terrenos estéreis e só algumas em solo fecundo" (p. 25). (PASSOS, José Joaquim Calmon de. "Discurso de saudação a Paulo Eduardo Garrido Modesto". *Encontro de gerações.* Salvador: Academia de Letras Jurídicas da Bahia, 2005, pp. 23-25).

que jamais esqueci — e que sempre transmito aos meus orientandos, além de já a ter adotado, com pequena variação, como diretriz metodológica fundamental para a compreensão do direito processual civil.[6] É por essa e outras que considero Calmon um dos meus maiores mestres, como este texto procura demonstrar.

Essa amizade sofreu dois estremecimentos, um em 2000 e outro em 2005.

O primeiro foi resolvido de uma forma muito bonita. Alguns de meus alunos da Universidade Católica do Salvador, em 2001, sabendo do problema, pediram-me para trazer o professor Calmon para uma das aulas, a fim de que fizesse uma exposição. Uma das atividades obrigatórias para os alunos era exatamente a de trazer um "vulto jurídico baiano" para expor sobre um tema polêmico (no caso, autorização judicial para a interrupção de gravidez). Eles me perguntaram se eu teria algum problema com a presença de Calmon. Disse-lhes que, obviamente, não: seria para mim um grande prazer, mas não sabia se ele aceitaria o convite.

Feito o convite, o professor Calmon mandou-me, pelos alunos, um recado: "Diga a Fredie que aceito o convite *por causa dele*!" Era a senha que eu esperava ouvir. Após a sua exposição, ele chegou perto de mim, apertou a minha mão e disse, baixinho para ninguém ouvir: "Sem ressentimentos..." Então, deu-me um beijo na testa. Seis meses depois, já estava participando da minha banca de dissertação de mestrado, em janeiro de 2002, e prefaciando o meu livro *Recurso de terceiro*, que seria publicado pela RT ainda em 2002. Em 2005, fez-me, como decano, uma pequena e bela saudação, quando ingressei no programa de pós-graduação em Direito da UFBA (o professor Calmon havia retornado ao programa em 2004, a convite do professor Saulo Casali Bahia).

O segundo (que ocorreu em meados de 2005) foi resolvido de maneira mais lenta, embora tenha sido um problema menos grave, e mais silencioso, do que o primeiro. Em 2007, Calmon compareceu a uma palestra minha, que eu faria para os procuradores do Estado da

[6] DIDIER Jr., Fredie. *Curso de direito processual Civil*. 25.ª ed. Salvador: Editora Juspodivm, 2023, v. 1, pp. 37-38.

Bahia, quando conversamos amigavelmente, mas ainda friamente. Um pouco antes, já tinha recebido a notícia de que ele avalizara o meu nome na editora Forense, para sucedê-lo no volume três da famosa coleção *Comentários ao código de processo civil* — projeto que acabou não se concretizando. A senha que eu esperava no início de outubro de 2008.

No dia 1º de outubro, tomei posse na Academia de Letras Jurídicas da Bahia, da qual Calmon fazia parte. Enviei-lhe um e-mail, dizendo--lhe que a sua presença seria muito importante para mim. No dia da posse, chega Calmon, muito triste e abatido em razão do estado de saúde de sua esposa, e me diz: "Fredie, você sabe que a minha situação pessoal está muito complicada. Eu vim porque *era você*!" Abraçamo-nos e tiramos uma foto. Foi a última vez que o vi.

No dia 13 de outubro de 2008, mandei-lhe um abraço por intermédio de Guilherme Peres, com quem falava ao telefone e que almoçava com ele. Ele me retribuiu aquele abraço. Viajei ao Peru e, no sábado pela manhã, dia 18, na madrugada de Lima, sou acordado por um telefonema do Brasil, comunicando o seu falecimento. Pensei: "Logo agora!" Estávamos tão bem e eu estava tão longe.

Calmon de Passos foi um dos poucos processualistas brasileiros que escreveram sobre os quatro institutos fundamentais do direito processual: a *ação* (*A ação no direito processual civil brasileiro*, Salvador, Progresso, 1961), a *jurisdição* (*Da jurisdição*, Salvador, Progresso, 1957), *processo* e *defesa* (*Comentários ao código de processo civil.* 9.ª ed. Rio de Janeiro: Forense, 2004, v. 3).

Além desses, publicou os seguintes livros: *Do litisconsórcio no código de processo civil* (Salvador, 1952), *A nulidade no processo civil* (Salvador, 1959, tese de livre-docência na Faculdade de Direito da UFBA), *Da revelia do demandado* (Salvador, 1960, tese de livre-docência na faculdade de economia da UFBA), *Mandado de segurança coletivo, mandado de injunção e habeas data* (Rio de Janeiro, Forense, 1991), *Inovações no código de processo civil* (Rio de Janeiro, Forense, 1995), *Direito, poder, justiça e processo* (Rio de Janeiro, Forense, 1999) e *Esboço de uma teoria das nulidades aplicada às nulidades processuais* (Rio de Janeiro, Forense, 2002, reedição revista e ampliada do livro sobre nulidades de 1959).

Muito relevante, embora pouco lida, é a sua "teoria da tutela cautelar", publicada nos Comentários ao CPC da *Revista dos Tribunais*, v. 10, 1984, também uma de suas obras-chave.

A ação no direito processual civil brasileiro, tese de cátedra para direito processual civil na Faculdade de Direito da UFBA, os *Comentários ao código de processo civil*, v. 3, Editora Forense, e o *Esboço de uma teoria das nulidades aplicada às nulidades processuais*, que considero o seu melhor livro, são obras do meu cânone particular. A verve do primeiro, a inteligência dogmática do segundo e a clareza do terceiro são especialmente marcantes. E ainda há *Direito, poder, justiça e processo*, seu último livro, com o seu indefectível ceticismo, aos quais (livro e ceticismo) tenho recorrido com mais frequência nos últimos anos.

Publicou dezenas de ensaios. Os mais famosos são: "Instrumentalidade do processo e devido processo legal", publicado na *Revista de Processo*, n.º 102; "Em torno das condições da ação — a possibilidade jurídica", publicado na *Revista de Direito Processual Civil*, n.º 04 (Saraiva); e "O mandado de segurança contra ato judicial", conferência feita no início da década de 1960 do século passado, cujo posicionamento foi consolidado em texto publicado pela *Revista de Processo* ("O mandado de segurança contra atos jurisdicionais — tentativa de sistematização nos cinquenta anos de sua existência", *Revista de Processo*, n.º 33). Também gostaria de lembrar do artigo "Reflexões sobre um ato de correição", publicado no segundo volume da *Revista Jurídica dos Formandos* da UFBA, após um repto que lhe fiz, e que se revela fundamental para a compreensão do inciso II do art. n.º 286 do CPC.

Embora não tenha podido acompanhar o processo de elaboração do CPC-2015 (2009-2015), o pensamento de Calmon de Passos repercutiu no texto final. Destaco cinco pontos: a) proscrição da categoria "condição da ação"[7] (o CPC-2015 não mais se vale desse equivocado termo) e eliminação da menção à possibilidade jurídica do pedido co-

[7] PASSOS, José Joaquim Calmon de. *A ação no direito processual civil brasileiro*. Salvador: Progresso, 1961.

mo hipótese de extinção do processo sem exame do mérito;[8] b) previsão expressa da cumulação alternativa de pedidos (art. 326, parágrafo único); c) esclarecimento do efeito do não atendimento do ônus da impugnação especificada em caso de fato que somente se pode provar por instrumento (art. n.º 341, II, CPC); d) proteção do réu revel, com o aperfeiçoamento da regra que presume a veracidade das alegações de fato contra ele (art. n.º 345, IV) e com a necessária intimação do réu revel para o cumprimento da sentença (art. n.º 513, §2.º, II);[9] e) tutela provisória como apta a retirar o efeito suspensivo da apelação (art. n.º 1.012, §1º, V).[10]

Foi professor emérito da Universidade Federal da Bahia, catedrático de direito processual civil na Faculdade de Direito da UFBA (o livro sobre a "ação processual", já referido), livre-docente pela mesma faculdade de Direito (o livro sobre nulidade no processo civil, já referido) e pela Faculdade de Ciências Econômicas da UFBA (o livro sobre a revelia do demandando, já referido), membro da Academia de Letras Jurídicas da Bahia e do Instituto Brasileiro de Direito Processual, presidente da seccional baiana da Ordem dos Advogados do Brasil, procurador-geral de Justiça e advogado.

Nasceu no dia 16 de maio de 1920. Faleceu no dia 18 de outubro de 2008, certamente como sempre desejou: lúcido e na ativa. Na noite do dia 16, fez uma palestra em Salvador; dirigia-se a Porto Alegre na manhã da sexta-feira, dia 17, onde faria uma conferência; começou a sentir-se mal ainda no *check-in* do aeroporto; foi ao hospital, fez exames e estava passando bem quando, à noite, sofreu três paradas cardíacas, não resistindo à terceira e falecendo em razão de infarto do miocárdio.

Desde a sua morte, assumi, comigo mesmo, um compromisso de manter viva a sua memória, de modo que o nome de Calmon conti-

---

[8] PASSOS, José Joaquim Calmon de. "Em torno das condições da ação: a possibilidade jurídica do pedido". *Revista de Direito Processual Civil.* Rio de Janeiro: Saraiva, 1964, v. 4, pp. 61-62.

[9] Essas três contribuições podem ser encontradas em PASSOS, José Joaquim Calmon de. *Comentários ao Código de Processo Civil.* 9.ª ed. Rio de Janeiro: Forense, 2004, v. 3.

[10] Ideia que pode ser extraída do modo como Calmon compreendia a função da "antecipação dos efeitos da tutela" do CPC-1973 (PASSOS, José Joaquim Calmon de. *Inovações no Código de Processo Civil.* Rio de Janeiro: Forense, 1995, pp. 29-30).

nuasse a ser lembrado — este texto é mais uma prestação cumprida nessa vitalícia obrigação natural de trato continuado: i) escrevi seu obituário, estranha e tristemente o único publicado na *Revista de Processo;*[11] ii) dediquei-lhe o volume um do meu *Curso de Direito Processual Civil*; iii) organizei uma coletânea em sua homenagem;[12] iv) fiz a nota de atualização da republicação da sua tese sobre ação;[13] *v)* organizei, juntamente com Paula Sarno Braga, a publicação de toda a sua obra avulsa (ensaios e artigos), em dois volumes;[14] vi) como presidente da Associação Norte-Nordeste de Professores de Processo (Annep), criei o Prêmio Calmon de Passos para o melhor livro escrito por um processualista brasileiro com menos de quarenta anos de idade, hoje o mais prestigiado galardão do gênero no país; vii) escolhi Calmon como o patrono da cadeira que ocupo na Academia Brasileira de Direito.

Calmon de Passos encerrou assim o seu discurso de paraninfia, a que me referi linhas atrás — talvez o seu texto mais autobiográfico:

> Os gigantes de ontem só nos são úteis se permitirem que, subindo em seus ombros, possamos ver além do que foram capazes de vislumbrar. Assim fazendo, nem os traímos nem os esquecemos, antes permitimos que sobrevivam conosco com alicerces sobre os quais assentamos nosso mirante mais elevado.
> Vocês são a geração que pode fazer isso. Já não se sentem amantes infiéis buscando outros amores, nem filhos ingratos por tentarem caminhar com os próprios pés, levando os bens que o dever paterno de partilhar lhes proporcionou. Libertem-se de nós, sem nos esquecer nem nos deixar de amar.

---

[11] DIDIER Jr., Fredie. "José Joaquim Calmon de Passos (1920-2008)". *Revista de Processo*. São Paulo: RT, 2008, n.º 165.

[12] DIDIER Jr., Fredie; ADONIAS, Antonio. *O projeto do novo Código de Processo Civil*: estudos em homenagem ao professor José Joaquim Calmon de Passos. Salvador: Editora Juspodivm, 2012.

[13] PASSOS, José Joaquim Calmon de. *A ação no direito processual civil brasileiro.* Salvador: Editora Juspodivm, 2014.

[14] PASSOS, José Joaquim Calmon de. *Ensaios e artigos*. Salvador: Editora Juspodivm, 2014, v. 1; PASSOS, José Joaquim Calmon de. *Ensaios e artigos*. Salvador: Editora Juspodivm, 2016, v. 2.

> Levem-nos em seus corações, mas icem as velas, suspendam as âncoras e deixem o cais em direção à linha em que o céu e o mar se confundem e parecem interpenetrar-se.
> Aí é o horizonte, que é o destino dos que ainda podem e necessitam aceitar o desafio das aventuras e assumir a coragem de ir em direção ao inesperado. Caminhem para o futuro e levem-me com vocês.
> Não meu corpo, tão frágil, tão transitório e tão precário, mas o que fui em espírito e verdade para vocês, se é que o fui.
> Se assim o fizerem, estarei presente também no amanhã de vocês, porque é neste permanecer do algo que fomos em alguém que continua sendo que se realiza o insopitado desejo humano da perenidade. Este sobreviver tem um nome — chama-se imortalidade.[15]

José Joaquim Calmon de Passos, gigante imortal, maior orador que vi em ação, um dos meus mestres, homem bom cujas lembranças guardo em meu coração.

---

[15] PASSOS, José Joaquim Calmon. "Aos que vão prosseguir". *Revisitando o direito, o poder, a justiça e o processo*: reflexões de um jurista que trafega na contramão.. Salvador: Editora Juspodivm, 2012, p. 314.

ESTHER DE FIGUEIREDO FERRAZ

Gabriel Chalita[1]

Era o entardecer de um dia de primavera. Uma mulher, Lygia Fagundes Telles, tomava um cálice de vinho branco. E a outra mulher, Esther de Figueiredo Ferraz, uma xícara de chá. Comiam levemente, entre as palavras, alguns quitutes que ficavam à mesa das conversas. As mãos gesticulavam os argumentos. As rugas emprestavam beleza a duas vidas vividas na dignidade do amor à palavra, ao texto, ao contexto de ousar ser mulher, inteiramente mulher, em tempos ainda mais duros que os de hoje.

Era o ano de 2006 e eu estava com elas. Vivia a idade das inquietudes e dos êxtases. Era eu o mais jovem membro da Academia Paulista de Letras, a centenária casa de escritores do largo do Arouche, em São Paulo. Outros escritores falavam, enquanto aguardavam o início da sessão. Eu olhava aquele sol se despedindo, mas ainda potente a ponto de atravessar a janela e fazer sentir a luz da sabedoria daquelas duas mulheres.

Lygia falava de Capitu e do embate de possibilidades. A traição, já teve ela a certeza. Os argumentos iam na direção de que "sim". Os fatos,

---

[1] Professor da Universidade Presbiteriana Mackenzie, da Universidade Nove de Julho e da Pontifícia Universidade Católica de São Paulo, além de membro da União Brasileira de Escritores, da Academia Brasileira de Educação e da Academia Paulista de Letras.

descritos no romance, apontavam os incômodos de Capitu e Escobar. Esther apenas ouvia. Sabia ser ouvinte. Lygia prosseguia, afirmando ter mudado de ideia mais de uma vez. Pode ser que não. Quem sabe? Lygia também tinha a idade dos êxtases, em qualquer idade. Falava bailando as palavras. Como em uma ciranda. De pedra e de carne. De quem está atenta aos acontecimentos da vida e dos romances. Entre um gole de chá e o tempo da atenção, Esther lembrou que o narrador é um homem e não uma mulher. É Bentinho quem nos faz acreditar na traição. E Bentinho é um homem perturbado pelo ciúme, pelo medo do abandono, pela cegueira do sentimento da rejeição. Então, Lygia começa a elogiar o Bruxo do Cosme Velho. *Dom Casmurro* é melhor do que *Madame Bovary*. Que me perdoe Flaubert. Em *Madame Bovary*, sabe-se de tudo. Em Dom Casmurro, há dúvida.

E quem não tem dúvida? E, então, deixaram de falar sobre *Dom Casmurro* e começaram a se alimentar de outro texto de Machado, "O Espelho", um conto que adentra as funduras dos sentimentos e que expõe a "alma externa" e "a alma interna" que toda gente tem. Jacobina não conseguia enxergar a si mesmo, a não ser usando a farda de alferes. Que solidão não poder estar em solidão. Não olhar para dentro para entender o que há fora. Não compreender o chamado, a vocação que cada um tem de viver em um tempo, em um espaço do mundo.

Vocação vem do latim *vocare*, que significa exatamente "chamado". Um chamado é uma voz que penetra a misteriosa alma interior. Ou o eu interior. E suas camadas. E suas vozes que rebatem — por medo ou comodismo ou qualquer outra razão que não cabe aqui discorrer — a voz principal. A voz principal é a que realiza. É a que autoriza uma mulher a ser ela mesma. É a que autoriza um homem a ser ele mesmo.

Mas ninguém exerce o senhorio, mesmo sobre si mesmo, afastado do mundo. A alma exterior. O fazer é um fazer no mundo. E é um fazer para o mundo. Mas o mundo não pode ter o poder de determinar o fazer. Seria a morte da singularidade ou da originalidade ou das mãos quebradoras de amarras de rótulos, de preconceitos, de paradigmas.

Esther é um nome que merece ser lembrado na história do pensamento jurídico brasileiro, na história dos grandes educadores e na história das mulheres que souberam, em tempos ainda mais difíceis, ser elas mesmas. A dureza dos tempos de ontem não se desfez em facilidades. Mas as leis que proíbem os preconceitos ajudaram e, também, a consciência civilizatória de que não é possível haver razões para verticalidade quando se trata de direitos dos cidadãos.

Esther merece uma robusta biografia. Não é o caso, nestas poucas linhas que me cabem, jogar luz em uma história tão nobre. Merece uma lupa minuciosa em sua coragem, em seu dizer e fazer. A vida é ação. Não fazer é desdizer o existir. Quem nada faz torna o tempo um adversário impiedoso. Os dias não passam. As horas demoram a se esgotar. Então, viver é fazer. Mas não é fazer qualquer coisa, não é fazer por fazer. Quem faz muito e não sabe o que faz, e por que faz, também desilude o sonho de uma vida feliz. Esther soube entender o seu lugar no mundo. O seu lugar de ser feliz.

E qual era o lugar no mundo de Esther? Qual a sua vocação? Há uma vocação, apenas, ou há muitas? Há uma vida, apenas? Esther teve mais de uma. Certamente. Ou mais de uma voz interior explicando o seu fazer correto.

Foi Esther a primeira mulher a lecionar na Universidade de São Paulo, a primeira mulher a atuar no Tribunal do Júri, a primeira a ter sido eleita para o Conselho da OAB de São Paulo, a primeira, em toda a América Latina, a ser reitora de uma universidade — a Universidade Presbiteriana Mackenzie. Foi, também, a primeira mulher a ser ministra de Estado. Ministra da Educação do Brasil.

Precursora em tantos palcos fez da dúvida uma aliada.

Foi a dúvida que fez Esther perguntar a si mesma, "Por que não uma mulher defendendo alguém em um Tribunal do Júri?", ou ainda, "Por que não uma mulher ministra ou reitora ou professora da mais tradicional universidade de São Paulo?" Por que não uma mulher ou um homem, consciente da sua vocação, desacreditar os que plantam ódio como solução dos problemas das jardinagens da vida? Era Esther uma humanista e, como humanista, não abraçava as soluções simplistas que resolvem a violência com violência.

A vocação de professora

A vocação de professora desabrochou cedo. Foi professora de crianças e adolescentes, ensinou português, francês, latim e matemática. Em seu discurso de posse, como secretária da Educação do Estado de São Paulo, ela confessou o seu amor pelos inícios:

> (...) o de que me envaideço não será, podem crê-lo, haver atingido o ápice dessa carreira no desempenho de minhas atividades universitárias, mas sim em tê-la iniciado por onde a iniciei, numa pequena classe do Grupo Escolar de Santo Amaro, onde meninos descalços, de roupas remendadas e umedecidas pela garoa do planalto, tiritando de frio ou cheirando a suor, disputavam o privilégio de enfeitar com uma flor (provavelmente arrancada do jardim da pracinha fronteira), a minha tosca mesa de trabalho.

Foi a sua vocação para o ensino que fez com que ela se preocupasse tanto com a educação básica quando foi secretária e quando foi ministra. Como ministra, concretizou a Lei Calmon, que regulamentou a aplicação de percentuais do orçamento para a educação. Que anteviu a necessária garantia de recursos para dar a todos o direito de estudar. E de estudar com qualidade.

Foi a prática dos cotidianos nas aulas, nas escolas, que alimentou de experiência o seu fazer nos governos.

Sofreu ela os preconceitos que sofrem os que abrem as portas. Quando foi prestar concurso para ingresso na carreira docente da Universidade de São Paulo, um dos professores catedráticos que comporiam a banca se recusou a participar. "Fossem quais fossem os resultados, a candidata era uma mulher." Ela foi aprovada e, anos mais tarde, quando se encontraram, ele se desculpou: "Esther, tive um acesso de burrice naquela época." Foram amigos. Esther compreendeu a beleza da amizade em sua vida. Inclusive com os seus alunos. Enfrentou os medos com preparo. Dialogou com firmeza, sem desprezar a delicadeza. Não era de arroubos nem de autoelogios. Quando perguntada como se sentia em ser a primeira a abrir as portas para as mulheres em tantas áreas, a resposta era doce: "Alguma mulher teria que ser."

Em seu discurso, na transmissão de cargo, em que assumiu o Ministério da Educação, disse Esther:

> Finalmente, fizeram as circunstâncias que eu fosse a primeira mulher a ocupar, em nossa terra, o cargo de ministro de Estado, e houve por bem o sr. presidente da República conduzir-me à pasta onde mais utilizáveis parecem tornar-se, em termos de interesse coletivo, os dotes femininos, aqueles dotes intelectuais, de caráter e de sensibilidade que traduzem verdadeiras inclinações ou tropismos de alma, e que tornam toda mulher — seja ela quem for, grande dama ou humilde proletária — uma educadora. As operárias, as camponesas, as comerciárias, as funcionárias públicas, as profissionais liberais, as estudantes de todos os graus do ensino e, de maneira muito especial, as integrantes da mais forte das milícias desarmadas que é o exército das "prendas domésticas", das valorosas donas de casa e mães de família, todas elas tomam parte, ainda que à distância, no ato público que ora se está realizando. Cada uma delas percebe, dado o alto simbolismo de que se reveste a cerimônia, em si mesma representativa de um grande gesto de abertura, que hoje e aqui está acontecendo algo que toca muito de perto a sorte do feminismo brasileiro, tomado este em seu sentido sadio e construtivo. E todas, com os olhos voltados para a companheira de sexo sobre cujos ombros, já não tão jovens e nem tão fortes, passarão a pesar tantas e tão graves responsabilidades, formulam votos para que ela seja feliz na condução da tarefa que lhe foi cometida e consiga demonstrar, graças a um desempenho de boa qualidade, que não teriam fundamento as antigas posições preconceituosas em relação à participação da mulher no trato dos negócios públicos.

Ela era inteira em cada ocupação no fazer no mundo.

A vocação de advogada

Na advocacia, escolheu uma área incomum às mulheres à época, a criminal. E também a dos assuntos de família.

Em um artigo publicado em 1956, sob o título "Elogio do advogado por ele mesmo", Esther de Figueiredo Ferraz faz um dos mais belos confessionários do ofício de advogar:

> Entra-me pela porta do escritório um homem cujo nome, idade, profissão, condição social, vida pregressa, ignoro completamente. Também para ele sou uma desconhecida; exceção feita a meu nome e a meu título profissional, não sabe quem eu seja na realidade: qual minha exata maneira de pensar, de sentir, quais meus antecedentes pessoais e familiares, se estou ou não em condições de o comprometer ou ajudar. No entanto, essa criatura cuja própria existência física eu ignorava momentos atrás, a um simples gesto meu autorizando-o a falar, se põe a narrar-me minudentemente sua vida, confessando-me o que jamais ousaria confessar ao pai, à esposa, a um padre ou mesmo a si próprio. Desnuda-me a alma, mostrando-me em toda sua miséria, sem me esconder uma ferida, uma chaga, um carcinoma. Leva-me até a intimidade de sua alcova e me permite defrontar o segredo de seu fracasso matrimonial. Ou então, cabeça baixa e olhar esquivo, explica-me como furtou, como falsificou um cheque, como se deixou corromper no exercício de função pública, como e onde escondeu o produto do crime. Outras vezes, enfim, afirma-se vítima de injusta acusação, revelando o temor de não poder provar convincentemente sua inocência posta em dúvida. E em todos esses casos exibe as provas que lhe socorrem ou lhe comprometem o direito, que o incriminam ou lhe amparam a absolvição. Sabe — embora não me conheça — que, ainda que eu não lhe aceite a causa, jamais usarei dessas informações em seu prejuízo. Fornece-me documentos preciosos e únicos que são a chave de sua defesa ou que, ao contrário, constituem a prova material de sua culpa. Confia-nos sem mesmo exigir um

recibo, e tem a certeza — sempre sem me conhecer — de que nem por todo o ouro do mundo eu os sonegaria ou os deixaria cair em mãos da parte adversa.

Encerra-se a entrevista e, pela porta do escritório, sai um homem que para mim já não é mais um estranho. Eu, ao contrário, continuo a ser para ele o mesmo enigma inicial. Ainda não sabe quem eu sou na realidade: qual minha exata maneira de pensar, de agir, de sentir, quais meus antecedentes pessoais e familiares, se estou ou não, realmente, em condições de ajudá-lo. Mas de uma coisa está certo: não o trairei. Tem a absoluta e sólida convicção de que aquela desconhecida que ficou para trás — depositária do seu segredo, senhora do seu destino e de sua felicidade — de agora em diante preferirá sacrificar-se a sacrificá-lo, deixar-se-á, se necessário, matar, mas não permitirá que um só ato seu desmereça a confiança com que a honrou o desconhecido de minutos atrás.

Bastariam esses poucos minutos — essa poeira de tempo escoada entre o abrir e o fechar de uma porta — para nos convencer de toda a beleza e grandeza da profissão de advogado. A homenagem que a cada um de nós e, consequentemente, à carreira que abraçamos presta cada cliente que nos entrega o patrocínio de uma causa é tão eloquente que bem se compreende o alcance da expressão de Voltaire quando, referindo-se a sua verdadeira tendência vocacional, suspirou: "Eu quisera ter sido advogado, é a mais bela profissão deste mundo." (...)

Enquanto houver sobre a face da Terra o gesto incessantemente renovado de um homem que bate à porta de um desconhecido e lhe confia a defesa de sua liberdade, de sua honra, de sua família, de seu patrimônio, bens supremos que constituem a razão de ser de nossa existência, estará sendo feita a apologia da profissão de advogado.

O advogado é aquele que é chamado para estar junto, para socorrer, para aliviar o peso insuportável da injustiça. Para que ninguém seja constrangido por não ter o poder do conhecimento, por não poder se defender. Para que ninguém seja humilhado ou deixado de lado. O verdadeiro advogado sabe ouvir, sabe separar os clamores por vingança da necessária compreensão das falibilidades humanas. O advogado não é aquele que mente, que inventa, é aquele que é correto, que argumenta. Não é o Direito uma ciência demonstrativa. É na palavra que os fatos vão se clareando, que as normas vão ganhando vida e dando vida à justiça.

Em um dos seus memoráveis júris, o seu primeiro, ela defendeu a ré, Myriam Elias Bandeira de Mello, acusada de matar o marido em plena lua de mel.

O caso foi magistralmente escrito por José Renato Nalini, na obra *Grandes crimes*, publicada pela editora Três Estrelas, em 2017.

Myriam era natural de Jundiaí, filha de família conhecida, religiosa, moça pacata, nos padrões da época. Ela se casa com um homem de uma família muito rica. Na lua de mel, o marido é assassinado. E, imediatamente, a família faz de tudo para incriminar a mulher. Ela sempre jurou inocência. Estava grávida, vivendo uma história de amor, um sonho feito pesadelo. A família do marido era poderosa. E os bens não podiam ser divididos com a suspeita, nem com filho algum da suspeita.

Ela foi julgada antes do julgamento, foi humilhada, foi presa. Foi abandonada.

Naquele final da década de 1940, parecia impossível que algum advogado pudesse reverter sua situação. Até porque não encontravam outro suspeito ou não se davam ao trabalho de procurar. Foi, então, que uma menina, recém-formada, adentrou o grande Palácio da Justiça de São Paulo e, tecendo as palavras corretas, foi afastando todas as artimanhas incorretas da acusação. Esther falava de Direito e de literatura, falava da ausência de provas e da presença dos sentimentos, falava da mulher sempre fragilizada na sociedade de homens. Falava do dinheiro que compra até os fatos para demonstrar que os fatos foram deturpados. E o júri ouvia em silêncio. E a plateia, lotada, paralisada com a dança de sons e conteúdos daquela menina advogada.

No meio do julgamento, pediu que a ré pudesse amamentar a filha. Era a emoção na dose certa. Uma mãe alimentando o filho dos dois, da história que, prematuramente, terminou. Além de sofrer da dor da morte do marido, sofria a dor da acusação infame, da injustiça horrenda. Quem pode ser acusado sem provas? Quem pode ser vitimado pelo ódio dos outros ou por razões pecuniárias? Era a liberdade o destino de Myriam e de sua filha. E de tantas mulheres reduzidas a nada pela ausência de voz. A voz de Esther silenciou o julgamento. E o júri a absolveu por unanimidade. Myriam chegou presa ao tribunal e saiu solta. E voltou para casa com sua filha. Em Jundiaí, foi feriado. No coração de Esther, o alívio, a convicção de ter escolhido a profissão correta.

Em seu dizer, um advogado jamais pode ser desatento. Cada história que chega às suas mãos é a história. Cada caso é o caso. Cada vida estraçalhada pela injustiça é a vida que cabe a quem advoga trabalhar na reconstrução.

A vocação de jurista

Dois temas a inquietavam profundamente no pensamento jurídico, a exploração da prostituição e a incorreta execução das penas.

A prostituição, ela via como uma escravização das mulheres, como uma ausência de possibilidades em uma sociedade que fechava as portas, como um lucro incorreto dos que exploram o corpo e a dor do outro. Prostituição que segue sendo tema em um país com tantas miserabilidades.

Na ordem dos crimes sexuais, há o horror e a covardia da exploração sexual de crianças e adolescentes. E há, também, a terrível violência sexual que, desde cedo, rouba infâncias. As estatísticas, apesar da abundante legislação sobre o tema, mostram o quanto ainda temos que caminhar. O Brasil é um dos campeões do mundo na triste hierarquia do desrespeito às crianças. A violência sexual é tema dos cotidianos covardes de muitas famílias. Segundo o Anuário Brasileiro de Segurança Pública de 2022, quatro meninas, de menos de 13 anos, foram estupradas por hora no Brasil, o que representa 61,3% de todos os estupros registrados no país. Poderia se falar dos crimes que acontecem dentro das casas que são muitos, que são assustadores. E é por isso que Esther falava tanto em educação. Na escola e em casa. Usar o corpo de uma menina ou de um menino para o prazer ou para um negócio é sempre um crime contra a pessoa e contra a civilização.

O tema da execução das penas é outro que, desde os seus primórdios, como pensadora do Direito, a inquietava.

Era uma crítica da incompetência governamental e da insensibilidade da sociedade frente ao sistema penitenciário. O que fará um preso no dia seguinte à sua liberdade? Entregue a si próprio, o preso volta à criminalidade. Não tem preparo para outro viver. Não tem como escolher uma porta se todas elas estão fechadas. Lendo Esther, leio sua leitura primorosa da história de Jean Val Jan em *Os Miseráveis*, de Victor Hugo: "Meus amigos, nunca digam que há plantas más ou homens maus. O que há são maus cultivadores."

Gilda Figueiredo Ferraz de Andrade publicou na *Revista do Advogado*, número 104, de julho de 2009, um dizer de sua tia Esther sobre a pena de morte e os equívocos do tratamento dos menores:

> Sempre fui contra a pena de morte e sempre serei. Um grande criminalista italiano, que era a favor da pena de morte, resolveu fazer uma experiência acompanhando os últimos dias de um condenado à morte. Ficou tão horrorizado, que mudou de opinião. Além disso, há países em que se aplica a pena de morte e, nem por isso, a criminalidade diminui. Precisamos levar essas coisas a sério.
>
> Outro dia, me perguntaram o que eu via de errado no tratamento de menores delinquentes. Em tese, acho tudo errado.

Esther, já naquela época, falava em penas alternativas, em cumprimentos de medidas restritivas em meio aberto, em humanização do tratar daquele que deveria ser privado de liberdade. Privação de liberdade não significa jamais privação de dignidade!

Foi ela a elaboradora, em setembro de 1960, de um projeto de reforma do Código Civil, na parte relacionada à capacidade civil e laborativa da mulher casada. Projeto que foi fundamental na aprovação da lei n.º 4.121, de agosto de 1962, que ficou conhecida como o Estatuto da Mulher Casada.

Entre seus textos jurídicos, podemos destacar: "Os delitos qualificados pelo resultado", "A codelinquência no Direito Penal brasileiro", "O perdão judicial", "O menor e os direitos humanos", "Prostituição e criminalidade feminina" e "Aspecto jurídico-legal do problema da prostituição". Esther dialogou sobre ciência com sensibilidade. Também no Direito era ela uma educadora.

A vocação das palavras

Há tantas palavras ditas e vividas por Esther. Quero apenas trazer um dos seus poemas, um que fala sobre a morte:

Quando eu morrer, aquilo que era meu
A que mãos irá ter? A que dedos
Dar-se-ão as chaves dos segredos
Que são a própria essência do meu eu?

Retratos, livros, flores já sem cor,
Cartas de amor trocadas que guardei,
Versos que fiz e nunca revelei.
Quem os verá, Deus meu, quando eu me for?

As coisas que eu amei, esse cenário
Composto de relíquias e lembranças
Quem o destruirá? Que rudes lanças
Irão deitar por terra o meu sacrário?

Alguns virão, por certo, abrindo portas,
Armários e gavetas devassando...
Espera, meu amor, só entre quando
Cessado o vozerio, a horas mortas,

A casa já vazia, escura, nua,
Envolta, enfim, em terna e doce calma,
Aí se achar apenas a minha'alma,
Podes levá-la, então, foi sempre tua...

A "alma interna", do espelho de Machado, a alma imortal dos crentes nos mistérios, no da eternidade e no da permanência dos frutos que plantaram os que compreenderam o fazer nascido de uma vocação.

Era também um dia primaveril, uma manhã, quando Esther de Figueiredo Ferraz foi me visitar na bela Caetano de Campos, palácio-sede da Secretaria de Educação do Estado de São Paulo. Era eu um jovem secretário de Estado, recém-empossado. Era ela um mito da educação no Brasil. Fitamos juntos o tempo. As mudanças, algumas necessárias, outras apressadas. Os desafios, alguns, os mesmos, outros nascidos de tempos diferentes. Lembro-me do encadeamento poético do seu raciocínio. O que significa educar? A quem educamos? Como educamos? Por que educamos? Falamos sobre nossos alunos. Sobre os erros que cometemos. Rimos de nossas imperfeições.

Era um dia de agenda intensa, mas como desperdiçar Esther? Perguntei se ela tinha compromisso para o almoço. Ela disse que seu único compromisso era com o viver. Pedi que vivêssemos juntos um pouco mais. E nos estendemos até o entardecer. Estive com ela no entardecer de sua vida e ouvi seus dizeres com atenção. Ouvi suas gentilezas, sua voz mansa, seu sorriso pleno de quem plenamente viveu. Depois de sua morte, fui eu o seu sucessor na cadeira de número 34 da Academia Brasileira de Educação, cujo patrono é Olavo Bilac. Fiz em meu discurso minha singela homenagem à mulher que foi capaz de ouvir e de entender estrelas.

MIGUEL SEABRA FAGUNDES

Gustavo Binenbojm[1]

Notas biográficas

Miguel Seabra Fagundes nasceu em Natal, Rio Grande do Norte, a 30 de junho de 1910, filho de João Peregrino da Rocha Fagundes, funcionário da Alfândega e professor de aritmética, e de Cornélia Seabra Fagundes, dona de casa. A família cultivava o gosto pelo estudo. O irmão de Miguel, o jornalista, médico e escritor João Peregrino da Rocha Fagundes Júnior, tornou-se o sexto ocupante da cadeira nº 18 da Academia Brasileira de Letras, da qual foi presidente de 1956 a 1957 .

Miguel cursou o primário e os estudos preparatórios no Colégio Diocesano Santo Antônio, em Natal, e prestou exames de revalidação no Ateneu Norte-Rio-Grandense. Em 1927, transferiu-se para o Recife, onde cursou o primeiro ano da Faculdade de Medicina, que, contudo, abandonou em 1928, para optar pelo ingresso na Faculdade de Direito daquela mesma cidade. Durante a graduação, Seabra Fagundes exerceu intensa atividade política: primeiro, em favor da campanha da Aliança Liberal, que prenunciava a Revolução de 1930;

[1] Professor titular de direito administrativo da Faculdade de Direito da Universidade do Estado do Rio de Janeiro (UERJ); doutor e mestre em Direito Público pela UERJ; master of Laws (LL.M.) pela Yale Law School; procurador do estado do Rio de Janeiro e advogado; membro da Academia Brasileira de Letras Jurídicas (ABLJ).

depois, em um breve flerte com a Ação Integralista Brasileira, ao lado de ilustres conterrâneos seus, como Câmara Cascudo e Monsenhor Walfredo Gurgel. Inclusive, o livro *A pequena história do integralismo no RN*, de Luiz Gonzaga Cortez, traz histórias e fotos ilustrativas desse período. Seabra nunca chegou a renegar formalmente a militância desse tempo, mas sua trajetória demonstra o afastamento completo dos ideais do integralismo.

Orador da turma, formou-se em 1932 e começou logo a exercer a advocacia não só em Natal, mas também em comarcas do interior do estado do Rio Grande do Norte. Com a criação da Justiça Eleitoral, passou a integrar o tribunal local, exercendo a procuradoria eleitoral, na época atribuição de um dos membros da Corte. Promulgada a Constituição de 1934, instituiu-se no país o "quinto" reservado a advogados e membros do *parquet* nos tribunais judiciários de segundo grau. Seabra Fagundes, aos 24 anos, foi nomeado desembargador da então Corte de Apelação do Rio Grande do Norte. A nomeação causou forte reação, que incluía críticas da imprensa e até ameaças à integridade física do escolhido.

Entretanto, a despeito da juventude, Seabra Fagundes logo se afirmou como magistrado íntegro, culto e dedicado. Por gosto pessoal, tomou a seu cargo a tarefa de cuidar da biblioteca do Tribunal, dotando-a de precioso acervo, com o que havia de mais atual na literatura jurídica nacional e internacional. Na 1.ª Conferência Nacional de Desembargadores, realizada no Rio de Janeiro em 1943, sob a liderança de Edgar Costa, então presidente da Corte de Justiça do Distrito Federal, Seabra representou o Tribunal do Rio Grande do Norte, tornando-se, somente nessa ocasião, pessoalmente conhecido nos círculos jurídicos da capital federal. Levy Carneiro e Philadelpho Azevedo, inclusive, naquela mesma oportunidade, convidaram Seabra Fagundes a transferir suas atividades profissionais para o Rio de Janeiro.

Em 1945, quando o país era transitoriamente governado por magistrados — com a ascensão de José Linhares à Presidência da República, após a deposição de Getúlio Vargas, a 3 de outubro do mesmo ano — Seabra Fagundes foi designado interventor e governou o estado do Rio Grande do Norte. Dirigiu o estado com equilíbrio e isenção, realizando eleições livres e consideradas irrepreensíveis. Embora houvesse um movimento político forte que pretendia lançá-lo candidato a governador, Seabra rejeitou a ideia.

A convite do presidente Eurico Gaspar Dutra, no início de 1946, Seabra assumiu o cargo de consultor-geral da República, do qual se exonerou em setembro daquele ano, quando a nova constituição então promulgada restabeleceu a tradicional vedação ao exercício de funções, por magistrados, fora do âmbito da judicatura. Retornou ao Tribunal Norte-Rio-Grandense e logo foi eleito seu presidente. Em 1950, pediu exoneração do cargo de desembargador e se mudou para o Rio de Janeiro, com o objetivo de dedicar-se à prática da advocacia.

A 11 de agosto de 1954, Seabra assumiu a presidência do Conselho Federal da Ordem dos Advogados do Brasil. Poucos dias depois, em meio à grave crise deflagrada pelo suicídio de Vargas, o presidente Café Filho — também nascido em Natal — convidou Seabra para assumir o Ministério da Justiça. Sua passagem pelo Ministério durou pouco mais que seis meses e foi marcada por sobriedade e firmeza. Retornou, então, à presidência do Conselho Federal da Ordem dos Advogados do Brasil (OAB) e cumpriu o mandato até 1956.

No biênio 1970-1971, Seabra foi presidente do Instituto dos Advogados Brasileiros (IAB). Seu discurso de posse, intitulado "Legalidade democrática", é considerado um importante marco da luta dos advogados contra o regime militar. Recebeu as duas mais importantes comendas da advocacia brasileira: a medalha Teixeira de Freitas (IAB, 1951) e a medalha Rui Barbosa (OAB, 1977). Embora não tenha tido um vínculo formal com o magistério, Seabra Fagundes recebeu o título de doutor *honoris causa* das faculdades de Direito da Universidade de São Paulo e da Universidade Federal do Rio Grande do Norte. Foi também ocupante da cadeira nº 38 da Academia Norte-Rio-Grandense de Letras.

Miguel Seabra Fagundes morreu a 29 de abril de 1993, no Rio de Janeiro, aos 82 anos.

Relação bibliográfica

O primeiro livro de Miguel Seabra Fagundes foi sua obra-prima, *O controle dos atos administrativos pelo Poder Judiciário*. A primeira edição foi publicada em 1941, quando o autor tinha apenas trinta anos. A obra teve reedições em 1950, 1957, 1968, 1979, 1984, 2005 e 2010, tendo sido as duas últimas por mim atualizadas. O livro é um dos maiores clássicos do Direito Público brasileiro, sucesso de público e de crítica. Minhas atualizações das sétima e oitava edições não modificaram uma vírgula sequer do texto original, cingindo-se a acrescentar notas legislativas, doutrinárias e jurisprudenciais onde eram cabíveis.

Curioso observar que, a despeito do sucesso alcançado, a publicação inicial do *Controle* não foi tarefa fácil. Veja-se o relato dos filhos do autor, Eduardo e Sergio Seabra Fagundes:

> Publicá-lo não foi tarefa fácil. Nenhuma editora se dispunha a enfrentar os riscos de lançar o primeiro livro de um jovem e desconhecido magistrado de pequeno estado nordestino. Foi preciso requerer a aplicação de lei estadual que assegurava o custeio de edição de livros de naturais do Rio Grande do Norte. Como a verba era insuficiente, Seabra Fagundes teve de complementar, do próprio bolso, o custo da pequena tiragem.[2]

Além das dificuldades enfrentadas para a publicação, o livro suscitou uma nota crítica negativa formulada pelo jurista Themístocles Brandão Cavalcanti, consultor-geral da República de Vargas no fim do Estado Novo, que depois se tornaria procurador-geral da República e ministro do Supremo Tribunal Federal. A crítica era um inconformismo de Themístocles com a proposta teórica inovadora contida

---

[2] FAGUNDES, Eduardo Seabra; FAGUNDES, Sergio Seabra. "Dados biográficos". *In:* FAGUNDES, Miguel Seabra. *O Controle dos atos administrativos pelo Poder Judiciário*. Rio de Janeiro: Forense, 2010, p. 22.

no livro de Seabra em relação ao controle jurisdicional dos atos da Administração Pública, especialmente no ponto relativo ao controle do chamado desvio de poder ou de finalidade. Para ele, a obra de Seabra criava ensejo para uma intervenção indevida do Poder Judiciário sobre o mérito das decisões administrativas. Como vou expor na última parte deste estudo, até hoje, a influência de Seabra Fagundes se faz presente no direito administrativo brasileiro, como um dos defensores do controle jurisdicional de elementos vinculados de atos outrora tidos como insindicáveis.

Seabra Fagundes publicou ainda outros dois importantes livros: *Da desapropriação no Direito brasileiro* (1942 e 1949) e *Dos recursos ordinários em matéria civil* (1946). Dentre seus inúmeros artigos e pareceres, destaco os seguintes: "Dos direitos públicos subjetivos do indivíduo e da sua proteção jurisdicional" (1942); "Da proteção do indivíduo contra o ato administrativo ilegal ou injusto" (1943); "Revogação e anulamento do ato administrativo" (1943); "As Forças Armadas na Constituição" (1948); "Amaro Cavalcanti e as liberdades públicas" (1949); "O autor na ação popular" (1953); "O parlamentarismo no Ato Adicional" (1962); "Da contribuição do Código Civil para o direito administrativo" (1964); "O Poder Judiciário na Constituição de 1967" (1967); "O sentido da legalidade no Estado democrático" (1969); "A legalidade democrática" (1970); "O advogado no Estado autoritário" (1971); "A evolução do sistema de proteção jurisdicional dos direitos no Brasil republicano" (1971); "Os tribunais de contas e a moralidade administrativa" (1972); "O mandado de segurança e o recurso de terceiro prejudicado" (1973); "Direitos do homem, a ordem pública e a segurança nacional" (1974); "Da ação popular" (1977); "A função política do Supremo Tribunal Federal" (1978); "O solo criado e a desapropriação como instrumento de urbanização" (1979); "A legitimidade do poder político na experiência brasileira" (1982); "Da encampação nas concessões de serviços públicos (1985); A crise do Poder Judiciário" (1990).

Nos últimos anos de vida, Seabra Fagundes foi redator-chefe da *Revista Forense*.

Relevância e atualidade de Miguel Seabra Fagundes

Não é uma hipérbole qualificar Seabra Fagundes como refundador do direito administrativo no Brasil. Valho-me, pela relevância do autor, de comentário lançado na *Revista de Direito Administrativo* n° 14 (outubro/dezembro de 1948), por Victor Nunes Leal, acerca de conhecido acórdão da lavra do então desembargador Seabra Fagundes, em julgamento à apelação n.º 1.422:

> A segurança com que foi tratado o assunto confirma os grandes méritos do relator do brilhante aresto (...) que deu ao caso concreto, como magistrado, a melhor solução, impedindo que a Administração Pública, a pretexto de seu poder discricionário, utilizasse critério arbitrariamente discricionário para proteger uma empresa de transporte em prejuízo de empresa concorrente e dos utentes do serviço autorizado. (...) Tal acórdão rompeu a praxe reiterada dos nossos tribunais que sempre declararam os atos discricionários insuscetíveis de apreciação jurisdicional, sem aprofundar a questão da possível arbitrariedade do poder discricionário.

Em 1941, no auge do Estado Novo, o direito administrativo não passava de um mero estatuto do poder. Foi apenas com a publicação do *Controle* — como nós, publicistas das gerações posteriores, nos acostumamos a chamar a obra do mestre —, que o direito administrativo brasileiro assumiu as características de um estatuto da cidadania perante o poder. Por certo, esse ramo do Direito Público também cumpre funções políticas e gerenciais, ao organizar e disciplinar o funcionamento da burocracia estatal, tanto em suas atividades-meio como em suas atividades-fim. Mas, como disciplina jurídica, o direito administrativo é essencialmente um instrumento a serviço da democracia e da proteção de direitos individuais e coletivos.

O Direito é o que o dever-ser é. A democracia, com a sua capacidade recriadora, diz o que o dever-ser deve ser. Por meio do processo democrático, o direito administrativo cria as estruturas da Administração Pública, ordena os seus fins e limita as suas ações diante dos direitos dos cidadãos. É incrível que o Brasil tenha aguardado até a aparição de Miguel Seabra Fagundes para entender isso!

Veja-se, a corroborar a minha compreensão, trecho muito elucidativo da lavra de Carlos Mário da Silva Velloso:

> Quando Seabra publicou *O controle dos atos administrativos pelo Poder Judiciário*, o direito administrativo, no Brasil, não passava de um Direito do Estado, um estatuto de obrigações do administrado, certo que poucos eram os publicistas que versavam os seus grandes temas. O Judiciário conhecia, de forma acanhada, as demandas que os administrados propunham contra o Estado. A discricionariedade administrativa, foi dito linhas atrás, constituía-se em tabu, algo intocável pelo Judiciário. Enfim, vale a lembrança do professor Binenbojm, o Direito Público não passava de um "estatuto do poder". Pois é nesse quadro, nessas circunstâncias, que Seabra produziu o seu livro. A partir dele, o direito administrativo, no Brasil, assume nova característica. De "estatuto do poder" passa a ser o estatuto do cidadão diante do poder. A leitura do livro por parte de professores e, sobretudo, de advogados e juízes, altera o quadro então existente. E os tribunais passam a controlar os atos da Administração Pública, tal como ocorria, há muito, na França, pelo Conselho de Estado. As modernas doutrinas de controle jurisdicional dos atos administrativos vigentes naquele país, na Itália, na Bélgica e nos Estados Unidos foram expostas, com rigor científico e didaticamente, na obra-prima de Seabra.[3]

Quando fui procurado pelo saudoso Eduardo Seabra Fagundes[4] com o convite para atualizar a obra de seu pai, tomei literalmente um

---

[3] VELLOSO, Carlos Mário da Silva. "Apresentação". *In:* FAGUNDES, Miguel Seabra, op. cit, p. 14.

[4] Eduardo Seabra Fagundes, filho de Miguel e irmão de Sergio, foi um brilhante advogado, ex-procurador-geral do estado do Rio de Janeiro, ex-secretário de Estado de Justiça e presidente do Conselho Federal da Ordem dos Advogados do Brasil de 1979 a 1981. Sou grato a ele e a

susto. "Mas quem sou eu, Eduardo?" — disse-lhe, incrédulo. Não me passava pela cabeça estar à altura do desafio. Foi um privilégio encontrar novas formas de entender a obra de Seabra Fagundes, em comparação com minhas leituras anteriores. Foi também uma alegria ver sucessivas tiragens esgotarem-se, tanto da sétima quanto da oitava edição.

Encaminho-me para a conclusão com três considerações finais. A primeira refere-se à relevância e à atualidade da obra de Seabra Fagundes. Razões de Estado prevalecem onde há súditos, e não cidadãos. O Estado democrático de direito é uma república de razões, que pressupõe a existência de cidadãos livres e iguais. O surgimento de *O Controle dos atos administrativos pelo Poder Judiciário* propiciou uma viragem tanto da teoria quanto da prática do direito administrativo brasileiro, fazendo surgir um novo *ethos* para as relações entre os cidadãos e o Estado. É claro que essa ainda é uma obra incompleta, mas ela precisava começar em algum lugar.

A segunda consideração refere-se à responsabilidade dos juristas. São as responsabilidades que devemos assumir que nos dão respostas sobre o propósito e o sentido da vida. Seabra Fagundes foi um homem de ideias, mas também um homem de ações. Em sua atuação como pessoa pública, Seabra foi coerente com o que pregava em seus livros e artigos. Nunca sacrificou suas convicções no altar de objetivos políticos — que não eram subalternos, nem mesmo grandiosos. Sabia dizer não quando era o caso. O Direito não é uma ciência exata, mas também não é qualquer coisa. Juristas sabem dizer não.

A terceira e última consideração — mas não menos importante — diz respeito à natureza da excepcionalidade. Somos tentados a acreditar em alguma espécie de unção sobrenatural para indivíduos dotados de talentos tão especiais. Contudo, ao assistir a uma entrevista concedida por Seabra Fagundes a um canal de televisão do Rio Grande do Norte, conversando tranquilamente com seus conterrâneos, percebi que havia

---

seu irmão, Sergio, por terem me escolhido para a tarefa de atualizar a obra-prima de seu saudoso pai. As notas biográficas de Miguel Seabra Fagundes, constantes deste artigo, basearam-se em registros feitos por seus filhos no introito da sétima edição de *O Controle dos atos administrativos pelo Poder Judiciário*. Rio de Janeiro: Forense, 2005.

ali um ser humano normal. Apesar da idade avançada e do destaque alcançado por mérito próprio, não se punha em posição professoral ou postura messiânica. Contou que fracassou no curso de medicina porque era muito difícil e optou pelo Direito por considerá-lo mais fácil. Explicou como, aos poucos, conseguiu adquirir livros europeus e norte-americanos e formar, na Natal da década de 1930, a melhor biblioteca de Direito Público do país. Agradeço ao querido amigo e professor Jacintho Arruda Câmara, outro brilhante filho daquelas terras, por ter me franqueado acesso a esse vídeo.

Embora o gênio, conforme Harold Bloom, seja aquele capaz de transcender o seu tempo e o seu lugar, o que a simplicidade de Seabra Fagundes me ensinou foi o seguinte: a genialidade não tem a ver com o que somos, mas com o que somos chamados a ser.

DARCY BESSONE

Gustavo Tepedino[1]

O Professor Darcy Bessone de Oliveira Andrade nasceu em Montes Claros, em 12 de novembro de 1910, e faleceu em Belo Horizonte, em 6 de dezembro de 1997. Foi um dos maiores civilistas brasileiros do século passado, citação obrigatória na doutrina e na boa jurisprudência. Entre seus numerosos livros, incluem-se obras clássicas como *Da compra e venda: promessa & reserva de domínio* (em que defende a eficácia real do contrato de compra e venda) e *Direitos reais*, do qual derivou o polêmico *Da posse* (em que sustenta o caráter pessoal do direito possessório). Também à seara do direito comercial Bessone se dedicou com profundidade, seja em sua bela obra *Instituições de direito falimentar*, seja na atuação em importantes controvérsias judiciais, como advogado e parecerista. Seu pensamento político e social encontra-se sintetizado em seu substancioso volume significativamente intitulado *O mundo, o Brasil, o homem*, que reflete a preocupação humanista e o cosmopolitismo de sua obra.

Em sua obra *Da compra e venda: promessa e reserva de domínio*, que foi publicada pela Editora Saraiva e atingiu enorme sucesso em todas

[1] Professor titular de Direito civil e ex-diretor da faculdade de Direito da Universidade do Estado do Rio de Janeiro. Doutor em Direito civil pela Universidade de Camerino (Itália) e livre-docente pela Faculdade de Direito da UERJ.

as três edições, Darcy Bessone oferece ao público uma visão inovadora acerca do mais vetusto e difundido meio de circulação de mercadorias, o contrato de compra e venda. O autor se dedica a duas figuras jurídicas de realce considerável, quais sejam, a promessa de compra e venda e a compra e venda com reserva de domínio, que se destinam a proporcionar garantia real ao pagamento do preço. Apresentam ambas, segundo o autor, traços comuns, como o fato de não se transferir o domínio ao comprador antes que ao vendedor seja pago o preço integralmente. A íntima afinidade entre as duas figuras foi bem identificada, por meio da arguta análise dos princípios comuns que as definem, justificou e inspirou a sua reunião nessa obra.

Nessa linha, Bessone demonstra preocupação com as técnicas de garantia do vendedor, afirmando que "as pressões exercidas pela evolução das cambiantes relações econômicas tornam urgente a revisão de velhas construções jurídicas, quando não a sua substituição por outros instrumentos, mais afeiçoados às peculiaridades do tempo".[2] Sua inquietação permanece atual, notadamente diante da constatação de que as estruturas jurídicas componentes do sistema de garantias mostram-se sensíveis às exigências postas pela dinamicidade das transações negociais. Tais categorias não se mantêm inalteradas ao longo do tempo, e suas estruturas se subordinam à função a ser alcançada na relação jurídica em concreto. O perfil funcional das categorias jurídicas, decisivas para a sua qualificação e interpretação, encontra-se presente e perpassa, por vezes de modo intuitivo, toda a obra do professor Bessone.

Aspecto particularmente instigante no pensamento de Darcy Bessone diz respeito à defesa da eficácia real do contrato de compra e venda, contrariando a opinião dominante de que o caráter desse contrato é obrigacional. A tese assim desenvolvida, que coloca em relevo a sua vocação para o debate doutrinário, fundamenta-se em exame comparativo pormenorizado do sistema brasileiro com outros sistemas, como o francês, o italiano e o alemão, chegando-se à mesma conclusão tanto

---

[2] BESSONE, Darcy. *Da compra e venda: promessa & reserva de domínio*. 3ª ed. São Paulo: Editora Saraiva, 1988, p. 5.

para a compra e venda de imóveis quanto para a de bens móveis. Em suas palavras, "pode-se admitir dúvida sobre se o negócio translativo imobiliário se integra pelo registro, ou se este se relaciona apenas com os seus efeitos, mas, qualquer que seja a posição correta, no atinente a esse ponto, é certo que a compra e venda brasileira de imóvel é translativa, isto é, tem eficácia real, não se destinando, assim, a produzir tão somente obrigações, ou direitos pessoais. Quanto aos bens móveis, no plano do Direito Civil, idêntica conclusão pode ser formulada".[3]

Da tese da eficácia real da compra e venda, se poderiam extrair importantes consequências, como logrou demonstrar o autor. E para além de buscar consenso, o debate que suscita e a argumentação implacável torna imprescindível seu texto para os apaixonados pelo Direito Civil. Ilustrativamente, entendendo que o registro apenas conclui o processo de formação do negócio de disposição — complexo por natureza e formado progressivamente, segundo o autor —, aduz que a hipótese de incapacidade ou morte superveniente do vendedor, após o "acordo de vontade real" e antes da inscrição, não teria influência no acordo celebrado, que conserva seu caráter vinculante, de tal modo que não restaria atingido o direito do comprador, apto desde logo a operar todos os seus efeitos. Por outro lado, no caso em que o proprietário realizasse duas vendas sucessivas de mesmo imóvel, defende a prevalência do título ao comprador que promovesse em primeiro lugar o registro, que adquire aqui a função de publicidade, voltada à consideração dos interesses de terceiros.[4]

Em que pese a enorme relevância questionadora da tese da eficácia real da compra e venda, o protagonismo do autor mostra-se mais amplo no âmbito do direito dos contratos. Em sua obra *Do contrato: teoria geral*, cuja quarta edição foi publicada em 1997 pela Editora Saraiva,[5] dedicou-se à conceituação e aos elementos do contrato, bem como aos fundamentos dos princípios da obrigatoriedade e da autono-

[3] BESSONE, Darcy, op. cit, p. 48.
[4] BESSONE, Darcy, op.cit, pp. 49-50.
[5] BESSONE, Darcy. *Do contrato: teoria geral.* 4ª ed. São Paulo: Saraiva, 1997.

mia privada. Examinaram-se ainda figuras contratuais controvertidas e suas principais classificações. Em esforço construtivo, propõem-se os pressupostos contratuais, os elementos e os principais pontos em torno da formação dos contratos, assim como seus efeitos e as regras de interpretação que sobre eles incidirão. Além disso, são enfrentadas as vicissitudes próprias da execução e da inexecução obrigacional, a cessão da posição contratual, a lesão, a teoria da imprevisão e o abuso de direito.

Edificadas as bases para uma teoria geral dos contratos, Bessone também se lançou à análise de específicos tipos contratuais. Merece especial nota o artigo "Da comercialidade da empreitada de construção", veiculado em *Direito empresarial, vol. IV: contratos mercantis e outros temas*, publicado em 2011, pela Editora Revista dos Tribunais, sob a organização do professor Arnoldo Wald.[6] Da mesma maneira, o professor Darcy Bessone foi um dos autores pioneiros a se dedicar à problemática do shopping center, que entrava na agenda jurídica nos anos 80 do século passado. Seu excelente texto "O shopping na lei de inquilinato" encontra-se na coletânea *Obrigações e contratos, vol. V: contratos em espécie*, publicada no mesmo ano e pela Editora Revista dos Tribunais, que tive a honra de organizar, ao lado do ministro Luiz Edson Fachin.[7]

Nessa última obra, de grande interesse da prática negocial, Bessone volta-se ao exame crítico da natureza jurídica das relações estabelecidas entre o empreendedor e os lojistas do shopping, entendendo importar menos a denominação atribuída ao contrato ou as classificações associadas à figura, e mais a realidade negocial. Esta é identificada na conversão do empresário em empreendedor, destinado a criar uma comunidade de empresários, os lojistas, todos se fundindo em bloco orgânico para a realização de certos fins comuns. Nessa direção, entrevendo no shopping "uma comunidade de empresários, ou uma comunidade empre-

[6] BESSONE, Darcy. "Da comercialidade da empreitada de construção". *In*: WALD, Arnoldo (org.). *Direito empresarial, vol. IV: contratos mercantis e outros temas*, São Paulo: Editora Revista dos Tribunais, 2011, pp. 51-61.

[7] BESSONE, Darcy. "O shopping na lei de inquilinato". *In*: TEPEDINO, Gustavo; FACHIN, Luiz Edson. *Obrigações e contratos, vol. V: contratos em espécie*. São Paulo: Editora Revista dos Tribunais, 2011, pp. 683-700.

sarial, sob a égide de um contrato único e incindível que tem por fim disciplinar relações intersubjetivas e orgânicas",[8] Bessone conclui que, caso lhe coubesse nomear tal arranjo contratual, optaria por "Contrato de Comunidade Empresarial".

Outra obra a ser destacada intitula-se *Renovação de locação*, publicada em segunda edição em 1990 pela Editora Saraiva.[9] Nesta oportunidade, o professor se dedica, em primeiro momento, à evolução da teoria dos contratos, tecendo considerações sobre os princípios fundamentais e institutos considerados essenciais à construção de uma base sólida que permita adentrar o exame do direito à renovação, próprio do contrato de locação. A partir daí, lança-se à investigação do objeto da renovação, das condições e da titularidade do direito para, então, abordar a discussão sobre o direito de não renovar, tratando igualmente do direito de recusa e de retomada. Na parte final, o autor dedica espaço, ainda, aos principais direitos do locador, como o aluguel e as possíveis garantias, assim como aos direitos do locatário, o que torna a obra completa fonte obrigatória aos estudiosos do tema.

Advogado brilhante, patrocinou causas históricas, como a que envolveu os limites geográficos dos estados de Minas e do Espírito Santo, tendo presidido a seção mineira da Ordem dos Advogados e ocupado ainda o cargo de advogado-geral do estado de Minas Gerais no governo Milton Campos e de consultor-geral da República.

A preocupação com o sistema de titularidades e com a apropriação e a utilização dos bens encontra-se contida no volume *Direitos reais*. A obra, cuja segunda edição foi publicada pela editora Saraiva em 1996, segue itinerário peculiar, optando o autor por não seguir a ordem usual de tratamento das matérias relativas aos direitos reais, posta no Código Civil. Ilustrativamente, segundo o autor, não seria acertado que o tratamento da posse precedesse àquele da propriedade, visto que, cuidando-se o possuidor daquele "que tem de fato o exercício pleno, ou não, de algum dos poderes inerentes ao domínio ou à propriedade", não

---

[8] BESSONE, Darcy, op. cit., pp. 683-700.

[9] BESSONE, Darcy. *Renovação de locação*. 2ª ed. São Paulo: Saraiva, 1990.

caberia, em sua visão, "discorrer sobre o exercício de fato do domínio, ou propriedade, isto é, sobre a posse, antes de se estudar o que é propriedade e quais os modos de adquiri-la ou perdê-la".[10] Por esse motivo, nesse livro, o autor situou a análise da posse na parte final do estudo da propriedade e antes dos direitos reais sobre coisas alheias.

O autor, com sua verve polemista e investigativa, bem demonstra a vivacidade dos mais diversos institutos jurídicos relacionados aos direitos reais, como a propriedade,[11] perpassando seus principais aspectos gerais, modos de aquisição e exercício, com destaque aos institutos do condomínio e da usucapião, bem como examina com minúcias os direitos de gozo e de garantia. Em particular, merece registro sua dedicação precursora à função social das coisas, apresentando reflexão peculiar sobre tal ponto. Vale dizer, Darcy Bessone parte da constatação, haurida de economistas consagrados, de que os bens necessários ou úteis ao homem não se oferecem na natureza em condições de uso ou quantidade suficientes, o que poderia gerar lutas constantes e terríveis, não fossem as formas de apropriação e uso. Assim, assinalando que "surgiu o direito de propriedade como um produto cultural, uma criação da inteligência, considerada adequada à organização da vida em sociedade, isto é, da vida social", entende que o poder de fato sobre as coisas precedeu o direito objetivo, de tal modo que o direito de propriedade "é conteúdo e fruto dele, como forma técnica de ordenamento da vida social".

Em decorrência, aduz que as coisas não existem com destinos específicos a certos homens, mas se encontram na natureza como meios de sobrevivência de todos os animais — inclusive o homem —, conclusão preciosa na medida em que "vincula a função social às coisas, em si mesmas, não às prerrogativas, porventura egoísticas, que certos seres humanos, julgando-se privilegiados, supõem destinarem-se só a eles".[12]

---

[10] BESSONE, Darcy. *Direitos reais*. 2ª ed. São Paulo: Saraiva, 1996, pp. 3-4.

[11] Ao propósito, rememore-se a publicação de seu texto sobre a propriedade privada na *Revista da Faculdade de Direito da Universidade de Minas Gerais*: BESSONE, Darcy. "A propriedade". *Revista da Faculdade de Direito da Universidade de Minas Gerais*, nº 3, pp. 7-28, out. 1963. Disponível em: https://revista.direito.ufmg.br/index.php/revista/issue/view/52 . Acesso em 4 de abril de 2023.

[12] BESSONE, Darcy. *Direitos reais*. 2ª ed. São Paulo: Saraiva, 1996, pp. 52-53.

Ponto de particular interesse, que consagra suas obras *Direitos reais* e *Da posse* como paradigmáticas, diz respeito ao tratamento conferido pelo autor à posse. Na obra *Direitos reais*, o autor já antecipa uma crítica e problematiza o tratamento a se conferir à posse, ou seja, interroga se prospera sua inserção no livro de direitos reais ou se esta deveria ocorrer em livro autônomo, a identificá-la como direito de caráter pessoal. Altivo em cada linha, Darcy Bessone se lança no desafio de responder se a posse é direito real ou direito pessoal, bem como quais são as consequências que dessa constatação advêm.

No livro *Da posse*, publicada pela Editora Saraiva em 1996, a controvérsia adquire maior relevo, logrando o autor reacender honesto debate, importante ao desenvolvimento científico de tema tão caro à sociedade contemporânea. O estudo revela o cuidado do autor em oferecer todos os pontos de vista, e numerosos possíveis argumentos, antes de propor sua posição acerca da natureza da posse. Ilustrativamente, expõe o pensamento de Hasse, no sentido de que a posse seria direito real relativo, oponível apenas a determinadas pessoas. Da mesma forma, Bessone não se furta à tarefa de examinar com densidade os diversos argumentos dos expoentes — que compõem corrente majoritária sobre o tema — no sentido de ser a posse um direito real, visto que exercida sem intermediários e sobre a coisa imediatamente, não se observando as figuras do credor e do devedor, ditas indispensáveis aos direitos pessoais.

Expõe, então, o pensamento espraiado por Savigny, para quem a posse se traduz em direito pessoal, ou direito ligado à pessoa, na medida em que, ao proteger-se a posse, protege-se a pessoa ou a vontade, como sua projeção. Nesse mesmo sentido, concluiu o autor que a ação possessória se caracteriza por sua natureza de direito pessoal, com escudo de proteção à pessoa do possuidor. Nas palavras do professor Bessone, adotando-se a ótica proposta por Savigny, "a proteção seria concedida, então, em atenção à vontade ou à pessoa da qual emana. A violência contra a posse seria, em última análise, violência contra a vontade ou contra a pessoa. Seria, assim, um delito contra a pessoa e situar-se-ia no terreno delitual. O direito deve, então, interferir para reprimir o delito, como faz sempre que este se configura".[13] Em prosseguimento, defende que "o fundamento procurado [da proteção possessória] não se relaciona com a posse ou com o fato possessório, mas diversamente destina-se a proteger a pessoa do possuidor contra a violência da justiça privada".[14]

A partir desse fundamento, *Da posse* enfrenta os principais aspectos atinentes ao tema, ocupando-se de sua conceituação, à luz da teoria desenvolvida ao longo dos anos pelos mais diversos estudiosos do tema, além do próprio Savigny, como Cornil, Pontes de Miranda, Jhering, assim como a disciplina legal, disposta no Código Civil de 1916. Também promove o autor o estudo do objeto, dos elementos e efeitos da posse, de sua aquisição e perda, assim como possíveis classificações professadas em torno do tema, dentre tantos outros pontos examinados nesta completa obra que se colocou à disposição do público e que serve de importante fonte de estudo em matéria de tutela possessória.

Por outro lado, Darcy Bessone ainda se dedicou à seara do direito empresarial, notadamente com seu trabalho *Instituições de direito falimentar*, publicado em 1995 pela Editora Saraiva,[15] que tive a honra de prefaciar. A bela obra continua sendo referência de estudo, a despeito das mudanças sentidas pela legislação falimentar nos últimos anos, muito em função de sua contínua preocupação com o delineamento dos conceitos de forma técnica e da estreita vinculação do autor às próprias premissas teóricas. Estas, ele as defende coerente e ardorosamente, procurando segui-las através de rigoroso encadeamento lógico e ontológico. Desconhece, entretanto, qualquer receio em relação à análise crítica de conceitos anteriormente cristalizados em doutrina. Antes, ataca-os sem cerimônia e piedade — posto que de forma elegante —, máxime quando se trata de definições consagradas — e às vezes mistificadas —, pela repetição acrítica e o aplauso servil da manualística.

Tal singularíssima característica encontra-se traduzida em todos os trabalhos do professor Bessone, associada à inconfundível clareza ex-

[13] BESSONE, Darcy. *Da posse*. São Paulo: Saraiva, 1996, pp. 66-67.
[14] BESSONE, op. cit., p. 73.
[15] BESSONE, Darcy. *Instituições de direito falimentar*. São Paulo: Saraiva, 1995.

positiva. Notadamente nessa última obra, através de leitura agradável, objetiva e didática, tem o leitor contato com os elementos e as principais controvérsias relativas à falência, à concordata e à liquidação extrajudicial. A vocação universalizante do autor se expressa através de uma abordagem que, sem perder de vista, por um só instante, os objetivos propedêuticos do curso de bacharelado, traz à tona questões que agitam a doutrina, salientando, por outro lado, a impossibilidade de enfocar a matéria de um ponto de vista exclusivamente comercialista.

A obra *Instituições de direito falimentar* apresentou-se dividida em três partes, cuidando inicialmente da falência, em seguida da concordata e, finalmente, dos procedimentos de liquidação extrajudicial. Por todo o volume, nota-se a preocupação integral com o fenômeno, abrangendo aspectos tanto do Direito Privado quanto do Direito Público. Suscitaram-se também problemas processuais e hermenêuticos do maior relevo, que compreendem domínios de direitos comercial, civil, administrativo, constitucional e penal.

Uma das grandes contribuições do livro diz com a reforma do direito falimentar. Quando se pretendia rever a Lei de Falências e Concordatas, o autor indicou, sem se descuidar do tratamento objetivo dado ao tema, os pontos em que a legislação se encontrava ultrapassada, sugerindo alterações destinadas a torná-la mais condizente com as necessidades — ainda — atuais da atividade econômica. Do mesmo modo, e por todo o livro, relevantes questões teóricas foram enfrentadas — sem que com isso se perdesse a linearidade da leitura —, ora em rodapé, ora no próprio texto, instigando o leitor ao estudo de temas essenciais, como a noção de patrimônio, e assuntos que permanecem na ordem do dia, como a teoria da *disregard of legal entity*. Demonstra mestre Bessone, já àquela época, que a chamada teoria da desconsideração da personalidade jurídica não poderia ser importada acriticamente. Sublinhou, a partir dali, as dificuldades de sua adoção pelo ordenamento positivo, alertando para as cautelas metodológicas que se antepõem aos estudiosos do tema. Por tudo isso, seus escritos permanecem, mais que nunca, indispensáveis.

Professor catedrático desde muito jovem, parecerista, homem público, empresário, sua trajetória foi marcada pela busca das ideias novas e pelo desapreço por conceitos reproduzidos acriticamente. Como professor, influenciou numerosas gerações de juristas, bastando citar, dentre seus alunos ilustres, quatro Ministros que atuaram concomitantemente no plenário do Supremo Tribunal Federal: Sepúlveda Pertence, Carlos Mário Velloso, Maurício Correa, Francisco Rezek, além do então procurador-geral da República, também seu discípulo, Aristides Junqueira e do consultor-geral da República, José de Castro Ferreira. Na advocacia, deixou uma plêiade de grandes discípulos, dentre os quais se destaca o saudoso Bento de Barros Ribeiro,

Visionário, Darcy Bessone desenvolveu empresas em vários setores, tendo idealizado, projetado e construído o bairro do Belvedere, em Belo Horizonte, hoje o enorme e valorizadíssimo mirante da cidade, cujo nome ali se torna autoexplicativo. Na vida pública, por suas ideias brilhantes e próprias, exerceu enorme influência, sendo frequentemente chamado a opinar e a dividir responsabilidades com políticos que, como o Presidente Tancredo Neves, privaram da sua íntima amizade. Talvez por isso, inconformado com a recusa de Bessone a aceitar pasta em seu secretariado no governo de Minas Gerais, Tancredo convocou, em 1983, o hábil amigo comum, José Aparecido de Oliveira, para convencê-lo. Bessone, àquela altura, não pretendia se afastar de seu escritório e recusava firmemente qualquer cargo público. José Aparecido lhe propôs, alternativamente, uma função de conselheiro do governador, sem tarefas específicas, com o pomposo título de secretário extraordinário para assuntos especiais. "O título é retumbante", teria dito um atônito Bessone diante do que depois designou como "nomeação à revelia". Na verdade, o governador o queria por perto, ainda que sem funções preestabelecidas. De fato, nos 17 meses do governo de Tancredo Neves, Bessone se tornou conselheiro e interlocutor privilegiado, transformando sua casa no Belvedere em um refúgio secreto do governador para longos diálogos e reflexões, nos quais se projetava, inclusive, a campanha para presidente da República, deflagrada em 1984.

Eleito presidente da República, Tancredo o nomeou consultor-geral da República. Bessone novamente tentou recusar, ponderando a Tancredo que, fosse para ajudar o governo, seria preferível uma função mais executiva e menos técnica, tendo em vista a sua personalidade inquieta e empreendedora. "Não me sobrou outro cargo na composição do governo, tomaram-me tudo", teria respondido o habilíssimo Tancredo: "mas eu preciso muito de sua presença ao meu lado", rematou o presidente, sem dar chances ao interlocutor, que o acompanharia até o último momento de vida. Tancredo Neves, ao entrar na ambulância que o levaria, pela última vez, ao hospital, deu-lhe a mão e sintetizou: "Darcy, eu não merecia isso..." Com a posse do presidente José Sarney, Bessone manteve-se ainda por longo período na Consultoria Geral da República, antes de retornar ao seu escritório.

Mario Vargas Llosa, em uma de suas mais deliciosas narrativas, retrata a vida de um contador de histórias que, através de incessante peregrinação entre aldeias dispersas, tornou-se o grande responsável pela preservação da cultura nativa de seu povo. Graças ao Falador, personagem-título do romance, mantiveram-se a memória coletiva e os valores comuns dos índios machiguengas. Não fosse ele, perderia a nação indígena, inevitavelmente, a própria identidade, fadada assim ao extermínio, mercê das longas distâncias que separavam as tribos, completamente isoladas na gigantesca Amazônia peruana. A imagem me ocorre, à guisa de conclusão, ao visualizar a trajetória do professor Darcy Bessone, ponto de atração para sucessivas gerações de discípulos, capaz de manter-nos agregados, em torno de sua obra e de sua pregação — a despeito do isolamento em que se encerram os profissionais do direito, cada qual com seus livros, alfarrábios, e autores, escrevendo em idioma quase clandestino, neste país tropical. E se não fomos de alguma forma relegados aos estreitos limites da academia, devemos um tributo especial a esses incansáveis mestres, que o professor Bessone bem representa, cujo dinamismo aguça nossos espíritos, e cuja palavra, imprescindível, traz-nos à mente a interligação entre o saber jurídico e a vida da polis.[16]

[16] TEPEDINO, Gustavo. "Prefácio à obra de Darcy Bessone". *In*: BESSONE, Darcy. *Instituições de direito falimentar*. São Paulo: Saraiva, 1995.

Talvez por suas múltiplas e inspiradoras vocações, a morte de Darcy Bessone, aos 87 anos, tenha surpreendido os familiares, discípulos e admiradores: afinal, sentíamo-nos no indiscutível direito de julgá-lo imortal. E isso ocorreu certamente com todos quantos tiveram o privilégio de com ele conviver, podendo conhecer a inteligência privilegiada, a crítica aguda, a retórica, a sensibilidade, a argúcia e altivez extraordinárias que ludibriaram os amigos, fazendo-o parecer invulnerável à sentença do destino. Mestre Bessone unia as mais diversas gerações de amigos em torno de sua presença, sua liderança. Com d. Branca, não permitia que fôssemos a Belo Horizonte sem uma recepção em grande estilo e mais que calorosa, sem hora para terminar. E, se as circunstâncias da vida nos faziam momentaneamente afastados, disparava um telefonema ou um fax, reivindicando a convivência.

Na última recepção, em seu aniversário, a 12 de novembro de 1997, reuniu parentes e amigos e despediu-se com discurso de jovem orador. À saída, fez planos para uma futura viagem à sua fazenda, em Viçosa. Vindo do professor Bessone, não duvido que esta viagem possa ocorrer. Imagino-o já na entrada do paraíso, descerrando portas, preparando terreno para todos nós, desafiando a paz celeste. Como Rastignac, o personagem de Balzac em *Le Père Goriot*, que do alto de Montmatre desafiou a aristocracia de Paris, vejo-o agora, diante do criador, a professar: "*À nous deux maintenant.*"

SEPÚLVEDA PERTENCE

Helio Saboya Filho[1]

O líder estudantil e emérito professor que viria a ser preso na invasão militar à Universidade de Brasília (UnB) e a presidir a principal corte de justiça do país demorou a pisar em uma sala de aula. Um acidente doméstico no casarão da família em Sabará, Minas Gerais, deixou o menino Zé Paulo com um dos pulmões seriamente comprometido, submetendo-o a uma longa convalescença.

Dona Carmen, vencendo todas as precariedades da época, preparou o rapaz, privado de frequentar os quatro anos letivos do curso primário, para enfrentar o temido Exame de Admissão, uma espécie de vestibular para se passar ao ginásio. Por capricho do destino, o bem-sucedido exemplo de amor e dedicação entre mãe e filho ocorrido em meados do século passado viria a tornar-se uma irônica — mas irretorquível! — resposta à decisão do Supremo Tribunal Federal de, em pleno século XXI, proibir a prática do *homeschooling* nos lares brasileiros.[2]

---

[1] Helio Saboya Filho tem mais de trinta anos de experiência em contencioso nas mais diversas áreas do Direito, especialmente empresarial, cível e família, com atuação nos Tribunais Superiores (STJ e STF), bem como em consultoria em Direito imobiliário, contratos, Direito público e arbitragem.

[2] Recurso Extraordinário n°888815, 2018, rel. Alexandre de Moraes, vencido Luís Roberto Barroso.

A mudança para a capital com o objetivo de, finalmente, cursar regularmente a Escola Estadual de Belo Horizonte e a Faculdade de Direito da Universidade Federal de Minas Gerais, e a posterior viagem para uma então inóspita Brasília, onde consolidaria a carreira de jurista, não tiraram de Pertence a paixão por sua terra natal. "Sem querer humilhar ninguém, sou de Sabará" virou seu orgulhoso mote de apresentação, mas em terna humilhação — uma arte para poucos — concluía, parafraseando Drummond: "a poucos minutos da cidade grande, a cidadezinha calada, escondida atrás do morro, com vergonha do trem".[3]

Embarcado no trem da militância política como líder da União Nacional dos Estudantes (UNE), o jovem interiorano não demonstrava acanhamento ao lutar pelas reivindicações da entidade frente às autoridades constituídas. Em uma audiência presidencial no Rio de Janeiro, Juscelino Kubitscheck se referiu à delegação por ele integrada como os "revolucionários famintos", e foi logo alertando ao secretário: "Já deu um café bom para esses meninos aí? Porque senão eles vêm com muita raiva."[4] Os naufrágios das candidaturas de Lott (perde para Jânio) e Tancredo (para Magalhães Pinto) sepultaria qualquer chance de efetivação do jovem rebelde de ingressar na vida política.

Afogando as angústias nas noites de boemia de Belo Horizonte e do Rio, Pertence resolveu fundar com três amigos um dos primeiros escritórios de advocacia de Brasília, prometendo serviços que iam "da porta de xadrez ao Supremo Tribunal, no mesmo dia". Bem-humorado, arvorava-se como autor da primeira peça de marketing jurídico do país. Alguém duvida?

Cruzou a linha do corpo discente para o docente como professor na UnB e resolveu prestar concurso para o Ministério Público, classificando-se em primeiro lugar no Distrito Federal. Ambas as carreiras foram interrompidas pelo toque de corneta do verdadeiramente raivoso Movimento de 1964. O ensino jurídico perdia um professor que só

---

[3] Carlos Drummond de Andrade, "Lanterna Mágica".

[4] FONTAINHA, F. de C.; QUEIROZ, R.M.R.; ACCA, T. dos S. (Orgs.) *História Oral do Supremo Tribunal Federal [1988-2013], vol. 3 – Sepúlveda Pertence*. Edição FGV Direito Rio: Rio de Janeiro, 2015, p. 34.

viria a ser reintegrado ao magistério em 1985, com a Anistia. O operador do Direito saiu do *parquet*, mas dada sua excelência intelectual, foi aproveitado como secretário jurídico do ministro Evandro Lins e Silva, que, todavia, foi cassado com Victor Nunes Leal e Hermes Lima, deixando o Supremo Tribunal Federal.

Por outro lado, ganhava (muito) a advocacia. Junto de Victor, Cláudio Lacombe, José Guilherme Villela e Pedro Gordilho, Pertence fundou uma das mais brilhantes bancas do país. Paralelamente à atividade forense, retomou sua inata vocação de defensor da classe, tornando-se um dos mais destacados dirigentes da história da Ordem dos Advogados do Brasil.

Em 1979, foi especialmente designado conselheiro relator do parecer que seria enviado ao Congresso Nacional sobre o projeto da Lei de Anistia. Com uma formulação politicamente habilidosa e didaticamente expressiva do trinômio "ampla, geral, irrestrita", mitigou a beligerância ideológica que reinava no parlamento sobre o tema.

Os tempos de UNE o inspiraram a enfatizar que "a grande maioria dos condenados pelas ações políticas armadas ocorridas há cerca de uma década foi recrutada nos estratos mais jovens do movimento estudantil e levada à prática de tais fatos sobre o clima de terror repressivo do AI-5".[5] E contendo os acirrados ânimos da ala militar, ponderou que "nem a repulsa que nos merece a tortura impede reconhecer que toda a amplitude que for emprestada ao esquecimento penal desse período negro de nossa história poderá contribuir para o desarmamento geral, desejável como passo adiante no caminho da democracia". Brincava dizendo que o único capítulo redigido em causa própria, foi o que previa a recondução dos perseguidos a seus postos de trabalho.

O lado grave e circunspecto do extraordinário tribuno eu pude conhecer no dia de meu vigésimo aniversário, 9 de setembro de 1980. Como condição para o almoço no Yankee Brasil, restaurante que de tanto ser frequentado por advogados emprestava paletó à clientela de-

[5] Parecer nº 2164 do Conselho Federal da OAB, de 24/07/1979 enviado ao presidente do Senado, Luiz Viana Filho.

savisada, meu pai propôs que eu o acompanhasse ao prédio da OAB, onde Pertence abriria a sessão solene do Conselho Federal instalada dias após o atentado que matou dona Lyda Monteiro da Silva, secretária da presidência do órgão.

Parêntesis para os mais jovens. Vivia-se no Brasil um clima pesado, meio parecido com o que precedeu a invasão do Capitólio em 2020, nos Estados Unidos, e a praça dos Três Poderes, dois anos depois. Corriam muitos rumores contra a Abertura Democrática. Sindicatos, associações como Associação Brasileira de Imprensa, UNE, Sociedade Brasileira para o Progresso da Ciência e empresas jornalísticas recebiam ameaças. Pela natural posição de "procuradora *ad judicia* da boa causa", cabia à OAB adotar medidas mais concretas que passeatas contra os crimes cometidos na ditadura, denunciando-os. A resposta veio em uma carta-bomba endereçada ao *bâtonnier* Eduardo Seabra Fagundes. Pertence o substituía na ocasião e por muito pouco — almoçava com Evandro Lins e Silva e meu pai — não foi atingido quando, por volta de uma e meia da tarde, d. Lyda a abriu, detonando-a. Parêntesis fechado.

Ao pungente e primoroso discurso somou-se a eloquência, a impostação da voz, o personalíssimo meneio de erguer de cabeça enquanto o polegar transita entre o pescoço e o queixo. Mais que grave, um Pertence desafiador. Sem rodeios, mirou não apenas o ato em si e a inação do governo, como e principalmente o risco que ação e omissão representavam contra as instituições democráticas e a normalidade civil. É de arrepiar:

> Iniciamos a primeira reunião, por assim dizer, normal deste Conselho, depois do sangrento episódio de 27 de agosto, que a todos nos vitimou e, conosco, a toda a sociedade civil brasileira. Não obstante o trauma ainda vivido, é preciso retomar a rotina de nossas atividades institucionais.
>
> Mas, não é possível fazê-lo, antes de lembrar que faz treze dias da morte brutal de nossa inesquecível d. Lyda. E até agora nada prenuncia a apuração do crime terrorista.

Nesta apuração, solene e pateticamente, se disse empenhada a honra do próprio Governo. E não há por que duvidar da sinceridade dos que o proclamaram. Ao menos, enquanto tradução do repúdio moral de homens de bem à selvageria do fato.

No entanto, mais que a honra das autoridades, e mesmo mais que a legitimidade do regime, é a eficácia do poder constituído que está posta em questão. Quando a difusão do medo não é método do próprio Governo — e não temos por que suspeitá-lo — a intranquilidade pública, gerada impunemente por marginais da atividade política, é prova de desgoverno. Por isso, nessa quinzena de sombrios boatos tornados verossímeis pela tragédia da Ordem, a confiabilidade do Poder Público foi golpeada fundamente: a cada escola que dispensava os seus alunos, a cada edifício evacuado às pressas, a cada escritório, a cada oficina que interrompia o seu trabalho, e até a cada cidadão que não encontrava, na banca de hábito, o jornal pretendido.

Por isso, ainda que estrepitoso e autêntico o anúncio da repulsa moral dos governantes ao terrorismo, a Nação exige mais. A sociedade espera, ainda em vão, por um ato político, que dê testemunho e segurança do engajamento efetivo do poder do Estado, na decisão de apurar e reprimir os crimes de terrorismo. Enquanto estes, de gravidade menor, poderiam ter sido contidos por uma simples investigação policial eficiente, até esta foi negada, como hoje acentua, na imprensa, o presidente Eduardo Seabra Fagundes. Agora, quando a impunidade dos fatos anteriores conduziu ao homicídio covarde, a dimensão do problema, como notou Raymundo Faoro, reclama uma solução política, não bastando mais a aparente mobilização dos instrumentos policiais, sem que ao menos se dê aos seus agentes de boa-fé a garantia de que podem apurar sem temor.

A opinião pública não se engana mais. E repele as encenações de ópera bufa, à custa de pobres paranoicos de arraial, com que alguns ainda tentam engodá-la. Ela sabe de onde pode realmente estar partindo a espiral da violência. A imprensa mais insuspeita ao sistema de poder já dá conta da atividade desafiadora de grupos

> organizados, para torpedear a todo o custo a relativa liberalização política em curso. E não pode mais esconder a evidência de que deles participam — até por temor à descoberta das atrocidades cometidas — integrantes, atuais ou não, do aparelho repressivo montado na época mais negra do regime autoritário.
>
> Se nesses setores está a verdade sobre os atentados, a sua revelação não maculará a honra do Governo de hoje. Ao contrário. Só assim se dará prova, não apenas de que os terroristas já não estão no poder — do que não se pretende ter dúvidas — mas também que o poder constituído não os teme, e que as verdades que eles possam trazer à tona já pertencem à História.
>
> O que a Nação não quer é ser forçada a acreditar na vigência, ainda hoje, de um pacto de silêncio solidário entre o poder legal e os porões de uma ditadura, que se diz e que preferimos reputar ultrapassada. O que se espera é não ser levado a crer, ainda agora, na veracidade de murmuradas transações, nas quais a cessação dos atos de terror custaria não apenas a impunidade dos crimes praticados, mas também a parada ou a reversão do processo político da democratização jurada deste País.
>
> Para não crer em nada disso é que os advogados, cremos e confiamos, reclamando-a e cobrando-a, na punição dos culpados pela morte da inocente que pranteamos.[6]

Pertence se preocupava com um porvir que, infelizmente, não tardou. Menos de um ano após o célebre discurso, outra bomba explodiu em um show de MPB lotado de jovens, que comemoraria o Dia do Trabalhador no centro de convenções Riocentro, na Barra da Tijuca.

Aquela memorável sessão foi um presente único, inesquecível. Revisitá-la é quase crer em profecias, dada a chocante atualidade de que se reveste, com relação a tão recentes e lamentáveis atos antidemocráticos.

---

[6] Disponível em: https://documentosrevelados.com.br/wp-content/uploads/2022/05/lidia-monteiro.pdf. Acesso em 17 de janeiro de 2024.

Veio a Anistia e a reintegração ao quadro de docentes da UnB. Já nomeado procurador-geral da República, integrou a Comissão Afonso Arinos, que esboçaria a Constituição promulgada em 1988. Contra a conservadora corrente que enxergava comunismo na positivação de direitos sociais no projeto, explicou: "Toda Constituição contemporânea — de modo especial, mas não exclusivamente, as do mundo subdesenvolvido — veicula um projeto de transformação da sociedade, centrado, quase necessariamente, no objetivo de redução da iniquidade da distribuição dos bens da vida."[7]

Em 1989, o presidente José Sarney o nomeou ministro do Supremo Tribunal Federal, que presidiu entre 1995 e 1997. Seus votos eram eminentemente técnicos. Votou contra Collor de Mello quando o Senado confirmou o *impeachment*, contra o Partido dos Trabalhadores, que tentava barrar o Plano Real, contra o governo de Fernando Henrique Cardoso no episódio que proibia aumentos a título de produtividade. Votou também a favor de FHC, frustrando a suspensão da votação da emenda constitucional que permitia a reeleição no Poder Executivo. Votou pela possibilidade de interrupção da gravidez no caso de fetos anencéfalos. Não à toa, tendo a sua independência como bússola, sempre foi um aguerrido opositor às tentativas de controle externo do judiciário.

Aposentou-se precocemente para dar tempo ao também eminente e saudosíssimo ministro Carlos Alberto Menezes Direito substituí-lo, ignorando as pressões para que inviabilizasse a nomeação do sucessor, cuja idade limite para a investidura na Corte se aproximava. Mineira e irrespondivelmente, indagou: "E eu vou lá sacrificar o sonho de um sujeito por causa de mais dia ou menos dia?"

De volta à advocacia, continuou a honrar o velho *slogan*: ir da porta do xadrez à Suprema Corte, muitas vezes no mesmo dia. Incomodava-se com os literalmente nada edificantes "barracos" entre colegas de toga, comparando-os aos acalorados, contudo respeitosos, duelos travados com o ministro José Carlos Moreira Alves por uma década

---

[7] Discurso proferido no plenário do Supremo Tribunal Federal, em 1988.

e meia. Pertence com uma visão progressista e ativista, Moreira Alves, conservador, contido.

O máximo do destempero entre ambos ocorreu durante uma longa troca de apartes entre ambos: "Eu tirei a capa, a joguei na bancada e saí. Os ministros se espantaram (...), eu aproveitei e fui ao banheiro fumar um cachimbo." Então Moreira ligou para Suely, companheira da vida toda do "adversário" a quem devolvo a palavra: "Ele telefonou para a minha mulher, preocupado com os meus nervos, (dizendo) que eu era muito emotivo — como se ele não fosse!"[8] Geniais e geniosos.

"O Supremo do qual participei era uma casa mais tranquila e mais litúrgica do que o de hoje" — recorda, para com verve, traçar a seguinte comparação: "Diante desse *funk* que vejo hoje, as minhas brigas com o Moreira parecem minuetos."[9]

De toga ou sem toga, a relevância de Sepúlveda Pertence para o país está longe de se resumir à sua profícua carreira de magistrado. Não cabe nas páginas da imprensa oficial — nem na extraoficial. Na linha de frente e nos bastidores, Zé Paulo foi um dos arquitetos da democracia brasileira. Pertence pertence à História.

---

[8] FONTAINHA, F. de C.; QUEIROZ, R.M.R.; ACCA, T. dos S. (Orgs.) *História Oral do Supremo Tribunal Federal [1988-2013], vol. 3 – Sepúlveda Pertence*. Edição FGV Direito Rio: Rio de Janeiro, 2015, pp. 105-106.

[9] Disponível em: https://piaui.folha.uol.com.br/materia/o-supremo-quousque-tandem/. Acesso em 17 de janeiro de 2024.

JOAQUIM NABUCO

João Pedro Nascimento[1]

Liberdade, liberdade! Abra as asas sobre nós
E que a voz da igualdade seja sempre a nossa voz.
G.R.E.S. Imperatriz Leopoldinense
(samba-enredo do carnaval de 1989)[2]

Escrever sobre Joaquim Nabuco é exaltar a luta pela liberdade, em verso e prosa, tal como em poemas, canções e no célebre refrão do samba-enredo: "Liberdade, liberdade! Abra as asas sobre nós."

Joaquim Aurélio Barreto Nabuco de Araújo ("Joaquim Nabuco") nasceu em Recife, em 1849, em uma família política do Império brasileiro. Seu pai, José Tomás Nabuco de Araújo Filho, exerceu influência decisiva em sua formação, sobretudo em sua transição ao liberalismo,

---

[1] Presidente da Comissão de Valores Imobiliários (CVM). Doutor e mestre em Direito comercial (USP). Bacharel em Direito (PUC-RJ).

[2] "Liberdade, liberdade! Abre as asas sobre nós" foi um samba composto por Niltinho Tristeza, Preto Joia, Vicentinho e Jurandir para o carnaval do Rio de Janeiro em 1989, que consagrou a Imperatriz Leopoldinense campeã daquele ano. Esse samba tem como enredo central a abolição da escravidão e é considerado por muitos como um dos melhores da história do Carnaval carioca.

conforme revelado em sua obra autobiográfica: *Minha formação.*[3-4] A causa abolicionista foi a grande herança passada de pai para filho.

No Brasil, a liberdade é uma conquista relativamente recente decorrente da luta histórica pela afirmação das liberdades individuais. A privação da liberdade e a escravidão são manchas no processo evolutivo do Brasil, que — pelas mãos de líderes importantes como o advogado Joaquim Nabuco — começaram[5] a ser corrigidas entre os anos de 1807 e 1888.

Joaquim Nabuco é um dos advogados que construíram o Brasil para além do Direito, com contribuições expressivas em sua atuação também como político, diplomata, historiador, jornalista, orador, poeta e escritor.[6] Dentre todos os seus feitos, certamente o seu principal legado foi a sua contribuição em defesa da liberdade e da abolição da escravidão no Brasil.

A escravidão foi um "cancro que roía as entranhas do Brasil"[7] por mais de trezentos anos. No mundo[8], os pensamentos iluministas, o sur-

---

[3] ALONSO, Ângela. *Joaquim Nabuco - Perfis Brasileiros*. São Paulo: Companhia Das Letras, 2007, pp. 37-38.

[4] Uma curiosidade interessante: José Filho foi responsável pela escrita do projeto do Código Civil de 1871. Infelizmente, José nunca chegou a entregar nenhum produto, o que gerou um grande mal-estar político para os Nabuco de Araújo.

[5] Registre-se: apenas começaram. Se, de um lado, a abolição da escravidão já é uma realidade; de outro lado, a igualdade ainda é uma dívida histórica do Brasil, especialmente com a sua população negra e quilombola.

[6] Pouco se comenta sobre o tema, mas Joaquim Nabuco foi um dos fundadores da Academia Brasileira de Letras, tendo sido o primeiro secretário-geral nas sessões de instalação da Academia e o fundador da Cadeira n.º 27.

[7] Expressão originalmente empregada por José Bonifácio de Andrada Silva. (SILVA, José Bonifácio de Andrada. *A Obra Política de José Bonifácio*. Edição comemorativa do sesquicentenário da Independência - parte III. Brasília: Centro Gráfico do Senado Federal, 1973, p. 96).

[8] No mundo, o liberalismo surgiu e conquistou adeptos entre filósofos e economistas durante o Iluminismo, a partir da contestação de algumas normas sociais vigentes à época, como o privilégio hereditário, a monarquia absolutista e o direito divino dos reis. Surgem vozes em defesa do liberalismo como uma tradição filosófica autônoma, com destaque ao filósofo John Locke. John Locke argumentava que cada homem tem um direito natural à vida, à liberdade e à propriedade, acrescentando que os governos não devem violar esses direitos. (LOCKE, John. *Dois Tratados sobre o Governo*. São Paulo: Martins Fontes, 1998, p. 401). Contraditoriamente, se, de um lado, John Locke é considerado o "pai do liberalismo", de outro, alguns dos críticos diziam que ele era "o último grande filósofo que procura justificar a escravidão absoluta e perpétua". (DAVIS, David B. *The Problem of Slavery in the Age of Revolution*, 1770-1823. Ithaca, NY:

gimento do liberalismo como corrente filosófica autônoma e diversas revoluções fortaleciam os fundamentos para a luta abolicionista no Brasil, dentro da lógica liberal de que o fim da escravidão seria a emancipação do homem como ser dotado de diretos inatos à liberdade.

Joaquim Nabuco defendia que a abolição era a pauta liberal primordial: antes de discutir o melhor modo de um povo livre governar a si mesmo, era preciso tornar livre esse povo.[9]

A abolição da escravidão representava o primeiro passo em direção à defesa dos direitos individuais, por meio da conquista do direito à liberdade, que, evolutivamente, passou a também abarcar a liberdade de pensamento, de consciência, de expressão e de reunião.

Joaquim Nabuco foi um dos mentores de um projeto político inédito, cujo principal objetivo, *inicialmente*, era efetivar a liberdade para todos os cidadãos brasileiros de forma igualitária e, *subsequentemente*, buscar um nivelamento dos alicerces da sociedade brasileira.

A produção intelectual de Joaquim Nabuco é leitura fundamental para compreender a evolução histórica da luta pela liberdade, bem como para traçar as perspectivas de um futuro comprometido com a busca por maior justiça entre os concidadãos.

Em seus primeiros anos como advogado, Joaquim Nabuco assumiu um caso paradigmático no qual se apresentou para defender perante o Tribunal do Júri de Recife o escravizado Tomás, que era acusado de matar seu senhor em uma revanche após inúmeros açoites em praça pública[10]. O caso era dificílimo, tratava-se de réu confesso, que inclusive já havia sido condenado à pena de morte em primeira instância em

Cornell University Press, 1975). Locke sustentava a escravidão pelo contrato de servidão em proveito do vencedor no chamado "estado de guerra", no qual alguém que poderia ser morto assume o ônus de servir em troca de viver.

[9] NABUCO, Joaquim. *O abolicionismo*. Edições do Senado Federal – v. 7. Brasília: Senado Federal, 2003, p. 33.

[10] "Tratava-se de um réu confesso e seu crime tinha todas as agravantes: Tomás, para se vingar de ter sido açoitado na praça pública, havia morto o seu senhor, premeditadamente, com um tiro a queima-roupa. Mais tarde, conseguiu fugir da cadeia, matando um guarda." PAULO FILHO, Pedro. "O réu escravo". *In*: *Grandes advogados, grandes julgamentos*. Depto. Editorial OAB-SP. OAB São Paulo, s/d. Disponível em: https://www.oabsp.org.br/sobre-oabsp/grandes-causas/o-reu-escravo. Acesso em 15 de setembro de 2022.

Olinda, mas que o recém-advogado conseguiu livrar da pena capital, em um caso que se tornou famoso como evidência da arte da oratória de Joaquim Nabuco.[11]

Naquela mesma época, Joaquim Nabuco escreveu a sua primeira obra política, *A escravidão*, em que o autor fazia defesa da imoralidade da escravidão.[12] A obra se inspirava nos escritos da British and Foreign Anti-Slavery Society[13] e acabou não sendo publicada em vida.

A escravidão era uma das maiores instituições do Segundo Reinado no Brasil, pautando as relações políticas, econômicas e sociais da época. O Rio de Janeiro, capital do Império do Brasil, era a "maior aglomeração de escravos desde o Império Romano: 110 mil perto da metade da população".[14] O escravizado era desumanizado e tratado como objeto pessoal de propriedade do seu senhorio.[15] Assim, era visto quase por toda a elite econômica brasileira como instrumento, ferramenta ou peça central do desenvolvimento da economia do país, integrando o estilo de vida à época.[16]

Na contabilidade das fazendas e sociedades empresárias existentes à época, os escravizados eram tratados como ativos, bens e direitos relevantes na estrutura patrimonial. As relações comerciais eram organizadas em torno da mão de obra escravizada, e o arranjo econômico vigente à época era dependente da lógica escravista para funcionar. Em grande medida, a resistência que as elites econômicas e políticas tinham

---

[11] Idem.

[12] Em que pese sustentar a imoralidade da escravidão, o autor ainda reconhecia o direito à indenização aos donos de escravos libertos pela abolição.

[13] A *British and Foreign Anti-Slavery Society* (BFASS) foi fundada em 1838 com objetivo de promover o movimento antiescravista nas missões do Império Britânico. (HEARTFIELD, James. *The British and Foreign Anti-Slavery Society, 1838-1956: A History*. Oxford: Oxford University Press, 2017.)

[14] ALONSO, Ângela., op. cit., p. 23.

[15] "*They were property subject to ownership; and the law, reflecting as it did then the prevailing belief in the inherent inferiority of all blacks, experienced little difficulty in treating them as 'chattels personal*". (BELL, Derrick. *Race, Racism, and American Law*. 6th ed. New York: Aspen Publishers, 2008, p. 27).

[16] FAUSTO, Boris. *História do Brasil*. 14ª ed. São Paulo: Edusp, 2015.

às pautas abolicionistas têm relação direta com o receio de que ocorresse a subversão da ordem patrimonial vigente à época.

Apesar da citada resistência das elites, no Brasil, o sistema escravagista começou a sofrer abalos por pressões internas (decorrentes de rebeliões e protestos dos próprios escravos) e externas (oriundas de movimentos sociais pelo reconhecimento do direito sagrado à liberdade).

No exterior, consolidava-se o modo de produção industrial, em que a força humana já não era tão imprescindível quanto no passado. A Inglaterra se lançava em uma cruzada global contra a escravidão na década de 1820, chegando a assinar um tratado com o Brasil, em 1826, que estabelecia que o nosso país estaria obrigado a abolir a escravidão em pouco tempo, embora o Brasil tivesse sistematicamente se esquivado do cumprimento de tal comando, com leis que ficaram famosas como "leis pra inglês ver".[17]

A pressão inglesa não se encerraria por aí, sendo crucial para a aprovação da legislação que ficou conhecida como "Lei Eusébio de Queirós", de 1850, que no Brasil proibia o tráfico marítimo de escravizados, se tratando da lei pró-abolição mais efetiva até então no país.

Joaquim Nabuco, que tinha grande admiração pelo povo britânico, foi decisivamente influenciado pelo pensamento liberal inglês, que se desenvolvia no século XIX, com destaque às ideias de William Gladstone, que afirmava a *igual oportunidade de trabalho* como chave para a liberdade e para a construção de instituições democráticas e republicanas, resultando na efetivação das ideias liberais para todos.[18]

---

[17] Provavelmente, a origem da expressão "lei para inglês ver" remonta ao contexto abolicionista. Para responder à intensa pressão inglesa pelo fim do tráfico negreiro, foi promulgada em 7 de novembro de 1831 a Lei Feijó, que proibia tráfico de escravos no Brasil. No entanto, tratou-se de medida sem qualquer intenção de ser concretizada, apenas com intuito de manter as aparências frente às constantes exigências do Império Britânico, o que teria originado o termo "lei para inglês ver", que ainda é utilizada para designar leis demagógicas e sem qualquer efetividade.

[18] LYNCH, Christian. "O Império é que era a República: a Monarquia Republicana de Joaquim Nabuco". *Lua Nova: Revista de Cultura e Política*, n. 85, p. 297, maio 2012; SCHWARCZ, Lilia. "Joaquim Nabuco e a raça como (falsa) questão". *In*: CAVALCANTI, Helenilda; COUCEIRO, Sylvia (orgs.). *Joaquim Nabuco e a nossa formação*. Recife: Editora Massangana, 2012, p. 236.

No Brasil, em continuidade à pressão para a evolução legislativa rumo à abolição, em 1871, foi assinada a Lei do Ventre Livre, que concedeu a liberdade aos filhos da mulher escravizada nascida no Império a partir da promulgação de tal lei. Embora a Lei do Ventre Livre tenha sido considerada a primeira legislação abolicionista no Brasil, tratava-se de vergonhosa "lei para inglês ver"[19], que não tinha efetividade. O "liberto" nascido em ventre livre, a partir de 1871, só adquiriria efetivamente a sua liberdade aos 21 anos. Até que completasse a suposta maioridade, caberia ao senhor dos escravos decidir o futuro daquela criança, podendo vendê-la ao governo brasileiro por seiscentos contos de réis. Por razões óbvias, a Lei do Ventre Livre foi duramente criticada[20].

Em 24 de agosto de 1880, Joaquim Nabuco propõe ao plenário da Câmara dos Deputados o projeto abolicionista mais avançado à época, mesmo que ainda previsse a indenização dos senhores de escravizados:

> A data-limite [para a aplicação do projeto] seria 1° de janeiro de 1890. Declaradamente inspirado em propostas liberais anteriores, coibia o tráfico ilegal e fixava os escravos à terra. Era o mesmo que suprimir o mercado de escravos (...). Praticamente abolia a escravidão urbana, ao proibir posse de cativos pelo Estado e extinguir o "estado de ganho". Constrangia a escravidão doméstica, criando proteção social para escravos com mais de sessenta anos ou com doenças congênitas ou incuráveis. Proibia a separação entre mãe e filho até oito anos e previa domicílio próprio para a família escrava. Criava educação primária para os escravos, liberando-os do trabalho num dia de semana, e proibia castigos corporais. Ampliava o

---

[19] WESTIN, Ricardo. "Fazendeiros Tentaram Impedir Aprovação da Lei do Ventre Livre". Arquivo do Senado. Ed. 82 (2021). *Senado Federal*, set. 2021. Disponível em: https://www12.senado.leg.br/noticias/especiais/arquivo-s/fazendeiros-tentaram-impedir-aprovacao-da-lei-do-ventre-livre. Acesso em 15 de setembro de 2022.

[20] Dentre as críticas levantadas contra a efetividade da Lei do Ventre Livre, questiona-se inclusive se a medida tinha reais intenções abolicionistas, na medida em que é possível "identificar uma omissão do Estado brasileiro que assegurasse a nova condição jurídica dessas crianças [negras] que nasciam livres". Disponível em: https://aun.webhostusp.sti.usp.br/index.php/2017/05/03/lei-do-ventre-livre-nao-tinha-reais-intencoes-bolicionistas/.

controle estatal sobre os proprietários, instituindo juntas de emancipação provinciais para fiscalizar o registro de escravos, a aplicação do Ventre Livre e administrar poupanças e sorteios anuais para alforria. Criava uma estatística pública anual da escravaria. Liberava a alforria compulsória por terceiros, desde que pago o preço do escravo, e previa subsídio do Estado a associações emancipadoras.[21]

Do teor do projeto de lei supra, mesmo que engavetado pela Câmara dos Deputados, vê-se nitidamente que Joaquim Nabuco via a abolição como um projeto social e político. Ele desejava quebrar a lógica desumanizadora da escravidão, engajando os ex-escravizados na vida cívica, dando-lhes a oportunidade de tomar as rédeas da sua liberdade na totalidade, a ponto de livrá-los da sujeição a condições não dignas para sobreviver.[22]

Também em 1880, Nabuco dá uma outra importante contribuição para a luta abolicionista no Brasil, com a fundação da Sociedade Brasileira Contra a Escravidão (SBCE), inspirada na instituição britânica.[23] Mais cedo, no mesmo ano, Joaquim Nabuco estabelece uma importante amizade com André Rebouças, engenheiro e outra importante figura no ambiente social da época. Dessa forma, Nabuco e Rebouças se juntaram em uma aliança abolicionista, com Nabuco à frente do debate político e Rebouças à frente das articulações sociais necessárias para a realização do projeto.[24] A SBCE nasceu justamente dessa aliança e promoveu a criação do jornal *O Abolicionista*.

No mesmo contexto da atuação de Joaquim Nabuco, a abolição ganhava musculatura com importantes apoiadores como José do Patrocínio, no Rio de Janeiro, Castro Alves, na Bahia, Antônio Bento e Luís

[21] ALONSO, Ângela., op. cit., p. 106.

[22] NOGUEIRA, Marco Aurélio. *As desventuras do liberalismo: Joaquim Nabuco, a Monarquia e a República*, Rio de Janeiro: Paz & Terra, 1984; SCHWARCZ, Lilia, op. cit., pp. 227-245.

[23] GOMES, Laurentino. *Escravidão, vol. 3: da Independência do Brasil à Lei Áurea*. Rio de Janeiro: Globo, 2022, p. 411.

[24] ALONSO, Ângela, op. cit. p. 116; MARSON, Izabel Andrade. "Joaquim Nabuco e o debate sobre a escravidão no Brasil na década de 1880". *In*: CAVALCANTI, Helenilda; COUCEIRO, Sylvia (orgs.), op. cit., p. 144

Gama — embora este nascido na Bahia —, em São Paulo. A pauta da abolição dominava ambientes como confeitarias, livrarias, cafés e teatros, onde começava a se formar uma elite influenciadora que discutia ideais e tendências políticas, cujas ideias passavam a ecoar em fazendas, quilombos e praças públicas.

Com abordagem diferente daquela típica dos demais líderes abolicionistas citados acima, Joaquim Nabuco acreditava que a revolução política deveria ser travada dentro do campo da legalidade, defendendo a ideia de que a discussão sobre a abolição deveria ocorrer no parlamento e não em articulações sociais pelas ruas.[25] Joaquim Nabuco acreditava que, por mais que a população em geral devesse estar mobilizada a favor do tema, especialmente os escravizados, a temática deveria ser política pública de discussão primordial do parlamento, a fim de evitar a "tão temida convulsão social".[26]

Joaquim Nabuco tinha forte tradição republicana e sustentava a opinião de que, se realizada de outra forma, a abolição da escravidão daria ensejo a grande conflito interno no país.[27-28]

Influenciado pelos ideais do inglês William Gladstone, o abolicionista via o trabalho como a maneira de efetivar a liberdade para o ser humano, e não deixava a questão escrava fora dessa temática. Para Nabuco, apenas a partir do trabalho, os cidadãos poderiam ser efetivados não apenas na vida econômica, mas também social e cívica. O trabalho era um mecanismo de emancipação do sujeito, superando a condição de objeto e/ou de ferramenta, tal como a escravidão lhe impunha.[29] Como o próprio Nabuco veio a escrever, em campanha

---

[25] "É no Parlamento e não em fazendas ou quilombos do interior, nem nas ruas e praças das cidades que há de se ganhar ou perder a causa da liberdade". (GOMES, Laurentino, op. cit., p. 371).

[26] GOMES, Laurentino, op. cit., p. 371.

[27] Ibid., p. 371.

[28] NOGUEIRA, Marco Aurélio. *As desventuras do liberalismo: Joaquim Nabuco, a monarquia e a república,* op. cit., p. 125.

[29] NOGUEIRA, Marco Aurélio. "Nabuco e o Pensamento Social Brasileiro". *In*: CAVALCANTI, Helenilda; COUCEIRO, Sylvia (orgs.), op. cit., pp. 111-137.

abolicionista no Recife: "Acabar com a escravidão não basta: é preciso destruir a obra da escravidão."[30]

A defesa de suas posições liberais gerou acalorados embates dentro do próprio Partido Liberal. Em discurso à Câmara dos Deputados, ainda em 1880, o político declarou: "[Vejo] uma situação liberal, um partido liberal, homens liberais, mas não vejo ideais liberais."[31] O recifense Nabuco via a defesa do liberalismo como uma defesa do Estado provisor das condições mínimas para o usufruto da liberdade pelos cidadãos — ao contrário do liberalismo frio defendido pelo Partido Liberal[32-33]. Para o cientista político Marco Aurélio Nogueira, Joaquim Nabuco inovou ao unir a questão social ao liberalismo no Brasil, "[o pensador] operava uma ruptura: exigia a difusão de um novo liberalismo, coerente com os princípios universais da doutrina".[34]

Em 1882, após seu primeiro mandato como deputado e uma temporada em Londres, Joaquim Nabuco publica *O abolicionismo*, seu livro mais famoso. Na obra, propõe um programa de *reformas nacionais*, sendo a abolição a primeira e mais necessária delas. Todas as demais reformas de cunho liberal estavam condicionadas à superação da escravidão, que contaminava o ambiente moral e político do país.

> Somente depois de libertados os escravos e os senhores do jugo que os inutiliza, igualmente, para a vida livre, poderemos empreender esse programa sério de reformas. (...) A anistia, o esquecimento da escravidão; a reconciliação de todas as classes; a moralização de todos os interesses; a garantia da liberdade dos contratos; a ordem nascendo da cooperação voluntária de todos os membros da socie-

---

30 NABUCO, Joaquim, op. cit.

31 BRASIL. Congresso Nacional. Câmara dos Deputados. *Annaes do Parlamento Brasileiro*. Rio de Janeiro: Imprensa Nacional, 1880, p. 137, t. 4.

32 LYNCH, Christian. "A primeira encruzilhada da democracia brasileira: os casos de Rui Barbosa e de Joaquim Nabuco". *Revista de Sociologia e Política*, v. 16, n. suplementar, pp. 113-125, ago. 2008.

33 MARSON, Izabel Andrade. "Joaquim Nabuco e o debate sobre a escravidão no Brasil na década de 1880". *In*: CAVALCANTI, Helenilda; COUCEIRO, Sylvia (orgs.), op. cit., p. 147

34 NOGUEIRA, Marco Aurélio. *As desventuras do liberalismo: Joaquim Nabuco, a monarquia e a república*, op. cit., p. 135.

> dade brasileira: essa é a base necessária para reformas que alteiam o terreno político em que esta existiu até hoje. O povo brasileiro necessita de outro ambiente, de desenvolver-se e crescer em meio inteiramente diverso.[35]

A escravatura, que negou ao povo negro sua liberdade política e cívica,[36] produziu efeitos maléficos na sociedade brasileira. Em primeiro plano, a escravidão não teria consentido ao povo brasileiro organizar-se e, sem povo, as instituições sociais careciam de alicerce. A consequência, para o autor, seria a falta de um espírito republicano no país. Além da exclusão total de parte da população da vida cívica (não apenas os escravizados), Nabuco não conseguia enxergar como uma sociedade dividida em castas poderia construir a noção de uma coisa pública.[37]

Adicionalmente, o modelo escravagista também traduzia um mal econômico, responsável pelo aprisionamento do capital no país, já que não fomentava a formação de mercado consumidor interno e promovia a concentração de renda. A escravidão, assim, condenava o Brasil à periferia do mundo capitalista, fadado a uma produção exportadora e sem um real mercado nacional.[38] Além disso, o sistema escravocrata não permitiria um comércio de terras justo, já que era centrado nas elites agrárias.[39]

Em mais uma posição inédita à época, Nabuco via a população negra como parte integrante do povo brasileiro e a sua exclusão como a ruína de "qualquer forma de organização social".[40] Por isso, para ele, naquele mesmo contexto em que se discutiam questões importantes como

---

[35] NABUCO, Joaquim, op. cit., pp. 205-206.

[36] NOGUEIRA, Marco Aurélio. *As desventuras do liberalismo: Joaquim Nabuco, a monarquia e a república*, op. cit., p. 135.

[37] LYNCH, Christian Edward Cyril. "O Império é que era a República: a Monarquia Republicana de Joaquim Nabuco", op. cit, p. 297.

[38] NOGUEIRA, Marco Aurélio. "Nabuco e o pensamento social brasileiro". *In*: CAVALCANTI, Helenilda; COUCEIRO, Sylvia (orgs.), op. cit., p. 136.

[39] MARSON, Izabel Andrade, op. cit., p. 147.

[40] SCHWARCZ, Lilia, op. cit., p. 236

a Proclamação da República,[41] a "[grande questão para a democracia brasileira não [era] a monarquia, mas a escravidão".[42] Não haveria como se falar de democracia em um regime que promovia o clientelismo, o abuso de poder e a discriminação.[43]

Em 1885, já quase sem mais conseguir sustentar as pressões pela abolição, o governo brasileiro aprovou a Lei dos Sexagenários,[44] que também representava uma frustração à efetiva concessão da liberdade. Tratava-se de legislação hipócrita[45] determinando que todos os escravizados maiores de 65 anos seriam libertados. Em razão de todos os açoites, maus-tratos e excesso de trabalho pesado, a estimativa de vida de um escravizado no Brasil era de 30 anos, sendo praticamente impossível um cativo atingir os 65 anos. Além disso, aquele que sobrevivia até os 65 anos já não era mais uma mão de obra produtiva.

As pressões abolicionistas aumentavam, e crescia a força do movimento libertador. Joaquim Nabuco ativamente exerceu pressão sobre a Coroa Brasileira em prol da causa abolicionista, por exemplo, mediante conversa com o Papa Leão XII, que resultou em uma bula papal recomendando o fim da escravidão no Brasil e apelos públicos diretos à princesa Isabel. Seus esforços culminaram na promulgação da Lei Áurea,[46] em 1888, quando, inclusive, recebeu grande aclamação popular durante os festejos da abolição por todo o país.[47]

---

[41] A Proclamação da República no Brasil veio a acontecer em 15 de novembro de 1889, resultando na derrubada da monarquia e na instauração do regime republicano no Brasil. Esse acontecimento foi resultado de um longo enfraquecimento que a monarquia sofreu no Brasil a partir da década de 1870 e que tem relação estreita com a má condução da temática da abolição da escravidão.

[42] NABUCO, Joaquim. *Minha formação*. São Paulo: Instituto Progresso Editorial, 1949, p. 115.

[43] SCHWARCZ, Lilia, op. cit., pp. 227-245.

[44] Ibid., p. 201.

[45] G1 PE. "'Leis para inglês ver' antecederam abolição da escravatura no Brasil". *G1 Pernambuco*, out. 2016. Disponível em: https://g1.globo.com/pernambuco/educacao/noticia/2016/10/leis-para-ingles-ver-antecederam-abolicao-da-escravatura-no-brasil.html. Acesso em 15 de setembro de 2022.

[46] A palavra "áurea", atribuída à lei que pôs fim a escravidão no Brasil, é uma palavra que significa "ouro", ao referir-se ao novo período supostamente "iluminado" que surgiria no país.

[47] SCHWARCZ, Lilia, op. cit., pp. 226-231.

A abolição formal da escravatura no Brasil foi vergonhosamente tardia e em descompasso com o restante do mundo. A extinção da escravidão pela Lei Áurea em 1888 não foi motivo de comemoração, mas, sim, de alívio.

Àquele tempo, os países da América Espanhola já haviam concluído os seus processos abolicionistas entre as décadas de 1820 e 1850. Inglaterra já havia abolido a escravidão em suas colônias em 1833, mas a implementação efetiva da abolição nos Estados Unidos vinha ocorrendo em momentos históricos diferentes entre as colônias americanas do Norte e do Sul. A lei que pôs fim à escravidão nos Estados Unidos foi sancionada, em 1863, por Abraham Lincoln, depois da derrota dos sulistas na Guerra de Secessão.[48]

O Brasil foi o último país das Américas a abolir a escravidão em seu território, o que intensificou o seu impacto adverso na estrutura social desigual brasileira. "As sementes de liberdade, direito e justiça"[49] lançadas pela obra e vida de Joaquim ainda se fazem extremamente pertinentes na atualidade. Seus ideais, somados a outras vozes de resistência, fizeram ruir o longevo sistema escravista, que contaminava a moral nacional, o espírito republicano e humanitário e o funcionamento das instituições brasileiras.

Contudo, ainda cabe indagar se a obra da escravidão foi plenamente desfeita na sociedade brasileira contemporânea. Ou seja: somos verdadeiramente livres? Como o próprio Joaquim Nabuco chegou a admitir, a influência da escravidão não se desenraíza em um dia. Gradualmente, dia após dia, o compromisso continua.

O projeto liberal, do qual Nabuco foi figura imprescindível, ainda não está concluído. Diversas amarras simbólicas e concretas ainda impedem o pleno exercício da liberdade em nosso país. O reconhecimento formal da abolição da escravatura foi tardio e incompleto, de-

---

[48] A Guerra de Secessão, também conhecida como Guerra Civil Americana, aconteceu entre 1861 e 1865, entre o norte e o sul dos Estados Unidos.

[49] "Quanto a mim, julgar-me-ei mais do que recompensado, se as sementes de liberdade, direito e justiça, que estas páginas contêm, derem uma boa colheita no solo ainda virgem da nova geração." (NABUCO, Joaquim. *O Abolicionismo*, op. cit, p. 26).

sacompanhado de medidas que concretizassem a igualdade no plano material. Assim, o processo abolicionista deixou algumas pendências quanto a consolidar o *status* de cidadão livre na contemporaneidade. Como herança perversa da escravidão, os indicadores socioeconômicos demonstram que, no Brasil, a população negra é desfavorecida e é a principal prejudicada no contexto das desigualdades sociais e econômicas de nosso país.

Resolver os males da escravidão exige o engajamento de todos os brasileiros na busca de uma sociedade constituída sobre oportunidades e bases mais justas e igualitárias.

Referências bibliográficas

ALONSO, Ângela. "O Príncipe e seus Reinados". *In*: CAVALCANTI, Helenilda; COUCEIRO, Sylvia (orgs.). *Joaquim Nabuco e a nossa formação*. Recife: Editora Massangana, 2012.

ALONSO, Ângela. *Joaquim Nabuco – Perfis Brasileiros*. São Paulo: Companhia das Letras, 2007.

BELL, Derrick. *Race, Racism, and American Law*. 6th edition. New York: Aspen Publishers, 2008.

FAUSTO, Boris. *História do Brasil*. 14ª ed. São Paulo: Edusp, 2019.

GOMES, Laurentino. *Escravidão, vol. 3: da Independência do Brasil à Lei Áurea*. Rio de Janeiro: Globo, 2022.

HEARTFIELD, James. *The British and Foreign Anti-Slavery Society, 1838-1956: A History*. Oxford: Oxford University Press, 2017.

LYNCH, Christian. "A primeira encruzilhada da democracia brasileira: os casos de Rui Barbosa e Joaquim Nabuco". *Revista de Sociologia e Política*, v. 16, n. suplementar, p. 113-125, ago. 2008.

LYNCH, Christian. "O Império é que era a República: a monarquia republicana de Joaquim Nabuco". *Lua Nova: Revista de Cultura e Política*, n. 85, p. 297, maio 2012.

LOCKE, John. *Dois tratados sobre o governo*. São Paulo: Martins Fontes, 1998.

MARSON, Izabel Andrade. "Joaquim Nabuco e o debate sobre a escravidão no Brasil na década de 1880". *In*: CAVALCANTI, Helenilda; COUCEIRO, Sylvia (orgs.). *Joaquim Nabuco e a nossa formação*. Recife: Editora Massangana, 2012.

MORITZ SCHWARCZ, Lilia. "Joaquim Nabuco e a raça como (falsa) questão". *In*: CAVALCANTI, Helenilda; COUCEIRO, Sylvia (orgs.). *Joaquim Nabuco e a nossa formação*. Recife: Editora Massangana, 2012.

NABUCO, Joaquim. *Essencial Joaquim Nabuco*. São Paulo: Penguin/Companhia Das Letras, 2010.

NABUCO, Joaquim. *O abolicionismo*. Edições do Senado Federal, vol. 7. Brasília: Senado Federal, 2003.

NABUCO, Joaquim. *Minha formação*. São Paulo: Instituto Progresso Editorial, 1949.

NOGUEIRA, Marco Aurélio. *As desventuras do liberalismo: Joaquim Nabuco, a Monarquia e a República*. Rio De Janeiro: Paz & Terra, 1984.

NOGUEIRA, Marco Aurélio. "Nabuco e o pensamento social brasileiro". *In*: Joaquim Nabuco e a Nossa Formação. Recife: Editora Massangana, 2012.

WESTIN, Ricardo. "Fazendeiros Tentaram Impedir Aprovação da Lei do Ventre Livre". Arquivo do Senado. Ed. 82 (2021). *Senado Federal*, set. 2021. Disponível em: https://www12.senado.leg.br/noticias/especiais/arquivo-s/fazendeiros-tentaram-impedir-aprovacao-da-lei-do-ventre-livre. Acesso em 15 de setembro de 2022.

FRANCISCO CAMPOS E CARLOS MEDEIROS

Joaquim Falcão[1] e Christian Lynch[2]

No dia 8 de agosto de 1977, o jurista Goffredo da Silva Telles Júnior, político, filósofo, professor de teoria do Estado, oligarca, fazendeiro, paulista, leu, no pátio da Faculdade de Direito de São Paulo, a "Carta aos Brasileiros". Comemorava-se o sesquicentenário dos cursos jurídicos no Brasil.

A "Carta" era um libelo liberal contra o regime da Magna Carta de duas cabeças inventada pelo jurista Francisco Campos:

Magna Carta = atos institucionais > Constituição de 1946 + 1967 + EC 1969.

A Magna Carta foi violentamente outorgada por uma aliança liderada pelos militares.[3]

"Proclamamos a soberania da Constituição. Sustentamos que nenhum ato legislativo pode ser tido como lei superior à Constituição",

---

[1] Membro da Academia Brasileira de Letras, professor de Direito Constitucional e conselheiro do Centro Brasileiro de Relações Internacionais (CEBRI). Faz um agradecimento a João Carlos Cochlar por interlocução e pesquisa.

[2] Professor de Pensamento Político Brasileiro no Instituto de Estudos Políticos e Sociais da Universidade do Estado do Rio de Janeiro (IESP-UERJ – antigo Iuperj), pesquisador da Fundação Casa de Rui Barbosa e sócio honorário do Instituto Histórico e Geográfico Brasileiro (IHGB).

[3] FALCÃO, Joaquim. "A pirâmide de duas cabeças". *In*: BACHA, Edmar; CARVALHO, José Murilo de; FALCÃO, Joaquim; TRINDADE, Marcelo; MALAN, Pedro; SCHWARTZMAN, Simon. *130 anos: em busca da República*. Rio de Janeiro: Intrínseca, 2019, pp. 148-152.

exclamou Goffredo. Denunciava a ilegitimidade da legalidade da ditadura: "Toda lei é *legal*, obviamente. Mas nem toda lei é *legítima*. Sustentamos que só é *legítima* a lei provinda de *fonte legítima*", esclarecia. Terminava conclamando: "A consciência jurídica do Brasil quer uma cousa só: o Estado de Direito, já!"[4]

Tal conclamação vai desaguar no movimento das Diretas Já, na mudança do regime e na nova Constituição democrática de 1988.

Naquela mesma semana, a revista *Isto É*, sob o comando de Fernando Moreira Salles, fez extensa reportagem sobre a "Carta aos Brasileiros". Nela, um dos autores deste artigo constatou: "Os juristas, os advogados, têm sido tanto os pastores da libertação quanto os arautos da ditadura."

Goffredo da Silva Telles era então pastor da libertação. Como o foi Rui Barbosa em 1910 na campanha civilista.

Juristas formam, modelam e institucionalizam um país de contradições, incertezas, inseguranças e paradoxos, mas também por ele são moldados. Nem os juristas são homogêneos. Nem mesmo suas vidas são lineares. A imagem do jurista liberal e democrata é apenas uma aspiração — principalmente porque, como disse Aldous Huxley, o Brasil é um país improvável.[5]

Até mesmo Rui Barbosa teve suas contradições ou, digamos, pluralidades, mesmo sendo paladino do liberalismo brasileiro e da democracia. Nas discussões sobre o projeto da Lei Saraiva, aprovada em junho de 1881, de sua autoria, Rui faz categórica defesa da eliminação do voto do analfabeto na nova regulamentação eleitoral: "A necessidade de saber ler e escrever não é uma limitação do direito; é apenas uma condição ao seu exercício; visto ser impossível desempenhar a função de eleitor quem não souber escrever a sua lista (...). Não quero nem o absolutismo dos príncipes não obstante sua educação, nem o absolutismo da ignorância, das multidões brutas; a inteligência deve governar, e só ela."[6]

---

[4] Cf. artigo de Goffredo da Silva Telles, subscrito por Tercio Sampaio Ferraz Jr., entre outros.

[5] GOMES, Mario Helio. *A história íntima de Gilberto Freyre*. Recife: Ed. CEPE, 2022.

[6] BARBOSA, Rui apud ALENCAR, José Almino. "Rui Barbosa: algumas considerações sobre a sua biografia e atuação política". Palestra proferida na Casa de Rui Barbosa por ocasião da data de centenário de sua morte, em 1º de março de 2023.

José Almino de Alencar, pesquisador da Fundação Casa de Rui Barbosa, pontua ainda a defesa de Rui do voto censitário.

Tratando-se do censo pecuniário — uma vez que o projeto também elevava o mínimo da renda líquida anual para o eleitor — Rui Barbosa argumentava que só um indigente viveria no Brasil com uma renda anual menor do que a exigida pelo projeto (quatrocentos mil-réis), o que lhe tolheria a independência ao votar: "Para tal grupo de pessoas o sufrágio representaria quase sempre o preço do chapéu, da jaqueta e dos sapatos, recebidos, na hora, do candidato pelo eleitor maltrapilho, sob o pretexto de acomodar a decência do traje ao decoro eleitoral."[7]

A título de contraste ideológico, José Bonifácio, com quem se alinhava Joaquim Nabuco, por exemplo, foi contra a eliminação do voto do analfabeto: "Significaria, repudiar os que nos mandaram a esta câmara. Aqueles que são os verdadeiros criadores da representação nacional."[8]

* * *

Também se encontram contradições em Goffredo da Silva Telles. Em 1965, publicou livro que oferecia, em suas próprias palavras, "uma doutrina para a Revolução de Março" — mesma que depois criticaria no largo de São Francisco.

Defendia o direito de resistência à tirania, não para atacar o regime autoritário, mas para justificar o golpe que o havia implantado. Na nota preliminar, o jurista anotava que "a revolução vitoriosa" teria sido "a sublevação do Brasil autêntico" contra "a desfiguração da realidade brasileira e a sufocação do espírito nacional". E enquanto pedia uma "democracia autêntica", oferecia ao público o projeto de uma "Constituição realista", pautada pela organização corporativa da sociedade e pela eleição indireta do presidente da República por um colégio eleitoral.[9]

---

[7] Idem.

[8] Idem.

[9] TELLES JUNIOR, Goffredo. A *democracia e o Brasil: uma doutrina para a Revolução de Março.* São Paulo: Revista dos Tribunais, 1965, p. 5.

Dificilmente poderíamos considerar, mesmo então, estas ideias como liberais. Goffredo Silva Telles não foi então pastor da libertação.

* * *

Em 10 de novembro de 1937, o Brasil acordava com nova outorgada Constituição. Não mais prevaleceria a Constituição democrática de 1934, mas uma nova, ditatorial: a "Polaca". Quem a escreveu não foram os militares, ou políticos. Nem constituintes, que inexistiam. Foi outro jurista formador do Brasil, Francisco Campos, renomado, conhecido como "Chico Ciência". Da ciência jurídica.

Jurista arauto da ditadura, então.

A Constituição de 1937 trouxe medidas que contribuíram para moldar várias das características estruturais que, até hoje, sem tempo nem rumo, prevalecem entre nós: a decisiva presença, quer autoritária, quer ditatorial, quer liberal, do Estado em conexão ou sobre a sociedade civil; a influência e participação dos militares em nossos regimes políticos; a influência do internacional sobre o nacional; a supressão das liberdades; a tortura política etc.

Goffredo da Silva Telles fazia então parte de um grupo de juristas liberais conservadores do largo de São Francisco — como Waldemar Ferreira, que então usava a disciplina curricular obrigatória de direito constitucional para fazer oposição à Polaca.

É o mesmo Francisco Campos que reage a Waldemar Ferreira. Torna obrigatória nos currículos das faculdades de direito a disciplina "teoria geral do Estado", que nasce e prospera com esta patologia genética: a de não ser democrática.[10]

A ambiguidade ideológica na profissão decorre da característica já apontada por Tobias Barreto, professor da Faculdade de Direto do Recife, germanófilo, mestiço, no século XIX. Afirmava que "o advogado, quero dizer, o sofista que se habitua a sustentar com igual vantagem o

---

[10] Não por menos que, quando um dos autores, com outros colegas, fundou a Faculdade de Direito da Fundação Getúlio Vargas no Rio de Janeiro, em 2002, optou por criar uma cátedra diferente: teoria do Estado *democrático*.

pró e o *contra* nas lides forenses, acaba por encerrar o espírito a toda sorte de convicções sinceras!"[11]

Mais recentemente e com mais contundência, Carlos Fico atualiza o mesmo dilema: "Sempre tem um 'jurista' disposto a legalizar golpes de Estado e arbitrariedades."[12]

Mas, afinal, quem é Francisco Campos?

* * *

Campos é o jurista que, por excelência, deu apoio jurídico e ideológico a regimes autoritários no Brasil. De Vargas a Costa e Silva.

Nascido em importante família de Minas Gerais, formou-se em 1914 na Faculdade Livre de Direito de Belo Horizonte. Poucos anos depois, conquistou a cadeira de professor substituto de Direito Público Constitucional da mesma Faculdade.

Durante o governo de Antônio Carlos, presidente do estado de Minas Gerais no último quadriênio da República Velha, Campos ganhou notoriedade no setor educacional, como secretário do interior. Promoveu a renovação de todo o ensino primário e normal do estado de Minas Gerais — experiência pioneira no país.

A reforma do ensino mineiro o credenciou a ocupar, depois da Revolução de 1930, o recém-criado Ministério da Educação e Saúde Pública de Vargas. O cargo lhe deu a oportunidade de realizar reformas no ensino médio e superior. Introduziu o ensino religioso nas escolas, mas foi como jurista ideólogo do regime político de Getúlio Vargas que Francisco Campos ganhou mais renome.

Remonta a essa época a publicação de seu livro de maior sucesso, *O estado nacional: sua estrutura, seu conteúdo ideológico* (1940), uma

---

[11] BARRETO, Tobias. *Estudos de Direito*. Brasília: Senado Federal, Conselho Editorial, 2004, p. 252

[12] Publicação de Carlos Fico na rede social *Twitter* no dia 17 de janeiro de 2023. Disponível em: https://twitter.com/CarlosFico1/status/1615423750698160130. Acesso em 6 de março de 2023.

síntese doutrinária produzida no auge do Estado Novo, com ideias antiliberais, autoritárias e anticomunistas.[13]

Em julho de 1936, ainda no contexto da Intentona Comunista do ano anterior, Campos explicou a sua posição anticomunista a partir do lema fascistizante da Ação Integralista Brasileira, de Plínio Salgado. Campos afirmou o seguinte: "Há três laços que reúnem os homens: a religião, a família e a pátria. Mais do que ninguém o comunismo sabe disso."

Movido pelo sentimento anticomunista, manteve estreito diálogo com Plínio Salgado e suas ideias de cunho fascista. Certa vez, indagado por Plínio sobre qual seria o papel da Ação Integralista Brasileira no Estado Novo, respondeu que o integralismo seria sua base, acrescentando que o movimento deveria ampliar seus quadros para receber todos aqueles que quisessem apoiar o novo regime.

Em boa medida, a inspiração da Polaca veio daí. Desde fins de 1936, acionado por Getúlio, Campos adaptava um substitutivo à Constituição de 1934 para transformá-lo em um projeto da Constituição que viria a ser outorgada após o golpe de Estado.

Anotou Getúlio Vargas em seu diário, no dia 7 de novembro de 1937, um domingo:

> Não é mais possível recuar. Estamos em franca articulação para um golpe de Estado, outorgando uma nova Constituição e dissolvendo o Legislativo.
>
> Recebi o deputado João Neves, os ministros do Trabalho, Fazenda, Exterior e Guerra, o senador Macedo Soares e, por fim, o dr. Francisco Campos, que trouxe já prontos o projeto da nova Constituição e a proclamação a ser lida, redigida por ele, de acordo com o esboço que fiz e as notas que lhe forneci. Provavelmente será na próxima quinta-feira.[14]

---

[13] Campos, Francisco. *O estado nacional: sua estrutura, seu conteúdo ideológico*. Brasília: Senado Federal, Conselho Editorial, 2001 (1940).

[14] VARGAS, Getúlio, op. cit., p. 82.

Foi na quarta-feira.

No Ministério da Justiça, que passou a ocupar na véspera da instauração do Estado Novo, e no qual permaneceu até 1941, Campos elaborou emendas ao texto constitucional e ampla legislação de base ao regime. Exerceu, portanto, seu papel de arauto. Foi um feitor de constituições, códigos e leis aplicadas pelos tribunais e pelos advogados.

Na sua gestão, aprovou ampla reforma nas leis penais do país, sendo as mais relevantes a consolidação do Código Penal (1940) e do Código de Processo Penal (1941); a publicação da Lei do Júri (1938) e da Lei das Contravenções Penais (1941); e a edição de decretos-lei como os de n.º 428 e 431, ambos de 1938, que definiam os crimes contra a segurança do Estado e o tribunal incumbido pelos julgamentos, o famigerado Tribunal de Segurança Nacional.

Segundo assegurou o próprio Campos em relação à legislação penal, "impunha-se o seu aperfeiçoamento ao objetivo de maior facilidade e energia de ação repressiva do Estado".[15] E assim o fez, especialmente contra os comunistas, cujas prisões vinham ocorrendo desde o levante de 1935.

A entrada do Brasil na Segunda Guerra em 1942, contra o Eixo, alinhando-o política, ideológica e militarmente aos Aliados, motivou uma guinada de Campos contrária ao Estado Novo de Getúlio Vargas. A iminência da vitória dos Aliados acelerou sua virada. Demonstrando, ao mesmo tempo, o célere processo de decomposição do Estado Novo nos meses iniciais de 1945.

Ninguém, nem suas ideias e preferências, são os mesmos o tempo todo. Campos se dava conta de que a política ideológica brasileira não poderia estar desalinhada com sua participação na Grande Guerra. Declarou, em entrevista, o seguinte: "Não podemos, militarmente vitorio-

[15] CAMPOS, Francisco apud MALIN, Mauro. "Francisco Luis da Silva Campos". *Centro de Pesquisa e Documentação de História Contemporânea do Brasil. Dicionário Histórico-Biográfico Brasileiro*, s/d. Disponível em: https://www18.fgv.br/cpdoc/acervo/dicionarios/verbete-biografico/francisco-luis-da-silva-campos. Acesso em 23 de fevereiro de 2023.

sos na guerra, deixar que subsistam motivos para sermos colocados, do ponto de vista ideológico, no campo dos vencidos."[16]

A democracia liberal lhe parecia antes um imperativo da vitória militar do que propriamente um programa político adequado ao país.

Ainda que tenha reformulado alguns aspectos de seu ideário, o que moveu Francisco Campos, dali em diante, além da percepção da nova realidade internacional, foi sobretudo a sua sensibilidade para a inclinação predominante na alta cúpula militar do Brasil.

Essa sensibilidade o levaria, ainda em 29 de outubro de 1945, a participar na conspiração que, por meio de um golpe militar, derrubou Vargas. E a conspirar, nas duas décadas seguintes, novamente contra Vargas, Juscelino Kubitschek, Jânio Quadros e João Goulart.

Em sua nova roupagem, Campos passou a ostentar, ao lado do permanente e tradicional anticomunismo, visível orientação neoliberal. Passou a defender, por isso, os interesses da agricultura, da livre empresa e concorrência, e a atacar, no mesmo passo, a reforma agrária, a distribuição de renda e o monopólio estatal de exploração do petróleo. Tomaria emprestado os aspectos mais conservadores do liberalismo, na sua linha neoliberal. Sem perder a tendência para o golpismo, o arauto vestia roupa nova, de modelagem liberal.

Ao longo de 1963 e no início de 1964, a preparação do golpe de Estado ampliou-se e diversificou-se. Chefes militares encomendaram, então, a Francisco Campos a redação de uma legislação revolucionária. O Ato Institucional n.º 1 de 1964 foi de sua lavra. Ditava o seguinte: "A revolução vitoriosa, como Poder Constituinte, se legitima por si mesma. Ela destitui o governo anterior e tem a capacidade de constituir o novo governo. Nela se contém a força normativa, inerente ao Poder Constituinte. Ela edita normas jurídicas sem que nisto seja limitada pela normatividade anterior à sua vitória." Em outras palavras, juridicamente, a legitimidade das leis não vem da democracia, mas da força de ser o que se é.[17]

---

[16] Idem.

[17] Vide FALCÃO, Joaquim, op. cit.

No fundo, o que distingue um jurista arauto de um jurista pastor não é a legalidade formal, mas o conteúdo da legitimidade. Dize-me de tua legitimidade e te direis quem és!

Paralelamente, a versão econômica do pensamento autoritário/ditatorial sobre legitimidade é de autoria do ministro Roberto Campos. Pregava que a legitimidade do regime de 1964 se fundamentava não no voto democrático, mas na eficácia do desenvolvimento econômico.[18]

Economistas também podem ser pastores ou arautos. Enquanto a natureza dos juristas liberais se mede pela métrica da liberdade, a dos economistas, pela métrica da igualdade. Em geral, encontram-se em regimes de tendências autoritárias. Verso e reverso.

Os múltiplos atos institucionais foram, então, redigidos por outros múltiplos juristas também, e datilografados por um íntimo colaborador de Francisco Campos — digamos, seu herdeiro intelectual: Carlos Medeiros.

* * *

Carlos Medeiros foi eficiente discípulo de Francisco Campos, mas apresentava diferença fundamental: se, de um lado, o mestre tinha qualidades de um doutrinador, de um ideólogo, a atuação do auxiliar, por outro, ostentava verniz técnico.

Jurista de formação, Medeiros assumiu em 1936, a convite de Campos, então secretário de educação do Distrito Federal, a chefia de seu gabinete. No ano seguinte, logo após a instauração do Estado Novo, os dois prontamente se incluíram na administração autoritária. Campos foi nomeado ministro da Justiça dias antes do golpe, e Medeiros o seguiu como assistente jurídico.

O embarque não significou, do lado de Medeiros, uma ausência de ação nos bastidores do golpe. Muito pelo contrário, foi como assistente

---

[18] Sobre o tema, cf. LYNCH, Christian. "'Nada de NOVO sob o Sol': teoria e prática do neoliberalismo brasileiro". *Revista Insight Inteligência*, ed. 91, 2020. Disponível em: https://inteligencia.insightnet.com.br/nada-de-novo-sob-o-sol-teoria-e-pratica-do-neoliberalismo-brasileiro/. Acesso em 17 de janeiro de 2024.

de Campos que ele datilografou, em segredo, o texto do que viria a ser a Constituição autoritária de 1937.[19]

Após a bem-sucedida participação nos quadros do Estado Novo, Medeiros foi nomeado consultor-geral da República no segundo governo Vargas, função que exerceu de 1951 a 1954. Foi procurador-geral da República do governo de Juscelino Kubitschek entre 1957 e 1960. Ao longo dos anos, Medeiros, à sombra do poder, buscou caminhar, a passos cada vez mais acelerados, para além desse limite.

Uma de suas grandes ambições era ser ministro do Supremo Tribunal Federal. Por não ter sido escolhido por Juscelino, exonerou-se do cargo de procurador-geral da República em dezembro de 1960. No lugar dele, o presidente Kubitschek indicou outro conterrâneo seu para ocupar a cadeira, o mineiro Victor Nunes Leal — este, um jurista pastor da libertação.

Medeiros alcançaria a sua tão desejada vaga no Supremo cinco anos depois, em 1965, quando o Governo Militar editou o Ato Institucional n.º 2 que, entre outras medidas, criou mais cinco vagas no Tribunal. Uma delas coube a ele.

A sua passagem pelo Supremo foi breve. Apenas sete meses, entre novembro de 1965 e julho de 1966. As suas qualidades de jurista eficiente, técnico e com *expertise* acumulada durante o Estado Novo o gabaritava para mais uma missão importante: assumir a cadeira de ministro da Justiça e institucionalizar o golpe militar.

Aliás, como aconteceu em 1937, também em 1964, Francisco Campos e Carlos Medeiros estiveram juntos na trama do golpe e em seus momentos cruciais de consolidação.

Nos primeiros suspiros do golpe, Campos indicou o nome de Medeiros à junta militar para redigir os artigos do primeiro Ato Institucional. Segundo a versão do jornalista Carlos Chagas,[20] Francisco Campos

---

[19] Sobre o tema, cf. MADEIRA, Franciso Rogério. "Um exemplo de mau exemplo". *Revista Insight Inteligência*, ed. 82, 2018. Disponível em: https://inteligencia.insightnet.com.br/um-exemplo-de-mau-exemplo/. Acesso em 17 de janeiro de 2024.

[20] CHAGAS, Carlos. *A ditadura militar e os golpes dentro do golpe (1964-1969)*. Rio de Janeiro: Record, 2014, p. 112.

não teria levado mais do que quarenta minutos para elaborar o preâmbulo do Ato Institucional.

Ao ser questionado por Costa e Silva a respeito do conteúdo do documento, teria respondido: "Desses detalhes, o Carlos Medeiros pode cuidar..."

Na sua primeira manifestação sobre o Ato Institucional, apenas dois dias depois da edição da norma, Medeiros defendeu que aquele era o momento adequado para estabelecer uma série de inovações legislativas que estavam travadas devido ao jogo democrático parlamentar. E não deixou por menos.

Seguindo a fria e formalista interpretação constitucional de que não há arbitrariedade se não existe lei que a regule, Medeiros levou adiante, no cargo de ministro da Justiça, os principais marcos jurídicos da ditadura em seu momento inicial.

Além do Ato Institucional n.º 1, escrito antes de sua posse como ministro da Justiça, deve-se ao jurista a ampla revisão do anteprojeto da Constituição de 1967; os atos institucionais n.º 4 e n.º 12; a Lei de Imprensa de 1967; e a Lei de Segurança Nacional também de 1967. Assim, Medeiros saiu das sombras do poder para ficar no seu centro. A sua participação, como ministro da Justiça, no processo de produção legislativa para dar suporte ao Regime Militar, assim como o fez Campos no Estado Novo, constitui um dos melhores exemplos na história brasileira do uso do direito a serviço do autoritarismo e como prêmio àqueles setores da sociedade que deram apoio à luta contra seus inimigos internos.

Todavia, mesmo tendo se envolvido intensamente com a fundação do regime, não só formalmente liberais como eles, ou mesmo economistas como Eugênio Gudin, arrependeram-se do apoio ao golpe.

Com o passar do tempo, Medeiros começava a criticar, dentro de muitos limites, o caminho adotado pelos militares, do qual se afastava. Suas críticas endereçavam-se, principalmente, ao Ato Institucional n.º 5, um dos poucos instrumentos jurídicos da ditadura que não contaram com sua contribuição.

Ao longo dos anos, até encontrar seu auge em 1977, as suas críticas a alguns instrumentos da ditadura se mantiveram constantes. Por certo, não se colocava como um opositor, mas, sim, como alguém que visava a corrigir alguns excessos. Pastores e arautos mudam ou corrigem os excessos que ajudaram a produzir?

Em sua concepção de governo autoritário, medidas de exceção deveriam ter prazo determinado. Como nas ditaduras antigas. A modernidade, no entanto, mostrava as próprias regras e o colocava, como jurista e um dos criadores daquele contexto, na difícil situação de ao menos tentar controlar a criatura.

* * *

Goffredo da Silva Telles, Rui Barbosa, Francisco Campos, Carlos Medeiros bem exemplificam a realidade plural dos juristas e suas decisivas intervenções em nosso país.

Um maior e melhor conhecimento da história do direito, de sua teoria e prática, de seus criadores e operadores, de sua origem e impactos, é necessário. Antes de tudo, deve-se conhecer e esclarecer fatos, fatos, fatos, diria o biógrafo Ruy Castro.

Gilberto Freyre, crítico dos bacharéis, disse: "Os juristas brasileiros precisam ser psicanalisados."[21] Nem tanto. Basta lembrar-se do oráculo de Delfos: "Conhece-te a ti mesmo."

Às vezes, arautos e pastores vivem dentro da mesma pessoa, dos mesmos profissionais e das mesmas corporações. Dos mesmos corpos. É preciso humildade para se ter a ousadia da coragem de bem equilibrar liberdade com igualdade.

---

[21] Conferência realizada por Gilberto Freyre no Congresso Brasileiro de Psicanálise d'A Causa Freudiana do Brasil, em 1985. Disponível em: https://youtu.be/9OgPnt9rtqc. Acesso em 8 de março de 2023.

EVERARDO DA CUNHA LUNA

Jones Figueirêdo Alves[1]

Introdução

A apresentação de um mestre e de sua obra suscita um perfeito liame, o de aliar a pessoa do jurista ao domínio de sua doutrina; liame que o coloca sempre presente para as futuras gerações. A dimensão exata do fascínio intelectual e profundo interesse das comunidades jurídicas atuais e subsequentes está na própria narrativa de sua importante e indelével participação no pensamento jurídico nacional.

Não há como negar, diante disso, nossa fidelidade de respeito e de admiração pessoal ao jurista Everardo da Cunha Luna, ora apresentado — designadamente quando vivenciamos, no curso de Ciências Jurídicas (Faculdade de Direito do Recife (FDR), Universidade Federal de Pernambuco (UFPE); 1966-1970), os seus ensinamentos transcendentes, evidenciando a sua elevada capacidade prática de transmitir lições e de comunicar o aprendizado, instrumentando a motivação do aprendiz,

[1] O autor é desembargador emérito do Tribunal de Justiça de Pernambuco. Mestre em Ciências Jurídicas pela Faculdade de Direito de Lisboa. Integra a Academia Brasileira de Direito Civil e é membro do Instituto Brasileiro de Direito de Família (IBDFAM) e membro-fundador do Instituto Brasileiro de Direito Contratual (IBDCont).

que, em tal interação dialética, houve descortinar a ciência penal com o maior interesse. Tenho comigo o resultado dos seus incentivos.[2]

A memória histórica e acadêmica da Faculdade de Direito da UFPE, a consagrada "Casa de Tobias Barreto", celebra o magistério superior de Everardo da Cunha Luna na cátedra de Direito Penal, ali exercido durante trinta anos (1960-1991), nos cursos de bacharelado, mestrado e doutorado, quando concedeu uma nova dimensão aos estudos jurídicos penais.

Ao tempo em que, em 2023, comemorou-se o centenário de nascimento do notável jurista paraibano, nascido aos 10 de dezembro na cidade de Campina Grande, tem-se o assento registral de sua doutrina como um importante repositório de produção intelectual, em que políticas criminais, estudos criminológicos e grandes questões contemporâneas penais ganharam maior densidade e verticalização. A presente homenagem comemora o centenário, o homem e a sua doutrina permanente.

O civilista: do *Abuso de direito*

Curiosamente, no doutrinador penalista, também se reconhece, em tempo uno, o jurista civilista, quando consabido que tem ele, Everardo Luna, entre suas principais obras, uma versada no Direito Civil a tratar sobre abuso de direito (Ed. Forense, 1959). O estudo obteve o Prêmio Adolfo Cirne e Antônio Almeida Amazonas, de Direito Civil (1955), sob o patrocínio da UFPE e da Ordem dos Advogados do Brasil, Seção de Pernambuco.

---

[2] Assinalo que, em seminário jurídico sobre reforma penal, organizado pelo Ministério da Justiça (Brasília, 1981) ao tempo da nossa defesa oral sobre "O livramento condicional piedoso", perante banca de renomados juristas, que ele integrava, com Raul Chaves e outros, houve de discutir-se com entusiasmo a nossa proposta reformista no plano do processo penal. Acerca do tema: "Do Livramento Condicional Piedoso - Ensaio jurídico", de *lege ferenda*, sobre livramento condicional de apenados em estado de doente terminal - in Revista "Atualidades Forense" n.º 72 - Ano 07, julho, 1983 - Editora Forense (RJ); in "Diário de Pernambuco", 21.10.1982, pg. A-9.

O tratamento do referido tema introduziu, por uma segunda vez, na bibliografia jurídica nacional, obra a respeito do instituto jurídico, de origem alemã.[3] Tal tema foi apenas tratado anteriormente pelo jurista Pedro Antônio Baptista Martins, principal autor do anteprojeto do Código de Processo Civil de 1939, em sua obra *O abuso de direito e o ato ilícito* (Ed. R. Americano, 1935. p. 176; Rio de Janeiro: Forense, 1997, p. 184).

Em sua obra pioneira, Baptista Martins ali acentuou as ideias do instituto, a partir da premissa da solidariedade, expressando:

> O conceito sociológico de solidariedade e interdependência, que constitui hoje a base da ordem econômica e jurídica, veio revelar o aspecto social dos direitos subjetivos, que não são atribuídos ao indivíduo como um fim em si mesmo, mas apenas como um meio que se lhes faculta para o desempenho de suas funções e de seus deveres sociais.[4]

Encontramos outro ponto de convergência entre Luna e Baptista Martins, quando, para além de tratarem ambos, pioneiramente, de um mesmo instituto jurídico, o do abuso do direito, cuidaram, em suas preferências científicas do direito, da atualização de textos legais. Pedro Martins fazia contribuição para a moderna processualística civil, e Everardo, a seu turno, laborava com doutrina e magistério para uma consistente revisão de textos legais, no tocante aos grandes temas penais.

Esses vieses de aproximação, a propósito, reúnem, em pluralidade de interesses jurídico-intelectuais, penalistas e civilistas em uma ciranda jurídica de raros talentos, cogitando destarte um diálogo de fontes.

Do igual ofício que Everardo Luna, consagrado penalista, empregou sua melhor doutrina para cuidar do abuso de direito, instituto do

---

[3] O Código Civil da Alemanha (*Bürgerliches Gesetzbuch*) de 1896 foi o primeiro a prever em lei o abuso do direito, em seu § 226: "O exercício de um direito é ilícito se tem por único fim causar prejuízo a outrem."

[4] MARTINS, Pedro Baptista. *O abuso de direito e o ato ilícito*. 3. ed. Rio de Janeiro: Forense, 1997, p. 165.

direito civil, registra-se em equipotência, que o civilista Clóvis Beviláqua (1859-1944), autor do projeto do Código Civil de 1916, também empreendeu os seus melhores esforços para a sua obra *Criminologia e Direito*[5] (Salvador: Livraria Magalhaes, 1886) ao lado das obras de Direito Civil que produziu.[6]

Vejamos, então, que o abuso de direito reuniu, em sua gênese doutrinária, importantes contributos precursores (Everardo Luna e Pedro Martins), que influíram, afinal, muito adiante, os ditames do art. 187 do Código Civil de 2002, que incorporou o instituto ao novo texto codificado.

A esse respeito, Cláudio Antônio Soares Levada, em sua tese de doutoramento na Pontifícia Universidade Católica de São Paulo (2005) tratando de avaliar o abuso de direito no novo Direito Civil,[7] avocou artigo de sua autoria, no qual foram, com proficiência, "identificados autores nacionais clássicos que trataram da matéria sob diferentes matizes, sob o Código Civil revogado" (RT 667/47). Incluiu, de imediato, o jurista Everardo Luna entre os clássicos.

Transcreve-se, no essencial, o seguinte:

> Washington de Barros Monteiro e Carvalho Santos admitem o abuso de direito apenas quando haja a intenção maléfica do autor do ato danoso. Exigem a emulação para caracterização do ato como abusivo, filiando-se, pois, à teoria subjetiva.
>
> Clóvis Beviláqua entende que a lei brasileira acolheu a doutrina de Saleilles, do abuso de direito como exercício anormal de um

---

[5] Consultar texto integral do livro em: https://www2.senado.leg.br/bdsf/handle/id/518626.

[6] Anota-se, ainda, o jurista Tobias Barreto de Menezes, filósofo, consagrado integrante da Escola do Recife, germanista e brilhante orador. Ele escreveu, antes de sua obra *Questões vigentes de Filosofia e Direito* (1988), o clássico *Menores e loucos* (1884), apontando-se como a primeira análise feita no país sobre a Escola Positiva de Cesare Lombroso (1835-1909), advinda com o seu tratado antropológico experimental do homem delinquente. Tal como Everardo Luna, em suas análises criminológicas, Tobias assinalava: "O homem é o produto de mil circunstâncias, de mil fatores diferentes em cujo número entra a própria atmosfera com sua quota de valor e eletricidade."

[7] Disponível em: https://tede.pucsp.br/bitstream/handle/6079/1/ClaudioLevada.pdf.

direito, não se indagando, pois, do elemento subjetivo. Filia-se à teoria objetiva e cita o reconhecimento do abuso, na lei civil, nos arts. 160, I, e 100 do Código Civil.[8]

Everardo da Cunha Luna, em sua monografia sobre a matéria, só admite o abuso de direito quando derivado de culpa ou dolo. Embora seja mais flexível do que aqueles que exigem sempre a intenção dolosa, não se filia também à teoria objetiva de conteúdo social e econômico.

Pedro Baptista Martins, igualmente em monografia sobre a matéria, demonstra tendência em aceitar o critério econômico de Brèthe, filiando-se, pois à teoria objetiva, posto que abusivo todo ato que contrarie os fins econômicos e sociais do direito.

Não há negar a excelência doutrinária da obra de Everardo Luna que, malgrado escrita em 1955, permanece íntegra em suas reflexões e conclusões. O jurista paraibano nela assinalou pontos primordiais, a exemplo:

> 1º) A ilicitude é a essência do abuso de direito, o que implica em afirmar ser o ato abusivo uma das muitas variedades do ato ilícito — esse, o fundamento para detenção de um seguro conceito do abuso, de que nos ocuparemos no último capítulo de nossa dissertação.
> 2º) A ilicitude é a relação de contrariedade entre a conduta humana e a norma jurídica.
> 3º) A ilicitude nem é formal, nem material, mas, como fenômeno do direito, apresenta um aspecto formal — a contrariedade à norma jurídica, conteúdo da norma, pelo dano.

---

[8] Observe-se, porém, que, sob a égide do Código Civil de 1916, o abuso era interpretado a *contrario sensu* do dispositivo sobre a exclusão da ilicitude pelo exercício regular do direito.

4º) A ilicitude nem é objetiva, nem subjetiva, mas, como fenômeno do direito, apresenta um aspecto subjetivo — dolo ou culpa do autor.

5º) A ilicitude é o nome-predicado, una para todos os ordenamentos jurídicos; o ilícito é o nome substantivo, independentemente em cada sistema de direito. [9]

O penalista: da *Estrutura jurídica do crime*

Acerca do penalista, Ivan Lira de Carvalho ofereceu primoroso estudo a respeito, acentuando, às expressas, ser "inegável a contribuição de Everardo Luna para a construção de muitos tipos penais — que vieram a lume mesmo depois de seu falecimento — bem como para a discussão de ideias penais cercadas de controvertibilidade, a exemplo da ortotanásia, do abuso de informática, do aborto eugenésico, da propriedade imaterial, de crimes contra a administração da justiça e assuntos de índole ambiental, entre outras.[10]

Iniludível que seus estudos penais se tornaram notáveis a partir da obra *Estrutura jurídica do crime*, apresentada em 1958 para a obtenção do título de livre-docente da FDR, com defesa de tese em 1959, o que conquistou em acirrado certame reconhecido por Pinto Ferreira em seu livro *História da Faculdade de Direito do Recife* como "o mais memorável concurso realizado no século XX na mais tradicional instituição jurídica brasileira". Esse estudo obteve a maior receptividade por consagrados penalistas da época, como José Frederico Marques, no Brasil, e Giuseppe Bettiol e Luciano Pertoello Mantovani, na Itália.

Em trabalhando o fato punível em sua estrutura e em sua manifestação, Everardo Luna, na sua obra *Estrutura jurídica do crime*, conforme

---

[9] LUNA, Everardo da Cunha, *Abuso de direito*. Rio de Janeiro: Editora Forense, 1959.

[10] CARVALHO, Ivan Lira de. Da importância da obra de Everardo Luna na construção dos tipos penais atuais. *Revista CEJ*, v. 11 nº 38, pp. 50-59; jul./set. 2008. Disponível em: https://revistacej.cjf.jus.br/cej/index.php/revcej/article/view/931/1104.

assinala Ivan Lira de Carvalho, empreendeu "uma abordagem de grande importância na construção dos tipos penais, independentemente do tempo em que se processe tal confecção".

Refere ele, com precisão: "No quesito antijuridicidade, por exemplo, é esta de tão vital importância para a formação e a formatação do delito, que Cláudio Roberto C. B. Brandão reforça a essencialidade do instituto nestes termos: Faz prova de ser a antijuridicidade a essência do crime o fato de todos os elementos do crime só adquirirem significação jurídico-penal à luz da antijuridicidade."

E prossegue Ivan Lira: "O próprio Everardo da Cunha Luna elege a antijuridicidade como a essência do crime, estremando essa classificação da ideia-comum de que é ela uma mera contrariedade ao direito."

Indicando que a teoria jurídica do crime estuda o fato punível desde a sua estrutura (conjunto do crime, integrado pela síntese e pelos elementos) e sua manifestação, integrada pelas circunstâncias (elementos acidentais do fato punível) e pelas formas (tentativa e consumação; autoria e participação; concurso material e concurso formal), no esquema doutrinário da tese de Luna, Ivan Lira sintetiza, em seu estudo, a importância da obra do jurista, assinalando, a tanto, entre outras conclusões:

> (i) Um traço fundamental da obra de Everardo Luna foi o de veicular o seu inconformismo com o establishment das ideias formatadas nos grandes centros culturais ou por nomes já consagrados das Ciências Penais. Quando não concordava com a visão ou com o emprego de determinados institutos jurídicos, formulava a sua própria doutrina, em sede de respeitosa oposição;
>
> (ii) O estudo do crime, como fenômeno social e como insumo para a elaboração de tutela normativa, não prescinde de uma análise da sua própria estrutura, bifurcada em síntese e análise do fato punível, bem assim de uma abordagem a propósito da sua manifestação, esta última considerada em circunstâncias e em formas;
>
> (iii) O crime é, a um só tempo, um fato jurídico (definido pelo direito) e antijurídico (contrário ao ordenamento jurídico);

(iv) Não existem delitos sem circunstâncias, diante da impossibilidade do isolamento absoluto do crime dos outros elementos que influenciaram a sua ocorrência ou que defluem da sua perpetração;
(v) Não há diferença ontológica entre crime tentado e crime consumado, mercê da unicidade de fundamento para ambas as formas (ou fases) do fato punível;
(vi) Entre autoria e participação existe apenas uma diferença qualitativa e não quantitativa, de modo que cada participante do fato plurisubjetivo deve ter resposta penal de conformidade com a sua própria culpabilidade, sendo desimportante a culpabilidade dos demais atores do quadro delitivo;
(vii) Embora Everardo Luna tenha recusado, em primeiro momento, a responsabilidade penal das pessoas jurídicas, hoje regulamentada no art. 3º da Lei n. 9.605/98, findou por fornecer argumentos que hoje servem para sustentar essa possibilidade, quando admitiu a mitigação da presença da culpabilidade na construção do crime, especificamente nos delitos preterintencionais ou qualificados pelo resultado;
(viii) Também está na obra de Everardo Luna o contributo para a imposição e gradação da pena, antevista no art. 6º da Lei n. 9.605/98, a partir do destaque que o autor deu às circunstâncias, tendo-as como indispensáveis para a realização e para a caracterização dos delitos, assim como para a modulação das penas;
(ix) É de inegável importância para o enriquecimento do debate, a posição de Everardo Luna em prol do princípio da estrita legalidade, que se contrapõe à flexibilidade do art. 54 da Lei n. 9.605/98;
(x) Impõe, assim, despertar no meio acadêmico e profissional dos que labutam com o Direito Penal atualmente a necessidade de investigar as ideias e os suplementos dos que, em passado recente ou remoto, deram lastro para a formatação de um Direito Penal equilibrado, eficiente e eficaz. E assim é que pode ser vista a obra de Everardo da Cunha Luna.

Com efeito, a notável obra de Everardo da Cunha Luna, capitaneada pelo estudo *Estrutura jurídica do crime* (1959), por *Do erro de direito em matéria penal* (1962); por *A causalidade na omissão no anteprojeto de Código Penal* (1965), pelos *Escritos de direito e processo penal* (1968), por *Os crimes contra a fé pública e o Código Penal de 1969*, pelos *Trabalhos de Direito Penal* (1971), por *O erro de direito e concurso de pessoas, no anteprojeto do Código Penal de 1981*, pelos *Capítulos de Direito Penal – Parte geral* (1985) e outros contributos às ciências criminais, revela o jurista que, com humildade, colocou-se na literatura jurídica penal como um dos mais importantes do século XX.

O profissional: da Promotoria à Defensoria Pública

Logo após concluir seu curso de bacharelado em Direito na FDR (1947), Everardo Luna retornou à sua Campina Grande, ali exercendo o magistério (1948-1950), e atuou, de 1951 a 1953, como Promotor de Justiça nas Comarcas de Princesa Isabel e Areia, do Estado da Paraíba. Por concurso público, aprovado em 1º lugar, ingressa no Ministério Público de Pernambuco, exercendo a promotoria no período de 1953/1956. Seguiu e tornou-se, por concurso, em 1958, advogado de ofício da capital, como então era denominado o cargo de defensor público, com exercício ao lado de outros consagrados juristas, a exemplo de Roque de Brito Alves, Bernadete Pedrosa e Nilzardo Carneiro Leão.

No exercício das carreiras do Ministério Público e da Defensoria Pública, Everardo Luna emprestou seu talento e erudição ao brilho daquelas instituições; a sua eficiência profissional se distinguia sempre, pelo compromisso e cooperação científica. Na Ordem dos Advogados do Brasil, seccional Pernambuco, foi conselheiro por sete mandatos e vice-presidente por duas gestões.

A sua ciência penal o conduziu, com dedicado trabalho, ao Conselho Penitenciário do Estado de Pernambuco (1969-1980) e ao Conselho Nacional de Política Criminal e Penitenciária (1980-1985), onde atuou com inúmeras iniciativas e trabalhos doutrinários.

O Centro de Observação Criminológica e Triagem Professor Everardo Luna (Cotel), da Secretaria de Ressocialização de Pernambuco, em Abreu e Lima, foi criado em homenagem ao jurista e sob inspiração de seus estudos criminológicos. Dotado de diversos pavilhões, conta com sala de advogados, parlatório, quadra poliesportiva e unidade de diagnósticos médicos.

O homem, o humanista e o intelectual

Filho do primeiro poeta de sua cidade natal, Mauro da Cunha Luna,[11] recebeu dele ao nascer a saudação paterna em versos da "Voz do coração", quando o aconchego afetivo da sua chegada ao mundo se fez poesia.

Everardo, assim soube ser também poeta, de profunda sensibilidade, a celebrar a vida em seus poemas, com cânticos de evocação da infância, de exortações amorosas à sua esposa Heloiza, de louvações a filósofos que admirava ou de atos de fé nas virtudes. Kantiano, em 1986, dedicou ao filósofo os versos: "Se o firmamento se tece/ Pela infinita Bondade/ Na consciência floresce/ A palavra da Verdade".

É significativo que em suas composições poéticas, Luna faz um interessante diálogo entre a poesia e a filosofia (ele também filósofo), como cultor da palavra a desvendar o conhecimento da vida. Aplica a sua arte no propósito narrativo de todas as artes,[12] com a matéria prima da vida, aprofundando o tratamento poético em questões de literatura (v.g. Dante, Keats, Baudelaire, Goethe e Balzac) de música (Mozart) ou de filosofia (Sócrates e Kant). O exercício da palavra em sua poesia é sempre revelador.

Diz-nos Everardo Luna: "A palavra que revela/ A eternidade do canto/ E as almas na paz constela/ desde o primeiro acalanto,/ Descen-

---

[11] Autor de "Horas de Enlevo", o primeiro livro de poesias publicado por um campinense da Paraíba.

[12] Em 1923, Ricciotto Canudo publicou o seu *Manifesto das sete artes*, com o objetivo de definir as sete artes clássicas, como as principais artes do belo, antes tratadas por Hegel.

do, nos cinco mares/ Sobre sábios e poetas/ Vem dos brandos avatares/ E dos ardentes profetas." ("Origens", 1981).

Sua filha, Eleonora de Souza Luna, renomada procuradora de justiça do Ministério Público de Pernambuco, prefacia a obra *Poesias*, organizada por Thélio Queiroz Farias. Diferentemente do seu genitor que, em vida, publicou sua produção poética, Everardo não o fez, recolhendo em cadernos seus poemas avulsos, que integravam o livro inédito, nominado *Obra poética*. A iniciativa da Academia de Letras de Campina Grande premiou a cultura brasileira com a edição da obra, tendo o seu organizador Thélio Farias, citando José de Farias Tavares, referido que os versos refletem "emoções do cotidiano, o medo, a fé, a dúvida, o amor, a esperança".

De fato. Seus versos eram o confessionário da sua pessoa, traduzindo o homem, o humanista e o intelectual, neles reunidos.

Poliglota, aprendeu desde os bancos escolares do curso ginasial a língua inglesa e com as religiosas belgas do Colégio Imaculada Conceição Damas, o francês, ainda em Campina Grande. Ao depois, como promotor público, aprendeu a língua germânica, com os frades franciscanos do Convento Santo Antônio, em Lagoa Seca, para onde se deslocava de trem com uma bíblia em alemão. Incansável na sua fome do absoluto, que a busca do conhecimento sempre exige, aprende também italiano, em Areia, onde trabalhava, com o comerciante Américo Perazzo, profundo conhecedor da obra de Dante Alighieri. Também dominava o espanhol.

Responsável com os desafios existenciais, teve que, com a morte do pai, assumir a família aos vinte anos de idade, exercendo os itinerários de cada missão ou tarefa, com os rituais de um compromisso e vencendo-os todos com o talento de cumpri-los bem. É simbólico dizer, então, que antecipando cada aula, retirava o relógio da algibeira, colocando-o sobre o birô, em marcação temporal de sua exposição. Apesar de ritualístico, deixava transparecer a sua bondade de mestre, o incentivador de gerações, o grande jurista visível em sua humildade e circunspecção. Era o mestre e — tal qual os antigos filósofos — o preceptor, educando para a vida.

Intelectual, intenso cultor dos livros, foi membro da Academia Pernambucana de Letras Jurídicas, da Academia Pernambucana de Ciências e da Academia de Letras de Campina Grande, contribuindo em inúmeras revistas acadêmicas. Parte do acervo de sua biblioteca pessoal integra, desde 25 de abril de 2023, por doação da família, importante ala da biblioteca Ministro Oscar Saraiva do Superior Tribunal de Justiça, com o incremento de 650 títulos.[13]

Em conclusão

A contribuição de Everardo da Cunha ao Direito Penal permanece com sua influência orientadora na jurisprudência moderna dos nossos tribunais, através de suas obras, bem como na formulação de novos tipos penais, dentro do elevado espectro das discussões da Comissão de Revisão do Código Penal, que ele integrou em 1981.

Seu estudo sobre o crime naquela comissão, ao tratar da relação de causalidade, do erro de fato e do erro de direito, da exclusão da ilicitude, da imputabilidade penal e do concurso de pessoas, bem denota a acuidade do doutrinador, sempre instigante nas suas observações e reflexões.

Uma das observações feitas foi esta: em vez de "devia e podia agir para evitar o resultado" basta dizer "devia e podia evitar o resultado" — ponderou o jurista, com o brilho do arremate: "o verbo 'evitar' constitui uma forma de agir".[14]

Humanista, contrário à pena de morte e ao aborto, assinalou, com proficiência, no tocante aos nascituros: "Pelos caminhos que a civilização indica, assim como não se devem matar os velhos, os doentes, os loucos e os criminosos, assim também não se devem sacrificar os nas-

[13] Disponível em: https://www.stj.jus.br/sites/portalp/Paginas/Comunicacao/Noticias/2023/25042023-Colecao-Everardo-Luna-enobrece-acervo-da-Biblioteca-Ministro-Oscar-Saraiva.aspx.

[14] LUNA, Everardo da Cunha. "O crime no Projeto de Lei de 1981". *Revista do Conselho Penitenciário do Distrito Federal*, v. 18, nº 43, pp. 33-51, jul./dez. 1981.

cituros sobre fundamentos outros, diferentes dos únicos fundamentos que justificam o sacrifício da vida humana: os extremos da necessidade e da defesa."[15]

Suas teorias sobre o delito repercutiram bastante em todas as reformas penais. Servem, a muitos exemplos, de saída, a lei n. 7.209/1984, pela qual reformada a Parte Geral do Código Penal e a lei n. 9.605/1998, que estabeleceu novas tipicidades em relação aos crimes ambientais.

Na história do pensamento penal, Everardo Luna tem lugar permanente por suas concepções normativas e doutrinárias do crime, da culpabilidade e de toda a ciência criminal. Muitos pensadores trataram do tema "crime", desde o século IX a.C., como Homero, na Ilíada e na Odisseia (IX a.C.), Hipócrates, (460 a.C.) nos seus estudos sobre a "alteração dos humores", Sófocles, com suas tragédias (496-406 a.C.), Confúcio (551-479 a.C.), além de Sócrates, Platão e Aristóteles. Nesse panteão histórico, Everardo Luna tem sua presença.

É dizer, sob um viés aristotélico, que Everardo Luna, como jurista, em seus estudos sobre a teoria do crime e de sua estrutura jurídica, fez da vida e de sua doutrina a grande paixão da alma. Permanece sempre atual e mestre de todos nós.

Referências bibliográficas

LUNA, Everardo da Cunha. *Estrutura jurídica do crime*. 4ª ed. São Paulo: Saraiva, 1993.

__________. *Capítulos de Direito Penal: parte geral*. São Paulo: Saraiva, 1985.

__________. *O erro de direito e o concurso de pessoas no anteprojeto do Código Penal de 1981*. Vox Legis, v. 154. São Paulo: Sugestões Literárias. out/1981.

__________. *Trabalhos de Direito Penal – Coleção Jurídica*, v. V. Recife: Biblioteca Universitária Pernambucana. 1971.

[15] *In*: *Juristas pernambucanos e o aborto*. Recife: Círculo Católico de Pernambuco/Cia. Editora de Pernambuco – CEPE, 1981, p. 9.

__________. "A causalidade da omissão no anteprojeto de Código Penal". *Revista Acadêmica*, a. 63, pp. 77-103. Recife: Universidade Federal de Pernambuco – Faculdade de Direito. 1967.

__________. "Os crimes contra a fé pública e o Código Penal de 1969". *Justitia*. São Paulo: Procuradoria-Geral de Justiça do Estado de São Paulo, 1.º trim/1974.

JOÃO PEDRO GOUVÊA VIEIRA

Jorge Hilário Gouvêa Vieira[1] e Luciano Gouvêa Vieira[2]

João Pedro Gouvêa Vieira transitou nos meios jurídico, empresarial e político por longos setenta anos. Não queria ser advogado — profissão que acabou abraçando com paixão — e detestava ser identificado como empresário. Gostava de ser amigo dos políticos, mas nunca quis ser político.

Chegou à maioridade em 1930, ano em que Getúlio Vargas tomava o poder pela primeira vez, pondo fim à República Velha. Até 2003, quando morreu, João Pedro esteve próximo do centro das decisões políticas, formal ou informalmente, por gosto ou por necessidade.

Conhecedor de diversas áreas do Direito, sua dedicação aos clientes, sua obstinação pela vitória e a inquietação na busca da solução de problemas que iam além das questões jurídicas forjaram um profissional cobiçado no meio empresarial. Leva a assinatura de João Pedro a engenhosa operação que resultou na criação do Banco Francês e Brasileiro,

---

[1] Bacharel em Direito pela PUC-RJ e pós-graduado pela Universidade da Califórnia, em Berkeley, é especialista em Direito empresarial, Direito tributário e legislação do mercado de seguros e de capitais. Presidiu a Confederação Nacional das Empresas de Seguros Gerais Previdência Privada e Vida, Saúde Suplementar e Capitalização (CNseg) entre 2010 e 2013.

[2] Pós-graduado em Direito societário e mercado de capitais pela FGV-RJ e em Direito civil constitucional pela UERJ. É especialista em contencioso empresarial, com ênfase em disputas judiciais e arbitrais, nas áreas de Direito civil, societário, contratos, fusões e aquisições e Direito das sucessões (inventários judicial e extrajudicial).

em 1946, e a surpreendente compra da subsidiária da empresa petrolífera norte-americana Gulf pela empresa brasileira Ipiranga, 13 anos depois.

Sua experiência no setor privado, como advogado e como membro dos conselhos de administração de importantes empresas nacionais e estrangeiras, levou-o a contribuir com o setor público em diversas ocasiões. A convite do presidente Getúlio Vargas, de quem se tornou colaborador, admirador e amigo, ajudou a formatar o Banco Nacional de Desenvolvimento Econômico (BNDE) na década de 1950.

Apesar de disciplinado, João Pedro nunca se preocupou em organizar sua produção intelectual — registrada nos processos, pareceres, intervenções orais colhidas pelos taquígrafos, votos e sentenças. Essa lacuna foi preenchida por cuidadosa pesquisa sobre a vida de nosso pai e avô, que nos chegou quando preparávamos este artigo. O material, coletado por Israel Beloch e Ileana Pradilla Ceron, serve-nos de bússola para compartilhar com os leitores a riquíssima vida de João Pedro, sem o risco de exagerarmos na grandeza de seus feitos ou economizarmos nos elogios merecidos.

Reservado, dedicado à família e ao trabalho, católico praticante, avesso à badalação social, apaixonado por jardinagem, essa é a imagem que João Pedro deixou para seus descendentes. Seis anos antes de morrer, resolveu contar aos netos por que ele deu certo na vida.

> Eugênio Gudin[3] me dizia: "Você tem essa capacidade, você pergunta — *De quoi s'agit il?*" É uma coisa muito importante para o advogado. Colocar qual é o problema. Como advogado, eu tenho que tirar do meu cliente tudo o que ele diz que não é verdade, para chegar ao ponto. Isso você aprende nos livros de filosofia e principalmente dando aulas de filosofia. Nunca achei perda de tempo os cinco anos em que estudei essa matéria. A pessoa compreende as coisas mais claramente e, por conseguinte, expõe as suas ideias melhor. Não é bom profissional quem quer, é bom profissional

[3] Eugênio Gudin (1886-1986) foi um economista liberal, fundador do Instituto Brasileiro de Economia (IBRE) e da Escola de Pós-Graduação em Economia (EPGE). Teve grande influência na formação de gerações de economistas (fonte: biblioteca.ccje.ufrj).

quem pode. Da mesma forma que o médico tem o sentido da moléstia que o doente tem. Ninguém ensinou isso. É um dom. O advogado é a mesma coisa. O advogado tem que ter o dom de saber *de quoi s'agit il.*

No curto período de oito anos em que trocou os bastidores da política pelo plenário do Congresso, João Pedro pôde revelar sua visão de mundo e sua preocupação com questões sociais, inspirado pelas diretrizes do Concílio Vaticano II, que ele abraçou ao lado de líderes católicos como Alceu Amoroso Lima.

Tradição de família

O primeiro e único mandato político de João Pedro foi a suplência de senador, mas a política nunca lhe fora estranha; sempre pertenceu à elite política brasileira. No século anterior ao seu nascimento, três bisavôs ocuparam, em dado momento, cadeiras no Senado do Império: José Pedro Dias de Carvalho, por Minas Gerais, José Thomaz Nabuco de Araújo, pela Bahia, e João Pedro Dias Vieira, pelo Maranhão. Seu tio-avô Joaquim Nabuco, líder abolicionista, falecido dois anos antes de seu nascimento, foi um dos intelectuais mais influentes de seu tempo.

O avô materno, o médico oftalmologista Hilário de Gouvêa, exilado na Europa com mulher e cinco filhos, foi perseguido pelo Marechal Floriano Peixoto, acusado de conspirar com os monarquistas; seu pai, João Pedro Carvalho Vieira, deputado federal pelo Maranhão, foi diretor-geral do Senado Federal até o fim da República Velha — posição de imenso poder político. Portanto, desde a infância, João Pedro conviveu com políticos, ministros, governadores e presidentes da República, que frequentavam sua casa.

Hilário de Gouvêa, os jesuítas do Colégio Santo Inácio, e, mais tarde, a família de Joaquim Nabuco tiveram grande influência em sua formação. Em comum, tinham a doutrina católica e rígidos padrões de conduta moral presentes na disciplina do quotidiano.

Na conversa com filhos e netos, João Pedro realçava os banhos gelados às 6h30 da manhã, mesmo no inverno, e a pontualidade nos compromissos — "Oito horas são oito horas, e não oito e cinco" — ouvia do avô Hilário, que reproduzia por meio do neto o modelo no qual fora educado na Alemanha; destacava, também, a sisudez dos jesuítas do Santo Inácio — que exigiam silêncio na sala de aula e nos corredores, onde ficar de braços cruzados era imperativo para não apanhar de vara; e recordava as aulas de etiqueta do embaixador Mauricio Nabuco, que só jantava de *smoking*, mesmo quando sozinho em casa, uma vez que dos empregados era exigida a uniformização correta.

João Pedro resumia assim: "... o meu avô era duro, Mauricio Nabuco era duro, os jesuítas eram duros ... quer dizer, eu tenho que ser duro (...) foi assim que fui educado".

Descoberta da vocação

A morte de Hilário de Gouvêa, em 1924, desestruturou a família. A vida do menino de 12 anos, sempre tão regrada e previsível sob a batuta do avô, desapareceu. Seus pais enfrentaram dificuldades financeiras. Foram anos traumáticos. Antes de terminar o secundário, João Pedro comunicou que não mais estudaria, pois queria trabalhar para ajudar nas despesas da casa. Anos depois, ao relembrar esse tempo, atribuiu à timidez o fracasso nas duas primeiras tentativas: vender anúncio de jornal e apólice de seguros.

Decidiu procurar emprego com seu primo José Nabuco, filho de Joaquim Nabuco, chefe do departamento jurídico das Empresas Elétricas Brasileiras, *holding* da Bond & Share no Brasil. Paralelamente a essa atividade, José Nabuco atendia os próprios clientes, em especial empresas americanas indicadas pelo escritório Curtz, Mallet-Prevault, um dos maiores dos Estados Unidos, para o qual havia trabalhado.

Prestes a abrir seu próprio escritório de advocacia, José Nabuco fez uma contraproposta ao jovem João Pedro: seria contratado imediatamente no escritório, caso se comprometesse a concluir o secundário e ingressar na faculdade de Direito. Nunca esteve nos seus planos estudar Direito ou ser advogado, mas a falta de opção e a necessidade urgente de trabalhar fizeram-no aceitar imediatamente a proposta.

Enquanto frequentava a faculdade de Direito, cumprindo o compromisso assumido, João Pedro fazia de tudo no pequeno escritório, onde, além de Nabuco, trabalhavam ele e um *office-boy*. Recebia um pequeno salário mensal fixo para atender os clientes.

Dedicava-se com entusiasmo ao trabalho. Mergulhava na doutrina e na jurisprudência. Entendia a fundo o problema de cada cliente e, à exceção das áreas de Direito Penal e de família — a maioria da clientela era formada por pessoas jurídicas — tratou de marcas e patentes, direito de navegação, contencioso civil e, depois da criação da Consolidação das Leis do Trabalho (CLT), de questões trabalhistas.

João Pedro adotou para a vida a dinâmica do "aprender trabalhando" e procurou orientar nessa direção seus jovens colegas de trabalho e, mais tarde, seus filhos.

Depois de formado, passou a receber 30% dos honorários pagos pelos clientes do Nabuco por ele atendidos. Tinha também liberdade de fazer a própria clientela. Nabuco havia introduzido no seu pequeno escritório o modelo de atendimento dos escritórios americanos. Até o começo dos anos 1930, a advocacia brasileira era exercida essencialmente na área de contencioso, com o advogado representando seu cliente perante os tribunais e recebendo honorários com base no valor da causa.

Nos Estados Unidos, onde Nabuco estudara e trabalhara, os escritórios ofereciam serviços em todas as áreas do Direito, além do contencioso. Praticava-se a advocacia consultiva e preventiva. Os honorários eram cobrados com base no tempo dedicado ao cliente ou estabelecia-se uma remuneração fixa mensal.

Ao lado das salas de Nabuco, instalara-se em 1932 um advogado americano, Carl Kincaid, com quem João Pedro passou também a colaborar. Kincaid precisou regressar aos Estados Unidos porque não validou seu diploma de Direito, exigência da lei que deu origem à Ordem dos Advogados do Brasil. Colaboradores brasileiros passaram a atender sua clientela. O fluxo de oportunidades de trabalho foi-se ampliando para João Pedro.

Embora o escritório Nabuco fosse procurado majoritariamente por empresas norte-americanas, exatamente porque ele estudara e trabalhara nos Estados Unidos e sabia atender às necessidades daquele mercado, o portfólio de João Pedro era recheado de clientes europeus. A Shell, por exemplo, foi representada por ele nas ações de contencioso de navegação, tendo em vista que toda a gasolina consumida no Brasil era importada. O bom resultado na defesa dos interesses da Shell atraiu para João Pedro a clientela de armadores ingleses, reunidos no Centro de Navegação Transatlântica, que o indicavam para seus membros.

Avocat d'affaires

Foi, porém, atendendo acionistas argentinos e uruguaios, de uma pequena empresa de petróleo no Rio Grande do Sul, que João Pedro teve a primeira chance de mostrar a sua capacidade profissional.

A oportunidade surgiu depois que o Conselho Nacional de Petróleo (CNP), criado por Getúlio Vargas em 1939 para regulamentar a indústria de petróleo e gás no Brasil, proibiu a participação de estrangeiros no capital de empresas brasileiras na exploração do refino de petróleo. A decisão atingiu, em cheio, a destilaria Ipiranga, localizada em Uruguaiana.

A pequena destilaria estava construindo uma refinaria na cidade de Rio Grande. Os acionistas estrangeiros procuraram no Rio de Janeiro o advogado Rodrigo Otávio Filho, que colaborava com o escritório de Kincaid, com o objetivo de reverter as restrições ao capital estrangeiro.

Ciente de que o atendimento aos clientes exigiria longos e constantes deslocamentos às cidades gaúchas, Rodrigo Otávio recusou a representação e indicou o jovem João Pedro para a tarefa.

De pronto, João Pedro alertou os clientes para os enormes desafios jurídicos no enfrentamento da questão. Feita a ressalva, defendeu a causa com empenho, deslocando-se várias vezes para a distante Rio Grande. Tentou, sem sucesso, suscitar o direito adquirido pelos estrangeiros antes da proibição legal. Conseguiu, no entanto, postergar o prazo para a venda da participação acionária de seus clientes a brasileiros.

Embora extrapolasse os limites da ação do contencioso para o qual havia sido contratado, João Pedro passou a assessorar os clientes na venda das respectivas participações acionárias na Ipiranga. Preparou os documentos necessários à reestruturação do capital com a venda de parte das ações para os engenheiros e funcionários da companhia; cuidou da cessão de ações para antigos acionistas brasileiros e do pagamento, em ações, de seus honorários; e orientou o investimento de parte do capital no mercado de ações no Rio de Janeiro. Diante da dificuldade de conseguir compradores no mercado, o sogro de João Pedro, Ari de Almeida e Silva, corretor de fundos públicos na Bolsa de Valores e seu presidente, ficou com as ações. Foi também uma maneira de ajudar o genro recém-casado, em início de carreira.

Essa atividade, totalmente estranha à prática advocatícia, foi a primeira experiência de João Pedro como agente de investimento. Não seria a última.

Ao lidar com o caso da Ipiranga, empresa gaúcha num país governado por um gaúcho e seus conterrâneos, João Pedro acrescentou ao currículo algo que lhe seria útil vida afora: travou relações pessoais com o ambiente político, agora no âmbito profissional e não mais familiar, e aprendeu a navegar na pesada e intrincada burocracia estatal.

O sucesso da operação rendeu-lhe a confiança dos acionistas brasileiros, que o convidaram para ser diretor da Ipiranga na capital federal, com uma remuneração equivalente hoje a 10 mil reais. Quando chegou ao Rio, entretanto, soube que não receberia esses honorários porque a situação financeira da companhia era de penúria total. Só seria remunerado no pós-guerra.

David contra Golias

Irmão mais velho de José Nabuco, o embaixador Mauricio Nabuco era companhia constante de João Pedro nos almoços da família.

Detentor de poucos títulos de capitalização da Sul América Capitalização S.A., que lhe conferiam participação cumulativa nos lucros da empresa, o diplomata estava preocupado em não receber a remuneração prometida. Pediu a João Pedro que examinasse a questão e cobrasse da Sul América, se fosse o caso, o que lhe era devido.

Tratava-se de um tema complexo que envolvia a natureza do título de capitalização, o conhecimento de fundos de reserva das companhias de capitalização, noções de contabilidade e de direito societário bastante sofisticados. Um mundo desconhecido do jovem advogado.

Foi a oportunidade para João Pedro, na sua habitual busca pelo conhecimento, debruçar-se sobre essas questões. Seguro do bom direito do cliente, foi à luta. Uma derrota significaria, para a Sul América, prejuízo incalculável pela enxurrada de ações que viriam em seguida.

Enfrentou, sozinho, o batalhão de advogados especializados em cada um dos temas em jogo, profissionais experimentados e dotados de vantajosa bagagem no trato com os tribunais. Repetia-se a velha história de David contra Golias.

A inesperada vitória de João Pedro na primeira instância movimentou os meios jurídico e empresarial. A Sul América reforçou seu time para reverter a decisão na segunda instância, o que conseguiu, parcialmente, pelo placar de 2×1.

O resultado, contudo, não ofuscou a notoriedade alcançada pelo jovem advogado que, na condução do processo, lidando com direito securitário, direito societário e contabilidade, consolidou a imagem de um profissional multidisciplinar — perfil profissional inexistente na época.

A demanda judicial contra a Sul América — apesar de lhe render uma longa inimizade com o acionista majoritário da poderosa seguradora, com quem iria interagir em vários outros episódios — abriu-lhe as portas a empresas francesas que começavam a se interessar pelo Brasil no pós-guerra. Um francês que trabalhava na Sul América acompanhou o caso e passou a indicar João Pedro a seus conterrâneos.

A clientela francesa

Assim como foi relevante entender o pioneirismo de advogados, como José Nabuco, na introdução do modelo de advocacia dos norte-americanos, é conveniente conhecer as demandas das empresas estrangeiras interessadas em investir no Brasil por meio de profissionais capacitados a atender seus objetivos. Foi o caso das empresas francesas.

Ao contrário das americanas, que se constituem como *corporations*, com a separação entre a propriedade e a administração, as empresas na França, naquela época, eram estatais ou familiares. Esses modelos distintos implicavam diferentes modos de atuação na esfera jurídica.

No caso americano, o *general counsel* da empresa se responsabilizava pela escolha dos escritórios de advocacia que atenderiam a *corporation,* prestando consultoria exclusivamente jurídica, sem interferência na condução dos negócios. Nas empresas francesas, não havia sequer departamento jurídico próprio, nem advocacia consultiva, como no modelo americano. Aos advogados franceses restava, apenas, a atuação no contencioso.

Ao desembarcar em território brasileiro, as empresas buscavam, naturalmente, reproduzir o modelo adotado nos respectivos países. Assim, a escolha de um advogado local para atender as empresas americanas no Brasil cabia ao *general counsel* na matriz ou aos escritórios de advocacia americana que já atendiam a matriz. Naturalmente, levavam vantagem os profissionais brasileiros com alguma experiência acadêmica ou em escritórios americanos. Falar a língua contava pontos. José Nabuco vestiu esse figurino.

No caso das empresas francesas, a escolha era personalíssima, da exclusiva vontade do administrador (que podia ser o presidente ou o secretário-geral) que esperava do advogado contratado, além da *expertise* jurídica, a capacidade de interpretar a cultura de negócios e o ambiente político local. A fluência no francês era desejada, mas não impeditiva da contratação.

O tempo mostrou que João Pedro atendia perfeitamente todas essas exigências. A primeira empresa francesa a consultá-lo foi a Societé

Lyonnaise des Eaux, que o nomeou diretor não executivo da empresa no Brasil, uma forma de remunerá-lo pelos serviços de consultoria. Contudo, foi o interesse do maior banco francês, o Crédit Lyonnais, estatal, em instalar uma filial no Brasil, no pós-guerra, que deu a João Pedro a oportunidade de desatar um nó do que, à primeira vista, parecia uma missão impossível.

A legislação brasileira impedia que um banco estrangeiro tivesse uma filial sem prévia autorização do presidente da República, o que seria impensável naquele momento. Para contornar esse veto, João Pedro elaborou uma estratégia: constituiu uma sociedade brasileira com 100% das ações ao portador. Essa sociedade comprou o controle de uma instituição financeira brasileira, da qual o Crédit Lyonnais adquiriu 49% das ações. Como os outros 51% pertenciam a uma subsidiária brasileira do Crédit Lyonnais, ele conseguiu o controle total do banco. Dessa forma, o impedimento legal foi contornado: para as autoridades brasileiras, tratava-se de um banco brasileiro com participação minoritária de um banco francês.

Extrapolando a função de advogado, João Pedro iniciou pessoalmente a busca por instituições bancárias disponíveis para a operação. Localizou um banco que possuía uma carta patente como seu único ativo, sem operar. A engenharia financeira foi finalizada e João Pedro consolidou seu perfil como realizador de negócios.

Essa instituição passou a se chamar Banco Francês e Brasileiro, com sede em São Paulo. Mais uma vez, João Pedro foi nomeado diretor não executivo, como forma de receber uma remuneração mensal pelos serviços prestados. Grandes empresas se instalaram no Brasil com o apoio financeiro do banco francês.

É curiosa a história contada por João Pedro sobre a razão pela qual foi escolhido para representar o banco. Os franceses tinham os nomes de três advogados brasileiros, dois deles mais velhos e com sólida experiência. O primeiro observou que a legislação brasileira não permitia a instalação de filial de banco estrangeiro sem autorização prévia do presidente da República; o segundo disse que estudaria a questão, mas não causou boa impressão porque recebeu os franceses sentado, de suspensório e sem paletó; e o terceiro respondeu que sim, era possível, e vestia paletó e gravata. Foi o escolhido. João Pedro.

Além do perfil adequado, ele se encaixou perfeitamente no modelo de atuação profissional esperado pelos franceses. Ao conhecimento do Direito brasileiro, alinhavam-se a capacidade de entender e interpretar a cultura brasileira, analisar o ambiente político e navegar na burocracia estatal.

Foi um casamento para sempre. De embaixadores e políticos a empresários franceses, o endereço de João Pedro no Brasil era o primeiro a ser visitado. Em suas constantes viagens à França, além de encontrar clientes, ele aproveitava para frequentar as livrarias da Rue Soufflot e se deliciar com a culinária francesa.

Os serviços prestados à França renderam-lhe as mais importantes condecorações, como os quatro graus, de Cavaleiro a Grande Oficial, da Legião de Honra.

Recepcionando os franceses no Brasil e viajando com frequência à França, João Pedro tornou-se fluente no idioma francês. Mais uma vez, aprendeu trabalhando.

O comprador de multinacional

Novo desafio à frente. Em 1959, os acionistas da Ipiranga, cujas atividades se restringiam ao Rio Grande do Sul, decidiram expandi-las para o Sudeste e o Nordeste. Em vez de instalar postos de serviço próprios, o que demandaria tempo e recursos vultosos, a opção foi a compra de uma empresa já existente.

João Pedro foi encarregado de procurar essa empresa — na época, todas eram estrangeiras. A tarefa parecia impossível. Como uma empresa brasileira, sem capital, poderia sonhar em adquirir uma empresa de petróleo estrangeira no Brasil?

Com a assessoria do engenheiro Paes da Cunha, funcionário da Ipiranga, João Pedro identificou na Gulf, subsidiária da Gulf Oil

Corporation, uma das Sete Irmãs[4] mundiais, o alvo possível. Fornecedora de óleo cru para o grupo Ipiranga no Brasil, a Gulf tinha uma rentabilidade desprezível para a matriz. João Pedro aconselhou seu cliente a negociar diretamente com a sede da empresa, em Pittsburgh, para evitar conflito de interesses com os dirigentes da subsidiária no Brasil. Chegou-se a um valor que, à primeira vista, estava fora do horizonte financeiro da pequena Ipiranga: 4,5 milhões de dólares, menos do que já fora investido pela empresa no Brasil.

Mais uma vez, João Pedro colocou o chapéu de assessor financeiro e saiu em busca de sócios e financiadores, sempre no mercado privado. Em intrincada e criativa operação financeira, a compra foi por fim concretizada.

"Brilhante", era como ele se referia à engenharia financeira.

Dos 4,5 milhões de dólares, a Ipiranga tinha em mãos 500 mil dólares. Conseguiu com dois empresários, Gastão Bueno Vidigal, do Banco Mercantil de São Paulo, e Alberto Soares Sampaio, dono da Refinaria União, 500 mil dólares de cada um. Foi então com 1,5 milhão de dólares para os Estados Unidos tentar levantar o restante e pedir melhores condições para pagamento. Não conseguiu avançar nas negociações e regressou ao Brasil desanimado. Tinha um prazo para bater o martelo com os americanos e não sabia onde conseguir os recursos restantes.

> Um dia, conversando com o Gastão no telefone, ele falou sobre *swap*, sobre outro assunto. Eu disse: "Então a ideia é essa, fazer um *swap*?" Naquele tempo, o câmbio era livre e o Banco do Brasil fazia *swap*, ou seja, comprava dólar à vista para entrega futura. Então a ideia que expus ao Gastão era: tínhamos 1,5 milhão, que venderíamos ao Banco do Brasil por 58 cruzeiros por dólar. Haveria uma perda (ou um ganho, conforme o ponto de vista) de metade. Eu mandaria essa metade para o Citibank, que me enviaria

---

[4] "Sete Irmãs" era o termo usado para as sete maiores empresas petrolíferas do planeta, antes da criação da Organização dos Países Exportadores de Petróleo (Opep): Standard Oil, Mobil, Chevron, Shell, BP, Texaco e Gulf Oil (fonte: Editora Brasil Energia).

de volta. Eu faria novo *swap* com o Banco do Brasil, e assim em diante. Mas ia ainda faltar dinheiro: três milhões de dólares. Aí, eu disse: "Esse valor eu consigo do Citibank, ele vai me dar em *swap* também." A garantia do swap era a garantia absoluta do Banco do Brasil de que a Gulf receberia dentro de um ano os 4,5 milhões de dólares, e o Citibank também. Em seguida, os bancos brasileiros Mercantil, Francês e Brasileiro e Banco Nacional embarcaram na operação, dando as garantias necessárias.

(...) Desta vez, fui sozinho para Pittsburgh. Primeiro, fui ao Citibank e arranquei do Henri Frank 3 milhões de dólares. Fui à Gulf e dei as garantias de três bancos brasileiros bons que me asseguravam cruzeiros para pagar os dólares ao Banco do Brasil. O Banco do Brasil se obrigava a me vender os dólares e eu tinha que pagar.

Nas negociações, o vice-presidente da Gulf era apoiado por uma equipe de advogados e assessores financeiros. Do outro lado da mesa, pela Ipiranga, havia apenas João Pedro, como advogado, estrategista e banqueiro de investimento.

No dia seguinte, às 10 horas da manhã, fui assinar os contratos. Em cima da mesa de cada pessoa estavam todas as cópias datilografadas. O vice-presidente da Gulf perguntou: "Está tudo certo?" Ninguém leu. Eu assinei apavorado. Eu pensei: "Como eu não rubrico, digo que a folha foi mudada." Mas cheguei ao hotel, li, e estava tudo absolutamente perfeito.

Onde arranjei dinheiro para pagar? Eu dobrei o capital e vendi as ações pelo mesmo valor que comprei. Então, fiquei com as ações de graça. Eu paguei o preço com as ações preferenciais. Para a Ipiranga isso importou num lucro, nós ficamos com a mesma participação acionária e um lucro de cem mil contos. Essa foi a operação que fizemos. Foi brilhante.

Como remuneração por todos esses serviços bem-sucedidos, João Pedro propôs que a Ipiranga emitisse, a seu favor, partes beneficiárias ou de fundador. Isso implicava uma remuneração sobre o lucro da empresa, previsto na Lei das Sociedades Anônimas.

A aquisição da Gulf, uma das mais emblemáticas operações do país, deu origem à Companhia de Petróleo Ipiranga (CBPI) que, junto da Distribuidora de Produtos Petróleo Ipiranga (DPPI) e da Ipiranga Comércio e Indústria (ICISA), formou o Grupo Ipiranga.

Seria deixar uma lacuna ignorar a passagem de João Pedro pelo Banco Nacional de Desenvolvimento Econômico (BNDE), para cujo conselho de administração foi nomeado em 1952, por Getúlio Vargas. Coube a ele não só integrar o grupo que elaborou o regimento interno como encontrar formas de financiar as operações do banco.

Havia um intenso debate no país sobre o modelo de desenvolvimento a ser seguido, o liberal, de abertura ao capital estrangeiro e integração do país à economia mundial, ou o nacionalista, com maior presença do Estado e restrição ao capital estrangeiro. João Pedro sugeriu que parte do financiamento do banco viesse do recolhimento compulsório de 25% das reservas técnicas das companhias de seguro. O seu argumento era de que essas reservas "serviam para enriquecer os acionistas" quando, na verdade, deveriam ter função social — financiar projetos de desenvolvimento econômico do país, beneficiando assim toda a sociedade, além de garantir o pagamento aos segurados.

Era a segunda vez que João Pedro contrariava os interesses da Sul América Seguros. A relação dele com os acionistas, no entanto, mudará radicalmente 25 anos depois, quando vamos encontrá-lo no Conselho de Administração da empresa, que terminou por presidir de 1977 a 1997. Além de conselheiro, tornou-se assessor pessoal das duas filhas do controlador, Beatriz e Emma.

Dos bastidores ao plenário do Congresso

O início da década dos anos 1960 encontra a sociedade brasileira em intensa polarização ideológica. A inesperada renúncia de Jânio Quadros, da União Democrática Nacional (UDN), coloca a presidência no colo do vice João Goulart, do PTB. Contestada por seus opositores, a sua legitimidade ao posto foi ratificada em seguida pelo referendo em que a maioria dos brasileiros optou pelo presidencialismo.

Entretanto, a sociedade não se apaziguou. A crise política se agravou, turbinada pelo baixo crescimento econômico e por uma inflação galopante. Ao mesmo tempo, o presidente demonstrava incapacidade para dirimir os conflitos entre as forças de esquerda, que faziam pressão pelas reformas de base, e as forças conservadoras, que agitavam a bandeira do anticomunismo e se organizavam para depor o presidente.

Senso de oportunidade nunca faltou a João Pedro. Ele compreendeu que era a hora de deixar os bastidores da política, por onde sempre navegara com habilidade, e esgrimar, ele mesmo, no plenário do Congresso, sua visão do que acreditava ser melhor para o país.

Incentivado pelo jurista e advogado Santiago Dantas, deputado federal por Minas Gerais, pelo PTB, João Pedro, que representava a Ipiranga, e o advogado Miguel Lins, da Refinaria de Petróleo União, decidiram disputar cadeiras no Parlamento nas eleições de 1962. Concorreram como suplentes dos senadores dos estados do Rio de Janeiro e do Maranhão, respectivamente.

Nas ocasiões em que ocupou a tribuna do Senado, entre 1963 e 1971, como suplente do senador Vasconcelos Torres, do PTB, João Pedro demonstrou inabalável compromisso com suas convicções. Embora do partido governista (PTB), ele chegou ao Congresso representando uma ampla coligação informal de opositores ao governo Goulart: empresários, proprietários rurais, segmentos da classe média e a maior parte das Forças Armadas. Sua missão prioritária: a defesa intransigente do setor privado.

João Pedro nunca escondeu que estava ali em causa própria: impedir a nacionalização e estatização das empresas privadas. De algumas delas, ele, como advogado e depois atuando como estrategista de negócios, contribuíra para a criação e integrava os conselhos de administração. Era preciso, agora, salvá-las do que acreditava ser um risco real de um golpe comunista.

Sua atuação no parlamento deixou, no entanto, um legado muito maior que essa específica missão. Apesar do curto período — oito anos de uma longa carreira de sete décadas —, é possível posicionar João Pedro no espectro político ideológico da época por meio de projetos de lei, discursos, debates, entrevistas e da coluna semanal publicada pelo Jornal do Brasil em 1967 e 1968 — documentos cuja reprodução parcial, aqui, parece-nos valiosa, cabendo a cada leitor formar a própria opinião.

Alinhado ao trabalhismo de Vargas

Desde o início de sua vida parlamentar, João Pedro traçou a linha que o separava do PTB de Goulart e seus correligionários e o aproximava do trabalhismo de Getúlio Vargas, a quem admirava e de quem se tornara amigo. Em agosto de 1963, discursou no plenário:

> A ascensão política do trabalhador ele [Vargas] a efetivou através do voto secreto e da justiça eleitoral. A ascensão social, ele a realizou concedendo ao trabalhador o poder sindical e estabelecendo a legislação social e trabalhista, cujos princípios acabaram sendo consagrados pela própria Constituição Federal (...).
> No campo econômico-social, a ideia que norteou toda a ação de Getúlio Vargas foi a de realizar a conciliação humana entre capital e trabalho. E citando Vargas: "A política trabalhista é contrária à luta de classes, porque na sociedade não há classes e sim homens com os mesmos deveres e as mesmas necessidades."
> (...)
> A sua atuação obstinada foi sempre no sentido único de transformar o Brasil em nação industrial de elevado padrão de vida, de alto rendimento humano, de trabalho e de facilidade de capitais. (...) Para este fim tentou implantar uma economia planificada e criou várias empresas estatais. (...) No entanto, pelas suas palavras e atos sempre admitiu a livre empresa como fator de progresso nacional.
> (...)
> Ele, porém, mesmo em plena campanha eleitoral, (...) nunca deixou de alertar o povo brasileiro contra o comunismo.

O pensamento de Getúlio Vargas apresenta uma enorme semelhança com a doutrina social da Igreja. Guardadas as devidas proporções, podemos ver um grande paralelismo entre essa doutrina e o trabalhismo.

A questão da reforma agrária era a que produzia mais ruído naquele período de radicalização, com as ligas camponesas promovendo invasão de terras em algumas regiões. Em março de 1963, o governo propôs emenda à Constituição permitindo a desapropriação de grandes propriedades, mediante indenização com títulos da dívida pública.

João Pedro defendia o direito do trabalhador rural de acesso à propriedade da terra. Discordava, contudo, da necessidade de alterar a Constituição. Seu pensamento a esse respeito esteve sempre alinhado à doutrina do Concílio Vaticano II, reunido naquele momento sob a liderança do Papa João XXIII.

Em agosto de 1964, Goulart já deposto, ele explicou que tipo de reforma desejava para o campo:

> Como se tem falado muito em reformas, sem detalhá-las, é necessário que sejam precisadas as reformas que aspiramos. Queremos uma reforma agrária que incentive o homem do campo a produzir mais, dando-lhe, ao mesmo tempo, acesso à riqueza que ele ajudou a produzir. (...) Uma reforma agrária justa, que dando ao trabalhador agrícola uma participação na riqueza que ele contribuiu para criar não requer, necessariamente, uma mudança em qualquer dispositivo de nossa Constituição. A intervenção que o poder público já realizou na propriedade urbana também pode ser feita no campo, com outro conteúdo, para dar acesso aos trabalhadores às terras inexploradas ou exploradas de modo inconveniente, sem que para isso o governo tenha que, necessariamente, realizar custosas desapropriações do domínio de qualquer terra.

João Pedro defendeu as bandeiras do trabalhismo antes e depois do Golpe de 1964:

- Pela extensão do voto aos analfabetos

  "Em uma nação em que o eleitorado não vai além de 20% de seus habitantes, não podemos compreender como possa existir um governo verdadeiramente escolhido pelo povo sem que se conceda o direito de voto aos analfabetos que representam, no Brasil, mais de 50% de nossa população."

- Por uma reforma tributária

  "Um imperativo para obrigar todos a contribuir proporcionalmente à fortuna de cada um, para o bem-estar e prosperidade da Nação."

- Pela cobrança de pedágio nas estradas

  "Estradas feitas à custa dos sacrifícios fiscais exigidos de todos os brasileiros, mesmo daqueles que vivem no interior, sem ter o menor acesso a qualquer estrada."

Capitalismo com justiça social

Como era esperado, a contribuição de João Pedro ao debate sobre os rumos do modelo econômico foi diferenciada, não só pelo conhecimento das áreas de direito empresarial e societário, como pelo que aprendera ao participar de conselhos de administração ou no assessoramento de acionistas e proprietários.

Inflação foi sempre uma obsessão para João Pedro. Como parlamentar, ele procurou introduzir racionalidade ao debate. As empresas eram acusadas de serem responsáveis pela escalada inflacionária, e a solução proposta pelos nacionalistas era a nacionalização e estatização do setor privado, para o efetivo controle de preços pelo governo.

Em agosto de 1963, ele propôs a criação de uma comissão especial no Senado para estudar os reflexos da inflação sobre as empresas privadas, que na sua visão eram vítimas, e não vilãs.

> (...) No início do nosso desenvolvimento industrial, salvo raríssimas exceções, todos os empreendimentos nasceram e prosperaram dentro do âmbito da livre iniciativa; na proporção em que a inflação monetária foi evoluindo, passando de razoável para uma inflação galopante, astronômica, a estrutura das empresas privadas começou a ruir. No princípio, foram atingidas as indústrias de infraestrutura, obrigando o governo a estatizar, ou a tentar estatizar todas as manufaturas deste setor vital para a economia do país, e a preencher a lacuna surgida com a retirada dos capitais privados desta área industrial.
>
> A socialização total da nossa economia, para onde estamos indo, não encontra amparo na nossa legislação, não é desejada pelo governo e cria problemas enormes para o próprio Estado. O progresso da estatização é resultado da inflação e da política tributária e cambial.

Em agosto de 1964, quatro meses depois da queda de Goulart, João Pedro apresentou projeto de lei com o objetivo de assegurar aos empregados o direito de preferência para subscrever 20% do aumento do capital realizado pelas sociedades anônimas. Em suas palavras, era o primeiro passo para, em outras etapas, o trabalhador ter participação direta nos lucros e acesso à própria administração da empresa.

A iniciativa, elogiada pelo jornal *Última Hora*, mereceu longo editorial, que destaca sua atuação como "integrante do PTB, católico praticante e dirigente empresarial de grande responsabilidade, integrado nos problemas das classes conservadoras".

> O senador Gouvêa Vieira está provando à sua classe empresarial que é possível, simultaneamente, defender o capitalismo dando às relações do trabalho e da produção o conteúdo de justiça social indispensável.

Mais que isso: o senador fluminense adverte o patronato que este é o comportamento efetivamente conservador, porque previne e evita a subversão. Tomara que o ouçam.

Não foi ouvido. Em 1971, quando já não tinha mais mandato, o projeto de lei foi rejeitado por 17 a 11 na Comissão de Constituição e Justiça do Senado.

Apesar de ter torcido pela vitória do golpe cívico-militar, João Pedro sempre negou participação na conspiração. Na onda de denuncismo e perseguições, sobretudo contra os integrantes do PTB, seu nome chegou a ser incluído em listas de dossiês secretos e inquéritos sigilosos que nunca vieram a público.

Seu compromisso com a verdade dos fatos o colocou, não poucas vezes, em lado oposto ao Regime Militar recém-instalado. O novo ministro do Planejamento, Roberto Campos, foi um dos primeiros a se defrontar com a tenacidade do então senador quando anunciou o pagamento de uma indenização de 135 milhões de dólares à American Foreign Power (Amforp), encampada em 1962 pelo governador do Rio Grande do Sul, Leonel Brizola. A questão criara um contencioso importante nas relações com o governo americano, quando Roberto Campos era o embaixador em Washington. Na ocasião, Tancredo Neves, então primeiro-ministro do governo Goulart, nomeou a Comissão de Nacionalização das Empresas Concessionárias de Serviços Públicos (Conesp) para analisar e avaliar a nacionalização dessas empresas. Santiago Dantas, ministro da Fazenda, indicou João Pedro para presidente dessa comissão. O relatório apresentado ao presidente João Goulart não chegou a ser examinado, e o assunto ficou adormecido.

O anúncio do pagamento da indenização suscitou protestos no Congresso e Roberto Campos teve que se explicar. Presente no plenário, o senador João Pedro se opôs veementemente à decisão, argumentando que o preço acertado era muito alto, superior mesmo ao que a própria Amforp pedira no início das negociações. Por ter participado da comissão que analisou a nacionalização da empresa, João Pedro assegurou que o governo brasileiro não tinha nenhuma obrigação de efetivar a compra. O episódio contribuiu para manter João Pedro e Roberto Campos em relações estremecidas até o fim de suas vidas.

Revolução é diferente de golpe

A simpatia que nutria por Castelo Branco e por alguns de seus ministros, como Otávio Bulhões, da Fazenda, amigo pessoal, não impediu o senador de prosseguir pressionando por pautas do trabalhismo que lhe eram caras.

Ainda em 1964, o jornal *Última Hora* repercutiu um discurso de João Pedro, em que ele alertava que "o movimento militar de 1º de abril não passará de um golpe de Estado se não forem promovidas as reformas porque, para que exista uma revolução, é essencial que do mesmo movimento resulte mudança na estrutura política e econômica do Estado".

E prosseguia o editorial:

> Ao acentuar a necessidade de realização de tais reformas, lembrou o senador Gouvêa Vieira a posição assumida pelo Episcopado em manifesto de 30 de abril de 1963, que preconizou a adoção de tais medidas porque ninguém pode desconhecer a situação de milhões de nossos irmãos que vivem nos campos, sem poder participar dos benefícios do nosso desenvolvimento, em condições de miséria que constituem uma afronta à dignidade humana.
>
> Afirmou o senhor Gouvêa Vieira que a revolução se distingue dos golpes de Estado, pois nela "determinada classe, então dominante, perde todos ou alguns dos seus privilégios ou direitos, justos ou injustos, a favor de outra ou outras classes". (...)
>
> Quando se fala em reformas, e quando elas duram anos para serem estudadas e aprovadas, não podemos deixar de meditar na verdade causticante dessas palavras do abade Pierre:[5] "Miséria é fome e

[5] Mais conhecido como *abbé* Pierre, em 2008, criou o Movimento Emaús, presente em 41 países, dedicado ao combate à pobreza e à exclusão social.

lágrimas, mas nas mesas ministeriais transformam-se em cifras e estatísticas, frias e incolores."

Como exemplo de revolução, e não de golpe, João Pedro citara a Revolução Francesa e a Revolução de 1930, de Vargas. O economista Eugênio Gudin, seu mestre e amigo, rebateu na coluna que assinava no jornal *O Globo*:

> Desaparecida do cenário político a grande figura de Santiago Dantas, tenho a impressão de que seu herdeiro presuntivo no PTB seja meu querido amigo, senador Gouvêa Vieira, que apesar de não ter os predicados de orador de Santiago, é dotado de excepcional vivacidade. Falando ao Senado, Gouvêa lançava a seus pares a proposição de que é preciso distinguir entre "golpe de Estado, simples substituição de pessoas" (ôte-toi de là que je m'y mette) e "revolução", a qual forçosamente importa, na opinião do senador, "na mudança da estrutura política e econômica do Estado". Referiu-se, entre outras, "à Revolução Francesa e à nossa Revolução de 30", à qual ele atribui propósito de alteração estrutural.

Dias depois, sem citar Gudin, veio a tréplica de João Pedro, por ocasião dos dez anos da morte de Vargas:

> Para a terminação da revolução industrial iniciada por Getúlio Vargas, não devemos ver homens, mas ideias. Não devemos tampouco nos cingir a ideias, quando a Nação necessita e clama por atos.
> A nossa história política e a economia estão divididas em diversos períodos. Do ponto de vista sociológico, porém, a história do Brasil está dividida somente em dois: o anterior e o posterior à chegada de Vargas ao poder.

Em outras intervenções, João Pedro reclamou do bipartidarismo imposto pelo regime militar. Em sua coluna do *Jornal do Brasil*, em 1967, apontou:

> O bipartidarismo estabelecido pela revolução criou uma divisão puramente política e puramente artificial. Esses dois partidos (Arena e MDB) são apenas um contra a revolução e outro contra a subversão, ou seja, contra o regime vigente em marco de 1964. Assim, sem qualquer motivação positiva, eles não têm o entusiasmo popular. Uma vez consolidada a revolução, não havendo mais necessidade de um partido para defendê-la e outro para atacá-la, torna-se necessário adaptar a lei à realidade social brasileira, admitindo-se a existência de pelo menos três grandes partidos.

Em outra coluna, mais adiante, insistiu no tema.

> Antes da revolução de março existiam em nosso país partidos políticos em demasia e dos mais variados matizes (...).
> (...) o bipartidarismo poderia ser tolerado como uma solução efêmera, enquanto o regime revolucionário não se estabilizasse. (...) O ideal, portanto, seria a criação de um terceiro partido que defendesse as reformas sociais desejadas pela classe operária, deixando à Arena e ao MDB a representação do pensamento das outras duas classes.

Àquela altura, João Pedro já não fustigava o caráter golpista do movimento de 1964, mas mostrava o incômodo que lhe causava ter se tornado suplente de um senador da Arena: Vasconcelos Torres aderiu logo que pôde ao novo regime.

O endurecimento do Regime Militar levou à cassação de muitos companheiros de seu partido, o PTB. João Pedro ajudou, inclusive financeiramente, Neiva Moreira, Bocaiúva Cunha, Jesus Soares Pereira, exilado no Chile, e outros que ele chamava de "PTB do bem".

Em 1984, com o país em pleno processo de redemocratização, surgiu a viabilidade da candidatura de Tancredo Neves, que ele conhecia desde a década de 1950. A convite de Tancredo, João Pedro assumiu, ao lado de Walter Moreira Salles, a coordenação da arrecadação de fundos para a campanha.

Eleito pelo Colégio Eleitoral em 1985, Tancredo Neves indicou João Pedro para integrar a Comissão Afonso Arinos ao lado de outros brasileiros notáveis, representantes dos mais diversos setores da vida brasileira. O relatório final foi entregue aos membros da Assembleia Nacional Constituinte, que se reuniu para elaborar a nova Constituição de 1988.

O homem das fórmulas mágicas

Em 1942, Nabuco e João Pedro deixaram as salas da rua da Alfândega, seu primeiro endereço, e se instalaram na Avenida Rio Branco, n.º 85, no centro do Rio. Em 1961, com o novo estatuto da Ordem dos Advogados permitindo a prática da advocacia em sociedade de advogados, João Pedro constituiu o Escritório de Advocacia Gouvêa Vieira. Nabuco, por sua vez, criou o Escritório de Advocacia José Thomaz Nabuco.

Até seu falecimento, João Pedro se manteve ativo. Sua sala ficava aberta aos colegas que buscavam orientação. Ao mesmo tempo, participava das reuniões dos conselhos de administração de mais de 30 empresas, nacionais e estrangeiras, e servia como conselheiro informal de seus acionistas.

Ao anunciar seu falecimento em julho de 2003, o jornal *O Estado de S. Paulo* definiu-o como "o brasileiro que sempre teve orgulho de ser um comprador de multinacionais".

Para Carlos Alberto Martins Bastos, acionista e executivo da nova geração da Ipiranga, João Pedro foi "o homem das fórmulas mágicas": "Inteligência, cultura, bom senso, um enorme espírito conciliador e uma grande lealdade foram os principais ingredientes deste alquimista para formular, junto com seus pares, o sucesso da Ipiranga nesta longa história..."

BERNARDO CABRAL

José Alberto Simonetti[1]

> *"Quem ganha a história é quem a conta.*
> *O importante da história é a sua narrativa.*
> *Só se vence uma demanda, só se vence uma batalha,*
> *quando se narra como aconteceu".*[2]

Dia 27 de novembro de 2023. Bernardo Cabral, aos 91 anos, subia ao palco na abertura solene da 24ª Conferência Nacional da Advocacia brasileira, em Belo Horizonte (MG). Considerado o maior evento jurídico do mundo,[3] a excelência da ocasião ficou completa com sua a presença desse grande mestre não apenas da advocacia, mas de toda a nação brasileira.

Aos 91 anos, com passos mansos, ele caminhou para seu assento à mesa. Cumprimentou-me com um abraço. Não foi um cumprimento

---

[1] Advogado. Presidente do Conselho Federal da Ordem dos Advogados do Brasil (CFOAB).

[2] SEGATO, Rita Laura. "Íntegra: professora emérita Rita Segato. Youtube". *In*: Canal UnBTV, 2018.
Disponível em: https://www.youtube.com/watch?v=D-z9I7xGRmUg. Acesso em 5 de novembro de 2023.

[3] "Guinness reconhece 24ª Conferência da OAB como maior congresso da área jurídica do mundo". *In*: OAB Nacional. Brasília: OAB Nacional, 2023. Disponível em: https://www.oab.org.br/noticia/61773/guinness-reconhece-24-conferencia-da-oab-como-maior-congresso-da-area-juridica-do-mundo. Acesso em 5 de dezembro de 2023.

protocolar. Ali, um discípulo abraçava seu mestre. Naquele momento, dois conterrâneos de Manaus (AM) celebravam suas histórias de coragem ao assumir, em épocas distintas, a liderança da maior entidade da sociedade civil brasileira, a Ordem dos Advogados do Brasil (OAB).

Diante de um público com maioria jovem, Cabral completou seu caminho com o olhar juvenil e o sorriso espalhado pelo rosto. O público refletia o quadro atual da advocacia. A maioria jovem. Ele, um jovem de ideias, sentou-se como um dos grandes.

Dizem que toda luta por Justiça pode ser eternizada se sobre ela puder ser contada uma história. As palavras consagram a nascente e a foz do curso da vitória de uma batalha. Ditas ou escritas, elas são as ferramentas genuínas de trabalho da advocacia. A liberdade depende delas. Bernardo Cabral é um herói que representa a memória viva da democracia e da advocacia de nosso País, razão pela qual foi condecorado com a maior honraria da advocacia nacional, a Medalha Rui Barbosa. Nestas pequenas palavras bibliográficas, desejo consagrar, na eternidade, sua contribuição para o Direito, para a advocacia e para a democracia no Brasil.

Figura central no processo de consolidação democrática brasileira, Bernardo Cabral nasceu na capital amazonense em 27 de março de 1932. Sua trajetória é desenhada por episódios marcantes na história republicana do Brasil. Após perder seu irmão aos 17 anos de idade de forma brutal, Bernardo Cabral decidiu mudar de rota. Abandonou uma oportunidade de estudar engenharia nos Estados Unidos e começou a construir sua carreira na advocacia. Com altos e baixos, reviravoltas, lágrimas, mas sobretudo vitórias, Cabral superou as muitas adversidades do caminho com a serenidade e a coragem características de sua personalidade.

Multifacetado, Bernardo também foi jornalista, professor, delegado, promotor e psicólogo. Aos 30 anos, iniciou sua carreira política. Foi o deputado estadual mais votado de seu pleito no Amazonas. Em seu segundo mandato, tornou-se líder do partido, presidente da Comissão de Constituição de Justiça e grande opositor ao regime civil-militar brasileiro. Ao lado de Arthur Virgílio, fundou o Movimento Democrático

Brasileiro — MDB e elegeu-se deputado federal em 1966, prosseguindo com atuação destacada na Câmara dos Deputados. No entanto, em 10 de fevereiro de 1969, teve o mandato cassado por dez anos após a suspensão de seus direitos políticos em razão do Ato Institucional (AI) n.º 5, bem como interrompida a sua carreira de professor universitário.

Cabral descreve sua eleição como deputado federal em 1966 e aproximação com Mário Covas. "Éramos uma turma de jovens... Mário era quatro anos mais velho do que eu... ele me escolheu Vice-Líder do partido",[4] recorda Cabral. Esta experiência precoce na liderança política se mostra fundamental em sua jornada.

Após a cassação de seu mandato parlamentar, Bernardo Cabral voltou ao exercício da advocacia com mais tenacidade. Tornou-se Conselheiro Federal e não demorou a se eleger Secretário-Geral da OAB ao tempo da presidência de Eduardo Seabra Fagundes. Naquele período, presenciou o mais violento ataque à advocacia: a carta-bomba que vitimou Lyda Monteiro.[5]

Em seguida, mesmo sem tradição jurídica familiar, presidiu a Ordem após um trabalho de base que, hoje, orienta a atuação da gestão "OAB de Portas Abertas". Construiu sua candidatura em visitas às Seccionais de todo o país e revolucionou o olhar da advocacia. Em sua gestão na presidência da OAB Nacional (1981-1983), Bernardo também vivenciou outro momento de violência: o atentado ao Riocentro.[6]

A historiadora Marly Motta usa a reforma do ensino jurídico como um exemplo da "dupla face" do mandato de Cabral frente a OAB:

---

[4] Disponível em: https://acervodigital.cedec.org.br/wp-content/uploads/tainacan-items/534/7982/1-BERNARDO_CABRAL.pdf. Acesso em 2 de abril de 2024.

[5] MOTTA, Marly Silva, *et al.* História da Ordem dos Advogados do Brasil, v.5: da Redemocratização ao Estado Democrático de Direito 1964-1988). Rio de Janeiro: OAB, 2006. 377p.

[6] No dia 30 de abril, a explosão de uma bomba em um carro estacionado no Riocentro, no Rio de Janeiro, onde se realizava um show de música em comemoração do dia do trabalhador, atingiu seus ocupantes, matando o sargento Guilherme Pereira do Rosário e ferindo gravemente o capitão Wilson Luiz Chaves Machado. Apesar da OAB ter aventado a hipótese da ocorrência de outros atentados, o do Riocentro caiu como uma bomba sobre ela (...). Relacionando a impunidade e o descaso das autoridades na apuração do atentado contra a OAB como motores dessa nova manifestação do terror. (MOTTA, *et al.* 2006, p. 188.)

> (...) enquanto o primeiro se ocupou prioritariamente dos "problemas que afligiam a nação"-" o pacote de novembro", com a proibição das coligações partidárias e a instituição do voto vinculado nas eleições para governador em 1932, — o outro, tratou das questões que "atormentavam a própria classe", como a crise do ensino jurídico no país, e a urgência na reformulação do currículo de direito e da metodologia do ensino, visando a formação dos bacharéis em direito às novas demandas sociais e profissionais".[7]

Nosso Medalha Rui Barbosa sempre foi um vanguardista. Visionário, já percorria os eventos jurídicos e acadêmicos pela disputa de um ensino jurídico de qualidade e cidadão. Para além desta bandeira, Bernardo enfrentava o desafio da mudança de perfil da advocacia de profissional liberal para um empregado assalariado. Este olhar eficiente para o contexto socioeconômico do país o fez lutar por um debate mais corporativo na instituição, sem fugir da disputa democrática conjuntural.[8]

Após sua passagem na OAB, Bernardo Cabral retornou à política. Eleito deputado constituinte pelo PMDB, representou as demandas da advocacia na Assembleia Nacional Constituinte (ANC). Naquele período, conduziu a empreitada mais desafiadora de sua carreira: a Relatoria-Geral da Constituinte. Em mais uma missão pública, Bernardo sai vitorioso. Venceu um trabalho árduo: negociações, mediação de conflitos e interesses sociais. Foram 330 sessões plenárias em 309 dias. Somente na primeira fase, consolidou 501 artigos e analisou mais de 5 mil emendas.

A habilidade de Cabral para equilibrar diferentes pontos de vista, mesmo sob pressão de grupos como o Centrão e lobbies variados, ressalta sua capacidade de liderança. "Em nenhum momento deixei de ter certeza de que a Constituição seria promulgada", disse Cabral, refletindo sua confiança no processo constitucional.

---

[7] MOTTA, 2006, pp. 193-194.

[8] A discussão sobre a Lei de Segurança Nacional durante as Sessões Plenárias é um exemplo disto.

A decisão de Cabral de concorrer a uma vaga na Assembleia Nacional Constituinte revela seu compromisso com o país. "Achavam que eu tinha um bom nível porque já tinha sido professor, presidente da Ordem dos Advogados",[9] ele explica, evidenciando sua reputação e competência. Sua eleição como Relator-Geral da Assembleia Nacional Constituinte, disputando com figuras como Fernando Henrique Cardoso e Pimenta da Veiga, demonstra o reconhecimento de sua capacidade e experiência.

A redução de mais de 2.800 artigos propostos para 245 no texto final da Constituição demonstra a habilidade de Cabral em destilar essências e conciliar interesses diversos. Teve um papel decisivo nas questões de governança, como no debate sobre o parlamentarismo e o presidencialismo, e a controversa adoção da Medida Provisória no sistema presidencialista, uma decisão que ele antecipadamente alertou teria consequências significativas.

Na Assembleia Constituinte, a habilidade de Cabral em gerenciar debates complexos e processar uma quantidade vasta de emendas era evidente. Ele analisou pessoalmente mais de 40.000 emendas, uma tarefa hercúlea. "Nos corredores as pessoas afluíam — com emendas populares, os lobbies, alguns legítimos de toda sorte",[10] relata Cabral, com ênfase para o dinamismo do processo.

Cabral também enfrentou desafios nas discussões sobre reforma agrária e o papel do Ministério Público. "Nenhuma outra constituição do mundo tem garantias para a cidadania como a nossa",[11] ele orgulha-se.

Lutou para assegurar que o texto constitucional refletisse um equilíbrio entre diferentes pontos de vista políticos, enfrentando desafios e resistências, tanto do Centrão quanto de grupos mais radicais. A Constituição que emergiu desses esforços foi uma que equilibrava liberdades e responsabilidades, refletindo a diversidade do Brasil e sinalizando um novo caminho para a nação.

---

[9] Disponível em: https://acervodigital.cedec.org.br/wp-content/uploads/tainacan-items/534/7982/1-BERNARDO_CABRAL.pdf. Acesso em 2 de abril de 2024.

[10] Ibid.

[11] Ibid.

Seu trabalho na relatoria foi marcado por pressões intensas, não apenas políticas, mas também pessoais. As ameaças recebidas durante esse período, embora profundamente perturbadoras, não o desviaram de sua missão de criar uma Constituição que representasse todos os brasileiros.

Em sua atuação, Cabral demonstrou uma resiliência notável frente às pressões, inclusive dos militares, mantendo-se firme em seus princípios e objetivos. Sua capacidade de conciliar diferentes facções, de dialogar com pessoas de diversas ideologias e perspectivas, foi crucial para o sucesso da Constituinte

Nesse percurso, o relator sofreu ameaças de fechamento do congresso, em meio a um momento ambivalente entre a abertura política democrática e as investidas do governo militar. O deputado também foi central na disputa da inclusão do atual art. 133 da Constituição Federal, de autoria do ex-presidente Michel Temer,[12] que trata da indispensabilidade da advocacia e da imunidade dos advogados e advogadas no exercício da profissão. O dispositivo é um feito inédito na história constitucional brasileira, que transformou os rumos da Advocacia Nacional. Sem perder o perfil de grande líder da classe, Bernardo sempre destacou:

> E quero dizer o seguinte: eu não fui o melhor, porque, o que eu lutei por uma Assembleia Constituinte, eu fui Relator, mas os meus colegas Presidentes da Ordem, todos fizeram isso antes. O pessoal diz que a bomba do Riocentro arrebentou na minha gestão. Eu era Presidente da Ordem dos Advogados do Brasil. Mas antes dessa minha gestão, houve a bomba da Dona Lyda lá, que derrubou inclusive quase parte do nosso... e matou a dona Lyda. O Presidente era o Eduardo Seabra Fagundes, que se saiu muito bem, quer dizer, todos se saíram bem. Então eu fui um a mais.[13]

---

[12] Disponível em: https://www.oab.org.br/noticia/27057/oab-homenageia-constitucionalista-michel-temer-autor-do-artigo-133?argumentoPesquisa=michel%20temer%20artigo%20133.

[13] Entrevista concedida ao Serviço de Arquivo Histórico (SEAHIS) do Senado Federal. Disponível em: https://www12.senado.leg.br/institucional/institucional/entrevista?grupo=relatores&id=bernardo-cabral

A advocacia, como conhecemos hoje, foi concebida por ele primeiro como uma utopia, ainda em um período autoritário. Depois, passou para o texto. E, em seguida, na prática diária da advocacia, Bernardo Cabral ajudou a construir o atual sistema jurídico. A ele, a advocacia democrática brasileira deve tudo. Ao resgatarmos sua história, desenhamos o futuro que desejamos para a advocacia pautado em seus valores: união da classe, perseverança, democracia e justiça social.

Paul Valéry afirma:

> "É mais útil contar aquilo por que passamos do que simular um conhecimento independente de qualquer pessoa e uma observação sem observador. Na verdade, não existe teoria que não seja um fragmento cuidadosamente preparado de alguma autobiografia".[14]

A luta de Cabral pela redemocratização do Brasil, e em especial por uma Constituinte exclusiva, foi fundamental para a transição do país de uma "excepcionalidade institucional terrível" para um reordenamento constitucional baseado em princípios democráticos.[15] Sua decisão de entrar na política novamente, motivada por um desejo de contribuir significativamente para a redação da nova Constituição, reflete seu compromisso com o país.

A confiança de Cabral na promulgação da Constituição[16] e sua crença no caminho que ela apontaria para o Brasil ilustram sua visão sobre a democracia brasileira. Cabral, em sua perspicácia, destaca a importância de uma liberdade consciente, livre de dogmas ou de situações

---

[14] VALÉRY, 1991, p. 204.

[15] Disponível em: https://acervodigital.cedec.org.br/wp-content/uploads/tainacan-items/534/7982/1-BERNARDO_CABRAL.pdf. Acesso em 2 de abril de 2024.

[16] Neste ponto, trago uma afirmação do Ministro Luís Roberto Barroso com a qual eu concordo e acredito importante sempre demarcar. Para ele, os objetivos últimos da Constituição podem ser assim sistematizados: a) Institucionalizar um Estado democrático de direito, fundado na soberania popular e na limitação do poder; b) Assegurar o respeito aos direitos fundamentais, inclusive e especialmente os das minorias políticas; c) Contribuir para o desenvolvimento econômico e para a justiça social; d) Prover mecanismos que garantam a boa administração, com racionalidade e transparência nos processos de tomada de decisão, de modo a propiciar governos eficientes e probos.

políticas restritivas. Como ele brilhantemente aponta, "os que não têm a consciência da liberdade, aqueles que aceitam qualquer exigência, deste ou daquele dogma, ou situação política, estão além dos postulados da liberdade".[17] Esta observação ressoa com a missão da OAB de promover a justiça e preservar a liberdade.

A luta pela liberdade, segundo Cabral, é um esforço contínuo, marcado por sacrifícios e desafios constantes. Ele sublinha que "não se pode falar em liberdade com a prática da omissão, esse subproduto do nada e do não".[18] Como advogado e defensor da justiça, compreendo profundamente esta mensagem — a liberdade requer ação ativa e vigilância constante.

A análise de Cabral sobre a relação entre imprensa e liberdade *versus* censura é um tema que considero de suma importância. Ele relembra episódios sombrios da história brasileira, como a criação do Departamento de Imprensa e Propaganda (DIP) por Getúlio Vargas e a censura imposta pelos Atos Institucionais durante a ditadura militar. Esses eventos ressaltam a difícil batalha pela liberdade de imprensa, um pilar essencial da democracia constitucional.

Cabral expressa uma preocupação legítima com o populismo e seu impacto na democracia liberal, citando exemplos globais onde o populismo autoritário tem ganhado força. Esta reflexão é crucial em nosso tempo, ao reafirmar a necessidade de defender as instituições democráticas e a liberdade de imprensa. A observação de Cabral de que "uma imprensa controlada pelo Estado ou pelas elites dominantes pode ensejar a eclosão de não apenas uma, mas duas ou várias ditaduras numa mesma região" é um alerta que devemos levar a sério.

Sua jornada política foi marcada por um comprometimento férreo com os valores democráticos e com a advocacia e a justiça, conforme evidenciado em sua atuação no Instituto dos Advogados e na Ordem dos Advogados do Brasil.

---

[17] "Neste ponto, trago uma afirmação do Ministro Luís Roberto Barroso com a qual eu concordo e acredito..."

[18] Disponível em: https://www.editorajc.com.br/wp-content/uploads/2022/08/Liberdades.pdf. Acesso em 2 de abril de 2024.

A história de Bernardo Cabral é exemplo de comprometimento com a justiça e a democracia, aspectos que ressoam profundamente em minha própria jornada como Presidente do Conselho Federal da OAB. Vejo nas reflexões de Cabral uma inspiração e um guia para nossa luta contínua pela justiça, pela liberdade de expressão e pela preservação da democracia. É nosso dever, como guardiões da lei, assegurar que os sinos da democracia nunca dobrem pelas exéquias da liberdade.

Referências bibliográficas

MOTTA, Marly Silva, *et al. História da Ordem dos Advogados do Brasil, v.5: da Redemocratização ao Estado Democrático de Direito (1964-1988)*. Rio de Janeiro: OAB, 2006. 377p.

VALÉRY, Paul. "Poética e Estética". *In*: ______. *Variedades*. São Paulo: Iluminuras: 1991. pp. 137-220.

BARROSO, Luís Roberto. *Curso de direito constitucional contemporâneo: os conceitos fundamentais e a construção do novo modelo*. 2. ed. São Paulo: Saraiva, 2010.

SAN TIAGO DANTAS

José Alexandre Tavares Guerreiro[1]

A rigor, desde que o mundo é mundo, qualquer época histórica é de transição, diz um humorista ao parodiar a primeira frase de Adão a Eva, na saída do paraíso. Contudo, da década de 1930 à década de 1960, o que se passou no direito brasileiro foi uma impressionante série de transições, que começaram a constituir o perfil de um renovado Brasil, saído de um modelo exclusivamente agropastoril tradicional para uma sociedade progressivamente urbana, marcada por crescente industrialização, e com economia tendente a uma espécie de capitalismo ainda elementar, fundado em sistema financeiro relativamente bem organizado. O país se redescobriu, para o bem ou para o mal e, de um ou outro modo, inseriu-se aos poucos e timidamente na comunidade internacional e mais timidamente ainda na latino-americana. Infelizmente, a linguagem de crise recorrente perdurou, nas décadas seguintes, muitas vezes para explicar ou justificar fracassos da ação governamental, em períodos sucessivos de progressos súbitos e recessões profundas, ou de inflação constante e resistente, sempre sob o pretexto retórico de

---

[1] Bacharel em Direito, mestre em Direito comercial e doutor em Direito comercial pela Universidade de São Paulo. Tem experiência na área de Direito, com ênfase em Direito comercial e societário, Direito empresarial, bancário, tributário, antitruste, franquia e contratos de agenciamento.

uma perpétua transição. Estivemos sempre em transição. Como se fôssemos o único país do mundo a experimentar o fenômeno.

Quando San Tiago Dantas começou a atuar, na década de 1930, jovem advogado e professor, começávamos a ingressar no primeiro capítulo das nossas longas transições, ainda nos tempos de Getúlio Vargas ditador, mas ditador com a intenção de modernizar estruturas econômicas arcaicas e tirar do poder elites políticas tradicionais. Muitas ditaduras perseguem exatamente essa bandeira aparentemente paradoxal, mas o resultado é o que se sabe. Durante todo o estágio do Estado Novo, diria San Tiago já em 1944 (vinte anos antes de sua morte), entravam em choque a "doutrina antiga" e "a lei nova". A ordem positiva passava por reforma profunda, sob a liderança de Francisco Campos (vinte anos mais velho que ele), renovando-se o processo civil e o penal, as leis de falências e de sociedades anônimas e vindo à luz a Consolidação das Leis do Trabalho.

Essa nova lei (em seu conjunto de intenção progressista) tinha como foco centralizar a fonte do direito na União, abolindo as competências estaduais, bem como atualizar aqueles referidos campos normativos, ainda que sob a inspiração de pensamentos e doutrinas autoritárias. Até 1945, esse direito, por assim dizer "novo", vigorava em um país regido, contudo, por estatuto constitucional não democrático, que somente a partir de 1946, com a nova Constituição, haveria de ruir.

Foi nesse contexto que San Tiago vislumbrou o contraste que marcaria, dali por diante, não apenas seu pensamento de jurista, como igualmente o exercício da profissão de advogado e do ofício de jurisconsulto e a atividade política. O sistema de direito positivo viera de cima, imposto pelo Estado, sob escassa ou nenhuma depuração legitimadora por meio de órgãos de representação popular. A grande massa doutrinária até então produzida sobretudo pela academia, de elevadíssimo valor teórico e em grande parte voltada ao Direito Privado (mais precisamente ao Direito Civil) necessitava ser complementada pelo suporte exigido pelas intersecções com o Direito Público, ou exigia, verdadeiramente, a atenção original de juristas para problemas novos, ainda inteiramente desconhecidos da experiência anterior.

No segmento do direito administrativo, por exemplo, bem como nas hipóteses de intervenção do Estado no domínio privado e repressão aos abusos do poder econômico, San Tiago atuaria combinando seu domínio do Direito Civil e sua capacidade de estudioso das novas instituições e problemas emergentes da economia.

Em trabalho publicado em 1953, analisou questões centrais relativas aos preços no mercado, diante de situações nas quais haveria fixação de condições monopolísticas. A questão teria repercussão por décadas, inclusive diante da persistente intervenção do Estado no domínio da indústria do açúcar. Deve-se sublinhar o grau de conhecimento do autor do parecer sobre as doutrinas econômicas e jurídicas em matéria concorrencial, até então muito pouco exploradas entre nós. Com base na experiência do direito norte-americano, em matéria de formação de preços e monopólio, e em recentíssimas fontes naquele país, o parecer seria pioneiro em uma série de indagações pertinentes a esse segmento jurídico, inclusive pela invocação, que ele próprio faz, da cláusula *due process of law*, que veio a ser, a propósito, objeto de outro trabalho seu.

Nesses dois escritos, San Tiago recorreu à experiência do direito dos Estados Unidos — o que, naquela ocasião, era raríssimo no Brasil —, pois estava certo de que, na matéria, seria muito importante a matriz desse direito para aplicação de nossa incipiente disciplina no Brasil. Retomou-se, assim, a frequentação de Rui Barbosa que, em matéria de Direito Público, socorreu-se das fontes e da experiência da *common law* e da *equity*, o que coloca em paralelo ambos os advogados brasileiros ao valerem-se do mesmo recurso, assim denotando notável coincidência de ordem prática e habilitação teórica (cf. *Problemas de direito positivo*. Rio de Janeiro: Forense, 1953, pareceres de fls 35 e seguintes e 85 e seguintes).

Outros domínios da ordem jurídica, como, exemplificativamente, a disciplina dos títulos de crédito, das insolvências, das primeiras regulações das sociedades comerciais após do Código Comercial Imperial de 1850, estavam a requerer necessária revisão, para colocá-las ao passo com os tempos.

Na verdade, San Tiago Dantas já vinha se dedicando ao estudo do Direito Civil como professor desde 1936, época da qual restará seu único livro jurídico concebido como tal, *O conflito de vizinhança e sua composição*, que teve sua segunda edição em 1972, pela Editora Forense. Encimada por epígrafe de Shakespeare (*The Merchant of Venice*), essa obra, ainda do início de uma carreira acadêmica, já trazia, entretanto, notas evidentes de preocupação sistemática que vão além do Direito Civil *stricto sensu*, e afinal seria vitoriosa e aplaudida, bem como lembrada sempre por numerosas gerações de discípulos. Embora na aparência simples dissertação para concurso à cátedra de Direito Civil da Faculdade Nacional de Direito, dela dirá Dario de Almeida Magalhães, ao apresentá-la, que nela já se viam traçadas "as diretrizes da política estatal de proteção à saúde, sossego e segurança nas situações criadas pelo desenvolvimento industrial, no qual se salienta a preponderância das normas de direito administrativo, a seguirem caminho algo diverso das do Direito Civil".

Assim, surgiu ele como civilista, no cenário cultural brasileiro. Entretanto, em seu horizonte, já estavam delineados os problemas decorrentes das situações em que Direito Privado e Direito Público se conectam, fazendo esmaecer distinções acadêmicas severas entre um e outro segmentos da ordem jurídica. O que San Tiago Dantas encontrou, em linhas muito gerais, mas em sentido premonitório, foi o estudo de uma "doutrina velha", como ele mesma iria chamá-la, diante das inovações trazidas pelo "novo direito" que surgia, pela renovação do velho, mas sobretudo pela criação de novos estatutos e pelo reconhecimento de novas realidades.

Deve-se notar sua reverência à tradição civilista e, igualmente, aos grandes estudiosos do *ius civile*, tanto do Brasil quanto do Ocidente em geral. Veja-se, como demonstração, suas páginas admiráveis nesse domínio, bem como o elogio que fez de grandes figuras que o precederam, em *O conflito de vizinhança e sua composição*, 1939 (2ª edição em 1972, citada). O que cabe na distinção, que ST articulou, entre "velha doutrina" e "direito novo" evidentemente não são os cânones do Direito Privado da herança romano-germânica, mas a natural insuficiência do direito posto, do início da década de 1930 em diante, para compreender todos os desenvolvimentos da economia e da sociedade em marcha a partir desse momento. Confira-se o que ele mesmo haveria de dizer, no fechamento de seu "Prefácio", de 1939, a essa obra: "No nosso trabalho também fomos ciosos de ter em vista, sempre que possível, a tradição literária e positiva do nosso próprio Direito, do qual não nos devemos separar, não só porque o Direito vivo é o que se desenvolve dentro do gênio de um povo, como porque, no nosso caso, esquecê-lo seria abandonar um valiosíssimo patrimônio de institutos e opiniões."

Ao proclamar, mais de uma vez, a ancianidade de certa doutrina europeia, incapaz de resolver problemas modernos, San Tiago Dantas não se recusou, no entanto, a ler e, portanto, a compreender a evolução da jurisprudência e da literatura de seu tempo, ciente, embora, de que tomávamos conhecimento no Brasil, com atraso, das novidades mais recentes e, mesmo assim, de apenas determinadas fontes e ilustrações de Direito Privado.

Vale como documento precioso de estudo sobre a história do direito no Brasil o volume *Figuras do Direito* (edição atual Forense, 2ª ed., de 2002, em que San Tiago Dantas enfeixa seus textos sobre Rui Barbosa e Clóvis Bevilacqua, ao lado de Lacerda de Almeida e de outros vultos significativos de nossa melhor tradição jurídica. É bem de ver, entretanto, que San Tiago não deixou margem a dúvidas quanto à sua rasgada preferência por Teixeira de Freitas, a seu ver o jurista que "entre nós, conseguiu ver mais profundamente no universo do direito e descobrir tanto conceitos técnicos como soluções normativas" (p. 99). Comparando-o a Bevilaqua, afirma San Tiago que o advogado Teixeira de Freitas (não o professor Bevilacqua) "possuía, no grau mais elevado, faculdade de criação, que permite a certas inteligências procurarem e encontrarem soluções novas, onde outras não conseguem romper o círculo das soluções conhecidas, dominando as contradições dialéticas e impondo-lhes a força irresistível da síntese" (p. 99).

Talvez essa menção altamente honrosa a Teixeira de Freitas (que, aliás, não figura nomeadamente na galeria das *Figuras do Direito*) venha a representar uma coincidência de atitude profissional entre o notável jurista baiano e o próprio autor do elogio. Na verdade, Clóvis nunca exerceu ativamente a advocacia mas, por seu turno, logrou uma vivência intelectual intensa, seja no Brasil ou no exterior, dedicando-se exclusivamente ao magistério e a algumas atividades ligadas à sua condição elevadíssima de jurisconsulto.

Nesse ponto de vista, Rui e Teixeira de Freitas foram predominantemente advogados. Rui, quando se aventurou pela carreira de homem público, teve como propulsor de candidatura a atividade política gerada pela intensa advocacia. Já Clóvis Bevilacqua permaneceu na posição de autêntico sábio, que soube assimilar, como ninguém, todas as correntes do pensamento filosófico e jurídico de seu tempo.

San Tiago tentou, presumivelmente, combinar o arrojo do advogado com a sabedoria do jurisconsulto, a capacidade de Teixeira de Freitas e a objetividade de Rui, inclusive na derivativa do Direito Público, com a profundidade teórica de Clóvis, jamais deixando de ser ele mesmo, na especificidade de sua ambição intelectual e política. Por essa razão, sempre lhe caiu especialmente bem a denominação de professor, o que ele foi desde o início, na década de 1930, passando pelas transições brasileiras, sem a menor sombra de dúvida.

Agudos comentários virão de suas lições sobre as tendências à unificação dos direitos nacionais e à harmonização de normas consuetudinárias no plano internacional. É o que se encontra em sua conferência sobre humanismo e direito, de 1948, na Pontifícia Universidade Católica do Rio de Janeiro, que se acha reproduzida nas *Palavras de um professor* (Rio de Janeiro: Forense, 2001, pp. 93 e seguintes). Com referência aos estudos de Tullio Ascarelli sobre o direito comparado, San Tiago Dantas já mencionava, no pós-guerra, a resistência nacional de muitos países às mudanças em sua legislação interna, inclusive sob o argumento (tantas vezes invocado posteriormente) da limitação da soberania, problema esse que, como se sabe, retornou à modernidade e à contemporânea discussão entre as nações.

Sua visão do direito de outros países procurava a perspectiva verdadeiramente comparatista, fugindo o confronto nominal e isolado de dispositivos fora dos respectivos contextos, para obedecer às premissas implícitas a essa tarefa de comparação sistemática e cultural, nos termos aliás preconizados por Tullio Ascarelli. Em seus trabalhos publicados (e notadamente naqueles incluídos nos *Problemas de direito positivo*, de 1953), percebe-se a ausência das enfadonhas citações doutrinárias estrangeiras, para, em seu lugar, surgir sempre a referência pontual e especialmente esclarecedora de outros sistemas de direito, na medida justa do necessário e do realmente útil ao argumento. Nada de erudição inútil.

Com essa predisposição, San Tiago logo se haveria de notabilizar, contudo, como um erudito, mas para servir-se do saber e da alta indagação para enriquecer o discurso ou justificar o ponto de vista, e sempre dotado da virtude de observador atento às peculiaridades de nosso país e de nosso Direito. Seu pensamento o alçou à categoria dos juristas capazes de enfrentar problemas do mundo que afetassem os interesses brasileiros, seguindo nesse ponto, de certa forma, a vocação e a trajetória intelectual de Rui Barbosa.

E, com os olhos postos nas experiências dos demais países, haveria ele de assinalar sua presença entre aqueles juristas que seriam responsáveis pela grande renovação do direito comercial, que se seguiria, algum tempo depois, conduzida sob a inspiração da escola formada por Tullio Ascarelli, na Faculdade de Direito da USP e, um pouco após, pelo extraordinário trabalho de José Luiz Bulhões Pedreira e Alfredo Lamy Filho, no Rio de Janeiro. A partir da década de 1970, com a inspiração para a Lei de Sociedades por Ações e para a Lei de Valores Mobiliários, obra destes dois últimos notáveis juristas, o direito empresarial tomou corpo com novo vigor em nosso País.

Indagações de grande relevância antecederam esses movimentos, ainda precocemente sob as vistas de San Tiago Dantas, relativamente à institucionalização do direito bancário, memo antes de 1964, e às questões especiais de culpa e risco nesse segmento da economia, inclusive no que concerne à responsabilidade civil do banco e dos administradores de instituições financeiras. Os passos pioneiros de San Tiago Dantas, nesse particular, realmente fundadores dessas novas disciplinas, ficariam célebres, tanto na jurisprudência como na doutrina, inclusive nos textos também famosos que se seguiram, de Vicente Ráo e Arnoldo Wald.

Também aí se observa, com nitidez, a interpenetração, ou, verdadeiramente, a convivência unificada, entre as práticas do direito comercial e os axiomas do Direito Civil em matéria de responsabilidade, dando origem a uma problemática complexa, cujas ramificações se estenderam a um vasto contencioso, que até hoje perdura e se desenvolve. O controle e a administração das empresas, expostas à responsabilização, como bem se sabe, constitui campo em que divergências contemporâneas se acumulam, dando origem a rica jurisprudência e alentada produção teórica. Em muitas das argumentações vistas hodiernamente, na prática, ainda se pode encontrar referência aos pareceres de San Tiago Dantas, apesar das alterações legislativas de base e do largo tempo passado desde o tempo em que foram proferidos.

Traços iniciais de outros problemas subsequentes já se encontram igualmente prenunciados nos *Problemas de direito positivo*, como os referentes, por exemplo, aos meios de proteção ao comprador, nos quais se pode divisar o núcleo dos direitos do consumo no Brasil, e aqueles outros problemas que se dirigem à disciplina das sociedades anônimas, como os direitos preferenciais de subscrição em aumentos de capital (ainda na década de 1950).

A perspectiva ampla e internacional de San Tiago Dantas deu-lhe essa capacidade de discernimento e a virtude de ver claramente a origem dos problemas e a complexidade de muitas de suas soluções. Essa foi, aliás, uma constante em seus trabalhos intelectuais, desde essa época remota, após o fim da Segunda Guerra Mundial.

O grande debate entre direito comum e direito nacional, a prevalência de um sobre o outro e os casos em que a derrogação de dogmáticas internas se admite e os casos em que se torna exigível serão campo de disputas da modernidade que até o presente suscitam discussões. Como artífice da política externa brasileira durante determinado período de nossa história, em que serviu como chanceler, San Tiago defendeu a vigência e força dos tratados com conhecimento e autoridade de verdadeiro *expert* na matéria, já na década de 1960.

San Tiago esmerou-se no cuidado em delimitar, com o máximo rigor, o problema paralelo da incidência da *lex specialis* diante da *lex generalis*, problema que, como se sabe, ocuparia o pensamento jurídico com significativa frequência em uma época sobre a qual se pode afirmar efetivamente que a transição impunha providências legislativas setoriais de emergência ou de particularidade exigida pelas circunstâncias. Nesse contexto, os próprios limites formais da lei, diante das intervenções regulamentares do Poder Executivo, completam o quadro complexo daquilo que ST com razão chamaria de "direito novo", com uma problemática intensa e extensa, a desafiar a argumentação do jurista.

Diante desse quadro, pode-se perceber que, mais importante que a mudança nas temáticas, no entanto, foi a mudança no modo de pensar, tanto no ensinamento quanto na prática do direito, nas décadas subsequentes, a partir do momento em que San Tiago Dantas surgiu e começou a atuar no mundo jurídico brasileiro. A memória que dele se guarda, tanto dos alunos quanto daqueles que com ele conviveram, e tudo aquilo que se pode ler de seus trabalhos permite formar desse brasileiro — e aqui se trata exclusivamente de San Tiago Dantas jurista e advogado — a exata impressão de quem trouxe relevante contribuição para a formação de nossa experiência jurídica.

Preservado o teor de suas aulas, pelo zelo valiosíssimo de seus alunos, e difundidos os seus escritos jurídicos em publicações esparsas, é possível confirmar essa impressão bem como o testemunho de juristas e estudiosos que atestaram o nível do papel que teve ele na construção de nosso pensamento e de nossa prática jurídica, da consciência de nossos próprios valores e da edificação de nossa cultura democrática, a que ele serviu.

Creio justificar, pelo que acima afirmei sobre San Tiago Dantas, sua inclusão merecida na galeria proposta por José Roberto de Castro Neves, em que devem figurar os juristas aos quais o Brasil deve sua formação e conformação atual. Advogado e professor, sua contribuição se inscreve em um período de transição e deve ser computada entre as obras que, no devido tempo, deixaram sua marca no meio em que vivemos.

São Paulo, julho de 2023

RUI BARBOSA

José Almino de Alencar[1]

A imagem contemporânea de Rui vem muitas vezes associada à ideia de obsoleto ou de algo sepultado na *belle époque* brasileira. Falecido em março de 1923,[2] no início da década modernista, foi alvo dos ataques do movimento que relacionava a sua escrita e a grandiloquência de seus discursos a uma retórica ultrapassada, em que predominaria o exibicionismo de um vocabulário de tamanho invulgar — visando mais ao ornamento e ao prestígio do que à substância —, movida a malabarismos sintáticos, arcaísmos e ausência de humor (substituído frequentemente por um sarcasmo de fórum), muito distante da celebrada por Manuel Bandeira: "Vinha da boca do povo a *Língua errada do povo/ Língua certa do povo/* Porque ele é que fala gostoso o português do Brasil".

O culto cívico a Rui, que se combinava com uma mitologia e um anedotário popular a seu respeito (resultado, sobretudo de suas campanhas à presidência e da sua presença combativa e continuada no Rio de Janeiro), começa a ser abalado com a queda da república da qual ele

---

[1] Sociólogo e escritor. Graduado pela Université de Paris, mestre em economia pela Vanderbilt University e doutor em sociologia, pela University of Chicago. Foi economic affairs officer do secretariado da ONU, em Nova York. Ocupou cargo de secretário-geral adjunto do Ministério de Ciência e Tecnologia e de secretário de assistência social do Ministério da Previdência e Assistência Social. Foi diretor do Centro de Pesquisas da Fundação Casa de Rui Barbosa.

[2] Às 20h25 de 1.º de março de 1923, depois de receber a extrema-unção.

foi fundador. A inauguração da Casa de Rui Barbosa por Washington Luís, a 13 de agosto de 1930, foi uma das últimas flores dessa república, apelidada de Velha pelo movimento que a derrubou. A modernidade no Brasil ficou sendo datada da Revolução de 1930, o que tendia a obscurecer pioneirismos ou legados de uma época anterior.[3]

Além disso, liberal renitente, Rui Barbosa não viu os seus esforços logrados: o liberalismo não chegou a fazer parte significante do nexo efetivo da vida ideológica brasileira até um período relativamente recente. Quando veio à tona a percepção de um sistema republicano em crise, depois de o país ter conhecido sucessivamente uma experiência autoritária com Floriano Peixoto e o grande acordo oligárquico da "política dos governadores", as discussões sobre o novo regime — na sua versão mais liberal — tornaram-se o apanágio principalmente dos nostálgicos do Segundo Reinado — como Joaquim Nabuco, Eduardo Prado e Oliveira Lima entre outros — com o seu parlamentarismo, seu poder moderador e a imagem de um monarca indulgente.

Logo também começariam a surgir correntes críticas antiliberais, calçadas em argumentações sociológicas ou historicistas sugerindo que alguma coisa no cerne da organização social brasileira nos inabilitaria para a democracia liberal. Poder-se-ia dizer que convergiriam mais tarde para essa mesma posição o autoritarismo de direita, o pensamento de esquerda oriundo do marxismo e a ciência social acadêmica.

Portanto, não seria por acaso que a memória de Rui Barbosa fosse cultivada, sobretudo entre advogados: pela sua defesa intransigente do ordenamento jurídico — guardião do direito do indivíduo — e pelo papel que ele atribuía, dentro do seu credo doutrinário, ao Judiciário, lugar por excelência de controle dos outros poderes.

Diferentemente de alguns dos seus contemporâneos, Rui não despendeu muito da sua energia a discutir a pertinência das várias corren-

[3] A maturação de um "mito Rui Barbosa" pode talvez ser associada a um período em que a nossa primeira República, tendo ultrapassado os conflitos e percalços iniciais, portanto já assentada e mais segura de si, tecia os seus mitos e construía o seu panteão de heróis, em contraposição à história imperial do século XIX, que era vista como um prolongamento da nossa experiência colonial, uma espécie de desdobramento local do que havia sido o Reino Unido.

tes filosóficas de sua época, nem procurou elaborar interpretações sobre a realidade nacional. Trabalhou sobre o que é frequentemente efêmero: jornalismo, advocacia, política. Foi, sobretudo, um protagonista político, e, portanto, mais do que nas suas ideias, trata-se de contemplá-lo "na objetividade de sua posição histórica, pensando e agindo como pessoa dramática da sociedade em que viveu".[4]

Em conferência proferida na Faculdade Nacional de Direito, João Mangabeira concluía sobre o que mais poderia assegurar a presença de Rui Barbosa naquela geração de jovens a quem se dirigia no ano de 1952 e afirmava: "[Estará presente] o Rui que escreveu nas almas, sobretudo com a prática de sua vida, com o espetáculo de sua luta contra a violência, contra a mentira e contra a opressão".[5]

Guardo aqui a expressão "prática de sua vida" como sinônima de sua vida pública, livre do sentido edificante dado por Mangabeira e tomando-a na sua forma mais literal: o conjunto daquelas ações orientadas pelos valores e pelas doutrinas, ponderadas pela razão analítica ou pelo cálculo, revistas à luz da experiência e constituintes do fulcro mesmo da atividade política. Dessa maneira, Rui Barbosa ficaria exposto como o "protagonista político de primeiro plano que foi: uma vigorosa combinação, portanto, de logos e pragma, ponto cuja importância parece ter escapado a muitos de seus estudiosos".[6]

De fato, ao evocar a figura de um Rui Barbosa pragmático, fazemos frente a estereótipo enunciado frequentemente pelos seus críticos — mas que é também muitas vezes confirmado por seus admiradores, obviamente com outro sentido e propósito. Para muitos dos que a ele se opuseram, Rui era um ingênuo, insensível à nossa história. Imune às realidades sociológicas de um país constituído, na sua grande maio-

---

[4] DANTAS, San Tiago. "Rui e a renovação da sociedade". *In*: LACERDA, Virginia Côrtes de (org.). *Rui Barbosa. Escritos e discursos seletos*. Rio de Janeiro: Edições Casa de Rui Barbosa/ Editora Nova Aguilar, 1995, p. 55.

[5] MANGABEIRA, João. "A presença de Rui nas gerações novas e a função política e social da mocidade no presente". *In*: BARBOSA, Rui. *Escritos e discursos seletos*. Rio de Janeiro: Edições Casa de Rui Barbosa/ Nova Aguilar, 1995, pp. 19-27.

[6] LAMOUNIER, Bolívar. "Rui Barbosa e a construção institucional da democracia brasileira". *In*: ______ e MASCARO, Cristiano. *Rui Barbosa*. Rio de Janeiro: Nova Fronteira, 1999, p. 52.

ria, de uma população primitiva e governada por uma elite oligárquica, estaria condenado, por espírito de imitação comum à intelectualidade brasileira, a defender códigos e constituições importadas ou exóticas — no dizer de um Oliveira Viana, por exemplo.[7]

Por outro lado, muitos dos seus admiradores gostam de apresentá-lo como um idealista intransigente que, no curso de sua vida se teria defrontado permanentemente com a mesquinhez da vida política nacional, muito aquém das suas virtudes cívicas e do seu talento. Nas duas acepções, havia um traço comum: o de distância entre Rui Barbosa e o seu tempo, entre Rui Barbosa e a sociedade brasileira.

Contudo, quando examinamos a trajetória de sua vida política, observamos que foram poucos os seus contemporâneos, naturalmente tomando aqui em consideração apenas os mais ilustres, que se empenharam tanto quanto ele, e, sobretudo tão continuamente, na prática da política real e com tanto sucesso: prática e sucesso ao lidar com as políticas partidárias, com a política parlamentar, eleitoral, por vezes até mesmo local, com as implicações de cálculo, negociações e transigências que se impunham aos espíritos mais altivos e intransigentes.

Rui Barbosa[8] nasceu em Salvador, na Bahia, em pleno Segundo Reinado, no ano anterior à Lei Eusébio de Queirós, aprovada em 1850, que determinou a proibição definitiva do tráfico negreiro no Brasil.

A Lei Feijó de sete de novembro de 1831 já proibira o tráfico de escravizados. Apelidada de "lei para inglês ver" (por sua suposta ineficácia) ela, mesmo tendo conseguido retrair o crescimento da importação de cativos, não deteve seu fluxo durante aquela década de 1830.

As grandes cidades brasileiras eram cidades negras, inclusive porque uma boa parte da população livre era composta de pretos e mesti-

[7] Cf. VIANA, Oliveira. *Instituições políticas brasileiras*. Rio de Janeiro: José Olympio, 1949.

[8] Em cinco de novembro de 1849, filho primogênito de João José Barbosa de Oliveira (1818-1874) e de Maria Adélia Barbosa de Oliveira, nascida de Almeida (1818-1867). Não há evidência material alguma de que tenha recebido o nome Rui Barbosa de Oliveira. Nos documentos disponíveis, como a matrícula e o diploma da Faculdade de Direito de São Paulo, o registro de casamento e os inúmeros trabalhos que assinou, figura apenas o nome Rui Barbosa.

ços. É comentário comum no registro de viajantes estrangeiros. E era uma população multilíngue.

Em 1850, Salvador teria por volta de 250 mil habitantes. Um em cada cinco era escravizado. Tendo em vista a renovação de africanos pelo tráfico, apenas extinto, e os elevados níveis de mortalidade, uma boa parte da população cativa não era nascida no Brasil, e muitos não falavam português.[9]

O Segundo Reinado duraria ainda quatro décadas, em que vigeria um relativo, mas continuado e pacífico convívio oligárquico, sob a tutela do poder moderador real, naquilo em que o exagero lírico-sentimental de Joaquim Nabuco considerava um traço da Monarquia brasileira: a "brandura e suavidade de costumes públicos".[10] E, vale acrescentar, o Segundo Reinado era nutrido pela literatura liberal mais adiantada, já então modernamente imbuída de cautelas com os efeitos considerados nocivos da Revolução Francesa. A estrutura social do país era pétrea e retrógada, mas novos assuntos e teses chegavam dos grandes centros de pronto para aqueles dispostos a absorvê-los.

A Biblioteca de Rui Barbosa traz um curioso exemplo da rapidez com que essas ideias por aqui chegavam. Ali se encontra um exemplar da segunda edição do *L'Ancien Régime et la Révolution,* de Aléxis de Tocqueville, Édition Beaumont, 1866. Traz a marca de uma livraria recifense e foi comprado no mesmo ano, pelo calouro da Faculdade de Direito local, Rui Barbosa.

Tínhamos uma sociedade escravista em que as elites políticas haviam estabelecido um espaço liberal de coexistência. Para tal, na definição de Christian Lynch, "era preciso circunscrever o ideário de liberdade e igualdade política ao espaço senhorial".[11]

---

9 De tal modo que a proficiência ou falta de proficiência do português era frequentemente utilizada nos anúncios de jornais para descrever escravizados fugidos.

10 Cf. NABUCO, Joaquim. "O dever do monarquista". *In*: ALENCAR, José Almino de; PESSOA, Ana (orgs.). *Joaquim Nabuco: o dever da política*. Rio de Janeiro: Edições Casa de Rui Barbosa, 2002, p. 81.

11 Cf.: LYNCH, Christian. *O momento monarquiano*: *o poder moderador e o pensamento político imperial*. 2007. Tese (Doutorado em Ciência Política) — Instituto Universitário de Pesquisas do Rio de Janeiro, Rio de Janeiro, p. 96.

Lynch encontra uma caracterização desta síntese no pensamento de Diogo Feijó:

> Feijó atribuía o "sentimento de igualdade profundamente arraigado no coração dos brasileiros" ao fato de que a escravidão lhes incutira no espírito, enquanto senhores, um "caráter já de independência e soberania que o observador descobre no homem livre, seja qual for o seu estado, profissão ou fortuna". E concluía: "Quando ele percebe desprezo ou ultraje da parte de um rico ou poderoso desenvolve-se imediatamente o sentimento de igualdade; e se ele não profere, concebe ao menos no momento este grande argumento: 'Não sou seu escravo.'" Ou seja, a virtude pública da liberdade e da cidadania surgia da opressão no âmbito privado.

Nesse intervalo diminuto, em que vicejava a "virtude pública da liberdade e da cidadania", a vida cívica e política do jovem Rui Barbosa teve início e progrediu impulsionada, como as de muitos de sua geração, pelo talento, mas também pela herança material ou do prestígio familiar, pela cooptação e pelo favor.

A geração de Rui Barbosa era composta por nomes como André Rebouças, Rio Branco, Joaquim Nabuco, Silvio Romero, Tobias Barreto, Tavares Bastos: um grupo de jovens candidatos à elite, particularmente talentosos, que iriam beneficiar-se de um contexto histórico excepcionalmente favorável: longe do estado servil e do trabalho manual, começaram a vida adulta em um período de enriquecimento do país e de equilíbrio financeiro, quando a vida política já se encontrava pacificada, com regras de acesso bastante restritivas, mas previsíveis, sob um regime que tolerava a manifestação de ideias e opiniões diversas, e o chefe de governo promovia — discricionariamente, é bem verdade — a alternância partidária no poder.

As condições de ascensão social eram certamente ainda precárias, advindas ou dependentes de fatores quase fortuitos, como as cumplicidades construídas nas poucas faculdades existentes, de alianças por casamento e de iniciativas de cooptação e de favorecimento, promovidas pelos que estavam no topo da escala social e de poder. Rui Barbosa trilharia esse corredor estreito e subiria essa escada difícil, caminhos balizados pela vontade e pelo interesse dos que mandavam. Começou cedo e avançou rapidamente.

Na política, seu pai, João José Barbosa ligara-se a Manuel Pinto de Sousa Dantas, chefe de uma das facções liberais no estado que estendeu facilmente sua simpatia ao jovem bacharel Rui, desde muito cedo cercado de uma aura de precocidade e inteligência brilhante.

Iniciou sua vida forense no escritório de Dantas. Quase ao mesmo tempo, começou a trabalhar no *Diário da Bahia*, jornal do Partido Liberal também controlado por aquele chefe político, onde logo vem a ser redator-chefe. Não recebia salário. Em 15 de dezembro de 1874, foi nomeado, a pedido de Dantas, secretário da Santa Casa de Misericórdia da Bahia, sucedendo a seu pai, falecido 16 dias antes[12]. Quatro anos depois, era deputado provincial.

Rui Barbosa foi político atuante, inclusive detendo cargos políticos eletivos, em quase toda a extensão de sua vida adulta: eleito pela primeira vez deputado provincial da Bahia em 13 de janeiro de 1878 (portanto, aos 29 anos), foi, em seguida, deputado geral também pela Bahia entre 1878 e 1885; foi ministro da Fazenda do primeiro governo (provisório) republicano, entre 1889 e 1891; foi ministro da Justiça em 1889 (acumulando o cargo com o de ministro da Fazenda); constituinte em 1891; senador pela Bahia entre 1891 e 1923. Com exceção do período 1886 e 1889, quando não conseguiu se reeleger deputado geral, foi parlamentar continuamente. E, note-se, senador da República desde o início do regime, morreu senador, cujo mandato deteve mesmo durante o seu exílio na Inglaterra. Às vésperas de sua morte (em 1º de março), e já enfraquecido, ainda mantinha o envolvimento com a po-

---

[12] "Tão Brasil", diria o já citado Manuel Bandeira, é a expressão que cabe ao que parece ser um arranjo comum do grupo social a que pertencem Dantas, João José e o recém-admitido Rui Barbosa. "Filho único de mãe viúva", Rui herda o emprego de seu pai e continua trabalhando gratuitamente no jornal de liberal.

lítica regional e eleitoral, e coordenou uma reunião em Petrópolis com uma delegação de políticos baianos para discutir a sucessão do estado.[13]

Tal desempenho só poderia ser alcançado por alguém egresso da periferia dos quadros oligárquicos vigentes pela tenacidade, pela astúcia pragmática e, obviamente, pelo talento, suscetíveis de angariar (e manter) apoios poderosos. No caso de Rui, o primeiro e longo impulso foi garantido pelos Dantas na Bahia.

Rui Barbosa despontou na política nacional quando da volta dos liberais ao poder, em 1878, depois de dez anos de domínio conservador. Com a mudança, na Bahia, sempre por indicação do conselheiro Dantas, foi eleito deputado e, na Assembleia Geral atuaria como ponta de lança do Partido Liberal, diligente e atento às diretrizes dos chefes do partido.

Naquela altura, dois itens, sobretudo, faziam parte da pauta liberal: a demanda pela eleição direta e a questão da escravidão, dois temas que tocavam em aspectos centrais da organização política e econômica da sociedade brasileira, aos quais viria mais tarde se juntar o debate sobre o federalismo, tópico que fora reprimido quando se enterrara o período regencial, mas que ressurgiria também na década de 1880, inclusive pelas mãos de Rui Barbosa.

A Coroa, durante o gabinete de Rio Branco — quase que inteiramente por conta própria — tinha dado um passo na direção da extinção do trabalho escravo, com a Lei do Ventre Livre, de 28 de setembro de 1871. Adiava-se, por assim dizer, a discussão da abolição total do regime servil por mais de uma década, no qual a geração de Rui Barbosa

---

[13] No dia 27/02/1923, ou seja, dois dias antes de sua morte, Rui Barbosa se reuniu com políticos baianos, em sua casa em Petrópolis, para escolha do candidato a governador da Bahia. Um dos pretendentes ao cargo, Aureliano Leal deixou de comparecer e, em carta, opinou que se entregasse a solução do caso ao arbítrio do presidente Artur Bernardes. Rui, irritado com a sugestão, proferiu um longo e veemente discurso. Logo em seguida, sente-se mal, e seu estado piora rapidamente. Uma junta médica convocada no dia seguinte, 28/02, deu o seu caso como perdido. Horas depois, ele veio a falecer. Cf: MAGALHÃES, Rejane M. M. de Almeida. *Rui Barbosa:* cronologia da vida e da obra. Rio de Janeiro: Fundação Casa de Rui Barbosa/ Editora 7 Letras, 2021, p. 264.

e ele próprio tiveram um papel protagonista, passando a se destacar de maneira mais significativa.

A participação de Rui como principal redator da lei que introduzia a eleição direta — substituindo a eleição em dois graus, em que o corpo eleitoral escolhia um grupo de eleitores que elegiam os representantes nos parlamentos provinciais e geral — é por demais conhecida pelos estudiosos do período. Poucos dias antes da apresentação do projeto, ele escreveria a Manuel Dantas reafirmando a sua solidariedade às orientações do governo: "Sei que o gabinete rejeita o sufrágio universal, que eu também absolutamente não quero". Além disso, disse do seu propósito de defender uma "lei tão perfeitamente liberal quanto as circunstâncias nos permitirem".[14]

Aprovada em 9 de junho de 1881, a lei que ficou conhecida como Lei Saraiva[15] manteve a restrição censitária, eliminou o voto do analfabeto, excluiu praticamente o assalariado privado do direito de voto e tornou o voto facultativo. Por outro lado, introduziu alguns pontos liberalizantes: o voto aos acatólicos, aos libertos e aos naturalizados.

Durante a discussão da lei, abriu-se uma campanha parlamentar promovida por uma dissidência liberal mais radical,[16] liderada por José Bonifácio, o Moço, que se opunha à eliminação do voto do analfabeto. "Significaria", dizia ele em discurso de 28 de abril de 1879, "repudiar os que nos mandaram a esta câmara. Aqueles que são os verdadeiros criadores da representação nacional". Batia-se também contra elevação do limite censitário. Ela não seria uma garantia de maior independência do eleitor: "O pobre corrupto vende-se por dinheiro, o advogado por contratos administrativos, o cortesão por títulos, (...) os ambiciosos por empregos e posições."

[14] ARQUIVO DA CASA DE RUI BARBOSA. *Correspondência do conselheiro Manuel P. de Sousa Dantas.* Rio de Janeiro: Casa de Rui Barbosa, 1962. p. 39.

[15] O projeto era iniciativa do Gabinete Saraiva, cujo ministro da Justiça era Manuel Pinto de Sousa Dantas.

[16] Da qual, na discussão desse projeto, faziam parte Joaquim Nabuco, Silveira Martins, Saldanha Marinho e Pedro Luís Pereira de Sousa, entre outros.

Rui Barbosa defenderá os pontos principais da proposta governamental, por ele redigida. Quanto ao voto do analfabeto, dirá:

> A necessidade de saber ler e escrever não são uma limitação do direito; é apenas uma condição ao seu exercício; visto ser impossível desempenhar a função de eleitor quem não souber escrever a sua lista (...). *Não quero nem o absolutismo dos príncipes não obstante sua educação, nem o absolutismo da ignorância, das multidões brutas; a inteligência deve governar, e só ela.*[17]

Tratando-se do censo pecuniário — uma vez que o projeto também elevava o mínimo da renda líquida anual para o eleitor — Rui Barbosa argumentava que só um indigente viveria no Brasil com uma renda anual menor do que a exigida pelo projeto (quatrocentos mil-réis), o que lhe tolheria a independência ao votar.

O debate reproduzia uma antinomia comum nas interpretações de pensadores sociais: enquanto José Bonifácio e os seus aliados viam no aprimoramento da sociedade o motor para a elevação do indivíduo, Rui Barbosa insistia "que o princípio elementar de toda liberdade, de toda inteligência, reside na molécula humana, no indiv*í*duo vigoroso, instruído e livre"; cabia, portanto, primeiro se elevar o indivíduo para se obter "uma sociedade robusta, livre e sábia".[18] Tratava-se, pois, de ter bons eleitores para que se obtivesse boas eleições.[19] A criação de instituições que garantissem a liberdade individual e a democracia contribuiria então para que se rompesse e superasse o estado sociocultural precário da população, servindo-lhe de referência, de balizamento e guia para a prática dessa mesma liberdade e da democracia.

A interdição do voto do analfabeto e a imposição da barreira de renda não constituíam obviamente prerrogativas do sistema eleitoral brasileiro (de resto como a exclusividade do voto adulto masculino) e,

---

[17] Citando o Conselheiro Saraiva. Ibid., pp. 241 e 245.

[18] BARBOSA, Rui. *Discursos parlamentares*; Câmara de Deputados. Rio de Janeiro: Ministério da Educação e Saúde, 1943, p. 279 (*Obras completas de Rui Barbosa*, v. 6, 1879, t.1.).

[19] Cf. HOLANDA, Sérgio Buarque de, op. cit., p. 227.

neste respeito, Rui Barbosa chamava em seu favor a opinião de Stuart Mill — segundo ele, "o maior pensador político do nosso tempo"[20]:

> Só os homens [diz Stuart Mill] em quem uma teoria irrefletida EMUDECEU O SENSO COMUM,[21] sustentarão que se deva entregar o poder sobre os outros, o poder sobre a comunidade inteira a indivíduos que não tenham adquirido as condições mais ordinárias e essenciais para curar de si mesmos, para gerir com inteligência os próprios interesses e os das pessoas que proximamente lhes digam respeito.

Somente a liberdade seria capaz de assegurar o avanço civilizatório, movido pelo aprimoramento da razão e do conhecimento. O governo representativo ou parlamentar era a melhor das formas de governo justamente porque conciliava a participação da maioria ignorante com a direção da minoria esclarecida. Todavia, os representantes do povo deveriam fiscalizar esse governo, para impedir a burocracia de cair na rotina e para manter acesos os interesses sociais, cujo entrechoque estimulava a atividade intelectual e salvaguardava a livre iniciativa.

A preocupação de Mill com a qualidade do governo democrático também se refletia em suas concepções sobre a extensão e a forma do sufrágio. Embora professasse a universalização do voto, ele se fez inimigo acérrimo do voto do analfabeto: a instrução era condição *sine qua non* para o gozo dos direitos políticos, pelo que "o ensino universal terá de preceder a libertação universal".[22]

Para Rui Barbosa, seguindo Stuart Mill, salvaguarda das liberdades individuais, a lei constituía o limite intransponível da democracia e da soberania popular, pois permitia à justiça, isto é, à razão e à liberdade, se sobrepor à vontade irracional do povo ou do tirano. Daí sua predileção

---

[20] BARBOSA, Rui. *Cartas de Inglaterra*. São Paulo: Livraria Editora Iracema, 1966. t. 2., p. 22. A primeira edição é de 1896.

[21] O grifo é de Rui.

[22] MILL, John Stuart. *O governo representativo*. 3ª ed. Tradução de E. Jacy Monteiro. São Paulo: Ibrasa, 1998. A primeira edição é de 1861.

pelo *habeas corpus*, por meio do qual o direito e a justiça libertavam o indivíduo do arbítrio da política e das paixões da soberania. Transcrevendo uma de suas frases mais citadas: "A democracia mesma, não disciplinada pelo direito, é apenas uma das expressões da força, e talvez a pior delas."[23]

Em 30 de junho de 1881, o gabinete liberal procede à dissolução da Câmara, para que se pudesse pôr em prática a nova lei eleitoral sancionada pelo próprio. Com o corpo eleitoral bastante reduzido, as eleições surpreenderam e ficaram conhecidas como uma das mais livres do Império. Os conservadores elegeram uma forte minoria, e notadamente a província do Rio de Janeiro elegeu uma maioria conservadora para representá-la.[24]

Na Bahia, com o apoio de Manoel Dantas, Rui consegue se reeleger embora com dificuldade. Ao voltar para Corte no final de 1881, atravessaria mais quatro gabinetes liberais — Martinho Campos,[25] Paranaguá,[26] Lafayette Rodrigues Pereira[27] e Manuel de Sousa Dantas — antes de ser derrotado nas eleições de dezembro de 1885.

Com todos, à exceção do gabinete Paranaguá, com quem mantinha divergência oriunda da política baiana, ele teve um próximo envol-

---

[23] BARBOSA, Rui. *O estado de sítio*: sua natureza, seus efeitos, seus limites. Rio de Janeiro: Companhia Impressora, 1892, pp. 58-59.

[24] Cf. MONTEIRO, Tobias. *Pesquisas e depoimentos para a história*. Rio de Janeiro: Francisco Alves, 1913, p. 50.

[25] Martinho Álvares da Silva Campos (1816-1887) foi por várias vezes deputado, quer pelo Rio de Janeiro (foi presidente da província), quer por sua província natal (Minas Gerais); foi membro do Conselho de Estado, senador por Minas em 1882 e chefe do gabinete em 21 de janeiro desse mesmo ano.

[26] João Lustosa da Cunha Paranaguá, marquês de Paranaguá (1821-1912). Foi presidente das províncias do Maranhão (1858), Pernambuco (1865) e Bahia (1881). Deputado geral por sucessivos mandatos a partir de 1850. Foi também senador (1865) e membro do Conselho de Estado (1879). Durante o Segundo Reinado, além de ocupar por duas vezes a Secretaria de Estado dos Negócios da Justiça (1859-1861 e 1866), foi ministro dos Negócios Estrangeiros (1885), da Fazenda (1882) e da Guerra (1866 e 1879). Em 1882, exerceu ainda o cargo de presidente do Conselho de Ministros. Recebeu o título de marquês de Paranaguá em 1888.

[27] Lafayette Rodrigues Pereira (1834-1917) foi político, jurisconsulto e escritor; deputado-geral por Minas Gerais, foi republicano; mais tarde, aproximou-se da Monarquia, tendo sido senador, ministro da Justiça e da Fazenda, presidente das províncias do Ceará e do Maranhão; presidiu o conselho de ministros em 1883.

vimento. É particularmente expressivo o seu papel durante a vigência do gabinete Martinho Campos — um autodenominado "escravocrata da gema"[28] — quando exerceu a função de líder do governo.

Provavelmente motivado pela tão firme e determinada solidariedade de Rui Barbosa, Lafayette propôs ao Imperador que lhe concedesse o título de conselheiro, obtido em 31 de maio de 1884, invocando os seus serviços à educação. Ele alcançava, portanto, uma das posições mais honrosas da Monarquia brasileira, antes de completar 35 anos de idade.[29]

A ascensão do novo gabinete de Cotegipe marca o início de um governo dos conservadores por mais três anos, o que tornaria praticamente inviável a volta de Rui ao parlamento até o fim da Monarquia. Por três vezes, tentou a eleição, sem sucesso, para a Câmara de Deputados: duas vezes pela Bahia, em janeiro de 1886 e em maio de 1888. Com a queda do gabinete conservador de João Alfredo, e a posse do liberal visconde de Ouro Preto, em 7 de junho de 1889, Rui, tendo-se recusado a participar do gabinete, afasta-se da política liberal. Quando se organizou o que seria a última eleição do Império, em agosto de 1889, ele se viu excluído da chapa liberal na Bahia. Um grupo de amigos apresentou a sua candidatura pela Corte, mas ele foi derrotado pela terceira vez.

Entre 1885 e a Proclamação da República, Rui Barbosa se dedicou sobretudo ao jornalismo e à advocacia. Foi o seu período de "muda"; entrou em uma nova fase. Assumiu a direção de um pequeno jornal, o *Diário de Notícias*, que prosperou sob as suas ordens. Nesse período, publicou centenas de artigos. O seu prestígio na Corte como personagem público e polemista amplificou-se. Passou a defender com insistência o sistema federalista e tomou o partido dos militares nos seus conflitos com os gabinetes conservadores.

---

[28] MONTEIRO, Tobias. *Pesquisas e depoimentos para a História*. Rio de Janeiro: Francisco Alves, 1913, p. 61.

[29] MAGALHÃES, Rejane de Almeida, op. cit., p. 62.

Com a queda do gabinete conservador de João Alfredo e a posse do liberal visconde de Ouro Preto, em 7 de junho de 1889, Rui, tendo-se recusado a participar do gabinete, afastou-se da política liberal e anteviu a República, ou dela se aproximou:

"Os acontecimentos" — escreveu no *Diário de Notícias* — "precipitam-se para a República, com mais pressa do que despenhavam para a abolição. A federação era o preservativo. Retardando-a, o gabinete atual está destinado a ser provavelmente o eliminador do terceiro reinado, o derradeiro ministério da Monarquia."[30]

Ao mesmo tempo, distanciou-se dos Dantas: Um comentário de Campos Sales resumiria o assunto: "Depois que o Rui arremessou as cangalhas do velho Dantas, ninguém mais pôde com ele."[31]

O novo regime foi implantado pelo golpe militar dos 15 de novembro de 1889, marcando uma importante mudança em relação à fase monárquica. Diverso do que ocorria com frequência na maioria dos países sul-americanos à época, não houve golpes militares durante a monarquia. Ao proclamar a República, as Forças Armadas tornam-se, ao mesmo tempo, os fiadores e defensores do novo regime.

Rui Barbosa participou do governo provisório e desde então procurou fazer valer tópicos de seu doutrinário liberal. Assim, logo em janeiro de 1890, faria aprovar pelo Conselho de Ministros o projeto de separação da Igreja do Estado que proibiu a intervenção da autoridade federal e dos Estados federados em matéria religiosa. Consagrou a plena liberdade de cultos e extinguiu o padroado.

Ao mesmo tempo, a presença das Forças Armadas na cena política passou a ser natural e tornou-se "inevitável", inclusive na elaboração

---

[30] Citado a partir de VIANA FILHO, Luís. *A vida de Rui Barbosa*. Rio de Janeiro: Nova Fronteira, 1987, p. 223.

[31] Cf. LACOMBE, Américo Jacobina. À sombra de Rui Barbosa. Rio de Janeiro: Fundação Casa de Rui Barbosa, 1984, p. 36.

Quando da Proclamação de República, Rui teve a oportunidade de inverter o sentido do favor: à época da Proclamação da República, Manuel de Souza Dantas era diretor do Banco do Brasil, ainda nomeado pelo Imperador D. Pedro II, cargo que manteve até a morte, em 1894, sem dúvida graças à presença de Rui no Ministério da Fazenda republicano. Cf. CARVALHO, José Murilo de. "Rui Barbosa e a Razão Clientelista". *Dados*, v. 43, nº 1, jan./mar. 2000.

da Constituição de 1891, como observou Felisberto Freire, deputado por Sergipe[32] quando deu notícia da importância de militares entre os constituintes:

> Dos 205 deputados (havia ainda 63 senadores), 46 eram militares. Como classe armada, não podia deixar de ser por sua vez objeto de prescrições constitucionais. O Direito Público havia de prescrever preceitos que as afetassem e então é bem visível a falta de liberdade de que se ressentiram todas as discussões que afetaram a classe, por parte do elemento civil do Congresso. Não é que os que nele tiveram assento impusessem essa restrição à liberdade de discussão. Não. Ela veio como uma consequência inevitável da situação política, que bem se pôde definir pelo predomínio da classe militar sobre qualquer outra, baixando consideravelmente a cotação política do jurista. E isto constitui um dos fatos mais expressivos da vida do governo republicano.

Eleito senador constituinte pela Bahia em 15 de setembro de 1890, Rui teria um papel decisivo na elaboração e redação da primeira constituição republicana — inclusive ao traduzir a importância política dos militares em termos constitucionais, com imensa repercussão histórica até os dias que correm.

No texto de 1891, as Forças Armadas são definidas (no seu Art. 14) como "instituições nacionais permanentes, destinadas *à* defesa da pátria no exterior e *à* manutenção das leis no interior. A força armada é essencialmente obediente, dentro dos limites da lei, aos seus superiores hierárquicos, e obrigada a sustentar as instituições constitucionais".

Estabelece-se um "precedente que só fará se acentuar ao longo do século: a participação das Forças Armadas na manutenção da segurança interna, do que hoje se chama 'garantia da lei e da ordem'".[33]

---

[32] Em *Matéria Constitucional do Brasil,* 1895, vol. 3, p. 6, apud BALEEIRO, Aliomar. *Constituições Brasileiras,* vol. II: 1891. 3ª ed. Brasília: Edições do Senado Federal, 2013, p. 25.
[33] Idem, pp. 3-4.

Note-se, sobretudo, a expressão "obediência dentro dos limites da lei". Como assinala José Murilo de Carvalho, a lei "redigida por Rui Barbosa para conter o Executivo, serviu posteriormente para justificar todos os intervencionismos, pois parecia dar aos militares o poder de julgar da legalidade das ações do governo. Criou a República o que a Constituição imperial buscou a todo o custo evitar: uma força armada deliberante".[34]

Desde o estabelecimento do novo regime, "frente às manifestações monarquistas que apareciam ou eram temidas, (...) um novo inimigo entra em cena: os inimigos da República".[35]

A Constituição de 1934[36] e a Constituição de 1946[37] retomaram, no que se referia ao papel dos militares, os mesmos princípios da Constituição de 1891. E o artigo 142 da atual, por sua ambiguidade, mantém-nos, por assim dizer, em suspenso. Essa função tutelar sobre a "ordem republicana", ou seja, uma espécie de mandato autodesignado de "poder moderador" emprestou naturalmente às Forças Armadas importância referencial dentro dos conflitos, acomodações e mudanças na história do país desde a Proclamação da República.

Rui teria uma participação ampla e decisiva na redação da primeira constituição republicana. Nela, ao se decidir pelo regime presidencialista e federalista pensava atender as suas preocupações de ampliar o sistema de representação política ao mesmo tempo que desse os elementos ao poder central para manter a ordem e a unidade no país. Em outro tópico fundamental, antecipando possíveis extrapolações dos poderes executivos e legislativo, tratou igualmente de fortalecer o Judiciário, definindo um papel central para o Supremo Tribunal Federal, encarregado

---

[34] CARVALHO, José Murilo. *Forças Armadas e política no Brasil.* 2ª ed., Rio de Janeiro: Jorge Zahar Editor, 2005, p. 132.

[35] D'ARAUJO, Maria Celina. *O segundo governo Vargas 1951-1954: democracia, partidos e crise política.* São Paulo: Ática, 1992, p. 6.

[36] Art. 77. "As Forças Armadas são instituições nacionais permanentes, destinadas a garantir a segurança externa da Nação e a defesa interna das instituições constitucionais e das leis. § 1o As Forças Armadas são essencialmente obedientes, dentro dos limites da lei, aos seus superiores hierárquicos."

[37] Art. 177. "Destinam-se as Forças Armadas a defender a Pátria e a garantir os poderes constitucionais, a lei e a ordem."

de ser — no dizer de um seu biógrafo — um "poder neutral, arbitral, terminal, que [afastasse] os contendores, restabelecendo o domínio da Constituição".[38]

A promulgação da Constituição, em 24 de fevereiro de 1891 e as eleições pelo Congresso Nacional Constituinte para o primeiro período governamental republicano viriam um mês depois da renúncia coletiva do primeiro ministério do Governo Provisório, do qual Rui Barbosa fazia parte.

Em seguida, é o que se sabe: os conflitos entre Deodoro e o Congresso, a sua deposição e a ascensão de Floriano Peixoto à presidência, sua disposição autoritária e o seu empenho em reprimir a oposição da qual as expressões mais violentas foram a Revolta da Armada e a Revolução Federalista, movimentos insurrecionais duramente combatidos e derrotados. Floriano consolidou a autoridade do regime, mas perdeu o controle da sua própria sucessão para políticos civis, reunidos em torno de um núcleo forte e coeso, o Partido Republicano Paulista, que promoverá a eleição de Prudente de Morais.

Para muitos, o estabelecimento de um governo civil abriria caminho para a pacificação entre as diversas facções da elite nacional. O momento era de congraçamento, de colaboração. "O dever do momento" — título de uma carta pública[39] do até há pouco monarquista Almirante Jaceguai e dirigida a Nabuco — seria o de se integrar a uma república que poderia vir a reconstruir as mesmas características de convivência entre aqueles que habitualmente conduziam os negócios do governo no país durante o Segundo Reinado. E o "governo Prudente de Moraes [seria] a arena onde a forma republicana encontrará seu molde".[40]

---

[38] DELGADO, Luiz. *Rui Barbosa: tentativa de compreensão e síntese*. Rio de Janeiro: José Olympio, 1945, p. 141. apud LYNCH Christian Edward Cyril; SOUZA NETO Cláudio Pereira de. "O constitucionalismo da inefetividade: a Constituição de 1891 no cativeiro do estado de sítio". *Revista Quaestio Iuris*, v. 5, n.º 1, p. 100, dez. 2012.

[39] De 2 de setembro de 1895. O texto integral da carta pode ser encontrado em ALENCAR, José Almino de; PESSOA, Ana (orgs.). *Joaquim Nabuco: o dever da política*. Rio de Janeiro: Edições Casa de Rui Barbosa, 2002, pp. 59-75.

[40] FAORO, Raimundo. *Os donos do poder – formação do patronato político brasileiro*. 3ª ed. revista. São Paulo: Editora Globo, 2001, p. 638.

No início de 1895, Rui Barbosa ainda hesitava em voltar do exílio na Inglaterra para onde o levara a sua oposição a Floriano. No Sul, a revolta federalista resistia e continuava a ser combatida pelo governo da República. Especulava-se sobre a estabilidade do governo do novo presidente civil, sobre uma possível volta do marechal de ferro ao poder. Este, no entanto, viria a falecer em junho do mesmo ano.

Curiosamente para costumes políticos mais contemporâneos, o exilado Rui Barbosa continuava detentor de seu mandato de senador, mesmo fora do Brasil. Tinha dúvidas ou escrúpulos se deveria guardá-lo (guardou-o): "Como poderei eu continuar ali, lado a lado com essa gente, que assistiu impassível, na Bahia, à tentativa escandalosa de prisão contra mim, e não teve sequer uma palavra, com que protestar depois contra ela na tribuna, ou na imprensa?" Escreveu ele em carta de Londres a Antônio Araújo Ferreira Jacobina.[41]

Suspeitava haver influência de Floriano e do florianismo em atos do novo presidente — "a debilidade do Prudente sente-se de um modo muito notável na conservação dos empregos vagos em florianistas dos mais conhecidos"[42] — e, sobretudo na resistência do governo a aprovar o projeto de anistia, em apreciação pela Câmara de Deputados.

Obviamente, a instabilidade do regime seria elemento ponderável dentre as considerações políticas de um exilado prestes a voltar para seu país. Entretanto, a Rui, além da insegurança natural, afligiria sobremodo a incerteza de seu destino político. Algoz dos jacobinos, partidários de Floriano, sob suspeição dos monarquistas, alguns deles, antigos companheiros de Partido Liberal, distante dos republicanos paulistas, que chegavam ao poder com Prudente de Moraes — até mesmo incompatibilizado pessoalmente com alguns deles, sequela de sua posição predominante durante o primeiro gabinete republicano —, era-lhe difícil vislumbrar um papel no acerto político ainda incipiente e que

---

[41] Carta a Antonio Araújo Ferreira Jacobina, de Londres em 5 de março de 1895. LACOMBE, Américo Jacobina. "Prefácio". *In*: BARBOSA, Rui. *Mocidade e exílio*. São Paulo: Companhia Editora Nacional, 1949, p. 296.

[42] Carta a Antonio Araújo Ferreira Jacobina, de Londres em 23 de maio de 1895. LACOMBE, Américo Jacobina, op. cit., p. 305.

viria a superar o militarismo republicano até então dominante. E, por último, mas não menos importante, não podia confiar nos seus apoios regionais na Bahia, a quem incomodavam o seu prestígio nacional e as suas veleidades de independência.

Retornou à sua banca de advogado e, dias depois de sua chegada, retomou o lugar no Senado em 24 de agosto de 1895 — um dia após o fim da Revolta Federalista —, onde, logo no primeiro dia, discursou sobre a pacificação do Rio Grande do Sul e pediu anistia irrestrita para os revolucionários. Doravante, por diversas vezes, Rui se insurgiria, através do Judiciário, contra atos do Executivo que julgava arbitrários, defendendo nos tribunais os que não haviam sido incluídos na Lei de Anistia: magistrados aposentados compulsoriamente, professores da Escola Politécnica e os próprios monarquistas, cujo partido fora reorganizado em 1896.

A eleição de 11 de dezembro de 1896 — quando foi reconduzido ao Senado sob forte oposição dos seus correligionários, porém com o apoio decisivo de Luiz Viana, então governador da Bahia — marcou o início de uma readaptação progressiva de Rui Barbosa aos jogos da política. Contemporaneamente, os episódios de Canudos vão provocar a indignação e a revolta da facção jacobina que via nele um movimento que visava à restauração monárquica. Uma série de incidentes violentos na capital da República — o assassinato de um diretor de um jornal monarquista, ligado ao visconde de Ouro Preto e o atentado contra Prudente de Morais, em 5 de novembro de 1897 — leva Rui a manifestar firmemente a sua solidariedade ao Presidente e ao regime, notadamente em um discurso pronunciado no Senado, no dia seguinte[43] ao atentado.

A eleição de Campos Sales — republicano histórico, na sua variante paulista — viria a confirmar o controle da nova república pelos elementos civis. No entanto, a julgar pela palavra do próprio presidente eleito, o regime carecia ainda de mecanismos de estabilização, sendo apenas, em suas palavras, "uma grande agregação de elementos antagô-

[43] Seis de novembro de 1897.

nicos, (...) cujo intuito, em cada um, era fundar a sua preponderância na política".[44]

Surgiu assim o que veio a ser conhecido como a "política dos governadores", um "pacto oligárquico" capaz de dar lugar a um sistema alicerçado em uma liderança que, mais do que pessoal (como vigorava durante a Monarquia através do moderador), seria "institucional" e cujo poder decisório em matéria política caberia em última instância à Presidência da República.

O pacto dos governadores desenhava uma hierarquia entre poderes e um modo de funcionamento. "O poder que, pela natureza de suas prerrogativas, se acha em condição de esclarecer e dirigir, é o Executivo (...) cuja autoridade legal e moral jamais deverá desaparecer atrás dos (...) ministros", dizia Campos Sales. E, como dizia FHC, o Congresso não governa nem administra; tem necessidade de que sua maioria seja esclarecida, e sob certos assuntos, dirigida.

Consequentemente, é preciso buscar uma fórmula que solidarize as maiorias com os Executivos, federal e estadual. Na prática, o presidente propôs que se reconhecesse automaticamente a "legitimidade" das maiorias estaduais. Com isso, ou seja, com a promessa de que o Governo Federal não apoiaria dissidências locais, as situações se obrigavam a apoiar a política do Presidente.

O arranjo funcionaria contanto que todas as peças estivessem no seu lugar; ou seja, se seguissem a hierarquia por ele estabelecida: sobretudo quando estivesse acordada uma candidatura à Presidência, motor primeiro que poria em movimento todos os outros motores da composição, para usarmos a imagem teológica. É o que identifica Afonso Arinos no seu livro sobre Rodrigues Alves, em uma frase — se omitirmos o contexto — quase acaciana: "O problema mais importante na Primeira República era a transferência do poder, ou seja, a sucessão presiden-

[44] SOUZA, Maria do Carmo Campello de. "O processo político-partidário na Primeira República". *Brasil em perspectiva*. São Paulo, 1980, p, 182.

cial".[45] "A sucessão [seria] sempre o nó górdio da combinação reinante", diria Raimundo Faoro.[46]

No entanto, Rui Barbosa praticamente manteve-se, ou foi mantido, alheio às decisões que encaminharam esse processo e deram cabo dele. "Não tenho, meu prezado amigo, a honra de ser ouvido, nem cheirado sobre a política do país", escrevia ele a Luís Viana em 4 de outubro de 1900. "Neste regime, como no outro, os homens que governam nunca me julgaram, a esse respeito, digno de voto."[47]

A oportunidade de ser ouvido e cheirado se ofereceria, sobretudo durante o jogo sucessório, quando a própria política de governadores implicava rearrumações dos elementos que lhes davam suporte. É assim que os prenúncios da sucessão de Rodrigues Alves abrirão novamente para Rui Barbosa uma volta aos embates mais diretos da luta pelo poder.

E, para isso, no novo contexto — aliás, assim como no antigo —, era necessário refazer a ponte com o governo: "Contra todos os governos anteriores vivi sempre de tenda armada em campanha. Clamavam então os ortodoxos que eu malfazia à República. (...) Afinal, não porque o temesse, mas porque me doía a tacha de egoísmo (...) e reservar-me as glórias fáceis da censura, me dispus a tentar a experiência, a sair daquela posição criticada e crítica." Esperava, assim, "auxiliar um pouco a obra dos governos, com o apoio dessa minha têmpera, da minha educação jurídica e liberal, tão longamente posta ao serviço das oposições".[48]

A política dos governadores, empacada na sua própria lógica, levara Campos Sales a controlar pessoalmente a sucessão. Tendo sido o beneficiário dessa iniciativa, Rodrigues Alves ensaiaria repetir a fórmula, indicando o nome do conterrâneo Bernardino Campos[49] à Presidência.

Pinheiro Machado — articulador político de marca — viu ali uma oportunidade de subverter o processo, empregando o argumento mais

---

[45] FRANCO, Afonso Arinos de Melo. *Rodrigues Alves*. Vol. II. São Paulo: Editora da Universidade de São Paulo, 1973, p. 524.

[46] Cf. FAORO, Raimundo, op. cit., p. 581.

[47] VIANA FILHO, Luís. *A vida de Rui Barbosa*. Rio de Janeiro: Nova Fronteira, 1987, p. 331.

[48] "Discurso no Senado, em 5 de agosto de 1905". *In*: VIANA FILHO, Luís, op. cit., p. 344.

[49] No início de 1905.

explosivo e decisivo: o das diferenças regionais, que poderia unir todos contra o "exclusivismo paulista". A oposição do Senador gaúcho e, desde o início, também a de Rui, não se dirigia propriamente ao nome de Bernardino Campos, mas a um modelo que se fortalecia no regime, que privilegiava o controle do executivo sobre a sua renovação.

Vale aqui salientar que a escolha do candidato se fazia em negociações entre as oligarquias estaduais, seguindo um processo que me parece similar ao que leva à determinação de preço no oligopólio: em algum momento, que não é determinado, algumas empresas — muitas vezes sob a liderança de uma empresa líder e em condições próximas de custo e eficiência — entram em conluio. Em consequência, pela importância que assim adquirem, conseguem impor o seu preço às demais e açambarcar o mercado. O "equilíbrio de preços" é, portanto, precário e provoca muitas vezes uma nova arrumação das alianças.

Não cabe aqui descrever as peripécias e os jogos florentinos envolvidos nesse processo: as manobras de Pinheiro Machado, a dança dos lançamentos de candidaturas. Afinal, congregaram-se as várias lideranças estaduais no que seria cognominado "O Bloco", contra a iniciativa de Rodrigues Alves. Tratava-se — diria Rui Barbosa em um manifesto, "Explicação à Bahia"[50] — de uma "aliança contraída entre os chefes republicanos para acabar com o poder, reconhecido, até ali, aos presidentes de instituírem os seus sucessores". Tal aliança resultaria na eleição de Afonso Pena.

Eleito, Pena escreveria uma carta de agradecimento a Rui, "para [fazê-lo] sentir quanto [esperava] de seu concurso para o desempenho da enorme responsabilidade que [ia] pesar sobre [ele]". Luiz Viana comentou: "Iam longe os dias de oposição[51]. Rui mudara sensivelmente (...) E a primeira recompensa", acrescenta, "foi a eleição em 1906 para a vice-presidência do Senado".[52]

---

[50] JACOBINA LACOMBE, Américo. *Afonso Pena e sua época*. Rio de Janeiro: José Olympio Editora, 1986, p. 294.
[51] VIANA FILHO, Luís, op. cit., p. 352.
[52] Idem, p. 350.

Durante o quatriênio de Afonso Pena, Rui Barbosa conheceu o seu mais longo período de situacionismo. Em janeiro de 1906, foi reeleito senador pela Bahia e, em 1907, foi nomeado pelo governo para representar o Brasil em Haia, de onde voltou consagrado. Em 1908, reelegeu-se vice-presidente do Senado e, junto de José Marcelino e Luís Viana, elegeram o governador da Bahia, João Ferreira de Araújo Pinho.

A sucessão de Afonso Pena foi que o levou a rever a sua posição: opôs-se à candidatura de Davi Campista, ministro da Fazenda que o presidente da República havia escolhido para sucedê-lo, tentando ressuscitar o feito de Campos Sales. Afastado Davi Campista e lançada a candidatura de Hermes da Fonseca, Rui Barbosa rompeu com O Bloco e se manifestou francamente contrário à candidatura militar. Surgiu a sua própria candidatura: seria a Campanha Civilista, na qual, como sabemos, foi derrotado.

Atingia, mais uma vez, o limite de uma atuação criadora, independente, dentro de um sistema político circunscrito, no qual se poderia dizer: o seu pragmatismo seguia a medida do seu protagonismo. O "liberalismo possível" durante a discussão da Lei Saraiva foi caminho aceitável quando ele pôde participar e influir na sua elaboração. A política dos governadores deixaria de sê-lo, quando ela se fez instrumento controlado inteiramente pelo Poder Executivo.

A partir da sucessão de Campos Sales, predominaram "a alma estadualista do regime", no dizer de Faoro,[53] e a consequente indeterminação dos resultados em cada disputa sucessória, cujo desfecho dependeria da forma que as alianças entre as oligarquias estaduais assumiam. Todavia, uma vez definido o presidente, este retomava o comando do pacto oligárquico, usando para tal, quando achasse conveniente, as medidas de exceção previstas na Constituição: o estado de sítio e as intervenções federais.

O vago das fórmulas constitucionais pediria uma regulamentação dessas medidas de exceção por lei ordinária, a que sempre se opunha a força do Executivo, sustentada também pelo apoio da classe política

[53] FAORO, Raimundo, op. cit., p. 657.

partícipe do sistema. Legalmente responsável pela ordem pública dos três poderes, dizia-se, era o Executivo que melhor poderia conhecer da conveniência e da oportunidade do estado de sítio, da intervenção e até mesmo da extensão de poderes que lhe era atribuída nessas ocasiões.

Por exemplo, Quintino Bocaiúva, republicano histórico, sustentou várias vezes a tese de que o estado de sítio era um "interregno constitucional", razão pela qual se conformava "com o despojo das imunidades parlamentares, (...) com a suspensão de todas as outras garantias constitucionais".[54] Na mensagem enviada ao Congresso no início de 1905, em que pedia a prorrogação do sítio decretado quando da Revolta da Vacina, também Rodrigues Alves pediria a suspensão "de todas as garantias constitucionais".[55] Essa interpretação ampla do estado de sítio proibia, inclusive, o Judiciário de conceder *habeas corpus* durante o período.

Rui Barbosa denominava essas interpretações e manifestações de "cesarismo republicano". Contra elas, vai se insurgir,[56] fazendo apelo sistemático ao Judiciário, utilizando os mecanismos de defesa da república liberal por ele criados, como o *habeas corpus*, em favor de presos políticos, de funcionários demitidos etc.

Seria quase desnecessário dizer — porque é conhecido por muitos — que Rui não encontrou respaldo em Supremo Tribunal Federal, recém-criado, cujos membros eram nomeados por critérios partidários. Ainda intimidado diante da resistência dos demais poderes ao reconhecimento de sua autoridade e ao acatamento de suas decisões, o Supremo vai se refugiar em uma visão restritiva de sua autoridade à instância de controle constitucional, classificando as matérias referentes às medidas como sendo de natureza política e, portanto, de competência exclusiva do Executivo e do Legislativo.

---

[54] SILVA, Eduardo (org.). *Ideias políticas de Quintino Bocaiúva*. Rio de Janeiro: Fundação Casa de Rui Barbosa, 1986, p. 361.

[55] FRANCO, Afonso Arinos de Melo. *Rodrigues Alves: apogeu e declínio do presidencialismo*. v. 1. Brasília: Senado Federal, 2003, p. 522

[56] Sobretudo depois da Campanha Civilista.

Sem obter do Judiciário a contribuição que dele esperara, Rui concentraria muito de sua atividade política — sobretudo depois de sua primeira campanha presidencial — na exposição de denúncias contra a ditadura republicana na imprensa, no Senado e através de exposições doutrinárias que se prolongaram até a sua morte. Agia assim, como muitas vezes no passado.

Mesmo quando empenhado e enfronhado nas lides práticas da política partidária, era um "ideólogo de uma reforma da sociedade" (a expressão é de San Tiago Dantas) que acreditava no poder contagiante das ideias, avesso aos fatalismos sociológicos que subestimavam a força da vontade e do exemplo. A realidade social sozinha não poderia determinar o rumo da ação civilizadora. A insistência teimosa nos princípios apontava para a convicção de que a existência continuada da norma e das instituições de direito criariam as armas e as oportunidades para que o combate democrático e o consequente desenvolvimento da democracia fossem possíveis.

WENCESLAU BRÁS

José Roberto de Castro Neves[1]

O surto da gripe espanhola, o ingresso do país na Primeira Guerra Mundial, a promulgação do nosso Código Civil, a pacificação da Guerra do Contestado, a solução do conflito entre o Paraná e Santa Catarina, o combate à Revolta dos Sargentos... Tudo isso, entre outros eventos, ocorreu no Brasil entre 1914 e 1918. Um tempo agitado, de sensíveis mudanças nacionais e internacionais, no qual, contudo, nosso país não enfrentou grave risco institucional. Em grande parte, essa estabilidade, mesmo diante das turbulências, se deu pelo líder da nação naquele momento: o advogado Wenceslau Brás.

Em 1889, quando da promulgação da República, Wenceslau Brás Pereira Gomes cursava o quarto ano da Faculdade de Direito de São Paulo, àquela altura, a mais prestigiada do país. Natural de uma pequena cidade do sul de Minas Gerais e filho de um líder político local, Wenceslau Brás, embora ainda bastante jovem, foi, com a reorganização administrativa decorrente do fim da monarquia, convocado para representar alguns municípios do sul de Minas Gerais no congresso estadual mineiro.

---

[1] Doutor em Direito Civil pela Universidade do Estado do Rio de Janeiro (UERJ). Mestre em Direito pela Universidade de Cambridge, Inglaterra. Professor de Direito Civil da Pontifícia Universidade Católica do Rio de Janeiro (PUC-Rio) e da Fundação Getúlio Vargas (FGV-Rio). Advogado.

O então estudante de direito Wenceslau Brás, analisando a Constituição Provisória, verificou que se exigia uma idade mínima de 25 anos para ocupar o cargo de deputado. Embora seu nome já estivesse aprovado pela chapa, Wenceslau Brás, que contava apenas 24 anos, desistiu da candidatura, por acreditar que não deveria ingressar na vida pública ofendendo a Constituição.

Wenceslau Brás se formou em direito em 1890. Inicialmente, atuou como promotor em Itajubá, no sul de seu estado natal. Passou a exercer a advocacia. Pela tradição familiar na política, recebeu, ao mesmo tempo, dois convites: um para assumir a vaga mineira no Congresso Federal e outro para ingressar na Câmara Estadual. Wenceslau Brás preferiu "começar pelo começo", assumindo, pelo voto do partido, o cargo de deputado no congresso de seu estado. Competente e dedicado, já em 1898, aos trinta anos, tornou-se secretário do interior de Minas Gerais, função de profunda responsabilidade. Em 1903, foi deputado federal. Rapidamente, por seu espírito agregador, assumiu a liderança do Congresso — e lá esteve quando se votou, em regime de urgência, pela rejeição da vacinação obrigatória contra a varíola, tema que dividiu a jovem república. Adiante, foi eleito presidente de Minas Gerais, cargo que exerceu até o fim de 1910, quando se tornou vice-presidente do Brasil, no governo de Hermes da Fonseca.

Em 1914, diante de um impasse entre várias forças políticas — notadamente Pinheiro Machado, Campos Sales e Rio Barbosa —, Wenceslau Brás assumiu a presidência do país, como um nome de consenso, diante de sua gentil e firme liderança.[2] A reputação intacta — para citar a expressão do historiador Pedro Calmon — e sua justa fama de apaziguador o credenciou.[3] Tomou posse como presidente da República em 15 de novembro de 1914.

---

[2] Minas Gerais, na época, era o Estado com a maior bancada no Congresso. Possuía 37 membros, contra apenas 22 paulistas. Isso porque a proporção das vagas se relacionava ao censo de 1890.

[3] Durante a primeira república, uma percentagem muito pequena de pessoas votava para presidente. Segundo Boris Fausto, esse percentual oscilou entre 1,4% da população (na eleição de Afonso Pena, em 1906) e 5,7% (na eleição de Júlio Prestes, em 1960) (FAUSTO, Boris.

Recebendo um Estado em penúria financeira, uma das primeiras medidas do novo presidente foi dispensar todos os funcionários interinos e extraordinários. Dos 11 automóveis que encontrou no palácio, ficou apenas com um para seu uso — seus filhos andavam de bonde. Criou regras impedindo a contratação de parentes. Proibiu que políticos recebessem presentes. Wenceslau estabeleceu o concurso público para ingresso nas carreiras do Estado. Não aumentou impostos, mas estabeleceu formas mais eficazes de prevenir a sonegação.

Tamanho era seu cuidado com a austeridade, que diminuiu severamente a própria remuneração — reduzida a cinco contos mensais. Ao líder da Câmara, assustado com o sacrifício do presidente, Wenceslau Brás respondeu:

> Chegou a hora do sacrifício e é absolutamente necessário que demos o exemplo, porque só ele nos dará a força moral indispensável para o apelo ao patriotismo e ao espírito de abnegação dos que vão ser vítimas de um imposto tão pesado, especialmente para os que já tem vencimentos ou insuficientes ou estritamente suficientes. Eu e minha família sempre tivemos vida modesta e pudemos constituir um pequeno patrimônio, do qual lançaremos mão se os 5 contos não derem para as nossas despesas.

No seu governo, foram concedidos financiamentos aos produtores agrícolas, como forma de fomentar o desenvolvimento do setor, inclusive para auxiliar os cafeicultores paulistas, responsáveis pelo principal produto do país naquele tempo. O resultado do investimento gerou fabulosos resultados.

Um dos êxitos de seu governo foi encerrar a Guerra do Contestado, conflito armado promovido principalmente por posseiros na área da divisa entre os estados do Paraná e de Santa Catarina. Os camponeses amotinados pretendiam estabelecer um governo independente. O

História do Brasil. São Paulo: Edusp, 2015, p. 225). Na prática, contudo, essas eleições apenas ratificavam o nome indicado pelo próprio governo.

movimento seguia um fanatismo religioso — seu líder era um beato, a quem chamavam de monge — e defendia uma espécie de fundamento divino para a revolta contra o poder estatal. Estima-se que o conflito acarretou cerca de 20 mil mortes entre militares e civis. O crescimento das forças rebeldes se deu, principalmente, porque os estados do Paraná e de Santa Catarina, na época, divergiam sobre suas fronteiras. No início, ambos os governos locais buscavam angariar a simpatia dos revoltosos para a sua causa. Isso tornou mais árdua a missão da União, que enviou tropas, pondo fim em 1916 à rebelião, que já durava quatro anos. Contudo, a discussão da divisa entre os dois estados, mesmo depois de controlados os separatistas, permanecia aberta.

Foi então que Wenceslau Brás convidou os governadores de ambos os estados para uma audiência no Palácio do Catete, no Rio de Janeiro, sede do governo federal à época. Era seu papel intermediar a composição entre os estados. Wenceslau Brás pessoalmente se dedicou a azeitar a trégua. Depois de muito empenho, permanecia um impasse, relacionado a determinado termo contido na minuta do acordo. Nenhum dos governadores queria ceder. Um estorvo. Diante do atoleiro, que parecia condenar todos os esforços, Wenceslau Brás sugeriu, para quebrar o clima azedo, um passeio com os líderes pelos jardins do Palácio. O presidente, então, contou aos dois:

> Meus caros amigos, perdoem-me o que lhes diga que o instante atual me traz à memória, não sei por que cargas d'água, um episódio dos últimos tempos do Império. Creio que talvez não haja muita aplicação ao caso, mas aproveitar-me-ei de seu final. Eis o episódio: Travava-se uma discussão apaixonadíssima entre dois grandes chefes liberais, Afonso Celso e Cesário Alvim. Cada dia vinha um pelos jornais atacando o outro de rijo. Com o talento natural que caracterizava um e outro, é de ver-se que brechas abria cada um na armadura do outro. O Partido Liberal tremia ante as consequências de tal luta! Quando mais acesa ia a campanha, eis que surge um dia, nos jornais, um artigo de um chefe político de Goratuba (Minas), contra Cesário Alvim, atacando-o rudemente e

> fazendo largo elogio a Afonso Celso. No outro dia Cesário Alvim revidou dizendo apenas: "Ao Sr. F.F. de Goratuba. Estou lutando com um gigante. Não posso ser incomodado com um mosquito. Assinado Cesário Alvim." Aproveito-me do final para dizer aos Senhores: Vencemos um gigante. Não podemos nos incomodar com mosquitos!... Parece-me que o caso da palavra empregada na minuta tem as proporções de um mosquito!

Todos riram. Perceberam que a paz perderia uma importante oportunidade. O acordo foi concluído em seguida, sob os olhos do presidente, em 20 de outubro de 1916.

Outro grande feito do governo de Wenceslau Brás foi, finalmente, dar um Código Civil ao país. Já a primeira Constituição, de 1824, continha menção de que se deveria elaborar "o quanto antes" um Código Civil. Por uma série de razões, notadamente de viés político, o Estado não se organizava. Seguíamos, em boa parte, aplicando leis portuguesas e regras esparsas a temas civis, apesar de haver, no mundo todo, o reconhecimento do proveito em organizar a legislação civil em um único documento, de modo sistêmico e harmônico. Clóvis Bevilaqua, professor da Faculdade de Recife, fora comissionado para elaborar a lei civil e havia entregado, desde 1900, seu trabalho ao Congresso Nacional. No Senado, o anteprojeto recebeu pesadas críticas de Rui Barbosa, em uma disputa que se tornou pessoal e atrasou a promulgação da lei. O mineiro Wenceslau Brás trabalhou para que essas divergências fossem superadas. Quase cem anos depois de se tornar independente, o Brasil, em 1916, finalmente teve seu Código Civil — identificado jocosamente por Pontes de Miranda como a última grande codificação do século XIX. Antes tarde do que nunca.

Outro evento histórico marcante do governo de Wenceslau Brás foi nosso ingresso na Grande Guerra, contra a Alemanha, rompendo a tradição brasileira de neutralidade. Submarinos alemães afundaram navios brasileiros, tornando insustentável a indiferença. No início do mandato, o ministro das relações exteriores era o catarinense Lauro Müller, de origem alemã e, no conflito internacional, favorável ao país de seus ancestrais. Entretanto, quando navios brasileiros foram abatidos pelos alemães, Lauro Müller deixou o governo, e o Brasil declarou guerra. Não foi uma decisão simples, pois, entre outros fatores, a Alemanha era grande parceira comercial do país. Diante da agressão sofrida, contudo, a reação tornou-se impositiva. Não faltou coragem. Deixando de lado seu estilo "mineiro", o presidente teve que se posicionar, declarando guerra em outubro de 1917.

Em 1917, impulsionados também pela Revolução Russa, que eclodira naquele ano, movimentos sindicais ganharam força no Brasil. São Paulo testemunhou uma grande paralisação de operários, reivindicando melhores salários e condições dignas de trabalho. Como o então presidente de São Paulo, Altino Arantes, decidiu combater violentamente os grevistas, a morte de um dos ativistas acabou por inflamar os ânimos. Milhares de trabalhadores formaram barricadas nos bairros paulistas Mooca, Brás, Barra Funda e Lapa. Houve negociações para pôr fim a esse e a outros movimentos semelhantes.[4] A repreensão mais violenta, com a deportação de líderes grevistas, foi proibida em julgamento, ocorrido em novembro de 1917, do Supremo Tribunal Federal.[5]

A partir do governo de Campos Sales, iniciado em 1898, instaurou-se a "política do café com leite", na qual representantes de São Paulo e Minas Gerais se sucediam alternadamente no poder. São Paulo tinha o café e Minas, além de ser o estado com o maior eleitorado do país, o leite. O Partido Republicano Paulista e o Partido Republicano Mineiro dividiram entre si o comando do Brasil até a Revolução de 1930. Wenceslau Brás, embora mineiro, buscou, nas palavras de Raymundo Faoro, "situar-se no clima superior dos partidos". Ainda segundo Faoro, Wenceslau Brás era "homem conciliador, manso de temperamento, infenso à violência".[6] Com essas qualidades, consciente de sua posição

---

[4] Jorge Caldeira estima que, em agosto de 1917, no auge do movimento, havia cerca de 70 mil grevistas em todo o país (*História do Brasil*. São Paulo: Companhia das Letras, 1997, p. 251).

[5] A historiadora Lilia M. Schwarcz esclarece que a repressão mais violenta aos movimentos dos trabalhadores apenas começa a partir de 1920 (*Brasil: uma biografia*. São Paulo: Companhia das Letras, 2015, p. 337).

[6] FAORO, Raymundo. *Os donos do poder*, v. 2. Porto Alegre: Editora Globo, 1979, p. 605.

como líder da nação, compreendeu que deveria governar acima dos regionalismos.

Já no fim de seu termo, entre outubro e novembro de 1918, a gripe espanhola castigou o país. Foram milhares de mortes. Segundo Pedro Calmon, só no Rio de Janeiro, sede do governo, padeceram aproximadamente 15 mil pessoas,[7] mas o número de infectados foi muito superior. Rodrigues Alves, eleito para suceder a Wenceslau Brás, não chegou a tomar posse porque faleceu, pouco antes, em razão da gripe. O governo brasileiro, na época, recomendou às pessoas que evitassem aglomerações e lavassem, com frequência, suas mãos. Para evitar o alastramento da doença, escolas, bares, teatros, fábricas e até o congresso foram fechados. Proibiram-se os eventos públicos — e até os cultos religiosos. Essas medidas impopulares, em um momento em que a ciência não tinha o mesmo desenvolvimento de hoje, impediram o pior.

Findo o mandato, Wenceslau Brás retornou, com a família, para sua bucólica Itajubá. Seu tempo no Palácio do Catete foi marcado por uma de suas mais notáveis características: a discrição. Eram outros tempos. Políticos não tinham marqueteiros, não apareciam em *outdoors*, nem se valiam de redes sociais.

Wenceslau Brás, a partir de então, decidiu afastar-se dos grandes temas públicos, embora fosse constantemente visitado pelas mais relevantes personalidades do Estado, que buscavam apoio e opinião do ex-presidente. Chegaram a cotar seu nome para suceder a Arthur Bernardes, em 1926, mas Wenceslau refutou a oferta. Na avaliação dele, já havia cumprido seu dever. Abriu-se, então, espaço para Washington Luiz. Nos estertores de seu governo, o então presidente Washington Luiz manifestou seu firme propósito de fazer Júlio Prestes seu sucessor. Não havia consenso nessa indicação, que contrariava os interesses dos mineiros, gaúchos e pernambucanos. De outro lado, "correndo por fora", o comunista Carlos Prestes — alcunhado "cavaleiro da esperança" — se

[7] CALMON, Pedro. *História do Brasil*, v. VI. Rio de Janeiro: José Olympio Editora, 1959, p. 2158.

colocava como uma opção. Instaurou-se a incerteza, com um debate emocionado acerca dos rumos da nação.

Assis Chateaubriand, renomado jornalista, pediu a Wenceslau Brás que se manifestasse sobre a situação do país às vésperas daquela conturbada eleição. O ex-presidente enviou um telegrama, publicado em *O Jornal*, em 1º de março de 1930:

> Se a minha voz merecer ser ouvida em todo o Brasil, eu faria um caloroso, um instante apelo aos meus concidadãos para que as eleições de 1º de março se processem dentro da lei e da ordem, à altura de nossos foros de povo culto, cumprindo governantes e governados, com mútuo respeito, o seu dever perante a nação, votando estes livremente e garantindo aqueles, com imparcialidade e compostura moral o exercício pleno do direito do voto. Realizado assim o pleito, apurado honestamente o seu resultado, reconhecidos e empossados os legitimamente eleitos, teremos dado deste modo eloquente prova de nossa cultura cívica e moral, ao mesmo tempo que teremos feito solene e definitiva afirmação de nossa capacidade de conduzir, uma e forte, esta grande Pátria a seus altos destinos!

Diante da Revolução de 1930, encabeçada por Getúlio Vargas — outro advogado —, Wenceslau Brás optou pelo distanciamento. Embora fosse contra qualquer ato que confrontasse as instituições, o então presidente do estado de Minas, Olegário Maciel, solicitou diretamente a Wenceslau que não se opusesse ao movimento de Vargas, pois Minas apoiava o Rio Grande do Sul e os revolucionários. Wenceslau Brás, naquele período, não deixou Itajubá.

Pouco depois do golpe de 1937, o próprio Getúlio Vargas foi visitar Wenceslau Brás em Itajubá. Mesmo passados vinte anos desde que deixara o Palácio do Catete, Wenceslau seguia sendo um respeitado líder, cuja fama de independência e integridade crescia diante de sua renitente recusa em assumir qualquer cargo público. Na ocasião, ele confessou a Vargas:

Presidente, há quatro anos passo a maior parte do tempo na Vila Maria [uma fazenda, nas cercanias de Itajubá], a 1.600 metros de altitude, nas proximidades de Campos do Jordão. A um chefe político, representante da Nação que me perguntara o que fazia por lá, respondi: Estou plantando batatas. Estou plantando batatas antes que nos mandem plantá-las... o que parece não tardará!... Depois do seu golpe, Presidente, depois que o Sr. nos mandou plantar batatas, eu mestre consumado nesta cultura, tenho me oferecido aos ex-políticos para ensinar-lhes de graça esse plantio, tão aconselhado pelo Governo, mas confesso que não tenho encontrado, da parte deles, nem vocação nem boa vontade para isso, o que me faz supor que eles ainda esperam poder continuar as velhas e proveitosas culturas de outros tempos!...

Vargas deu uma boa gargalhada.

Há um fato marcante na vida de Wenceslau Brás: o falecimento de sua esposa, em 1925. A partir dali, o ex-presidente passou, gradualmente, a se isolar. Recebeu a alcunha de "o solitário de Itajubá", precisamente porque raramente deixava sua cidade.

Até falecer, em 1966, aos 98 anos, viveu pacatamente. Católico praticante, teve, durante muito tempo em Itajubá, dois grandes amigos constantes: um sacerdote erudito e um simples pescador. Convivia com ambos diuturnamente. Muitas vezes, comiam juntos na sua casa. Humildade e cultura se encontravam.

Não saiu rico da vida pública, nem empregou seus herdeiros em cargos do governo. Serviu sem ser servido.

Churchill, em seu notável trabalho sobre o povo inglês, registra a importância de uma nação ter suas histórias e seus heróis. Afinal, os exemplos servem como os melhores professores. Wenceslau Brás ofereceu os mais vivos exemplos de retidão e firmeza de propósitos. Deu lições importantes como o respeito às instituições, a humildade, a discrição, o espírito pacificador, a austeridade, a plena compreensão do papel do homem público.

O prefácio feito por Antonio Candido à seminal obra de Sérgio Buarque de Holanda, *Raízes do Brasil*, termina explicando que a força daquele livro "foi ter mostrado como o estudo do passado, longe de ser operação saudosista, modo de legitimar as estruturas vigentes, ou simples verificação, pode ser uma arma para abrir caminho aos grandes movimentos democráticos integrais, isto é, os que contam com a iniciativa do povo trabalhador e não o confinam ao papel de massa de manobra, como é uso." Conhecer a vida de Wenceslau Brás, com seus exemplos de integridade e respeito à coisa pública, serve de farol a iluminar o melhor caminho.

Em tempo, dentre as sortes que tive na vida, possivelmente a maior delas foi ter-me casado com a Bel, tataraneta de Wenceslau Brás. A avó da Bel — e minha por afinidade —, a iluminada Rúbia, neta de Wenceslau, nascida em Itajubá, conviveu com ele e guarda vivas histórias do grande homem público, generosamente divididas com seus amigos. Boa parte do meu texto teve por fonte relatos do próprio ilustre mineiro, advogado e presidente do Brasil, guardados pela família. Em um desses textos, ele deixa a seguinte lição aos seus descentes — entre eles os meus filhos — e a todos os brasileiros:

> Cabe aqui dizer aos meus descendentes que todos falam em prudência e energia, mas poucos sabem quando é o caso de uma ou de outra, e não raro empregam uma quando a outra é que estava indicada; e os resultados não saem à feição. Importa saber, também, onde a prudência acaba e até onde pode ir a energia para que não tome nunca o aspecto de brutalidade. Há muitos que entram bem com a energia, mas apaixonam-se e levam-na a extremos, que a comprometem. Felizmente para mim nunca cheguei a esses extremos, prevenido que sempre estive contra eles.

JOÃO MENDES DE ALMEIDA JÚNIOR

José Rogério Cruz e Tucci[1]

O sexto catedrático de direito processual civil da Faculdade de Direito do Largo de São Francisco foi o professor João Mendes de Almeida Júnior. O perfil da vida e, sobretudo, da obra científica de João Mendes foi detidamente analisado por Alfredo Buzaid, em conferência proferida em 29 de outubro de 1956, na Faculdade de Direito, ao ensejo do primeiro centenário de nascimento do grande processualista.[2]

Filho do jurisconsulto e político Dr. João Mendes de Almeida e de D. Anna Rita Lobo Mendes de Almeida, nasceu em São Paulo, em 30 de março de 1856, "dia de São João Clímaco, que ele venerou, e foi o tradutor de sua obra *Clímax ou Escada do Céu*, 'que discorre sobre as virtudes que aperfeiçoam a criatura e indica o caminho que conduz à imortalidade'...".[3] "Eu nasci", escreveu no prólogo da edição brasileira, "no dia 30 de março de 1856; minha mãe, minha boa e santa

---

[1] Mestre em Direito e doutor em Direito processual pela Universidade de Roma (Itália). Foi presidente da Associação dos Advogados de São Paulo e presidente da Comissão de Direito processual Civil da OAB/SP. É diretor da Faculdade de Direito da USP.

[2] BUZAID, Alfredo. João Mendes de Almeida Jr. - Aspectos de uma grande vida, *Revista da Faculdade de Direito da USP*, 1956.

[3] SILVA, José Afonso da. *A faculdade e meu itinerário constitucional*. São Paulo: Malheiros, 2007, p. 69.

mãe, foi a primeira pessoa de quem ouvi o nome do santo do dia do meu nascimento".[4]

Seu pai formou-se pela Faculdade de Direito de Olinda, transferiu-se para São Paulo para comandar o Partido Conservador, pelo qual foi eleito deputado para a Assembleia Geral. João Mendes de Almeida Júnior foi sobrinho do também jurista Cândido Mendes de Almeida. Neto paterno do capitão de milícias Fernando Mendes de Almeida, português que se radicou, em 1816, na cidade de Caxias, Maranhão, onde se casou com Esméria Alves de Sousa. O capitão Fernando Mendes de Almeida era filho dos portugueses João Mendes de Almeida e Maria Escolástica da Fonseca Ramos. João Mendes de Almeida Júnior foi casado com Leontina Novais.

Após ter cursado o Seminário Episcopal de São Paulo, matriculou-se na Faculdade de Direito, formando-se em 30 de outubro de 1877, e, poucos anos depois, em 10 de março de 1880, recebeu o grau de doutor em direito.

No ano em que se bacharelou, foi eleito vereador da Câmara Municipal de São Paulo e, mais tarde, seu presidente no biênio 1881-1882. Joaquim Nabuco, tecendo-lhe elogio na sessão do Instituto Histórico de 15 de dezembro de 1898, ressaltou: "Ele é quase um rebelde, faz vida política à parte, tem a sua esfera de influência exclusiva, trancada, hostil a qualquer intervenção, ele não tem vida própria, não pode fechar a porta, não tem horas de comida, não tem direito ao sono."[5]

Sempre bem-humorado, participava da vida acadêmica, contava anedotas, não se esquivava às pândegas que acabavam não raro em bengaladas e garrafadas. Pertence a este período a sua atividade no jornalismo. Durante algum tempo dirigiu a *Gazeta de Mogi-Mirim*, tratando dos assuntos mais variados, em particular, sociológicos. Colocou o jornal a serviço da causa abolicionista. João Mendes de Almeida Júnior,

---

[4] Cf. BUZAID, op. cit., p. 83.

[5] NABUCO, Joaquim. *Escritos e discursos literários*. Obras completas, v. 9. São Paulo: Instituto Progresso Editorial, 1949, p. 216.

à frente da *Gazeta de Mogi-Mirim*, continuou impavidamente colaborando na campanha libertária. Mas não o fez sem risco de vida. Esse episódio assinala o destemor de João Mendes em face do perigo. Se a causa era digna, o receio era uma covardia.[6]

O advogado militante e o jornalista intemerato da campanha abolicionista cedem lugar ao jurista, que emite pareceres, e ao homem, que aperfeiçoa dia a dia as suas virtudes morais. A vocação religiosa, que veio do berço, banhada pelos afagos maternos, já agora se escuda na convicção filosófica aristotélico-tomista.

Sagrando-se vencedor em concurso público a que se submeteu, foi nomeado, pelo Decreto de 31 de agosto de 1889, lente substituto da Faculdade de Direito de São Paulo, onde regeu as cadeiras de direito eclesiástico, criminal e civil.

Logo depois, continuando a sua trajetória acadêmica, pelo Decreto de 21 de março de 1891, foi nomeado lente catedrático de processo civil, e também exerceu a função de diretor da Faculdade entre 1910 e 1916. Professor respeitado por suas doutrinas, bondoso e estimado, conseguiu formar na mocidade acadêmica amplo círculo de simpatia que o colocou entre os mais queridos membros da Congregação da Faculdade.

Como bem destaca Buzaid, invocando Francisco Morato, o pai de João Mendes o aconselhava: "quando investido no cargo de lente, deve ser invariavelmente bom para com os alunos". Atento a esse conselho paternal, aprovava-os sistematicamente. "Quando o aluno não sabia o que era perguntado, ensinava-lhe e, como a reprovação era uma sentença contra os ignorantes, aprovava por sistema, porque, se o examinado não tinha aprendido nas aulas, saía sabendo nos exames."[7]

Foi inclusive homenageado pela unanimidade da Congregação com a Sala João Mendes, localizada no térreo da Faculdade, bem em frente à Sala Barão de Ramalho.

---

[6] Cf. BUZAID, op. cit., p. 81.

[7] Ibid., p. 80.

Escreve Alfredo Buzaid que

> João Mendes de Almeida Júnior foi um professor à maneira europeia. A preocupação dos escritores do Velho Mundo é a de dizer algo de novo e oferecer uma contribuição própria. Repetir o que já foi ensinado é inútil, ou pelo menos tem minguado merecimento. Não se há de exigir sempre uma investigação totalmente nova; basta muitas vezes uma ideia, contanto que contribua para o progresso da ciência. Sob esse aspecto, ninguém excede João Mendes Júnior. A sua doutrina é indisputavelmente original, tem rigor na disposição e perfeita unidade do conjunto. [O professor] João Mendes de Almeida Júnior não se contentou com uma ideia; construiu um sistema.
>
> A sua contribuição original consistiu em elaborar, entre nós, uma filosofia do direito judiciário. É certo que Harscher von Almendingen, já em 1797, aconselhava, como guia no estudo da ciência jurídica, investigar, juntamente com a filosofia, a história do direito positivo.
>
> O professor Reinaldo Porchat, que fora companheiro de João Mendes desde os bancos acadêmicos e depois seu colega de Congregação, deu o testemunho do caráter paternal de sua vida: "João Mendes era um professor que ensinava paternalmente. E bem se vê, pela maneira e pelo meticuloso cuidado com que escreveu essas lições para ensinar o seu filho, que não lhe era forçado o carinho e a bondade com que ensinava aos alunos da Faculdade, considerando-os também como seus filhos".

João Mendes de Almeida Júnior emprestava ainda excepcional importância aos estudos históricos. Ele efetivou, por seu turno, uma aplicação da filosofia aristotélico-tomista à ciência do processo...

> Creio não exagerar, dizendo que João Mendes de Almeida Júnior raciocinava em latim e escrevia em português. O seu estilo se assemelha muito ao de Chiovenda; a linguagem deste mestre é aus-

tera, desataviada, pouco maleável, sem vivacidade. Mas, à medida que aprofundamos o seu pensamento, percebemos que ele é na Itália o maior de todos, porque ninguém o iguala na exatidão dos conceitos, na paciência beneditina da investigação histórica e na simetria do conjunto rigorosamente harmônico. Seus períodos não têm uma palavra a mais; também não podem ter uma palavra a menos. João Mendes escrevia do mesmo modo. O *direito judiciário brasileiro* se assemelha às *Instituições* de Chiovenda. Estas obras não têm citações, recheadas de autores e indicativas de erudição.[8]

Além dos inúmeros trabalhos que publicou na *Revista da Faculdade de Direito de São Paulo*, dentre os seus escritos, deixou as seguintes obras que se tornaram clássicas:

– *As formas orgânicas da praxe forense*. São Paulo: Papelaria Guarany de Maciel, 1897.

– *O processo criminal brasileiro*. Rio de Janeiro: Laemmert & Cia., 1901. 2 v.

– *Programa do curso de direito judiciário* — lecionado na Faculdade de Direito de São Paulo. São Paulo: Hennies Irmãos, 1910; 2.ª ed. Rio de Janeiro, 1918.

– *O ensino do direito*. São Paulo: Siqueira, Nagel & Cia., 1914.

– *A uniformidade, a simplicidade e a economia do nosso processo forense*. São Paulo: Siqueira, Nagel & Cia., 1915.

– *Direito judiciário brasileiro*. Rio de Janeiro, 1918; 3.ª ed., 1940; 5.ª ed., atual. por João Mendes Neto, Rio de Janeiro: Freitas Bastos, 1960.

João Mendes de Almeida Júnior foi notável advogado e grande jurisconsulto. Em 1901, foi designado para estudar as bases para a reforma judiciária do estado de São Paulo e, em 1910, por indicação do Presidente da Província, Francisco de Paula Rodrigues Alves, teve idêntica incumbência de organizar o Código de Processo Civil e Criminal da respectiva província. O projeto que apresentou representa um magistral

---

[8] Ibid., p. 86.

trabalho, repleto de ensinamentos, digno de ser subscrito pelos mais reputados juristas.

Por força do Decreto de 11 de dezembro de 1916, João Mendes Júnior foi nomeado, pelo presidente da república, Venceslau Brás, ministro do Supremo Tribunal Federal, preenchendo a vaga aberta com o falecimento do ministro Enéas Galvão. Tomou posse em 5 de janeiro de 1917. João Mendes foi aposentado pelo Decreto de 24 de outubro de 1922. Sua passagem pela Suprema Corte ficou assinalada por uma série de magistrais arestos que abrilhantaram a coletânea da jurisprudência nacional.

Na ocasião em que assumiu a função de ministro do Supremo Tribunal Federal, no início de 1917, sua saúde já não era satisfatória. Lá permaneceu por mais de um lustro.

> Os acórdãos ou votos, que redigia, eram geralmente curtos; continham o essencial. Sua preocupação era exprimir com clareza o julgamento do Tribunal. Só mui raramente é que ilustrava o acórdão com a lição dos doutores, selecionados com rigor, e transcrita com toda oportunidade. Era, porém, nas discussões em plenário que revelava o esplendor de sua vasta cultura e invejável erudição. A Revista do Supremo nos dá notícia dos memoráveis debates travados com os seus pares, especialmente com Pedro Lessa. João Mendes de Almeida Júnior era o argumentador, lógico e frio; conhecendo profundamente a história, o direito e a filosofia, invocava a cada passo os textos romanos, aplicáveis aos casos concretos; a doutrina dos antigos juristas portugueses lhe era tão familiar como o último estado da ciência jurídica dos povos civilizados; não procurava impor sua opinião; mas porfiava na defesa da boa doutrina. Seus votos tinham a serenidade de um raio de sol.[9]

A instalação do Supremo Tribunal Federal ocorreu em 28 de fevereiro de 1891, ao ensejo de sua primeira sessão plenária, sob a presidência

[9] Cf., ainda, BUZAID, op. cit., p. 87.

interina do ministro Sayão Lobato (visconde de Sabará), que, até então, presidira o Supremo Tribunal de Justiça. Em tal ocasião foi eleito o primeiro presidente da Corte, ministro Freitas Henriques (natural da Bahia).

Foi o Decreto n.º 848, de 1890, que, no art. 9.º, par. único, instituiu um recurso contra as sentenças definitivas proferidas pelos tribunais estaduais. Mais tarde, no Regimento Interno do Supremo Tribunal Federal, de 8 de agosto de 1891, é que esse meio de impugnação foi denominado *recurso extraordinário*.

Esse recurso, consoante esclarece João Mendes de Almeida Júnior,[10]

> é um recurso tão ordinário como o antigo "agravo ordinário" e, como este, constitui uma nova instância, visto que, nos termos do art. 59, § 1.º, da Constituição da República, o Supremo Tribunal Federal fatalmente conhecerá da causa como ficou fixada na contestação da lide. *Instantia est existencia fluens, id est, identitas mobilis aut quaedam unitas ducta in numerum prioris et posterioris* (= Instância é uma existência fluente, isto é, a identidade do móvel ou uma certa unidade no número anterior e do posterior). Ora, o "móvel", no processo judiciário, é a "causa", isto é, a relação litigiosa entre o direto e o fato individuado; este "móvel" permanece em fluente litígio no Supremo Tribunal Federal, em circunstâncias idênticas às que anteriormente ficaram fixadas na contestação da lide. O nome lídimo deste recurso é "suplicação", diz Strikio, 3, Diss. 24.4.36: "foi introduzida em lugar da apelação, não só por causa da eminência do juiz recorrido, como porque era um recurso de recurso, visto que o juiz recorrido já funcionara em 2.ª instância (D. *de off. Praefect. Praet.*, N. 119.5.1)". *Supplicatio*, de *plicare*, dobrar, repetir, e *supra*, para cima. Em suma, o atual denominado "recurso extraordinário" para o Supremo Tribunal Federal é idêntico ao antigo "agravo ordinário" ou "suplicação"; entretanto, não falta quem vá buscar analogia com o "writ of error" dos ingleses e

[10] *A uniformidade, a simplicidade e a economia do nosso processo forense.* São Paulo: Siqueira, Nagel & Cia., 1915, pp. 17-19.

> norte-americanos, aliás tão mal definidos que, na Inglaterra, desde os "act" de 5-8-1873 e 11-8-1875, foram suprimidos e equiparados às apelações (v. *Annuaire de legisl. étrangère*, de 1874, p. 67 ss, e de 1875, p. 120 e 160, com as notas de Ribot e George Louis). Quem prestar atenção ao que era instituído nas Ord. Fil. (1.5.6, 6.pr; 3.84) e comparar tudo isso com o que está instituído no art. 59, § 1.º, da Constituição da República, verá que o nosso Supremo, em relação às Justiças dos Estados, é, *na essência*, uma Casa de Suplicação; pois as diferenças, na constituição do organismo e no funcionamento, se limitam a acidentes que não alteram, quer a "natureza da instituição", quer a "natureza do recurso". Esta é a realidade que há de ser reconhecida e afirmada por quem quiser ver e dizer a coisa como a coisa é...

João Mendes faleceu em 25 de fevereiro de 1923, na cidade do Rio de Janeiro; seu corpo foi transportado para São Paulo e sepultado no Cemitério da Consolação.

Em dezembro 1923, o busto de João Mendes de Almeida Júnior foi descerrado no Salão Nobre da Faculdade de Direito. Por ocasião das exéquias por sua alma, realizadas na Igreja de São Francisco, tinha sido anunciado que um busto seu seria feito pelo escultor Humberto Cozzo para ser oferecido à Faculdade, inicialmente, pelo próprio artista. Não obstante, acabou sendo uma doação do Instituto dos Advogados de São Paulo à Faculdade de Direito. Em nome dessa entidade, falou o professor Waldemar Ferreira, num discurso que se iniciou com uma análise sobre o momento que se vivia no país, que considerava de crise, de decadência moral e intelectual, agravada por uma desordem financeira e uma política menor; depois, em breves palavras, estabeleceu um sentido de sobrevida à morte, na homenagem que se fazia, naquele momento, a dois grandes homens, que se igualavam na veneração que lhes era dedicada; em seguida, passou à missão que lhe tinha sido confiada, de render homenagem a João Mendes de Almeida Júnior. Destacou então as diferentes facetas do homenageado — homem de lei, professor e magistrado —, todas permeadas por uma personalidade recatada ou mesmo retraída, um caráter extremamente bondoso e tolerante e uma concentração intelectual que permitira ao mestre uma profundidade ímpar: como jurista, compreendia o direito contemporâneo a partir de suas raízes históricas, que conhecia amplamente. Ao encerrar seu discurso, referiu-se diretamente ao busto de João Mendes que ali se inaugurava, reafirmando

> a grandeza e a atualidade do pensamento jurídico do homenageado e como que descrevendo o processo pelo qual uma escultura pode se transformar, no plano simbólico, na presença da própria personalidade que ela representa e evoca, e essa presença, em mito transcendente: "a obra de João Mendes Júnior é de hoje. Ela aí está para justificar a homenagem que lhe presta o Instituto dos Advogados de São Paulo, trazendo para este salão nobre, povoado de figuras venerandas e sagradas, para o nosso amor e para a nossa história, o busto, em bronze, daquele homem puro, mestre dos que foram mestres, juiz que foi justo. Colocando neste recinto de meditação, em que as gerações se renovam, aquela cabeça de sábio antigo, que o talento de um moço reproduziu com tanta fidelidade, esperemos que o tempo, aureolando-a com a sua poeira de ouro, lhe dê os toques misteriosos, com que a sua pátina converte os homens em numes tutelares".[11]

Em reconhecimento por sua vida dedicada ao direito e à justiça, o maior fórum cível do Brasil, situado em São Paulo e construído em meados do século XX, no governo de Jânio Quadros, ostenta o seu nome, com o busto de seu pai destacado no centro da Praça João Mendes. Em 1955, os alunos da faculdade de direito da Universidade Mackenzie homenagearam o jurista dando o nome de João Mendes de Almeida Júnior ao Centro Acadêmico da instituição.

[11] Cf. BARBUY, Heloisa. *As esculturas da Faculdade de Direito*, São Paulo: Ateliê Editorial, 2017, pp. 113-114.

CLÓVIS BEVILÁQUA E CLÓVIS DO COUTO E SILVA

Judith Martins-Costa[1]

Introdução

Registram os comparatistas a relevância da *personalidade do legislador*[2] na construção do texto legal. Essa mais se acentua em face da Codificação, fenômeno histórico axial à construção de um sistema jurídico. Vale, por isso, aproveitando a sinonímia e ensaiando um jogo entre aproximações e diferenças — outro *tópos* caro aos comparatistas —, perguntar em que medida a personalidade de dois Clóvis — o Beviláqua e o Couto e Silva —, distanciados por setenta anos,[3] importou à concepção de Código Civil. Embora um tenha sido legis-

---

[1] Graduada em ciências jurídicas e sociais pela Universidade Federal do Rio Grande do Sul, doutora e livre-docente em Direito pela Universidade de São Paulo. Foi professora de Direito civil na Faculdade de Direito da Universidade Federal do Rio Grande do Sul e professora colaboradora do Programa de Pós-Graduação da Faculdade de Medicina da Universidade Federal do Rio Grande do Sul. Presidente do Instituto de Estudos Culturalistas e membro da Academia Brasileira de Letras Jurídicas.

[2] "A personalidade do legislador nacional pode ser igualmente um fator responsável pela adoção ou inspiração de um modelo jurídico por um determinado país, do mesmo modo a formação intelectual do legislador, elemento decisivo de uma determinada escolha de modelo jurídico." (FRADERA, Vera Maria Jacob de. *Reflexões sobre a contribuição do Direito comparado para a elaboração do Direito comunitário*. Belo Horizonte: Del Rey, 2010, p. 101 e ss.)

[3] Clóvis Beviláqua nasceu em Viçosa (hoje, Viçosa do Ceará) em 4 de outubro de 1859. Clóvis do Couto e Silva nasceu em Porto Alegre em 6 de maio de 1930.

lador solitário,[4] praticamente o único autor do texto que se transformaria no Código de 1916, e o outro, componente de uma Comissão que, sob a liderança de Miguel Reale, se tornou o Código de 2002, pretendo mostrar que, em ambos, o pensamento sobre as relações entre lei e realidade social se aproximam, como consequência de sua comum concepção culturalista.

Na comparação entre os Códigos — convém, desde logo, esclarecer —, considero o texto dos anteprojetos, pois não se pode nunca confundir o Código tal qual *lido e aplicado* com o *concebido*. Pelo modo como foi pensado por Beviláqua e, inclusive pelas potencialidades apresentadas e não exploradas por doutrina e jurisprudência no correr do século XX,[5] o Código de 1916 está mais próximo do que se pensa do de 2002. Tanto Miguel Reale quanto Moreira Alves enfatizaram fortemente que a preservação, e não a completa inovação, seria a diretriz adotada pela Comissão Elaboradora do Anteprojeto,[6] embora existam, é claro, relevantes inovações, muito mais no *espírito* do que na letra codificada.

Pelo filtro das semelhanças e das diferenças vale a pena, portanto, averiguar o que aproxima e o que distancia os dois homens aqui delineados, os quais, embora afastados no tempo e no espaço, contribuíram enormemente para a construção do Direito Civil brasileiro.

---

[4] Não há dúvidas que, na democracia, toda lei é, em maior ou menor medida, obra coletiva. Muitos atores e muitos fatores intervêm em sua elaboração e não foi diverso com o Código de Beviláqua. Mas não há dúvidas também que, tendo sido a esse, exclusivamente, encarregada a tarefa de redigir o Anteprojeto, seu pensamento nele se projetou de modo tão notável quanto indelével.

[5] Clóvis do Couto e Silva costumava dizer que, com pouquíssimas alterações, o Código de 1916 poderia muito bem ordenar as relações de consumo, não sendo necessário um "Código de Defesa do Consumidor" para tanto.

[6] "Preservar, sempre que possível, as disposições do Código atual [de 1916] porquanto de certa forma cada texto legal representa um patrimônio de pesquisas, de estudos, de pronunciamentos, de um universo de juristas", consagrando "um saber jurídico acumulado" que seria irresponsável desprezar". (REALE, Miguel. Visão geral do Projeto de Código Civil. Ora in: REALE, Miguel. *O projeto do novo Código Civil*. 2.ª ed. São Paulo: Saraiva, 1999, p. 4. O entendimento de José Carlos Moreira Alves está expresso, dentre outros textos, em: "Lições do novo Código Civil português". *In*: *A parte geral do Projeto de Código Civil brasileiro*. 2.ª ed. São Paulo: Saraiva, 2003, pp. 17 e ss.

Primeira parte. O pensamento teórico de Clóvis Beviláqua

Não é possível compreender nenhuma personalidade com abstração das ideias que marcaram a sua formação intelectual. E, no concernente a Beviláqua,[7] nestas tem papel destacado a Escola do Recife,[8] o brilhante movimento intelectual que, centrado na Faculdade de Direito,[9] agitou aquela cidade a partir da década de 60 do século XIX e que foi primeiramente poético, depois, crítico e filosófico e, por fim — mas não menos —, jurídico, tendo deixado herança que se projeta ainda hoje no plano das mentalidades.

O "primeiro Clóvis" é filho dessa Escola, nela formatou o seu espírito, a sua modelagem intelectual. Foi tocado, profundamente, por aquele "revoar de ideias" que, segundo Silvio Romero, movimentou Recife desde 1870 e que, seguindo aos trancos e barrancos da História, acabou por desaguar no culturalismo de Miguel Reale.[10] Seu pensamento acerca do direito, as soluções que deu ao Código Civil de 1916 e sua

---

[7] O desenvolvimento das ideias aqui sintetizadas está em: MARTINS-COSTA, Judith. Clóvis Beviláqua e a Escola do Recife. *Revista do Instituto do Direito Brasileiro*, ano 2, n.º 8, 2013, pp. 8349-8368.

[8] A denominação deve-se a Silvio Romero, como relata Beviláqua (BEVILÁQUA, Clóvis. *História da Faculdade de Direito do Recife*. v. II. Rio de Janeiro: Francisco Alves, 1927, p. 83).

[9] Conforme a previsão da Lei de 11 de agosto de 1927 foram criados dois cursos de Ciências Jurídicas e Sociais, um em São Paulo, outro em Olinda. Este último foi efetivamente instalado em 15 de maio de 1828 no Mosteiro de São Bento, formando-se a primeira turma em 1832. Em 1854 o Decreto n.º 1.836 deu novos estatutos, constituindo os dois cursos jurídicos em Faculdades de Direito. Em 15 de outubro de 1854 o curso, já como Faculdade, é transferido para Recife. (V. BEVILÁQUA, Clóvis. *História da Faculdade de Direito do Recife*. vol. I. Rio de Janeiro: Francisco Alves, 1927, pp. 41-108; VEIGA, Gláucio. *História das ideias da Faculdade de Direito do Recife*. vol. VIII. Recife, 1997, 101.)

[10] A denominação "culturalismo" deve-se a Miguel Reale, conforme registra Antonio Paim. (*In*: PAIM, Antonio. *A Escola do Recife*. Estudos complementares à história das ideias filosóficas no Brasil. vol. V. 3.ª ed. Londrina: UEL, 1999. Prefácio da Segunda Edição, p. xii). A ligação entre o movimento recifense e a filosofia de Reale é afirmada pelo próprio, ao situar um seu estudo apresentado em 1950 ao I Congresso Brasileiro de Filosofia sobre o culturalismo na Escola do Recife como origem de desdobramento "em vários sentidos, até o ponto de dar origem ao 'culturalismo', talvez a única corrente filosófica brasileira constituída na imanência de nossas circunstâncias, não obstante estar vinculada a múltiplas fontes do pensamento europeu (...)". Veja-se: REALE, Miguel. "Tobias Barreto, pioneiro do culturalismo". *In*: *Figuras da inteligência brasileira*. 2ª ed. São Paulo: Siciliano, 1994, p. 51.

ação como professor — inclusive a escolha pela disciplina "Legislação Comparada" — estão definitivamente atados aos autores que leu; portanto, sua atividade como jurista tem seu sentido aclarado, necessariamente, na moldura desenhada por esse quadro intelectual.

§ 1. O ENTORNO CULTURAL DO "PRIMEIRO CLÓVIS": A ESCOLA DO RECIFE

Calmo, retraído, modesto,[11] dotado de uma "pureza de consciência" e de um "caráter límpido",[12] Clóvis Beviláqua era um homem do Nordeste. Nasceu em Viçosa, no interior do Ceará, uma cidade ainda hoje pequena. Filho de padre, não há nada de tradicional em sua origem, embora seu avô italiano e comerciante para lá tivesse imigrado desde o século anterior. Morou em Sobral, em Fortaleza e no Rio de Janeiro.[13] E estudou direito na Faculdade de Direito do Recife, que, então, em 1878, era não apenas pioneira, mas já consolidada, fundada que fora cinquenta anos antes.

Até a década de 60 do século XIX, nada mexera nas velhas ideias católicas e tomistas que davam o tom cultural e ideológico do ralo am-

[11] Em discurso proferido em homenagem a Pontes de Miranda, em 26 de fevereiro de 1923, no Rio de Janeiro, Clóvis assim se autodescreverá: "É do meu feitio conservar-me na planície, entre árvores discretas, que benevolamente dissimulem a minha já de si apagada individualidade, e daí contemplar, como simples espectador interessado, a corrente social, a rolar as águas profundas, ora revoltas, turvas, espumantes, ora na tranquilidade plácida dos espetáculos grandiosos." (BEVILÁQUA, Clóvis. "Discurso do Sr. prof. dr. Clóvis Beviláqua, no banquete oferecido ao Sr. dr. Pontes de Miranda, a 26 de fevereiro de 1923". *In*: *Três discursos sobre um jurista*. Rio de Janeiro: Borsoi, 1958. Também disponível em: https://pedroluso.blogspot.com/2015/12/discurso-de-clovis-bevilaqua-para.html. Acesso em 27 de março de 2023) Em outra passagem, transcrita por Silvio Meira, declarava detestar "as exibições espetaculosas das pretensiosidades tufadas" (*In*: MEIRA, Silvio. *Clóvis Beviláqua. Sua vida. Sua obra*. Fortaleza: Universidade Federal do Ceará, 1990, p. 69). É assim também o testemunho dos que com ele conviveram, como suas filhas caçulas Veleda e Vitória e o advogado Aloysio Tavares Picanço. Vide os respectivos depoimentos em: *Clóvis Beviláqua, um senhor brasileiro*. SCHUBSKY, Cássio (Org.). São Paulo: Lettera, 2010, pp. 34-45 e 232-236.

[12] As expressões entre aspas estão em DANTAS, San Thiago. *Figuras do Direito*. Rio de Janeiro: José Olympio Editora, 1962, p. 93.

[13] Sobre as origens familiares e a infância, ver: MEIRA, Silvio. *Clóvis Beviláqua. Sua vida. Sua obra*. Fortaleza: Universidade Federal do Ceará, 1990, pp. 23-47.

biente intelectual brasileiro, centrado, fortemente, desde o final dos anos 20, nas Faculdades de Direito de Recife e de São Paulo. Em 1862, no entanto, Recife foi tomada por um movimento poético, crítico e jurídico que não deixou nada passar em branco e que veio abalar fortemente — como disse Beviláqua, ao traçar, em 1927, a *História da Faculdade de Direito do Recife* —, a "quietude da mentalidade despreocupada dos graves problemas da ciência, da filosofia e da política".[14]

O abandonar da "quietude da mentalidade" e a consequente virada da atenção (ainda que incipiente) das alturas do idealismo abstratizante ao chão mais duro da realidade brasileira têm nome, data, identidade e espaço geográfico. E têm, também, descendência. Os historiadores das ideias concordam que a Escola do Recife foi uma das poucas escolas filosóficas brasileiras com influência concreta na vida social do país.[15] É em Recife que encontraremos os germens das ideias que, mais tarde, foram desenvolvidas e inscritas na mente de Beviláqua e no primeiro Código Civil.

A Escola do Recife pontua, no campo das mentalidades, a diferença entre dois *modelos de pensamento*, dois modos de compreender, ensinar e fazer o direito: um modelo marcado pela acentuada ligação entre direito e poder político, cujo epígono poderia ser Pimenta Bueno, o prestigiado marquês do império, defensor do Poder Moderador, e outro, o modelo recifense, ou culturalista (que, paradoxalmente, terá em Miguel Reale, professor da Faculdade de Direito paulista, o seu principal continuador no século XX), cujo epígono é Tobias Barreto, permanentemente crítico aos ouropéis do estamento, que frequentou apenas pelas bordas. Portanto, antes de Clóvis vem Tobias. Para entender um, temos que iniciar pelo outro.

Mente inquieta, Tobias Barreto foi do espiritualismo ao positivismo (onde pouco se deteve)[16] e trouxe para as discussões acadêmicas que

---

[14] BEVILÁQUA, Clóvis. *História da Faculdade de Direito do Recife*. vol. II. Rio de Janeiro: Francisco Alves, 1927, p. 97.

[15] Assim aponta CHACON, Vamireh. Depoimento, em: SCHUBSKY, Cássio (Org.). *Clóvis Beviláqua, um senhor brasileiro*. São Paulo: Lettera, 2010, p. 194.

[16] BEVILÁQUA, op. cit., p. 98.

viriam a alcançar Clóvis Beviláqua os autores alemães, dentre eles Von Jhering — pronunciando este nome pela primeira vez no país.[17] Seu impacto foi imenso, quer por marcar a chegada à Academia de uma diversa compostura, traduzida no famoso *Um discurso em mangas de camisa*,[18] quer por fazer o corte com a linhagem francesa, então dominante, introduzindo entre nós a cultura jurídica germânica, que tantos frutos renderia no correr do século XX. As marcas deixadas pela força intelectual de Tobias[19] significaram, segundo Clóvis, uma "nova luz", um "divisor de águas" entre as velhas ideias católicas e tomistas e a liberdade do pensar autônomo,[20] entre a "antiga" e a "nova" concepção do direito.[21]

Naqueles subversivos anos recifenses, percebeu o professor Gláucio Veiga, "a ciência em tudo penetrou":[22] na Crítica, com Silvio Romero; na História, com Capistrano de Abreu e Martins Júnior; na filosofia e no direito, com Tobias Barreto. Tobias, conquanto mais ensaísta que filósofo, foi o líder, o eixo em torno do qual tudo se movimentava, a energia de onde fluíam as leituras, os autores que vinham fazer a cabeça da estudantada. São reconhecidos ao seu germanismo o ter preservado o Norte e o Nordeste do estreito positivismo que por tanto

---

[17] Assim anotou BEVILÁQUA, op. cit., p. 101.

[18] BARRETO, Tobias. *Um discurso em mangas de camisa*. Disponível em: http://www.dominiopublico.gov.br/download/texto/ub000029.pdf. Acesso em 28 de março de 2023. O valor metafórico desse texto foi destacado por Gláucio Veiga, dando conta do significado da metáfora ser maior, naquele mundo de fraques e de cartolas, que o próprio texto. (Ver: VEIGA, Gláucio. *História das ideias da Faculdade de Direito do Recife*. v. VIII. Recife, 1997, p. 67).

[19] Especialmente a reprovação de Tobias Barreto na defesa da tese de doutoramento, em 1873, em que declarou a "morte da metafísica" e chamou a banca de "corja de ignorantes", e pelo concurso que fez em 1882 para o ingresso como lente (professor) da Faculdade. (Vide: BEVILÁQUA, Clóvis. *História da Faculdade de Direito do Recife*. v. I. Rio de Janeiro: Francisco Alves, 1927, pp. 212-214).

[20] BEVILÁQUA, Clóvis. *História da Faculdade de Direito do Recife*. v. II. Rio de Janeiro: Francisco Alves, 1927, p. 98.

[21] Ibid., p. 102.

[22] VEIGA, Gláucio. *História das ideias da Faculdade de Direito do Recife*. Vol. VIII. Recife, 1997, p.12. Também MEIRA, Silvio. *Clóvis Beviláqua. Sua vida. Sua obra*. Fortaleza: Universidade Federal do Ceará, 1990, pp. 54 e ss.

tempo dominou outras regiões e escolas[23] e às larguezas de suas vistas o título de o primeiro "ilustrado" no processo da Ilustração Brasileira.[24]

Clóvis Beviláqua endossou essa lição e, talvez mesmo sem assim intencionar, projetou, no Código Civil, traços da mentalidade daquela Escola.

§ 2. Reflexos culturalistas no Código de 1916

Em 1897, apontando à rejeição o Jusnaturalismo então dominante pela via da Escolástica, Beviláqua diz, com todas as letras, que o justo é condicionado pelo tempo e que a própria ideia do que é justo, "longe de ser inata, resulta do exercício e do estudo".[25] E, em 1927, será taxativo: "não há, portanto, direito natural".[26]

Impressiona, na vida de Beviláqua, a multiplicidade de seus interesses e conhecimentos, a vastidão dos campos intelectuais a que se voltou.[27] No direito, foi civilista, internacionalista, interessou-se pela criminologia, foi constitucionalista e filósofo. Voltou-se à literatura, à sociologia e à história. Na política, foi abolicionista, republicano e "moderno", tendo sido casado com uma mulher que à época poderia ser tida por feminista, pois Amélia Freitas Beviláqua era muito culta, escritora, inclusive fundou duas revistas literárias.[28]

---

[23] Nesse sentido é a opinião de Virgilio de Sá Pereira referida por Beviláqua, em: BEVILÁQUA, Clóvis. *História da Faculdade de Direito do Recife*. v. II. Rio de Janeiro: Francisco Alves, 1927, p. 105.

[24] VEIGA, Gláucio. *História das ideias da Faculdade de Direito do Recife*. v. VIII. Recife, 1997, p. 47.

[25] BEVILÁQUA, Clóvis. *Juristas filósofos*. Salvador: José Luiz da Fonseca Magalhães, 1897, p. 4. Disponível em: www.dominiopublico.gov.br.

[26] ______. *História da Faculdade de Direito do Recife*. v. II. Rio de Janeiro: Francisco Alves, 1927, p. 109.

[27] Para um painel sintético mas expressivo dessa multiplicidade de vertentes, leia-se: SCHUBSKY, Cássio (Org.). *Clóvis Beviláqua, um senhor brasileiro*. São Paulo: Lettera, 2010.

[28] Amélia de Freitas Beviláqua fundou uma revista literária em Pernambuco, e, com Clóvis, a revista *Ciências e Letras*, no Rio de Janeiro, em que colaboraram grandes intelectuais, como Jackson de Figueiredo, Farias Brito, Silvio Romero e outros (assim informa MEIRA, Silvio. *Clóvis Beviláqua. Sua vida. Sua obra*. Fortaleza: Universidade Federal do Ceará, 1990, p. 20). Ademais, "(...) criou e foi redatora-chefe de *O Lyrio*, revista escrita somente por mulheres, pu-

Clóvis, porém, não foi um "homem da rua", nem por origem social nem por temperamento. Ainda assim, com Tobias Barreto dividiu aquela que, para o direito, é a grande contribuição ideológica da Escola do Recife: o modo de perspectivar o direito como um *produto cultural*, atado ao entorno cultural em que é produzido, cuja função é balizar forças sociais, harmonizando-as segundo dados da experiência e conforme princípios e instituições cujo valor e cuja eficácia são sempre culturais e contextualmente postos. Por essa razão, ao denominar, nos meados do século XX, o seu próprio pensamento como "culturalista", Miguel Reale ligou-o ao da Escola do Recife.[29]

A chave de compreensão do pensamento e da variedade de perspectivas intelectuais que Beviláqua cultivou está, porém, na sua formação intelectual. Para além de Tobias Barreto,[30] os alemães Jhering e Hermann Post são citados abundantemente em *Juristas filósofos*,[31] de 1897. Eles eram "as duas principais feições científicas da ciência contemporânea",[32] tendo encontrado reflexo e cor local em Tobias e em Silvio Romero, outra influência marcante no pensamento de Beviláqua, abrindo o caminho às fontes intelectuais inglesas. Numa análise integral da obra (e não apenas de posições da juventude) se poderia falar

---

blicada de 1902 a 1906, em Recife". (Assim, MALIVERNI, Cláudia. Família. *In*: SCHUBSKY, Cássio (Org.). *Clóvis Beviláqua. Um senhor brasileiro*. São Paulo, Lettera, 2010, p. 40.) O machismo reinante impediu sua admissão na Academia Brasileira de Letras, ao argumento de que "brasileira não era brasileiro". Por isso, ela não foi a primeira mulher aceita como Imortal (SCHUBSKY, Cássio (Org.), op. cit., p. 134).

[29] O culturalismo é a corrente do pensamento que se utiliza da noção "cultura" como um paradigma central e decisivo, como explica Gerson Branco em "O culturalismo de Miguel Reale e sua expressão no novo Código Civil", ensaio integrante de: MARTINS-COSTA, Judith; BRANCO, Gerson. *Diretrizes teóricas do Novo Código Civil Brasileiro*. São Paulo: Saraiva, 2002, pp. 2 e ss.

[30] Anota Vamireh Chacon: "No início de sua formação intelectual, Beviláqua, ao reagir contra o tradicionalismo, inclinou-se ao positivismo, antes de Tobias e Silvio [Romero] lhe revelarem outros mundos culturais. Beviláqua recebeu de Tobias influências alemãs e de Silvio, as inglesas. A meu ver, as influências de ambos superaram o tradicionalismo que pudesse haver ainda na mentalidade de Beviláqua e de outros colegas contemporâneos, abrindo-os, e às gerações seguintes, para as ideias novas do seu tempo e dos seguintes" (CHACON, Vamireh. Depoimento, em: SCHUBSKY, Cássio (Org.), op. cit., pp. 194-195).

[31] BEVILÁQUA, Clóvis. *Juristas filósofos*. Salvador: José Luiz da Fonseca Magalhães, 1897. Disponível em: www.dominiopublico.gov.br.

[32] Ibid., Prefácio.

em "positivismo" de Clóvis como contraposição ao Jusnaturalismo, mas não como positivismo legalista nem como um sociologismo fechado — tanto assim que, mais tarde, chegou a falar em "metempirica".[33]

Desde o prefácio até a escolha dos autores estudados, espelha-se a preocupação intelectual de Beviláqua quanto à própria "entidade" do direito, suas formas e finalidades, suas raízes fundas na experiência social, sua condicionalidade espacial e temporal. Em *Juristas filósofos* diz de Von Jhering (o qual lera em 1881, quando cursava o quarto ano da Faculdade)[34] ter sido o jurista que lhe fornecera a solução "há muito procurada infrutiferamente ao problema do direito como phenomeno social e como conceito philosophico".[35] Essa solução estava em considerar o direito, sociologicamente, como o organismo coletivo da liberdade humana passível de apreciação por meio de sua "anatomia" e de sua "fisiologia" (na época, imperavam as metáforas biológicas).

A "anatomia jurídica" estudava os seus elementos, isto é, os institutos, compostos por agregados sistemáticos de normas, algumas expressas, outras "latentes"; a sua "fisiologia" estudaria o organismo jurídico na sua função, que se manifesta "por sua realisabilidade".[36] Já a sua finalidade (demonstrando o aspecto filosófico do direito) estava em assegurar as condições da existência social por meio da combinação entre a balança e a espada — assim, o fim não é um fim super-humano, não é um fim divino, mas *o fim da sociedade*, não tendo nada de obscuro ou misterioso. "São as condições da vida da sociedade, condições

[33] Ibid., p. 79. Aludindo às categorias do interesse e da finalidade, tais quais elaboradas por Von Jhering, afirma que a ninguém deve assustar "a teleologia que entra na construção jurídica de Jhering". A finalidade, afirma, não é metafísica disfarçada, sendo o fim ali abrigado nem divino nem individual, mas o fim da sociedade. Em outra passagem, aludindo à obra de Post, afirma ser possível "lançar uma ponte", uma "inferência lógica" entre duas forças que atuam no Direito, o movimento e o sentimento, acrescentando: "Por mim, não teria escrúpulo de lançar a ponte de uma inferência lógica sobre esses dois domínios, embora penetrasse no campo que não é propriamente da experiência e da observação, mas que o margina em íntima contiguidade. Não nos é permitido afastar completamente, não direi a metaphysica, mas esse quer que seja além do puramente experimental, a que se dá o nome de metempirica" (p. 93).

[34] Ibid., p. 61.

[35] Ibid., p. 62.

[36] Ibid., p. 70.

que variam com os tempos e os lugares"[37] e que estão, portanto, imersas na cultura.

Assim pensa sobretudo o comparatista, privilegiado observador da diversidade e da relatividade das certezas jurídicas. E Beviláqua assim virtualmente o foi, numa época em que a denominação — direito comparado —[38] ainda não existia, pois lecionou Legislação Comparada,[39] disciplina que também teve o seu peso na concepção de várias soluções do Código Civil.[40]

Esse mesmo viés vem reforçado na leitura que Beviláqua faz de Hermann Post, um jurista filósofo que elaborara para o direito um método inspirado na teoria da linguagem, que, à época, aproximava os idiomas por sua inserção em grandes grupos, as "famílias", indo até a sua origem, aos seus enraizamentos biológicos. Consequentemente, para compreender o fenômeno jurídico, que pertence ao grupo do conhecimento sociológico, seria necessário remontar aos seus enraizamentos biológicos, focados no instinto de conservação e no de reprodução, de onde resulta a luta pela existência social.[41]

Essa percepção social do que é o direito, dizem Post e Beviláqua, não é "inata", pois o direito é um fenômeno social. Trata-se de uma aquisição,[42] ou, como complementa Clóvis, de uma adaptação, que nasce de fatores biológicos, mas se vai, dia a dia, aguçando, reforçando, por "aggregações lentas, como esses depositos coralinos que se transformam

---

[37] Ibid., pp. 78-79.

[38] O Direito comparado nasce, como método, na França, em 1900, por obra de Eugène Lambert. Vide, entre outros: JAMIN, Christophe. Le Vieux rêve de Saleilles e Lambert revisité. A propos du centenaire du Congrès International de Droit Comparé de Paris. *Revue Internationale de Droit Comparé,* 4, 2000, pp. 733-751.

[39] Sob pena de anacronismo, não se pode igualar a disciplina de Legislação Comparada, tal qual era lecionada no século XIX (e ainda o parecer ser em algumas faculdades...) com a atual "análise diferencial das jurisculturas", como por vezes o método comparatista é denominado (vide: LEGRAND, Pierre. *Sur l'analyse différentielle des jurisicultures. Revue Internationale de Droit Comparé,* 4, 1999, pp. 1053-1071).

[40] Para a quantificação das fontes estrangeiras: MIRANDA, Pontes de. *Fontes e evolução do Direito Civil brasileiro.* 2.ª ed. São Paulo: Forense, 1981, p. 93.

[41] BEVILÁQUA, Clóvis. *Juristas filósofos.* Salvador: José Luiz da Fonseca Magalhães, 1897, pp. 78 e 96-97. Disponível em: www.dominiopublico.gov.br.

[42] Ibid., p. 99.

em rochas e em ilhas"[43] (...) "sob o estímulo constante do meio social".[44] A ciência do direito deveria abranger, necessariamente, as duas faces pelas quais se externa a vida jurídica: uma delas traduzida pelos vários modos de externação das percepções dos indivíduos na vida social; outra, na objetivação dessas percepções nas leis, nos costumes, nos códigos.[45] A ciência do direito seria, pois, "a exposição sistematizada de todos os fenômenos da vida jurídica da humanidade e a determinação de suas causas".[46]

Evidentemente, nem todas essas concepções se refletiram no Código Civil de 1916 *tal qual votado e tal qual aplicado*, pois já se viu que uma lei é feita por muitos e é, fundamentalmente, um organismo vivo, nascendo e renascendo a cada vez que é aplicada, vivendo pelos olhos e pela mente de seus intérpretes. Embora Beviláqua estivesse convicto de que a lei não encerra, de modo algum, todo o universo das normas jurídicas, sendo, por isso, uma *forma incompleta*, certo é que o Código *intencionado* pelo autor do projeto não foi igual ao Código *aprovado* pelo Parlamento e, principalmente, o Código intelectualmente *construído*, nos anos subsequentes, pelos seus intérpretes.

Assim, embora guardasse traços culturalistas advindos da influência da Escola do Recife, muitas das características de abertura sistemática ao entorno social pensadas por Beviláqua se viram drasticamente corroídas no momento mesmo em que o Código entrou em vigor, passando a ser interpretado por outros olhos, embebidos que haviam sido em outras fontes intelectuais. Como Beviláqua bem sabia, o "seu" Código só poderia ser revelador da anatomia, mas não da fisiologia do direito. E essa não mais dependia dele.

Ocorre que a Escola do Recife, conquanto circunscrita em sua grande maioria aos intelectuais do Norte e do Nordeste, teve algumas pontuais reverberações em Faculdades Livres que começaram a aparecer

---

[43] Ibid., p. 100.

[44] Ibid., p. 99.

[45] Ibid., p. 101.

[46] BEVILÁQUA, Clóvis. *Teoria geral do Direito Civil.* 2.ª ed. Rio de Janeiro: Francisco Alves, 1976, p. 15, em passagem que Beviláqua cita especificamente Hermann Post.

por volta de 1900, como foi o caso da Faculdade Livre de Porto Alegre, hoje Faculdade de Direito da Universidade Federal do Rio Grande do Sul. E nesta estudou e foi professor o segundo Clóvis, o Couto e Silva.

Segunda parte. O pensamento teórico de Clóvis do Couto e Silva

Imaginativo, entusiasmado, refinado, Clóvis do Couto e Silva era um homem da elite urbana do Sul. É na descrição do homem e de suas circunstâncias "que se obtém o retrato animado da evolução de uma personalidade, de um caráter e de uma inteligência", como disse o professor Almiro do Couto e Silva ao traçar o emocionado — e emocionante — retrato do seu irmão, nele apontando as influências de sua formação. Como pretendo sugerir, embora as profundas diferenças de época, de classe social, de estrutura familiar e de temperamento,[47] essas resultarão, curiosamente, em vários pontos de semelhança com o "outro Clóvis", seu antecessor.

§ 1. A formação do pensamento do "segundo Clóvis"

Das lembranças recolhidas por Almiro, ressaltam a infância numa casa marcada pela cultura e pelo afeto entre pais e irmãos, numa família de posses, embora não milionária — o pai era um conhecido advogado —, muito estruturada e afeita à música, à literatura e às influências intelectuais bebidas pelo leitor voraz e fascinado pelo direito.

Na casa de infância se cultivava o prazer da conversação, a leitura dos grandes clássicos da literatura, primeiramente feita pelo pai nos serões após o jantar, num tempo de "escassas distrações". Havia as sessões musicais e as muitas conversas sobre a história, especialmente do Rio Grande do Sul, com um tio juiz. Como apontou o professor Almi-

[47] Couto e Silva jamais seria descrito com os adjetivos empregados em relação a Beviláqua – "calmo, retraído, modesto", como assinalei acima.

ro, a origem da curiosidade intelectual de Clóvis e o desenvolvimento das potencialidades de seu espírito se deveram mais "aos livros que foi aprendendo a selecionar no curso da vida" do que à educação formal: Monteiro Lobato, Eça de Queirós, Alfred de Musset, Baudelaire e Verlaine, as desventuras de Jean Valjean em Paris sob a perseguição do implacável Javert, as aventuras de Winnetou e as loucuras de João da Ega povoaram sua adolescência, suscitando "a fantástica imaginação de Clóvis, sua capacidade de inventar coisas ou de ligar coisas que andam ordinariamente separadas, a rapidez e a facilidade com que compunha frases engraçadas".

Desde cedo, jamais hesitou quanto ao seu futuro: queria estudar direito e ser advogado. Ingressando, em 1953, na faculdade de direito da Universidade Federal do Rio Grande do Sul, logo se apaixonou pelo Direito Civil nas aulas de meu avô, José Luiz de Almeida Martins Costa, "uma das glórias da advocacia rio-grandense" e exemplo de "amor e dedicação ao direito".[48] Almiro, que também fora seu aluno, ainda observou: "O professor José Luiz, ou professor Zeca Martins Costa, como é carinhosamente conhecido e chamado em todo o Rio Grande do Sul, timbrava pela clareza e objetividade de suas aulas, em que se vislumbrava, atrás do mestre, o advogado experiente."[49] Essa aliança entre teoria e prática marcou profundamente o espírito de Clóvis, também habilíssimo advogado e fascinante professor.

Para seguir as aulas de meu avô, Clóvis devorou o *Traité de Droit Civil* de Josserand, o mais antiexegético dos franceses de então, e se abeberou nas fontes germânicas com o estímulo de outro grande professor, o administrativista (e romanista) Ruy Cirne Lima, cuja extraordinária cultura impressionou Emilio Betti quando lá esteve, em 1958. Mas o ingresso na cultura jurídica germânica ocorreu por via da obra que en-

---

[48] COUTO E SILVA, Almiro. Clóvis Veríssimo do Couto e Silva, advogado e jurista. *Revista do Instituto dos Advogados do Rio Grande do Sul*, vol. 7, n.º 18, 1992, pp. 23-30. Assinala ainda: "Acho que não me engano ao supor que a predileção de Clóvis pelo Direito Civil vinha dessas aulas e das leituras que a elas estão ligadas."

[49] Ibid.

tão se lançava, o *Tratado de Direito Privado*, de Pontes de Miranda, até hoje não superado na civilística de língua portuguesa.

Como o mundo dá voltas e as vidas se entrecruzam e atam, esse gaúcho passou a cultivar os alemães por obra daquele nordestino das Alagoas, de quem acabou por ser inventariante e padrinho de casamento,[50] e cujo advento intelectual — disse-o Beviláqua — foi gerado pela Escola de Recife.[51]

A Faculdade de Direito gaúcha, nascida em 1900 como Faculdade Livre de Direito, tinha entre seus fundadores e doadores numerosos docentes e magistrados provindos do Nordeste — e viajaram, então, os homens e suas bibliotecas. Lá deixaram a semente da Escola do Recife.

---

[50] Embora muito mais moço do que Pontes de Miranda, Clóvis do Couto e Silva e sua esposa, Stella, foram padrinhos do casamento do mestre com Amnéris. Pontes fora casado anteriormente com Maria Beatriz Cavalcanti de Albuquerque, de quem se separou ainda na primeira metade do século XX. Mais tarde, veio a conviver com Amnéris, mas, como não havia divórcio no Brasil, o casal recorreu a um casamento no exterior, no México, em 1946. Posteriormente, tão logo entrou em vigor a Lei do Divórcio, em 1976, casou-se em cerimônia religiosa com Amnéris, no dia 8 de outubro daquele ano. Deste casamento, Clóvis e Stella foram padrinhos. (Agradeço à professora Véra Fradera a informação, bem como o envio de trechos do texto de Vilson Rodrigues Alves em: RUFINO, Almir Gasquez; PENTEADO, Jacques (Org.). *Grandes juristas brasileiros*. São Paulo: Martins Fontes, 2003, pp. 291-292).

[51] Lá também sendo cultivada a cultura germânica, como atesta Beviláqua. Leia-se: "Do pensamento jurídico brasileiro, digo, porque, se assimilastes a ciência contemporânea, sobretudo a alemã, sois filho do vosso meio, e o vosso advento foi preparado pela Escola do Recife, em sua fase jurídica. Nós ali (desculpem-me os que me ouvem o que haja de pretencioso neste modo de falar), nós ali também sonhamos dar ao Direito feição científica, integrando-o na fenomenalidade universal, *como expressão do equilíbrio instável das energias sociais*, e caso particular da força, que move o universo; *fazendo da história e da comparação nosso laboratório*, procurávamos ver, através da congérie dos fatos, os elementos constitutivos do Direito, em sua universalidade determinada pela estrutura social e pela natureza humana, dados irredutíveis, e nas modificações trazidas pelas condições telúricas, étnicas e históricas; e víamos no Direito, segundo as palavras de Tobias Barreto, 'um processo de adaptação das ações humanas à ordem pública, ao bem-estar da comunhão política, ao desenvolvimento geral da sociedade'. Assim quando nos dizeis que a função do Direito é conciliar os interesses coletivos com os do indivíduo, porque ele é forma de convivência social, e essa forma deve ser, necessariamente, a ordem da organização social, sentimos – que melhor aparelhado – *o vosso livro desdobra pensamentos da Escola do Recife,* que as sementes, que ela espargia, aproveitada pela ciência nova, se expandem em frondes viçosas. Em flores brilhantes e frutos perfeitos." (Destaques meus) (BEVILÁQUA, Clóvis. Discurso do Sr. prof. dr. Clóvis Beviláqua, no banquete oferecido ao Sr. dr. Pontes de Miranda, a 26 de fevereiro de 1923. *In*: *Três discursos sobre um jurista*. Rio de Janeiro: Borsoi, 1958. Também disponível em: https://pedroluso.blogspot.com/2015/12/discurso-de-clovis-bevilaqua-para.html. Acesso em 27 de março de 2023.)

Seu diretor entre 1967 e 1971, Ruy Cirne Lima — que tanta presença teve na trajetória intelectual de Couto e Silva — era um culturalista. Em esclarecedora nota de rodapé a um estudo sobre o princípio da boa-fé, Couto e Silva transcreveu observação de seu amigo Mario Losano, da Universidade de Milão, sobre as influências daquela Escola no Código de 1916, indo inclusive adiante: "Poder-se-ia acrescentar que essa orientação cultural abrangeu o extremo Sul do país, através da obra de Ruy Cirne Lima, sobretudo no campo do direito administrativo."[52]

Entre os alemães, eram autores de sua predileção no Direito Civil, mas não só — também na filosofia do direito, na metodologia, no direito romano —, Karl Larenz, Helmut Coing, Joseph Esser, Werner Flume, Max Kaser, Wolfgang Siebert, Von Wieser, Arthur Steinwenter, Ludwig Raiser, Walter Wilburg, entre outros, tendo sido fraternal amigo do civilista Michael Will.

Não se limitava, porém, aos alemães. Dos franceses, entre os quais fez grandes amigos, sobressaíam a grande comparatista Camille Jauffret-Spinosi, os civilistas François Chabas, Jacques Ghestin e Michele Gobert, os publicistas Catherine Morand-Devilliers, Etienne Picard, Philippe Ardant e Xavier Blanc-Jouvan. Ia com frequência aos italianos — Emilio Betti, sobretudo —, mais tarde Natalino Irti e o seu fraternal amigo Paolo Grossi, o imenso historiador do direito, por longos anos *anima e cuore* da Scuola di Firenze e dos seus *Quaderni Fiorentini per la Storia del Pensiero Giuridico Moderno*, que ainda hoje leio regularmente por sua influência.

Os autores da *Common Law* não ficavam de fora. W. Friedmann e seu *Law in Changing Society* era um dos prediletos, assim como *Cheshire-Fifoot* e John Dawson. E, por fim, os portugueses, com quem privava regularmente, entre os quais Mario Júlio de Almeida Costa, outro grande amigo. Embora a dogmática jurídica fosse o seu campo de trabalho,

[52] COUTO E SILVA, Clóvis. "O princípio da boa-fé no Direito brasileiro e português". *In*: FRADERA, Vera (Org.). *O Direito Privado brasileiro na visão de Clóvis do Couto e Silva*. 2.ª ed. revista. Porto Alegre: Livraria do Advogado, 2014, p. 44, nota de rodapé 28.

enriquecia o seu pensamento com autores da teoria geral do direito, da metodologia jurídica, da sociologia, da filosofia e da história.

Também não se limitava à literatura jurídica e áreas imediatamente afins, considerando mesmo "escandaloso" que alguns juristas de fama não tivessem o hábito de ler frequentemente a grande literatura mundial. Como anotei juntamente com Vera Fradera em *Nécrologie*, publicado no *Bulletin de la societé de législation comparée*, "a cultura jurídica estava, com efeito, no centro das preocupações, da vida e, sobretudo, da obra tão vasta quanto rica deste advogado, legislador e autor que, com uma sabedoria e uma generosidade sem igual, e antes de mais, respondia ao conceito de 'professor'".[53]

§ 2. Culturalismo e comparatismo na doutrina e no Código Civil de 2002

Décadas antes de Clóvis do Couto e Silva escrever seu primeiro texto doutrinário, Clóvis Beviláqua afirmara ter feito, como o fez também Pontes de Miranda, "da história e da comparação" o seu laboratório.[54] O mesmo poderia ter dito do civilista gaúcho. Clóvis do Couto e Silva foi culturalista e, como seu antecessor, cultivou, como poucos, a comparação jurídica. Aí estão os dois grandes pontos de aproximação entre esses juristas tão distantes no tempo e no espaço.

Como culturalista, Clóvis do Couto e Silva buscou, incessantemente, soluções para o problema da tensão entre a lei e a realidade social. Quando ouvido no Congresso Nacional, nas discussões acerca do Projeto de Código Civil, apontou: "aqueles que estudaram um pouco de sociologia do direito" sabem ser um dos "problemas básicos em matéria legislativa" a chamada disfunção da norma. "Norma-se para obter

[53] FRADERA, Vera Jacob de; MARTINS-COSTA, Judith. Clóvis do Couto e Silva (1930-1992). *Revista de Direito do Consumidor*, vol. 3, 1992, pp. 239-241.

[54] BEVILÁQUA, Clóvis. "Discurso do Sr. prof. dr. Clóvis Beviláqua, no banquete oferecido ao Sr. dr. Pontes de Miranda, a 26 de fevereiro de 1923". *In*: *Três discursos sobre um jurista*. Rio de Janeiro: Borsoi, 1958. Também disponível em: https://pedroluso.blogspot.com/2015/12/discurso-de-clovis-bevilaqua-para.html. Acesso em 27 de março de 2023.

um resultado; ela se choca com uma realidade, e o resultado é o oposto; a norma não atinge sua função."[55] Em texto posterior, voltou ao tema, salientando:

> o problema das implicações entre sistema e história se mantém hoje tão vivo como ao tempo de Savigny. Mas o certo é que o jurista tem de estar atento a este processo permanente de tensão, entre o caráter estático do sistema e a evolução própria da história. Sobretudo o jurisconsulto, ao propor solução jurídica para determinado problema, tem de observar esse condicionamento do direito. E disso resulta um trabalho necessariamente criativo, em que se tensionam os valores de conservação e de adaptação.[56]

Uma das soluções para adaptar norma e função, sistema e história, lei e realidade estaria, de acordo com seu pensamento, numa nova metódica codificatória, para tanto registrando:

> O pensamento que norteou a comissão que elaborou o projeto de Código Civil brasileiro foi o de realizar um Código central, no sentido que lhe deu Arthur Steinwenter, sem a totalidade das leis em vigor no país. A importância está em dotar a sociedade de uma técnica legislativa e jurídica *que possua unidade valorativa e conceitual*, ao mesmo tempo em que infunda nas leis especiais essas virtudes, permitindo à doutrina poder integrá-las num sistema, entendida, entretanto, essa noção, de modo aberto (...).[57]

---

[55] Depoimento, em: MENCK, José Theodoro Mascarenhas (Org.). *Código Civil no debate parlamentar*. Elementos históricos da elaboração da Lei n.º 10.406, de 2002. v. I. Audiências públicas e relatórios (1975-1983). Tomos I a IV. Biblioteca Digital. Câmara dos Deputados. 2012. 5.ª Reunião. Conferência do professor Clóvis do Couto e Silva, 7 de agosto de 1975. Disponível em: http://bd.camara.gov.br, p. 219.

[56] COUTO E SILVA, Clóvis. Miguel Reale, civilista. *Revista dos Tribunais*, vol. 80, n.º 672, 1991, pp. 53-62.

[57] COUTO E SILVA, Clóvis. O Direito Civil brasileiro em perspectiva histórica e visão de futuro. *Revista de informação legislativa*, v. 25, n.º 97, 1988, pp. 163-180. (Destaques meus.)

O intento, portanto, era o de afastar a *pretensão de plenitude* que marcara, ideologicamente, a codificação como fenômeno histórico. O Código deveria ser o "ponto de referência" da disciplina privatista, mas não esgotar o sistema de Direito Privado — em outro paralelo de aproximação com Beviláqua, que registrara ser o Código, como toda a lei, necessariamente lacunoso, incompleto ou imperfeito "no traduzir relações sociais infinitamente variáveis", cabendo, por isso, confiar na "revelação do direito" por obra do juiz.[58] Para Couto e Silva, na medida das necessidades advindas das transformações sociais, ou quando se mostrasse oportuno regular em minúcias determinada matéria, o Código deveria ser apto a receber as novidades *de fora para dentro*, por meio de "leis aditivas", a exemplo das leis complementares à Constituição. E, concomitantemente, seria transformável e adaptável *de dentro para fora*, possibilitando construir soluções a partir de suas cláusulas gerais.[59]

Embora não tivesse Couto e Silva chegado a teorizar acerca das cláusulas gerais, essas polêmicas estruturas normativas, foi o introdutor, a bem dizer, da mais famosa delas em nossa cultura e em nosso sistema — a cláusula geral da boa-fé.[60] Está hoje no art. 422 do Código vigente, e em sua Parte Geral (art. 187), mas não é a única. Clóvis propôs cláusula geral no próprio direito de família, livro cujo anteprojeto redigiu. É o enunciado do art. 1.511, que traça a "cláusula geral da comunhão plena de vida". Muito embora, em vários artigos, o seu próprio autor tenha apontado para suas virtualidades,[61] modo geral a doutrina fami-

---

[58] Assim, BEVILÁQUA, Clóvis. "Discurso do Sr. prof. dr. Clóvis Beviláqua, no banquete oferecido ao Sr. dr. Pontes de Miranda, a 26 de fevereiro de 1923". *In*: *Três discursos sobre um jurista*. Rio de Janeiro: Borsoi, 1958. Também disponível em: https://pedroluso.blogspot.com/2015/12/discurso-de-clovis-bevilaqua-para.html. Acesso em 27 de março de 2023.

[59] COUTO E SILVA, op. cit. (Destaques meus.)

[60] Entre outros trabalhos: COUTO E SILVA, Clóvis do. "O princípio da boa-fé no Direito brasileiro e português". *In*: FRADERA, Vera (Org.). *O Direito Privado brasileiro na visão de Clóvis do Couto e Silva*. Porto Alegre: Livraria do Advogado, 1997, pp. 33-58; e COUTO E SILVA, Clóvis. *A obrigação como Processo*. Rio de Janeiro: Editora FGV, 2007.

[61] COUTO E SILVA, Clóvis. Direito patrimonial de família no Projeto do Código Civil brasileiro e no Direito português. *Doutrinas essenciais: Família e sucessões*, vol. 1, 2011, pp. 73-118; COUTO E SILVA, Clóvis. "Princípios para a reforma do Direito de família". *In*: *Anteprojeto de Código Civil*. Direito de Família. Rio de Janeiro: Ministério da Justiça, 1943.

liarista assim não compreendeu. Permanece lá, o texto emudecido, embora um ou outro trabalho a tenha ressaltado.[62] Tal qual a cláusula geral da boa-fé, essa poderia servir à colmatação de lacunas legislativas. Nessa função atribuída às cláusulas gerais, Couto e Silva expressava opinião que em muito se aproxima do que Beviláqua afirmara tantas décadas antes quanto ao preenchimento das lacunas legislativas.

Para Couto e Silva, o raciocínio por subsunção, quando enucleado numa lógica formal rígida, resultaria em um raciocínio axiomático, daí decorrendo o postulado de não haver direito sem lei ou que dela não pudesse ser deduzido. As lacunas seriam preenchíveis apenas com o recurso à *analogia legis*, pois "à parte este instrumental técnico-jurídico utilizável pelo exegeta, todos os princípios que não pudessem ser deduzidos por aqueles processos não se deveriam considerar jurídicos".[63] E postulava a superação desse paradigma pelo recurso à conjugação entre o raciocínio sistemático e o raciocínio tópico.

Embora largamente dedutiva, dizia, a sistemática atual "dá larga margem a pensar casuisticamente".[64] O fato jurídico "surge em razão da concreção das normas e dos princípios jurídicos do que resulta, ou, pelo menos, pode resultar, direito e dever",[65] podendo orientar-se a solução, no preenchimento de lacunas, também por princípios, "mormente aqueles considerados fundamentais".[66] Ao lado do indispensável ato cognoscitivo da subsunção, postulava a admissão, no raciocínio jurídico, do recurso aos "fatores metalógicos" (interpretação de interesses dignos de serem levados em conta), viabilizando-se "o aperfeiçoamento da norma [*rectius*; do texto] através da aplicação de proposições fundamentais, construção segundo valorizações em geral vigentes ou novas".[67] Pa-

---

[62] Por exemplo: SILVA, Eduardo. "A dignidade da pessoa humana e a comunhão plena de vida: o Direito de família entre a Constituição e o Código Civil". *In*: MARTINS-COSTA, Judith (Org.). *A reconstrução do Direito Privado.* São Paulo: Revista dos Tribunais, 2002.

[63] COUTO E SILVA, Clóvis. *A obrigação como processo.* Rio de Janeiro: Editora FGV, 2007, pp. 68-69.

[64] Ibid.

[65] Ibid., p. 69.

[66] Ibid.

[67] Ibid., p. 43.

ra tanto, sublinhava a importância do trabalho do juiz,[68] fornecedor de "modelos jurisprudenciais", e do jurisconsulto,[69] produtor de "modelos doutrinários". Ao primeiro, contudo, elaborador de "modelos prescritivos" e não apenas de "modelos hermenêuticos",[70] caberia o extremado cuidado de "não agir arbitrariamente".[71]

Ecoa essa opinião o que décadas antes dissera Beviláqua ao recomendar como "único meio" para preencher as lacunas no direito escrito "conhecer as relações sociais em jogo, e delas colher a regra jurídica latente na vida coletiva". Quanto ao risco do arbítrio judicial, o "primeiro Clóvis" também pensava estar o decisor adstrito, ao revelar o direito, *à concordância com os princípios gerais dominantes*, os quais "traçam o círculo dentro do qual tem de se mover a inteligência do julgador".[72]

O segundo traço de aproximação entre os dois juristas se dá pela via da comparação jurídica. Já então mais maduro, Couto e Silva passa a dar cada vez mais atenção ao entorno socioeconômico e político no qual o direito vive. Sergio José Porto, que o conhecera como aluno, sendo Couto e Silva ainda um jovem professor, já bem mais tarde, quando diretor daquela Faculdade, atestou: depois da experiência em

---

[68] Ibid., pp. 41-42.

[69] COUTO E SILVA, Clóvis. Miguel Reale, civilista. *Revista dos Tribunais*, vol. 80, n.º 672, 1991, pp. 53-62.

[70] Ao mencionar os modelos jurídicos, faço referência à teoria das fontes e modelos, de Miguel Reale. Entre outros trabalhos, em REALE, Miguel. *Fontes e modelos do Direito:* para um novo paradigma hermenêutico. São Paulo: Saraiva, 1994. Referi o tema em MARTINS-COSTA, Judith. Autoridade e utilidade da doutrina: a construção dos modelos doutrinários. *Modelos de Direito Privado*. São Paulo: Marcial Pons, 2014, pp. 9-40.

[71] COUTO E SILVA, Clóvis. *A obrigação como processo*. Rio de Janeiro: Editora FGV, 2007, p. 42.

[72] Como pensava, para o preenchimento "há somente um meio": conhecer as relações sociais em jogo "e delas colher a regra jurídica latente na vida coletiva". Portanto, era dever do jurista – doutrinador, juiz ou legislador – encontrar o Direito na "nebulosa social e dar-lhe forma de preceito regulador das relações humanas", cabendo-lhes, para isso, mergulhar na experiência social concreta em toda a sua complexidade e dinamismo *In verbis:* "(...) faz-se necessário conhecer a matéria e o movimento, a natureza e a vida, o homem com a sua psicologia e a sociedade com a sua organização e a sua história" (BEVILÁQUA, Clóvis. "Discurso do Sr. prof. dr. Clóvis Beviláqua, no banquete oferecido ao Sr. dr. Pontes de Miranda, a 26 de fevereiro de 1923". *In*: *Três discursos sobre um jurista*. Rio de Janeiro: Borsoi, 1958. Também disponível em: https://pedroluso.blogspot.com/2015/12/discurso-de-clovis-bevilaqua-para.html. Acesso em 27 de março de 2023).

trabalhar no Anteprojeto de Código Civil, "que diferença entre o professor que se inspirava quase que exclusivamente nos autores alemães e nos demais de inspiração germânica" e aquele que "passava a explorar, com a tenacidade que o caracterizava, outras fontes legislativas, doutrinárias, jurisprudenciais de outros países, não menos significativas". E sintetiza: depois da experiência como legislador, "o germanista torna-se comparatista".[73]

Em um dos mais ricos textos que produziu — "Para uma história dos conceitos no Direito Civil e no direito processual civil: a atualidade do pensamento de Otto Karlowa e de Oskar Bülow" —,[74] Couto e Silva põe-se a refletir acerca do impacto, na ciência do direito, da mudança do meio econômico e social", tendo por foco o papel da vontade como fonte jurígena. Diante das mudanças, observou, ocorria uma progressiva abstração da dogmática jurídica, com a perda de conteúdos específicos e característicos e, principalmente, de sua vinculação empírica, o que seria lamentável, pois "os conceitos são realidades do modo jurídico, do mundo do pensamento, embora não se constituam em mera substância; são, em certa medida, *realidades funcionais*, não submetidas a uma causalidade semelhante à do mundo da natureza".[75]

Vera Fradera, minha colega e muito próxima a Clóvis, anotou ter nosso professor se dado conta muito cedo "da importância dos estudos comparatistas como instrumento essencial da cultura jurídica geral [e] como um poderoso coadjuvante na formação do cientista do direito". Também registra ter Clóvis percebido a importância dos estudos comparatistas "ao aperfeiçoamento do direito nacional", tendo proposto ao

---

[73] PORTO, Sergio José. Clóvis do Couto e Silva e o Projeto de Código Civil. *Revista dos Tribunais*, vol. 89, n.º 771, 2000, pp. 753-770.

[74] Originalmente publicado em francês nos *Quaderni fiorentini per la storia del pensiero giuridico moderno*, em 1985, com o título *Contribuition a une histoire des concepts dans le droit civil et dans la procedure civile: l'actualité de pensée d'Otto Karlowa et d'Oskar Bülow*. A versão brasileira foi publicada na *Revista de Processo*, no mesmo ano, e republicada em 2011 em *Doutrinas essenciais de Processo Civil*, vol. I, da Editora Revista dos Tribunais.

[75] COUTO E SILVA, Clóvis. Para uma história dos conceitos no Direito Civil e no Direito processual civil: a atualidade do pensamento de Otto Karlowa e de Oskar Bülow. *Revista de Processo*, v. 37, ano X, São Paulo: Revista dos Tribunais, 1985, pp. 238-239. Ora *in*: *Doutrinas essenciais de Processo Civil*. vol. I. São Paulo: Revista dos Tribunais, 2011, p. 705-750.

Anteprojeto a possibilidade de alteração do regime de bens na constância do casamento, para tanto se inspirando em uma lei em vigor na Alemanha desde 1976. E, influenciado pela reforma francesa do direito de família, preconizou — embora sem sucesso — a modificabilidade convencional do regime de bens do casamento, após dois anos de sua vigência e dependendo de homologação judicial, argumentando com exemplo do direito comparado.[76]

Não apenas no plano legislativo refletiu-se o Clóvis do Couto e Silva comparatista. No plano doutrinário, é notável a influência da sua opinião ao propor soluções — a seu ver, adaptáveis ao direito brasileiro — inspiradas em institutos ou regras de outros sistemas. A propósito, Fradera ainda anota: "seus estudos de direito comparado levaram-no a formular soluções verdadeiramente avançadas para a época".[77] Assim, na transposição dos conceitos da *Common Law* de *substantial performance* e de *acts for necessaires* para o nosso sistema.

O primeiro — *substantial performance* — teve enorme expansão doutrinária e jurisprudencial, hoje podendo-se afirmar que a "teoria" do adimplemento substancial integra o direito brasileiro.[78] O segundo

[76] Assim se anotou em: FRADERA, Vera Jacob de; MARTINS-COSTA, Judith. Clóvis do Couto e Silva (1930-1992). *Revista de Direito do Consumidor*, vol. 3, 1992, pp. 239-241.

[77] FRADERA, Vera Jacob de. "Clóvis do Couto e Silva, um jurista universal". *In*: *Grandes juristas brasileiros*. Livro II. RUFINO, Almir; PENTEADO, Jaques de Camargo (Org.). São Paulo: Martins Fontes, 2006.

[78] COUTO E SILVA, Clóvis do. "O princípio da boa-fé no Direito brasileiro e português". *In*: Fradera, Vera (Org.). *O Direito Privado brasileiro na visão de Clóvis do Couto e Silva*. Porto Alegre: Livraria do Advogado, 1997, pp. 33-58; BECKER, Anelise. A doutrina do adimplemento substancial no Direito brasileiro e em perspectiva comparativista. *Revista da Faculdade de Direito da UFRGS*, vol. 9, 1993, pp. 60-70; ASSIS, Araken de. *Resolução do contrato por inadimplemento*. 5.ª ed. São Paulo: Revista dos Tribunais, 2013, pp. 126-131. A jurisprudência é maciça. Cite-se, exemplificativamente: STJ. REsp 656103/DF. Quarta Turma. Relator Min. Jorge Scartezzini. Julgamento em 12.12.2006. DJ de 26.02.2007; STJ. REsp 712173/RS. Terceira Turma. Relator Min. Carlos Alberto Menezes Direito. Julgamento em 17.10.2006. DJ de 12.03.2007; STJ. AgRg no Ag 607406/RS. Quarta Turma. Relator Min. Fernando Gonçalves. Julgamento em 09.11.2004. DJ de 29.11.2004; STJ. REsp 272739/MG. Quarta Turma. Relator Min. Ruy Rosado de Aguiar. Julgamento em 01.03.2001. Também nos Tribunais estaduais, exemplificativamente: TJRS. Ap. Cív. n.º 70001605252. Quinta Câmara Cível. Relator Des. Sérgio Pilla da Silva. Julgamento em 09.11.2000; TJRS. Ag. 70001005586. Décima Quarta Câmara Cível. Relator Des. Aymoré Roque Pottes de Mello. Julgamento em 29.06.2000. No TJRJ: Ag. n.º 2008.002.05366. Décima Nona Câmara Cível. Relator Des. Marcus Tullius

— conceito por ele denominado de "atos existenciais", mais amplo do que o de contrato, porque resultante do contato social e da confiança — teve maior repercussão no campo das relações de massa, especialmente as de consumo.[79]

Foi nas aulas na pós-graduação da Universidade Federal do Rio Grande do Sul com Clóvis, meu professor, que aprendi o método comparatista. Portanto, não o foi com os grandes autores franceses que lá iam em visita a seu convite, mas por via das exigências do mestre que nos incentivava a ler e a reler os artigos da *Revue Internationale de Droit Comparé* (uma das 16 revistas jurídicas que assinava e lia religiosamente), prestando atenção sobretudo aos sumários, onde havia *le plan*, o famoso "plano francês" de exposição, estruturado, em lógica cartesiana, em introdução, duas grandes partes, subdivididas, e uma conclusão. Quem passou por aquelas aulas jamais conseguiu — penso eu — escrever um livro, artigo ou parecer que não fosse assim estruturado.

Em modo de conclusão

Ao traçar um balanço entre similitudes ou entre diferenças, parece-me claro que, embora no rigor dogmático, na atenção ao sistema e

---

Alves. Julgamento em 12.05.2008; TJRJ. Ap. Cív. n.º 2008.001.02736. Nona Câmara Cível. Relator Des. Roberto de Abreu e Silva. Julgamento em 06.05.2008; no TJSP: Ap. Cív. n.º 4392314500. Quarta Câmara de Direito Privado. Relator Des. Francisco Loureiro. Julgamento em 29.05.2008; TJSP. Recurso Inominado n.º 28578. Terceira Turma Cível. Relator Des. João Batista Silvério da Silva. Julgamento em 15.05.2008.

[79] Por vezes é utilizada, em vez de "atos existenciais", a expressão "contato social de consumo", a qual foi cunhada por SANSEVERINO, Paulo de Tarso. *Responsabilidade civil por acidentes de consumo*. Porto Alegre, 1994, inédito, posteriormente publicado como SANSEVERINO, Paulo de Tarso. *Responsabilidade civil no Código do consumidor e a defesa do fornecedor*. 3.ª ed. São Paulo: Saraiva, 2010. Utilizou-a: PASQUALOTTO, Adalberto. *Os efeitos obrigacionais da publicidade no Código de Defesa do Consumidor*. São Paulo: Revista dos Tribunais, 1997, p. 60. Ainda em: "A importância dos conceitos na construção da dogmática: uma homenagem a Clóvis do Couto e Silva". *In*: *Revista do Instituto do Direito Brasileiro*, Ano 3 (2014), n.º 9, pp. 7155-7181. Disponível em: https://www.cidp.pt/revistas/ridb/2014/09/2014_09_07155_07181.pdf. Acesso em 31 de março de 2023). Na concepção de Couto e Silva, todavia, a expressão "atos existenciais" não se limita aos atos de consumo.

às suas categorias ambos tenham sido muito semelhantes, o "primeiro Clóvis" foi mais filósofo e sistematizador do que o segundo — "era dos jurisconsultos que tranquilizam, e não dos que alarmam", como notou San Thiago Dantas —,[80] o "segundo Clóvis", mais ousado, criativo, mais capaz de formular "antecipações". Enquanto, para o primeiro, não cabia aos Códigos trilhar "os aventurosos trânsitos por senhas mal desbravadas",[81] o segundo *instigava a pensar*. Tanto assim é que, ainda hoje, a cada releitura de seus trabalhos, um leitor atento perceberá sempre novas sugestões, verdadeiras "incitações ao pensamento". Não por outra razão, em minha tese de doutorado a ele dedicada, o denominei *Magister*, aludindo a um livro cuja leitura Clóvis me sugerira e do qual saiu a epígrafe da tese.[82] Trata-se de uma extraordinária lição de Jorge Luis Borges, então já cego, sobre o livro e a leitura. De modo genial, em aula sobre os grandes mestres que nada deixaram de escrito, como Pitágoras ou Platão — tendo seu pensamento captado e desenvolvido por seus alunos —, Borges ressignifica o brocardo *Magister dixit*. Isso "no significa que estuvieran atados porque el maestro lo había dicho; por lo contrario, afirma la libertad de seguir pensando el pensamiento inicial del maestro".[83]

Talvez ambos tenham sido ousados e prudentes, construindo — embora cada um ao seu modo — aquele *balanço* que é uma virtude a cultivar. Talvez outros laços de aproximação e de distância possam ainda ser investigados. Mas creio que os exemplos até aqui sublinhados são suficientes para sugerir entre ambos os Clóvis a existência dessas estranhas *fraternidades intelectuais* com as quais nos deparamos em nossa vida.

---

80 DANTAS, San Thiago. *Figuras do Direito*. Rio de Janeiro: José Olympio Editora, 1962, p. 93.

81 BEVILÁQUA, Clóvis. "Observações para esclarecimento do Código Civil Brasileiro". *In*: *Código Civil Brasileiro*. Trabalhos relativos à sua elaboração. v. I. Rio de Janeiro: Imprensa Nacional, 1917.

82 Posteriormente publicada como: MARTINS-COSTA, Judith. *A boa-fé no Direito Privado*. São Paulo: Revista dos Tribunais, 1999.

83 BORGES, Jorge Luis. "O livro". *In*: *Borges oral*. Buenos Aires: Emecê Editorial/Editorial Bergamo, 1979, p. 15. (Ora em edição brasileira, como *Borges oral & sete noites*. São Paulo: Companhia das Letras, 2011).

Por vezes, ao ler o que escreveu, sentiu e pensou uma pessoa de nós separada por época histórica, condição social, nacionalidade, sentimos uma espécie de reconhecimento, a sensação de integrar "a mesma tribo" daquele a quem estamos a ler. O que talvez explique essas inexplicáveis familiaridades é o fato do pertencimento a um mesmo *país cultural.* Nesse país está localizada — tenho razões para suspeitar — a Escola do Recife, concomitantemente alavanca e cimento na construção da Ciência Jurídica no Brasil.

Canela/Barra Grande/São Paulo, 2023

AURI, MARY E MARIA RITA

Luis Felipe Salomão[1]
Caroline Somesom Tauk[2]

1. Os primeiros contornos de uma construção intergeracional

O pioneirismo da participação das mulheres na administração da justiça no Brasil envolve a história de três juristas mulheres, de três Estados distintos do Nordeste, nas décadas de 1930 e 1960, que abriram as portas da magistratura brasileira para as futuras gerações.

Auri Moura Costa, cearense, foi a primeira juíza do Brasil. Mary de Aguiar Silva, baiana, foi a primeira juíza negra. Maria Rita Soares de Andrade, sergipana, foi a primeira juíza federal. A presença delas constituiu o passo inicial para um Judiciário mais representativo, democrático e plural.

Até então, a ausência de mulheres ocupando o cargo de juiz representava a ideia de que os espaços de tomada de decisão e de resolução de conflitos não lhes pertenciam, não lhes eram próprios.

Auri, Mary e Maria Rita deixaram a lição de que a presença feminina confere legitimidade ao Poder Judiciário, que necessita uma composição que reflita a diversidade da sociedade cujos conflitos serão julgados.

---

[1] Ministro do Superior Tribunal de Justiça e corregedor nacional de Justiça.
[2] Juíza federal no Rio de Janeiro e juíza auxiliar na Corregedoria Nacional de Justiça.

Se é verdade que as gerações atuais têm a certeza de que a exclusão da perspectiva feminina esvazia o conteúdo material do princípio da igualdade e enfraquece a legitimidade democrática, é porque, lá atrás, há cerca de 80 anos, pioneiras ousaram colocar os primeiros tijolos para erguer a construção desse legado.

Histórias como as dessas três magistradas ajudaram a formar o Brasil que hoje nos orgulha e merecem ser contadas e recontadas.

2. Auri: filha de Redenção, a terra da liberdade

Interior do Ceará, município de Aquiraz. O Instituto Penal Feminino Desembargadora Auri Moura Costa recebe o nome da primeira juíza do Brasil. Inaugurado em 1974, a penitenciária exclusiva para mulheres foi um reconhecimento da dedicação da magistrada à justiça criminal e da importância de seu olhar humanizado sobre o sistema penitenciário.[3]

Os caminhos tão pouco conhecidos da vida de Auri Moura Costa começam em uma cidade onde a liberdade chegou primeiro no Brasil. "A liberdade começou aqui", anuncia o Museu Senzala Negro Liberto, na cidade cearense de Redenção, antigo sítio em que houve a concessão de cartas de alforria a todos os negros cativos da localidade, no dia 1.º de janeiro de 1883, cerca de um ano e dois meses antes da libertação na província do Ceará e cerca de cinco anos antes da abolição da escravatura no Brasil com a assinatura da Lei Áurea. O museu ainda hoje conserva a original casa-grande do engenho, o canavial e a senzala, onde viviam 116 escravizados.

No país que foi um dos últimos a acabar com a escravidão, a vila de Redenção foi pioneira em conceder a liberdade. Conhecida até então como Acarape, a cidade foi rebatizada em razão da alforria dos escravizados da localidade, com o auxílio da atuação dos abolicionistas Libera-

[3] SECRETARIA DA ADMINISTRAÇÃO PENITENCIÁRIA. Unidades prisionais. Disponível em: sap.ce.gov.br. Acesso em 22 de novembro de 2022.

to Barroso, Antônio Tibúrcio, João Cordeiro, Justiniano de Serpa, José do Patrocínio, entre outros.[4]

Na pequena vila de Redenção e em uma época em que ainda viviam alguns dos libertos em 1883, nasce Auri Moura Costa no dia 30 de agosto de 1911, filha de Antônio Moura e Isabel Moura.

Auri frequentou a escola na vila até os 11 anos de idade, quando sua família foi morar em Fortaleza, onde ela deu continuidade aos estudos no Liceu do Ceará, a partir de 1922. Com a conclusão do atual ensino fundamental, ingressou na Faculdade de Direito do Ceará, mas, em seguida, transferiu-se para a Faculdade de Direito do Recife, onde tornou-se bacharel em direito em 1933.[5]

Vale lembrar que só o fato de se tornar bacharela já era uma façanha, porque para uma mulher estudar direito no início daquele século significava romper grande barreira social. Poucas haviam trilhado esse caminho até então. A primeira advogada brasileira com formação jurídica foi Myrthes Gomes de Campos (1875-1965), que estudou direito na Faculdade Livre de Ciências Jurídicas e Sociais do Rio de Janeiro e completou a graduação em 1898, tendo ingressado na profissão em 1906, oito anos após se formar, demora atribuída à discriminação de gênero que sofreu.[6] Antes de Myrthes, outras mulheres, a exemplo de Delmira Secundina da Costa, Maria Coelho da Silva e Maria Fragoso, haviam cursado direito na Faculdade do Recife, mas nenhuma atuou como advogada.

Note-se, porém, que cem anos antes, em 1770, uma mulher negra escravizada, chamada Esperança Garcia, escreveu uma petição ao governador da capitania para denunciar as situações de violência pelas quais crianças e mulheres passavam, fato que levou a Ordem dos Advogados

---

[4] GOVERNO DO ESTADO DO CEARÁ. *Africania e cearensidade: Catálogo do Museu Histórico e Memorial da Liberdade.* Fortaleza: Instituto Olhar Aprendiz, 2011.

[5] COSTA, Gizela Nunes da. Auri Moura Costa. *Themis* (Revista da Escola Superior da Magistratura do Estado do Ceará - ESMEC), Fortaleza, v. 13, pp. 17-22, 2015.

[6] ROYER, Nathalya. Dinâmicas de exclusão das mulheres nas profissões jurídicas: um paralelo entre as docentes e as magistradas. *PRACS: Revista Eletrônica de Humanidades do Curso de Ciências Sociais da UNIFAP,* Macapá, v. 13, n.º 4, pp. 45-67, jul./dez. 2020, aqui, pp. 48-49. Disponível: https://periodicos.unifap.br/index.php/pracs. Acesso em 22 de novembro de 2022.

do Brasil a reconhecê-la, em novembro de 2022, como a primeira advogada brasileira.[7]

A faculdade de direito trouxe para Auri um amor que a acompanhou por toda a vida. Depois de formada, casou-se em 8 de fevereiro de 1935 com Luís Costa, médico e professor de dermatologia da Faculdade de Medicina da Universidade Federal do Ceará, com quem teve quatro filhos.

Pouco depois de se formar, Auri voltou a morar em Fortaleza e seguiu rompendo barreiras: ingressou nos quadros do Ministério Público Estadual do Ceará. Ocupando o cargo de promotora de justiça, Auri resolveu prestar concurso para a magistratura do Ceará e tornou-se juíza em 31 de maio de 1939, nomeada para o cargo pelo interventor. O feito era inédito, e a conquista marcaria a história da magistratura brasileira.

O mérito de Auri, no entanto, gerou especulações. Ainda hoje, comenta-se que sua nomeação somente ocorreu porque, em razão de seu nome, acreditaram tratar-se erroneamente de um homem.[8]

No Brasil, como se costuma afirmar, às vezes até o passado é incerto.

Não neste caso, porém. Na sexta-feira, dia 9 de junho de 1939, o Diário Oficial, na parte destinada à Secretaria de Estado dos Negócios do Interior e da Justiça, exibe a nomeação da *"bacharela Auri Moura Costa"* para o cargo de juiz municipal do Termo de Várzea Alegre, pertencente à então Comarca de Lavras.[9]

Auri estava onde a história a colocou: a primeira juíza do Brasil é cearense, de Redenção.

Durante sua vida funcional, foi promovida à juíza de direito de 2.ª entrância em 1948, à 3.ª entrância em 1953 e à 4.ª entrância em

---

[7] CONJUR. Mulher negra e escravizada é reconhecida como a primeira advogada brasileira. 26.11.2022. Disponível em: https://www.conjur.com.br/2022-nov-26/negra-escravizada-reconhecida-primeira-advogada-pais/. Acesso em 26 de novembro de 2022.

[8] PINHO, Leda de Oliveira. Igualdade, gênero e poder: a participação feminina nos órgãos do Sistema de Justiça. *Emagis TRF4*, Curitiba, 24 out. 2017.

[9] TJCE. Primeira juíza do Brasil é cearense do Município de Redenção. 31.03.2021. Disponível em: https://www.tjce.jus.br/noticias/primeira-juiza-do-brasil-e-cearense-do-municipio-de-redencao/. Acesso em 22 de novembro de 2022.

1958. Chegou a Fortaleza em 1962 e passou a trabalhar em varas cíveis e, depois, na 4.ª Vara de Execuções Criminais.

Auri explorava sua vivência no dia a dia para refletir e escrever sobre temas que a deixavam inquieta. Foi assim com a justiça criminal e o sistema penitenciário, bem como com a proteção à infância e à adolescência, temas que aparecem em suas nove obras.

Seu primeiro livro é *O criminoso em face da ciência penitenciária*, no qual é feito um estudo sobre o tratamento do criminoso e as casas de custódia, publicado em 1949. À época, estava vigente o Código Penal de 1940, em sua redação anterior à reforma legislativa de 1984 (que estabeleceu novas regras para o cumprimento de penas privativas de liberdade e a possibilidade de trabalho do preso). Antecipando-se à reforma que viria décadas depois, Auri mostra em seu livro a necessidade de humanização da pena para se alcançar um regime penitenciário educativo e ressocializador, por meio do trabalho do preso e do acompanhamento psicossocial.

Sobre o mesmo tema, a sensibilidade da primeira juíza do Brasil a levou a escrever o livro *Problemas penitenciários*, em 1953. Auri buscava alertar sobre o papel da sociedade em relação ao tratamento de presos, enfatizando a necessidade de o Estado fazer a individualização da pena, conferindo disciplina, educação e trabalho. Sem esse cuidado, o sistema penitenciário se transformaria "num celeiro de crimes entre facções criminosas, onde a ausência de sentimentos humanos impera".[10] Talvez predizendo o futuro, qualquer semelhança com as penitenciárias atuais não é mera coincidência.

Preocupada com temas da infância e da juventude, publica o livro *Por que abandonar?*, em 1950, no qual dedica-se a estudar os jovens desamparados, sem escola e sem lar. "O caminho é o vício, o crime e a morte prematura."[11] A constatação é da década de 1950, mas poderia ser de hoje.

Esse estado de abandono dos jovens, que se reflete na criminalidade de menores, levou Auri a escrever o livro *Ação social do juiz de*

---

[10] COSTA, op. cit.

[11] COSTA, op. cit.

menores, em 1952, em que chama a atenção para o papel dos juízes ao julgar delitos cometidos por menores, cujas causas, muitas vezes, vêm da sua vida abandonada pela família e pelo Estado.

Além destes, Auri escreveu: *Na justiça criminal* (1950), *Responsabilidade no Código Penal* (1950), *Tribunal de menores* (1952) e *Assistência e proteção à infância e à adolescência abandonadas* (1954).

Seu último livro é de 1968, sobre o sistema penitenciário, e é intitulado *Mazelas da casa de detenção*. Nele, Auri relata e exibe documentos que demonstram o descaso e a omissão do Estado em relação aos presos da Casa de Detenção de Fortaleza, com detalhes sobre o dia a dia no presídio.

O destino é caprichoso e quis que Auri fosse pioneira em mais um feito. Em 1968, foi promovida pelo critério de antiguidade e tornou-se a primeira juíza de direito a ocupar o cargo de desembargador. Poucos anos depois, na gestão de 1974 a 1976, foi a primeira mulher a ocupar a Presidência do Tribunal Regional Eleitoral do Ceará. Aposentou-se voluntariamente em 1979.

Auri faleceu em Fortaleza, em 12 de julho de 1991. Honrando o pioneirismo de Redenção, sua terra natal que primeiro concedeu liberdade aos escravizados, a magistrada soube a importância de lutar pela liberdade — a liberdade feminina.

A sociedade da época, marcada por uma estrutura patriarcal, ainda exigia das mulheres casadas a autorização do marido para trabalhar fora de casa, o que não impediu Auri de mostrar à sociedade de 1940 que os avanços não se obtêm sem esforço e determinação.

Desde então, o Judiciário brasileiro passa a ver a chegada de uma geração de pioneiras. Entre elas, a primeira juíza negra e a primeira juíza federal.

3. Mary: mais cor para o Judiciário

Ano de 1962. Cidade de Salvador. Mary de Aguiar Silva, soteropolitana, nascida em 1925, filha de um motorista de táxi e de uma dona de casa, toma posse no Tribunal de Justiça do estado da Bahia e torna-se a primeira juíza negra do país.

Formada em direito pela Universidade Federal da Bahia em 1952, Mary começa a atuar como promotora de justiça dois anos mais tarde, em 1954, cargo que ocupou por oito anos. Ao ingressar na magistratura, começa a trabalhar na cidade de Remanso, norte do estado, às margens do rio São Francisco, e em 1967 vai para Belmonte, no Sul.[12]

O lugar e o tempo da posse da primeira juíza negra parecem ter sido cuidadosamente escolhidos pelo destino.

O estado da Bahia é o que possui a maior concentração de pessoas autodeclaradas pretas, somando 22,9% da população em 2018. Em relação às regiões, o Nordeste tem a maior proporção, com 11,4%.[13]

O Tribunal de Justiça da Bahia é o mais antigo do país, fundado em 1609 com o nome de Tribunal da Relação da Bahia. À época, o Tribunal da Relação, embora já exercesse sua competência, não possuía uma sede própria para a prestação dos serviços jurisdicionais. As sessões plenárias, chamadas de relações, eram feitas no Palácio do Governador-Geral.[14] Somente em 1751 foi instalado o Tribunal da Relação do Rio de Janeiro, o segundo mais antigo do país. Posteriormente,

---

[12] TRIBUNAL DE JUSTIÇA DO ESTADO DA BAHIA. No mês das mulheres, uma homenagem do PJBA à primeira juíza negra do estado e do país. 23.03.2021. Disponível em: http://www5.tjba.jus.br/portal/no-mes-das-mulheres-uma-homenagem-do-pjba-a-primeira-juiza-negra-do-estado-e-do-pais/. Acesso em 22 de novembro de 2022.

[13] IBGE. Pesquisa Nacional por Amostra de Domicílios (PNAD) Contínua do IBGE. Jul. de 2022. Disponível em: https://www.ibge.gov.br/estatisticas/sociais/trabalho/9171-pesquisa-nacional-por-amostra-de-domicilios-continua-mensal.html?=&t=destaques. Acesso em 22 de novembro de 2022. Ver também: *O Globo*. Uma em cada 5 pessoas na Bahia se declara preta, aponta IBGE. 25.09.2019. Disponível em: https://g1.globo.com/ba/bahia/noticia/2019/05/22/uma-em-cada-5-pessoas-na-bahia-se-declara-preta-aponta-ibge.ghtml. Acesso em 22 de novembro de 2022.

[14] TRIBUNAL DE JUSTIÇA DO ESTADO DA BAHIA. Conhecendo o Judiciário: com 411 anos de história, o PJBA é um marco no Judiciário brasileiro. 18.06.2020. Disponível em: http://www5.tjba.jus.br/portal/conhecendo-o-judiciario-com-411-anos-de-historia-o-pjba-e-um-marco-no-judiciario-brasileiro/#:~:text=Com%20411%20anos%20de%20exist%C3%AAncia,das%20Am%C3%A9ricas%2C%20instalado%20em%201609. Acesso em 22 de novembro de 2022.

os Tribunais da Relação do Maranhão, em 1813, e de Pernambuco, em 1822.[15]

No ano de 1962 foi aprovado o Estatuto da Mulher Casada (Lei 4.121/62), permitindo que mulheres casadas pudessem trabalhar fora de casa sem autorização do marido (arts. 242 e 248) e conferindo a elas o direito de requerer a guarda dos filhos, caso ocorresse o chamado desquite (art. 326).

Este foi o cenário que permitiu uma mulher negra e de origem humilde ocupar o cargo de magistrada pela primeira vez.

Mary permaneceu na magistratura da Bahia até 1995, sem ter se tornado desembargadora. Sua mãe, Guiomar, foi sua principal companhia durante toda a vida, junto com sua irmã, Vera. Em 2018, aos 92 anos, Mary foi homenageada com a entrega da Medalha do Mérito Judiciário pelo Tribunal baiano, em reconhecimento ao seu pioneirismo. Faleceu em 23 de fevereiro de 2021, aos 95 anos.[16]

Se, nos dias atuais, as desigualdades raciais e de gênero são tamanhas a ponto de despertarem crescentes estudo sobre o em todas as esferas da sociedade brasileira, muito maiores eram na década de 1960, em especial no Judiciário. Mulheres brancas e negras representavam 2,3% dos magistrados no final dos anos 1960, passando para 8% nos anos de 1970, 22% no ano 2000 e cerca de 36% em 2018. Segundo dados de 2018 do Conselho Nacional de Justiça (CNJ), juízes e juízas negros representam 18% dos magistrados brasileiros, dos quais as mulheres negras correspondem a 7%. Considerando especificamente o segundo grau de jurisdição, mulheres negras correspondem a apenas 2% das desembargadoras.[17]

---

[15] CONSELHO NACIONAL DE JUSTIÇA. *História do Poder Judiciário*. Disponível em: https://www.cnj.jus.br/programas-e-acoes/gestao-documental-e-memoria-proname/gestao-de--memoria/memoria-do-poder-judiciario-historia-e-linha-do-tempo/. Acesso em 22 de novembro de 2022.

[16] NOTÍCIA PRETA. Thais Bernardes. Morre aos 95 anos Mary Aguiar, a primeira juíza negra do Brasil. 25.02.2021. Disponível em: https://noticiapreta.com.br/morre-aos-95-anos-mary-aguiar-a-primeira-juiza-negra-do-brasil/. Acesso em 22 de novembro de 2022.

[17] AJUFE. Mulheres negras são minoria da minoria no Judiciário brasileiro. 07.02.2022. Disponível em: https://www.ajufe.org.br/imprensa/ajufe-na-imprensa/16577-mulheres-negras-sao--minoria-da-minoria-no-judiciario-brasileiro. Acesso em 22 de novembro de 2022.

Buscando maiores oportunidades de acesso aos cargos, o CNJ editou a Resolução n.º 203/2015, que reserva 20% das vagas para pessoas negras em concursos públicos do Poder Judiciário. Em 2020, o CNJ publicou a Resolução n.º 336, dispondo sobre a promoção de cotas raciais nos programas de estágio dos órgãos do Poder Judiciário.

É certo que diversas medidas vêm sendo adotadas pelo Judiciário com o objetivo de reverter a baixa representação e o acesso da população negra nas esferas de poder, de modo a conferir igualdade de oportunidades.

Os resultados, no entanto, ainda estão abaixo do que se espera.

4. Maria Rita: o estudo é a alforria das mulheres

O pioneirismo feminino na magistratura continuou sua história no Nordeste. Maria Rita Soares de Andrade nasceu em 3 de abril de 1904 em Aracaju, filha de Filomena e Manuel José Soares de Andrade — uma família de origem simples que sabia o valor dos estudos. Maria Rita mudou-se para Salvador em 1923 para cursar direito na Universidade Federal da Bahia, onde era a única mulher da turma.

Muitas décadas depois, Maria Rita disse que a abertura das universidades significou a "carta de alforria da mulher no Brasil".[18] Contemporânea de Auri, a cearense de Redenção, embora não haja notícias de que tenham convivido, Maria Rita também percebeu que a luta pela liberdade feminina começa na universidade.

Durante a faculdade, ficou amiga de Bertha Lutz, que à época iniciava sua trajetória e se tornaria, anos depois, uma das mais aguerridas feministas do país. A amizade estimulou Maria Rita a dedicar-se à defesa da liberdade e independência das mulheres.

---

[18] Declaração feita por Maria Rita aos 73 anos, ao participar da Comissão Parlamentar de Inquérito do Senado Federal, encarregada de investigar a discriminação existente contra a mulher no Brasil. SENADO FEDERAL. Comissão Parlamentar Mista de Inquérito – "CPMI da Mulher", v. 1, p. 110. Brasília, 1976. Disponível em: https://www2.senado.leg.br/bdsf/item/id/84968. Acesso em 22 de novembro de 2022.

Logo que se formou, começou a trabalhar como advogada e assim permaneceu até 1938, período em que também era professora de literatura no Colégio Atheneu Sergipense e de direito comercial na Escola do Comércio. Em seguida, foi membro do Ministério Público, do Conselho Penal e Penitenciário e da Procuradoria-Geral do estado de Sergipe. Em parte desse período, fundou e dirigiu a revista *Renovação*, entre 1931 e 1934, uma publicação de vanguarda, em especial na defesa da causa feminista. [19]

Em 1938, aos 34 anos de idade, Maria Rita mudou-se para o Rio de Janeiro, cidade que a colocaria na história da magistratura brasileira. A mudança ocorreu para acompanhar seu noivo, o poeta João Passos Cabral, com quem viveu até a morte dele. Ela trazia consigo cartas de apresentação do presidente da Ordem dos Advogados de Sergipe, mas nunca as usou — preferiu começar sua vida profissional no Rio dando aulas no Colégio Pedro II e na antiga Universidade do Brasil.

Depois, voltou a trabalhar como advogada, com gosto por crimes políticos. Defendeu os militares do movimento rebelde de Aragarças e impetrou diversos *habeas corpus* para os presos da ditadura Vargas. Com orgulho, Maria Rita lembra: "Nunca ganhei honorários por causas políticas. O que fiz foi feito por idealismo."[20]

Quem viveu nos anos de 1930, como Maria Rita, presenciou a instauração do regime autoritário no país após o golpe de 1937, iniciando-se o Estado Novo. A Constituição de 1937 foi outorgada, reduzindo drasticamente as atribuições do Poder Legislativo, e, em seguida, o Decreto-Lei n.º 2.139/1937 extinguiu a Justiça Federal e a Justiça Eleitoral. Questões de interesse da União e das autarquias passariam a ser julgadas pela Justiça Estadual.

[19] CONSELHO DA JUSTIÇA FEDERAL. CJF presta homenagem à primeira juíza federal do Brasil. 28.09.2017. Disponível em: https://www.cjf.jus.br/cjf/noticias/2017/setembro/cjf-presta-homenagem-a-primeira-juiza-federal-do-brasil#:~:text=Pioneira&text=A%20primeira%20ju%C3%ADza%20federal%20do,quarta%2Dfeira%20(27. Acesso em 22 de novembro de 2022.

[20] ACADEMIA LITERÁRIA DE VIDA. Maria Rita Soares de Andrade. Disponível em: https://academialiterariadevida.blogspot.com/p/4-maria-rita-soares-de-andrade.html. Acesso em 22 de novembro de 2022.

A Constituição de 1946 não reimplantou a Justiça Federal no Brasil, apenas criou o Tribunal Federal de Recursos. Não foi determinada a restauração da Justiça Federal de 1.ª instância nos termos previstos na antiga Constituição de 1934, de modo que as questões de interesse federal, embora julgadas em 1.º grau pela Justiça Estadual, teriam os recursos julgados pelo TFR.

A reinstalação da Justiça Federal de 1.º grau ocorreu somente em 1965, por meio do Ato Institucional n.º 2/1965, ratificado pela Emenda Constitucional n.º 16/1965 e pela Lei n.º 5.010/1966. Neste momento, os juízes federais eram selecionados pela alta cúpula militar, que buscava juristas com experiência. Somente com a instalação do Conselho da Justiça Federal, em 1972, é que ocorreu o primeiro concurso público para juiz federal, concluído em 1974, com 18 aprovados.[21]

Foi assim que, cerca de 30 anos depois da sua chegada na capital carioca, Maria Rita foi nomeada como a primeira juíza federal do Brasil, em 25 de abril de 1967, junto com outros setenta juízes, após a reinstalação da Justiça Federal no país.

Em seguida, tornou-se titular da 4.ª Vara da Seção Judiciária do então estado da Guanabara. “O cargo de juíza federal me veio como consequência da minha atuação na advocacia”, concluiu Maria Rita.[22] Com 63 anos de idade, carregava a sabedoria e a experiência profissional que a maturidade lhe trouxe, somadas à ousadia e à coragem que nunca perdeu.

A Seção Judiciária do estado da Guanabara, por onde somente se viam ternos e gravatas, passou a ter em seus quadros uma mulher de temperamento forte e ótima capacidade de se relacionar com outras autoridades, como se percebe no episódio contado por um dos juízes que a conheceu: “Ela entrou em contato com o Castello Branco ou com um desses generais que mandavam no Brasil na época. A sentença dela

---

[21] TESSLER, Marga Inge Barth. Em busca da jurisdição perdida. Revista *Interesse Público*, Belo Horizonte, ano 16, n.º 85, pp. 115-153, maio/jun. 2014, aqui, pp. 141-144. Disponível em: https://www.editoraforum.com.br/wp-content/uploads/2014/08/Em-busca-da-jurisdicao-perdida.pdf Acesso em 17 de janeiro de 2024.

[22] ACADEMIA LITERÁRIA DE VIDA, op. cit.

foi cumprida, independente de recurso. Fantástico. Doce, meiga, mas, na hora da verdade, ela sabia se impor."[23]

Em 1973, tornou-se diretora do foro da rebatizada Seção Judiciária do Estado do Rio de Janeiro. Aposentou-se compulsoriamente em 1974, sete anos após sua posse, voltando a exercer a profissão de advogada. Faleceu em abril de 1998, aos 94 anos. Em 2017, seus familiares receberam a homenagem prestada a Maria Rita pelo Conselho da Justiça Federal.[24]

5. Uma história em construção — reflexão ou conclusão?

A história de pioneirismo de Auri, Mary e Maria Rita é revivida a cada vez que outras mulheres assumem posições de liderança na magistratura brasileira. Essa trajetória está sendo construída a cada passo, longe de estar concluída.

No Supremo Tribunal Federal, a primeira mulher a ocupar uma das 11 cadeiras foi a ministra Ellen Gracie Northfleet, nomeada em dezembro de 2000, atuando como presidente da Corte de 2006 a 2008. Em 2006, tomou posse na Suprema Corte a ministra Cármen Lúcia, que se tornou presidente de 2016 a 2018. Em 2011, para ocupar a vaga deixada pela ministra Ellen Gracie, foi nomeada a ministra Rosa Weber, assumindo a presidência em 2022.

No Superior Tribunal de Justiça, a primeira mulher a exercer a Presidência da Corte foi a ministra Laurita Vaz, originária do Ministério Público Federal. A primeira mulher a integrar o Tribunal na vaga destinada à Ordem dos Advogados do Brasil foi a Ministra Maria Thereza de Assis Moura, assumindo a presidência em 2022. No Tribunal Superior

---

[23] GRINBERG, Lucia. Justiça Federal da Guanabara e do Rio de Janeiro, 1965 a 1988: história e memória. ANPUH – XXV Simpósio Nacional de História. Fortaleza, 2009, p. 8. Disponível em: https://anpuh.org.br/uploads/anais-simposios/pdf/2019-01/1548772004_ddd57978cc-8fac3268c74bbdc73172f3.pdf. Acesso em 17 de janeiro de 2024.

[24] CONSELHO DA JUSTIÇA FEDERAL, op. cit.

do Trabalho, em fevereiro de 2020, a ministra Maria Cristina Peduzzi foi a primeira mulher a assumir a presidência.

No âmbito associativo, em 2019, a juíza Renata Gil de Alcantara Videira foi a primeira mulher a ocupar o cargo de presidente da Associação dos Magistrados Brasileiros (AMB) desde sua criação, há mais de 70 anos. No mesmo ano, a juíza Vanessa Ribeiro Mateus foi a primeira mulher a presidir a Associação Paulista de Magistrados (Apamagis) desde sua fundação, há 66 anos, composta por magistrados do maior Tribunal do país.

Apesar das importantes conquistas alcançadas e dos muitos tijolos que foram colocados desde aquele primeiro de 1939, dados recentes sobre a representatividade feminina revelam assimetria na ocupação de cargos na magistratura, em especial na 2.ª instância e nos órgãos de cúpula do Judiciário.

A atuação coletiva das magistradas e estudiosas do tema fez o Conselho Nacional de Justiça se atentar para a representatividade feminina. A Resolução CNJ n.º 255/2018 instituiu a Política Nacional de Incentivo à Participação Institucional Feminina no Poder Judiciário e determinou a adoção de medidas tendentes a assegurar a igualdade de gênero no ambiente institucional, a exemplo dos cargos de chefia e assessoramento, em bancas de concurso e como expositoras em eventos institucionais.

Ainda em 2018, o Censo do Poder Judiciário[25] revelou que 35,9% do total de magistrados e 56,2% dos servidores eram mulheres e que, quanto maior o nível na carreira da magistratura, menor a participação feminina, sendo ela representada por 44% dos juízes substitutos, 39% dos juízes titulares, 23% dos desembargadores e apenas 16% dos ministros de tribunais superiores.

---

[25] CONSELHO NACIONAL DE JUSTIÇA. *Perfil Sociodemográfico dos magistrados brasileiros*. Brasília, 2018. Disponível em: https://www.cnj.jus.br/wp-content/uploads/2011/02/5d6083ecf7b311a56eb12a6d9b79c625.pdf. Acesso em 22 de novembro de 2022.

Em 2019, foi feito o Diagnóstico da Participação Feminina no Judiciário,[26] o qual identificou, considerando todos os ramos da Justiça, que o Poder Judiciário é composto em sua maioria por magistrados do sexo masculino, com 38,8% de magistradas em atividade.

É importante analisar, de modo conjunto, os dados citados e os dados trazidos por duas pesquisas de iniciativa da AMB, realizadas com vinte anos de diferença. Na pesquisa "O perfil do magistrado brasileiro",[27] produzida na década de 1990, verificou-se o crescimento do ingresso de magistradas na carreira, pela via do concurso público. O período de maior entrada das mulheres na magistratura ocorre entre 1990 e 1999, e entre 2000 e 2009, representando, respectivamente, 38% e 41% do total de juízes ingressantes no 1.º grau da carreira. No entanto, na pesquisa "Quem somos — a magistratura que queremos",[28] realizada em 2018, verificou-se que, entre 2010 e 2018, o percentual de ingresso de mulheres caiu para cerca de 34%, números similares às recentes pesquisas do CNJ já referidas.

Portanto, as pesquisas da AMB revelaram uma descontinuidade em relação à feminização da magistratura, indicando que o movimento ascensional em flecha que havia sido detectado na primeira pesquisa vem perdendo força desde 2010.

É preciso, agora, estudar as causas que conduziram ao cenário atual. Este foi um dos motivos que levou o Centro de Pesquisas Judiciais da AMB (CPJ/AMB) a iniciar a pesquisa "Perfil das magistradas brasileiras e perspectivas: rumo à equidade de gênero nos tribunais".

---

[26] ______. *Diagnóstico da participação feminina no Poder Judiciário.* Brasília, 2019. Disponível em: https://www.cnj.jus.br/wp-content/uploads/2019/05/cae277dd017bb4d4457755febf5eed9f.pdf. Acesso em 22 de novembro de 2022.

[27] VIANNA, Luiz Werneck; CARVALHO, Maria Alice Rezende de; MELO, Manuel Palacios Cunha; BURGOS, Marcelo Baumann. *O perfil do magistrado brasileiro.* Rio de Janeiro: AMB/IUPERJ, 1996, p. 246. Disponível em: https://cpj.amb.com.br/wp-content/uploads/2021/08/O-PERFIL-DO-MAGISTRADO_1996.pdf. Acesso em 22 de novembro de 2022.

[28] VIANNA, Luiz Werneck; CARVALHO, Maria Alice Rezende de; BURGOS, Marcelo Baumann. *Quem somos – a magistratura que queremos.* Brasília: AMB, 2018, p. 237. Disponível em: https://cpj.amb.com.br/wp-content/uploads/2021/05/2018-Quem-somos-a-Magistratura-que-queremos.pdf. Acesso em 22 de novembro de 2022.

Em 72 anos de história, esta é a primeira vez que a AMB realiza pesquisa voltada exclusivamente para mulheres magistradas.[29]

Na magistratura e na vida, a igualdade material entre homens e mulheres tem execução lenta. Uma das formas de promover mudanças favoráveis à igualdade de gênero é a partir da educação e debates sobre o tema para todos os níveis sociais, de modo que se abandonem condutas discriminatórias já naturalizadas e se construam novas premissas.

Os exemplos deixados por Auri, Mary e Maria Rita, assim como por todas as pioneiras mencionadas neste texto, foram fundamentais para a construção de novas premissas. Uma pesquisa feita nos Estados Unidos depois da posse do presidente Barack Obama revelou que os rapazes negros passaram a ter melhor desempenho escolar em relação aos anos anteriores.[30] A explicação? Os jovens enxergavam no presidente negro alguém como eles e passaram a acreditar que era possível ocupar aquela posição no futuro.

A propósito, sugerimos à Associação dos Magistrados Brasileiros a criação do prêmio com o nome da primeira juíza brasileira — Prêmio Auri Moura Costa —, que representa todas as que lhe sucederam, para reconhecer, divulgar e replicar histórias de liderança feminina na magistratura.[31]

Referências bibliográficas

ACADEMIA LITERÁRIA DE VIDA. Maria Rita Soares de Andrade. Disponível em: https://academialiterariadevida.blogspot.com/p/4-maria-rita-soares-de-andrade.html.

---

29 Disponível em: https://cpj.amb.com.br/projetos/pesquisas/. Acesso em 17 de janeiro de 2024.

30 VAUGHN, Aundra Simmons. The Obama Effect on African American High School Males. Georgia Southern University, 2015. Disponível em: https://core.ac.uk/download/pdf/229060708.pdf. Acesso em 22 de novembro de 2022.

31 Em 16.12.2022, a Associação dos Magistrados Brasileiros – AMB, por meio de sua Comissão AMB Mulheres, acolheu a sugestão e aprovou a criação do Prêmio Auri Moura Costa, por meio do Ato Executivo n.º 141/2022, assinado pela presidente Renata Gil em 12.12.2022.

AJUFE. Mulheres negras são minoria da minoria no Judiciário brasileiro. 07.02. 2022. Disponível em: https://www.ajufe.org.br/imprensa/ajufe-na-imprensa/16577-mulheres-negras-sao-minoria-da-minoria-no-judiciario-brasileiro.

CONJUR. Mulher negra e escravizada é reconhecida como a primeira advogada brasileira. 26.11.2022. Disponível em: https://www.conjur.com.br/2022-nov-26/negra-escravizada-reconhecida-primeira-advogada-pais#:~:text=Mulher%20negra%20e%20escravizada%20%C3%A9%20reconhecida%20como%20a%20primeira%20advogada%20brasileira&text=O%20Conselho%20Pleno%20da%20Ordem,Oeiras%2C%20no%20Sul%20do%20Piau%C3%AD.

CONSELHO DA JUSTIÇA FEDERAL. *CJF presta homenagem à primeira juíza federal do Brasil.* 28.09.2017. Disponível: https://www.cjf.jus.br/cjf/noticias/2017/setembro/cjf-presta-homenagem-a-primeira-juiza-federal-do-brasil#:~:text=Pioneira&text=A%20primeira%20ju%C3%ADza%20federal%20do,quarta%2Dfeira%20(27.

CONSELHO NACIONAL DE JUSTIÇA. *Perfil Sociodemográfico dos magistrados brasileiros*. Brasília, 2018. Disponível em: https://www.cnj.jus.br/wp-content/uploads/2011/02/5d6083ecf7b311a56eb12a6d9b79c625.pdf.

CONSELHO NACIONAL DE JUSTIÇA. *Diagnóstico da participação feminina no Poder Judiciário.* Brasília, 2019. Disponível em: https://www.cnj.jus.br/wp-content/uploads/2019/05/cae277dd017bb4d4457755febf5eed9f.pdf.

CONSELHO NACIONAL DE JUSTIÇA. *Pesquisa sobre negros e negras no Poder Judiciário*. Brasília, 2021. Disponível em: https://www.cnj.jus.br/wp-content/uploads/2021/09/rela-negros-negras-no-poder-judiciario-150921.pdf.

CONSELHO NACIONAL DE JUSTIÇA. *História do Poder Judiciário*. Disponível em: https://www.cnj.jus.br/programas-e-acoes/gestao-documental-e-memoria-proname/gestao-de-memoria/memoria-do-poder-judiciario-historia-e-linha-do-tempo/.

COSTA, Gizela Nunes da. Auri Moura Costa. *Themis* (*Revista da Escola Superior da Magistratura do Estado do Ceará - ESMEC*), Fortaleza, v. 13, pp. 17-22, 2015. Disponível em: https://revistathemis.tjce.jus.br/index.php/THEMIS/article/view/493.

GOVERNO DO ESTADO DO CEARÁ. *Africania e cearensidade: Catálogo do Museu Histórico e Memorial da Liberdade.* Fortaleza: Instituto Olhar Aprendiz, 2011.

GRINBERG, Lucia. *Justiça Federal da Guanabara e do Rio de Janeiro, 1965 a 1988: história e memória.* ANPUH – XXV Simpósio Nacional de História. Fortaleza, 2009, p. 8. Disponível em: https://anpuh.org.br/uploads/anais-simposios/pdf/2019-01/1548772004_ddd57978cc8fac3268c74bbdc73172f3.pdf.

IBGE. Pesquisa Nacional por Amostra de Domicílios (PNAD) Contínua do IBGE. Jul. de 2022. Disponível em: https://www.ibge.gov.br/estatisticas/sociais/trabalho/9171-pesquisa-nacional-por-amostra-de-domicilios-continua-mensal.html?=&t=destaques.

NOTÍCIA PRETA. Thais Bernardes. Morre aos 95 anos Mary Aguiar, a primeira juíza negra do Brasil. 25.02.2021. Disponível em: https://noticiapreta.com.br/morre-aos-95-anos-mary-aguiar-a-primeira-juiza-negra-do-brasil/.

PINHO, Leda de Oliveira. Igualdade, gênero e poder: a participação feminina nos órgãos do Sistema de Justiça. *Emagis TRF4*, Curitiba, 24 out. 2017.

ROYER, Nathalya. Dinâmicas de exclusão das mulheres nas profissões jurídicas: um paralelo entre as docentes e as magistradas. *PRACS: Revista Eletrônica de Humanidades do Curso de Ciências Sociais da UNIFAP*, Macapá, v. 13, n.º 4, pp. 45--67, jul./dez. 2020. Disponível em: https://periodicos.unifap.br/index.php/pracs.

SENADO FEDERAL. Comissão Parlamentar Mista de Inquérito. “CPMI da Mulher”, v. 1, p. 110. Brasília, 1976. Disponível em: https://www2.senado.leg.br/bdsf/item/id/84968.

TESSLER, Marga Inge Barth. Em busca da jurisdição perdida. Revista *Interesse* Públ*ico – IP*, Belo Horizonte, ano 16, n.º 85, pp. 115-153, maio/jun. 2014, aqui, pp. 141-144. Disponível em: https://www.editoraforum.com.br/wp-content/uploads/2014/08/Em-busca-da-jurisdicao-perdida.pdf.

TRIBUNAL DE JUSTIÇA DO ESTADO DA BAHIA. *Conhecendo o Judiciário: com 411 anos de história, o PJBA é um marco no Judiciário brasileiro.* 18.06.2020. Disponível em: http://www5.tjba.jus.br/portal/conhecendo-o-judiciario-com--411-anos-de-historia-o-pjba-e-um-marco-no-judiciario-.brasileiro/#:~:text=-Com%20411%20anos%20de%20exist%C3%AAncia,das%20Am%C3%A9ricas%2C%20instalado%20em%201609.

TRIBUNAL DE JUSTIÇA DO ESTADO DA BAHIA. *No mês das mulheres, uma homenagem do PJBA a primeira juíza negra do estado e do país.* 23.03.2021. Disponível em: http://www5.tjba.jus.br/portal/no-mes-das-mulheres-uma-homenagem-do-pjba-a-primeira-juiza-negra-do-estado-e-do-pais/.

TRIBUNAL DE JUSTIÇA DO ESTADO DO CEARÁ. *Primeira juíza do Brasil é cearense do Município de Redenção.* 31.03.2021. Disponível em: https://www.tjce.jus.br/noticias/primeira-juiza-do-brasil-e-cearense-do-municipio-de-redencao/.

VAUGHN, Aundra Simmons. The Obama Effect on African American High School Males. Georgia Southern University, 2015. Disponível em: https://core.ac.uk/download/pdf/229060708.pdf.

VIANNA, Luiz Werneck; CARVALHO, Maria Alice Rezende de; MELO, Manuel Palacios Cunha; BURGOS, Marcelo Baumann. *O perfil do magistrado brasileiro.* Rio de Janeiro: AMB/IUPERJ, 1996, p. 246. Disponível em: https://cpj.amb.com.br/wp-content/uploads/2021/08/O-PERFIL-DO-MAGISTRADO_1996.pdf.

VIANNA, Luiz Werneck; CARVALHO, Maria Alice Rezende de; BURGOS, Marcelo Baumann. *Quem somos – a magistratura que queremos.* Brasília: AMB, 2018, p. 237. Disponível em: https://cpj.amb.com.br/wp-content/uploads/2021/05/2018-Quem-somos-a-Magistratura-que-queremos.pdf.

RAYMUNDO FAORO

Luís Roberto Barroso[1]

I. Introdução

Raymundo Faoro foi uma figura múltipla na vida brasileira. Presidente da Ordem dos Advogados do Brasil (OAB) entre 1977 e 1979, desempenhou papel de destaque no processo de abertura política e de restauração democrática. Com autoridade moral, capacidade intelectual e habilidade, ajudou a empurrar a história na direção certa, nos dias incertos do ocaso do regime militar.

Após deixar a presidência da OAB, Faoro permaneceu no cenário político brasileiro como um intelectual público que analisava a realidade com argúcia e visão crítica. Por motivos que explicito logo à frente, tornei-me seu admirador, leitor e interlocutor eventual. No presente artigo, procuro explorar e, de certo modo, ajudar a difundir uma outra faceta de Faoro, além de liderança dos advogados e observador da cena política: a do escritor refinado. De fato, produziu ele obras relevantes

---

[1] Professor titular da Universidade do Estado do Rio de Janeiro – UERJ. Ministro do Supremo Tribunal Federal.

sobre literatura,[2] sobre conjuntura política[3] e, também, muito especialmente, uma das mais celebradas narrativas sobre a formação histórica, sociológica e política do Brasil.

Refiro-me a *Os donos do poder: formação do patronato político brasileiro*. Nesse livro, Faoro percorre seis séculos da história de Portugal e do Brasil, desde o primeiro rei lusitano — Afonso Henriques — até o final da era Vargas. Embora sua visão da construção do Brasil não seja uma unanimidade,[4] sua obra é uma das mais influentes da sociologia política brasileira, qualificando-o como um dos grandes *intérpretes do Brasil*, ao lado de nomes como Sérgio Buarque de Holanda, Gilberto Freyre e Caio Prado Júnior, entre outros.[5]

Raymundo Faoro é um autor mais citado do que lido. Por isso me animei a escrever o presente artigo, no qual procuro destacar passagens emblemáticas e representativas de *Os donos do poder*, relativamente a alguns conceitos e ideias que singularizam a história brasileira, como patrimonialismo, estamento e a onipresença do Estado. No texto, faço algumas reflexões expondo minha compreensão da análise de Faoro e transcrevo passagens literais de sua obra. Trata-se de uma homenagem intelectual a um dos grandes pensadores do Brasil, além de um ator que cumpriu excepcionalmente bem a parte que lhe tocou na história.

---

[2] FAORO, Raymundo. *Machado de Assis*: a pirâmide e o trapézio. São Paulo: Companhia Editora Nacional, 1974.

[3] FAORO, Raymundo. *A República inacabada*. Organização e prefácio Fábio Konder Comparato; posfácio Heloisa Murgel Starling. São Paulo: Companhia das Letras, 2022.

[4] Para uma visão diversa e crítica, v. SOUZA, Jessé. *A elite do atraso:* da escravidão à Lava Jato. São Paulo: LeYa, 2017.

[5] SANTIAGO, Silviano. *Intérpretes do Brasil*. Rio de Janeiro: Nova Aguilar, 2002. Coletânea em três volumes com obras representativas do pensamento brasileiro, com os autores referidos no texto e outros, como Joaquim Nabuco, Euclides da Cunha e Florestan Fernandes.

Parte I
Dois dedos de história

Conheci Raymundo Faoro numa tarde de 1978, na sede do Conselho Federal da Ordem dos Advogados do Brasil, que à época ficava no Rio de Janeiro. Eu e mais dois ou três colegas de faculdade fomos visitá-lo. Eu estava no terceiro ano do curso de Direito na Universidade do Estado do Rio de Janeiro. O motivo da visita era grave e já descrevo em seguida. Desafiando a legislação repressiva da época — o decreto-lei n.º 477 e o Ato Institucional n.º 5 —, um grupo de alunos havia recriado a entidade de representação dos estudantes, o Centro Acadêmico Luiz Carpenter — Livre. "Livre" significava, justamente, que não era autorizado.

Vivíamos, desde o início de 1976 — Vladimir Herzog fora assassinado nas dependências do 2.º Exército em São Paulo, em outubro de 1975 —, a mobilização da sociedade civil pelo fim da ditadura. A reabertura das entidades estudantis era um passo importante. Como previsível, dois colegas que haviam participado da refundação do CALC-Livre foram intimados para depor no Departamento de Polícia Política e Social — DPPS, um dos braços da repressão do regime militar no Rio de Janeiro. Com cópia das intimações, o nome e o telefone do delegado encarregado, fomos muito aflitos bater na porta da OAB. A solicitação era de uma ligação para o delegado demonstrando interesse pelo caso. Acreditávamos que um telefonema do presidente da OAB, que era um dos interlocutores da "abertura política" iniciada por Geisel, pudesse minimizar o risco de violência.

Faoro nos atendeu e ainda nos dedicou uma boa hora daquela tarde, numa conversa enriquecedora sobre ditadura, repressão e seus esforços para a transição democrática brasileira. Foi a primeira de várias conversas que tive com ele, atraído por sua erudição e disposição de trocar ideias sobre o Brasil com um jovem apaixonado pelo país e ansioso por fazer alguma diferença naquele processo histórico. Uma dessas conversas se materializou em uma entrevista publicada, em junho de 1978, no jornal universitário *Andaime*, do qual eu era um dos editores. Na abertura da matéria, escrevi:

> A Ordem dos Advogados do Brasil, nesses dois últimos anos, foi alçada a uma posição de vanguarda na luta pelos Direitos Humanos e na defesa do Estado de Direito. Uma parte dessa projeção que a OAB assumiu no cenário nacional pode ser atribuída, talvez, a uma pequena abertura feita pelo governo, nesses tempos de liberdade discriminada.
>
> Contudo, numa proporção muito mais elevada, deve ser creditada ao seu presidente, o sr. Raymundo Faoro. De fala mansa, mas veemente, este gaúcho que comparece ao Palácio do Planalto com a mesma naturalidade com que recebe estudantes vem prestando um serviço inestimável, não só à classe dos advogados, como a toda nação. Na semana passada o sr. Raymundo Faoro recebeu *Andaime* durante uma hora e meia do seu reduzidíssimo tempo e concedeu a seguinte entrevista.

Foi um encontro memorável, refletindo as tensões daquele momento de incipiente abertura política, da qual Faoro foi um dos protagonistas. Articulava-se o novo governo, ainda sob o regime militar, e especulou-se sobre sua indicação para ministro da Justiça. Faoro criticou o que denominou de "sanchismo político", que é a crença, inspirada por Sancho Pança, de que se eu estiver lá posso evitar o pior. Nunca esqueci da resposta contundente que deu à pergunta, assim resumível: se for autoritário, não posso aceitar. Se for democrático, não precisam de mim. Confira-se:

> Em primeiro lugar o próximo governo, se for um governo como este que está aí, seria incompatível para o presidente da OAB e qualquer pessoa que se empenhasse pelo Estado de Direito. Qualquer pessoa ou qualquer advogado que ocupasse este cargo, num estado excepcional, perderia o respeito da sua classe. Se o próximo governo for um governo de Estado de Direito, aí, também, eu não teria nada a fazer lá; este seria um assunto para políticos.

Mais à frente, em 1980, quando Faoro já havia deixado a presidência da OAB, estive com ele na redação da revista *IstoÉ*, no centro do Rio, discutindo aspectos do primeiro livro que escrevi, ainda no último ano de faculdade. Tratava-se de um texto sobre a Federação no Brasil, pretexto que encontrei, na verdade, para fazer uma crítica severa à concentração de poder, manipulação e falseamento da ordem jurídica pelos governos militares. Fiz ótimo proveito dos insights que recebi dele, e meu trabalho recebeu, naquele ano, o Prêmio Cândido de Oliveira Neto, da OAB/RJ.

Foi também em 1980 que li, pela primeira vez, *Os donos do poder: formação do patronato político brasileiro*. Eram dois volumes da Editora Globo, 2.ª edição, publicada em 1979. A 1.ª edição era de 1958. Meu Deus, que livro difícil! Faoro escrevia com sofisticação e complexidade, sem nenhuma concessão a iniciantes. Era preciso reler as frases com frequência, na busca do sentido profundo que se ocultava por trás de um estilo artesanal e singularíssimo. À época, a simplicidade ainda não era uma virtude particularmente exaltada na vida intelectual brasileira. E, ademais, o tema não era fácil mesmo. Seja como for, o livro produziu um impacto imenso na minha mente, que iniciava a trajetória — árdua e interminável — de procurar interpretar, compreender e transformar o Brasil.

Ao longo dos anos, também li sua importante monografia sobre a convocação da Assembleia Constituinte[6] e os numerosos artigos que publicou em diferentes órgãos de imprensa, que vieram a ser reunidos, por Joaquim Falcão e Paulo Augusto Franco, numa oportuna coletânea.[7] Ao deixar a presidência da OAB, Faoro continuou a ser um ator institucional de destaque, participando com qualidade do debate das grandes questões nacionais. Em 2002, estive na sua concorrida posse na Academia Brasileira de Letras. Pouco antes de nos deixar, em 2003, para minha honra, ele escreveu uma carta ao recém-empossado presidente Lula, recomendando meu nome para uma das três vagas que em breve se abririam no Supremo Tribunal Federal. Não era a minha vez.

---

6 FAORO, Raymundo. *Assembleia Constituinte*: a legitimidade recuperada. São Paulo: Brasiliense, 1981.

7 FALCÃO, Joaquim; FRANCO, Paulo Augusto (Org.). *A República em transição*: poder e direito no cotidiano da democratização brasileira (1982 a 1988). Rio de Janeiro: Record, 2018.

Mas a carta, que foi levada ao presidente por dois amigos queridos e admiráveis — Sepúlveda Pertence e Sigmaringa Seixas —, é um dos títulos de que me orgulho no meu currículo. Assim pelo autor como pelos portadores.

Em 2022, respirei fundo e reli, ao longo do primeiro semestre, meticulosamente, *Os donos do poder*, numa edição que me havia sido presenteada pelo filho do autor, André Faoro. Preciso confessar: o livro continuava difícil. Mas relê-lo, com os olhos da maturidade, foi de proveito ainda maior. Ao concluir a leitura, pareceu-me bem separar, nesse breve ensaio, algumas ideias e passagens literais de Raymundo Faoro naquela obra, permitindo o acesso de primeira mão aos leitores contemporâneos. É um tributo que presto a um brasileiro que ajudou a fazer e a explicar a história do Brasil, com brilho intelectual, desapego e patriotismo.

Parte II
Algumas ideias essenciais no pensamento de Raymundo Faoro

I. Patrimonialismo

A ideia de *patrimonialismo* remete à nossa tradição ibérica, ao modo como se estabeleciam as relações políticas, econômicas e sociais entre o imperador e a sociedade portuguesa, em geral, e com os colonizadores do Brasil, em particular. Não havia separação entre a fazenda do rei e a fazenda do reino, entre bens particulares e bens do Estado. Os deveres públicos e as obrigações privadas se sobrepunham. O rei tinha participação direta e pessoal nos tributos e nos frutos obtidos na colônia. Nesse cenário, os agentes públicos e privados ligavam-se ao monarca por laços de lealdade pessoal e por objetivos comuns de lucro, antes que por princípios de legitimidade, dever funcional e interesse público. Vem desde aí a difícil separação entre esfera pública e privada, que é a marca da formação nacional. É um traço tão forte que a Constituição brasileira e a jurisprudência dos últimos anos precisaram explicitar, categoricamente, valores basilares, como a proibição de uso de dinheiro público para promoção pessoal, a vedação ao nepotismo na nomeação para cargos públicos e a ilicitude da "rachadinha" (desvio da remuneração de servidores fantasmas em proveito próprio).[8] Não tem sido uma superação fácil.

Patrimonialismo é um dos conceitos centrais de *Os donos do poder*, assumidamente importado da obra de Max Weber e adaptado para a formação política e social luso-brasileira. Ele está presente em toda a narrativa de Faoro, das nossas origens portuguesas até a República, atravessando o período colonial e o Império. Logo na sua abertura, o texto situa historicamente a disfunção do patrimonialismo nos primórdios do surgimento do Estado português, com a reconquista do território aos espanhóis e aos árabes. Referindo-se a um arco temporal que vai do século XI ao XIII, época em que o poder e a riqueza emanavam da propriedade do solo, escreveu:

> A Coroa conseguiu formar, desde os primeiros golpes da reconquista, imenso patrimônio rural (bens "requengo", "regalengos", "regoengos", "regeengos"), cuja propriedade se confundia com o domínio da casa real, aplicado o produto nas necessidades coletivas ou pessoais, sob as circunstâncias que distinguiam mal o bem público do bem particular, privativo do príncipe.[9]
>
> A propriedade do rei — suas terras e seus tesouros — se confunde nos seus aspectos público e particular. Rendas e despesas se aplicam, sem discriminação normativa prévia, nos gastos de família ou em obras e serviços de utilidade geral.[10]

---

[8] Esse conceito de patrimonialismo que utilizo sofre evidente influência da leitura de Faoro, embora sem coincidência plena. No seu texto, ele parece esposar uma visão liberal pura que vê criticamente qualquer intervenção mais significativa do Estado na vida social e econômica. Minha crítica, porém, tem como foco central a apropriação privada do Estado por elites extrativistas que o colocam a seu serviço, e não qualquer intervenção estatal em si.

[9] FAORO, Raymundo. *Os donos do poder*: formação do patronato político brasileiro. 4.ª ed. São Paulo: Editora Globo, 2008, p. 18.

[10] Ibid., p. 23.

Após a descoberta do Brasil e início da colonização, o modelo permaneceu e se aprofundou. O rei era "o senhor das terras, das minas e do comércio", controlando a economia pelo monopólio, pela criação de companhias com privilégios comerciais e pelas concessões. O círculo patrimonialista se diversifica e se expande em sociedade com os colonizadores:

> O Brasil, tal como a Índia, seria um negócio do rei, integrado na estrutura patrimonial, gerida pela realeza, versada nas armas e cobiçosamente atenta ao comércio.[11]
>
> O rei delimitou as vantagens da colonização, reservando para si o dízimo das colheitas e do pescado, o monopólio do comércio do pau-brasil, das especiarias e das drogas, o quinto das pedras e metais preciosos.[12]
>
> O patrimônio do soberano se converte, gradativamente, no Estado, gerido por um estamento, cada vez mais burocrático.[13]
>
> Ao contrário do mundo holandês e inglês, a rede, a teia de controles, concessões e vínculos avilta a burguesia e a reduz à função subsidiária e dependente do Estado. O exercício do comércio prende-se, em termos gerais, a um contrato público, que gera os contratadores, por sua vez desdobrados em subcontratadores, sempre sob o braço cobiçoso da administração pública.[14]

Foi assim, também, ao longo do primeiro e, sobretudo, do segundo Império. O sucesso empresarial somente se dava em sociedade, não mais diretamente com o monarca, mas com o Estado ou, mais propriamente, com o governo. Parcerias que envolviam promiscuidade entre o público e o privado, com favorecimentos, nepotismo ou pura corrupção:

---

[11] Ibid., p. 127.
[12] Ibid., p. 155.
[13] Ibid., p. 197.
[14] Ibid., p. 201.

> Em todo tempo, as grandes figuras financeiras, industriais, do país tinham crescido à sombra da influência e proteção que lhes dispensava o governo; esse sistema só podia dar em resultado a corrupção e a gangrena da riqueza pública e particular. Daí a expansão, cada vez, maior, do orçamento e da dívida.[15]
>
> Outra maneira de assegurar o êxito da empresa era a associação ou o favorecimento do político. Paraná pôs um filho, um genro e o pai deste entre os acionistas do Banco Mauá, Mac-Gregor.[16] A Estrada de Ferro da Bahia foi concedida a Muniz Barreto, sogro de Francisco Otaviano, advogado e amigo de Mauá, por coincidência político influente. As concessões, nesse regime incestuoso entre economia e política, eram pleiteadas e obtidas pelos próprios deputados, senadores e conselheiros ou expoentes partidários.[17] Formigavam nos ministérios, nos corredores da Câmara e do Senado, magotes de aventureiros, intermediários e empresários nominais, em busca das cobiçadas concessões, dos fornecimentos, das garantias de juro, das subvenções, para o lucro rápido e sem trabalho das transferências. As dificuldades se dissipam, ao aceno das participações e dos empregos.[18]

No capítulo final, após a análise do período republicano, da Proclamação à Era Vargas, a constatação de que a estrutura patrimonialista que nos atrasa na história subsiste de maneira renitente, capitaneada pelo estamento que ela mesma gerou:

> A realidade histórica brasileira demonstrou a persistência secular da estrutura patrimonial, resistindo galhardamente, inviolavelmente, à repetição, em fase progressiva, da experiência capitalista.[19]

---

[15] Ibid., p. 462.
[16] Ibid., p. 498.
[17] Ibid., p. 499.
[18] Ibid., p. 499.
[19] Ibid., p. 822.

Num estágio inicial, o domínio patrimonial, desta forma constituído pelo estamento, apropria as oportunidades econômicas de desfrute dos bens, das concessões, dos cargos, numa confusão entre o setor público e o privado, que, com o aperfeiçoamento da estrutura, se extrema em competências fixas, com divisão de poderes, separando-se o setor fiscal do setor pessoal.[20]

Passados sessenta anos da primeira edição de *Os donos do poder*, o país ainda se debate com o patrimonialismo, a dificuldade de separação entre o público e o privado, com a apropriação privada do Estado, em episódios que se multiplicam em enfadonha repetição: Anões do Orçamento, Operação Sanguessuga, Mensalão, Petrolão, Orçamento secreto... Um aprendizado longo, lento, cansativo.

II. O Estado intervencionista e o capitalismo politicamente orientado

O Estado intervencionista, onipresente, dono de tudo, vem desde o início da formação do reino de Portugal. As "garras reais", logo cedo, desde meados do século XIII, estenderam-se a todas as áreas da atividade econômica.

Tudo dependia, comércio e indústria, das concessões régias, das delegações graciosas, arrendamentos onerosos, que, a qualquer momento, se poderiam substituir por empresas monárquicas. São os fermentos do mercantilismo lançados em chão fértil. Dos privilégios concedidos — para exportar e para importar — não se esquecia o príncipe de arrecadar sua parte, numa apropriação de renda que só analogicamente se compara aos modernos tributos.[21]

[20] Ibid., p. 823.
[21] Ibid., p. 24.

Faoro constrói o argumento de que não houve feudalismo em Portugal, tendo prevalecido a realidade do Estado patrimonial. Não existe, assim, algo como a relação de natureza contratual entre suserano e vassalo — com direitos, privilégios e obrigações —, mas, sim, uma relação hierárquico-burocrática entre monarca e súdito, entre o chefe e o funcionário. Inexistiu a experiência do poder atomizado e compartilhado com os senhores feudais.

"Na monarquia patrimonial, o rei se eleva sobre todos os súditos, senhor da riqueza territorial, dono do comércio — o reino tem um dominus, um titular da riqueza eminente e perpétua, capaz de gerir as maiores propriedades do país, dirigir o comércio, conduzir a economia como se fosse empresa sua."[22]

Prevaleceu a iniciativa privada atrofiada e o empreendedorismo sufocado, salvo nas parcerias com o monarca, sujeitas à sua vontade e às suas condições. A burguesia nascente fica presa, desde o berço, "às rédeas douradas da Coroa", tolhida numa relação patriarcal e cerceadora, dependente de favores e privilégios.

"[O] capitalismo, dirigido pelo Estado, impedindo a autonomia da empresa, ganhará substância, anulando a esfera das liberdades públicas, fundadas sobre as liberdades econômicas, de livre contrato, livre concorrência, livre profissão, opostas, todas, aos monopólios e concessões reais."[23]

Esse o modelo que se desenhou e que persistiu: o Estado que intervém em todos os setores da economia, com os interesses do rei e os que são próprios da burocracia. Repleto de monopólios, autorizações, concessões e licenças. Tudo submetido a controle de compras e vendas, a tabelamento de preços, a permissão de importações, a embargos de exportações e similares. Déficit de cidadania, de empreendedorismo e excesso de burocracia.

---

[22] Ibid., p. 38.
[23] Ibid., p. 35.

> O capitalismo possível será o politicamente orientado. A indústria, a agricultura, a produção, a colonização será obra do soberano, por ele orientada, evocada, estimulada, do alto, em benefício nominal da nação. Onde há atividade econômica lá estará o delegado do rei, o funcionário, para compartilhar de suas rendas, lucros, e, mesmo, para incrementá-la. Tudo é tarefa do governo, tutelando os indivíduos, eternamente menores, incapazes ou provocadores de catástrofes, se entregues a si mesmos. O Estado se confunde com o empresário, o empresário que especula, que manobra os cordéis do crédito e do dinheiro, para favorecimento dos seus associados e para desespero de uma pequena faixa, empolgada com o exemplo europeu.[24]

Por fim, Faoro destaca que a estrutura patrimonial permitiu a expansão do capitalismo comercial. Quando, porém, o capitalismo industrial brotou, rompendo "a casca exterior do feudalismo", não encontrou no patrimonialismo as condições adequadas para o seu desenvolvimento. Portugal, suas colônias e ex-colônias, que herdaram sua estrutura econômico-administrativa, ficaram de fora da Revolução Industrial.

> A atividade industrial, quando emerge, decorre de estímulos, favores, privilégios, sem que a empresa individual, baseada racionalmente no cálculo, incólume às intervenções governamentais, ganhe incremento autônomo. Comanda-a um impulso comercial e uma finalidade especulativa, alheadores das liberdades econômicas, sobre as quais assenta a Revolução Industrial. Daí se geram consequências econômicas e efeitos políticos, que se prolongam no século XX, nos nossos dias.
>
> Os países revolvidos pelo feudalismo, só eles, na Europa e na Ásia, expandiram uma economia capitalista, de molde industrial. A Inglaterra, com seus prolongamentos dos Estados Unidos, Canadá e Austrália, a França, a Alemanha e o Japão lograram, por caminhos

[24] Ibid., p. 103. Texto ligeiramente editado.

> diferentes, mas sob o mesmo fundamento, desenvolver e adotar o sistema capitalista, integrando nele a sociedade e o Estado. A Península Ibérica, com suas florações coloniais, os demais países desprovidos de raízes feudais, inclusive os do mundo antigo, não conheceram as relações capitalistas, na sua expressão industrial, íntegra.[25]

De fato, a industrialização só vai chegar, verdadeiramente, ao Brasil quando já avançado o século XX. O fato é que, passados os séculos e décadas, ainda hoje, na vivência brasileira, lidamos com os percalços de um Estado agigantado, com suas licitações dirigidas, contratos superfaturados, desonerações tributárias mal justificadas, créditos com favorecimentos e sistema tributário confuso e injusto. Um Estado grande demais no plano econômico e administrativo e insuficiente no plano social, onde precisa ser maior. O tamanho de um não deixa o outro crescer.

III. Oficialismo

A onipresença do Estado noticiada acima não se restringiu ao plano econômico, com o controle, ao longo do tempo, da lavoura, da indústria, do sistema financeiro, do crédito, dos sindicatos e do movimento operário. Também o mundo da política e a atuação da sociedade civil estiveram a reboque do poder estatal, criando súditos dependentes em lugar de cidadãos verdadeiramente autônomos.

> O Estado, presente a tudo e que a tudo provê, centraliza as molas do movimento econômico e político, criando um país à sua feição, o país oficial.[26]
> O governo tudo sabe, administra e provê. Ele faz a opinião, distribui a riqueza e qualifica os opulentos. O súdito, turvado com a rocha que lhe rouba o sol e as iniciativas, tudo espera da administração pública, nas suas dificuldades grandes e pequenas, confiando,

[25] Ibid., pp. 49-50.
[26] Ibid., p. 450.

> nas horas de agonia, no milagre saído das câmaras do paço ou dos ministérios. Esse perigoso complexo psicológico inibe, há séculos, o povo, certo de que o Estado não é ele, mas uma entidade maior, abstrata e soberana.[27]

À sombra desse Estado em permanente expansão floresce, desde as Ordenações Filipinas, estatuto da organização política do reino de Portugal, uma burocracia sempre crescente, vegetativamente crescente. Burocracia com pouco poder de alavancar o progresso, mas com imensa força para emperrá-lo, criando os embaraços que muitas vezes são a sua razão de ser, apesar da falta de sentido.

> Por toda parte, em todas as atividades, as ordenanças administrativas, dissimuladas em leis, decretos, avisos, ordenam a vida do país e das províncias, confundindo o setor privado ao público. (...) Da mole de documentos, sai uma organização emperrada, com papéis que circulam de mesa em mesa, hierarquicamente, para o controle de desconfianças recíprocas. Sete pessoas querem incorporar uma sociedade? O governo lhes dará autorização. Quer alguém fabricar agulhas? O governo intervirá com a permissão ou o privilégio. O fazendeiro quer exportar ou tomar empréstimos? Entre o ato e a proposta se interporão um atoleiro de licenças. Há necessidade de crédito particular? O ministério será chamado a opinar. O carro, depois da longínqua partida, volta aos primeiros passos, enredado na reação centralizadora e na supremacia burocrático-monárquica, estamental na forma, patrimonialista no conteúdo.[28]

Nesse quadro, o oficialismo se projeta, também, na dominação política do eleitorado. Independentemente de fraudes eleitorais — apesar da marca indelével que elas imprimiram na história do Brasil —, o go-

---

[27] Ibid., p. 451.
[28] Ibid., p. 451.

verno de plantão ditava as regras, os candidatos e os eleitos. Na oposição não havia salvação.

"A verdade eleitoral não sairia da lei como queriam os estadistas: a verdade eleitoral, mesmo depurada com honestidade, traria à tona o próprio país, com o eleitorado obediente ao governo, qualquer que fosse este, uma vez que fosse o poder que nomeia, que possui as armas e o pão. O deputado, dentro desse círculo de ferro, era nada mais que o resultado das combinações de cúpula, tramadas nos salões dos poderosos."[29]

Por largo período, o peso da presença do Estado comprometeu, igualmente, a liberdade de expressão, pela captura financeira dos veículos de comunicação. Essa realidade foi descrita por José de Alencar, em passagem citada por Faoro: "Não é menos curiosa a maneira por que a burocracia fabrica a opinião pública no Brasil. (...) Os jornais, como tudo neste império, vivem da benevolência da administração. No instante em que o governo quiser com afinco, a folha diária de maior circulação descerá da posição que adquiriu. Basta trancar-lhe as avenidas oficiais, e subvencionar largamente outra empresa com o fim de hostilizá-la."[30]

O oficialismo é uma faceta persistente da formação nacional. Esta é a característica que faz depender do Estado — isto é, da sua bênção, apoio e financiamento — os projetos pessoais, sociais ou empresariais. A busca pelo emprego público, crédito barato, desonerações ou subsídios. Da telefonia às fantasias de carnaval, a dependência constante do dinheiro do BNDES, da Caixa Econômica, dos Fundos de Pensão, dos cofres estaduais ou municipais. Dos favores do presidente, do governador ou do prefeito. Cria-se uma cultura de paternalismo e compadrio, a república da parentada e dos amigos. O Estado se torna mais importante do que a sociedade.

---

[29] Ibid., p. 391.

[30] Ibid., p. 449. Faoro remete a: ALENCAR, José de. *Obra completa*. v. 4. Rio de Janeiro: Aguilar, 1960.

IV. Estamento

Tenho uma leitura própria do conceito de estamento, tal como utilizado por Faoro ao longo do texto. Não estou totalmente seguro de que ela seja fiel ao pensamento do autor, mas foi a compreensão que extraí. De todo modo, acho que o termo — que, a meu ver, não corresponde ao conceito tradicional de estamentos na sociedade medieval, tampouco coincide plenamente com a acepção que lhe dá Max Weber[31] — serve para identificar uma realidade pervasiva ao poder e ao patronato político no Brasil.

Estamento é a elite política do patrimonialismo, como afirma Faoro, ou seja, acrescento eu, a beneficiária de sociedades caracterizadas por um capitalismo tardio e incompleto, pela má separação entre o público e o privado e pela frequente apropriação do Estado para servir aos interesses dos estratos dominantes. Esses estratos são hegemônicos em múltiplas dimensões da vida e podem estar no empresariado, na classe política, na burocracia estatal — inclusive judicial —, no setor militar e mesmo em sindicatos. O estamento se beneficia de estratégias e políticas públicas diversas, que ajuda a moldar, e que podem estar nas reservas de mercado, nas desonerações e isenções tributárias, no uso discricionário de parcelas substanciais do orçamento, nos financiamentos públicos com favorecimento, nos salários desproporcionais e aposentadorias generosas, nos regimes previdenciários privilegiados e nas contribuições compulsórias de empregados, para citar apenas alguns exemplos.

Como se percebe, claramente, sua marca é a transversalidade — estendendo-se por diferentes setores da vida nacional — e não a homogeneidade. Há um fio condutor, porém, unindo interesses diversos, que é algum grau de controle ou de influência sobre o orçamento, sobre as decisões políticas, sobre os rumos da economia, sobre empregos e cargos públicos e, também, sobre a própria opinião públi-

---

[31] WEBER, Max. *Ensaios de sociologia.* 5.ª ed. Trad. Waltensir Dutra. Rio de Janeiro: LTC, 1982, p. 218.

ca. Estamento significa, portanto, na minha interpretação do Brasil, as forças que predominaram historicamente, independentemente da alternância no poder político. Vale dizer: as forças que mandam, mesmo, ainda que não governem. Não se trata de uma casta — porque pode haver alguma mobilidade social —, tampouco de uma classe, pois a questão econômica, embora importante, não é o único fator relevante: status, prestígio, benesses não financeiras e outros fatores simbólicos podem fazer parte das aspirações estamentais. Na verdade, os donos do poder compõem uma frente ampla e informal, não orgânica, que pauta o país e o conduz, qual sombra a um só tempo invisível e onipresente.

Considero essa análise, que vai além da ideia de estamento puramente burocrático, coerente com o pensamento de Faoro desenvolvido em *Os donos do poder*. Porém, vivo fosse ele, eu temeria que dirigisse a mim a boutade que lembro de ter lido em algum lugar, na qual o autor de uma obra que foi adaptada para o cinema, indagado sobre o que achou, declarou: "O filme que fizeram baseado no meu livro inspirou-me a escrever outro." A seguir, para que o leitor forme sua própria opinião, algumas passagens de Raymundo Faoro sobre o tema.

A origem do estamento:

> A direção dos negócios da Coroa requeria um grupo de conselheiros e executores, ao lado do rei, sob a incontestável supremacia do soberano. Há não apenas tributos a colher, onde quer que haja movimento de bens, senão receitas a arrecadar, como participação do príncipe em todos os negócios, senhor ele próprio de todas as transações, lucros e vantagens.
>
> Para isso, o Estado se aparelha, grau a grau, sempre que a necessidade sugere, com a organização político-administrativa, juridicamente pensada e escrita, racionalizada e sistematizada pelos juristas.
>
> Esta corporação de poder se estrutura numa comunidade: o *estamento*. Para a compreensão do fenômeno, observe-se, desde logo, que a ordem social, ao se afirmar nas classes, estamentos e castas,

compreende uma distribuição de poder, em sentido amplo — a imposição de uma vontade sobre a conduta alheia.[32]

A natureza do estamento:

"De outra natureza é o estamento — primariamente uma camada social e não econômica, embora possa repousar, em conexão não necessária, real e conceitualmente, sobre uma classe. O estamento constitui sempre uma comunidade, embora amorfa: os seus membros pensam e agem conscientes de pertencer a um mesmo grupo, a um círculo elevado, qualificado para o exercício do poder."[33]

O capitalismo incompleto:

"Os estamentos florescem, de modo natural, nas sociedades em que o mercado não domina toda a economia, a sociedade feudal ou patrimonial."[34]

A apropriação do Estado:

> O estamento supõe distância social e se esforça pela conquista de vantagens materiais e espirituais exclusivas. (...) O fechamento da comunidade leva à apropriação de oportunidades econômicas, que desembocam, no ponto extremo, nos monopólios de atividades lucrativas e de cargos públicos. (...) De outro lado, a estabilidade econômica favorece a sociedade de estamentos, assim como as transformações bruscas, da técnica ou das relações de interesses, os enfraquecem. Daí que representem eles um freio conservador, preocupados em assegurar a base de seu poder.[35]

---

[32] FAORO, Raymundo. *Os donos do poder*: formação do patronato político brasileiro. 4.ª ed. São Paulo: Editora Globo, 2008, p. 60. Texto ligeiramente editado.

[33] Ibid., p. 61. Texto ligeiramente editado.

[34] Ibid, p. 61.

[35] Ibid., p. 62.

A mistura do público e do privado:

"Uma categoria social, fechada sobre si mesma, manipula lealdades com o cargo público, ela própria, sem outros meios, assentada sobre as posições políticas. Entre a carreira política e a dos empregos há uma conexão íntima e necessária, servindo o Estado como o despenseiro de recursos, para o jogo interno da troca de vantagens."[36]

O aparelhamento político do Estado:

> O patronato não é, na realidade, a aristocracia, o estamento superior, mas o aparelhamento, o instrumento em que aquela se expande e se sustenta. Uma circulação de seiva interna, fechada, percorre o organismo, ilhado da sociedade, superior e alheio a ela, indiferente à sua miséria.[37]
>
> Sobre a sociedade, acima das classes, o aparelhamento político — uma camada social, comunitária embora nem sempre articulada, amorfa muitas vezes — impera, rege e governa, em nome próprio, num círculo impermeável de comando. Esta camada muda e se renova, mas não representa a nação, senão que, forçada pela lei do tempo, substitui moços por velhos, aptos por inaptos, num processo que cunha e nobilita os recém-vindos, imprimindo-lhes os seus valores.[38]

O comando político aristocrático disfarçado:

"A elite das democracias não pode se consolidar num estrato privilegiado, mutável nas pessoas mas fechado estruturalmente. (...) A elite política do patrimonialismo é o estamento, estrato social com efetivo comando político, numa ordem de conteúdo aristocrático."[39]

---

[36] Ibid., p. 447.
[37] Ibid., p. 448.
[38] Ibid., p. 824.
[39] Ibid., p. 830.

V. Atraso econômico-social, propriedade da terra, escravização e fetiche do cargo público

Acima foram abordados alguns temas cruciais da análise histórica, sociológica e política que Raymundo Faoro fez sobre o Brasil, com ênfase no patrimonialismo, no capitalismo politicamente orientado, na onipresença estatal e no significado de estamento. Há, porém, inúmeras outras reflexões relevantes ao longo do livro. Destaco algumas delas. Em mais de uma passagem, Faoro busca algumas explicações para Portugal — e por extensão, o Brasil — ter sofrido um *atraso econômico-social* em contraste com os países da Europa. Algumas dessas causas estão no fato de não termos feito a transição liberal plena, assim no Império como na República. O país continuou persistentemente aristocrático e oligárquico. Ademais, e talvez por essa razão mesmo, passamos ao largo da Revolução Industrial. Eis o que escreveu ele:

> A Revolução Industrial passou ao longe de suas praias (de Lisboa), com seu ar escuro, incompreendida pelo lucro fácil das especulações ultramarinas. Os servidores públicos — nobres e burocratas — vestiam-se com as roupas das manufaturas inglesas, cobriam as mulheres de joias lavradas na Holanda, comiam o trigo importado, tudo à custa do ouro que, célere, mal lhes pousava nas mãos. Quando um brado de pessimismo aponta a miséria do dia seguinte, é ainda ao Estado que se pede o remédio, o Estado fonte de todos os milagres e pai de todas as desgraças.[40]

Nas palavras de Antero de Quental, que transcreve:

> "Governava-se então pela nobreza e para a nobreza (...) o espírito aristocrático da monarquia, opondo-se naturalmente aos progressos da classe média, impediu o desenvolvimento da burguesia, a classe moderna por excelência, civilizadora e iniciadora, já na in-

[40] Ibid., p. 105.

dústria, já nas ciências, já no comércio. Sem ela, o que podíamos nós ser nos grandes trabalhos com que o espírito moderno tem transformado a sociedade, a inteligência e a natureza?"[41]

Em seu relato, Faoro estigmatiza o modo como se deu *a ocupação da terra e a distribuição de títulos de propriedade* no Brasil. Um modelo que estimulou a formação de latifúndios e oprimiu os trabalhadores do campo, sem terras e sem possibilidade de negociarem condições dignas de trabalho e moradia.

> A obra política e comercial da colonização tinha como ponto de apoio a distribuição das terras. (...) A lusitana, nessa tarefa de povoar o território imenso, encontrou, nas arcas de sua tradição, um modelo legislado: as sesmarias.[42]
> [O] regime das sesmarias gera, ao contrário de seus propósitos iniciais, a grande propriedade. (...) [P]ara requerer e obter a sesmaria, era necessário o prévio prestígio político, confiada a terra, não ao cultivador eventual, mas ao senhor de cabedais ou titular de serviços públicos. (...)
> Tantas foram as liberalidades nas concessões de sesmarias, com áreas de dez, vinte e até cem léguas, com diversas doações a um mesmo requerente, que, em 1822, não havia mais terras a distribuir.[43]
> 'Há muitas famílias pobres, vagando de lugar em lugar, segundo o favor e capricho dos proprietários das terras, e sempre faltas de meios de obter algum terreno em que façam um estabelecimento permanente.' O quadro está definido: a grande propriedade toma conta do país, com a dependência e o bloqueio de ascensão do lavrador não proprietário. (...) O fim do regime das sesmarias estava, mesmo antes da Resolução de 17 de julho de 1822, de-

[41] Ibid.
[42] Ibid., p. 146.
[43] Ibid., p. 464.

> cretado pelos fatos — a exaustão dos bens a distribuir fecha um período histórico.[44]
> O lavrador sem terras e o pequeno proprietário somem na paisagem, apêndices passivos do senhor territorial que, em troca da safra, por ele comercializada, lhes fornece, em migalhas encarecidas, os meios de sustentar o modesto plantio. As precárias choupanas que povoam o latifúndio abrigam o peão, o capanga, talvez o inimigo velado, servo da gleba sem estatuto, sem contrato e sem direitos. O sistema das sesmarias deixou, depois de extinto, a herança: o proprietário com sobra de terras, que não as cultiva, nem permite que outrem as explore.[45]

Os donos do poder cuida, também, do fenômeno da escravização e da questão racial em diversas passagens. Destaca o papel da mão de obra negra forçada na ascensão da economia do café, os diferentes artifícios utilizados para postergar o fim do comércio de africanos sequestrados para o novo mundo e o racismo estrutural na sociedade brasileira, desde a colonização. Embora reconheça que os números são discutíveis, afirma, baseado em Roberto Simonsen, que entre "dois e meio ou quatro milhões de escravos entraram no Brasil".[46]

> Um tratado com a Grã-Bretanha, assinado por dom Pedro em 1826, prometia a extinção do tráfico em 1830, mas, diante da inanidade da medida, uma lei de novembro de 1831 declara que seriam livres, daí por diante, os escravos entrados no país. Providências, na verdade, ditadas pela Inglaterra e fatalisticamente aceitas pelos brasileiros, tornam-se "leis para inglês ver". Nunca se importaram tantos escravos como depois do Tratado de 1826: a superabundância provocou a queda do preço (...).[47]

---

[44] Ibid., p. 465. A frase inicial tem o crédito dado por Faoro a Gonçalves Chaves.
[45] Ibid., p. 477.
[46] Ibid., p. 255, citando: SIMONSEN, Roberto. *História econômica do Brasil*. 2.ª ed. São Paulo: Cia. Ed. Nacional, 1944, tomo I, p. 203 e s.
[47] Ibid., p. 375.

> Na base da pirâmide, o escravo negro, sem nenhuma oportunidade de elevação social. O negro, para se qualificar, não lhe bastaria a liberdade, senão a posse de outro escravo. Bem sentiu essa realidade, a um tempo sombria e cômica, Machado de Assis, ao notar — *Memórias póstumas de Brás Cubas*, cap. LXVIII — que o moleque Prudêncio, negro alforriado, em pleno Valongo, batia furiosamente num escravo seu: nas pancadas nascia o status de senhor.[48]
>
> O mulato ganhava atestado de brancura com o posto: um capitão-mor era, mas já não é mulato. Atônito, o estrangeiro Koster pede uma explicação: "— Pois, Senhor, um Capitão-Mor pode ser mulato?" (...) Os negros, crioulos e mulatos conquistam os postos, com a indignada censura do branco.[49]

O modelo patrimonialista estamental tem como um dos seus protagonistas o *cargo público*, fetiche que atrai, desde sempre, sucessivas gerações de brasileiros, em busca de segurança, prestígio e, em alguns casos, da bolsa pública. O não desenvolvimento suficiente da livre iniciativa, tolhida pelo sistema administrativo-burocrático, tornou o Estado objeto de cobiça e um dos grandes empregadores nacionais. Vem de longe essa tradição, que ainda persiste de modo significativo. Faoro retratou essa realidade em diferentes momentos da história. Confira-se.

> O cargo público, a velha realidade do estamento, será o único foco de poder, poder que dá prestígio, enobrece, propicia e legitima a riqueza. Para conquistá-lo e para conservá-lo desencadeiam-se as energias, ferozes ou manhosas, de acordo com as circunstâncias e com a oportunidade.[50]
>
> Os talentos, cobiçosos do mando, se engastam na máquina política, trocando a agricultura e o comércio, a aventura industrial, pelo emprego público, que dá a glória e o poder.[51]

---

[48] Ibid., p. 254.
[49] Ibid., p. 226.
[50] Ibid., p. 357.
[51] Ibid., p. 378.

[Um] sistema que, fora da terra e do comércio, só assegura o pão com o emprego público.[52]

A primeira consequência, a mais visível, da ordem burocrática, aristocratizada no ápice, será a inquieta, ardente, apaixonada caça ao emprego público. Só ele nobilita, só ele oferece o poder e a glória, só ele eleva, branqueia e decora o nome.[53]

Na hora má, como a do açúcar no Nordeste, o engenho apaga o fogo, melancolicamente, e os orgulhosos descendentes do senhor procuram, no emprego público, o refúgio da grandeza perdida.[54]

VI. Outros temas

Seria possível prosseguir, indefinidamente, transcrevendo análises e *insights* preciosos de Raymundo Faoro em relação aos temas mais diversos. Abaixo, três breves registros de áreas em que os avanços foram significativos:

a) *Fraudes eleitorais*: "'O que se passa nas seções eleitorais' — depõe um contemporâneo, sabedor e beneficiário das práticas do voto — 'é mera comédia para aparentar que se observa a lei: o que vale, o que vai servir perante o poder verificador, é o que se faz depois, são as atas que se lavram mais tarde, em casa dos chefetes eleitorais, ao sabor de suas conveniências.'"[55]

Desde 1996, com o início da utilização das urnas eletrônicas no Brasil, as fraudes eleitorais passaram a ser um registro do passado.

b) *Reduzida participação eleitoral*: "Somente entre um por cento e três por cento do povo participa da formação da dita vontade nacional, índice não alterado substancialmente na República, nos seus primeiros

[52] Ibid., p. 439.
[53] Ibid., p. 449.
[54] Ibid., p. 478.
[55] Ibid., p. 654, citando Alcindo Guanabara.

quarenta anos.[56] [A] eleição de 1930, a única que leva mais de um milhão de eleitores às urnas, atingirá o percentual de 5,7%."[57]

Nas eleições presidenciais de 2022, o número de eleitores registrados era de 156 milhões (cerca de 75% da população e a quase totalidade dos adultos), havendo comparecido às urnas 124 milhões de votantes.[58]

c) *Analfabetismo*: "Havia, em 1875, um total de 1.564.481 alfabetizados para 8.365.991 analfabetos.[59] (...) A tendência impressiona se se tem em conta que a população alfabetizada se projetou de 14,8% em 1890 para 24,5% em 1920."[60]

A despeito das queixas contra o analfabetismo funcional e com relação à qualidade do ensino, o índice de analfabetismo no país é de 6,6%.[61]

Em outros domínios, todavia, a evolução foi modesta, como por exemplo:

a) *Endividamento, baixa responsabilidade fiscal e protecionismo econômico*: "A ardente procura do progresso rápido, da queima das etapas, da equiparação às nações fortes, responde pelo déficit dos orçamentos, em desafio aos dogmas financeiros, esquecidos nas emissões ou nos empréstimos, não raro culminando em surtos inflacionários."[62] "Os empréstimos externos, a curto prazo, mantinham o equilíbrio cambial, com efeitos contrários, a longo prazo, com as amortizações e juros não pagos consolidados em novas dívidas."[63] "O empresário quer a indústria, mas solicita a proteção alfandegária e o crédito público."[64]

---

[56] Ibid., p. 370.
[57] Ibid., p. 698.
[58] "TSE, 100% das seções totalizadas: confira como ficou o quadro eleitoral após o 2º turno." Previamente disponível em: https://www.tse.jus.br/comunicacao/noticias/2022/Outubro/100-das-secoes-totalizadas-confira-como-ficou-o-quadro-eleitoral-apos-o-2o-turno.
[59] FAORO, op. cit., p. 431.
[60] Ibid., p. 698.
[61] IBGE: https://educa.ibge.gov.br/jovens/conheca-o-brasil/populacao/18317-educacao.html.
[62] Ibid., p. 461.
[63] Ibid., p. 482.
[64] Ibid., p. 495.

No final de 2022, a dívida pública se aproximava de 80% do PIB e a Emenda Constitucional n.º 126/2022 permitiu a ultrapassagem do teto de gastos em 145 bilhões.[65]

b) *Atraso científico-tecnológico e exportação de cérebros*:

> A utilização técnica do conhecimento científico, uma das bases da expansão do capitalismo industrial, sempre foi, em Portugal e no Brasil, fruta importada. (...) A ciência se fazia para as escolas e para os letrados e não para a nação, para suas necessidades materiais, para sua inexistente indústria, sua decrépita agricultura ou seu comércio de especulação. Uma camada de relevo político e social monopolizava a cultura espiritual, pobre de vida e de agitação. Fora dela, cobertos de insultos, ridicularizados, os reformadores clamavam no deserto, forçados a emigrar para a distante Europa, envolvida em outra luz.[66]

Num momento em que prevalece no mundo a economia do conhecimento, baseada em tecnologia e inovação, o Brasil vive redução do orçamento de ciência e tecnologia nos últimos anos e evasão de cérebros.[67]

c) *Militares na política*: "Inegável que a intervenção militar, longamente preparada sob o Império e amadurecida na República, fixará, no organismo político, um rumo permanente, em aberta manifestação ou com atuação latente.[68] (...) Inegável, afastado o extremo militarista, que a força armada sempre esteve presente, real ou potencialmente, na superfície ou no subterrâneo das decisões políticas da República."[69]

Faoro escreveu *Os donos do poder* antes da ditadura militar (1964-1985). Sob a Constituição de 1988, os militares atuaram, na maior

[65] "Câmara dos Deputados, PEC da transição é promulgada pelo Congresso." Disponível em: https://www.camara.leg.br/noticias/931149-pec-da-transicao-e-promulgada-pelo-congresso/

[66] FAORO, op. cit., p. 82.

[67] "Visão do Correio: Brasil assiste à fuga de cérebros." *Correio Braziliense*, 13 dez. 2022.

[68] FAORO, op. cit., p. 615.

[69] Ibid., p. 623.

parte do período, dentro da Constituição, como era de se esperar. No entanto, entre os anos de 2019 e 2022, houve momentos delicados, com general em palanque, uso das Forças Armadas para levantar dúvidas infundadas sobre o processo eleitoral-democrático e leniência com acampamentos e manifestantes pedindo golpe de Estado na porta de quartéis.

VII. Conclusão

Em *O 18 brumário de Luís Bonaparte*, Karl Marx produziu uma frase clássica, frequentemente repetida: "Hegel observa em uma de suas obras que todos os fatos e personagens de grande importância na história do mundo ocorrem, por assim dizer, duas vezes. E esqueceu-se de acrescentar: a primeira vez como tragédia, a segunda como farsa."[70]

Pois no Brasil, após sucessivos escândalos envolvendo o orçamento, viveu-se a repetição dos desmandos de sempre, somando patrimonialismo, a fração política do estamento e corrupção. No julgamento do chamado *orçamento secreto*, no Supremo Tribunal Federal, no final de 2022, veio à tona o seguinte relato. No município de Pedreiras, de 39 mil habitantes, para onde foram volumosos recursos, a Secretaria de Saúde informou ter realizado, no ano de 2021, 540 mil procedimentos de extração dentária. Um jornalista que investigou o caso fez as contas e constatou: "Pedreiras teria que ter arrancado catorze dentes de cada morador."[71] Se estivesse olhando para o Brasil e não para a França de Luís Bonaparte (que deu um golpe na mesma data em que fora coroado seu célebre tio, Napoleão), Marx provavelmente diria: "Seria cômico se não fosse trágico." Tendo estudado com profundidade e argúcia os últimos seiscentos anos da nossa história, Faoro não teria se surpreendido com o episódio.

[70] MARX, Karl. *O 18 brumário de Luís Bonaparte*, ebook, p. 6. Disponível em: http://www.ebooksbrasil.org/adobeebook/brumario.pdf. Acesso em 12 de fevereiro de 2024.

[71] PIRES, Breno. "Farra ilimitada". *Piauí* 190, jul. 2022.

A constatação a que se chega ao final dessas anotações é a de que algumas disfunções atávicas descritas por Faoro subsistem, de maneira ostensiva ou sutil, com perturbadora atualidade. Outras foram sendo superadas ao longo do tempo, com as dificuldades e a lentidão que acompanham as mudanças estruturais no Brasil. Apesar de progressos relevantes, continuamos carregando o fardo do patrimonialismo, do capitalismo politicamente orientado, do oficialismo, do estamento dominante predador e de um Estado administrativo pesado, caro e ineficiente, além de — ou talvez por isso mesmo — com frequência apropriado privadamente. Como bem demonstra Raymundo Faoro, na penetrante análise de *Os donos do poder*, procurar impulsionar o avanço civilizatório no Brasil é uma missão árdua, embora apaixonante. Uma aventura que se nutre da fé de que o futuro um dia vai chegar.

JOSÉ LAMARTINE CORRÊA DE OLIVEIRA LYRA E FRANCISCO JOSÉ FERREIRA MUNIZ

Luiz Edson Fachin[1], Eroulths Cortiano Junior[2]
e Marcos Alberto Rocha Gonçalves[3]

Nota inicial

Transcorria 1978. Curitiba tornava-se palco da VII Conferência Nacional da Ordem dos Advogados do Brasil pelo Estado de Direito, organizada pela seccional paranaense, na liderança, respectivamente, de Raymundo Faoro e Eduardo Rocha Virmond. As instalações da Faculdade de Direito da Universidade Federal do Paraná se abriram para acolher mentes e corações inspirados pela defesa da democracia e da liberdade. Fazia-se mais que maduro o tempo de dizer basta.

Duas vozes intimoratas em especial ali se levantaram contra o arbítrio: os nossos professores José Lamartine Corrêa de Oliveira Lyra e Francisco José Ferreira Muniz inscreviam na história a maior das lições, a de não temer as ditaduras e as injustiças.

A tese ali defendida com ousio marcou uma geração de seus alunos, de estudantes e estudiosos de todo o país. Nela, intitulada "O Estado de Direito e os direitos da personalidade", os professores Lamartine

[1] Ministro do Supremo Tribunal Federal; *Alma mater*: Universidade Federal do Paraná.

[2] Professor da Faculdade de Direito da Universidade Federal do Paraná.

[3] Doutor em Direito pela Universidade do Estado do Rio de Janeiro. Bacharel em Direito pela Universidade Federal do Paraná.

e Francisco Muniz postularam uma revisão crítica da categoria "direitos da personalidade" e apontaram para a importância do seu exame à luz das normas internacionais de proteção dos Direitos Humanos, iluminado pelo princípio da dignidade da pessoa humana. Essas lições ecoam nas mentes e corações de seus alunos e alunas, que seguem exercendo o ofício do Direito e da justiça sem perder de vista a atualidade do pensamento deixado pelos grandes professores, na construção de uma República verdadeiramente democrática.

A conferência e a tese que fez história

Como dito, era 1978. Era maio de 1978. A VII Conferência Nacional dos Advogados despertou no outono de um tempo sombrio para lumiar com a bravura de juristas comprometidos com a busca da restauração da democracia e o Estado Democrático de Direito. Mais de dois mil participantes em Curitiba, todos reunidos no Teatro Guaíra, emblematicamente construído em frente ao prédio histórico da Universidade Federal do Paraná e sua Faculdade de Direito. Apenas uma praça separava os dois prédios, e uma praça era pouco para abranger as ideias, lutas e desejos dos advogados reunidos em conferência.

Vigia o Ato Institucional n.º 5, o mais duro dos Atos Institucionais expedidos pela ditatura civil-militar, a obnubilar o exercício dos mais básicos direitos individuais.

Foi nesse cenário de forte repressão que despontou a coragem e a determinação de luta pelo direito e pela democracia, pois o mote principal da VII Conferência era justamente "O Estado de Direito", e ali se deu o marco definitivo da resistência dos advogados à ditadura militar. A rigor, a VII Conferência e sua temática já vinham sendo tecidas desde a Declaração de Curitiba, feita na 6.ª Reunião de presidentes de conselhos subseccionais da OAB, em 1972, até hoje tida como uma das principais manifestações de uma instituição civil brasileira em contrariedade ao governo antidemocrático.

Vieram a conferência e os debates sobre anistia, *habeas corpus*, democracia, enfim, sobre o Estado de Direito.

Ao abrir a conferência, Eduardo Virmond lembrou a que vinha aquela congregação de advogados, juristas, estudantes: "No Brasil, nós juramos defender a Constituição. Essa é a missão que, pedindo um Estado de Direito para o provo brasileiro, destinatário do poder e das instituições, nós estamos exercendo."[4]

E Raymundo Faoro, luminar que também fez história, assentou o papel da OAB:

> Em todos os momentos, nossa palavra pareceu, no primeiro e desavisado instante, excêntrica e não raro incitadora à desobediência civil, na denúncia à escravidão, por obra de Montezuma e Perdigão Malheiro, no inconformismo às práticas fraudulentas, no verbo de Rui Barbosa, na resistência ao Estado Novo, no combate atual pelo império da lei e pela correção dos rumos autocráticos. Estivemos na vanguarda e à vanguarda cabe desferir o primeiro combate e receber os primeiros golpes. Este o nosso lugar, que deriva do papel que sempre nos coube: contemporâneos da Independência, da República e do abolicionismo, contemporâneos somos do tempo, cujo alcance, para quem leva as marcas gloriosas do combate, não é difícil apreender com o olhar.[5]

Dos dois discursos de luta e resistência, de sobriedade e coragem, de engajamento e união, sobressaem dois termos: vanguarda e contemporaneidade, que pautam o estudo "O Estado de Direito e os direitos da personalidade" dos professores José Lamartine e Francisco Muniz. Trata-se de marco essencial na virada do Direito brasileiro em geral e do Direito Privado em particular, em defesa do ser humano e sua dignidade tão depauperada pelo regime autoritário.

---

[4] *85 anos da OAB Paraná.* Livro comemorativo. p. 45.

[5] Ibid., pp. 46-47.

Numa sensível e refinada construção teórica (e estávamos ainda nos anos de 1970, período em que a doutrina dos direitos da personalidade pouca atenção tinha), os autores demonstram a insuficiência de uma proteção tipificada, fracionada, fragmentária dos direitos da personalidade e chamam atenção para a necessidade da apreensão de uma cláusula geral de proteção à personalidade que, fornecendo a base concreta de uma jurisprudência coerente e sensível, se mostre apta a uma efetiva e material proteção da pessoa humana. Bem por isso, dizem eles, é necessário partir de uma noção pré-normativa de pessoa, que nos diz que uma pessoa não apenas é, mas vale:

> "É que, no caso do ser humano, o dado preexistente à ordem legislada não é um dado apenas ontológico, que radique no plano do ser; ele é também axiológico. E ser e valor estão intimamente ligados, em síntese indissolúvel, eis que o valor está, no caso, inserido no ser. O homem vale, tem a excepcional e primacial dignidade de que estamos a falar, porque é. E é inconcebível que um ser humano seja sem valer. Por isso mesmo, a personalidade é uma noção insuscetível de gradações ou restrições."[6]

Em análise profícua e detalhada da doutrina e jurisprudência comparada, os professores José Lamartine e Francisco Muniz principiam o estudo percorrendo a construção do sistema normativo que em parte serviu de gênese ao então vigente Código Civil brasileiro de 1916 (cuja renovação de 2002 não alterou na essência), qual seja, o Código Civil alemão (*Bürgerliches Gesetzbuch* – BGB), promulgado em 1896.

A precisa escolha metodológica não representa apenas reforço argumentativo à tese apresentada, mas sim a construção de baldrames teóricos para o enfrentamento vigoroso ao positivismo jurídico anódino e descomprometido com a pessoa e seu valor em si.

---

[6] OLIVEIRA, José Lamartine Correa de; MUNIZ, Francisco Ferreira. "O Estado de Direito e os direitos da personalidade". *In*: *Anais da VII Conferência Nacional da Ordem dos Advogados do Brasil*, Curitiba (PR), 7 a 12 de maio de 1978. Brasília: Ordem dos Advogados do Brasil, Conselho Federal, 1978, pp. 321-322.

A leitura do BGB então feita pelos catedráticos evidenciou que a influência da *pandectística* em sua construção fez surgir um sistema que privilegiava a lógica interna no código, "um código em que a preocupação de extrair deduções, divisões e subdivisões, em obediência à lógica abstrato-dedutiva, deixam muitas vezes em segundo plano a preocupação com a fidelidade à natureza das coisas ou com a justiça e a equidade ou com a adequação às finalidades econômicas".[7]

A compreensão da realidade concreta e das relações sociais específicas não galgou espaço na construção e, especialmente, na aplicação das normas do BGB, cedendo espaço à aplicação rígida das regras abstratas e fechadas. A leitura crítica dos mestres à construção sistemática alemã é fundamental para desvelar que, a despeito da ampliação da tipificação da tutela da personalidade, reconhecendo e protegendo um conjunto mais abrangente de direitos e interesses relacionados à proteção do *sujeito de direito*, a enumeração limitativa de direitos demonstrou-se evidentemente insuficiente para tutela da vida concreta dinâmica.

A natureza complexa e multifacetada da dignidade humana, como indicado pelos professores Lamartine e Francisco, demanda abordagem capaz de lidar com a realidade concreta, não apenas com o formalismo dogmático próprio da escola dos pandectas — e que, guardadas as devidas proporções, estava igualmente na base dos fundamentos da aplicação de normas jurídicas antidemocráticas, apenas por serem normas jurídicas promulgadas por uma autoridade (ilegitimamente) instituída.

A limitação sistemática identificada pelos professores serviu de base para a demonstração da importância fundamental da construção doutrinária e jurisprudencial para proteção da pessoa humana. Com efeito, afirmam a relevância do papel do Tribunal Federal Alemão (*Bundesgerichtshof*), criado pela Lei Fundamental de 1949 (Constituição de Bonn), na evolução dos direitos da personalidade, ao produzir, a partir de 1954, a doutrina de um assim chamado "direito geral de personalidade", destinada a ampliar a proteção dos direitos inerentes às pessoas.

---

[7] Ibid., p. 313.

Ao aprofundarem o estudo da ruptura com as construções do antigo Tribunal do *Reich*, os professores atingem de forma magistral dois objetivos. De um lado, são escorreitos na análise doutrinária da evolução jurídica da tutela da dignidade humana. De outro, demonstram a relevância da jurisprudência que se contrapõe ao regime autoritário e cumpre a função de fazer justiça, como forma de conclamar a atuação jurisdicional brasileira no cenário autoritário de vigência do AI-5. Citam, neste ponto, elemento central da tese esposada na VII Conferência Nacional dos Advogados, qual seja, o suporte constitucional à aplicação do Direito Privado. De fato, afirmam:

> Fundamento invocado pelo Tribunal Federal para a nova jurisprudência foi o princípio consagrado pelos artigos 1.º e 2.º da Lei Fundamental (*Grundgesetz*), nome dado à Constituição de 1949, também conhecida como Constituição de Bonn. Segundo o art. 1.º, "a dignidade do ser humano é intangível. Respeitá-la e protegê-la é dever de todo poder estatal. O povo alemão reconhece por conseguinte os invioláveis e inalienáveis direitos do homem como fundamento da comunidade humana, da paz e da justiça no mundo. Os direitos fundamentais que se seguem vinculam o legislador, o Poder Executivo e o Judiciário como direito imediatamente vigente".[8]

Fincada a primeira das estacas fundamentais da tese defendida, os professores José Lamartine e Francisco Muniz deslocam a lente da análise ao direito italiano, promovendo leitura do *Codice Civile* editado em 1942, sob o domínio do regime fascista. A escolha do sistema italiano é igualmente precisa aos propósitos multíplices da tese defendida no púlpito de Curitiba em maio de 1978.

Por se tratar de uma norma editada sob a égide de um regime autoritário, a leitura feita a respeito dos direitos da personalidade — ou da ausência de tutela de tais direitos — representa um alerta e um

[8] OLIVEIRA; MUNIZ, op. cit., p. 315.

chamamento ao resultado prático de um sistema normativo estabelecido sob tal premissa. Assertiva primorosa exsurge na tese ora resgatada: "segundo os fascistas, bastaria a tutela publicística dos direitos das pessoas, sendo corpo estranho no sistema a tutela de natureza privatística. Note-se como a concepção totalitária do Estado utiliza em seu benefício a separação rígida entre Direito público e privado".[9]

Resta deste excerto, de modo luminoso, como a coragem da luta pela justiça, temperada pela lucidez da caminhada acadêmica, a importância dos ensinamentos deixados pelos mestres Lamartine e Francisco Muniz. Valendo-se da crítica ao modelo jurídico que servia ao regime autoritário italiano, caminharam de modo progressivo e espiralar a defender a importância das constituições democráticas. Fazem tal avanço ao analisar os efeitos da redemocratização da Itália, marcada pela Constituição de 1947, na tutela da pessoa humana.

Com efeito, há na tese menção aos artigos 2.º e 3.º daquela Constituição, enfatizando a demanda impositiva de garantia aos direitos invioláveis do indivíduo e nos deveres de solidariedade política, econômica e social. Além disso há ênfase na igualdade entre todos, em sentido material, a "*igualdade em dignidade e perante a lei*". São esses dois artigos mencionados reconhecidos pelos autores como a base da doutrina e da jurisprudência para a formação da concepção e do direito geral de personalidade na Itália. Trata-se da afirmação de uma "reação contra a concepção fragmentária que só admitia tutela dos direitos da personalidade tipicamente previstos".[10]

A exposição feita pelos professores acerca dos sistemas da Alemanha e da Itália, especialmente de suas evoluções, busca, assim, ancorar a primeira das suas ideias essenciais: a insuficiência da proteção fracionada da personalidade. Nessa perspectiva evidencia-se que mesmo uma cláusula geral de proteção da pessoa — que foi, de fato, depois agasalhada em nossa ordem constitucional no princípio da dignidade da pessoa humana — não pode se fechar no Direito Civil, mas se espraia por toda

[9] Ibid., p. 316.
[10] Ibid., p. 317.

a ordem jurídica. Os direitos da personalidade, dizem Lamartine e Muniz, são os direitos do homem:

> "Conscientes de que só a noção substancial de pessoa confere sentido e dignidade ao direito, e de que só tal noção permite uma visão crítica e valorativa dos diferentes ordenamentos jurídicos, não enxergamos o ser humano de maneira abstrata, mas em sua inserção concreta na história e na sociedade. Em uma visão personalista, o ser humano não é visto como átomo isolado em face do Estado nem em visão competitiva de ser contra o outro; mas como ser como o outro."[11]

A tese é, assim, uma ode à pessoa e sua dignidade. Na defesa intransigente do *ser* dotado de valor, os professores conclamam o levantamento das vozes contra um suposto Estado de Direito neutro em relação aos valores fundamentais da sociedade. Defendem, nessa linha, a atemporal necessidade de um Poder Judiciário verdadeiramente independente, capaz de dizer o direito "se necessário, em contradição com as próprias razões do Estado, na defesa da pessoa". E prosseguem: "Ao interpretar e aplicar o direito, o juiz procurará realizar, no caso concreto, a intenção fundamental do direito: a de tornar a vida humana, em todas as suas dimensões, mais capaz de realizar as finalidades do ser humano e da sociedade humana."[12]

A partir dessa visão personalista do Direito, Lamartine e Muniz tocam numa questão fundamental para a conferência e para a vida no Brasil de então, sendo esta a segunda ancoragem fundamental da tese: a defesa inconteste do Estado de Direito verdadeiramente democrático. O texto parte dizendo que o princípio da separação de poderes deve ir além de seus aspectos formais, porque o Judiciário, na sua tarefa de dizer o Direito, pode realizá-lo histórica e concretamente. E o Legislativo permite a participação do povo nas possibilidades de modificação

[11] Ibid., p. 322.
[12] Ibid., p. 327.

do direito positivo. E aí vem um expresso e corajoso golpe no cinzento governo militar: "A realização do Estado de Direito exige, portanto, um Judiciário independente e um Legislativo escolhido pelo povo."[13] Nada mais verdadeiro, nada mais objetivo, nada mais certo.

E o estudo passa a uma especificação exemplificativa das violências cometidas ao Estado de Direito no governo autoritário: a impossibilidade de o brasileiro influenciar a feitura das leis, pelo silêncio imposto ao Legislativo em face das prerrogativas legislativas autoconferidas ao Executivo; as ofensas ao princípio da igualdade e da capacidade (com — mais um ato de coragem explícita — expressa referência aos cassados da ditadura e sua *capitis diminutio*); a necessidade de proteção da inviolabilidade das comunicações telefônicas e da intimidade da vida privada. Enfim, um não Estado de Direito.

O texto é permanente porque é contemporâneo, e é contemporâneo porque é permanente. Não só porque nos fala de um direito a serviço da vida e voltado ao ser humano inserido historicamente, mas porque adianta as várias conquistas civilizatórias que vieram com a Constituição de 1988: a cláusula geral de proteção à pessoa, a necessidade de uma proteção diferenciada para as pessoas com deficiência, a ojeriza às discriminações no direito do trabalho, a busca pela compensação das desigualdades sociais, realizável pela promoção das pessoas socialmente desfavorecidas.

O escrito discorria sobre o presente de então, mas ia além: dialogava com o futuro. Aí os sinais de vanguarda e contemporaneidade acima referidos.

A rigor, Lamartine e Muniz descortinam que o Direito Civil não é só Direito Privado, que o Direito Civil é constructo do Estado de Direito, mas é um constructo não apenas mental para ser parte de uma teoria. É um constructo real, informado pela doutrina e realizado pelo Judiciário. Proteger a pessoa humana concreta exige Estado de Direito, e ter um Estado de Direito presume a proteção da pessoa

[13] Ibid., p. 327.

humana. O Direito Civil e o Estado de Direito estão intimamente ligados, são uma coisa só.

Eles, os mestres; nós, os alunos de todas as gerações

Nossos mestres José Lamartine e Francisco Muniz formaram, em Curitiba e alhures, uma geração de alunos e admiradores. Marcaram o seu tempo com lições de justiça e de vida. Cumpre reverenciar a memória desses grandes educadores para o país, relembrando aqui alguns dados pessoais do respectivo percurso.

Francisco José Ferreira Muniz[14]

Nascido em Bauru, estado de São Paulo, em 13 de novembro de 1940, filho de José Muniz e Maria do Carmo Ferreira Muniz. Casou-se com Doroti Santos Muniz, com quem teve três filhos, o magistrado Fabio André (hoje desembargador do TJPR) e dos empresários Luciana e Guilherme.

Bacharelou-se em Direito pela Universidade Federal do Paraná, graduado em 1967. Foi desembargador do egrégio Tribunal de Justiça do Estado do Paraná.

Durante sua vida profissional e acadêmica, exerceu os cargos de professor auxiliar de ensino da cadeira de Direito Civil da UFPR, aprovado em exame de suficiência em 19 de setembro de 1968; professor assistente e professor adjunto da UFPR até a data de seu falecimento, em 22 de junho de 1995; professor de Direito Civil da PUC e professor de Direito Civil do Curso de Especialização da Faculdade de Direito da Universidade de Maringá e diretor da Escola da Magistratura do Paraná.

[14] Disponível em: https://aplj.com.br/cadeiras/francisco-jose-ferreira-muniz-1940-1995/. Acesso em 17 de janeiro de 2024.

Dentre as atividades profissionais não universitárias, destacam-se as de juiz substituto do Tribunal Regional Eleitoral, nomeado em agosto de 1979; procurador do Instituto de Terras e Cartografia do Estado do Paraná; membro da comissão que elaborou o projeto de lei de Terras Devolutas do Estado do Paraná; membro, por três vezes, da banca examinadora do Concurso de Promotor de Justiça, na qualidade de representante da OAB-PR; autor do projeto de lei sobre Terrenos Devolutos Urbanos; juiz do Tribunal de Alçada, tendo ingressado na vaga do Quinto Constitucional pela OAB-PR, assumindo suas funções em 28 de dezembro de 1979; presidente do Tribunal de Alçada, por dois anos; e, por fim, nomeado desembargador do Tribunal de Justiça do Estado do Paraná, em 1992.

Aposentou-se em 17 de março de 1995. Faleceu no dia 22 de junho de 1995. É patrono do Fórum de Catanduvas e do Fórum Eleitoral de Ivaiporã.

No discurso proferido por ocasião de sua aposentadoria, em 10 de março de 1995, o desembargador Francisco José Ferreira Muniz afirmou as palavras de preocupação com a ética e com as mazelas sociais do Brasil, que em tudo permanecem atuais, quase três décadas depois:

> Volvidos mais de vinte anos de ditadura, restou-nos uma sociedade de vários milhões de brasileiros que vivem em níveis de pobreza absoluta. Assiste-se a apologia insensata de subordinar tudo aos desígnios da economia e ignoram-se os valores da ética e do direito. Suprime-se a solidariedade (e de solidariedade estamos bem carecidos, como da compreensão e do entendimento que ela supõe). Propaga-se a cultura da permissividade e se desenvolve a competitividade extrema, a agressividade sem freio, com a degradante prática do terrorismo de Estado — em que se traduz, por exemplo, a ação dos grupos de extermínio. Enfim, inviabiliza-se o justo progresso e se perde o sentimento do direito, que é visto como mero ordenador institucional que acrítica e tecnicamente serve ao poder político.

Disse mais: *"Parece viver-se hoje sob o signo do útil: tudo se sacrifica ao produtivo."*

Deixou inúmeros trabalhos publicados, como: *Textos de Direito Civil*, no qual apresentou escritos fundamentais, dentre outros: "O princípio geral da boa-fé como regra de comportamento contratual", "A função social da propriedade e a lei das Terras do Paraná" e "O Direito de Família na solução dos litígios"; "O Estado de Direito e os direitos da personalidade" e o "Direito de Família (Direito Matrimonial)", em colaboração com o professor José Lamartine Correa de Oliveira Lira.

José Lamartine Corrêa de Oliveira Lyra[15]

Nasceu no Rio de Janeiro no dia 5 de novembro de 1933, filho de Illídio Corrêa de Oliveira Lyra e de Arminda Morgado Corrêa de Oliveira Lyra. Casou-se com Leonor do Rocio Demeterco Corrêa de Oliveira, com quem teve quatro filhos.

Graduou-se em Direito pela Universidade do Brasil em 1956, onde também obteve os títulos de doutor e livre-docente, tornando-se professor auxiliar de Direito Judiciário Civil.

Ao mudar-se para Curitiba, passou a exercer a docência de Direito Civil na Faculdade de Direito da Universidade Federal do Paraná e na antiga Faculdade Católica de Direito, posteriormente incorporada à Pontifícia Universidade Católica do Paraná — PUC.

Lecionou também no mestrado em Direito da Universidade Católica de São Paulo. Em 1962 concorreu à livre-docência em Direito Civil na Universidade Federal do Paraná e, em 1979, participou do Congresso de Direito Comparado promovido pela *Gesellschaft für Rechtsvergleichung* (Sociedade de Direito Comparado) em Lausanne, Suíça, de 12 a 15 de setembro.

---

[15] Disponível em: https://aplj.com.br/cadeiras/jose-lamartine-correa-de-oliveira-lyra-1933-1987/; https://www.tribunapr.com.br/noticias/o-tempo-da-memoria/. Acesso em 12 de fevereiro de 2024.

Deixou-nos robusta obra acadêmica, dentre as quais podemos citar: *A dupla crise da Pessoa Jurídica* (1979); *Curso de Direito de Família* (1998); "A teoria das pessoas no esboço de Teixeira de Freitas. Superação e permanência" (1988); "Intervenção do Estado no direito contratual" (1962); "Notícias sobre a parte geral do novo Código Civil português" (1969); "Personalidade Jurídica da sociedade irregular" (1967); "O Estado de Direito e os direitos da personalidade" (1980).

Teve, ainda, ativa participação nas discussões em torno do anteprojeto de Código Civil, na comissão de juristas presidida por Miguel Reale, cuja tramitação culminou com a sanção em janeiro de 2002 do diploma vigente.

Com efeito, também foi advogado de escol, com destacada atividade na Ordem dos Advogados do Brasil e no exercício da presidência do Instituto dos Advogados do Paraná, entre os anos de 1971 e 1973.

São marcos desse período os discursos de paraninfo que proferiu na Faculdade de Direito da UFPR, o primeiro, em 1965, para a turma Ministro Álvaro Ribeiro da Costa, intitulado "Lição de resistência", e o segundo, "A véspera dos bárbaros", no dia 8 de março de 1968, para a turma Des. Hugo Simas. A estes podem ser agregados, "A parte geral do anteprojeto de Código Civil" (1974), "Emendas ao projeto de Código Civil" e "O Código Civil projetado", ambos de 1984.

O discurso que proferiu em 8 de março de 1968, como paraninfo da turma Des. Hugo Simas, de 1967, da Faculdade de Direito da UFPR, merece ser lembrado.

Intitulado "A véspera dos bárbaros", inicia com a citação de Tristão de Athayde, pseudônimo do pensador católico Alceu Amoroso Lima:

> "Ozanam, em pleno século XIX, durante a revolução de 1848, quando denunciavam as forças revolucionárias de então como os novos bárbaros que vinham destruir a civilização cristã, lançou o grito famoso que até hoje ecoa em nossos ouvidos — '*Passons aux barbares*'. Passemo-nos para os bárbaros. Quando os civilizados traem, é pela mão dos bárbaros que o Espírito renova a face da terra."

Ciente dos desafios daquele tempo, o paraninfo afirmou:

> Se amigos somos, com linguagem franca de amigos é que vos falarei hoje. Não vos falarei de Direito Civil. Dele vos falei com escrúpulo e amor durante quatro anos. Um homem como eu, atingido fundamente pelo sofrimento, não se sentiria bem com sua consciência se, tendo recebido de amigos o honroso encargo desta tribuna, dela se servisse para brincar com as ideias, ou para proferir dissertação técnica que ocultasse a gravidade da realidade social dentro da qual exercereis o ministério da lei. Cada ser humano tem apenas um discurso essencial a fazer, aquele que retrata o mais fundo de seu ser no desejo de comunicação pessoal com os outros homens. Na hora da partida, não teria sentido também falar-vos de um direito abstrato, num país ideal. Só o pé na terra, o contato firme com a realidade pode dar força e vigor a palavras ou ações humanas. Talvez seja este o sentido profundo do mito helênico de Anteu, que necessitava pisar com os dois pés sua mãe Géa, a terra, sob pena de lhe faltarem as forças.

Enfatizou, aos formandos, a necessária atenção do jurista aos ideais de liberdade e justiça, para além do Direito Positivo:

> O jurista, porém, vê mais alto, pois sabe que acima do Direito Positivo estão as normas que a consciência humana descobre na natureza das coisas. Percebe que o gradativo refinamento da consciência humana — Direito Natural de conteúdo progressivo — é cada vez mais exigente quanto à adequação do Direito Positivo aos ideais humanos de liberdade, justiça, igualdade e fraternidade.
> (...)
> Parte de concepção, coerente do homem. Para essa concepção, a dignidade eminente de um homem deriva de ser ele pessoa. Por isso, os direitos que o enriquecem como pessoa — o direito de todos os homens aos bens materiais, o direito à cultura, à liberdade de expressão, e de culto, como direitos de todos, não

podem ser sacrificados em nome de suposto direito de poucos ao supérfluo.

O jurista, que não é um leguleio, tem seus olhos fixos no homem comum, seu irmão, ao qual, em noite como a de hoje, jurou servir. E todo o seu trabalho, no Fórum ou no escritório, na cátedra ou na tribuna dos pretórios, defendendo, aconselhando, julgando, opinando, ou sugerindo mudanças no Direito Positivo, ou orientando e promovendo novo entendimento do direito existente, há de ser orientando para a construção de um direito novo cada vez mais próximo dos supremos ideais de Justiça, em que se inspira o Direito Natural.

Exortou os formandos à missão da Justiça, inspirados pelos ideais éticos e democráticos, sem que sejam cooptados pelas "pretensões ridiculamente aristocráticas". E encerra o discurso com mensagem de otimismo, para construção de um direito de todos:

> Compreendei que, de tudo o que eu disse, não há que retirar uma lição de desânimo, mas um canto de alegre decisão. Não se trata de meditar sobre o direito em crise. Trata-se de construir o direito novo, a serviço do homem, e de todos os homens. Para tanto é necessário a coragem de não trair. A intrépida paixão da justiça. É preciso pedir sopro que anima os heróis. Implorai do Senhor da História o sopro que reacenda e mantenha viva a flama que a vida pode ter esmaecido no moço que hoje se forma. Com as armas do Direito e da justiça, ajudai a preparar um Brasil que seja nosso, e de seu povo, e não de poucos, e nem dos outros. Iluminai a grande noite ao caminhar. Deus vos guarde!

A formação de um pensamento crítico que denunciava o uso das instituições e do próprio ordenamento jurídico para beneficiar camadas privilegiadas da população em detrimento dos juridicamente marginalizados e economicamente excluídos teve em Lamartine indiscutível pioneirismo, o que demonstram seus estudos "A função social do advogado e a crise do ensino jurídico", apresentado durante a Semana do Advogado, promovida pela Ordem dos Advogados do Brasil — Seção do Paraná, de 7 a 11 de agosto de 1972, "A justiça social e o Direito Privado brasileiro: denúncia de uma opção pelos ricos" (1986).

O nome do professor Lamartine permanece na memória histórica do Paraná e do Brasil como um de seus pensadores mais eminentes, exemplo de advogado de caráter, sempre fiel aos próprios ideais da Juventude Universitária Católica (JUC), que era o braço da Ação Católica no meio universitário.

Durante o autoritarismo militar pós-64, teve atuação marcante na defesa dos Direitos Humanos, não somente como advogado, mas também como a voz insurgente de um cidadão que denunciava os abusos autoritários cometidos na administração da justiça. Viveu e lecionou de forma coerente, de modo a granjear o respeito e a admiração de seus alunos. Foi homenageado ao ter seu nome inscrito no prêmio instituído pela Faculdade de Direito da UFPR ao primeiro classificado em Direito Civil, e ao concurso de monografias realizado em sua homenagem pela OAB/PR. Ensinou que não basta ler os livros. É necessário, também, *ler a vida e não apenas a terra, o céu e o chão, mas também a angústia dos homens e mulheres que têm o olhar de jejum.*

Para encerrar

Os tempos presentes ecoam as lições de Lamartine e Francisco Muniz. Em 1969, como um presságio, na introdução de um volume sobre o populismo, o advogado e político romeno Ghiță Ionescu e o filósofo Ernest Gellner escreveram: "Um espectro está assombrando o mundo: o populismo."[16] Meio século após essa conjectura, o projeto autoritário volta a assombrar.

---

[16] IONESCU, Ghiță & GELLNER., Ernest. *Populism: Its Meanings and National Characteristics.* London: Weidenfeld & Nicholson, 1969, p. 1.

É preciso evitar que, mais uma vez, se realize o infeliz destino evocado por Pierre Rosanvallon, para quem a "vida política é um cemitério de críticas e de alertas que resultaram impotentes para modificar o curso das coisas".[17]

Enfim, os fatos recentes demonstram que a democracia exige um estado permanente de atenção. Uma vez capturado o aparato estatal, com muita dificuldade são retomados os mecanismos garantidores da democracia e da própria legitimidade institucional. Não há sinais tranquilizadores no horizonte, nem aqui, nem alhures.

Lamartine e Francisco pensaram no futuro. Agora, como no histórico ano de 1978, pensar no futuro corresponde a transformar o presente, a melhorar a qualidade da democracia, a redesenhar com justiça, liberdade e solidariedade a sociedade contemporânea, dentro (e pelo) Estado de Direito democrático. Novos desafios se redesenham; o exemplo humanista permanece.

Bem haja o pensamento corajoso de Lamartine e Francisco Muniz, firme diante da infâmia e com a coragem de um testemunho que não se apaga. Contra a tragédia das ditaduras e autoritarismos, rejeitando a opressão e a violência, é como se repetissem hoje o evangelho do destemor aos jovens de todas as idades: "não tenhais medo".

---

[17] ROSANVALLON, Pierre. *El siglo del populismo: historia, teoría, crítica*. Tradução Irene Agoff. Barcelona: Galaxia Gutenberg, 2020.

JOSÉ CARLOS BARBOSA MOREIRA

Luiz Fux[1]
Aluisio Gonçalves de Castro Mendes[2]

José Carlos Barbosa Moreira é uma referência nacional e internacional na área jurídica e um exemplo de professor, magistrado e jurista. Os que tiveram contato, direto ou indireto, com ele e com as suas obras podem apontar a sua importância, magistralidade, erudição, simplicidade e genialidade sob vários aspectos.

Os autores deste texto o conheceram quando alunos, por três anos consecutivos, na Faculdade de Direito da Universidade do Estado do

[1] Ministro do Supremo Tribunal Federal (STF). Ex-presidente do Supremo Tribunal Federal (STF) e do Conselho Nacional de Justiça (CNJ). Ex-presidente do Tribunal Superior Eleitoral (TSE). Doutor em Direito Processual Civil pela Universidade do Estado do Rio de Janeiro (UERJ). Professor titular de Processo Civil da Faculdade de Direito da Universidade do Estado do Rio de Janeiro (UERJ). Professor livre-docente em Processo Civil da Faculdade de Direito da Universidade do Estado do Rio de Janeiro (UERJ). Membro da Academia Brasileira de Letras Jurídicas (ABLJ). Membro da Academia Brasileira de Filosofia. Presidente da Comissão de Juristas designada pelo Senado Federal para elaborar o anteprojeto do Código de Processo Civil de 2015.

[2] Desembargador federal. Vice-presidente do Tribunal Regional Federal da 2ª Região (TFR-2). Professor titular de Direito Processual Civil da Faculdade de Direito da Universidade do Estado do Rio de Janeiro (UERJ), do Programa de Pós-Graduação em Direito da Universidade Estácio de Sá (Unesa) e do Ibmec. Mestre em Direito pela Goethe Universität (Alemanha). Mestre e doutor em Direito pela Universidade Federal do Paraná (UFPR). Pós-doutor pela Universidade de Regensburg (Alemanha). Membro da Academia Brasileira de Letras Jurídicas (ABLJ), da Comissão de Juristas que acompanhou a redação final do Código de Processo Civil de 2015 e do Projeto *Comparative Procedural Law and Justice* (CPLJ), do Max Planck Institute de Luxemburgo.

Rio de Janeiro (UERJ) e seguiram, como discípulos, amigos e afilhados do mestre, as suas lições, tentando repassá-las para as gerações seguintes.

Eram aulas sensacionais. Iniciava-as pontualmente e nunca faltava. Quando se encontrava impossibilitado de comparecer, em razão de algum evento internacional, em regra, escalava, com a devida antecedência, algum professor da casa, dentre os seus antigos alunos, para ministrar a aula. Cumpria integralmente com os seus deveres e, com a devida autoridade, indicava que as pessoas precisavam se lembrar não somente dos seus direitos, mas também das responsabilidades. Ele conversava com a turma, intercalando a matéria com as mais interessantes observações.

A didática primorosa era recheada de imagens, como a das comportas que se fechavam, indicando a preclusão para a prática de algum ato processual. Não faltavam, também, menções a casos pitorescos, a doutrinadores importantes do mundo afora e aproveitava, igualmente, para fazer referência a países, culturas, lugares bonitos, históricos ou para se fazer uma boa viagem. Por sinal, confessava que sua vocação era mais para turista do que para jurista. Naturalmente, essa afirmação devia ensejar alguma preocupação, porque se ele não detinha a vocação de jurista, quem mais poderia tê-la? A turma recebia a modéstia com a devida graça e simpatia!

Os ensinamentos dele não se restringiam ao espaço, horário e temática das aulas. Colocava-se sempre à disposição de todos os alunos, inclusive para assuntos não relacionados ao Direito. A clareza, leveza e humor fino faziam das suas concorridas aulas um momento especial, do qual todos saíam, realmente, a cada aula, com uma bagagem enorme de conhecimento e de cultura.

O grande mestre conseguia exaurir, sempre, a integralidade do programa das suas disciplinas, com exposições precisas e repletas de significados, em que envolvia a todos com os seus dotes e facetas teatrais. Havia clímax, com início, meio e fim, com a entonação de quem, mesmo sem cobrar ingresso, pretendia cativar e encantar o “respeitado público” para matérias, como a Teoria geral do processo ou o Direito Processual Civil, que eram lecionadas, até então, com muito formalismo e coloração bolorenta. O que antes podia ser enfadonho passava, com o seu crivo, a ter sentido, explicação, lógica e vida.

Era um Direito Processual que não se contentava com regras vazias. Pelo contrário, era provido, a partir de ideias claras, de um senso de racionalidade, com o objetivo de servir à sociedade e à justiça, para que as pessoas pudessem ter uma solução, adequada e em tempo razoável, para os seus conflitos. Era comum que a prosa com o professor se prolongasse depois das classes, em conversa animada e que reunia quase sempre um grupo que o acompanhava até a saída do prédio ou mesmo que aceitava a carona gentilmente ofertada.

Considerado o maior expoente do Direito Processual brasileiro de todos os tempos, um dos maiores juristas brasileiros da história e referência internacional no âmbito processual, José Carlos Barbosa Moreira nasceu na cidade do Rio de Janeiro, no dia 17 de setembro de 1931, e foi casado, desde 1959, com Gilka, com quem teve quatro filhos: Luís Eduardo, Carlos Roberto, José Henrique e Mário Celso. Filho dos professores Antonio de Sousa Moreira e Zenaide Barbosa Moreira, foi aluno da Escola Francisco Cabrita e do Colégio Militar. O professor, desembargador e jurista José Carlos Barbosa Moreira faleceu no dia 26 de agosto de 2017, no Rio de Janeiro.

Realizou, nos anos de 1950 a 1954, o curso de Direito na Faculdade Nacional de Direito da antiga Universidade do Brasil, atual Universidade Federal do Rio de Janeiro (UFRJ). Na mesma instituição, no período entre 1959 e 1961, cursou o doutorado em Direito Penal e obteve a sua primeira livre-docência, defendida em 1967. Na então Universidade do Estado da Guanabara (hoje Universidade do Estado do Rio de Janeiro — UERJ), no ano de 1968, conquistou o seu segundo título de livre-docente, defendendo a tese intitulada "O juízo de admissibilidade no sistema dos recursos civis".

Foi aprovado e classificado, em primeiro lugar, no concurso público para o cargo de procurador do estado do Rio de Janeiro, que exerceu no período entre 1963 e 1978. Em seguida, foi nomeado, pelo quinto constitucional, desembargador do Tribunal de Justiça do Estado do Rio de Janeiro, onde permaneceu em atividade até o ano de 1992. Os seus pareceres e votos destacam-se pela escrita elegante, clara e objetiva, bem como pelo raciocínio lógico e profundo.

Era um exímio professor em todos os níveis, tendo ministrado aulas nos cursos primário, secundário, superior e de pós-graduação. Lecionou, dentre outras, no ensino primário e secundário, as disciplinas de português e matemática. No magistério superior, ministrou, inicialmente, a disciplina Direito Judiciário Penal, na Faculdade Nacional de Direito. Em 1976, desenvolveu estudos com o professor Mauro Cappelletti, na Universidade de Florença. No ano de 1979, tornou-se professor titular na Faculdade de Direito da Universidade do Estado do Rio de Janeiro (UERJ), exercendo a Cátedra das disciplinas Teoria geral do processo e Direito Processual Civil até o ano de 1996, quando se aposentou.

Em vários segmentos jurídicos, são identificadas instituições ou regiões que concentram formadores de opinião. Neste sentido, no âmbito do Direito Processual, duas escolas recebem destaque: a paulista e a carioca.

A Escola processual de São Paulo desenvolveu-se sob a influência do italiano, nascido em Lviv, na Ucrânia, Enrico Tullio Liebman. Em razão da política antissemita empreendida pelo governo fascista de Benito Mussolini, Liebman, diante da sua origem judaica, emigrou para a América do Sul, em 1938, passando pelo Uruguai e Argentina, bem como por Minas Gerais e Rio de Janeiro, radicando-se no Brasil a partir de 1939, na capital paulista, onde permaneceu até 1946. Lecionou na Universidade de São Paulo (USP) por sete anos, onde passou a se reunir e coordenar estudos com jovens processualistas da época[3-4], formando uma legião de discípulos, dentre os quais Luís Eulálio de Bueno Vidigal, José Frederico Marques e Alfredo Buzaid, em uma primeira fornada. Em seguida, Cândido Rangel Dinamarco, Ada

[3] Cf. DINAMARCO, Cândido Rangel; LOPES, Bruno Vasconcelos Carrilho. *Teoria geral do novo Processo Civil.* São Paulo: Malheiros Editores, 2016.

[4] GRINOVER, A.P. "O magistério de Enrico Tullio Liebman no Brasil". *Revista da Faculdade de Direito da Universidade de São Paulo,* 81, pp. 98-102, 1986. Disponível em: https://www.revistas.usp.br/rfdusp/article/view/67069. Acesso em 12 de fevereiro de 2024.

Pellegrini Grinover, José Rogério Cruz e Tucci, José Roberto dos Santos Bedaque e Flávio Yarshell.

A Escola carioca, por vezes, é também denominada de Escola de Copacabana. Isso porque os seus dois ilustres fundadores (Luiz de Macedo Soares Machado Guimarães e José Carlos Barbosa Moreira) moravam e se reuniam em Copacabana, assim como o primeiro autor destas linhas (Luiz Fux). As reuniões eram inicialmente realizadas na residência de Machado Guimarães e, depois, o apartamento de Barbosa Moreira, na rua Anita Garibaldi, 26/401, passou a ser o centro das reuniões. O próprio Barbosa Moreira relata o fato e indica a importância de Machado Guimarães, no seu discurso de posse na Academia Brasileira de Letras Jurídicas, em 7 de abril de 1992:

> Amigos, porém, são tantos, mesmo no específico universo do direito, que renuncio à exemplificação, até para evitar o risco de qualquer involuntário esquecimento. Um só nome não posso calar: o de Luiz Machado Guimarães, que além de amigo foi mestre, e não sei em qual das duas qualidades mais fortemente me marcou o espírito. Ninguém conheci a quem o trato da matéria jurídica fosse tão perfeitamente conatural. A obra escrita que deixou, valiosa como é, não revela a medida inteira de seu vasto saber e de sua inteligência penetrante, a cuja luz me aquecia, semanalmente, nas tertúlias daquilo que ele chamava, com graça, a Escola processual de Copacabana — facílima de reunir em sessão plenária, porque composta de dois únicos membros: ele e eu...

A Escola de Copacabana, no entanto, graças ao encantamento propiciado pelos seus dois fundadores, logrou crescer e se desenvolver de modo amplo, reunindo especialmente os que foram alunos, direta ou indiretamente, de José Carlos Barbosa Moreira, seja na Faculdade Nacional de Direito, na Pontifícia Universidade Católica do Rio de Janeiro (PUC-RJ), na Faculdade de Direito Cândido Mendes e na Faculdade de Direito da Universidade do Estado do Rio de Janeiro (UERJ). Nesta última, lecionou, na graduação, de 1971 até 1996, quando se aposentou. No entanto, a semente plantada gerou frutos, como a criação do mestrado, do doutorado e do pós-doutorado em Direito Processual na UERJ.

Em 2003, ele brindou a todos com as suas lições na disciplina Direito Processual Comparado no Programa de Pós-Graduação em Direito da UERJ. Não poderia estar em melhores mãos. Barbosa Moreira dominava, entre outras, as línguas inglesa, alemã, francesa, italiana e espanhola. Isso lhe permitiu o estudo do Direito Processual de muitos países a partir das fontes primárias. Do mesmo modo, o pleno convívio com os seus colegas professores e juristas do exterior, brindados com exposições e palestras muitas vezes ministradas por ele na língua local, bem como a publicação de textos no respectivo idioma.

O estudo das línguas não era uma novidade para ele, que começara lecionando exatamente como professor de português, no Instituto Guanabara, que pertencia aos seus pais. Ministrava aulas para o curso primário e o de admissão ao ginásio. Portanto, desde cedo, pôde exercitar o dom de ensinar aos mais jovens bem fundamental da língua culta, de modo a expressar com exatidão o significado das coisas. As suas palavras e gestos passaram a encantar, cada vez mais, principalmente os jovens de idade e de espírito, compenetrados com as suas imagens, com a sua coerência, com os seus ideais de correção, de conhecimento, de ternura e de justiça.

Foi também professor visitante nas Universidades de Bolonha (em 1993) e Lisboa (em 1996).

Não só pelo notório saber jurídico, Barbosa Moreira é lembrado por sua dedicação em toda a sua carreira profissional. É tido como um dos melhores (senão o melhor) dentre os procuradores, magistrados e professores de Direito Processual que o estado do Rio de Janeiro teve e é lembrado com carinho e afeto por suas gerações de alunos, a quem ele tanto se devotou. Prova disso é que ainda figura na sala dos professores da Universidade do Estado do Rio de Janeiro uma placa que lhe foi concedida, quando de sua aposentadoria, pelos alunos e alunas das turmas de 1972/1974/1976/1978/1980/1983/1986/1989/1992 e 1996. Suas palavras ainda hoje ressoam: "Nossa gratidão ao professor José Carlos, na ocasião de sua aposentadoria, pela sua devoção ao magistério, pelos ensinamentos que ministrou, pelo carinho e o respeito sempre demonstrados, pelos caminhos que apontou, pela simplicidade e pela grandeza, exemplo para as novas gerações."

Embora nunca tenha procurado captar admiração, era voluntariamente admirado, querido e amado pelos seus alunos. Na sua casa, recebia e reunia os interessados e afilhados.

Foi secretário, tesoureiro e presidente do Instituto Ibero-americano de Direito Processual, recebeu o título de vice-presidente honorário da International Association of Procedural Law, em 1995, e tornou-se membro honorário da Associazione italiana fra gli studiosi del processo civile, em 1993.

Barbosa Moreira foi, ainda, membro de diversas entidades jurídicas internacionais, tais como: Wissenschaftliche Vereinigung für Internationales Verfahrensrecht (Associação Científica de Direito Processual Internacional), desde 1980; Instituto Comparado Luso-Brasileiro, desde 1982; International Association of Procedural Law, desde 1984; Association Internationale de Méthodologie Juridique, desde 1986. E, em 1992, tornou-se membro da Academia Brasileira de Letras Jurídicas, ocupando a cadeira n.º 46, cujo patrono é Epitácio Pessoa, ocupada atualmente por Humberto Theodoro Júnior.

Além disso, participou ativamente na elaboração de leis processuais, em congressos no Brasil e no exterior, bem como nas jornadas de Direito Processual promovidas de dois em dois anos pelo Instituto Brasileiro de Direito Processual, do qual o grande mestre foi diretor, membro do conselho consultivo e, por fim, membro honorário.

Autor de inúmeras obras jurídicas, reunindo livros e artigos publicados em periódicos. Dentre os seus trabalhos publicados, destacam-se verdadeiros clássicos da literatura processual brasileira: *O novo Processo Civil Brasileiro*, *Comentários ao Código de Processo Civil* e *Temas de Direito Processual Civil* (em nove volumes), objeto de recente republicação, com atualização feita por alguns dos seus eternos alunos e admiradores. Além de suas obras, o autor é frequentemente citado pela doutrina e por inúmeras decisões.

O novo Processo Civil Brasileiro merece ser destacado pela sua amplitude, precisão e profundidade. Em um único volume, contendo 327 páginas na sua 29.ª edição, o autor conseguiu condensar, de modo lapidar, a essência do Direito Processual brasileiro vigente.

No quinto dos tradicionais dez volumes dos *Comentários ao Código de Processo Civil*, publicados pela Forense, em 17 edições consagradas, José Carlos Barbosa Moreira disseca a análise dos dispositivos normativos do então vigente Estatuto Processual de 1973. Os diversos institutos jurídicos relacionados aos tribunais são tratados e esmiuçados, em comparação com o passado, além do pensamento dos autores e dos órgãos judiciais nacionais, bem como o existente em outros países, para que o leitor pudesse compreender, com segurança, os temas visitados.

Os volumes de *Temas de Direito Processual* tornaram-se obra de referência no cenário jurídico brasileiro e internacional. Por certo, o saudoso professor, desembargador e jurista José Carlos Barbosa Moreira não poderia imaginar a importância e o sucesso que os artigos reunidos nas nove séries teriam para as gerações do passado, do presente e do futuro. Escritas e lançadas ao longo de trinta anos (de 1977 a 2007), foram conquistando corações e mentes dos que tiveram a oportunidade de ler e aprender com o grande mestre do Direito Processual. Os ensaios foram sendo elaborados, reunidos e publicados em uma cadência que refletia o olhar atento, a postura crítica, o equilíbrio, a reflexão e o carinho com os afilhados que o homenagearam sucessivamente na Faculdade de Direito da Universidade do Estado do Rio de Janeiro (UERJ) e com os colegas e amigos do Direito Processual, a quem amavelmente são dedicados os volumes. Depois da primeira série em 1977 (cuja segunda edição data de 1988), vieram a segunda em 1980 (também com segunda edição em 1988), a terceira em 1984, a quarta em 1989, a quinta em 1994, em 1997 a sexta, no ano de 2001 a sétima, a oitava em 2004 e a nona série em 2007. Como se pode constatar, a maioria foi editada dentro de uma sequência de três anos, dois deles após quatro, e outros dois depois de cinco anos. Representam, assim, a ampla, contínua e profunda produção intelectual e as concorridas exposições orais ministradas por um dos maiores juristas de todos os tempos.

Muitos textos tinham como base conferências, palestras e intervenções orais efetuadas em eventos nacionais e internacionais. Portanto, o encanto com a lucidez, a honestidade intelectual, o rigor (na melhor acepção da palavra) acadêmico, a leveza das suas palavras, a fineza do seu humor, a criatividade na construção das imagens didáticas, a fluidez do raciocínio, o equilíbrio das suas ponderações, a sinceridade das suas impressões e a bondade dos seus sentimentos sempre estiveram a encantar os seus ouvintes, alunos e admiradores.

No plano vivencial era um botafoguense de escol. Aliás, hoje estaria muito feliz com o desempenho da agremiação.

Saudei-o (Luiz Fux) na sua última presença no IBDP com a passagem de Huberto Rohden com os seguintes dizeres:

"José Carlos é um Grande Homem de Huberto Rohden."
Grandes homens – Huberto Rohden
Quem faz jus ao título de "grande homem"?
Não sei...
O homem inteligente?
Não basta ter inteligência para ser grande...
O homem poderoso?
Há também poderosos mesquinhos...
Não basta qualquer forma de religião.
Podem todos esses homens possuir muita inteligência, muito poder, e certo espírito religioso e nem por isso serem grandes homens.
Pode ser que lhes falte certo vigor e largueza, certa profundidade e plenitude, indispensáveis à verdadeira grandeza.
Podem os inteligentes, os poderosos, os virtuosos não ter a necessária liberdade de espírito...
Pode ser que as suas boas qualidades não corram com essa vasta e leve espontaneidade que caracteriza todas as coisas grandes.
Pode ser que a sua perfeição venha mesclada com um quê de acanhado e tímido, com algo de teatral e violento.
O grande homem é silenciosamente bom...
É genial, mas não exibe gênio...

É poderoso, mas não ostenta poder...
Socorre a todos, sem precipitação...
É puro, mas não vocifera contra os impuros...
Adora o que é sagrado, mas sem fanatismo...
Carrega fardos pesados, com leveza e sem gemido...
Domina, mas sem insolência... É humilde, mas sem servilismo...
Fala a grandes distâncias, mas sem gritar...
Ama, sem se oferecer...
Faz bem a todos, antes que se perceba...
O grande homem "Não quebra cana fendida, nem apaga a mecha fumegante, nem se ouve o seu clamor nas ruas..."
Rasga caminhos novos sem esmagar ninguém...
Abre largos espaços, sem arrombar portas...
Entra no coração humano, sem se saber como...
Tudo isso faz o grande homem, porque é como o Sol, esse astro assaz poderoso para sustentar um sistema planetário, e assaz delicado para beijar uma pétala de flor...
Assim é, e assim age o homem verdadeiramente grande, porque é instrumento nas mãos de Deus...
Desse Deus de infinita potência e de supremo amor...
Desse Deus, cuja força governa a imensidade do cosmos — e cuja paciência tolera as fraquezas do homem...
O grande homem é, mais do que ninguém, imagem e semelhança de Deus.

PAULO BROSSARD

Luiz Gustavo Bichara[1]
Marcela Nogueira Reis[2]

"Eis a razão. Saudar Brossard não só por saudar, mas para agradecer o que fez pelo Brasil. Saudar Brossard pelo que representou para uma geração de brasileiros sufocada, a quem se negou, por um quarto de século, o direito a uma legítima participação política e que, durante esse longo tempo, 'falava de lado e olhando para o chão'."
Luiz Carlos Madeira, representante do CFOAB, em sessão do STF de 9 de maio de 1996, em homenagem a Paulo Brossard

Não é tarefa simples qualificar Paulo Brossard, um homem cuja maestria na operação do Direito em todas as suas facetas lhe rende-

[1] Formado em Direito pela Universidade Cândido Mendes e pelo Program of Instruction for Lawyers - Harvard Law School. Procurador especial tributário do Conselho Federal da OAB, membro da comissão de juristas instituída pelo Senado Federal para reforma da legislação sobre processo administrativo e tributário; do comitê de apoio técnico à realização de diagnóstico do contencioso tributário no Conselho Nacional de Justiça; e vice-presidente jurídico da Associação Comercial do Rio de Janeiro.

[2] Advogada da prática de compliance e ética corporativa. Bacharel em Direito, mestranda em Direito dos negócios e especialista pós-graduada em compliance pela Fundação Getulio Vargas, com intercâmbio na Sciences Po Paris – França. Membro efetivo da Comissão de Anticorrupção e Compliance do Instituto Brasileiro de Direito Empresarial e da Comissão de Compliance da OAB/SP.

ria, ainda em vida, lugar cativo na história do direito brasileiro. Onde estivesse o Direito, estava Brossard, que se posicionou ao longo de sua trajetória em todos os ângulos da profissão — advogado, professor, deputado estadual e federal, senador, ministro da Justiça e finalmente ministro da Suprema Corte — e viria a eternizar-se talvez mais como personagem histórico do que como jurista. Afinal, ao escrever panfletos, projetos de lei, artigos acadêmicos, petições, discursos e finalmente votos no Supremo Tribunal Federal, Brossard acabou escrevendo história.

Pretende-se, nessa breve ode ao Brossard jurista, apresentar também o Brossard estudante, ativista, advogado, professor, político, democrata, ministro. Fragmentos da personalidade de um mesmo indivíduo e capítulos de uma trajetória que, analisada por inteiro, fornece um panorama valioso do Brasil no século XX e dos percalços enfrentados para consolidação do Estado de Direito. Afinal, parte do valor de Paulo Brossard enquanto personagem histórico reside no fato de que um retrato seu e de seus feitos tem o país e a luta pelo regime democrático como pano de fundo.

I. Formação

Paulo Brossard nasceu em Bagé, Rio Grande do Sul, em 23 de outubro de 1924, convenientemente a tempo de amadurecer para acompanhar de perto alguns dos maiores marcos sociopolíticos da história — no âmbito de muitos dos quais viria a participar como mais do que mero espectador. Eram os loucos anos 1920, marcados pela modernização cultural que culminaram na Semana de Arte Moderna de 1922 e na instabilidade política gerada pelos movimentos tenentistas. Dias depois do seu nascimento, os primeiros batalhões se levantavam no Rio Grande do Sul com apoio de Luís Carlos Prestes — tinha início a célebre "Coluna" homônima, no que ficou conhecido como o ápice do tenentismo.

Órfão de mãe desde os nove anos, Paulo seria criado pelo pai, português surdo que imigrou sozinho para o Brasil aos treze anos. Entre suas primeiras memórias, destaca o dia em julho de 1932 em que seu pai o buscou na igreja (que não costumava frequentar), anunciando lugubremente que "estourou a Revolução". Referia-se, é claro, ao movimento armado que ficaria conhecido como a Revolução Constitucionalista de 1932, que tinha por objetivo derrubar o governo provisório e autoritário de Getúlio Vargas.

Superada a prematura perda da mãe, a infância de Paulo Brossard viria a transcorrer sem percalços. Educado em colégios de freiras em Bagé, apaixonou-se por Machado de Assis e aprendeu, aos onze anos, a digitar "com todos os dedos" em uma máquina de escrever Remington. Aos treze, conta seu biógrafo que já assistia atento a comícios políticos e que se lembra do Golpe do Estado Novo em 1937. Aos quinze, aguardava ansioso pelas notícias da Grande Guerra que se iniciava na Europa, entregues "em tom marcial" pelo locutor de rádio de Bagé.

Em 1941, portando um salvo-conduto necessário mesmo para trajeto tão curto — não se podia circular livremente na ditatura varguista —, Paulo Brossard vai de Bagé a Porto Alegre para iniciar seus estudos de pré-vestibular para Direito, curso pelo qual se decidiu por sugestão do pai. Iniciava-se, ali, o primeiro capítulo de uma vida dedicada à profissão. Os horizontes de Brossard se expandiram consideravelmente a partir do momento em que declara ter entrado "de corpo e alma" na campanha de redemocratização, em 1945, dando os primeiros passos no ativismo que desenvolveria até sua entrada no Supremo Tribunal Federal. Não escondeu a tristeza quando Eurico Gaspar Dutra foi eleito presidente, tendo participado ativamente da campanha do opositor Eduardo Gomes, um udenista tão avesso ao legado trabalhista de Getúlio Vargas quanto o próprio Brossard.

Ainda estudante de Direito pela Universidade Federal do Rio Grande do Sul, Brossard se candidataria pela primeira vez a um cargo eletivo, pleiteando mandato como deputado estadual em 1947. Mesmo apoiando-se fortemente em seu significativo histórico como representante e presidente de organizações estudantis e expoente do movimento político local entre jovens, teve menos de quinhentos votos. Imbuído do antitrabalhismo, contudo, Brossard tornaria a atuar na campanha de Eduardo Gomes em 1950 (dessa vez contra o próprio Getúlio), ocasião na qual se candidatou novamente a deputado estadual, mas colhendo ainda menos sucesso do que na primeira tentativa. A essa altura, Brossard já advogava, e viria a tornar-se professor de Direito Civil.

Quarenta dias após a morte de Vargas, Paulo Brossard foi eleito deputado estadual em sua terceira tentativa, com 4.666 votos. O Partido Libertador, ao qual Brossard era filiado desde sua reorganização, em 1945, era defensor do parlamentarismo e federalismo — fundado originalmente em 1928, o partido apoiou o golpe dado por Vargas em 1930 e foi extinto em 1937, quando rompeu com o presidente às vésperas do Estado Novo.

Mesmo eleito deputado estadual e por todo o curso de seus três próximos mandatos, que durariam até 1966, Brossard nunca deixou de praticar a advocacia e atribuía a isso a independência necessária ao exercício dos mandatos políticos: "No dia em que deixar de ser advogado, eu perderei a minha independência, e não serei um bom deputado." Brossard chega até mesmo a considerar, com certa melancolia, que o mandato eletivo o prejudicou na advocacia, na medida em que precisou substabelecer suas causas mais importantes que envolviam Direito Fiscal e Tributário e a atuação contra a União, estados e municípios.

O período de Brossard na Assembleia Legislativa do Estado do Rio Grande do Sul (ALERGS), iniciado tão logo completou trinta anos, seria marcado pela oposição ao trabalhismo e por discursos tão apaixonados quanto improvisados. Membro de múltiplas comissões, incluindo a Comissão de Constituição e Justiça e diversas Comissões Parlamentares de Inquérito, aos poucos Brossard sedimentava sua imagem como um jovem jurista brilhante.

Em 1960, Brossard já havia transcendido o cenário estadual, projetando-se também na esfera federal. Nas eleições daquele ano, junta-se ao seu Partido Liberal no apoio ao ex-governador de São Paulo Jânio Quadros. Iludiu-se ao acreditar no jingle da vassoura, contudo, e faria coro com o restante do país ao considerar-se enganado por Jânio, sua inoperância e renúncia.

Brossard foi a Brasília em agosto de 1961 acompanhar as negociações em torno da emenda constitucional que garantiria a posse de João

Goulart após a renúncia de Jânio, sendo curiosamente um dos poucos gaúchos que se opôs ao Movimento da Legalidade capitaneado por Leonel Brizola, por entendê-lo conflitante com o texto da Carta de 1946. Na defesa do parlamentarismo — bandeira histórica do seu Partido Liberal — aceitou a alteração da Constituição Federal, que viu nesse regime a acomodação viabilizadora do mandato presidencial de Jango, sem conferir-lhe a totalidade dos poderes que teria no regime de outrora.

II. Nasce um opositor

Mesmo aceitando a posse de Jango, Brossard seguiria em ferrenha oposição ao novo presidente e aos trabalhistas, recusando-se a participar do plebiscito que, em 1963, decidiu pelo retorno ao presidencialismo, argumentando pela sua inconstitucionalidade. Anos depois, talvez por se opor mortalmente a Jango e tudo o que o trabalhismo representava, Brossard chegou a apoiar de início o que pensava ser uma intervenção militar em 1964. A seu biógrafo, Luis Valls, afirmou a respeito de Jango que "os grupos chamados de esquerda (...) começaram a cercar, e ele gostou daquela história. Isso é muito do sujeito de fronteira, ter relações ambíguas, mas o fato é esse: aquele governo foi se desmanchando, e chegou àqueles desatinos, àquelas burrices. Depois então veio 1964, que eu nunca desejei, mas achei que foi absolutamente normal, porque foi a legítima defesa de uma sociedade então diretamente ameaçada".

Como a história não tardaria a demonstrar categoricamente, contudo, tratava-se o ocorrido em abril de 1964 de um golpe de estado, barbárie distante do breve aparte contemporizador pelo qual muitos dos opositores do janguismo ansiavam. Nas décadas seguintes, no entanto, Paulo Brossard viria a se redimir pelo posicionamento inicial.

Os disparates cometidos pelos militares nos primeiros anos que se seguiram ao golpe de 1964 não passariam despercebidos por Brossard. O ponto de inflexão que determinaria sua mudança radical de posicionamento viria com a extinção de todos os partidos políticos por meio do Ato Institucional n.º 2, de 27 de outubro de 1965, que representaria a súbita aniquilação do Partido Libertador, no seio do qual Brossard militava há mais de vinte anos. Confrontado com a iminência da criação de dois partidos agigantados, que a seu ver "já nasceriam adultos", declara Brossard em um de seus discursos na ALERGS que "os partidos totalitários, os partidos absolutistas, estes se dominam com correntes de aço. Os partidos propriamente ditos, os partidos democráticos, estes não se unem e não se mantêm com cintos de ferro, mas se prolongam e unidos se conservam por fios de seda finos, quase invisíveis".

A transição de Brossard à posição de opositor do regime militar estaria completa, contudo, quando do seu primeiro embate frontal com a ditatura. Em 1966, mediante requerimento de instauração de Comissão Parlamentar de Inquérito apresentado pelo deputado Ayrton Barnasque, tomou conhecimento da morte do sargento Manoel Raymundo Soares em Porto Alegre. O corpo de Soares, que havia abandonado o Exército no Mato Grosso em 1964 e sido preso pelo Departamento de Ordem Política e Social (DOPS) em Porto Alegre, foi encontrado boiando em um rio com as mãos amarradas para trás, apresentando sinais claros de tortura e morte por "caldo".

Estarrecido com a violência, Brossard proferiu discurso cortante no plenário da ALERGS, chamando a atenção para a natureza política de da prisão de Soares, que durou 147 dias. Brossard destacou ainda o fato de que três habeas corpus teriam sido negados pela justiça militar, sob o argumento de que inexistiria preso com o nome do sargento. Colérico, Brossard acusa o governador arenista Ildo Meneghetti de crime de responsabilidade caso não demita prontamente os responsáveis pelo assassinato e clama que "espera ouvir do Governo, ou uma contradita formal ou uma negação categórica à notícia [de que o 'caldo' era um método infalível de interrogatório]. Não apenas a sua negativa, mas a demonstração de sua erroneidade, da sua falsidade".

Em 1967, após dois anos de ceticismo quanto ao novo sistema de bipartidarismo ficcional e já sob o entendimento de que "a chamada Revolução se perdeu, porque se divorciou da honra", Brossard viria a mudar definitivamente de posicionamento político, assumindo pelo MDB mandato como deputado federal. Na Câmara, participou da elaboração de malsucedido Projeto de Emenda Constitucional pela restauração das eleições diretas em todos os níveis — medida que, diga-se de passagem, ia ao encontro do seu histórico de defesa convicta do parlamentarismo, embora ainda tenha tentado defendê-lo como terceira via possível.

Um último e notável episódio marcaria a breve trajetória de Brossard na Câmara, antes do final de seu mandato em 1970. Em 2 de setembro de 1968, o deputado Márcio Moreira Alves proferiu discurso (hoje célebre) criticando duramente na tribuna a invasão da Universidade de Brasília por tropas do Exército e conclamando um boicote aos desfiles de 7 de setembro. Talvez pelo teor inflamatório, talvez por ter tocado o ego fragilizado dos soldados ao apelar "às moças que dançam com cadetes e namoram os jovens oficiais" que aderissem ao boicote, o Ministério da Justiça requereu uma licença especial para que Moreira Alves fosse processado por suas palavras.

Quando a maioria arenista da Comissão de Constituição e Justiça está em vias de manifestar-se em favor da licença para processar Moreira Alves, um irresignado Brossard toma a palavra na tribuna. Em discurso de mais de duas horas, que viria a ser censurado em diversas partes, clamou pela defesa da imunidade parlamentar e por uma tribuna livre — no dia seguinte, a Câmara votou contra a licença. Não tardou, contudo, para que a ordem fosse inteiramente subvertida, quando, em 13 de dezembro de 1968, é editado o infame Ato Institucional n.º 5.

O Congresso é então forçado a entrar em recesso por tempo indeterminado e reabriria só muitos meses depois, manietado, em outubro de 1969, para referendar a escolha de Emílio Garrastazu Médici para a presidência da república em solenidade da qual Brossard (àquela altura sem partido) optou por não participar. Requer, contudo, a publicação nos anais de discurso que não foi autorizado a fazer, e que viria a se tornar um de seus mais célebres. A respeito da escolha de Médici, imposta pelo alto comando das Forças Armadas a um Congresso que há meses não se reunia para deliberar o que quer que fosse, afirma que "só se escolhe quando há liberdade para escolher. Eleição sem liberdade para eleger será tudo, menos eleição".

Brossard termina seu mandato em 1970 renovando suas críticas à hipertrofia do sistema presidencialista e posicionando-se categoricamente contra os abusos do regime. Quando discursa na posse de Olavo Bilac Pinto no STF, consigna que "são passageiros, inexoravelmente transitórios, os regimes de exceção". Já em seu derradeiro discurso, não perde a oportunidade de arremeter contra o regime — a respeito do Poder Executivo, clama que

> se investiu, por autoridade própria, de todos os poderes, inclusive os constituintes, tornando-se incontrastável. Os demais existem na medida em que ele os tolera (...). Tais deformações não podem durar para sempre, disso estou convencido. Como convencido estou que a sua modificação não ocorrerá à custa de submissões. (...) Ao deixar esta tribuna ilustre, faço votos, os mais ardentes, no sentido da restauração da ordem legal, sem a qual não há paz, não há liberdade, não há segurança, não há sequer bom nome nacional. Faço votos de que a nação, dividida sobre si mesma, se reconcilie consigo mesma, sob o signo da Lei, da Ordem, da Justiça e da Liberdade.

III. Um senador contra o arbítrio

Candidato ao Senado em 1970, novamente pelo MDB, Brossard seria derrotado pelos dois candidatos arenistas após campanha que adjetivou de "lúgubre" por se seguir ao "genocídio" do AI-5. Suas desventuras nos anos seguintes não cessariam com o hiato compulsório na política — em 1971, o reitor da UFRGS, Eduardo Faraco, o afastaria do cargo de professor de Direito Constitucional, que vinha exercendo sem qualquer remuneração havia cinco anos. Mesmo após batalha judicial para reclamar seus vencimentos, no que se tornou uma questão de reparação moral, seguiu afastado do magistério e sem vencimentos permaneceu.

A volta por cima viria em 1974, quando, mais uma vez pelo MDB, Brossard lança-se novamente ao Senado. O Clube dos repórteres políticos de Porto Alegre propõe então a realização de um debate televisionado entre Brossard e Nestor Jost, o candidato governista — o MDB, temeroso quanto a eventuais perguntas feitas por jornalistas vinculados ao regime, pressiona para que o debate seja inteiramente baseado em perguntas livres entre os dois candidatos. Seria uma oportunidade valiosa para Brossard e sua oratória primorosa.

Realizou-se então um dos últimos grandes debates antes da proibição imposta pela lei Falcão. Com ironia e grande habilidade retórica, Brossard cativou o público e pautou o debate. Em dado momento, notando um erro cometido por Jost ao citar um artigo inexistente do Código Penal, Brossard leva a audiência ao riso ao retirar debaixo do seu inseparável chapéu fedora um exemplar do códice, convidando o oponente a consultá-lo: "Como ele pode estar despreparado, trouxe para socorrê-lo o Código Penal, para que mostre ao Rio Grande onde figura o monstruoso [artigo] 477. Está à disposição do doutor Nestor."

Sua altivez não foi suficiente, contudo, para impedir a censura de múltiplos trechos da transcrição do evento que seriam veiculados pela mídia no dia seguinte. Em uma declaração cínica, Jost havia afirmado no debate que "estamos fazendo aqui um debate inteiramente livre, nunca me ocorreu que este debate viesse a ser censurado" — trecho esse que foi publicado ao lado de receitas de bolo inglês e de docinhos de abóbora, em meio à abundância de parágrafos limados pela censura.

A campanha de Brossard prosseguiria com ares de triunfo anunciado, mesmo com recursos financeiros escassos em razão dos constrangimentos impostos àqueles que colaboravam financeiramente com as campanhas do MDB. Setores do trabalhismo, seus opositores históricos, e personalidades, como o escritor Erico Verissimo, lhe declarariam voto com grande entusiasmo: em carta publicada na íntegra no verso do livro *Oposição*, em que Brossard compilou seus debates no Senado em 1974, Verissimo lhe declara seu voto e afirma: "Não faz muito, uma pessoa de minhas relações — situacionista ortodoxo — escutou a meu pedido uma de suas magníficas palestras na televisão, ao cabo da qual, indignada, exclamou: 'mas esse homem é o próprio advogado do diabo!' Repliquei que ao contrário, uma vez eleito V. seria no Senado brasileiro o Advogado dos Homens."

Dias depois, ao ler, em um de seus comícios, bilhete em que o cantor e compositor Chico Buarque lhe declara apoio, conta Brossard que a massa presente explodiu a cantar "apesar de você, amanhã há de ser outro dia".

Em vitória simbólica e carregada de bons auspícios, Brossard conquista sua vaga no Senado com 53,6% dos votos — um dos dezesseis senadores emedebistas eleitos, contra apenas seis arenistas. Em demonstração sintomática da dureza do regime ditatorial então vigente, no auge dos anos de chumbo, sua primeira entrevista concedida ao *Jornal da Tarde* foi publicada retalhada pela censura, com uma "Receita para crianças" no meio. Apesar do clima social e político carregados, Brossard manteria o tom crítico ao regime. Em um de seus primeiros discursos como senador, afirmou:

> O Brasil não tem Constituição, tem leis e não tem lei. Nesse fato aberrante reside a causa das causas da continuada insegurança em que vive o país. A segurança é filha das leis; a quebra da legalidade é mãe da insegurança. (...) Quando a lei, como enfeite que se muda de lugar conforme o gosto, ou o capricho, é mudada aqui e ali, consoante a conveniência do dia ou o embaraço da ocasião, está rompida a teia invisível da segurança jurídica, sem a qual não há segurança alguma. E quando os governados não têm seguros os seus direitos, os governantes não têm seguro o seu poder.

A partir de 1974, o alcance da persona de Brossard é ampliado consideravelmente para além dos limites territoriais do Rio Grande do Sul. São dessa época seus discursos mais contundentes, compilados em seus livros *Oposição* (1975), *O ballet proibido* (1976), *É hora de mudar* (1977) e *Chega de arbítrio* (1978), em que militava pela abolição do AI-5, a redemocratização e a reforma constitucional. Em suas falas públicas, Brossard atacava corajosamente os desvarios do regime militar, expondo-os ao público com sua notória retórica — não lhe passavam despercebidas as bravatas da caserna, que fazia questão de manter vivas na memória popular.

Exemplo notório é o discurso que intitulou "O ballet proibido" (e que viria a integrar a obra homônima), proferido durante sessão do Senado Federal em 1976, em que Brossard chamou a atenção dos presentes para um ato de censura que causou grande comoção nacional pelo seu simbolismo. Na ocasião, Brossard relembrou aos senadores que a Rede Globo havia, injustificadamente, sido proibida pelo governo de transmitir o ballet "Romeu e Julieta", em apresentação comemorativa do bicentenário da companhia russa Bolshoi, que seria transmitida ao vivo por um pool de 111 emissoras ao redor do mundo. Trazendo à tona o sentimento anticomunista que acreditava ter motivado a arbitrária proibição, Brossard reproduziu em seu discurso trecho de artigo publicado pelo *Jornal do Brasil* de 29 de março de 1976, de autoria de Paulo Maia, em que constava que:

> (...) O Ballet Bolshoi, sabem os menos incultos, é uma respeitável e secular instrumentação internacional de dança. É tão marxista quanto o seria Leon Tolstói, e o germe da subversão comunista está presente nos compassos de sua dança como poderia estar vivo nas barbas do Czar Nicolau II. Sem medo de exagero, pode-se garantir que ele é tão soviético quanto Shakespeare é inglês. Quer dizer: trata-se de um patrimônio cultural da humanidade que não pode ser aprisionado pelo realismo socialista lucakseano nem vai deixar de falar a linguagem universal da dança por vontade de uma política, seja a nossa tropical, seja a temperada nas estepes da União Soviética.

O destaque assumido por Brossard no cenário oposicionista durante os anos de chumbo não viria sem contrapartida. Os boatos sobre sua cassação que circularam livremente nos últimos anos da década de 1970, no entanto, não o dissuadiriam da oposição aos desmandos do regime. O fascínio exercido por Brossard na tribuna era sentido até mesmo pelo presidente do Senado, o arenista convicto Magalhães Pinto, acusado de tolerância excessiva com profanação do tempo regimental. Respondia-se que para os grandes oradores não há regimento — o regimento era para conter mediocridades.

Brossard viria a tornar-se líder do MDB no Senado e vice-presidente do partido. Em 1978, quando um juiz federal declara a União responsável pela morte do jornalista Vladimir Herzog nos porões do Destacamento de Operações de Informação – Centro de Operações de Defesa Interna (DOI-CODI) em São Paulo, até então covardemente tratada por suicídio pelo regime, Brossard pede a transcrição da sentença para os anais do Senado e faz questão de recordar os recursos empregados pelo Estado para protelar a decisão. Também em 1978, foi até mesmo lançado candidato à vice-presidência pelo MDB, em candidatura natimorta mas simbólica, encabeçada pelo general Euler Bentes — a chamada anticandidatura. Durante um comício no Ceará, proferiria um de seus discursos mais contundentes contra o regime:

> "Eu não sei o que está para acontecer, mas posso declarar, nessa praça, que o Brasil não suporta mais a fraude e os governantes que se elegeram sem o voto popular (...). Nós estamos aqui declarando guerra ao arbítrio. Nós estamos aqui declarando guerra à prepotência. Nós estamos aqui declarando guerra à ditadura. Aqui nós estamos declarando guerra àqueles que dividem entre si o poder no Brasil à revelia do povo brasileiro."

Já no ocaso dos anos de chumbo, Brossard desempenharia ainda importante papel na aprovação da Lei da Anistia, em agosto de 1979. No dia da votação final, discursou contra o perdão aos agentes da repressão, que teriam torturado até a morte presos políticos, "mas não perdoa todos os acusados de subversão, por julgá-los terroristas". Irresignado, consigna que foi votado o projeto da "anistia restrita ou da anistia mesquinha, ou da anistia caolha, ou da anistia paralítica".

Sua vocalização contra a tortura não findaria tão cedo, aliás, em discurso de 1981, motivado pela ciência do caso da "Casa da morte" em Petrópolis-RJ (onde um grupo de presos políticos teria sido mantido preso e torturado, com apenas uma sobrevivente), defende enfaticamente que o caso seja investigado para eventual reparação civil da vítima pela União, a despeito da impossibilidade de responsabilização dos torturadores em razão da Lei da Anistia.

Os anos de grande destaque vividos no final da década de 1970, contudo, findariam em 1982, quando Brossard se candidata sem sucesso à reeleição ao Senado pelo MDB gaúcho.

IV. O retorno à democracia

Brossard, que não era grande entusiasta das eleições diretas para presidente e mantinha-se fiel à sua convicta defesa do parlamentarismo, não participou da campanha das Diretas Já. Não deixou de celebrar, contudo, a eleição de Tancredo Neves em janeiro de 1985, uma vitória da Aliança Democrática e o tão esperado golpe de misericórdia no agonizante regime ditatorial. Foi prontamente cotado para o Ministério da Justiça do novo governo, enquanto defendia a realização de uma assembleia constituinte como pressuposto para o reordenamento democrático.

Dias depois da prematura morte de Tancredo, Brossard viria a ser formalmente convidado por José Sarney para integrar o governo. Ainda não seria ministro, e sim empossado na Consultoria Geral da República, cargo de assessoramento jurídico da presidência, o que favoreceria a proximidade com Sarney e eventual assunção informal da função de porta-voz do governo. Enquanto consultor, Brossard voltaria a operar e interpretar o Direito depois de anos concebendo-o — elaboraria numerosos pareceres sobre temas diversos, desde o advento da lei de Informática à equiparação de vencimentos entre magistrados de um mesmo tribunal. Participou também ativamente da Comissão Provisória de Estudos Constitucionais, a "Comissão Afonso Arinos".

A reforma ministerial de 1986 seria o evento que catapultaria Brossard ao cargo que muitos entendiam ser seu de direito — o de ministro da Justiça. Marcada por grandes acontecimentos, sua atuação já se iniciou pela defesa do Plano Cruzado, reforma da economia consubstanciada em um decreto-lei sem a oitiva prévia do Congresso. Brossard retornou também a uma de suas pautas mais convictas e aguerridas

— o repúdio à tortura. Em 1986, foi ele o responsável pela reativação do Conselho de Defesa dos Direitos da Pessoa Humana — CDDPH e causou rebuliço entre os setores mais conservadores do governo ao determinar o desarquivamento do processo sobre o caso do ex-deputado Rubens Paiva, morto nas dependências da Polícia do Exército no Rio de Janeiro após uma sessão de tortura.

Em janeiro de 1989, Brossard deixa o Ministério da Justiça para assumir a vaga de Djaci Falcão no Supremo Tribunal Federal. Sarney, de quem àquela altura já tinha se tornado amigo, lhe tece infindáveis elogios, agradecendo-lhe as "incessantes provas de lealdade, apoio, amizade e estímulo que me ofereceu, no governo e fora dele, consolidando em meu espírito grande respeito e admiração crescente. Perde o Ministério, ganha a Justiça". Brossard foi o primeiro indicado ao Supremo a ser sabatinado, tendo sido aprovado com louvor pelo Senado.

A última década do século XX se iniciaria com grandes estardalhaços causados pelo primeiro presidente eleito diretamente desde a redemocratização — Fernando Collor. Enquanto Collor se ocupava de "matar a inflação com um tiro só", empregando estratégias ineficazes como o bloqueio de contas correntes, Paulo Brossard se encarregava da monumental tarefa de acomodar-se na posição de julgador, canalizando sua vasta experiência legislativa para o exercício adequado do novo cargo. Nos anos que se seguiriam, viria a provar estar à altura da incumbência — tornou-se célebre pela atuação prolífica, buscando ativamente o julgamento de processos há muito esquecidos (chegou a proferir voto num caso de 1938, o mais antigo em tramitação na corte) e atendendo prontamente a pedidos de preferência. Munido do pensamento de que seria inviável limpar as prateleiras da corte e ciente de que jamais poderia fazê-lo, concedia a primazia aos casos de quem manifestava interesse.

Um dos casos mais emblemáticos submetidos à análise do ministro Brossard, que tornaria o estudo de suas palavras um pressuposto do ensino de Direito Constitucional no Brasil, foi a controvérsia no bojo da Ação Direta de Inconstitucionalidade n.º 2, em que se discutia a compatibilidade de leis anteriores à Constituição com o novo texto magno. Na ocasião, Brossard entendeu pela impossibilidade jurídica da Ação Direta de Inconstitucionalidade para tratar de leis anteriores incompatíveis com a Constituição sobrevinda, sendo tais leis revogadas, mas não consideradas inconstitucionais — caía por terra a tese da inconstitucionalidade superveniente.

A escalada dos desmandos de Collor desaguaria em embates travados na arena do Supremo Tribunal Federal, muitos dos quais tendo em Brossard um dos mais consistentes protagonistas. Em 1991, o STF julgaria a constitucionalidade de dispositivos da lei n.º 8.024/90, produto da Medida Provisória n.º 168, que determinou o confisco das poupanças. Em seu voto, que restou vencido, Brossard consigna a respeito do tema que "a questão jurídica não é excepcional. Excepcional é o fato subjacente e que configura o maior assalto à fazenda privada jamais visto no Brasil". Em reprimenda velada (ou nem tanto) aos colegas favoráveis ao confisco, indica que "para negar a cautelar, várias foram as alegações deduzidas, mais ou menos terroristas (...). Todas as catástrofes choveriam se a Constituição fosse cumprida; essas alegações, *data venia*, não são jurídicas e não são lógicas".

V. Na plateia do impeachment

Em junho de 1992, por ocasião da aposentadoria do ministro Célio Borja, Brossard avança na fila da antiguidade e é eleito para a presidência do Tribunal Superior Eleitoral, fato que o leva, novamente pelas circunstâncias fortuitas da vida, ao centro de um dos mais dramáticos acontecimentos da política contemporânea brasileira — o impeachment de Fernando Collor.

O impeachment não era assunto estranho a Brossard, que em 1964 havia escrito o que por muitos foi considerada a obra seminal sobre o tema — *O impeachment: aspectos da responsabilidade política do presidente da República*. Como que pressagiando os eventos que se passariam quase trinta anos depois, lavrou Brossard a seguinte crítica, decerto tecida na esteira de sua aversão ao sistema presidencialista e de sua enfática defesa do parlamentarismo:

> Incapaz de solucionar as crises institucionais, o "impeachment", paradoxalmente, contribui para o agravamento delas. O instituto que, pela sua rigidez, não funciona a tempo e a hora, chega a pôr em risco as instituições, e não poucas vezes elas se estilhaçam. Representadas as forças em conflito, a dinâmica dos fatos termina por fender as linhas do instituto envelhecido e, transbordando do leito constitucional, a revolução passa a ser o rude sucedâneo do remédio tão minuciosa e cautelosamente disciplinado na lei. Desta realidade são testemunho as incursões armadas que pontilham, aqui e ali, os pleitos institucionais.

Concomitantemente à eleição de Brossard à presidência do TSE, o Congresso instalava em junho de 1992 Comissão Parlamentar de Inquérito (CPI) para investigar denúncias de corrupção envolvendo Collor e seu ex-tesoureiro de campanha, Paulo César Farias. Em seu relatório final, aprovado em agosto, a CPI efetivamente concluiu que o presidente Collor havia se beneficiado de "vantagens econômicas indevidas", provenientes do esquema de corrupção orquestrado pelo ex-tesoureiro. Foi então que a obra de Brossard foi reeditada pela primeira vez em quase trinta anos e, por sua inconteste relevância e qualidade, serviu de material de leitura para aqueles que buscavam informar-se sobre o instituto de nome estrangeiro que abalava os alicerces da débil democracia a duras penas reconquistada.

Apesar do interesse acadêmico e pessoal no caso, Brossard repetidamente votaria pelo não conhecimento de impetrações referentes ao processo de impeachment, muitas vezes vencido, porquanto estava convencido de que o STF não deveria se imiscuir em assuntos de competência privativa do Congresso Nacional. Tratava-se o impeachment, para o ministro, de processo eminentemente político, no qual uma corte constitucional em nada deveria ter ingerência, especialmente se considerada a jurisdição extraordinária dela retirada de forma expressa pela Constituição Federal em benefício do parlamento.

A licença para processar Collor na Câmara foi concedida em setembro de 1992. Em 2 de outubro, notificado da decisão, o presidente deixa o cargo em favor do vice Itamar Franco, vindo a renunciar em dezembro do mesmo ano de modo a evitar uma sentença que lhe seria certamente desfavorável. Curiosamente, em entrevista posterior, Brossard chegaria a rever suas convicções a respeito do impeachment, que no caso de Collor acabou por transcorrer sem maiores percalços ou ameaças à ordem institucional.

Ainda em meio a todo o alvoroço causado pela tramitação do processo de *impeachment* e afastamento do presidente, Brossard é instado, na condição de presidente do TSE, a presidir as eleições municipais de novembro de 1992. Sua maior contribuição neste cargo, contudo, viria a seguir — em abril de 1993, o país voltaria às urnas para votar em um plebiscito sobre a forma e sistema de governo, conforme previsto pelo Ato das Disposições Constitucionais Transitórias — o ADCT.

O plebiscito seria precedido de uma série de propagandas televisivas promovidas por coalizões, com o objetivo primário de convencer a população quanto ao valor de determinado sistema. O parlamentarismo, por exemplo, é inicialmente retratado como um golpe do Congresso contra as eleições diretas do sistema presidencialista, de modo a reviver chagas recentes — já também representada como opção à república, é defendida de forma um tanto patética por membros da antiga casa imperial pleiteantes ao trono. Brossard, no entanto, não ficaria satisfeito com o tom propagandista das peças publicitárias veiculadas — sentiu-se na obrigação de gravar aulas breves com explicações didáticas a respeito de cada proposta e críticas ao próprio plebiscito, quanto ao qual demonstrava ceticismo.

As gravações, amplamente veiculadas, renderiam em desfavor de Brossard acusações de interferência indevida, capitaneadas pelo antigo opositor trabalhista Leonel Brizola, então governador do Rio de Janeiro e membro da Frente Presidencialista. Sentindo-se insultado, Brossard pleiteia e obtém direito de resposta em rede nacional, então se põe a defender a justiça eleitoral, expondo até mesmo seus contracheques como evidência de que não agiria imbuído de nada além do mais genuíno dever cívico. Recusa-se a seguir respondendo diretamente a Brizola, entretanto — em suas palavras, "em primeiro lugar porque, nessa altura da vida, estou como Machado de Assis: tenho tédio à controvérsia. Em segundo lugar, porque não devo".

O plebiscito finalmente se realiza, sobrepondo-se às controvérsias e paixões pessoais dos setores envolvidos; o resultado, no entanto, não seria aquele há tanto almejado por Brossard — com 69% dos votos válidos, o presidencialismo triunfou sobre o parlamentarismo.

VI. Os últimos capítulos

Em outubro de 1994, Brossard completa setenta anos e é aposentado compulsoriamente do STF, embora por muitas vezes tenha afirmado que não se teria afastado voluntariamente se a escolha lhe houvesse sido facultada. À época, o senador Pedro Simon tentou até mesmo a edição de uma Emenda Constitucional que postergava o limite de aposentadoria compulsória para 75 anos — o projeto, contudo, não alcançaria Brossard e só seria votado anos depois. Maurício Correa o substitui, indicado pelo então presidente Itamar Franco, e seus colegas de corte lhe rendem homenagens enfáticas em discursos proferidos em sessão dedicada à sua aposentadoria.

Brossard voltaria a Bagé, sua cidade natal, para administrar fazendas e dedicar-se à esposa, três filhos e netos. Não deixa o Direito, é claro. Em 2007, voltou aclamado ao STF, novamente como advogado, e do lado que sempre lhe melhor caberia — o da Tribuna. Contratado pelo Partido da Frente Liberal (PFL), atuou no emblemático julgamento sobre fidelidade partidária. Com o brilhantismo que lhe era de praxe e seguiria a acompanhá-lo nos idos dos seus 73 anos, argumentou perante a corte que a lei brasileira obrigava os candidatos a cargos políticos a estarem filiados a siglas, arrazoando que a sistemática do sistema proporcional tornaria o mandato mais do partido do que do candidato. Ovacionado no plenário, inclusive por ex-colegas, teve lenientemente concedidos em seu favor minutos adicionais.

Em discurso de homenagem a Brossard proferido em 1996, o ministro Néri da Silveira o classifica como um ser "poliédrico". Uma descrição curiosa, mas que ressalta perfeitamente a complexidade de Brossard enquanto homem e grande advogado que sempre seria. Grande advogado, pois, mesmo descontados os intermezzos no exercício da profissão, advogado nunca deixou de ser — advogado da ordem, advogado das leis, advogado do Brasil e, como Erico Verissimo colocaria com tanta eloquência e singeleza, advogado dos homens.

Referências bibliográficas

BROSSARD, Paulo. *Chega de arbítrio!* Porto Alegre: L&PM Editores, 1978.

________. *É hora de mudar.* Porto Alegre: L&PM Editores, 1977.

________. *O ballet proibido.* Porto Alegre: L&PM Editores, 1977.

________. *Oposição.* Porto Alegre: L&PM Editores, 1975.

________. Sobre a redemocratização (29 out. 1986). Entrevistador: Rodolfo Gamberini. São Paulo: Roda Viva. Disponível em: https://rodaviva.fapesp.br/materia/459/entrevistados/paulo_brossard_1986.htm. Acesso em 4 de março de 2023.

FAVER, Marcus. "Impeachment: evolução histórica, natureza jurídica e sugestões para aplicação". *Revista de direito administrativo*, 271, 319-343, 2016.

FONTAINHA, Fernando de Castro; SILVA, Ângela Moreira Domingues da; NUÑEZ, Izabel Saenger. *História oral do Supremo [1988-2013]* - Paulo Brossard. v. 20. Rio de Janeiro: FGV Direito Rio, 2017.

BROSSARD, Paulo. *In*: *Dicionário Histórico-Biográfico Brasileiro*. Rio de Janeiro: FGV, [s.d.]. Disponível em: http:// www.fgv.br/cpdoc/busca/Busca/BuscaConsultar.aspx. Acesso em 4 de março de 2023.

SALLUM JR., Basílio. O impeachment de Fernando Collor: Sociologia de uma crise. 1.ª ed. São Paulo: Editora 34, 2015.

SUPREMO TRIBUNAL FEDERAL. Espaço Memória [Paulo Brossard]. Brasília: TV Justiça, 9 abr. 2012. Programa de TV.

SUPREMO TRIBUNAL FEDERAL. *Paulo Brossard: Discursos proferidos no STF, a 9 de maio de 1996, por motivo de sua aposentadoria*. Brasília, 1996.

VALLS, Luiz. *Brossard: 80 anos na história política do Brasil.* Porto Alegre: Artes e Ofícios, 2004.

PONTES DE MIRANDA

Marcelo Barbosa[1]

> *"Nenhum problema é mais profundamente interessante para a vida prática dos povos do que o da orientação científica do Direito."*
> Francisco Cavalcanti Pontes de Miranda[2]

Uma simples passada de olhos pelos nomes dos juristas contemplados nesta coletânea não deixa margem para dúvidas sobre sua importância na construção do Brasil. Além disso, chama igualmente a atenção a variedade das contribuições dadas pelos diversos personagens resenhados. Em comum, todos merecem ser referidos como *juristas*, um termo que, pelo uso irrefletido, vem perdendo seu significado, como se pudesse ser associado a qualquer pessoa remotamente relacionada ao exercício de alguma carreira jurídica.

Portanto, além do mérito principal do organizador desta obra, que é jogar luz sobre brasileiras e brasileiros notáveis que ajudaram a construir o Brasil por meio de relevantes carreiras no mundo do Direito,

---

[1] Bacharel em Direito e mestre pela Universidade Columbia (EUA). Advogado nas áreas de Direito Societário do Mercado de Capitais. Ex-presidente da Comissão de Valores Mobiliários.

[2] MIRANDA, Pontes de. *Sistema de ciência positiva do Direito*. 2.ª ed. Rio de Janeiro: Borsoi, 1972, tomo III, p. 59.

percebe-se uma externalidade positiva para o próprio conceito de *jurista*, devidamente restabelecido em sua importância original.

A grandeza do jurista não é, necessariamente, determinada pela extensão ou variedade de sua obra. Há juristas cuja obra se restringe a um campo do direito, ou mesmo a um tema específico, no entanto contribuíram de forma muito mais relevante para a sociedade que outros cujo trabalho avançou sobre maior variedade de temas. Mal comparando, questionar sua importância seria como colocar em xeque a genialidade de Garrincha sob o argumento de que o mítico jogador do Botafogo sempre driblava para o mesmo lado. Ora, foi driblando sempre para o mesmo lado que passou por todos seus marcadores e, entre outros feitos, se tornou o personagem principal da Copa de 1962.[3]

Porém, quando se considera o alagoano Pontes de Miranda, não há como escapar dos superlativos. Se é certo que a primeira associação que se faz a seu nome é o monumental *Tratado de Direito Privado*, formado por sessenta volumes, que totalizam mais de trinta mil páginas, e produzido ao longo de quinze anos, não se pode, em um ensaio como este, deixar de mencionar muitas outras obras jurídicas de enorme relevância, além de trabalhos em diversas outras áreas. Seria uma omissão completamente descabida e que, com todo o respeito ao *Tratado*, não permitiria aos leitores mensurar a real estatura do jurista.

Embora o *Tratado de Direito Privado* seja um trabalho sem paralelo no Brasil — e possivelmente no mundo —, por seu alcance, organização, profundidade e renitente atualidade, Pontes de Miranda tranquilamente estaria entre os maiores juristas do país ainda que não o houvesse concebido. Do mesmo modo, ainda que sua obra se resumisse ao *Tratado*, igualmente estaria nivelado aos principais juristas brasileiros.

Afinal, produziu mais de uma centena de títulos jurídicos de grande importância (alguns formados por diversos tomos), além de trabalhos nas áreas de filosofia, ciências sociais, ciência política e psicologia. Na literatu-

[3] Antecipo-me àqueles que poderão alegar que Garrincha, naquela Copa, ampliou seu repertório e anotou gols de cabeça, de falta e com a perna esquerda. Foi algo residual, que em nada altera a característica dominante do gênio.

ra, escreveu romances e volumes de poesia. Além disso, segundo os especialistas em sua obra, Pontes de Miranda produziu importantes trabalhos em matemática e física e, não bastasse, teria descoberto uma bactéria.[4]

Em uma leitura mais apressada, os voos de Pontes de Miranda sobre outras áreas podem soar como excentricidade ou diletantismo, sem maiores preocupações com conteúdo. Contudo, essa rara combinação de amplitude e profundidade intelectual é um dos principais traços que distinguem o mestre alagoano de seus pares. O então senador Paulo Brossard, em discurso de homenagem póstuma ao jurista feita em 1980, observou, com acerto, que embora o volume da obra jurídica de Pontes de Miranda impressionasse, sua qualidade era ainda mais impressionante.[5]

Aos trinta e poucos anos, interessado em física, Pontes de Miranda foi instigado pelo estudo da Teoria da Relatividade. Após refletir, não se convenceu de alguns aspectos da teoria e, aproveitando passagem de Albert Einstein pelo Rio de Janeiro em 1924 (quando Pontes de Miranda já vivia na cidade), compareceu a evento de que participava o físico, para lhe inquirir, diretamente, no idioma alemão. Segundo relatos, Einstein ouviu as observações do jurista local e, embora discordasse das reservas feitas a sua teoria, agradeceu e sugeriu que Pontes de Miranda as formalizasse e submetesse ao congresso de física que seria realizado na Europa.[6]

Diz-se *polímata* da pessoa que estuda ou conhece várias ciências. Exemplos notórios não faltam, dentre os quais Leonardo da Vinci, Isaac Newton, Marie Curie e Benjamin Franklin. Embora cada uma das pes-

---

[4] Conforme o jurista Marcos Bernardes de Mello, grande conhecedor da obra de Pontes de Miranda, tal descoberta lhe rendeu homenagem no nome da bactéria: *pontesiae* ("A genialidade de Pontes de Miranda", *Getúlio*, n.º 8, ano 2, mar. 2008, p. 45).

[5] "Se considerada em termos quantitativos, a obra de Pontes de Miranda espanta, mais espanta se apreciada em termos qualitativos. Desde o estilo, terso, enxuto, asseado, de pura vernaculidade, até a erudição, a originalidade, a acuidade, a finura, a exatidão, a percuciência, a inventar e a apurar conceitos". *Revista de Informação Legislativa*, Brasília, n.º 65, jan/mar, 1980, p. 27.

[6] Como não encontrei fontes sobre a inusitada passagem além de trechos de artigos sobre a vida de Pontes de Miranda (nenhum dos quais cita, por exemplo, registro jornalístico), a descrição não pôde ser feita em maior detalhe.

soas citadas seja mais associada a uma área do conhecimento — ou das artes, no caso de Da Vinci —, o amplo domínio de outras áreas é característica marcante de personalidades ditas polímatas.

Se os exemplos mais conhecidos de polímatas são provenientes dos grandes centros econômicos, ou de momentos históricos mais propícios, como o Iluminismo ou o Renascimento, também encontraremos autênticos polímatas em localidades menos conhecidas do grande público, como a pequena São Luís do Quitunde, cidade alagoana localizada ao norte da capital Maceió.

Pois foi em Quitunde que Francisco Cavalcanti Pontes de Miranda nasceu em 23 de abril de 1892.[7] Filho e neto de matemáticos, foi incentivado pelo pai a estudar matemática e física em Oxford aos 16 anos, e teria ido não fosse por intervenção de uma tia que o convenceu a estudar na importante Faculdade de Direito do Recife. Não se afastou, contudo, da matemática nem da física, que seguiram em sua esfera de interesse intelectual — como veio a testemunhar um dos maiores físicos de todos os tempos.

Graduou-se aos dezenove anos, quando já havia publicado seu primeiro trabalho, *À margem do direito*, ambicioso ensaio sobre psicologia jurídica de linguagem bastante rebuscada, mesmo para os padrões da época, e de conteúdo reconhecido por um dos principais expoentes da Escola do Recife, onde Pontes de Miranda há pouco havia colado grau. Disse Clóvis Beviláqua: "sua imaginação empresta ao livro uma feição particular e faz, muitas vezes, o pensamento adejar curioso pelas regiões do direito, como se fossem domínios da arte, mas foi, precisamente, essa faculdade, que o fez ver, com clareza, o que a muitos se afigura obscuro: a unidade fundamental dos fenômenos servindo de base a unidade da ciência".[8]

E aqui observo não apenas a impressionante maturidade intelectual do então jovem jurista em formação, que o permitiu entender e

[7] Seu nascimento prematuro parece um sinal de que teria muito a fazer na vida e, portanto, seria preciso começar logo.
[8] *Revista de Informação Legislativa*, Brasília, n.º 65, jan./mar., 1980, p. 31.

transmitir, de forma organizada, sua visão própria sobre conceitos de alta complexidade, mas também uma primeira manifestação de outra característica de Pontes de Miranda: a construção de conceitos e sistemas sobre os quais assentaria os muitos estudos que viriam a seguir. Para ele, não bastava investigar o fenômeno jurídico e comentar a seu respeito, era necessário que tudo se desse dentro de um arcabouço teórico e conceitual de sua própria criação.

No mar de possibilidades que a obra de Pontes de Miranda apresenta, recorro, neste ensaio, ao objetivo principal da coletânea — apresentar os grandes *juristas* que construíram o Brasil — e me ancoro na obra jurídica do alagoano. O que está muito longe de ser uma delimitação rigorosa, mas permite a condução ao longo de uma linha mestra traçada pelo personagem, sem desvios pelos tantos caminhos que se apresentam.

Se a obra jurídica de Pontes de Miranda oferece inúmeros caminhos para quem queira estudá-la, seu gigantismo e variedade acabam, no entanto, convidando a um instigante paradoxo, na medida em que se pode cogitar que apenas o próprio Pontes de Miranda seria capaz de estudar a totalidade de sua própria obra. Essa ideia, embora apenas uma provocação, de certa forma ajuda a explicar um diagnóstico que os estudiosos fazem a respeito de sua obra: "muito conhecida, mas pouco lida."

Nessa linha, admito que uma das razões que levaram à escolha de Pontes de Miranda como tema de minha contribuição à coletânea foi justamente a contradição entre a aparente familiaridade que o meio jurídico aparenta ter com o jurista — frequentemente referido apenas como "o Pontes" — e o desconhecimento a seu respeito além da autoria do *Tratado de Direito Privado*.

Pontes de Miranda não é único apenas por ter produzido o *Tratado*. Na realidade, aprender sobre esse jurista é perceber que invulgar é adjetivo que lhe cai bem. E isso não apenas pelo volume, variedade e profundidade de sua obra, que já o colocam em prateleira destacada no universo dos pensadores do Direito no Brasil.

Há, além de tais características, seu singular modo de trabalho, que parte da construção de um arcabouço teórico próprio, que se revela ao longo de toda a sua produção jurídica, especialmente no *Sistema da ciência positiva do Direito* (em que suas bases são apresentadas) e no *Tratado de Direito Privado*, monumental obra que, por seu próprio gigantismo, somente se viabiliza como sistema graças a uma organização primorosa.

O rigor científico de Pontes de Miranda, que durante toda sua carreira se dedicou a compreender a questão do *conhecimento* e tratou o Direito como ciência necessariamente entrelaçada às outras ciências humanas e sociais,[9] não se repete em outros estudiosos brasileiros do fenômeno jurídico.

De fato, quando se examina o conjunto da obra de Pontes de Miranda, percebe-se um cuidadoso trabalho de entendimento do fenômeno jurídico sob os pontos de vista filosófico, psicológico e sociológico. Fixados os conceitos relevantes dentro da visão pontiana, cada estudo produzido respeitou a mesma sistemática original estabelecida pelo autor desde, principalmente, seu *Sistema de ciência positiva do Direito*, obra que publicou em 1930, aos 22 anos, em que estabelecem seu conceito de Direito e a metodologia de análise do fenômeno jurídico que adotaria dali em diante.[10]

O modelo utilizado por Pontes de Miranda impressiona não apenas por ser criação sua em idade ainda jovem, mas por se distinguir das fontes a que recorreu — autores alemães, em sua grande maioria — a ponto de ser considerado um modelo original, com características próprias. A esse respeito, Clóvis Beviláqua observou que, se o jurista alagoano teve precursores, não teve modelos.[11]

Uma das principais construções teóricas do mestre foi com relação ao entendimento do fato jurídico. O jurista Marcos Bernardes de Mello

---

[9] RODRIGUES, Horácio; HEINEN, Luana. "A ânsia por tudo conhecer: a epistemologia de Pontes de Miranda". Disponível em: http://www.publicadireito.com.br/artigos/?cod=d594b1a945b5d645. Acesso em 12 de fevereiro de 2024.

[10] Mello (2008) observa que, mais de quarenta anos depois da publicação do *Sistema*, Pontes de Miranda seguia fiel aos conceitos e metodologia que havia estabelecido, a ponto de, na reedição da obra em 1972, apenas fazer "alguns acréscimos, em adendos, nos quais estuda problemas surgidos nos cinquenta anos perlustrados entre uma e outra edição".

[11] *Revista de Informação Legislativa*, Brasília, n.º 65, jan./mar., p. 25, 1980.

observa[12] que foi Pontes de Miranda que desenvolveu o conceito de *incidência* da norma, que aplicada a determinado suporte fático o torna fato jurídico e torna sua aplicação obrigatória. Se houve estudos anteriores a Pontes de Miranda que trataram do suporte fático, foi ele quem deu o passo seguinte, esclarecendo a relação entre a norma jurídica, o fato jurídico e a eficácia a partir da incidência.

Após o *Sistema de ciência positiva do Direito*, quando seu pensamento a respeito da sistematização do Direito já estava, na essência, bem descrito, o mestre alagoano produziu excepcionais estudos sobre diversos temas de Direito Material e Processual, dentre os quais *Tratado da ação rescisória*; *Das Obrigações por Atos Ilícitos*; *Comentários ao Código de Processo Civil*; *Comentários à Constituição* (de 1937, 1946 e 1967); *História e prática do habeas corpus; Tratado de Direito Cambiário*; *Tratado de Direito de Família*; *Os fundamentos atuais do Direito Constitucional, História e prática do arresto e embargo*, e mais de uma centena de outros títulos sobre temas jurídicos, mas também nas áreas de filosofia e psicologia, além de uma série de obras literárias.

Essa característica de Pontes de Miranda justifica seu destaque não apenas entre os juristas nacionais, mas também no plano internacional. Quantos foram os estudiosos que, após construírem seu entendimento teórico do Direito em bases gerais, também produziram obras sobre os institutos jurídicos e comentaram o Direito positivado? Não se trata de feito que pode ser relativizado de maneira alguma.

E a atividade jurídica de Pontes de Miranda não se limitou à produção de estudos. Teve intensa atuação como parecerista, com enorme quantidade de clientes e advogados que buscavam obter o respaldo do jurista para suas teses — era grande o interesse por sua opinião. Fruto dessa atividade, a coletânea *Dez anos de pareceres* se destaca no conjunto da obra, por permitir uma visão sobre a abordagem do jurista aos casos concretos. O enfoque é diferente, como não poderia deixar de ser, mas dentro do arcabouço teórico concebido no início dos anos 1930.

---

[12] MELLO, op. cit., p. 47.

Infelizmente não conheci Pontes de Miranda, mas ouvi vários relatos de encontros com o jurista em sua casa na rua Prudente de Morais, em Ipanema, onde recebia clientes e advogados que iam consultá-lo e acabavam passando boas horas ouvindo o mestre contar passagens de sua vida, que por vezes envolviam Einstein, algum presidente ou até mesmo o Papa João XXIII, que o teria recebido no Vaticano.

Dada a magnitude da obra do jurista, podemos tanto nos perguntar como ainda conseguiu produzir o *Tratado de Direito Privado* quanto concluir que somente alguém com tanta capacidade de trabalho poderia produzir conjunto de estudos colossal como fez Pontes de Miranda.

O *Tratado*, embora concluído há mais de cinquenta anos, segue sendo referência e fonte de consulta para qualquer questão que surja a respeito dos temas abrangidos em seus sessenta tomos. Não foram poucas as vezes em que recorri ao *Tratado* para esclarecer dúvidas sobre assuntos relacionados a sociedades anônimas e encontrei comentários concisos, precisos e quase premonitórios de uma realidade difícil de se antever nos longínquos anos 1950 e 1960. Isso para falar apenas de um tema de Direito Privado sobre o qual Pontes de Miranda não chegou a produzir obras específicas. Ainda assim, a referida obra se revela ótima fonte de consulta sobre matéria societária.

A "Parte geral" do *Tratado de Direito Privado*, que abrange os seis primeiros tomos, é onde se apresentam as ideias mais inovadoras do jurista, em especial as que se referem à teoria do fato jurídico, aos planos da existência, validade e eficácia e à teoria da relação jurídica. De certa forma, são extensões de seus estudos iniciados a partir do *Sistema da ciência do Direito Positivo* que foram se direcionando para o mundo do Direito Privado e servindo de esteio para o *Tratado*.

Quem se depara com a obra, em seus sessenta tomos, precisa entender que está diante do resultado de um esforço que se estendeu ao longo de quinze anos. Há que se celebrar o autor não apenas por ter conseguido concluir a obra, mas igualmente por ter, durante quinze anos de produção, preservado a visão do *Tratado* como um todo e mantido sua sistematização coerente a ponto de tratar de forma harmônica tópicos que constam em diferentes tomos, escritos em intervalos de vários anos.

Outra peculiaridade do *Tratado de Direito Privado* que merece registro é o fato de que mesmo observações laterais constam do corpo principal do texto e não de notas de rodapé ou de final.[13] Com isso, a leitura da obra se torna um trabalho ainda mais exigente, como já seria de qualquer forma, em se tratando de Pontes de Miranda.

Verdadeiro monumento, essa obra é sem igual na literatura jurídica mundial. Mesmo vista com os olhos do momento em que foi lançada, quando a produção de tratados jurídicos ainda era comum, a obra merece destaque absoluto. Acredito que apenas a produção do *Tratado* já justificaria a posição de Pontes de Miranda entre os maiores juristas brasileiros.

Em 1979 deu-se o último evento importante da vida do jurista: sua eleição para a Academia Brasileira de Letras, onde ocupou a cadeira n.º 7, sucedendo ao jurista Hermes Lima, e seu discurso de recepção foi feito por outro, Miguel Reale. Como reconheceu o grande jurista alagoano em seu discurso de posse, a Academia Brasileira de Letras foi a única entidade para a qual apresentou sua candidatura. Somente na terceira tentativa, aos 87 anos, que Pontes de Miranda se tornou imortal.

Poucos meses depois, como se o próprio tempo estivesse aguardando que conseguisse realizar sua vontade de tantas décadas, veio a falecer.

[13] Como observado por MELLO, op. cit., p. 47.

AMARO CAVALCANTI SOARES DE BRITO

Marcelo Navarro Ribeiro Dantas[1]
Tatiana Barroso de Albuquerque Lins[2]

"[D]o *menino* se fez o *homem*; como do *homem* se fez o *cidadão*; como do *discípulo* se fez o *mestre*; como do *mestre* se fez o *publicista*; como do *publicista* se fez o *advogado*; como do *advogado* se fez o orador *parlamentar*; como do *parlamentar* se fez o *político*; como do *político* se fez o *diplomata*; como do diplomata se fez o *Estadista*!" (grifos do autor)[3]

1. Introdução

Amaro Cavalcanti foi o único norte-rio-grandense a chegar ao Supremo Tribunal Federal. Foi, até hoje, o único ministro do Supremo que não se formou no Brasil. Provavelmente será o primeiro daquela Casa a ter um irmão nos altares, venerado como santo.[4]

---

[1] Doutor em Direito pela Pontifícia Universidade Católica de São Paulo. Ministro do Superior Tribunal de Justiça.

[2] Pós-graduanda em Produção editorial pela LabPub. Bibliotecária do Superior Tribunal de Justiça.

[3] GUEDES, Pelino. *Biographia de Amaro Cavalcanti*: ministro da Justiça e Negócios Interiores. Rio de Janeiro: Typ. Leuzinger, 1987, p. 17.

[4] Alguém poderá dizer que não são méritos do biografado as virtudes do irmão. Todavia, elas aqui são mencionadas não apenas por serem tão especiais, mas para mostrar que a família e o entorno de Amaro — a região potiguar do Seridó — eram capazes de gerar pessoas tão diferenciadas.

Vamos contar aqui um pouco de sua história de singularidades e tentar mostrar por que ele — que, além de juiz da Suprema Corte, foi, entre outras coisas, senador, deputado federal, diplomata, ministro da Justiça, ministro da Fazenda e prefeito do Distrito Federal — é um dos juristas que formaram nosso país.

2. Dados biográficos (15/08/1849-28/01/1922)

Amaro Cavalcanti nasceu em uma fazenda às margens do rio Piranhas (ou Açu[5]), numa parte do município de Caicó, que dele depois se desmembrou e atualmente se chama Jardim de Piranhas.[6 e 7]

Filho de Amaro Soares Cavalcanti de Brito e Ana de Barros Cavalcanti, tinha como irmãs Militana Cavalcanti de Brito, Ana Cavalcanti e Josefina Cavalcanti. Não há, a respeito delas, que se tenha encontrado, registros históricos dignos de nota, afinal, viviam em uma sociedade patriarcal onde cabiam às mulheres as tarefas domésticas.[8] Mas seu irmão, o padre João Maria, assim como o próprio Amaro, desde cedo, tiveram destaque nos estudos.

Seu irmão mais velho era o padre João Maria, considerado "o santo de Natal", capital do Rio Grande do Norte.[9]

---

[5] Muitos defendem a grafia *Assu*.

[6] DEPARTAMENTO ADMINISTRATIVO DO SERVIÇO PÚBLICO. *Amaro Cavalcanti*. Rio de Janeiro: DASP, 1956, p. 8.

[7] Deveria ser Jardim *do* (rio) Piranhas.

[8] SOUZA, Carlos Adel Teixeira de. *Amaro Cavalcanti*. Natal: Sebo Vermelho, 2009, pp. 29-30.

[9] "João Maria era um sacerdote integral: zeloso pela salvação das almas, desprendido do que era da terra, para pregar melhor o que era do céu, ele o fez sempre com a palavra, com o exemplo e, até mesmo, com a pena de jornalista", disse o monsenhor Landim. 1) João Maria nasceu em 23 de junho de 1848, véspera de São João, na Fazenda Logradouro do Barro, que na época pertencia a Caicó. Seu nome foi escolhido por sua avó por ter nascido na véspera do dia de São João (Documentário do jornal televisivo RN1 sobre o padre João Maria. Disponível em: https://globoplay.globo.com/v/11527472/?s=0s. Acesso em 9 de junho de 2023). Ingressou aos doze anos no seminário de Olinda. Além da escolarização, cursou filosofia, direito canônico e teologia. Recebeu o subdiaconato no dia 6, o diaconato no dia 19 e a ordenação presbiteral — em ordenação geral, pela imposição das mãos de dom Luís Antônio dos Santos, primeiro bispo do Ceará —, na Capela de Nossa Senhora da Conceição da Prainha, no dia 30 de novembro de 1871 (MARINHO, Francisco Fernandes. "O monsenhor Landim e 'um perfil de

Casou-se com Henriqueta Ferreira Catão, filha do juiz Ferreira Catão, com quem teve uma filha, Luzia Cavalcanti Linhares, ex-primeira-dama do Brasil.[10] Ficou viúvo em 1888.

---

sacerdote'". *Gazeta de Natal*, Natal, 3 jul. 2022. Disponível em: https://www.gazetadenatal.com.br/noticia/2262/o-monsenhor-landim-e-aum-perfil-de-sacerdote. Acesso em 20 de março de 2023). A primeira missa por ele rezada ocorreu no dia 10 de dezembro do mesmo ano, na Igreja Matriz de Sant'Ana, em Caicó. Seu lema eclesiástico era *omnia in omnibus*, isto é, "ser tudo para todos". 2) Em 10 de maio de 1901, na Igreja Bom Jesus das Dores, Pe. João Maria batizou Luís da Câmara Cascudo, que foi apadrinhado pelo então governador do RN, Joaquim Ferreira Chaves, e sua esposa, Alexandrina Barreto Ferreira Chaves. 3) Fundou o jornal *8 de Setembro* (jornal católico), onde defendia a causa da abolição dos escravos. Fundou também a Sociedade Libertadora Norte-rio-grandense em 1.º de janeiro de 1888, sendo seu primeiro presidente. (Fundada por padre João Maria, Pedro Velho de Albuquerque Maranhão e Alberto Frederico de Albuquerque Maranhão). Ficou conhecido como "Pai dos negros forros". (CICCO, Januário. Padre João Maria. *Revista da Academia Norte-rio-grandense de Letras*, Natal, v. 1, p. 39, 1951). 4) Em 1905, Natal sofreu com uma epidemia de varíola. Pe. João Maria, então pároco da principal paróquia de Natal, Nossa Senhora da Apresentação, cuidava dos doentes pessoalmente e terminou por contrair a doença, que depois o levou à morte. Tinha 57 anos. 5) Quase toda a população de Natal, cerca de 20.000 habitantes, participou do enterro. Desde então, foi batizado pelo próprio povo como o santo de Natal. Por causa dele, o nome João Maria é mais comum em Natal do que em qualquer outro lugar. (DUTRA, Arthur. "10 fatos sobre o padre João Maria, o santo de Natal". Natal, 19 ago. 2021. Disponível em: https://arthurdutra.medium.com/10-fatos-sobre-o-padre-jo%C3%A3o-maria-o-santo-de-natal-964014aa77e. Acesso em 21 de março de 2023). "[A] Diocese de Natal incentivou a construção de uma identidade católica pautada na figura do padre João Maria e que no processo dessa elaboração os escritos do monsenhor José Alves Landim desempenharam um papel fundamental." "6) [O padre João Maria] Foi sepultado no cemitério do Alecrim, mas em 1979 uma parte dos seus restos mortais foi transportada para a Igreja de Nossa Senhora de Lourdes, situada no Alto do Juruá, em Petrópolis. O altar desta igreja está localizado no local exato onde ele faleceu. 7) Possui o título canônico de Servo de Deus desde 2004, conferido pela Igreja Católica aos que estão com processo de beatificação aberto. O postulador oficial da causa da beatificação do Pe. João Maria junto ao Vaticano é o monsenhor José Mário. 8) Em sua homenagem foi confeccionado um busto, que está fixado num pedestal que fica na Praça Padre João Maria, na Cidade Alta, atrás da Igreja Matriz, onde foi pároco por vários anos. Todo dia 16 é celebrada uma missa nesta praça em honra do santo de Natal. (A praça se chamava Praça da Alegria e foi rebatizada como Praça Padre João Maria.) 9) É o patrono da cadeira n.º 11 da Academia Norte-rio-grandense de Letras. 10) O historiador Luís Eduardo Brandão Suassuna, o Kokinho, está organizando uma nova edição da biografia do padre João Maria, escrita em 1935 pelo monsenhor José Alves Landim." (DUTRA, Arthur. "10 fatos sobre o padre João Maria, o santo de Natal". Natal, 19 ago. 2021. Disponível em: https://arthurdutra.medium.com/10-fatos-sobre-o-padre-jo%C3%A3o-maria-o-santo-de-natal-964014aa77e. Acesso em 21 de março de 2023).

[10] GUEDES, Ciça; MELO, Murilo Fiuza de. *Todas as mulheres dos presidentes*: a história pouco conhecida das primeiras-damas do Brasil desde o início da República. Rio de Janeiro: Máquina de Livros, 2019.

Novamente se casou, agora em 8 de novembro de 1890, com Eponina de Souza Ferreira, com quem teve a filha Vera Cavalcanti de Caracas.[11]

A morte da filha, depois, tornaria seu sorriso raro e o deixaria menos comunicativo. Ele faleceu pela manhã, no dia 28 de janeiro de 1922, em sua residência.[12] "Amaro Cavalcanti solicitou por escrito a sua família que seu enterro fosse em caixão de 3.ª classe e que se efetuasse em sepultura rasa, no cemitério de São João Batista, às 3 horas da tarde."[13]

3. A vida pública multifacetada de Amaro Cavalcanti

De seu local de nascimento, ele se mudou para Caicó, então sede do município, onde estudou latim. Trabalhou como comerciante e caixeiro ainda na adolescência.

Depois, foi professor, por concurso público, de latim, no Maranhão e em Baturité, importante cidade do Ceará. Envolveu-se então em lutas partidárias, foi filiado ao partido conservador e fundou jornais para os quais escrevia.[14 e 15]

---

[11] PROCLAMAS. *Jornal do Commercio*, Rio de Janeiro, 18 set. 1890. Disponível em: https://memoria.bn.br/DocReader/DocReader.aspx?bib=364568_08&pesq=%22eponina%20de%20souza%22&pasta=ano%20189&hf=memoria.bn.br&pagfis=1939. Acesso em 9 de junho de 2023. DR. AMARO Cavalcanti: o falecimento, hontem, do illustre brasileiro. *Jornal do Commercio*, Rio de Janeiro, 29 jan. 1922. Disponível em: http://memoria.bn.br/pdf/030015/per030015_ 1922_00025.pdf. Acesso em 9 de junho de 2023.

[12] LAMARTINE, Juvenal. Amaro Cavalcanti: homem de pensamento e ação. *Revista da Academia Norte-rio-grandense de Letras*, Natal, v. 1, pp. 16-29, 1951. Juvenal Lamartine ocupou a cadeira n.º 12, que era de Amaro Cavalcanti, na ANRL (patrono da cadeira).

[13] LYRA, Anderson Tavares de. *Dr. Amaro Cavalcanti*. [*S. l.*], 2016.

[14] DEPARTAMENTO ADMINISTRATIVO DO SERVIÇO PÚBLICO. *Amaro Cavalcanti*. Rio de Janeiro: DASP, 1956, p. 9. Para a historiadora Fabiana Sena, a imprensa da época contribuiu muito para a consagração de Amaro Cavalcanti. Divulgavam toda a transição de sua carreira, suas ideias e resultados dos seus trabalhos. Essas publicações demonstravam a sociabilidade de Amaro (casamento e amigos) e suas ações no campo da instrução, firmando-o como intelectual. SENA, Fabiana. "O professor Amaro Cavalcanti e a imprensa do Ceará: uma leitura do intelectual no império brasileiro". *Revista História da Educação* (online), [*s. l.*], v. 23, p. 17, 26-27, 2019. Disponível em: DOI: http://dx.doi.org/10.1590/2236-3459/82321. Acesso em 12 de fevereiro de 2024.

[15] O *Cearense* publicou, em janeiro de 1881, a propaganda do jornal *Libertador* e divulgou a lista de acionistas com o nome de Amaro Cavalcanti entre eles. "Esse dado revela que a im-

A pedido de Pedro Leão Veloso,[16] foi aos Estados Unidos "para estudar a organização do ensino primário na América do Norte".[17] Lá estudou Direito na *Union University*, em Albany, Nova York,[18] entre 1876 e 1881. "Recebeu o honroso qualificativo de *Prophet*, criado para o aluno mais distinto e instruído da turma."[19]

Foi o primeiro aluno da turma de 1880 a 1881 e o primeiro advogado brasileiro credenciado a atuar na Suprema Corte dos Estados Unidos, que lhe conferiu o título de *Counsellor at Law*.

A graduação na Universidade de Albany, no estado de Nova York, na época da sua fundação, em 1844, era uma escola normal, com o objetivo de formar professores para uma população em rápido crescimento. Por quase cinquenta anos, a escola normal proporcionou uma educação de dois anos a estudantes de todo o estado. Possivelmente, em razão deste tipo de educação, Amaro Cavalcanti, professor de latim, se sentiu atraído pela rápida formação em Direito.[20]

Regressou ao Brasil em 1881, revalidou seu título de doutor na Faculdade de Direito do Recife e pediu exoneração da função de professor de latim.

Foi, a seguir, nomeado diretor-geral da instrução pública do Ceará, cargo similar a secretário de educação, e teve uma atuação muito destacada. Seguiu a tendência do modelo educacional americano, enfatizando o ensino religioso e a educação moral na grade curricular.[21] Simultaneamente, atuou como advogado.

---

prensa foi utilizada por ele como estratégia de propagação das suas ideias, sendo assegurada sua participação como um dos membros do referido jornal, mesmo estando distante fisicamente." SENA, op. cit., p. 16.

[16] Pedro Leão Veloso era presidente da Província do Ceará, conselheiro e senador do império.

[17] DEPARTAMENTO ADMINISTRATIVO DO SERVIÇO PÚBLICO. *Amaro Cavalcanti*. Rio de Janeiro: DASP, 1956, p. 10.

[18] JUNQUEIRA, Eduardo. Cavalcanti, Amaro [verbete]. *In*: ABREU, Alzira Alves de (Coord.). *Dicionário histórico-biográfico da Primeira República*: 1889-1930. Rio de Janeiro: FGV, 2001.

[19] LAMARTINE, op. cit., p. 20.

[20] SENA, Fabiana. "O professor Amaro Cavalcanti e a imprensa do Ceará: uma leitura do intelectual no império brasileiro". *Revista História da Educação* (online), [*s. l.*], v. 23, pp. 10-11, 2019. Disponível em: DOI: http://dx.doi.org/10.1590/2236-3459/82321. Acesso em 12 de fevereiro de 2024.

[21] SOUZA, op. cit., p. 41.

Amaro Cavalcanti era, à época, declaradamente abolicionista, causa que, então, havia duas décadas ganhava mais simpatia a cada dia. Sua identificação com a política se estreitava à medida que se aproximava dos dirigentes nacionais.

Fixou-se no Rio de Janeiro, onde foi nomeado pelo Conde D'Eu para a cadeira de latim do tradicional Colégio Pedro II. Nada obstante, engajou-se na defesa da abolição da escravatura e na luta contra a Monarquia, fato que o favoreceu anos depois.

Com a assinatura da lei Áurea, em 13 de maio de 1888, Amaro pôde se dedicar inteiramente às teses republicanas e federativas.

Ao longo da década de 1880, Amaro Cavalcanti dedicou-se a analisar a economia brasileira de modo comparativo com a economia norte-americana, procurando elaborar alternativas para colocar o Brasil na via do desenvolvimento. Para ele, tudo aproximava o Brasil dos Estados Unidos, pois ambos tinham características históricas e geográficas semelhantes: eram possuidores de vastos territórios com uma grande diversidade de recursos naturais e eram ambos ex-colônias; no entanto, a realidade mostrava que o Brasil encontrava-se muito mais atrasado. Enquanto os Estados Unidos trilhavam o caminho do desenvolvimento industrial, nosso país seguira um caminho inverso, especializando-se na produção de bens primários de baixo valor agregado. Contudo, ainda estava em tempo de o país reverter esse quadro, superar a condição de produtor estritamente agrícola e lançar-se rumo ao desenvolvimento econômico, percorrendo a trilha do exemplo norte-americano. Mas isso só seria possível através do desenvolvimento industrial. Engajou-se, então, na luta pela industrialização.[22]

Grande parte da obra econômica de Amaro Cavalcanti[23] está concentrada na década de 1890. São trabalhos extensos, bastante descritivos e baseados em documentação primária.

---

[22] SILVA, Ligia Osório; FERNANDES, Suzana Cristina. "Amaro Cavalcanti e os caminhos da industrialização brasileira". *História econômica & história de empresas*, [*s. l.*], v. 1, n.º 1, p. 38, 2003.

[23] Cf. VIERA, Dorival Teixeira. *A obra econômica de Amaro Cavalcanti*. São Paulo: USP, Faculdade de Filosofia, Ciências e Letras, 1960.

Nacionalista e otimista, sempre encontrava soluções sem deixar de reconhecer as deficiências e dificuldades brasileiras.[24]

Como Freidrich List, Amaro Cavalcanti defendia uma política protecionista a favor da indústria nascente, nos setores onde esta se mostrasse lucrativa. Cavalcanti acreditava que a proteção era indispensável para a industrialização de um país pobre, mas defendia um protecionismo moderado, seletivo, circunstancial e limitado. Em outros termos, pensava que o moderno protecionismo, em contraste com aquele que vigorara na época mercantilista, não visava criar monopólios, mas garantir o progresso industrial da nação, isto é, a política econômica era vista por ele como parte integrante de uma política nacionalista.[25]

A publicação de *Finances du Brésil*, em 1889, mostrou uma nova vocação de Amaro Cavalcanti. Após análises de relatórios governamentais e estudo de bibliografia especializada, tornou-se "ativo crítico e doutrinador" dos assuntos econômicos da República Velha.[26]

Foi premiado na Exposição Internacional de Trabalhos Jurídicos, pela publicação da *Resenha financeira do ex-Império do Brasil em 1889*, no Rio de Janeiro, em 1890.[27]

Entre vários trabalhos, escreveu *A reforma monetária*, obra que não está entre suas mais destacadas, mas, de acordo com Almir Pazzianotto, é "digna de meditação por todos aqueles que administram negócios de economia".[28] Considerava que o bem-estar comum não estava na baixa e no controle dos preços, e sim no trabalho abundante e bem remunerado.[29] Pazzianotto credita a posição de Amaro, em contraponto com o conservadorismo do período imperial, a sua vivência nos Estados Unidos. Trazia em si resistência a qualquer política econômica não pautada no mercado forte e no desenvolvimento com manutenção, ao máximo possível, de justiça social e volume de emprego.

---

[24] SILVA; FERNANDES, op. cit., pp. 35-63.
[25] Ibid., pp. 35-63, p. 48.
[26] SOUZA, op. cit., p. 47.
[27] Ibid.
[28] PINTO, Almir Pazzianotto. Amaro Cavalcanti. *Direito & Justiça*, Brasília, 1.º mar. 1999, p. 6.
[29] Ibid.

O pensamento de Amaro Cavalcanti seria atualizado, mais de século e meio depois, nas lições de outro ilustre nordestino, o professor Celso Furtado, para quem é falsa a alternativa entre crescimento comprometido pela espiral inflacionária ou estabilidade combinada com estagnação.[30]

Algumas ideias de Amaro Cavalcanti resistiram ao tempo e comprovam seu profundo conhecimento sobre assuntos econômicos.

Ele era integrante formal do movimento antimonarquista e prestava total apoio aos republicanos e à liderança do marechal Deodoro da Fonseca. Aos quarenta anos, participou da transição da Monarquia para a República.

Os jornais da época publicaram debates de Amaro com defensores da Monarquia, como Joaquim Nabuco.[31]

Por ser poliglota, Amaro tinha acesso à leitura de clássicos mundiais que traziam ideias avançadas aos intelectuais do hemisfério sul. "Era discreto e atuava nos bastidores, articulando, convencendo e convertendo possíveis opositores." Preferia a palavra escrita, mas não se furtava a se pronunciar em defesa dos seus entendimentos.

Nos primeiros anos da República, Amaro Cavalcanti diz:

> em vez de estarmos a repetir que "não era esta a república que sonhávamos", devemos todos, os amigos e crentes sinceros do regime, dar-lhe o melhor do nosso saber e esforços, para que (...) se torne, quanto antes, verdadeiramente digna, verdadeiramente grande, verdadeiramente próspera.
>
> — República, que inspire fé e segurança a todos, e que, como governo instituído da Nação, seja garantia certa do direito e da liberdade em qualquer parte do território nacional.[32]

Amaro Cavalcanti iniciou sua vida política como candidato a deputado provincial em 1884. Porém, ainda que vitorioso, não tomou

[30] Ibid.
[31] SOUZA, op. cit., p. 44.
[32] Ibid., pp. 52-53.

posse. Continuava no Rio de Janeiro, dedicado ao jornalismo e ao Direito.[33]

Foi nomeado primeiro vice-governador (à época, vice-presidente) do estado do Rio Grande do Norte em 26 de abril de 1890. O ato foi tornado sem efeito em junho, em razão de ter de morar no território potiguar para deter tal cargo.[34]

Floriano Peixoto assumiu a presidência da República após uma sutil interpretação constitucional da perspicácia de Amaro Cavalcanti. É que a Constituição de 1891, em seu artigo 42, determinava que o vice-presidente só sucederia o presidente em caso de vaga se já tivessem decorrido dois anos do mandato presidencial. E Deodoro renunciara à presidência com menos de um ano de mandato (não se computa aí, como é lógico, o tempo que exercera o cargo provisoriamente, entre a proclamação da república e sua eleição pelo Congresso Constituinte). O vice apenas presidiria o país até a posse de quem viesse a ser eleito numa nova eleição que a Carta impunha. Mas ocorre que o artigo 47 da mesma Constituição dizia que o presidente e o vice eram escolhidos na mesma eleição. Então, o mandato de ambos era de quatro anos... Além disso, alegou-se que o artigo 42 só se aplicaria a presidentes eleitos pelo povo e não àqueles escolhidos pelo Congresso.

De toda forma, Floriano Peixoto agarrou-se ao mandato. Assinava os atos como vice-presidente (no exercício da presidência). Nessa condição, dirigia-se ao Congresso.

O Marechal de Ferro, como Floriano ficou conhecido, reagiu com enorme violência aos opositores para se manter no comando do país. Seu mandato, marcado por conflitos e rebeliões, consolidou a República nascente.

Por esse tempo, Amaro se elegeu senador, em 1890, pelo Rio Grande do Norte, na primeira legislatura republicana, e participou da

---

[33] JUNQUEIRA, Eduardo. "Cavalcanti, Amaro [verbete]". *In*: ABREU, Alzira Alves de. *Dicionário histórico-biográfico da Primeira República*: 1889-1930. Rio de Janeiro: FGV, 2001.
[34] SOUZA, op. cit., p. 55.

comissão que formulou a primeira Constituição.[35] A comissão era formada por 21 membros, e foi Amaro Cavalcanti que iniciou os debates acerca do projeto constitucional.[36]

Em 1894 manifestou-se acerca de acórdão do STF que tornava inconstitucional a lei de 25 de agosto de 1892, do estado da Bahia, que criou, "sob a denominação de imposto de estatística, (...) imposto de importação estadual sobre as mercadorias estrangeiras já tributadas pela União". Amaro publicou uma série de artigos, no *Jornal do Commercio*, em que alegava que o Supremo já havia declarado a inconstitucionalidade do imposto de estatística. Disse que "declarar a invalidade de uma lei promulgada, por poder competente — por mera interpretação ampliativa —, é jurisprudência perigosa, senão inadmissível, por contrária à independência dos poderes públicos entre si; e, no caso sujeito, nem essa interpretação serve de argumento, porque a simples redação ou forma do texto repele-a de modo claríssimo".[37]

Afirmou que a decisão não fora tomada pela maioria do tribunal e que, por isso, não poderia ser considerada um acórdão. Disse ainda que se podiam esperar "luzes, prudência e patriotismo do STF".

Rui Barbosa respondeu a Amaro Cavalcanti numa série de vinte artigos, também publicados no *Jornal do Commercio*, e os abriu dizendo: "Não! A Justiça Federal não recuará; porque não é ela que está em erro." Alegou que Amaro Cavalcanti enumerara julgados que só conhecera por resumidas citações. Ao mesmo tempo, Rui Barbosa utilizou resumos e fez alusões ao que considerava mau gosto em relação a Amaro: "para o meu adversário a constitucionalidade dos impostos interestaduais é palpável. Para mim, é palpável a sua inconstitucionalidade. Quem decidirá entre nós, senão a hermenêutica judicial?"[38]

---

[35] JUNQUEIRA, Eduardo. "Cavalcanti, Amaro [verbete]". *In*: ABREU, Alzira Alves de. *Dicionário histórico-biográfico da Primeira República*: 1889-1930. Rio de Janeiro: FGV, 2001. Carlos Adel Souza, em *Amaro Cavalcanti*, registra o ano de 1891.

[36] GUEDES, op. cit., p. 20.

[37] CAVALVANTI apud RODRIGUES, Lêda Boechat. *História do Supremo Tribunal Federal*: 1891-1898: defesa das liberdades civis. Tomo I. 2.ª ed. Rio de Janeiro: Civilização Brasileira, 1991, p. 76.

[38] RODRIGUES, op. cit., p. 77.

Amaro Cavalcanti publicou onze artigos em tréplica e criticou Rui Barbosa por citar o advogado W. Draper Lewis — que sustentava o direito prévio e exclusivo do Congresso Federal em relação ao comércio. Amaro argumentou que Rui Barbosa utilizou habilmente, e de acordo com a sua tese, as citações de decisões da Suprema Corte ali contidas. Ele acentuou que a jurisprudência americana sobre a regulação do comércio era diversa e apresentava contradições:

> Com certeza, todo o respeito e acatamento é devido às decisões do Judiciário supremo; mas tratando-se de uma questão política de vida ou de morte, para a própria federação, não é de supor que os outros poderes desta se julguem por tal forma obrigados, *detidos* —, que deixem de procurar o caminho, pelo qual possam evitar a *ruína inevitável*, porventura, proveniente de interpretação judicial. Nenhum poder público tem o direito de levar o exercício de suas faculdades até ao extremo, de concorrer para fazer paralisar o funcionamento do próprio organismo em geral de que é parte; o Supremo Tribunal é o primeiro a não ignorar que a consequência fatal da sua recente decisão (falo com todo o respeito) seria impossibilitar a vida financeira dos Estados... A vigorar a *teoria nova*, ainda que amparada pela decisão suprema —, os Estados ficam sem a sua melhor parte de rendas, que é a proveniente do comércio interestadual; — e, além disto, terão que restituir o que inconstitucionalmente têm arrecadado desde 1892, isto é, para uns centenares e para outros milhares de contos de réis! E onde iria parar a sorte da República, ao influxo de tão brilhante teoria?! Como cidadão, como homem político, preferiria errar, pondo-me ao lado do bem público, do que acertar fazendo o mal, fascinado da luz radiante de princípios teóricos, nem sempre aplicáveis aos fatos de um povo...[39]

[39] Ibid., pp. 78-79.

Sobre o assunto, bem dissertou Arnaldo Godoy:

Quando ministro do Supremo Tribunal Federal, Cavalcanti polemizou com Rui Barbosa a respeito de impostos interestaduais. Publicou cinco artigos no *Jornal do Commercio*, reiterando decisão do STF sobre a inconstitucionalidade de um imposto de estatística criado pelo estado da Bahia. Esse imposto incidiria sobre o valor dos gêneros de produção nacional que fossem exportados e sobre as mercadorias que fossem comercializadas no estado, inclusive estrangeiras.

No entanto, sustentava que a decisão não continha o poder de firmar jurisprudência, que não poderia ser interpretada de modo analógico e que, principalmente, não fora tomada pela maioria dos juízes do STF (*full bench*); foram sete votos contra três. A decisão fora orientada com base na jurisprudência norte-americana, e afirmou-se no voto condutor que o conteúdo decidido formava precedente para discussões vindouras. Cavalcanti questionou a extensão do aresto do STF. Previa desastrosas consequências para as economias estaduais, se vingasse uma interpretação analógica e extensiva da decisão do STF, então criticada. No artigo, revelou esperança em mudança jurisprudencial, esperando luzes, prudência e patriotismo da Corte Suprema.

Rui Barbosa respondeu a essa intervenção jornalística de Amaro Cavalcanti com vinte artigos publicados no mesmo *Jornal do Commercio*. Rui insistia no acerto da decisão do STF. Alegava que a declaração de inconstitucionalidade do imposto de estatística militava em favor das unidades federadas, garantindo estabilidade e prosperidade, prestigiando interesses mútuos e fulminando a avidez de autonomia. Rui foi agressivo com Cavalcanti, acusando-o de meramente amontoar precedentes que conhecia por resumos e citações rapidíssimas.

A jurisprudência do STF foi posteriormente alterada. A lei 410/1896 esvaziou a discussão, porquanto se reconheceu, expressamente, que os estados poderiam tributar a exportação de outros estados. O caso ilustra, no entanto, a atuação de Amaro Cavalcanti, que polemizou com Rui, então reputado como o jurista de maior expressão nacional. Cavalcanti foi uma personalidade combativa e atuante.[40]

Na segunda legislatura, não se elegeu. Voltou como deputado federal na terceira legislatura. Participou como relator da parte que trata das "Obrigações" do Código Civil brasileiro (de 1916), de Clóvis Beviláqua.[41] O projeto tramitou por mais de quinze anos no Congresso e foi muito criticado por Rui Barbosa.

Porém Amaro Cavalcanti também foi diplomata:[42] "(...) a intervenção diplomática a todo propósito é, quando menos, uma desatenção para com a ordem judiciária do país"[43] (Parecer de 15 de março de 1906).

Em 7 de fevereiro de 1894 foi nomeado ministro plenipotenciário no Paraguai.[44] Foi, além disso, o segundo consultor jurídico do Ministério das Relações Exteriores, haja vista que o cargo ocupado anteriormente por Pimenta Bueno (marquês de São Vicente) e por José Maria da Silva Paranhos (visconde e marquês de Mauá) foi extinto em 1890 e somente reestabelecido em 1905. O primeiro consultor foi Carlos Augusto de Carvalho, que faleceu dois meses depois. Seu sucessor foi Amaro Cavalcanti (1905-1906).[45]

---

[40] GODOY, Arnaldo Sampaio de Moraes. *Amaro Cavalcanti, um jurista da República Velha*. Disponível em: https://www.conjur.com.br/2022-mar-27/amaro-cavalcanti-jurista-republica--velha. Acesso em 9 de junho de 2023.

[41] Cf. CAVALCANTI, Amaro. *Breve relatório sobre Direito das obrigações*: arts. 1011-1227. Rio de Janeiro: Imprensa Nacional, 1901. Disponível em: https://bibliotecadigital.stf.jus.br/ xmlui/handle/123456789/414. Acesso em 9 de junho de 2023.

[42] Como presidente da Sociedade Brasileira de Direito Internacional, publicou a primeira revista especializada em Direito internacional, o *Boletim da Sociedade Brasileira de Direito Internacional*.

[43] CAVALCANTI, Amaro. "Parecer de 15 de março de 1906". *In*: MEDEIROS, Antônio Paulo Capachuz de (Org.). *Pareceres dos consultores jurídicos do Itamaraty*: volume I (1903-1912). Brasília: Senado Federal, 2000. Edição fac-similar, p. 21.

[44] No *Dicionário histórico-biográfico da Primeira República: 1889-1930* consta 1893. Carlos Adel indica o Decreto de 7 de fevereiro de 1894.

[45] MEDEIROS, Antônio Paulo Capachuz de. *Pareceres dos consultores jurídicos do Itamaraty*: volume I (1903-1912). Brasília: Senado Federal, 2000. Edição fac-similar. A obra reproduz os pareceres de Amaro Cavalcanti durante o período em que foi consultor. Amaro Cavalcanti

Mas não é só. Amaro Cavalcanti marcou a história do Direito internacional. Sua atuação no Itamaraty impactou temas como a responsabilidade internacional e a internacionalização de tratados. Via o Direito internacional como prática, com os olhos e a experiência de quem ocupou relevantes cargos públicos nessa esfera.[46]

Amaro retornou ao Brasil em 1894, no governo de Prudente de Morais. Foi ministro da Justiça e Negócios Interiores de 18 de janeiro de 1897 a 15 de novembro de 1898.[47]

Destacam-se, nessa sua gestão, seus despachos sobre a instrução pública, a magistratura, a guarda nacional e a saúde pública, incluindo medidas sanitárias em portos.[48]

Ainda representou o Brasil na Terceira Conferência Internacional Americana como delegado do Governo brasileiro, em 1906. Seus trabalhos sobre arbitramento e codificação estão publicados em edição fac-similar editada pelo Senado Federal.[49]

Amaro Cavalcanti foi nomeado, em 11 de maio de 1906, ministro do Supremo Tribunal Federal na vaga de João Barbalho Uchôa Cavalcanti.

Ali relatou habeas corpus de grande repercussão, tais como os que foram "impetrados pelos intendentes do Distrito Federal, impedidos de entrar no prédio do conselho por ato do governo da União". Foi atribuída a esse processo a "doutrina brasileira do habeas corpus". Outro habeas corpus de muita importância foi o impetrado por José Eduardo Soares, oficial da Marinha e membro de influente família carioca. Amaro Cavalcanti entendeu que a decisão deveria ser favorável ao impe-

---

foi fundador e presidente da Sociedade Brasileira de Direito Internacional. Rui Barbosa foi o presidente de honra.

[46] GALINDO, George Rodrigo Bandeira. "Um cauteloso jurista: Amaro Cavalcanti e sua obra internacionalista". *In*: GALINDO, George Rodrigo Bandeira (Org.). *Direito internacional no Brasil*: pensamento e tradição. Rio de Janeiro: Lumen Juris, 2021, v. 1, pp. 276-277.

[47] JUNQUEIRA, Eduardo. "Cavalcanti, Amaro [verbete]". *In*: ABREU, Alzira Alves de. *Dicionário histórico-biográfico da Primeira República*: 1889-1930. Rio de Janeiro: FGV, 2001.

[48] GUEDES, op. cit., p. 45.

[49] Seus trabalhos sobre arbitramento e codificação estão publicados em edição fac-similar editada pelo Senado Federal. Veja MEDEIROS, op. cit.

trante. Contudo, a maioria dos ministros entendeu que o STF não era competente para o caso.[50]

Quando ministro do STF, ao lado de Alberto Torres, deferiu habeas corpus em favor de d. Luís, filho da princesa Isabel. D. Luís pretendia desembarcar no Brasil, porém havia proibição decorrente do decreto de banimento da família imperial ocorrido com a proclamação da República. Cavalcanti afirmou "(...) ser a Constituição da República incompatível com as odiosidades que importavam em restrição aos direitos por ela garantidos". O STF, no entanto, por maioria, rejeitou o pedido.[51]

Aposentou-se da Suprema Corte, a pedido, em 1914.

Em 12 de janeiro de 1917 foi nomeado, pelo presidente Venceslau Brás, prefeito do Distrito Federal, permanecendo no cargo até 15 de novembro de 1918.[52]

Sua gestão foi marcada por grandes problemas: na saúde, o mundo enfrentava a gripe espanhola; até então, foi a maior mortalidade registrada na história do Rio de Janeiro. A região Nordeste passava por uma grande estiagem, o que ocasionava a migração dos nordestinos para outros pontos do Brasil, como o Rio; greves eclodiram, gerando desconfortos e inquietações ao governo.

Amaro deu especial atenção para as obras de melhorias das áreas dos subúrbios e zonas rurais, onde morava a maioria da população, principalmente em relação ao urbanismo e à educação.

Assinou o decreto n.º 1.143, de 1.º de maio de 1917, que regulamenta o banho de mar nas praias do Leme e de Copacabana. Ainda que criticado, era a primeira norma sobre a atuação da Defesa Civil. A ideia era proteger as pessoas das ressacas comuns nas praias cariocas. O decreto teve enorme impopularidade e foi citado em marchinhas de

[50] JUNQUEIRA, Eduardo. "Cavalcanti, Amaro [verbete]". *In*: ABREU, Alzira Alves de. *Dicionário histórico-biográfico da Primeira República*: 1889-1930. Rio de Janeiro: FGV, 2001.
[51] GODOY, op. cit.
[52] SOUZA, op. cit., pp. 95-115.

carnaval.[53] Como prefeito, Amaro criou também o primeiro corpo de salva-vidas do Brasil.

Uma obra marcante de sua gestão foi a urbanização da Estrada Real de Santa Cruz. Nomeou a rua da Ligação como rua Oswaldo Cruz, homenagem ao pesquisador falecido durante sua administração. Ainda que criticado, ficou reconhecido como o administrador municipal mais dinâmico das duas primeiras décadas do século XX.[54]

Amaro Cavalcanti foi membro da Corte Permanente de Arbitragem de 1918 a 1919, em concomitância com os cargos de prefeito do Distrito Federal e de ministro da Fazenda.

Em artigo publicado na *Restrictive Clauses in International Arbitration Treaties,* em 1914, propôs algumas medidas para a Terceira Conferência da Paz de Haia (não ocorrida). São elas:

> "(1) a sustentação de que nenhuma declaração de guerra seria feita sem antes buscar-se resolver as diferenças por arbitragem; (2) o acordo em torno de uma lista de casos — os mais numerosos possíveis, que deveriam ser levados à arbitragem obrigatória; (3) uma Corte Internacional de Justiça Arbitral deveria ser definitivamente organizada e posta em operação; (4) a assinatura de um acordo para a limitação dos armamentos".[55]

Um ano após a Primeira Guerra Mundial, em encontro da Sociedade Brasileira de Direito Internacional, Amaro Cavalcanti deu uma conferência sobre o tema "Os meios de assegurar a paz mundial". O discurso enfatizava as ideias apresentadas nas conferências da paz de 1906 e 1907 e que trouxeram avanços ao Direito internacional, avanços questionados com a eclosão da Primeira Grande Guerra.

---

[53] Letra e áudio disponíveis em: Jornal Retrô. Disponível em: http://www.jornalretro.com/edicoes/15/acredite-se-puder.html. Acesso em 9 de junho de 2023.

[54] SOUZA, ibid.

[55] CAVALCANTI *apud* GALINDO, George Rodrigo Bandeira. "Um cauteloso jurista: Amaro Cavalcanti e sua obra internacionalista". *In*: GALINDO, George Rodrigo Bandeira (Org.). *Direito internacional no Brasil*: pensamento e tradição. Rio de Janeiro: Lumen Juris, 2021, v. 1, p. 247.

Em "A neutralidade e as restrições do comércio internacional na presente guerra europeia", Amaro critica as tentativas do governo britânico de impor restrições comerciais ao Brasil por meio de autoridades consulares. Para ele, tratava-se de violação de direitos de países neutros e feria os princípios de humanidade.

A partir de 1914, os escritos de Amaro Cavalcanti se voltam para encontrar meios de assegurar a paz no mundo. Seu pensamento pacifista fica claro no trecho:

"Nações civilizadas não existem nem vivem da guerra e para a guerra, mas que são organizações permanentes da paz e pelos meios da paz, da qual somente lhes poderá resultar a verdadeira grandeza e a fidelidade dos povos."[56]

Ele retornou ao cargo de ministro de Estado durante o governo de Delfim Moreira. Foi ministro da Fazenda em 1919.[57]

4. Por que Amaro foi um dos juristas que formaram o Brasil

> *(...) a atualidade do pensamento de Amaro Cavalcanti, mais do que isso, a perenidade da sua obra e a integração da jurisprudência, apesar da resistência dos juízes à audácia e à livre inspiração, na sua doutrina.*[58]

Para Edilson Pereira Nobre, Fabiano André de Souza Mendonça e Ivan Lira de Carvalho, calcados em considerações de José de Aguiar Dias, ele é "o mais atual dos nossos juristas".[59]

---

[56] CAVALCANTI, Amaro. *A neutralidade e as restrições do comércio internacional na presente guerra europeia.* Rio de Janeiro: Imprensa Nacional, 1916. p. 2; CAVALCANTI, Amaro *apud* GALINDO, George Rodrigo Bandeira (org.). *Direito internacional no Brasil*: pensamento e tradição. Rio de Janeiro: Lumen Juris, 2021. v. 1, p. 253.

[57] JUNQUEIRA, Eduardo. "Cavalcanti, Amaro [verbete]". *In*: ABREU, Alzira Alves de. *Dicionário histórico-biográfico da Primeira República*: 1889-1930. Rio de Janeiro: FGV, 2001.

[58] DIAS, José de Aguiar. "Prefácio". *In*: CAVALCANTI, Amaro. *Responsabilidade civil do Estado.* Nova edição atualizada por José de Aguiar Dias. Rio de Janeiro: Borsoi, 1956, t. 1, p. vii.

[59] NOBRE JÚNIOR, Edilson Pereira; MENDONÇA, Fabiano André de Souza; CARVALHO, Ivan Lira de. "Amaro Cavalcanti: vida e obra". *In*: MONTEIRO FILHO, Carlos Edison

Como vimos, Amaro atuou na educação, na advocacia, na política, na gestão pública, na diplomacia e na magistratura.

"Amaro Cavalcanti não era um puro doutrinador, mas, acima de tudo, um homem de ação, de visão prática, de alta capacidade administrativa, ao lado do pregador, do teórico, do homem da cultura, estava sempre o estadista, na mais alta acepção do termo."[60]

Viveu nos Estados Unidos numa época em que a luta civil pela libertação dos escravizados ainda era muito viva. No Brasil, não deixou de acompanhar o movimento abolicionista e o movimento republicano.

Reuniu o mais seleto grupo de juristas, diplomatas e estadistas que o Brasil possuía para fundar, em 1915, a Sociedade Brasileira de Direito Internacional. Amaro atingiu autoridade no meio político e intelectual. Nas suas reuniões viam-se nomes como "Rui Barbosa, Urbano dos Santos, então vice-presidente da república, Pedro Lessa, Epitácio Pessoa, Lauro Müller, Rodrigues Alves, Rodrigo Octavio, José Carlos Rodrigues, Inglez de Souza, Manoel Cícero, Pires e Albuquerque, Tavares de Lyra, James Darcy, Afonso Celso".[61]

Por possuir profundo conhecimento político, Amaro Cavalcanti era cauteloso nas questões efervescentes da época — e que até hoje o são —, como a educação popular, o pacifismo, a codificação jurídica internacional e a solução judicial de conflitos internacionais. Trabalhos de sua lavra foram publicados em pelo menos duas revistas internacionais: *American Journal of Internacional Law*[62] e *Revue Générale de Droit International Public*,[63] feito até então inédito para um autor brasileiro.

Grande parte das fontes de consulta indica somente o título e a data de publicação das obras de Amaro Cavalcanti. Para obter um resulta-

---

do Rêgo; MORSELLO, Marco Fábio; ROSENVALD, Nelson (Coord.). *Protagonistas da responsabilidade civil.* Indaiatuba, SP: Foco, 2002. pp. 33-48. Idem à p. 38.

[60] AMARO Cavalcanti: mais um grande centenário este ano. *Archivo Judiciario*, Rio de Janeiro, v. 91, n.º 1, pp. 27-28, 5 jul. 1949.

[61] Ibid., p. 28.

[62] O título era: *Restrictive Clauses in International Arbitration Treaties.*

[63] GALINDO, George Rodrigo Bandeira. "Um cauteloso jurista: Amaro Cavalcanti e sua obra internacionalista". *In*: GALINDO, George Rodrigo Bandeira (Org.). *Direito internacional no Brasil*: pensamento e tradição. Rio de Janeiro: Lumen Juris, 2021. v. 1, pp. 233-235.

do mais completo de tudo o que ele produziu, e assim propiciar maiores avanços de outros biógrafos e estudiosos de seus trabalhos, realizamos pesquisa em documentos históricos digitalizados na Biblioteca Nacional, em trabalhos acadêmicos e em bibliotecas do Brasil e do exterior. O resultado dessa pesquisa está em anexo e constitui um levantamento detalhado do quanto Amaro publicou.

Seu livro mais célebre tratou de um tema que era e continua a ser importantíssimo no mundo jurídico: a responsabilidade civil estatal.

"Amaro Cavalcante permanece, apesar das circunstâncias do tempo, tão corrosiva, em geral, para as obras de direito — notadamente após as transformações operadas pelos conflitos mundiais —, como o nosso mais jovem, mais atual e mais completo especialista da matéria."[64]

Sua obra *Responsabilidade civil do Estado* foi concluída em 15 de agosto de 1904 e lançada em 1905. A segunda edição foi publicada em 1956, com prefácio e atualização de José de Aguiar Dias.[65]

Buscou ele a sistematização do tema, pautado em três linhas principais:

a) o Estado, ente abstrato, e, como tal, incapaz de fazer o mal, mas, ao contrário, sendo instituído com uma natureza superior, em razão do interesse público, não deve ser alvo de obrigações extracontratuais; b) numa posição radicalmente diversa, há aqueles que sustentam que a responsabilidade jurídica do Estado deve ser idêntica àquelas a que estão sujeitas as pessoas jurídicas de Direito Privado; c) um sistema misto, consoante o qual os atos dos poderes públicos ou dos representantes do Estado devem acarretar ou não a sua responsabilidade, conforme uma classificação especial à qual os atos danosos devem ser submetidos.[66]

---

[64] DIAS, José de Aguiar. "Prefácio". *In*: CAVALCANTI, Amaro. *Responsabilidade civil do Estado*. Nova edição atualizada por José de Aguiar Dias. Rio de Janeiro: Bolsoi, 1956. t. 1, p. vii.

[65] Magistrado, jurista e professor, ascendeu ao cargo de desembargador do Tribunal de Justiça do estado da Guanabara em 1960. Dois anos mais tarde, veio a ser nomeado ministro do Tribunal Federal de Recursos. Destacou-se igualmente nas letras jurídicas e no magistério superior. O Fórum Regional da Ilha do Governador recebeu o seu nome, consoante o disposto na Resolução n.º 15/2002, do Órgão Especial do Tribunal de Justiça do Estado do Rio de Janeiro.

[66] NOBRE JÚNIOR, Edilson Pereira; MENDONÇA, Fabiano André de Souza; CARVALHO, Ivan Lira de. "Amaro Cavalcanti: vida e obra". *In*: MONTEIRO FILHO, Carlos Edison do

Na obra, Amaro Cavalcanti discute a responsabilidade civil do Estado por atos lesivos dos seus representantes, aponta discordâncias quanto à compreensão dessa responsabilidade e seus fundamentos, se regidas pelo Direito Público ou pelo Direito Privado, e oferece conclusões avançadas para sua época.

Não se pode deixar de pontuar duas singularidades apontadas por Amaro ao Direito Positivo brasileiro:

1. "Mesmo sem positivar uma regra geral sobre a matéria, era de se notar que a responsabilidade estatal estava consignada em inúmeras disposições legais esparsas." (...) 2. "a Constituição de 1891 assegurou aos juízes, notadamente à Justiça Federal, no sentido de controlar a constitucionalidade das leis, permitiu que se pudesse cogitar (...) da responsabilidade civil em face de atos legislativos".[67]

Outra seara para a qual Amaro Cavalcanti muito contribuiu foi a do Direito Tributário. Na época, este ainda não era um ramo específico do Direito; era tratado como parte da ciência das finanças.

Amaro sintetizou a história do Direito Tributário, do Direito financeiro e da economia política no Direito nacional. Estudou e elencou autores importantes. Inovou ao cogitar um modelo sistematizado de tributação, ainda randômico na época.

"Estudou de modo inovador a teoria do mínimo tributável, a resistência cultural à cobrança de tributos, a curva de Láfer, discorreu (com base em Adam Smith) sobre as melhores fórmulas de tributação, enunciou princípios gerais do Direito Tributário, a exemplo de translação, repercussão e evasão."[68]

Viu que a política aduaneira não poderia ser a única alternativa para a obtenção de recursos.

Rêgo; MORSELLO, Marco Fábio; ROSENVALD, Nelson (Coord.). *Protagonistas da responsabilidade civil.* Indaiatuba, SP: Foco, 2002, pp. 42-43.

[67] Ibid., p. 46.

[68] GODOY, Arnaldo Sampaio de Moraes; SANTOS, Júlio Edstron Secundino; PAES, José Eduardo Sabo. Tributação e história: Amaro Cavalcanti, o mínimo tributável e a resistência cultural ao recolhimento de tributos. *REPATS*: Revista de Estudos e Pesquisas Avançadas do Terceiro Setor, Brasília, v. 8, n.º 1, p. 87, jan./jul., 2021.

Amaro Cavalcanti construiu uma primeira exposição sistemática do Direito Tributário brasileiro. Não contávamos, ainda, com uma construção doutrinária da tributação, que era errática. Cavalcanti, lido hoje, revela esforço de síntese das finanças, da tributação e da economia política da transição do Império para a República.

Cavalcanti adiantou-se na especulação e na discussão em torno de vários temas tributários contemporâneos, a exemplo do mínimo tributável, da seletividade, da importância da tributação sobre a renda, da resistência cultural que há ao fisco. Transpôs, para a realidade brasileira, o pensamento aplicado de Adam Smith e de Montesquieu.

Em matéria tributária, Cavalcanti explicitou o objeto, as vantagens, os fundamentos, as qualidades, as incidências, as classificações e os vários sistemas de impostos. Em sua obra há também importante resgate histórico da tributação, o que nos permite avaliar o tamanho do Estado em fins do século XIX. Cavalcanti enfatizava a legitimidade de o Estado tributar. Há em seu livro informações históricas sobre a privatização da cobrança da dívida ativa, o que nos lembra de algum modo formas contemporâneas de securitização. No núcleo, Amaro Cavalcanti defendeu intransigentemente o princípio da legalidade em matéria tributária, enunciando-o como cardeal no sistema do Direito Público.[69]

Como se isso não bastasse, explicou pioneiramente o princípio da seletividade, sem utilizar-se dessa expressão. Tratou do imposto de renda, quando ainda não conhecíamos essa exação, que terá em Rui Barbosa um grande defensor.[70]

Enfim, Amaro Cavalcanti foi mais do que um grande jurista. Foi um grande brasileiro que orgulha o Rio Grande do Norte, na dimensão nacional, e o Brasil, no plano internacional. Sua vida e seus méritos precisam ser mais conhecidos, e sua obra merece ser mais profundamente estudada.

Este artigo é uma pálida tentativa de não os deixar esquecidos.

---

[69] GODOY, op. cit.

[70] GODOY; SANTOS; PAES, op. cit.

Na capital do seu estado, infelizmente, pouca coisa o relembra, mas pelo menos seu nome é conhecido por muitos dos estudantes de Direito potiguares, pois honra o Centro Acadêmico da Universidade Federal do Rio Grande do Norte.

Ele é o patrono da cadeira n.º 12 da Academia Norte-rio-grandense de Letras (seu irmão, o padre João Maria, da n.º 11) e também da cadeira 2 da Academia de Letras Jurídicas do Rio Grande do Norte. E dá nome ao Fórum Municipal de Caicó.

Mas merece mais do que isso.

Referências bibliográficas

AMARO Cavalcanti: mais um grande centenário este ano. *Archivo Judiciario*, Rio de Janeiro, v. 91, n.º 1, pp. 27-28, 5 jul. 1949.

CAVALCANTI, Amaro. *Breve relatório sobre direito das obrigações*: arts. 1011-1227. Rio de Janeiro: Imprensa Nacional, 1901. Disponível em: https://bibliotecadigital.stf.jus.br/xmlui/handle/123456789/414. Acesso em 9 de junho de 2023.

CICCO, Januário. Padre João Maria. *Revista da Academia Norte-rio-grandense de Letras*, Natal, v. 1, pp. 30-45, 1951.

DEPARTAMENTO ADMINISTRATIVO DO SERVIÇO PÚBLICO. *Amaro Cavalcanti*. Rio de Janeiro: DASP, 1956.

DIAS, José de Aguiar. "Prefácio". *In*: CAVALCANTI, Amaro. *Responsabilidade civil do Estado*. Nova edição atualizada por José de Aguiar Dias. Rio de Janeiro: Borsoi, 1956, t. 1, p. vii.

DR. AMARO Cavalcanti: o falecimento, hontem, do illustre brasileiro. *Jornal do Commercio*, Rio de Janeiro, 29 jan. 1922. Disponível em: http://memoria.bn.br/pdf/030015/per030015_ 1922_00025.pdf. Acesso em 9 de junho de 2023.

DUTRA, Artur. "10 fatos sobre o padre João Maria, o santo de Natal". Natal, 19 ago. 2021. Disponível em: https://arthurdutra.medium.com/10-fatos-sobre--o-padre-jo%C3% A3o-maria-o-santo-de-natal-964014aa77e. Acesso em 21 de março de 2023.

GALINDO, George Rodrigo Bandeira. "Um cauteloso jurista: Amaro Cavalcanti e sua obra internacionalista". *In*: GALINDO, George Rodrigo Bandeira (Org.).

Direito internacional no Brasil: pensamento e tradição. Rio de Janeiro: Lumen Juris, 2021, v. 1, pp. 231-278.

GALINDO, George Rodrigo Bandeira (Org.). *Direito internacional no Brasil*: pensamento e tradição. Rio de Janeiro: Lumen Juris, 2021, v. 1.

GODOY, Arnaldo Sampaio de Moraes. "Amaro Cavalcanti, um jurista da República Velha". Disponível em: https://www.conjur.com.br/2022-mar-27/amaro-cavalcanti-jurista-republica-velha. Acesso em 9 de junho de 2023.

GODOY, Arnaldo Sampaio de Moraes; SANTOS, Júlio Edstron Secundino; PAES, José Eduardo Sabo. "Tributação e história: Amaro Cavalcanti, o mínimo tributável e a resistência cultural ao recolhimento de tributos". *REPATS*: Revista de Estudos e Pesquisas Avançadas do Terceiro Setor, Brasília, v. 8, n.º 1, pp. 86-109, jan./jul. 2021.

GUEDES, Ciça; MELO, Murilo Fiuza de. *Todas as mulheres dos presidentes*: a história pouco conhecida das primeiras-damas do Brasil desde o início da República. Rio de Janeiro: Máquina de Livros, 2019.

GUEDES, Pelino. *Biographia de Amaro Cavalcanti*: ministro da Justiça e Negócios Interiores. Rio de Janeiro: Typ. Leuzinger, 1897.

JORNAL DO COMMERCIO. Rio de Janeiro, 9 ago. 1888, p. 2. Disponível em: http://memoria.bn.br. Acesso em 9 de junho de 2023.

______________. Rio de Janeiro, 18 set. 1888, p. 4. Disponível em: http://memoria.bn.br. Acesso em 9 de junho de 2023.

JUNQUEIRA, Eduardo. "Cavalcanti, Amaro [verbete]". *In*: ABREU, Alzira Alves de. *Dicionário histórico-biográfico da Primeira República*: 1889-1930. Rio de Janeiro: FGV, 2001.

LAMARTINE, Juvenal. "Amaro Cavalcanti: homem de pensamento e ação". *Revista da Academia Norte-rio-grandense de Letras*, Natal, v. 1, pp. 16-29, 1951.

LYRA, Anderson Tavares de. *Dr. Amaro Cavalcanti*. [*S. l.*], 2016.

MARINHO, Francisco Fernandes. "O monsenhor Landim e 'um perfil de sacerdote'". *Gazeta de Natal*, Natal, 3 jul. 2022. Disponível em: https://www.gazetadenatal.com.br/noticia/2262/o-monsenhor-landim-e-aum-perfil-de-sacerdotea. Acesso em 20 de março de 2023.

MEDEIROS, Antônio Paulo Capachuz de. *Pareceres dos consultores jurídicos do Itamaraty*: volume I (1903-112). Brasília: Senado Federal, 2000. Edição fac-similar.

MELO JUNIOR, Antonio Ferreira de. "Um sacerdote integral: o padre João Maria na narrativa do monsenhor Alves Landim". *Espacialidades:* Revista de História, [Natal], v. 6, n.º 5, pp. 216-233, 2013. Disponível em: https://cchla.ufrn.br/espacialidades/v6n5/Espacialidades_v6n5_11.pdf. Acesso em 2 de junho de 2023.

MENDONÇA, Antonio Pinto de. Documento n.º 3. *Annaes do Parlamento Brasileiro*, Rio de Janeiro, n.º 5, pp. 29-31, 1883. Disponível em: http://memoria.bn.br. Acesso em 9 de junho de 2023.

NAVARRO, Jurandyr. "Padre João Maria, o santo de Natal". *Tribuna do Norte*, Natal, 22 mai. 2022.

NOBRE JÚNIOR, Edilson Pereira; MENDONÇA, Fabiano André de Souza; CARVALHO, Ivan lira de. "Amaro Cavalcanti: vida e obra". *In*: MONTEIRO FILHO, Carlos Edison do Rêgo; MORSELLO, Marco Fábio; ROSENVALD, Nelson (Coord.). *Protagonistas da responsabilidade civil.* Indaiatuba, SP: Foco, 2002. pp. 33-48.

PINTO, Almir Pazzianotto. "Amaro Cavalcanti". *Direito & Justiça*, Brasília, 1.º mar. 1999.

PROCLAMAS. *Jornal do Commercio*, Rio de Janeiro, 18 set. 1890. Disponível em: https://memoria.bn.br/DocReader/DocReader.aspx?bib=364568_08&pesq=%22eponina%20de%20souza%22&pasta=ano%20189&hf=memoria.bn.br&pagfis=1939. Acesso em 9 de junho de 2023.

RODRIGUES, Lêda Boechat. *História do Supremo Tribunal Federal*: 1891-1898: defesa das liberdades civis. Tomo I. 2.ª ed. Rio de Janeiro: Civilização Brasileira, 1991.

SENA, Fabiana. "O professor Amaro Cavalcanti e a imprensa do Ceará: uma leitura do intelectual no império brasileiro". *Revista História da Educação* (online), [*s. l.*], v. 23, p. 16, 2019. Disponível em: http://dx.doi.org/10.1590/2236-3459/82321. Acesso em 17 de janeiro de 2024.

SILVA, Ligia Osório; FERNANDES, Suzana Cristina. "Amaro Cavalcanti e os caminhos da industrialização brasileira". *História econômica & história de empresas*, [*s. l.*], v. 1, n.º 1, pp. 35-63, 2003.

SOUZA, Carlos Adel Teixeira de. *Amaro Cavalcanti*. Natal: Sebo Vermelho, 2009.

VIERA, Dorival Teixeira. *A obra econômica de Amaro Cavalcanti*. São Paulo: USP, Faculdade de Filosofia, Ciências e Letras, 1960.

ANEXO

Produção bibliográfica de Amaro Cavalcanti

BRASIL. Ministério da Justiça e Negócios Interiores. Decreto 2.693, de 27 de novembro de 1897. Dá instrucção para a eleição de presidente e vice-presidente da República. *O direito*: Revista Mensal de Legislação, Doutrina e Jurisprudência, Rio de Janeiro, v. 25, n.º 74, pp. 618-629, set./dez. 1897. Decreto assinado pelo presidente Prudente de Moraes Barros e pelo ministro do Estado da Justiça e Negócios Interiores Amaro Cavalcanti.

______________. *Relatório apresentado ao presidente da República dos Estados Unidos do Brazil.* Autor do relatório: Dr. Amaro Cavalcanti. Rio de Janeiro: Imprensa Nacional, 1897.

______________. *Notícia histórica dos serviços, instituições e estabelecimentos pertencentes a esta repartição.* Elaborada por ordem do respectivo ministro Dr. Amaro Cavalcanti. Rio de Janeiro: Imprensa Nacional, 1898.

______________. *Relatório apresentado ao presidente da República dos Estados Unidos do Brazil.* Autor do relatório: Dr. Amaro Cavalcanti. Rio de Janeiro: Imprensa Nacional, 1898.

CAVALCANTI, Amaro. *A religião*. Ceará: [*s.n.*], 1874.

______________. *A meus discípulos* (polêmica religiosa). Ceará: [*s.n.*], 1875.

______________. *Livro popular*: miscellanea de conhecimentos uteis. Ceará: [*s.n.*], 1879.

______________. *Is Education a Legal Obligation*? Albany, 1881. Tese apresentada à Universidade de Albany.

______________. *Educação elementar nos Estados Unidos da América*. Ceará: [*s.n.*], 1881.

______________. *Livro popular*: miscellanea de conhecimentos uteis. Nova York: [*s.n.*], 1881.

______________. *Ensino moral e religioso nas escolas públicas*. Rio de Janeiro: [*s.n.*], 1883.

______________. *Notícia chronológica da educação popular no Brazil*: o meio circulante no Brasil. Rio de Janeiro: [*s.n.*], 1883.

______________. *The Brasilian Language and Its Agglutination*. Rio de Janeiro: Thypografia Nacional, 1883. Disponível em: https://archive.org/details/brasilianlanguag00cavauoft/page/n3/mode/2up?ref=ol&view=theater. Acesso em 9 de junho de 2023.

______________. *Meios de desenvolver a instrucção primária nos municípios ruraes*. Rio de Janeiro: [*s.n.*], 1884.

______________. *Finances du Brésil*. Paris: [*s.n.*], 1890.

______________. *Projecto de Constituição de um Estado*. Rio de Janeiro: [*s.n.*], 1890. Com o pseudônimo de Agonates.

______________. *Resenha financeira do ex-Império do Brasil em 1889*. Rio de Janeiro: Imprensa Nacional, 1890.

______________. *A reforma monetária*: projectos n.º 3 e 27 do Senado. Rio de Janeiro: Imprensa Nacional, 1891.

______________. *Reforma monetária e bancária*. [*S.l.*: *s.n.*], 1891.

______________. *Política e finanças*. Rio de Janeiro: Imprensa Nacional, 1892. Disponível em: https://www2.senado.leg.br/bdsf/handle/id/222288. Acesso em 9 de junho de 2023.

______________. *Elementos de finanças*: estudo theorico-pratico. Rio de Janeiro: Imprensa Nacional, 1893. Disponível em: https://www2.senado.leg.br/bdsf/handle/id/222256. Acesso em 9 de junho de 2023.

______________. *O meio circulante nacional*: resenha e compilação chronologica de legislação e de factos. Rio de Janeiro: Imprensa Nacional, 1896. Disponível em: https://www2.senado.leg.br/bdsf/handle/id/179453. Acesso em 9 de junho de 2023.

______________. *Tributação constitucional*. Rio de Janeiro: [*s.n.*], 1896.

______________. *A situação política ou a intervenção do Governo Federal nos Estados da União*. Rio de Janeiro: [*s.n.*], 1898.

______________. *Regimen federativo e a república brazileira*. Rio de Janeiro: Imprensa Nacional, 1900. Disponível em: https://bdjur.stj.jus.br/jspui/handle/2011/21888. Acesso em 9 de junho de 2023.

_____________. "Situação jurídica das ordens religiosas brazileiras: pareceres". *O direito*: Revista Mensal de Legislação, Doutrina e Jurisprudência, Rio de Janeiro, v. 28, n.º 82, pp. 447-461, maio/ago. 1900.

_____________. *Sobre a unidade de direito processual*. Rio de Janeiro: Imprensa Nacional, 1901.

_____________. *Breve relatório sobre direito das obrigações*: arts. 1011-1227. Rio de Janeiro: Imprensa Nacional, 1901. Disponível em: https://bibliotecadigital.stf.jus.br/xmlui/handle/123456789/414. Acesso em 9 de junho de 2023.

_____________. *O arbitramento no direito internacional*. Rio de Janeiro: Imprensa Nacional, 1901.

_____________. *A justiça internacional*. Rio de Janeiro: [*s.n.*], 1902.

_____________. Interpretação do art. 506 do Regulamento 737, de 1850: pareceres. *O direito*: Revista Mensal de Legislação, Doutrina e Jurisprudência, Rio de Janeiro, v. 30, n.º 88, pp. 160-191, maio/ago. 1902. Parecer de Amaro Cavalcanti: pp. 457-459.

_____________. "Tributação constitucional". *O direito*: Revista Mensal de Legislação, Doutrina e Jurisprudência, Rio de Janeiro, n.º 91, pp. 219-259, maio/ago. 1903.

_____________. *Taxas protectoras nas tarifas aduaneiras*. Rio de Janeiro: [*s.n.*], 1903.

_____________. "Indemnisação aos injustamente presos". *O direito*: Revista Mensal de Legislação, Doutrina e Jurisprudência, Rio de Janeiro, n.º 94, pp. 476-482, maio/ago. 1904.

_____________. "Tributação internacional". *O direito*: Revista Mensal de Legislação, Doutrina e Jurisprudência, Rio de Janeiro, n.º 93, pp. 182-214, jan./abr. 1904. Parecer de Amaro Cavalcanti: pp. 174-175.

_____________. *Responsabilidade civil do Estado*. Rio de Janeiro: Laemmert and C., 1905. Disponível em: https://bdjur.stj.jus.br/jspui/handle/2011/17686. Acesso em 9 de junho de 2023.

_____________. *Trabalhos na Terceira Conferência Internacional Americana*. Rio de Janeiro: Imprensa Nacional, 1906. Disponível em: https://bibliotecadigital.stf.jus.br/xmlui/handle/123456789/729. Acesso em 9 de junho de 2023.

_____________. "Revisão das sentenças dos tribunaes estadoaes pela Suprema Corte dos Estados Unidos". *Revista Forense*: Doutrina, Legislação e Jurisprudência, Belo Horizonte, n.º 14, pp. 127-143, jul./dez. 1910.

_____________. "Revisão das sentenças dos tribunaes estadoaes pela Suprema Corte dos Estados Unidos". *O direito*: Revista Mensal de Legislação, Doutrina e Jurisprudência, Rio de Janeiro, n.º 112, pp. 529-547, maio/ago. 1910. Conferência do Dr. Amaro Cavalcanti no Instituto da Ordem dos Advogados Brasileiros.

_____________. "The Federal Judiciary in Brazil and the United States of America". *University of Pennsylvania Law Review and American Law Register*, Philadelphia, v. 60, pp. 103-418, 1911. Disponível em: https://www.jstor.org/stable/3313790?seq=3. Acesso em 9 de junho de 2023.

_____________. "Declarações do Sr. ministro Amaro Cavalcanti na sessão do Supremo Tribunal Federal de 1.º de abril de 1911". *In*: O caso do Conselho Municipal perante o Supremo Tribunal Federal. Rio de Janeiro: Imprensa Nacional, 1911.

_____________. *Pan-American Questions*: Means Looking to The Mutual Development of American Republics. Rio de Janeiro: Typ. Annexa a Directoria do Serviço de Estatistica, 1913.

_____________. "A vida econômica e financeira do Brasil". *Annaes da Bibliotheca Nacional do Rio de Janeiro*, Rio de Janeiro, v. 38, 1920. Conferência realizada em 1914.

_____________. *La Codification du droit international americain*. [*S.l.*: *s.n.*], 1914.

_____________. "The Restrictive Clauses in International Arbitration Treaties". *The American Journal of International Law*. Nova York, v. 8, n.º 4, pp. 723-737. Out. 1914.

_____________. *A vida econômica* e *financeira do Brasil*. Rio de Janeiro: [*s.n.*], 1914. 76 f.

_____________. *A neutralidade e as restrições do comércio internacional na guerra europeia*. Rio de Janeiro: Imprensa Nacional, 1916.

_____________. *Natureza e forças econômicas do Rio Grande do Norte*. [*S.l.*: *s.n.*], 1916.

_____________. *Sociedade Brasileira de Direito Internacional*. Rio de Janeiro: Imprensa Nacional, 1916.

______________. "Mensagem do prefeito do Districto Federal lida na sessão do Conselho Municipal de 1.º de junho de 1918". *Jornal do Commercio*, Rio de Janeiro, 1918.

______________. *Pro Pace.* Conferência pronunciada em reunião da Sociedade Brasileira de Direito Internacional (SBDI), em agosto de 1919. Publicada posteriormente no Boletim da Sociedade Brasileira de Direito Internacional, v. 47, n.º 91/92, pp. 9-12, jul./dez. 1994.

______________. *A sociedade das nações.* Rio de Janeiro: Imprensa Nacional, 1920. Exposição lida na Sociedade Brasileira de Direito Internacional. 67 p.

______________. "A renovação do Direito internacional". *Revista de Direito Público e de Administração Federal, Estadual e Municipal*, Rio de Janeiro, v. 1, n.º 3, pp. 503-528, mai./jun. 1921.

______________. *Senhores de engenho de Pernambuco.* Rio de Janeiro: [*s.n.*], 1971. Separata de Jurídica: Revista da Divisão Jurídica do Instituto do Açúcar e do Álcool.

______________. *O meio circulante nacional.* Brasília: Universidade de Brasília, 1983. v. 1: 1808-1835. (Coleção temas brasileiros; v. 53).

______________. *Regime federativo e a república brasileira.* Universidade de Brasília, 1983. (Coleção temas brasileiros; v. 48).

JAMES, Francis B., *et al.* "Report of the Committee on Commercial Law". *American Bar Association Journal*, [*S.l.*], v. 1, n.º 3, pp. 220-257, julho, 1915. Disponível em: https://www.jstor.org/stable/25699746?searchText=%28au%3A%22amaro+cavalcanti%22%29&searchUri=%2Faction%2FdoAdvancedSearch%3Fq0%3Damaro%2Bcavalcanti%26f0%3Dau%26c1%3DAND%26f1%3Dall%26acc%3Don&ab_segments=0%2Fbasic_phrase_search%2Fcontrol&refreqid=fastly-default%3Abae832c040e68f1cdfbacbc11ec0dfbd. Acesso em 9 de junho de 2023.

Manuscritos catalogados na Biblioteca Nacional

CAVALCANTI, Amaro. *Carta a Salvador de Mendonça referindo-se ao término do curso de direito que fizera em Nova York, e solicitando conseguisse no Rio de Janeiro uma carta de apresentaçao para o novo presidente da Província do Ceará, visto ter desempenhado nos Estados Unidos uma Comissao que trabalhou em prol daquela Província*. Pará, 6 de julho de 1881.

____________. *Carta a Artur Vieira Peixoto enviando 20 coleçoes de livros para serem distribuidas a biblioteca pública e aos gabinetes de leitura, alem de recomendar a promoçao do telegrafista de Maceio, Aristides Casas.* [*S.l.*], 9 jan. 1893. Manuscrito.

____________. *Carta a Artur Vieira Peixoto sobre as armas do tipo oficial aceitas para a polícia do Rio de Janeiro e a política partidária de Alagoas.* Rio de Janeiro, 4 jul. 1896. 4 p.

____________. *Carta a Artur Vieira Peixoto fazendo comentários acerca dos deputados alagoanos no Congresso Nacional que se dividiram na votaçao do protocolo pelo qual a Italia exigia uma indenização.* Rio de Janeiro, 23 ago. 1896. 4 p.

____________. *Carta a Domingos Jaguaribe Filho, comentando sôbre a opinião do diretor da Escola Politécnica a respeito do seu invento.* [*S.l.*], 5 jan. 1987.

____________. *Circulares ao diretor da Biblioteca Nacional, José Alexandre Teixeira de Melo, comunicando sua posse no cargo de ministro da Justiça e Negócios Interiores.* Rio de Janeiro, 8 jan. 1897-19 jan. 1897. 2 p. Papel timbrado do Ministério da Justiça e Negócios Interiores.

____________. *Ofícios ao diretor da Biblioteca Nacional, José Alexandre Teixeira de Melo, remetendo o exemplar da tabela explicativa do orçamento das despesas do Ministério para 1897, solicitando o envio do orçamento das despesas e remetendo também a cópia do contrato entre o Ministério e a companhia Belmiro Rodrigues.* Rio de Janeiro: 21 jan. 1897-28 jan. 1897. 9 p.

____________. *Bilhete a [Antônio Felisardo] Cupertino [do Amaral] solicitando que o represente em uma solenidade.* [*S.l.*], 16 mar. 1897.

____________. *Ofícios ao diretor da Biblioteca Nacional, José Alexandre Teixeira de Melo, autorizando o envio do original da obra "Roteiro da Costa do Araguary até o rio Vicente Perison (...)", e remetendo o livro "Progetto del Codice Penale Ac", e comunicando o agradecimento de Manuel Vitorino Pereira a essa diretora pelo tempo que esteve na seprema Administraçao dos negócios públicos.* Rio de Janeiro, 4 mar. 1897-24 mar. 1897.

____________. *Ofícios ao diretor da Biblioteca Nacional, José Alexandre Teixeira de Melo, solicitando a ajuda na consulta de alguns documentos a ser feita por Oliveira Figueredo e comunicando o teto para as despesas a serem feitas.* Rio de Janeiro, 17 maio 1897-19 maio 1897.

______________. *Carta a Domingos Jaguaribe Filho, comunicando ter recebido os dois volumes de sua Biblioteca Brasileira*. Rio de Janeiro, 26 jun. 1897.

______________. *Ofícios ao diretor da Biblioteca Nacional, José Alexandre Teixeira de Melo, determinando que se entregue a Julieta Penna de Araújo Guimaraes os manuscritos inéditos de seu finado pai, Martins Penna*. Rio de Janeiro, 31 jul. 1897. 30 p. Em anexo, documentos referentes à autorização dada a Stephane Marie Etienne Lassalle, procurador do livreiro H. Garnier, de copiar e imprimir os referidos manuscritos, e a entrega acima referida.

______________. *Bilhete a Amaro Cavalcanti devolvendo duas minutas e solicitando que o destinatário opte por uma*. Rio de Janeiro, 29 out. 1897.

______________. *Circulares ao diretor da Biblioteca Nacional, José Alexandre Teixeira de Melo, solicitando o envio do orçamento das despesas a serem feitas pela Biblioteca Nacional.* Rio de Janeiro: 17 nov. 1897-9 dez. 1897. 2 p. Papel timbrado do Ministério da Justiça e Negócios Interiores.

______________. *Carta a Domingos Jaguaribe, comentando sôbre a nova descoberta e que o auxiliaria no que pudesse*. [*S. l.*], 9 dez. 1897.

______________. *Circulares ao diretor da Biblioteca Nacional, José Alexandre Teixeira de Melo, informando a necessidade de se fazer economia, devido a situaçao financeira do país, e autorizando o engenheiro do Ministério a fazer obras no edificio da Biblioteca Nacional.* Rio de Janeiro, 27 dez. 1897-29 dez. 1897. 2 p. Papel timbrado do Ministério da Justiça e Negócios Interiores.

______________. *Ofícios ao diretor da Biblioteca Nacional, José Alexandre Teixeira de Melo, marcando o dia para que a comissao organizadora comece a escolher o amanuensse desta Biblioteca, e remetendo 63 exemplares do ultimo relatorio do Ministério da Justiça e Negócios Interiores*. Rio de Janeiro, 6 jun. 1898-28 set. 1900.

______________. *Bilhete a [Antônio Felisardo] Cupertino [do Amaral] solicitando que atenda, na sua ausência, as pessoas que o procurarem.* [*S.l.*: *s.n.*], 14 ago. 1898.

______________. *Cartao a Rodolfo Garcia, agradecendo-lhe a remessa de uma obra de sua autoria*. Rio de Janeiro, 22 out. 1914.

PRESIDENTE Prudente de Moraes e seus ministros. Rio de Janeiro: Lith. Imprensa Nacional, 1898. 1 foto. Disponível em: http://objdigital.bn.br/objdigital2/acervo_digital/div_iconografia/icon556859/icon556859.jpg. Acesso em 2 de junho de 2023

SOBRAL PINTO

Marcelo Roberto Ferro[1]

Há muito para falar sobre Sobral Pinto, mas o espaço é curto. Seu nome é referência não apenas na advocacia, mas também no plano nacional, em razão de sua incessante, renhida e comovente luta pela preservação do Direito e dos valores democráticos, e isso mesmo em momentos nos quais prevalecia o arbítrio. Seu exemplo de vida pessoal e profissional ganha ainda mais relevo nos tempos atuais, no contexto da polarização política, que leva alguns néscios ao absurdo de desejarem a volta de um regime ditatorial cerceador de liberdades.

Sobral Pinto foi mais que um advogado, foi um arauto da democracia, tendo pautado sua vida consoante os preceitos da Igreja Católica e uma enorme fé na justiça. Advogado desassombrado e abnegado, desprendido de interesses materiais, dono de uma cultura vastíssima, uma excelente oratória e uma crença inquebrantável no direito de seu cliente. Em 1984, ainda estagiário em um escritório de advocacia no Rio de Janeiro, presenciei sua atuação na audiência de uma ação locatícia na qual seu cliente não tinha nenhuma razão. Impressionaram-me a contundência de sua defesa e a ironia fina nos seus argumentos, tornando complexa para nosso cliente uma causa que parecia simples. Consta que tinha muito humor, a despeito de sua figura circunspecta, sempre

[1] DSU pela Université Paris 2. Mestre em Direito pela USP. Advogado.

vestido de terno, gravata, chapéu e guarda-chuva pretos. Atualmente é nome de avenida no Rio de Janeiro, na Barra da Tijuca, e foi inspiração para peça de teatro[2] e até samba.[3] Sua neta Paula Fiuza fez um filme sobre sua vida.[4] É nome de medalha da OAB concedida para homenagear advogados que atuem em notória defesa dos valores primados pela Ordem no âmbito dos direitos humanos, dos direitos sociais e do Estado Democrático de Direito.

Sobral Pinto nasceu em Barbacena em 1893 e faleceu no Rio de Janeiro em 1991, aos 98 anos. Filho de um funcionário ferroviário e de uma dona de casa, estudou em colégios jesuítas nos quais forjou sua formação católica. Formou-se no Rio de Janeiro em 1917, na Faculdade de Ciências Jurídicas e Sociais. Logo em seguida, em 1924, atuou na Procuradoria Criminal da República, trabalhando de forma implacável contra os movimentos militares revolucionários sob a presidência de Arthur Bernardes. Atuou também, por pouco tempo, como procurador-geral do Distrito Federal, tendo se afastado em 1928 para se tornar apenas advogado. Foi professor de Direito Penal da PUC/RJ de 1942 a 1963.[5]

Como indica o título deste artigo, a vida profícua de Sobral Pinto foi recheada de exemplos de coragem, de dignidade e de ética na advocacia e para além dela, no pleno e constante exercício da cidadania.

De fato, qualquer artigo ou depoimento prestado sobre Sobral Pinto destacarão a coragem como um dos seus mais marcantes qualificativos. Ao ser questionado de onde vinha tanta coragem, ele retrucava: "Não tem nada a ver com coragem; tem a ver com a capacidade de se indignar." Para ele — e quem há de negar? — advocacia não é profissão para covardes. Consta que sua primeira indignação contra a opressão ocorreu ainda em tenra idade, quando, junto de sua mãe, chamou de covardes alguns policiais que agrediam um indivíduo indefeso.

---

[2] De autoria de Millôr Fernandes, em 1985: "Ajude o Dr. Sobral a combater o mal."

[3] De autoria de João Nogueira: "Vovô Sobral."

[4] *Sobral – O homem que não tinha preço*, 2013.

[5] Consta que, por se tratar de uma instituição católica, Sobral Pinto doava todo o seu salário para contribuir para o sustento da Universidade. Em 1991, a PUC/RJ outorgou-lhe o título de Doutor *Honoris Causa*.

São inúmeros os exemplos de sua atitude corajosa, tanto no exercício da advocacia, quanto na sua constante interação com autoridades em geral, o que fazia através de cartas ou artigos em jornais.

No exercício da advocacia, Sobral Pinto se destacou durante o Estado Novo de Getúlio Vargas (1937-1945), quando representou os dois principais líderes do movimento de 1935, o capitão Luiz Carlos Prestes e Harry Berger. Tratou-se de uma indicação *ex officio* por parte da OAB, diante da recusa de outros advogados em representar os acusados alegando toda sorte de desculpa para não suportar o fardo de uma defesa contra o governo e a maioria da opinião pública. A absoluta divergência política com os acusados — afinal, era um cristão fervoroso defendendo marxistas — não abalou Sobral Pinto, que aceitou o encargo afirmando:

> O que me falta em capacidade sobra-me, porém, em boa vontade para me submeter às imposições do Conselho da Ordem; e em compreensão humana para, fiel aos impulsos do meu coração cristão, situar no meio da anarquia contemporânea a atitude desses dois semelhantes, criados, como eu e todos nós, à imagem de Deus. Quaisquer que sejam as minhas divergências do comunismo materialista — e elas são profundas — não me esquecerei, nesta delicada investidura de que o Conselho da Ordem impõe, que simbolizo, em face da coletividade brasileira exaltada e alarmada: A DEFESA.[6]

Ambos os acusados estavam presos e submetidos a condições desumanas, notadamente Harry Berger.[7] Sobral Pinto denunciava incessantemente os maus-tratos a seus clientes, mas não tinha êxito em alterar as condições do encarceramento, a despeito dos "clamores estridentes do

---

[6] No livro *Por que defendo os comunistas* constam as petições e documentos utilizados por Sobral Pinto na defesa de seus representados.

[7] Harry Berger estava preso em um vão de escada, privado de adequada aeração e luz, ouvindo intermitentemente os passos dos policiais.

seu defensor impotente".[8] Foi então que, de forma genial, inspirado por uma notícia de jornal sobre a condenação de uma pessoa por maus-tratos a um cavalo, com base na lei de proteção aos animais, Sobral Pinto usou o argumento para pedir a melhoria de condições no encarceramento de Harry Berger.[9] Depois de vencer, inclusive, a resistência de autoridade policial — já que o capitão-chefe da polícia, Filinto Müller, se recusava a cumprir ordem judicial —, Sobral Pinto escreveu ao presidente Getúlio Vargas e, após quatro meses de luta incessante, conseguiu efetivar a transferência de seus clientes para instalações mais adequadas.

Outro exemplo de coragem e, ao mesmo tempo, argúcia no exercício da advocacia foi a estratégia por ele implementada que, ao final, salvou a vida de Anita Leocádia Prestes, filha de Luiz Carlos Prestes e Olga Benário, esta última alemã de origem judaica, deportada em 1936 por Getúlio Vargas, grávida, a pedido do governo nazista, que a encarcerou na prisão de Barnimstrasse, onde deu à luz em fins de 1936, vindo a falecer em 1942 na câmara de gás. Durante a prisão de sua mãe,

---

[8] "Requerimento de Sobral Pinto ao juiz Raul Machado, em 2 de março de 1937". *In*: PINTO, Sobral. *Por que defendo os comunistas*, pp. 73-82.

[9] "Semelhante desumanidade precisa cessar imediatamente, sob pena de deslustre para o prestígio deste Tribunal de Segurança, que, para bem cumprir sua árdua tarefa, necessita de pautar sua ação pelas normas inflexíveis da serenidade e da justiça. Tanto mais obrigatoriamente inadiável se torna a intervenção urgentíssima de v.exa., sr. Juiz, quanto somos um povo que não tolera a crueldade, nem mesmo para com os irracionais, como demonstra o decreto n.º 24.645, de 10 de julho de 1934, cujo artigo 1.º dispõe: '*Todos os animais existentes no país são tutelados do Estado.*' Para tornar eficiente tal tutela, esse mesmo decreto estatui: '*Aquele que, em lugar público ou privado, aplicar ou fizer aplicar maus-tratos aos animais, incorrerá em multa de 20$000 a 500$000 e na pena de prisão celular de 2 a 15 dias, quer o delinquente seja ou não o respectivo proprietário, sem prejuízo de ação civil que possa caber.*' (art. 2.º)". E, para que ninguém possa invocar o benefício da ignorância nessa matéria, o art. 3.º do decreto supramencionado define: '*Considerem-se maus-tratos: (...) II - Manter animais em lugares anti-higiênicos ou que lhes impeçam a respiração, o movimento ou o descanso, ou os privem de ar ou luz.*' Baseado nesta legislação, um dos juízes de Curitiba, estado do Paraná, dr. Antônio Leopoldo dos Santos, condenou João Mansur Karen à pena de 17 dias de prisão celular e à multa de 520$000, por ter morto a pancadas um cavalo de sua propriedade (doc. Junto). Ora, num país que se rege por uma tal legislação, que os magistrados timbram em aplicar, para, deste modo, resguardarem os próprios animais irracionais dos maus-tratos até de seus donos, não é possível que Harry Berger permaneça, como até agora, meses e meses a fio, com a anuência do Tribunal de Segurança Nacional, dentro de um socavão de escada, privado de ar, de luz e de espaço, envolto, além do mais, em andrajos, que, pela sua imundície, os próprios mendigos recusariam vestir." Requerimento de Sobral Pinto ao juiz Raul Machado, em 2 de março de 1937. Ibid.

Anita Leocádia viu-se em um limbo jurídico, pois seus pais não eram casados e, por isso, o governo alemão não reconhecia a existência de uma família paterna para cuidar da criança, cujo destino seria o orfanato. Foram infrutíferas as inúmeras viagens da mãe de Prestes, Leocádia — que vivia na França —, à Alemanha, pois o governo nazista exigia a prova documental do casamento dos pais da criança. Acionado por Leocádia Prestes, Sobral Pinto concebeu uma estratégia para produzir a prova documental exigida pelos alemães: realizar uma escritura pública de reconhecimento de paternidade por parte de Luiz Carlos Prestes, o qual ainda se encontrava preso. A implementação do plano, todavia, esbarrava na notória má vontade da polícia com tudo que envolvesse Prestes, mas, para Sobral Pinto, nenhum obstáculo era intransponível, tendo ele conseguido, depois de muita insistência, a inédita autorização para a visita de um tabelião público à prisão. Obtido o documento oficial, estava provado o vínculo de paternidade entre Luiz Carlos Prestes e Anita Leocádia Prestes. Assim sendo, a criança foi entregue para viver com a avó na França e, anos depois, veio ao Brasil, em 1945, para conhecer o pai e também o seu "libertador", que, muito justamente, se considerava "o segundo pai" da criança.

Sobral Pinto apoiou o golpe militar de 1964, na esperança de que os militares combateriam os comunistas e restaurariam a Constituição. Todavia, logo no primeiro dia, em 1.º de abril de 1964, dirigiu-se à Delegacia de Ordem Política e Social — DOPS à procura de pessoas ilegalmente presas no dia anterior. Não tardou a retirar seu apoio quando percebeu o vilipêndio da lei e da ordem. Enviou carta ao general Castelo Branco, em 9 de abril daquele ano, criticando o Ato Institucional n.º 1, publicado naquele dia, e as cassações de mandatos e suspensão de direitos políticos, cuja consequência "varre do seio de nossa pátria, não apenas o regime democrático, mas também a própria dignidade do cidadão brasileiro".[10] Poucos dias depois, em outra carta, datada de 29

[10] SCALERCIO, Márcio. *Heráclito Fontoura Sobral Pinto – Toda liberdade é íngreme.* Rio de Janeiro: FGV Editora, 2014, p. 246.

de abril, acusa o mesmo general de estar se fingindo de presidente da república e adotando providências ilegais.

No período da ditadura militar (1964-1985), Sobral Pinto representou, gratuitamente, vários inimigos do poder, dentre eles o então deputado federal José Aparecido de Oliveira em um protesto judicial contra a cassação deste — o que é considerado como a primeira manifestação pública de resistência democrática contra o golpe de 64 —, além de impetrar, com êxito, habeas corpus em favor de Miguel Arraes, preso na ilha de Fernando de Noronha.

Registre-se, ainda, a atuação de Sobral Pinto na defesa de nove chineses presos pela ditadura brasileira apenas três dias após o golpe militar de 1964, acusados de serem espiões do comunismo internacional com o objetivo de subverter a ordem política e social, visando a instaurar um regime comunista de inspiração chinesa.[11] As provas contra os réus eram fragilíssimas, baseadas em anotações nas suas agendas relativas a compromissos com autoridades brasileiras visando ao incremento de intercâmbio comercial entre Brasil e China. Os militares, no entanto, munidos de uma tradução manipulada, qualificavam essas anotações como um "diário de atividades subversivas". Perante o Superior Tribunal Militar, Sobral Pinto conseguiu desconstituir a prova através de um tradutor de confiança e demonstrou que a prisão dos chineses era apenas um pretexto para os militares justificarem a deposição de João Goulart por ser comunista.

Em alguns episódios marcantes na vida de Sobral Pinto se verifica não apenas a coragem, mas também sua inteligência e ironia destilada mesmo em situações extremas. Foi o caso da sua detenção em 1968, em Goiânia, onde estava para ser paraninfo da turma de bacharéis em Direito da Universidade de Goiás. O momento era de extrema ebulição em razão do discurso no Congresso do deputado Marcio Moreira Alves, que, no início de setembro daquele ano, concitava a população a boicotar as festividades do dia 7 daquele mês. Em represália, o ministro

[11] Para mais detalhes, veja-se o livro *O caso dos nove chineses*, de Ciça Guedes e Murilo Fiuza de Melo.

da Justiça, Luis Antonio da Gama e Silva, solicitou à Câmara dos Deputados licença especial para abertura de processo de cassação do mandato do parlamentar, o que veio a ser negado em 11 de dezembro daquele ano, motivando, assim, a edição, dois dias depois, do fatídico Ato Institucional n.º 5, que reforçava ainda mais a ditadura ao suspender direitos políticos, cassar mandatos, fechar o Congresso Nacional e proibir a concessão de habeas corpus, além de outras medidas de exceção. Sobral Pinto, então com 75 anos, ao receber voz de prisão, resistiu ao arbítrio e foi arrastado por soldados, tendo ficado detido por três dias em uma delegacia de Brasília, o que foi motivo de comoção nacional. Interrogado por um coronel do Exército, para quem os militares estavam implementando uma "democracia à brasileira", Sobral Pinto rebateu: "Ora, tenha paciência. Há peru à brasileira, mas não há democracia à brasileira. A democracia é universal, sem adjetivos."

Mas a coragem e o desprendimento de Sobral Pinto não eram veiculados apenas como advogado, mas também no pleno exercício da sua cidadania, através de cartas ou artigos em jornais. Era um missivista contumaz, enviava cartas a todas as pessoas, autoridades ou não, que estivessem, a seu juízo, cometendo uma ilegalidade. Foi um crítico constante da vida pública. Entre suas cartas mais famosas, além das já mencionadas ao general Castelo Branco, está a que remeteu ao general Góis Monteiro, na qual, ao longo de 62 páginas, abordava o cenário político nacional e criticava uma entrevista do general. Logo após a edição do AI-5, Sobral Pinto enviou carta ao presidente Costa e Silva protestando veementemente contra a supressão de garantias e acusando-o de instituir no país "a ditadura militar, contra a qual ninguém pode, no momento, lutar eficientemente", para, em seguida, indicar o que deveria ser feito.[12] Consta também que Sobral Pinto teria sido a fonte de um jornalista do *The New York Times*, que, em fins de 1974, indicava

---

[12] "O governo, por sua vez, para que se desobrigue do seu árduo e difícil encargo de dotar cada cidadão com a qualidade do caráter, tem o dever de baixar leis e criar institutos que sejam uma muralha de defesa intransigente do princípio da dignidade da pessoa humana, da intangibilidade da liberdade individual e do resguardo total das liberdades públicas." SCALERCIO, op. cit., p. 326.

locais no Brasil onde se praticava atos de tortura. Em outra carta, escrita em fins de 1976, apoiava publicamente a pressão exercida no governo brasileiro pelo presidente norte-americano Jimmy Carter em relação aos Direitos Humanos. Logo após o comício pelas Diretas Já, em abril de 1984, admoestou veemente e publicamente o então chefe do Gabinete Militar da Presidência da República, general Rubem Ludwig, que, em tom ameaçador, qualificara o comício como uma "repetição de 64", sugerindo, de forma implícita, uma possível reação contundente do governo. Sobral Pinto qualificou de "falsa, absolutamente falsa, inaceitável e intolerável" a comparação.

Suas manifestações públicas eram também veiculadas no exercício de funções institucionais, valendo destacar sua atuação como conselheiro do Conselho Federal da Ordem dos Advogados do Brasil por vários anos, orientando posicionamentos políticos da instituição, especialmente nos períodos mais sombrios da vida nacional, valendo destacar a repulsa contra o recesso do Congresso Nacional, feito pelo presidente Ernesto Geisel, em 1.º de abril de 1977, com a reforma do Poder Judiciário.[13] Foi também na sua qualidade de conselheiro federal da OAB que Sobral Pinto remeteu carta, em 3 de abril de 1974, ao então ministro da Justiça Armando Falcão, na qual exigia informações sobre o paradeiro de Fernando Augusto de Santa Cruz Oliveira e Eduardo Colier Filho, presos pelo regime militar e mantidos em local desconhecido. Merece registro, ainda, a sua renúncia, em 1965, ao cargo de presidente do Instituto dos Advogados Brasileiros, em retaliação a uma declaração da sessão plenária de que o Ato Institucional n.º 2 não era passível de apreciação jurídica.

Há ainda outro episódio marcante de Sobral Pinto na vida política nacional, representado por sua participação no comício pelo movimen-

[13] O general Ernesto Geisel invocou o Ato Institucional n.º 5 para impor recesso ao Congresso e, poucas semanas depois, anunciou o chamado "Pacote de abril", composto por uma emenda constitucional e seis decretos, e reabriu o Congresso. O objetivo principal do pacote era dar ao partido do governo, a Arena, o controle do Legislativo, com o aumento das bancadas do Norte e do Nordeste na Câmara dos Deputados e a eleição indireta de um terço dos senadores, a serem escolhidos por um colégio eleitoral constituído por deputados das assembleias legislativas e por delegados das câmaras municipais.

to Diretas Já, em 10 de abril de 1984, na Candelária, Rio de Janeiro. Ao assumir o palanque, pediu e obteve silêncio da multidão de mais de um milhão de pessoas. Sua fala foi curta mas contundente: "Quero falar à nação brasileira através desta multidão de um milhão de conterrâneos meus. Nós queremos que se restaure no Brasil o preceito do artigo primeiro do parágrafo primeiro da Constituição Federal: todo poder emana do povo e em seu nome deve ser exercido." Duas semanas depois, a emenda pelas Diretas Já foi rejeitada pelo Congresso.

Sobral Pinto marcou também presença na vida nacional com um exemplo de absoluta dignidade ao recusar o honroso cargo de ministro do Supremo Tribunal Federal a ele oferecido por Juscelino Kubitschek em 1956. Para se compreender a dimensão de seu ato, é preciso contextualizar o fato. Em 1955 havia movimentos entre alguns grupos políticos e setores militares para impedir, de forma ilegal e injustificada, a participação da chapa Juscelino Kubitschek-João Goulart nas eleições presidenciais daquele ano. Sobral Pinto, que não tinha atuação partidária, mas uma obstinação incansável pela manutenção do Estado de Direito, criou a Liga de defesa da legalidade, a fim de zelar pela realização das eleições e o respeito à posse dos vencedores. Defendeu, como advogado, o direito de Juscelino Kubistchek a se candidatar, mesmo sem votar nele.[14] Vitorioso no pleito, Juscelino fez o convite, que foi prontamente recusado por Sobral Pinto, por receio de que a aceitação do cargo pudesse ser vista como contrapartida da sua defesa do presidente, maculando, assim, a legitimidade de sua atuação em prol, antes de tudo e sobretudo, do respeito à legalidade.

Sobral Pinto também é reverenciado pela sua postura ética no exercício da advocacia. Sua integridade advinha não apenas dos elevados valores cristãos, mas também da sua certeza e confiança na justiça. Tinha plena convicção de que o advogado é o primeiro juiz da causa, o

---

[14] Na entrevista que deu ao jornal *O Pasquim*, edição de 29 abr. de 1977, Sobral Pinto declarou que essa foi a causa que mais o empolgou: "Juscelino foi vítima da inveja e do desrespeito. Foi vítima de ser o maior presidente que o Brasil já teve."

que, aliás, está cristalizado no Código de Ética e Disciplina da OAB.[15] Consta, a esse respeito, o episódio envolvendo uma consulta a ele feita por seu amigo Augusto Frederico Schmidt a respeito do patrocínio de uma causa trabalhista. Depois de analisar o caso, Sobral Pinto declinou do convite sob a justificativa de que a justiça não estava do seu lado. Asseverou, em carta a ele remetida:

> A advocacia não se destina à defesa de quaisquer interesses. Não basta a amizade ou honorários de vulto para que um advogado se sinta justificado diante de sua consciência pelo patrocínio de uma causa. (...) O advogado não é, assim, um técnico às ordens desta ou daquela pessoa que se dispõe a comparecer à justiça. (...) O advogado é, necessariamente, uma consciência escrupulosa ao serviço tão só dos interesses da justiça, incumbindo-lhe, por isto, aconselhar àquelas partes que o procuram a que não discutam aqueles casos nos quais não lhes assiste nenhuma razão.[16]

Sua avaliação era restrita ao direito postulado pelo seu cliente, sem misturar as suas convicções pessoais e políticas com as dos seus consulentes, do que é exemplo eloquente a representação de Luiz Carlos Prestes, Harry Berger, Miguel Arraes, de Juscelino Kubistchek e dos nove chineses, para citar apenas alguns.

Sua ética também se revelava na aceitação de patrocínio de clientes sem condições de pagar seus honorários, recusando-se a cobrar por causas que envolvessem a Igreja Católica ou entidades religiosas. Era módico na cobrança de honorários mesmo em relação a clientes abastados, muitos deles indicados por seus amigos Mario Bulhões Pedreira, Evandro Lins e Silva e Dario de Almeida Magalhães. Seu desprendimento quanto ao tema era de tal ordem que o levou, inclusive, a

---

[15] "Art. 2.º, Parágrafo único: São deveres do advogado: VII – aconselhar o cliente a não ingressar em aventura judicial."

[16] Disponível em: https://www.migalhas.com.br/quentes/2113/as-soberbas-licoes-de-sobral-pinto. Acesso em 12 de fevereiro de 2024.

enfrentar, em 1944, uma ação de despejo de seu escritório por falta de pagamento de aluguel.

Há inúmeros outros exemplos da conduta ética de Sobral Pinto, que não caberiam nas dimensões e no propósito deste artigo. É possível afirmar, sem receio e sem exagero, que, em sua longa vida, Sobral Pinto preencheu rigorosamente *todos* os imperativos de conduta indicados no Código de Ética e Disciplina da OAB a cujo respeito estão adstritos os advogados brasileiros:

> lutar sem receio pelo primado da justiça; pugnar pelo cumprimento da Constituição e pelo respeito à lei, fazendo com que esta seja interpretada com retidão, em perfeita sintonia com os fins sociais a que se dirige e as exigências do bem comum; ser fiel à verdade para poder servir à justiça como um de seus elementos essenciais; proceder com lealdade e boa-fé em suas relações profissionais e em todos os atos do seu ofício; empenhar-se na defesa das causas confiadas ao seu patrocínio, dando ao constituinte o amparo do Direito, e proporcionando-lhe a realização prática de seus legítimos interesses; comportar-se, nesse mister, com independência e altivez, defendendo com o mesmo denodo humildes e poderosos; exercer a advocacia com o indispensável senso profissional, mas também com desprendimento, jamais permitindo que o anseio de ganho material sobreleve à finalidade social do seu trabalho; aprimorar-se no culto dos princípios éticos e no domínio da ciência jurídica, de modo a tornar-se merecedor da confiança do cliente e da sociedade como um todo, pelos atributos intelectuais e pela probidade pessoal; agir, em suma, com a dignidade das pessoas de bem e a correção dos profissionais que honram e engrandecem a sua classe.

* * *

Triste do país que precisa de heróis, mas feliz do país que tem Sobral Pinto como um deles. De fato, como diz meu querido amigo, compadre e sócio José Roberto de Castro Neves, em belíssimo ensaio sobre Sobral Pinto, certas pessoas têm "uma força interna que os transforma em exemplos, mártires, símbolos. A força deles vem, principalmente, da causa que defendem. É como se a questão se personificasse: uma pessoa se transforma na própria causa. O homem, para o mundo, vale o que ele significa. Assim são os heróis".[17]

Para Victor Nunes Leal: "Acima de tudo isso, é Sobral Pinto 'o advogado', o advogado em si, que combate, do primeiro ao último instante, pela causa que tem por justa, seja fraco ou forte aquele a quem defenda, especialmente se é vítima do poder, da prepotência, da arrogância, da maldade, da má-fé, da mistificação, da ignorância presunçosa."[18]

Sobral Pinto defendeu presos políticos em dois regimes ditatoriais (1937-1945 e 1964-1985) sem jamais se curvar às pressões políticas e apenas orientado por suas convicções de guardião da justiça na defesa da liberdade. Exerceu a advocacia de modo pleno, guiado por seus princípios e por sua coragem. Sua bússola moral sempre apontava para o lado correto, o que o tornava um líder pelo exemplo que propagava. Seu exemplo de vida pessoal e profissional justifica seja ele conhecido pelas novas gerações e constantemente lembrado pelas velhas gerações. Afinal, como no samba a ele dedicado por João Nogueira: "Ele hoje é a razão que guia o povo/ Pois sendo o mais velho/ Hoje é o mais novo/ Herói da justiça nacional."

---

[17] NEVES, José Roberto de Castro. *Brasileiros*. Rio de Janeiro: Nova Fronteira, 2020, p. 121.

[18] SCALERCIO, op. cit., p. 13.

ADAUCTO LÚCIO CARDOSO

Marcelo Trindade[1]

Introdução

Para falar de Adaucto Lúcio Cardoso — o mineiro de Curvelo, nascido na véspera do Natal de 1904, que foi advogado, político e ministro do Supremo Tribunal Federal —, e de seu papel como um dos juristas que formaram o Brasil, tomei emprestado o título — "Um liberal de boa estirpe" — que Francisco Julião deu ao obituário com o qual o homenageou.

O pernambucano Julião foi por duas vezes deputado estadual e fora eleito, em 1962, deputado federal pelo Partido Socialista Brasileiro. Era o líder das temidas Ligas Camponesas — que lutavam, àquele tempo, por uma reforma agrária dita radical.[2] Foi um dos mais duros

---

[1] O autor agradece à família de Adaucto Lúcio Cardoso — na pessoa de sua nora Cristina e de sua neta Andrea — a gentileza de terem franqueado acesso aos documentos de seu arquivo pessoal.

[2] Visto da perspectiva atual, o adjetivo soa excessivo. A principal proposta das Ligas Camponesas para a reforma agrária, apresentada no 1.º Congresso Nacional Dos Lavradores e Trabalhadores Agrícolas, realizado em Belo Horizonte, em novembro de 1961, era a "[i]mediata modificação pelo Congresso Nacional do Artigo 147 da Constituição Federal, em seu parágrafo 16, que estabelece a exigência de "indenização prévia, justa e em dinheiro" para os casos de desapropriação de terras por interesse social. Esse dispositivo deverá ser eliminado e reformulado, determinando que as indenizações por interesse social sejam feitas mediante títulos do poder público, resgatáveis a prazo longo e a juros baixos". Proposta muito semelhante ao que hoje

adversários de Adaucto na arena política, e depois cassado e preso em 1964, pelo governo militar cuja chegada ao poder Adaucto ajudou a concretizar.

Como Julião, Adaucto combatera uma ditadura. Só que a anterior, de Getúlio Vargas. Em 1943, apareceu no debate público como um dos signatários do Manifesto dos Mineiros.[3] No ano seguinte foi preso, depois de um discurso no Tribunal de Apelação do Distrito Federal, representando a Ordem dos Advogados do Brasil.[4] Em 1945, foi um dos fundadores da União Democrática Nacional (UDN), o partido que em pouco tempo passaria a liderar a oposição no parlamento, até chegar ao poder — brevemente como aliado de Jânio Quadros em 1961 e, mais tarde, apoiando o golpe de 1964.

Em 20 de julho de 1974, quando Adaucto faleceu no Rio de Janeiro, vítima de um enfarte, Julião vivia exilado no México — lá morreria em 1999. O réquiem que ali publicou, escrito em espanhol, é um dos mais tocantes textos, dentre tantos que apareceram por ocasião da morte de Adaucto.[5]

---

estabelece o art. 184 da Constituição Federal de 1988. Sobre essa e as demais pautas defendidas pelas Ligas Camponesas, cf. JULIÃO, Francisco. *Que são as ligas camponesas*. Rio de Janeiro: Civilização Brasileira, 1962.

[3] O chamado Manifesto dos Mineiros foi uma carta aberta publicada em outubro de 1943, na data do aniversário da Revolução de 1930, pugnando pelo fim da ditadura do Estado Novo. Para uma descrição de sua gênese e intenções, cf. BENEVIDES, Maria Victoria de Mesquita. *A UDN e o udenismo*: Ambiguidades do liberalismo brasileiro (1945-1965). Rio de Janeiro: Paz e Terra, 1981, pp. 34-36.

[4] Discurso à Bandeira. *Jornal do Commercio*, 1944. Tratava-se de um credo aos princípios da democracia liberal. Eis alguns trechos: "Nós cremos que só há democracia onde existe a liberdade de manifestação do pensamento, com limitações impostas unicamente pela lei e nunca pela vontade arbitrária dos homens que governam." "Nós cremos que só há democracia onde o Poder Judiciário puder ser a garantia efetiva dos direitos do cidadão como inscritos numa Constituição." "Nós cremos que só haverá democracia onde a consulta à vontade popular for formulada de modo a tornar possível que todas as correntes partidárias intervenham na estruturação do sistema político." "Nós cremos que só há democracia onde existir uma Constituição elaborada pelos representantes do povo; com ampla consulta a todas as tendências, livre debate das ideias e plena liberdade de organização partidária. Nós cremos que só haverá democracia onde houver a representação política de todo o povo, por meio do voto direto, em eleições livres."

[5] Cf., entre outros, Alceu Amoroso Lima, sob o pseudônimo Tristão de Athayde ("O Elfo Montanhês". *Jornal do Brasil*, 23.08.1974); Barbosa Lima Sobrinho ("Adaucto Cardoso", *Jornal do Brasil*, 28.07.1974); Helio Fernandes (*Tribuna da Imprensa*, 22.07.1974); Editorial de

Passados dez anos de sua cassação e nove de seu exílio, Francisco Julião mantinha acesas tanto a esperança na revolução socialista quanto a ácida crítica aos políticos de seu país — especialmente aos conterrâneos de Adaucto:

> Como Minas foi sempre a forja silenciosa, o poder moderador, o centro de equilíbrio, a academia do liberalismo, seus políticos preferem fazer a revolução antes que o povo a faça, nas palavras de Antônio Carlos, outro grande mineiro e chefe, lá, do movimento de 1930 que levou Vargas ao poder. Mas quem se antecipa ao povo não faz revolução, senão que a evita e frustra ou, o que é pior, desencadeia a contrarrevolução. Foi o que aconteceu precisamente em Minas, em 1964.

Para Adaucto, Julião reservava palavras bem diferentes:

> Adaucto pertenceu a outra estirpe, a de Milton Campos, também mineiro, que via a Constituição de 1946, que ajudou a erguer, como um templo, sua obra predileta. De modo que ao constatar a profanação de seu templo pela botina militar era como se todo o seu passado de jurista liberal desmoronasse. Ambos foram diferentes daqueles que iam à mesma missa, comungavam a mesma hóstia, mas escondiam no fundo da alma outros propósitos. A Constituição, para certos liberais, importa menos que manter seus privilégios.

E arrematava: "Adaucto foi um liberal puro, incorruptível, leal até o fim a suas convicções, a si mesmo e a seus amigos. Nunca passou dos limites, mas sempre se distinguiu como homem valente e inconformado."

O Globo ("A oportunidade das renúncias", 21.07.1074); Editorial da *Folha de S.Paulo* ("Até o fim, a obsessão da lei, 21.07.1974); Editorial de *O Estado de S. Paulo* ("Liberal Intransigente", 21.07.1974); Editorial do *Jornal do Brasil* ("A coerência como norma de vida", 21.07.1974).

O Supremo Tribunal, entre o AI-1 e o AI-2

As palavras de Julião não eram de gratidão por algum ato de Adaucto como ministro do Supremo Tribunal Federal, embora ele tivesse muito a agradecer à corte. Sem o Supremo, que lhe concedeu um habeas corpus em 1965,[6] Julião não teria sido solto e escapado para o exílio. Mas Adaucto chegaria ao Tribunal apenas um ano e meio depois.

O habeas corpus em favor de Julião fora impetrado — como tantos outros — pelo grande Sobral Pinto, contra uma decisão do Superior Tribunal Militar que negara o relaxamento da prisão preventiva do ex-deputado, que já durava mais de um ano. Julião fora preso e em inquérito policial militar, sob a acusação de atentar contra a ordem política e social com ajuda de organização estrangeira.

O relator do habeas corpus de Julião no Supremo foi o Ministro Luiz Gallotti, que votou pela denegação da ordem. Seus colegas de plenário, contudo, concederam-na, julgando inadmissível a prisão de longa duração, sem pena. A divergência, inaugurada pelo Ministro Evandro Lins e Silva, foi seguida por Hermes Lima, Victor Nunes Leal, Gonçalves de Oliveira e Villas Bôas (o presidente, Lafayette de Andrada, não votou).[7]

Aquela não era a primeira concessão de habeas corpus que enfurecia a ditadura. Na verdade, entre março de 1964 e setembro de 1965, o Supremo Tribunal defendera a Constituição de 1946 com firmeza, nos limites das possibilidades remanescentes. O tribunal concedeu diversas ordens de habeas corpus, sendo algumas em favor de inimigos capitais do novo regime, como os governadores cassados Miguel Arraes, de Pernambuco, e Mauro Borges, de Goiás, além do próprio Francisco Julião.[8]

---

[6] HC n.º 42.560/PE, julgado em 27 de setembro de 1965.

[7] Basta ler o acórdão para perceber a preocupação do tribunal em centrar sua argumentação na defesa dos valores da democracia liberal, evitando aparentar apoio aos opositores do novo regime. Quase todos os ministros fizeram questão de ressaltar — de modo mais ou menos explícito — sua divergência com as ideias políticas de Francisco Julião. A começar pelo próprio relator para o acórdão, Evandro Lins e Silva.

[8] Para uma análise aprofundada da atuação do Supremo Tribunal Federal durante o período, cf. RECONDO, Felipe. *Tanques e togas*: O STF e a ditadura militar. São Paulo: Companhia das

A atuação do Supremo naquele período — especialmente ao longo de 1965 —, foi um dos principais elementos de tensão no chamado "dispositivo militar" do movimento vitorioso em 1964. Nele, havia uma "linha dura", na qual os coronéis que conduziam os inquéritos policiais militares (IPM) instaurados contra os inimigos do regime eram peças destacadas. E uma "linha branda", liderada pelo presidente Castello Branco, que considerava o funcionamento do Supremo e do Congresso essenciais para o sucesso do movimento.

No chamado "dispositivo civil", por sua vez, as tensões envolviam principalmente as eleições previstas para acontecer em 1965 (para alguns governos estaduais) e em 1966 (para presidente da República). Nessa frente, Adaucto Cardoso, como presidente do "Bloco Parlamentar Revolucionário", atuava entre os principais líderes de apoio a Castello Branco, juntamente com Milton Campos (ministro da Justiça), Pedro Aleixo (líder do governo no Congresso) e Bilac Pinto (presidente da Câmara dos Deputados). Todos eram membros da UDN, que entretanto também abrigava Carlos Lacerda — que atacava Castello Branco por temer novo adiamento das eleições para presidente, que pretendia disputar e confiava ganhar.[9]

Em julho de 1965, como resultado das pressões da linha dura, o Congresso aprovou a lei das Inelegibilidades (lei 4.738), proibindo muitos dos adversários do regime de participar das eleições de outubro daquele ano. Mas, como ocorrera antes e continuaria a acontecer depois, pouco depois de cada vitória a linha dura pedia mais restrições à democracia, reagindo ao funcionamento das instituições como se fossem ataques à Revolução.

Letras, 2018. Cf. também VALÉRIO, Otávio. *A toga e a farda*: O Supremo Tribunal Federal e o regime militar (1964-1969). Dissertação de Mestrado em Direito. Universidade de São Paulo, 2010; e SANTOS, Fabricia Cristina de Sá. *Direito e autoritarismo*: O Supremo Tribunal Federal e os processos de habeas corpus entre 1964 e 1969. Dissertação de Mestrado em Ciências Sociais. Pontifícia Universidade Católica de São Paulo, 2008.

[9] As críticas de Carlos Lacerda estão resumidas em "Por que sou candidato", artigo que publicou na revista *Manchete* de 07.11.1964, e reproduzido em PICALUGA, Izabel Fontenelle. *Partidos políticos e classes sociais*: a UDN na Guanabara. Petrópolis: Vozes, 1980, pp. 105-110.

Não surpreende, assim, que a derrota dos candidatos da situação aos governos da Guanabara e de Minas Gerais, em 3 de outubro de 1965, tenha sido usada como pretexto pela linha dura para a necessidade de reação. Castello Branco resistiu à pressão e assegurou a posse dos vencedores — Negrão de Lima e Israel Pinheiro, respectivamente —, mas foi obrigado a reagir à resistência do Congresso a um novo adiamento das eleições presidenciais, que já haviam sido postergadas para 1966.

Em 27 de outubro de 1965, exatamente um mês após o julgamento do habeas corpus em favor de Francisco Julião, e quinze dias depois de Juraci Magalhães substituir o liberal Milton Campos no Ministério da Justiça,[10] foi editado o Ato Institucional n.º 2, que transformou em indireta (isto é, pelo Congresso) a eleição presidencial, extinguiu os partidos políticos então existentes (entre os quais a UDN) e facilitou a intervenção federal nos estados.[11]

Mas o AI-2 também tinha como alvo o Supremo Tribunal Federal. O ato ampliou a competência da Justiça Militar e aumentou de onze para dezesseis ministros a composição do tribunal, de modo a diluir os votos daqueles indicados anteriormente ao golpe militar — como eram todos até então.[12]

---

[10] Juracy Magalhães era da UDN, mas também coronel do exército. Sempre defendera, no partido, as posições mais radicais de repressão aos comunistas, desde a campanha para que o PCB fosse colocado na ilegalidade em 1946 (BENEVIDES, Maria Victoria de Mesquita. *A UDN e o udenismo*: Ambiguidades do liberalismo brasileiro (1945-1965). Rio de Janeiro: Paz e Terra, 1981, pp. 65-66).

[11] Alguns meses mais tarde, em fevereiro de 1966, Castello Branco editaria o Ato Institucional n.º 3, transformando em indiretas também as eleições para governadores — inclusive nos estados que as realizariam naquele ano, como São Paulo — e designando o dia 3 de outubro para as eleições de seu próprio sucessor, pelo Congresso Nacional. Somente em 1982 o Brasil voltaria a escolher governadores pelo voto direto, e somente em 1989 o presidente da República.

[12] Para uma vibrante crônica diária dos fatos políticos ocorridos entre abril de 1964 e dezembro de 1970 no Brasil, continua insuperável a coletânea dos textos do jornalista Carlos Castello Branco, extraídos da sua "Coluna do Castello", então publicada no *Jornal do Brasil* (CASTELLO BRANCO, Carlos. *Os Militares no Poder*. Rio de Janeiro: Nova Fronteira, Vols. I e II, 1977, v. III, 1979).

Os novos ministros e a chegada de Adaucto ao Supremo

O AI-2 foi o primeiro ataque frontal do regime ao Supremo Tribunal Federal, mas isso não deveria causar surpresa. Juízes com poder de declarar inconstitucionais e ilegais atos do Poder Executivo são um claro inconveniente a quem pretende governar sem os freios e contrapesos inerentes às democracias — de que tribunais e parlamentos são parte essencial.[13] O resultado, entretanto, não foi o que a linha dura esperava.

Em novembro de 1965, o Presidente Castello Branco nomeou, de uma só vez, cinco novos ministros do Supremo Tribunal, que ocupariam as vagas criadas pelo AI-2: Adalício Nogueira, Carlos Medeiros Silva, Aliomar Baleeiro, Oswaldo Trigueiro e Prado Kelly. Os três últimos eram quadros da UDN e é corrente a afirmação de que outras três estrelas que simbolizavam os ideais liberais do partido — Pedro Aleixo, Milton Campos e o próprio Adaucto teriam, naquela altura, recusado o convite para integrar a corte, em protesto pela edição do AI-2.[14]

Mas Castello Branco não desistiu de Adaucto e, pouco antes de deixar a presidência, veria finalmente o convite ser aceito. Depois de nomear Eloy da Rocha para a vaga deixada por Carlos Medeiros Silva (indicado pelo próprio Castello em 1965) e Djaci Falcão para substituir o Ministro Villas Bôas, o presidente nomeou Adaucto Lúcio Cardoso ministro do Supremo Tribunal Federal, em fevereiro de 1967, para ocupar a vaga aberta com a aposentadoria de Ribeiro da Costa.

---

[13] Mesmo em democracias, o poder dos tribunais de declarar a inconstitucionalidade de leis ou a ilegalidade de atos do executivo comumente causa conflitos entre os poderes e tentativas de limitar aquele poder. Um dos mais notórios episódios ocorreu sob a presidência de Franklin Delano Roosevelt nos Estados Unidos da América. Reagindo a seguidas derrotas na Suprema Corte, o presidente quis aumentar o número de juízes que a compunham. O Congresso recusou-lhe apoio, mas, a partir daquele momento, Roosevelt passou a colher decisões favoráveis sobre as leis do New Deal. No caso de ao menos um dos juízes, a mudança de posição foi atribuída às ameaças de Roosevelt (cf. LEPORE, Jill. *Estas verdades*. Rio de Janeiro: Intrínseca, 2020, p. 515).

[14] Cf., por exemplo, BENEVIDES, Maria Victoria de Mesquita. *A UDN e o udenismo*: Ambiguidades do liberalismo brasileiro (1945-1965). Rio de Janeiro: Paz e Terra, 1981, p. 132; CASTELLO BRANCO, Carlos. *Os militares no poder*. Rio de Janeiro: Nova Fronteira, v. I, p. 356.

A insistência na indicação para o Supremo seria normal, não fosse o fato de que, entre a recusa do final de 1965 e a nomeação do começo de 1967, a relação entre Castello Branco e Adaucto passara por uma crise profunda e possivelmente irreversível. É que, em 13 de outubro de 1966, o presidente da República cassou o mandato de seis deputados federais do partido único de oposição, o MDB.[15] Adaucto, eleito pela UDN, e já então na Arena (o partido único do governo), era o presidente da Câmara dos Deputados.

O Congresso Nacional preparava-se para receber e examinar o projeto de nova Constituição, que vinha sendo elaborado pelo governo e viria a transformar-se na Carta de 1967. A linha dura aproveitava a oportunidade para pedir a cabeça de mais deputados de oposição, sob o pretexto de evitar que participassem das discussões sobre a nova Carta, que substituiria a de 1946 e consagraria o projeto de país almejado pelos vitoriosos de 1964.

Os rumores das cassações chegaram a Adaucto, que foi ao presidente para tentar evitá-las. Dias depois, constatou que fracassara.[16] Dirigiu-se então à Câmara dos Deputados e convocou seus pares, sustentando que os atos somente poderiam produzir efeito depois de ratificados pela Casa. Com ele, dentro do Congresso, ficaram poucos parlamentares, incluindo cinco dos seis cassados. O outro — o deputado Doutel de Andrade — fora preso.[17]

O impasse durou por sete dias, até que finalmente Castello Branco editou, em 20 de outubro, o Ato Complementar n.º 23, fechando o Congresso até 22 de novembro, não sem antes mandar militares,

---

[15] Foram eles: Abraão Moura, Adib Chammas, César Prieto, Doutel de Andrade, Humberto El-Jaick e Paes de Almeida — todos eleitos em 1962, os quatro primeiros pelo PTB e o último pelo PSD.

[16] As versões sobre o que se passou na conversa entre os presidentes da República e da Câmara são divergentes. Adaucto sustentava que Castello Branco teria se comprometido a não cassar mais parlamentares — além das dezenas já então expurgadas do cenário político nacional. O presidente da República, contudo, sempre negou que tivesse dado essa garantia. Segundo a Revista *Veja*, na edição de 24 de julho de 1974, Adaucto teria afirmado ao então senador Daniel Krieger, que "não entendera o aviso de Castello de que faria as cassações".

[17] Cf. CASTELLO BRANCO, Carlos. op. cit., p. 582.

comandados pelo Coronel Meira Maros, cercarem o prédio do Congresso Nacional.[18]

Travou-se, então, um diálogo que ficou célebre, entre Adaucto Cardoso e o coronel que comandava as tropas: "Coronel, nunca poderia esperar encontrar no senhor o executor não de um decreto de recesso, mas de uma operação de cerco e ocupação militar de uma Casa desarmada." O Coronel retrucou: "E eu, deputado, nunca esperei do senhor uma atitude tão antirrevolucionária." Adaucto apelou ao velho liberalismo democrático: "Coronel, eu sou acima de tudo um servidor do poder civil." Ao que Meira Matos retorquiu com a realidade: "E eu sou um servidor do poder militar".[19]

Em 5 de janeiro de 1967, pouco mais de sessenta dias depois desse episódio, único na ditadura, de resistência do presidente de um dos demais poderes aos comandos do chefe do Poder Executivo, Castello Branco escreveria de próprio punho, em papel com o timbre do gabinete do presidente da República, a carta pela qual convidava aquele mesmo chefe de poder revoltoso, Adaucto Lúcio Cardoso, para ocupar o cargo de ministro do Supremo Tribunal Federal.[20]

---

[18] Os *consideranda* do Ato Complementar n.º 23 revelam a gravidade da crise. Ali se afirma que o ato do "Sr. presidente da Câmara dos Deputados", de submeter as cassações "à apreciação de comissões internas e do plenário da mesma Casa do Congresso Nacional, para discussão e votação", "importa em suspender a execução dos atos mencionados, retirando-lhes os efeitos imediatos que são de sua própria essência e natureza"; e que se trata de "procrastinação" "infundada e contrária aos precedentes", transformando a Câmara em "agrupamento de elementos contrarrevolucionários com a finalidade de tumultuar a paz pública e perturbar o próximo pleito de 15 de novembro, embora comprometendo o prestígio e a autoridade do próprio Poder Legislativo", o que autorizaria o seu fechamento e sua ocupação.

[19] Cf. CASTELLO BRANCO, Carlos. op. cit., p. 585.

[20] Eis o texto da carta, cujo original, escrito a lápis, com as folhas numeradas, integra o arquivo da família de Adaucto: "Excelentíssimo senhor deputado Adaucto Lúcio Cardoso. Na última conferência que tivemos, a convite meu no Palácio das Laranjeiras, declarei que, na devida oportunidade, convidaria Vossa Excelência para exercer o cargo de ministro do Supremo Tribunal Federal. Verificou-se a vaga decorrente da aposentadoria do excelentíssimo senhor ministro Álvaro Ribeiro da Costa, e, ao lado dos meus sentimentos, todos os motivos que me levaram a alertá-lo naquela ocasião persistem sem restrição, sobretudo o 'de notável saber jurídico e reputação ilibada' e o da certeza de que, em tão elevado posto, irá muito bem servir ao país. Tenho, pois, a honra de pedir a vossa excelência esteja de acordo com a escolha de seu nome para ministro do Supremo Tribunal Federal." Em carta a seu filho Carlos Eduardo, explicando as razões da aceitação, Adaucto fez notar seu apreço pela solenidade com que Castello Branco

O novo convite de Castello Branco, mesmo após os eventos dramáticos de outubro de 1966, deixava fora de dúvida a grande admiração que o presidente nutria por Adaucto, e permitia até mesmo supor que o marechal talvez pretendesse que o Supremo Tribunal, na medida do possível, continuasse a exercer seu papel de resistência à linha dura — papel que o próprio presidente falhara muitas vezes em cumprir, cedendo aos seus companheiros de farda mais radicais.

O Supremo Tribunal Federal e o AI-5

A nomeação de cinco novos ministros permitida pelo AI-2 e de mais três ministros até 1967 não alterou substancialmente a postura do Supremo nos anos seguintes, em defesa dos direitos fundamentais.

A resiliência do Supremo pode ser atribuída a alguns fatores. Em primeiro lugar, quase todos os indicados por Castello Branco para preencher as vagas abertas com o AI-2 tinham perfil liberal — sendo a maioria oriunda da UDN, como se viu. E nas três nomeações que ainda lhe coube fazer mais tarde, Castello voltou a incluir um liberal oriundo da UDN — exatamente Adaucto Cardoso.

Com isso, o Supremo passava a contar com três membros da famosa "banda de música da UDN"[21] — Prado Kelly, Aliomar Baleeiro e o próprio Adaucto —, além de Oswaldo Trigueiro, também figura desta-

formulara o convite — o "terceiro", segundo escreveu: "veio por carta, em termos de respeito." E completou, preocupado em retirar do ato qualquer consequência política: "Só irei agradecer pessoalmente quando não for membro do Poder Legislativo" (fac-símile reproduzido em RECONDO, Felipe. op. cit., p. 299).

[21] Outro integrante da "banda de música", que fora presidente da UDN, viria a juntar-se ao grupo mais tarde, quando Bilac Pinto foi nomeado ministro do Supremo pelo presidente Médici, em junho de 1970. "Banda de música" foi como ficou conhecido o grupo de deputados federais da UDN "formado pelos bacharéis (Adaucto Lúcio Cardoso, Afonso Arinos, Aliomar Baleeiro, Bilac Pinto, José Bonifácio, entre outros) que, sentados na primeira fila do plenário, com sua oratória inflamada e muitas vezes violenta, aparteavam ou discursavam diariamente contra o governo. A analogia com orquestra — depõe João Agripino — devia-se ao fato do grupo 'fazer barulho, criar confusão, perturbar, obstruir e tirar o orador de sua fleuma'. (Entrevista ao CPDOC, Rio de Janeiro, jul., 1978)." (BENEVIDES. Maria Victoria de Mesquita. op. cit. p. 84).

cada do partido desde a sua criação em 1945. Eram parte, em conjunto com Milton Campos e Pedro Aleixo, do grupo também chamado de "bacharéis", liberais históricos do partido.[22]

Além disso, simultaneamente ao ingresso dos cinco novos ministros do Supremo em novembro de 1965, foi criada uma terceira turma julgadora, para a qual foram realocados alguns dos ministros antigos, de maneira que os novos ministros ficaram em minoria em cada uma das turmas e, assim, mais suscetíveis a acompanhar o entendimento consolidado da maioria, ainda então formada por juízes indicados pelo poder civil.[23]

Assim, embora o presidente Costa e Silva tenha interrompido, com as nomeações de Moacyr Amaral Santos e Themístocles Cavalcanti, as indicações de liberais para a corte, mesmo após o AI-2 o Supremo Tribunal Federal continuou a conceder diversas ordens de habeas corpus contra prisões determinadas por agentes do regime.

Dessa continuidade há inúmeros exemplos, envolvendo casos relatados tanto por ministros nomeados antes de 1964 quanto depois.[24] Entre eles, houve dois votos de Adaucto Cardoso em habeas corpus de que foi relator, julgados nos últimos meses de 1968, que contrariaram intensamente os interesses do governo.

Em setembro de 1968 o Supremo examinou o habeas corpus[25] impetrado em favor do líder estudantil Vladimir Palmeira, presidente da União Metropolitana dos Estudantes (UME), preso por liderar a

---

[22] Para Otávio Soares Dulci, entre os "bacharéis" da UDN distinguia-se uma maioria pautada "pelo liberalismo clássico, restrito ao problema da garantia da liberdade, à maneira dos ideólogos do passado, como Assis Brasil. Seu formalismo continha implicações conservadoras". Pedro Aleixo era um dos maiores nomes dessa corrente, enquanto outros, como Milton Campos, "permeavam sua orientação liberal com preocupações de reforma social, o que emprestava à sua concepção de ordem democrática sentido mais amplo" (DULCI, Otávio Soares. *A UDN e o anti-populismo no Brasil.* Belo Horizonte: UFMG/PROED, 1986, pp. 36-37).

[23] Nesse sentido, CARVALHO, Alexandre Douglas Zaidan. *Entre o dever da toga e o apoio à farda:* Independência judicial e imparcialidade no STF durante o regime militar. *Revista Brasileira de Ciências Sociais.* São Paulo: Anpocs, v. 32, n.º 94, jun. 2017.

[24] Confiram-se os casos analisados por Otávio Valério em VALÉRIO, Otávio. *A toga e a farda*: o Supremo Tribunal Federal e o regime militar (1964-1969). Dissertação (Mestrado em Direito), Faculdade de Direito, Universidade de São Paulo, São Paulo, p. 160.

[25] HC 46060/GB, julgado pelo Tribunal Pleno em 18 de setembro de 1968.

"Passeata dos Cem Mil", ocorrida no Rio de Janeiro. Adaucto, mesmo reconhecendo que, com o AI-2, a competência para o julgamento passara para a Justiça Militar, votou para não admitir que uma autoridade militar pudesse instaurar inquérito contra um civil, diferenciando a instrução — cuja competência atribuía à Polícia Federal — da decisão, que reconhecia ser da Justiça Militar.

O voto de Adaucto Cardoso foi proferido em 12 de setembro de 1968, mas o julgamento foi interrompido pelo pedido de vista formulado pelo ministro Thompson Flores, e retomado em 18 de setembro de 1968, quando foram proferidos todos os demais votos. Entre aqueles dias, a imprensa deu grande destaque ao caso. A edição do *Jornal do Brasil* de domingo, 15.09.1968, trazia a chamada de primeira página sob o título "STF poderá afastar militares dos IPMs".

Além da matéria sobre o julgamento, a prestigiada Coluna do Castello era em grande parte dedicada ao tema. Castello atribuía importância fundamental ao caso: "Se o Supremo Tribunal Federal seguir o voto do ministro Adaucto Lúcio Cardoso, estará contribuindo para fazer com que, pela primeira vez desde 1964, o prato da balança pese decisivamente em favor do poder civil."

Ácido crítico do apoio da UDN aos atos da ditadura, Castello concedia o elogio a Adaucto, mas alertava para a ameaça: "O voto do ministro Adaucto Cardoso, que repõe perante a opinião pública a imagem de um liberal que não se perdeu, vai causando crescente preocupação nos meios situacionistas, notadamente na sua fração militar."[26]

O voto de Adaucto foi acompanhado pelas vozes de resistência habituais: Evandro Lins e Silva, Hermes Lima, Victor Nunes Leal e Gonçalves de Oliveira. Mas sua tese disruptiva não prevaleceu. A maioria do Supremo concedeu o habeas corpus — contra o voto apenas de Amaral Santos e Barros Monteiro —, sob outro fundamento, proposto pelo ministro Thompson Flores.[27]

---

[26] CASTELLO BRANCO, Carlos. op. cit., p. 468.

[27] Thompson Flores reconhecia a competência militar para conduzir o inquérito, mas entendia que, no caso concreto, tal competência seria da 2ª Auditoria da Marinha — que recebera o processo inicialmente do DOPS — e não da Aeronáutica, que decretara a prisão. A decisão, na

Em seu voto — acompanhado pelos ministros udenistas que participaram do julgamento, Aliomar Baleeiro e Oswaldo Trigueiro —, o ministro Thompson Flores, deixou registrada sua crítica à postura de Adaucto: "O Juiz não julga a lei, mas com a lei, aplicando-a com o seu elevado entender."

O segundo habeas corpus rumoroso relatado por Adaucto Cardoso na mesma época foi impetrado em favor de Darcy Ribeiro, antigo ministro do governo de João Goulart, e julgado no final de novembro de 1968.[28]

Vencida sua tese pela vedação aos militares para conduzirem um inquérito para investigar civis, Adaucto concentrou baterias em outro argumento: a impossibilidade de detenções para averiguação, com a proibição da prisão de civis sem prazo, fosse em flagrante ou preventiva, nos crimes contra a segurança nacional, para impedir "a ressurreição da antiga figura da prisão para simples averiguações, que, a partir de 1934, se tornou incompatível com a ordem jurídica constitucional". Propôs aplicar o limite de sessenta dias às determinadas em inquéritos policiais militares.

Desta vez, a ordem de habeas corpus foi concedida por ampla maioria pelo Tribunal Pleno, contra o voto isolado do ministro Amaral Santos. Tirante por dois ministros ausentes, os outros doze acompanharam o voto de Adaucto Cardoso.

Decisões do Supremo como essas incendiavam a linha dura do regime, que exigia uma reação contundente não só a elas, mas também aos grupos de esquerda que se organizavam, às manifestações populares contra o regime e à crescente oposição no Congresso — especialmente

---

prática, seria inócua para o paciente, pois, como era de se esperar — e a *Folha de S.Paulo* noticiou em 20 de setembro de 1968 —, a ordem de soltura de Vladimir Palmeira foi cumprida às 18h do dia 19 de setembro, mas nova ordem de prisão, agora expedida pela 2ª Auditoria da Marinha, foi expedida no mesmo dia, tornando-o imediatamente foragido. Palmeira escapou, mas voltaria a ser preso por ocasião do célebre congresso da União Nacional dos Estudantes em Ibiúna, em outubro do mesmo ano. Terminou libertado e mandado para o exílio, em troca pelo embaixador dos Estados Unidos da América, sequestrado em setembro de 1969.

[28] HC 46415/GB, julgado pelo Tribunal Pleno em 28 de novembro de 1968.

após o discurso, que viria a tornar-se fatídico — do deputado Marcio Moreira Alves, do MDB, em 2 de setembro de 1968.[29]

Como se sabe, a linha dura prevaleceu mais uma vez. Em 13 de dezembro de 1968, dia seguinte à negativa da Câmara em conceder autorização para que o deputado Marcio Moreira Alves fosse processado por seu discurso — e menos de três semanas depois da concessão do habeas corpus de Darcy Ribeiro — foi editado o Ato Institucional n.º 5, dando início à fase de maior repressão das liberdades civis desde 1964.[30]

Se até o AI-5 ao menos algumas liberdades tinham sido minimamente preservadas,[31] com ele tem início a "ditadura escancarada", na expressão de Elio Gaspari.[32] Entre outras coisas, a medida autorizava o presidente da República a fechar o parlamento — o que Costa e Silva fez imediatamente — e suspendia "as garantias constitucionais ou legais de vitaliciedade, inamovibilidade e estabilidade" — como já se fizera no AI-1 e no AI-2, mas desta vez sem limite de prazo.

Não bastasse isso, afastava-se "a garantia de habeas corpus, nos casos de crimes políticos, contra a segurança nacional, a ordem econômica e social e a economia popular", retirando do Supremo Tribunal

---

[29] Esse discurso, como se sabe, no qual o deputado propusera o boicote às paradas militares de 7 de setembro, era irrelevante, mas foi usado pela linha dura como ferramenta para pedir ao Congresso, no começo de outubro de 1968, autorização para processar o deputado por ter ofendido as forças armadas. O governo contava com farta maioria na Câmara, mas a maioria dos parlamentares considerava "o pedido de cassação... como ataque frontal ao instituto da imunidade parlamentar e ao princípio da inviolabilidade do parlamentar no exercício do mandato" (CASTELLO BRANCO, Carlos. op. cit., p. 494).

[30] Não se está a dizer que até então o regime tivesse sido dócil com as instituições que herdara da democracia. Desde que instalada, a ditadura cassara políticos, aposentara funcionários públicos, emendara a Constituição de 1946 por meros atos do executivo e outorgara, em 1967, uma nova Constituição, chancelada por um Congresso manietado. Nas palavras de Elio Gaspari: "No dia 10 de abril de 1964, quando se acreditava que seria possível restringir as cassações de parlamentares a uma só rajada, abateram-se quarenta mandatos, liquidando-se a liderança de esquerda e centro-esquerda na Câmara. Nos meses seguintes expurgaram-se outros 29 parlamentares e em 1966, outros seis. A cada onda de cassações caía um núcleo de liderança oposicionista. No seu lugar entrava outro, mais cauteloso e mais moderado, porém igualmente insuportável." (GASPARI, Elio. *A ditadura escancarada*. São Paulo: Companhia das Letras, 2002, p. 227).

[31] Inclusive pela influência do que Elio Gaspari chamou de "ministério de notáveis, selecionado na elite combativa da divisão ideológica de 1964" (GASPARI, Elio. *A ditadura derrotada*. São Paulo: Companhia das Letras, 2003, p. 308).

[32] É o título da obra de Elio Gaspari referida na nota 30 acima.

Federal o principal instrumento de que a corte vinha se utilizando para manter minimamente vivo o seu papel de contrapeso aos crescentes abusos pelos ocupantes do poder.

Menos de um mês depois do AI-5, o Supremo Tribunal, que com o AI-2 havia se tornado alvo do regime, foi atingido com violência sem precedentes. Em janeiro de 1969, a ditadura aposentou compulsoriamente três ministros: Victor Nunes Leal (nomeado por Juscelino Kubitschek), Evandro Lins e Silva e Hermes Lima (estes nomeados por João Goulart).

Em protesto e solidariedade aos ministros cassados — e para evitar sua própria cassação, de que circulavam rumores —,[33] pediram aposentadoria o presidente do Supremo, Antônio Gonçalves de Oliveira e o então mais antigo ministro da corte, Antonio Carlos Lafayette de Andrada. Como se sabe hoje, a cassação do próprio Adaucto foi cogitada.[34] Mas uma coisa seria cassar ministros indicados nos governos civis, e outra, bem diferente, um destacado líder civil do golpe militar de 1964.[35]

Com a garantia constitucional do habeas corpus suspensa e excluídos de "apreciação judicial todos os atos praticados de acordo com este Ato Institucional e seus Atos Complementares, bem como os respectivos efeitos" (como dizia o art. 11 do AI-5), a ditadura confiava em que, finalmente, suas dificuldades com o Supremo Tribunal estariam superadas de uma vez por todas. Mas o último capítulo ainda estava por vir.

O epílogo liberal

A ação de movimentos armados e sua repressão pela ditadura militar se intensificaram grandemente a partir do AI-5. Para piorar, sobre-

---

[33] RECONDO, Felipe. op. cit., pp. 175-179.

[34] Como se vê dos documentos reproduzidos em RECONDO, Felipe. op. cit., pp. 184-185.

[35] Após as cassações e renúncias, remanesceram apenas onze ministros no Supremo Tribunal Federal. Sem qualquer constrangimento, foi então imediatamente editado o Ato Institucional n.º 6, e a composição do Supremo, que o regime ampliara em 1965, retornou aos onze membros previstos na Constituição de 1946 (cf. art. 1º do AI-6, de 1º de fevereiro de 1969). Tal composição foi mantida pela Emenda n.º 1 de 1969 e vigora até hoje, na vigência da Constituição de 1988.

veio, em agosto de 1969, o impedimento do presidente Costa e Silva, vítima de uma isquemia cerebral que o deixou irreversivelmente impedido de governar. Em vez de dar-se posse a Pedro Aleixo, o vice-presidente civil, uma junta militar, composta pelos comandantes das três armas, assumiu o poder mediante a edição do Ato Institucional n.º 12, assegurando que a sucessão se fizesse com a preservação do comando do governo pela linha dura dos militares.[36]

A tensão política aumentou ainda mais quando, entre o impedimento de Costa e Silva e a posse de Emilio Garrastazu Médici como presidente, em 30 de outubro de 1969, foi sequestrado, no Rio de Janeiro, o embaixador dos Estados Unidos da América, libertado em troca da soltura e deportação de quinze presos políticos.

A missão de Médici, portanto, abrangia eliminar os grupos armados que combatiam o governo, o que na prática significava aprofundar o aparato de tortura organizado para aquele fim e reprimir qualquer tentativa de restauração das liberdades democráticas no país. O que incluía restringir a liberdade de expressão e de imprensa.[37]

Nesse contexto é que foi editado o decreto-lei n.º 1.077, em janeiro de 1970, instituindo a censura prévia sobre os meios de comunicação, livros e periódicos (incluindo "publicações vindas do estrangeiro"). A norma também permitia a censura prévia "às diversões e espetáculos públicos, bem como à programação das emissoras de rádio e televisão". O regime pendia ainda mais para a linha dura.

---

[36] É que o insuspeito vice-presidente, também um dos líderes da UDN, fora o único voto contrário à edição do AI-5, na tristemente célebre reunião do Conselho de Segurança Nacional realizada para chancelá-lo. A gravação do inteiro teor da reunião do Conselho de Segurança Nacional está disponível em https://www.youtube.com/watch?v=3sHMZq8kzGc (Acesso em 25 de março de 2023).

[37] O jornalista Carlos Castello Branco previa, em sua coluna do dia seguinte à edição do AI-5, o que estava por acontecer: "A imprensa aparentemente foi poupada. Na realidade, deverá o tema ser tratado em ato complementar, tal como antecipavam ontem deputados do esquema situacionista". "A oposição não terá a menor possibilidade de produzir-se, a não ser que seja respeitada, até quando o for, a liberdade de imprensa. Mesmo assim os políticos estão de tal modo contidos que seu acesso aos jornais importará em risco certo para cada um deles" (CASTELLO BRANCO, Carlos. *Os Militares no Poder*. Vol. II, pp. 562-563).

No entanto, o governo aparentemente não se deu conta de que o decreto-lei 1.077 seria passível de controle de constitucionalidade pelo Poder Judiciário — ao contrário do AI-5 e dos atos praticados com base nele, em que a "apreciação judicial" era expressamente afastada.

Enxergando a oportunidade para a criação do fato político, o MDB apresentou ao Procurador-Geral da República uma arguição de inconstitucionalidade da censura prévia estabelecida pelo decreto-lei 1.077, para que fosse submetida ao Supremo Tribunal.

De fato, a inconstitucionalidade era clara. A Constituição vigente — a emenda n.º 1, de 1969, editada para mitigar ainda mais as liberdades mantidas pela Carta de 1967 — protegia a liberdade de opinião e de imprensa, que somente podiam ser afastadas em estado de sítio.[38] Mas a representação ao Supremo incumbia ao procurador-geral da República, nomeado e demissível pelo presidente da República.[39]

O resultado foi o esperado. O procurador-geral — e futuro ministro do Supremo, Xavier de Albuquerque — entendeu que não havia inconstitucionalidade na norma e arquivou o pedido. Mas o MDB não recuou: apresentou ao Supremo uma reclamação (n.º 849) contra o procurador-geral, alegando que ele usurpara a competência da própria corte, a quem caberia, com exclusividade, decidir sobre a ocorrência ou não de violação à Constituição.

---

[38] Constituição de 1967, com a redação da emenda n.º 1 de 1969: Art. 153, § 8º: "É livre a manifestação de pensamento, de convicção política ou filosófica, bem como a prestação de informação independentemente de censura, salvo quanto a diversões e espetáculos públicos, respondendo cada um, nos termos da lei, pelos abusos que cometer... A publicação de livros, jornais e periódicos não depende de licença da autoridade. Não serão, porém, toleradas a propaganda de guerra, de subversão da ordem ou de preconceitos de religião, de raça ou de classe, e as publicações e exteriorizações contrárias à moral e aos bons costumes." Art. 155, § 2º, (e): "§ 2º O estado de sítio autoriza as seguintes medidas coercitivas: e) censura da correspondência, da imprensa, das telecomunicações e diversões públicas."

[39] Constituição de 1967, com a redação da emenda n.º 1 de 1969: Art. 119, inciso I, (L): "Compete ao Supremo Tribunal Federal: processar e julgar originariamente; a representação do procurador-geral da República, por inconstitucionalidade de lei ou ato normativo federal ou estadual." Art. 95: "O Ministério Público federal tem por chefe o procurador-geral da República, nomeado pelo presidente da República, dentre cidadãos maiores de 35 anos, de notável saber jurídico e reputação ilibada."

Quando a reclamação foi colocada na pauta da sessão do Tribunal Pleno daquela quarta-feira dia 10 de março de 1971 — depois de adiada da semana anterior —, atraiu grande atenção da imprensa, dos advogados, dos políticos sobreviventes às sucessivas cassações e do próprio poder militar. Mas poucos imaginavam o dramático desfecho reservado para aquela manhã.

A primeira parte do julgamento foi ocupada pelo debate sobre a possibilidade de exame da reclamação, envolvendo os ministros Thompson Flores, Eloy da Rocha, Luiz Gallotti e Amaral Santos. Este último opunha-se fortemente a que o Tribunal sequer conhecesse do caso. Quando a maioria já se formara pelo exame do mérito, Adaucto Cardoso manifestou-se pela primeira vez. Citando uma passagem do voto do ministro Eloy da Rocha quanto à discussão preliminar, adiantou sua opinião de que o procurador-geral da República usurpara "função do Supremo Tribunal Federal". Eloy da Rocha reagiu imediatamente, negando que houvesse apoiado a tese.

Tomada a decisão de examinar-se o mérito da reclamação, votaram por sua rejeição o relator, Adalício Nogueira, e os ministros Thompson Flores e Amaral Santos. Passou então a votar Adaucto Cardoso, e começou pela afirmação de que se encontrava "diante de uma encruzilhada deveras difícil". Apoiando-se na lei 4.337, de junho de 1954, e no § 1º do art. 174 do Regimento Interno do próprio Tribunal, afirmou que o procurador-geral da República estava obrigado a encaminhar a representação de inconstitucionalidade ao Tribunal, mesmo que com parecer contrário.

Em seguida criticou os ministros da Corte que haviam exercido a função de procurador-geral da República, porque, a seu ver, defendiam "com ênfase um ponto de vista assentado não no exercício do cargo de juiz desta Corte, mas no exercício da alta função de chefe do Ministério Público Federal". Ao recusar-se a submeter a arguição ao Supremo — prosseguiu Adaucto —, o procurador-geral usurpara a função do Tribunal, pois "declarou, ele próprio, a constitucionalidade do Dl. 1.077/70". E arrematou: "Essa é para mim uma realidade diante da qual não sei como fugir."

O ministro Luis Gallotti interveio imediatamente, sustentando que o Regimento Interno do Supremo concedia uma faculdade, não uma obrigação ao procurador-geral: "poderá encaminhar a reclamação, com parecer contrário. Poderá, diz o Regimento." E arrematou lembrando a hipótese de que a discussão fosse trazida ao tribunal por "qualquer interessado", em algum processo em que se alegasse em concreto, e não em tese, a inconstitucionalidade da norma.

A resposta de Adaucto veio firme:

> Considero o argumento de v.exa. com o maior apreço, mas com melancolia. Tenho a observa-lhe que, de janeiro de 1970 até hoje, não surgiu, e certamente não surgirá, ninguém, a não ser o partido político da oposição, que a duras penas cumpre o seu papel, a não ser ele, que se abalance a arguir a inconstitucionalidade do decreto-lei que estabelece a censura prévia.

Thompson Flores insistiu: "Então escritores ou empresas não poderão fazê-lo?" Adaucto seguiu fiel à realidade:

> V.exa. está argumentando com virtualidades otimistas, que são do seu temperamento. Sinto não participar das suas convicções e acredito que o Tribunal... se esquiva de fazer o que a Constituição lhe atribuiu..., que é julgar a constitucionalidade das leis. É assim que entendo a lei, que entendo a Constituição, e é assim também que entendo a missão desta Corte, desde que a ela passei a pertencer, há quatro anos.

Seguiram-se os votos de Djaci Falcão e Eloy da Rocha, rejeitando a reclamação. Este último ministro retomou o argumento de Thompson Flores, de que "qualquer interessado" poderia discutir a inconstitucionalidade em um caso concreto, a qual, se declarada, poderia levar à suspensão da execução da lei por ato do Senado Federal. Adaucto reagiu, outra vez apelando ao mundo real: "Ninguém quererá expor-se às represálias que uma tal demanda suscitará." Luiz Gallotti negou o risco: "Não vi ninguém sujeito a represálias pelo só fato de pleitear em juízo."

Oswaldo Trigueiro, udenista como Adaucto, e ex-procurador-geral da República, rejeitou a reclamação, recorrendo também à possibilidade de controle da constitucionalidade em casos concretos. Luiz Gallotti foi o último a apresentar declaração de voto, acompanhando a maioria, mas não sem registrar que Adaucto votava "com um pessimismo que considero desmedido", como se não houvesse "um cidadão, uma empresa, neste país, com a coragem necessária para requerer" a declaração de inconstitucionalidade em um caso concreto.

A opinião da maioria foi acompanhada por Bilac Pinto, outro udenista, nomeado por Médici. Aliomar Baleeiro, seu amigo de muitas décadas — e, como Bilac Pinto, também seu companheiro na "banda de música" —, não votou, por ser o presidente do Tribunal.

Proclamado o resultado, Adaucto pediu a palavra para produzir o fato político que nem mesmo a censura seria capaz de ocultar:

> Sr. presidente, com esta deliberação que o Supremo Tribunal Federal acaba de tomar, eu entendo, naquilo que o ministro Luiz Gallotti chama de pessimismo, que se suprimiu a ação direta de declaração de inconstitucionalidade sempre que ela contrariar o interesse do Poder Executivo. O meu ponto de vista, externado nesta assentada e que, infortunadamente, ficou solitário é, segundo se viu, segundo se demonstrou, o ponto de vista de quem conhece menos a lei. A minha interpretação das leis não excede a literalidade delas. Aquilo que vi na lei 4447 e no Regimento Interno do STF, que há pouco votamos, é qualquer coisa de extremamente simples e que não abona a presunção de notório saber jurídico que deveria ter como ministro do Supremo Tribunal Federal.[40]

[40] *Jornal do Brasil*, 11 mar. 1971, 1º Caderno, p. 3.

Amaral Santos e Luiz Gallotti reagiram, o primeiro dizendo que as palavras de Adaucto terminavam por criticar os votos dos demais, e o segundo afirmando que ficar vencido fazia parte do ofício do juiz de um tribunal.[41] Adaucto respondeu:

> Encontro-me diante de uma realidade incontestável: sozinho contra a totalidade da mais alta Corte de Justiça de meu país, defendendo pontos de vista que não mereceram nenhum apoio. Cresce de gravidade a situação em que me vejo porque sinto que com esta solidão mais sobreleva a incapacidade em que me encontro para defender alguma coisa por cujo resguardo eu pretendia pugnar nesta Casa. Tenho a dizer a v.exa. que me retiro do Tribunal, encaminhando a v.exa. meu pedido de aposentadoria.[42]

Adaucto levantou-se, despiu sua toga, colocou-a sobre a cadeira e retirou-se do plenário. O presidente Aliomar Baleeiro foi ao encontro de Adaucto em seu gabinete, em companhia de outros ministros, e tentou de todas as formas demovê-lo. Propôs, inclusive, substituir a aposentadoria por uma licença para tratar de sua cardiopatia. Fracassada a tentativa, a sessão foi reaberta. Privadamente, a maioria dos ministros reagia com revolta ao gesto de Adaucto, que consideravam um ataque que desmoralizaria o Tribunal.[43]

Mais tarde, para apaziguar seus colegas, Adaucto voltou ao plenário e discursou:

> Sr. presidente, desejo que v.exa. mande consignar, em seguida à minha fala da primeira parte da sessão, as seguintes declarações, que considero de meu dever enunciar: é que, na minha decisão de aposentar-me, não incluo, nem de longe, qualquer mágoa ou sentimento de menosprezo para com os ilustres colegas, com que convivi durante quatro anos, e que, ao contrário disso, levo desta

[41] RECONDO, Felipe. op. cit., pp. 224-225.
[42] *Jornal do Brasil*, 11 mar. 1971, 1º Caderno, p. 3.
[43] Ibid. p. 225.

> Excelsa Corte a mais elevada recordação, a mais alta recordação no que diz respeito à sua dignidade e independência. Em cada um dos juízes que a compõem, habituei-me a ver homens que constituem padrões de probidade e altivez, e, também, de independência.[44]

Baleeiro pediu então que Oswaldo Trigueiro e Eloy da Rocha acompanhassem Adaucto até a porta. Segundo Baleeiro, "quando ele e os dois se levantaram, as oitenta ou cem pessoas presentes ficaram de pé e bateram palmas".[45]

O legado de Adaucto

No dia seguinte à renúncia, os jornais deram grande destaque ao gesto de Adaucto — muitos deles aproveitando a oportunidade para criticar a censura prévia. O *Jornal do Brasil* dedicou ao tema sua principal chamada de primeira página: "Adaucto discorda de decisão do Supremo e se aposenta." Além disso, a cobertura incluiu uma página inteira no primeiro caderno e um editorial.

A manchete principal da primeira página do *Estado de S. Paulo* era ainda mais contundente: "Censura leva crise ao STF; Adaucto sai." No corpo da edição, também uma página inteira, sob o título provocador: "A cesura ficou sem julgamento." A *Folha de S.Paulo* cobriu o fato em sua primeira página e em uma matéria interna de um quarto de página, enquanto *O Globo* limitou-se a uma pequena matéria — ainda assim transcrevendo passagens do voto e das declarações de Adaucto.

Em seu editorial, sob o título "Debate Livre", o *Jornal do Brasil* criticou a censura prévia, defendeu a liberdade de imprensa, e vaticinou: "Ontem, o Supremo Tribunal Federal rejeitou a reclamação do MDB contra o ato do procurador-geral da República que mandou arquivar a

---

[44] *Jornal do Brasil*, 11 mar. 1971, 1º Caderno, p. 3.

[45] *Apud* RECONDO, Felipe. op. cit., p. 226.

arguição de inconstitucionalidade contra a censura prévia. O voto vencido do ministro Adaucto Cardoso assinala uma atitude correta, a que o futuro dará razão."

A previsão estava certa, mas ainda tardaria quase duas décadas para concretizar-se. Apenas com a Constituição de 1988 ampliou-se a legitimidade para as representações de inconstitucionalidade perante o Supremo Tribunal Federal, abrangendo inclusive os partidos políticos.[46] Além disso, a Carta de 1988 incluiu entre as garantias fundamentais a "livre expressão da atividade intelectual, artística, científica e de comunicação, independentemente de censura ou licença" (art. 5º, IX), e vedou "toda e qualquer censura de natureza política, ideológica e artística" (art. 220, § 2º).

Um dos maiores estudiosos do tema no Brasil, o ministro Gilmar Mendes, assim descreveu os eventos do julgamento da reclamação n.º 849 e o papel de Adaucto Cardoso:

> É muito difícil prever o que teria acontecido no plano constitucional se o STF tivesse adotado a linha defendida por Adaucto Lúcio Cardoso. É inegável, porém, que a decisão que fortaleceu o monopólio da ação direta nas mãos do procurador-geral da República e a crítica que se seguiu a partir do gesto de protesto contribuíram, decisivamente, para a adoção de um modelo de legitimação aberto pelo Constituinte de 1988.
>
> Nesse ponto, talvez não haja exagero em afirmar que, com o caráter de denúncia constante de seu voto e com o protesto representado por sua aposentadoria, Adaucto Lúcio Cardoso passou a figurar como um dos pais fundadores do processo constitucional

[46] Segundo o art. 103 da Constituição Federal, "podem propor a ação direta de inconstitucionalidade e a ação declaratória de constitucionalidade: I – o Presidente da República; II – a Mesa do Senado Federal; III – a Mesa da Câmara dos Deputados; IV – a Mesa de Assembleia Legislativa ou da Câmara Legislativa do Distrito Federal; V – o governador de Estado ou do Distrito Federal; VI – o procurador-geral da República; VII – o Conselho Federal da Ordem dos Advogados do Brasil; VIII – partido político com representação no Congresso Nacional; e IX – confederação sindical ou entidade de classe de âmbito nacional".

brasileiro, que tem um dos seus pilares na abertura da legitimação no processo de controle abstrato de normas.[47]

Adaucto teria 84 anos quando a Constituição de 1988 foi promulgada. Não viveu o suficiente para testemunhar os resultados de seu gesto histórico, mas ainda teve tempo — depois de cumprir os dois anos de quarentena então vigentes para os magistrados aposentados — de impetrar e obter, como advogado, um mandado de segurança contra a censura prévia no Tribunal Federal de Recursos, em defesa do semanário *Opinião*.

Ao contrário do que previra, Adaucto encontrara um cliente suficientemente corajoso para confrontar o regime. Mas embora a maioria dos ministros reconhecesse que a censura prévia só se aplicava a "publicações e exteriorizações contrárias à moral e aos bons costumes", não foi ainda dessa vez que Adaucto encontrou um tribunal que declarasse a inconstitucionalidade da norma.[48]

Quando Adaucto faleceu, em 1974, era presidente do Brasil o general Ernesto Geisel, que mais tarde viria a ter papel importante no início da distensão do regime. O mesmo Geisel que, antes de tomar posse, queixara-se ao seu futuro ministro do Exército dos "revolucionários da área civil", que "estão quase todos contra nós. Você pega

---

[47] MENDES, Gilmar Ferreira. *A solitária voz de Adaucto Lúcio Cardoso e o processo constitucional brasileiro*. Brasília: Consultor Jurídico, 08 nov. 2014. Sobre as repercussões do julgamento da reclamação 849, confiram-se, do mesmo autor: *Discurso em homenagem ao centenário de Adaucto Lúcio Cardoso*. Brasília: STF, 2005; e *Considerações sobre o papel do procurador-geral da República no controle abstrato de normas sob a Constituição de 1967/69: proposta de releitura. Revista de Informação Legislativa*. Brasília, Ano 34, n.º 135, jul./set. 1997. Nesse último texto, o autor demonstra como o tema era controvertido na doutrina jurídica — ao contrário do que afirmara o procurador-geral, em sua manifestação na reclamação n.º 849. Relata, ainda, o fato de que, ainda em abril de 1971, o grande civilista mineiro Caio Mário da Silva Pereira apresentou ao Conselho Federal da Ordem dos Advogados do Brasil, como relator, parecer no sentido da impossibilidade de o procurador-geral da República obstar o exame de tema constitucional pelo Supremo Tribunal. Entretanto, em julho daquele ano o Conselho reconheceu tratar-se de faculdade do chefe do Ministério Público — e isso com uma maioria formada por nomes do peso de Raimundo Faoro, Eduardo Seabra Fagundes e Arnoldo Wald.

[48] RECONDO, Felipe. op. cit., p. 233. O *Opinião* era um órgão que dava voz ao pensamento crítico à ditadura, fundado por Fernando Gasparian e com o qual colaboravam, entre outros, Fernando Henrique Cardoso, Oscar Niemeyer, Millôr Fernandes e Hélio Jaguaribe.

o Aliomar Baleeiro, era líder revolucionário, não era? Pega Adaucto Lúcio Cardoso. Pega o meu amigo Daniel Krieger. Liberal, porque não sei o quê, porque isso, porque o Ato 5... Você não conta com essa gente, não é? Esses são piores do que os outros. Porque eles, por personalismos, por vaidade, abandonaram o barco, querem fazer bonita figura".[49]

O sentimento de Geisel era certamente recíproco. Os verdadeiros liberais que apoiaram o movimento de 1964 foram, um a um, desiludindo-se com o regime que ajudaram a criar. A maioria, é verdade, encontrou alternativas para continuar a vida sem sobressaltos e mesmo com honras — muitos deles no Supremo Tribunal Federal. Adaucto, entretanto, preferiu a ruptura, fazenda claro sua denúncia, ao custo de sua saúde e mesmo, possivelmente, de sua vida.

Nada havia de novo nessa sua opção, quando ela se repetiu no plenário do Supremo em 1971. Ao longo de sua memorável vida pública, Adaucto fez da renúncia um método eficaz de protesto e de atrair a atenção da opinião pública para as pautas que defendeu. Em 1947, renunciou ao seu primeiro mandato eletivo, como vereador no Rio de Janeiro (então Distrito Federal), juntamente com Carlos Lacerda, em protesto contra a proibição da derrubada, pela Câmara, dos vetos do Prefeito. Assim como renunciou à presidência da Câmara dos Deputados, depois da crise de 1966.

Também abriu mão do quarto mandato para deputado federal, para o qual fora recém reeleito, preferindo tornar-se ministro do Supremo. Em carta explicando a seu filho por que o fizera, queixava-se da solidão na Câmara: "Uns morreram. E os vivos desertaram o acampamento. Pedro Aleixo, Bilac Pinto, Baleeiro, Oscar Corrêa, Prado Kelly, Afonso Arinos, Agripino — todos se foram de uma Câmara que dia a dia se torna mais estranha para mim e para as minhas velhas mensagens."

---

[49] GASPARI, Elio. *A ditadura derrotada*. São Paulo: Companhia das Letras, 2003, p. 320.

Para muitos udenistas históricos, como Adaucto, terá doído ler, na coluna do Castello no *Jornal do Brasil*, em janeiro de 1967, estas palavras severas:

> A banda de música dispersa-se definitivamente. Dela não restará ninguém, mas absolutamente ninguém, no Congresso que se vai instalar no dia 1º de fevereiro. Como um eco dos dias de glória, mas alçado à categoria de expressão moral, restará apenas no Senado o Sr. Milton Campos, que, nunca desmedido na palavra e na ação, foi sempre um ponto de convergência, de esperança e de repouso cívico de um grupo que tanto barulho produziu e tão fundamente inquietou o país até conduzi-lo, desiludido, à Constituição de 1967, contrária a tudo quanto a banda de música preconizou desde as retretas clandestinas dos tempos da ditadura [referindo-se à do Estado Novo].[50]

Adaucto possivelmente terá sofrido mais. Não foi o que disse, ao deixar o Supremo, tornando público seu desencanto solitário? "Sinto que com esta solidão mais sobreleva a incapacidade em que me encontro para defender alguma coisa por cujo resguardo eu pretendia pugnar nesta Casa." A última trincheira, que escolhera para resistir aos abusos do regime que ajudara a criar, desmoronara.

Homens como Adaucto Lúcio Cardoso aparecem muito raramente, mas deixam marcas profundas, públicas e privadas. Sou testemunha pessoal de que Adaucto transmitiu em família os seus ideais. Carlos Eduardo, seu filho, de quem fui estagiário e depois colega de escritório, foi meu maior professor de ética profissional. Não a do curso de deontologia da faculdade, mas aquela testada e ensinada dia a dia, pelo alerta quanto aos riscos ocultos nas oportunidades que a vida oferece a um advogado — seja ao jovem, ansioso pelo sucesso, seja ao consagrado, ambicioso do poder.

---

[50] Cf. CASTELLO BRANCO, Carlos. op. cit., p. 644.

O que Carlos Eduardo aprendeu em casa, e me ensinou no escritório, foram pequenas doses das abundantes lições pelo exemplo que Adaucto proporcionou, com sacrifício pessoal, a sua família e aos milhões de brasileiros cuja atenção cativou com seu talento e com a bravura de seus atos.

Nestes tempos em que os ideais liberais andam abandonados, tornados irrelevantes pela polarização e tratados como sinais de fraqueza pelos radicais, é importante recordar a admirável jornada de Adaucto Lúcio Cardoso, de seus muitos acertos, mas também de seus erros, das dores que nele causaram e da hombridade com que as compartilhou publicamente, para com tudo isso, quem sabe, manter viva a esperança em um país que saiba honrar seu legado fundamental.

PAULO BONAVIDES

Marcus Vinicius Furtado Coêlho[1]

O professor dr. Paulo Fernandes Bonavides foi um notável cientista político, jornalista e jurisconsulto de fama internacional. Além do reconhecimento pelo trabalho excepcional na docência, o jurista colecionou prêmios por sua atuação destacada e suas relevantes contribuições acadêmicas, políticas e sociais. Trata-se de um homem que, sem dúvida e sem favor, é um dos maiores juristas da contemporaneidade.

Paulo Bonavides nasceu na cidade paraibana de Patos, em 10 de maio de 1925. Filho dos telegrafistas Hermínia Fernandes Bonavides e Fenelon Bonavides, quando ainda criança ficou órfão de pai. No período da revolução liberal de 1930, sua família foi vítima de perseguição política, o que os impeliu a se radicar em Fortaleza, Ceará.

Com treze anos de idade, Bonavides já se encontrava imerso no jornalismo profissional contribuindo com as páginas policiais do jornal *O Povo*, periódico de amplo prestígio que ainda hoje circula no estado do Ceará. Anos depois, e por indicação do referido jornal, Bonavides foi agraciado com a bolsa de estudos *Nieman Foundation* para estudar inovação no jornalismo em Harvard University, onde cursou a discipli-

[1] Advogado. Doutor em Direito pela Universidade de Salamanca. Presidente Nacional da OAB de 2013 a 2016. Presidente da Comissão Nacional de Estudos Constitucionais da OAB.

na "Sociologia da fome, da guerra e da revolução" e assistiu às aulas de Roscoe Pound, precursor da jurisprudência sociológica.

De volta ao Brasil, Bonavides passou a trabalhar na agência de notícias *Associated Press,* na então capital federal, e se dedicou a concluir, no estado do Rio de Janeiro, o curso de Direito que havia iniciado na Faculdade de Direito do Ceará antes do intercâmbio. Graduado, cede aos apelos de sua mãe, Hermínia, e fixa residência em Fortaleza, onde conhece Yeda Sátyro, mulher com quem teve sucinto namoro, breve noivado e logo um casamento que durou por toda a sua vida e concebeu sete filhos: Paulo Júnior (falecido em 2002), Vera, Clóvis, Gláucia, Doralice, Marília e Márcio. O apoio familiar foi fundamental para que pudesse iniciar proficiente carreira acadêmica, sólida e volumosa produção intelectual.

Paulo Bonavides foi eleito presidente da Associação dos Jornalistas Profissionais do Estado do Ceará. Mais tarde essa associação seria convertida em Sindicato dos Jornalistas Profissionais do Ceará, sendo Bonavides seu sócio número um e primeiro Presidente, eleito, inclusive, na sua ausência, pois estava em sua primeira viagem para Alemanha, oportunidade em que foi convidado para lecionar literatura brasileira no Seminário Romântico em Heidelberg, nos anos letivos de 1951 e 1952.

Em 1955 publica a tese *Dos fins do Estado.* No ano seguinte se torna professor assistente de Introdução à Ciência do Direito na Universidade Federal do Ceará (UFC). Pela mesma instituição de ensino, conquistou, em 1958, o título de doutor e professor catedrático com a tese *Do Estado liberal ao Estado social,* passando a ministrar a disciplina de Teoria Geral do Estado. Ademais das referidas teses, o emérito constitucionalista publicou *Ciência política* e *Teoria do Estado* (ambos em 1967), *A crise política brasileira* (1969); *Curso de Direito Constitucional* (1981), *Constituinte e Constituição* (1985), *História constitucional do Brasil* (1988); *A Constituição aberta* (1993); *Do Estado liberal para o Estado social* (1996); *Do país constitucional ao país neocolonial* (2001); *Teoria da democracia participativa* (2001) e *Constituição e normatividade dos princípios* (2012).

A obra *Ciência política*, inicialmente publicada em 1967, é um clássico da Teoria Geral do Estado, perfazendo-se em abrangente estudo acerca das instituições políticas em seus aspectos jurídicos, sociológicos e filosóficos. O livro enfrenta as mais tradicionais questões da ciência política — como as relações entre Estado e sociedade, legitimidade do poder político, separação dos poderes, sistemas representativos e eleitorais, entre outras temáticas —, mas também sublinha assuntos que eram atropelados pelos manuais, como golpe de Estado, revolução, tecnocracia, partidos políticos no Brasil, grupos de pressão etc. Para o ministro Roberto Barroso, "Paulo Bonavides manteve a chama do constitucionalismo acesa durante a longa noite da ditadura militar".

A obra *História constitucional do Brasil*[2], ao retratar a evolução social e as transações jurídicas entre a primeira Constituição, outorgada no ano de 1824, até a ora vigente Constituição Federal de 1988, relata a trajetória dinâmica da história do país, permeada por avanços e recuos e apresenta a potente evolução social até a concretização dos princípios e valores que hoje norteiam o constitucionalismo brasileiro.

Com inteligência e pensamento criativo, em seu clássico *Curso de Direito Constitucional*, Paulo Bonavides instituiu, de forma vanguardista, a teoria da dimensão dos direitos fundamentais, classificando-os a partir do contexto histórico e colacionando-os em gerações associadas aos valores da liberdade, igualdade e fraternidade[3].

O professor e magistrado cearense Antonio Carlos Klein, autor de obra biográfica sobre Paulo Bonavides, sintetiza sua vida intelectual da seguinte forma:

> Todas as principais questões envolvendo Direito Constitucional e ciência política passaram pelo crivo de sua análise: os direitos fundamentais; o controle constitucional das leis; o poder constituinte; a reforma constitucional; a hermenêutica constitucional; a demo-

---

[2] BONAVIDES, Paulo; ANDRADE, Paes. *História constitucional do Brasil.* Rio de Janeiro: Paz e Terra, 1991.

[3] BONAVIDES, Paulo. *Curso de Direito Constitucional.* 14.ª ed., São Paulo: Saraiva, 1991, p. 561.

cracia e seus diversos matizes (direta, representativa, participativa, etc); o federalismo (cuja abordagem conta com uma proposta inovadora sobre a criação de um federalismo de regiões para preservar a integridade da federação contra a possibilidade de centralização do poder); o estado social; os partidos políticos; a cidadania, etc.[4]

Professor por vocação, Bonavides não se limitou a ensinar Direito, ele foi criador de teorias e isso o credenciou como um grande estudioso e jurista sem fronteiras. Sendo fluente em inglês, espanhol, italiano, alemão, latim e grego, ele foi professor visitante na Universität zu Köln (Alemanha), na Universidade de Coimbra (Portugal) e catedrático emérito da Universidade de Colônia (Alemanha) e Universidade de Tennessee (Estados Unidos da América).

Quando se fala em Direito Constitucional em qualquer parte do mundo ocidental Bonavides é uma referência significativa, por essa razão foi convidado para participar de inúmeros eventos jurídicos de importância transnacional, como o IV Congresso Hispano-Luso-Americano-Filipino de Municípios, em Barcelona; o Vigésimo Primeiro Congresso Mundial do Instituto Internacional de Sociologia, em Madrid; XVIII Congresso Nacional de Sociologia, no México; o Colloquio Italo-Latino Americano di Diritto Costituzionale em Roma e na Universidade de Perúgia e para as Jornadas Internacionales de Derecho Constitucional y Político, na Universidade de La Plata, Argentina, para ficarmos apenas em alguns exemplos.

Internacionalmente é compartilhada por diferentes países a tradição de homenagear com títulos, medalhas e cortejos de coro e tribuna os professores e pesquisadores honorários que contribuem para os progressos da academia. Sendo assim, ainda em vida, o professor Bonavides foi doutor honoris causa de pelo menos cinco renomadas universidades nacionais e internacionais, quais sejam: Universidade de Lisboa (Portugal, 1998), Universidade de Córdoba (Argentina, 2006),

[4] KLEIN, Antonio Carlos. *Paulo Bonavides*. Editora Fundação Demócrito Rocha. Brasil. Jan. 2003.

Universidad Inca Garcilaso de la Veja (Peru, 2009), Universidade Federal do Rio de Janeiro (Brasil, 2013) e Universidad de Buenos Aires (Argentina, 2013).

Além dos mencionados reconhecimentos pelo trabalho excepcional na docência, o jurista colecionou prêmios por sua atuação justa e ilibada de riquíssimas contribuições acadêmicas, políticas e sociais. Dentre as condecorações, frisa-se: o Carlos de Laet (crônicas e viagem), da Academia Brasileira de Letras; Colar do Mérito Urbano Vitalino, concedido pelo Instituto Urbano Vitalino; o Grande-Colar do Mérito, do Tribunal de Contas da União; Medalha de Mérito da Escola Superior da Magistratura de Pernambuco; Medalha Clóvis Beviláqua, concedida pelo Tribunal de Justiça do Estado do Ceará; Medalha da Ordem do Mérito Judiciário do Trabalho Epitácio Pessoa e o título da ordem grã-cruz, a mais alta comenda do Tribunal Regional do Trabalho da Paraíba; a Medalha Teixeira de Freitas, do Instituto dos Advogados Brasileiros; e a Medalha Ruy Barbosa, a mais alta distinção honorífica concedida pela Ordem dos Advogados do Brasil.

Como grande humanista e democrata, Bonavides sempre ecoou o direito de defesa como um dos baluartes da democracia. Reconhecendo o relevante papel da advocacia na consolidação dos direitos e garantias fundamentais, atuou como parecerista, presidente e membro de comissões e palestrante em diversas ocasiões em parceria com a Ordem dos Advogados do Brasil, sendo também homenageado pela entidade em inúmeras oportunidades.

Para mais, ele foi ainda membro do comitê de iniciativa que fundou a Associação Internacional de Direito Constitucional em Belgrado, na Sérvia, e foi integrante da Associação Internacional de Ciência Política na França. Bonavides é, portanto, um orgulho da região nordestina para o Brasil e um orgulho, ainda maior, do Brasil para o mundo. Trata-se de um dos maiores constitucionalistas da história. Ele fez do ensino do Direito Público sua vocação existencial, levando-nos a uma compreensão maior e melhor do Direito e das ciências políticas e sociais.

Dono de uma simplicidade tão grande quanto a sua sapiência, nosso eterno mestre deixou-nos, aos 95 anos, em outubro de 2020.

Paulo Bonavides, o incansável defensor da igualdade, da democracia participativa e do Estado Social, estará para sempre nas fileiras dos grandes pensadores da história. Um jurista que formou gerações e que influenciou não só a leitura constitucional, mas também o fazer político e a estabilidade das instituições no Brasil.

Seu compromisso com a diminuição das desigualdades sociais e pela construção de uma sociedade igualitária, soberana e democrática é lição eterna, que nos acompanhará. Sobre a Constituição, apregoava o professor Bonavides: "Cabe ao povo tomá-la para si e lhe imprimir avanços, galgando degraus no patamar da democracia e do constitucionalismo." Se "ontem os códigos; hoje, a Constituição", seguir na defesa intransigente da ordem constitucional e dos direitos e garantias fundamentais é nossa forma de honrar e agradecer ao inestimável mestre Paulo Bonavides.

LUÍS GAMA

Maria Celina Bodin de Moraes[1]

Eu advogo de graça por dedicação sincera
à causa dos desgraçados. Não pretendo lucros.
Não temo represálias.
– L.G.

O reconhecimento moderno em torno da personalidade de Luís Gama começou pela OAB que, em novembro de 2015, conferiu-lhe o título de "profissional da advocacia", festejando sua figura como a de "herói da nação brasileira". Sua atuação em defesa de pessoas escravizadas e pobres rendeu-lhe grande reconhecimento em vida, e no elogio fúnebre a *Gazeta do Povo* publicou: "era o primeiro dos abolicionistas do país, o mais sincero, o mais convencido, o mais intransigente."[2]

---

[1] Doutora em Direito civil pela Università di Camerino (Itália). Professora titular de Direito civil da Faculdade de Direito da Universidade do Estado do Rio de Janeiro e professora associada do Departamento de Direito da PUC-Rio. Foi diretora do Departamento de Direito da PUC-Rio e coordenadora de área (Direito e comunicação) da Faperj.

[2] *Gazeta do Povo* de 24 ago. 1882 *apud* FERREIRA, Lígia Fonseca (org.). *Lições de resistência*: artigos de Luís Gama na imprensa de São Paulo e Rio de Janeiro. São Paulo: Edições SESC, 2020, p. 23.

A concessão do título de advogado foi uma homenagem inédita àquele que se imortalizou na luta por um país "sem reis e sem escravos".[3]

Seu nome, porém, caiu no esquecimento e somente na segunda década do séc. XXI, Luiz Gonzaga Pinto da Gama finalmente ingressou na galeria dos heróis brasileiros, e, neste nosso universo legalista, foi decretada, pela lei n.º 13.628/2018, a inscrição de seu nome no "Livro de heróis e heroínas da pátria" bem como foi-lhe atribuído, pela lei n.º 13.629/2018, o título de "Patrono da abolição da escravidão do Brasil".

Ler sobre Luís Gama é apaixonar-se por ele, é dar-se conta da imensa injustiça que nós, brasileiros, ainda praticamos contra a sua memória. De fato, Gama continua quase desconhecido no Brasil e no mundo: não há entradas em seu nome na Enciclopédia *Britannica*, ou no Dicionário *Larrousse*, obras que desde há muito louvam outros abolicionistas como Joaquim Nabuco, por exemplo.

Em 1880, aos cinquenta anos, enviou, a pedido de Lúcio de Mendonça,[4] um resumo sobre a sua trajetória.[5] Cedo a palavra ao próprio Luís Gama:

> Nasci na cidade de São Salvador, capital da província da Bahia, em um sobrado da rua do Bângala (...) em 21 de junho de 1830, pelas 7h da manhã, e fui batizado, oito anos depois, na Igreja Matriz do Sacramento, da cidade de Itaparica.
>
> Sou filho natural de uma negra, africana livre, da Costa Mina, (Nagô de Nação) de nome Luíza Mahin, pagã, que sempre recusou o batismo e a doutrina cristã. (...) Dava-se ao comércio — era quitandeira, muito laboriosa, e mais de uma vez, na Bahia, foi

[3] Sobre Luís Gama Laurentino Gomes disse: "Ninguém lutou tanto pelos seus quanto Luís Gama. Ninguém antecipou com tanta clarividência os argumentos contra o racismo estrutural que ainda hoje assombra os brasileiros descendentes de africanos" (GOMES, Laurentino. *Escravidão*, v. III. Rio de Janeiro: Globo, 2022, pp. 387-388).

[4] Lúcio Furtado de Mendonça Drummond (1854-1909) foi ministro do Supremo Tribunal Federal e fundador da Academia Brasileira de Letras.

[5] A carta foi publicada pela primeira vez no jornal *O Estado de S.Paulo*, em 13 de maio de 1921.

presa como suspeita de envolver-se em planos de insurreições de escravos, que não tiveram efeito. (...)
Meu pai, não ouso afirmar que fosse branco, porque tais afirmativas, neste país, constituem grave perigo perante a verdade, no que concerne à melindrosa presunção das cores humanas: era fidalgo e pertencia a uma das principais famílias da Bahia de origem portuguesa. Devo poupar à sua infeliz memória uma injúria dolorosa, e o faço ocultando o seu nome.
Ele foi rico; e nesse tempo, muito extremoso para mim: criou-me em seus braços. Foi revolucionário em 1837. Era apaixonado pela diversão da pesca e da caça; muito apreciador de bons cavalos; jogava bem as armas, e muito melhor de baralho, amava as súcias e os divertimentos: esbanjou uma boa herança, obtida de uma tia em 1836; e reduzido à pobreza extrema, a 10 de novembro de 1840 (...), vendeu-me, como seu escravo, a bordo do patacho Saraiva.
Remetido para o Rio de Janeiro nesse mesmo navio, dias depois, que partiu carregado de escravos, fui, com muitos outros, para a casa de um cerieiro português de nome Vieira, dono de uma loja de velas (...). Oh! Eu tenho lances doridos em minha vida, que valem mais do que as lendas sentidas da vida amargurada dos mártires. Nesta casa, em dezembro de 1840, fui vendido ao negociante e contrabandista alferes Antonio Pereira Cardoso (...) comprou-me em um lote de cento e tanto escravos; e trouxe-nos a todos, pois era este o seu negócio, para vender nesta província.
Como já disse, tinha eu apenas dez anos; e, a pé, fiz toda a viagem de Santos a Campinas. Fui escolhido por muitos compradores, nesta cidade, em Jundiaí e Campinas; e, por todos repelido, como se repelem coisas ruins, pelo simples fato de ser eu "baiano".[6] (...)

[6] Em virtude da repercussão da Revolta dos Malês, movimento de insurreição dos negros muçulmanos, em Salvador, em 1835, a designação "baiano", ao se referir a escravos, passou a

Em 1847, contava eu dezessete anos, quando para a casa do senhor Cardoso veio morar, como hóspede, para estudar humanidades, (...) o menino Antônio Rodrigues do Prado Júnior (...). Fizemos amizade íntima, de irmãos diletos, e ele começou a ensinar-me as primeiras letras.

Em 1848, sabendo eu ler e contar alguma coisa, e tendo obtido ardilosa e secretamente provas inconcussas de minha liberdade, retirei-me, fugindo da casa do alferes Antonio Pereira Cardoso, que, aliás, votava-me a maior estima, e fui assentar praça. Servi até 1854, seis anos; cheguei a cabo de esquadra graduado.

(...) Durante o meu tempo de praça, nas horas vagas, fiz-me copista; (...) e, como amanuense, no gabinete do excelentíssimo senhor conselheiro Francisco Maria de Sousa Furtado de Mendonça, (...), fui eu seu ordenança; por meu caráter, por minha atividade e por meu comportamento, conquistei a sua estima e a sua proteção; e as boas lições de letras e de civismo, que conservo com orgulho.

Em 1856, depois de haver servido como escrivão perante diversas autoridades policiais, fui nomeado amanuense da Secretaria de Polícia, onde servi até 1868, época em que, "por turbulento e sedicioso", fui demitido a "bem do serviço público" pelos conservadores, que então haviam subido ao poder.

Desde que fiz-me soldado, comecei a ser homem; porque até os dez anos fui criança; dos dez aos dezoito, fui soldado.

Fiz versos; escrevi para muitos jornais; colaborei em outros literários e políticos, e redigi alguns.

Agora chego ao período em que, meu caro Lúcio, nos encontramos no Ipiranga, à rua do Carmo, tu, como tipógrafo, poeta, tradutor e folhetinista principiante; eu como simples aprendiz-compositor, de onde saí para o foro e para a tribuna, onde ganho o pão para mim e para os meus, que são todos os pobres, todos os infelizes; e para os míseros escravos, que, em número superior a quinhentos, tenho arrancado às garras do crime.

---

carregar o sentido de "rebelde".

Eis o que te posso dizer, às pressas, sem importância e sem valor; menos para ti, que me estima deveras.

Como se sabe, até final do século XVIII, o comércio negreiro era legal e amplamente praticado pelos cinco países europeus ligados à colonização das Américas. Os comerciantes britânicos estavam entre os maiores participantes do comércio de escravos no Atlântico.[7]

No entanto, as profundas mudanças ocorridas na Europa no final do século, advindas do movimento Iluminista, da Revolução Francesa e da Revolução Industrial questionaram a escravidão e deram início à transformação lenta, mas inexorável, do comércio de escravos como prática infame. Em 1807, foi proibido o tráfico de escravos no Império Britânico, lei que entrou em vigor em 1º de maio de 1808. Para vigiar o cumprimento da lei, a Marinha Real criou um esquadrão que tinha a tarefa de patrulhar a costa africana impedindo, pela força das armas, o tráfico de escravos.

Simultaneamente, a Inglaterra usava sua influência para persuadir os diversos países a abolir o tráfico de escravos e assinando tratados autorizando a Marinha Real a interceptar e apreender seus navios negreiros. Os principais alvos dessa pressão foram Portugal e depois o Brasil. A repressão ao tráfico transformou-se logo em política de Estado para o governo britânico porque interessava à Inglaterra defender seus interesses comerciais no mercado internacional de açúcar, onde ela disputava com o Brasil e Cuba, cujas produções eram feitas com mão de obra escrava.[8]

---

[7] Previamente disponível em: https://ensinarhistoria.com.br/as-pressoes-britanicas-pelo-fim-do-trafico-de-escravos/#1.

[8] A propósito explica Leslie Bethell: "Além das considerações de ordem moral, a Grã-Bretanha tinha fortes razões econômicas para adotar tal política. Privados os plantadores de açúcar das Antilhas Britânicas do seu suprimento regular de mão de obra barata, era importante que os seus rivais, principalmente os de Cuba e do Brasil, que já gozavam de muitas outras vantagens sobre eles, ficassem colocados no mesmo pé, pelo menos nesse ponto. E, se o continente africano ia ser transformado num mercado para produtos manufaturados e numa grande fonte de matérias-primas (além de civilizado e cristianizado), como muitos, na Grã-Bretanha esperavam, era essencial que se fizessem todos os esforços para precipitar a total destruição do tráfico." (BETHELL, Leslie. *A abolição do comércio brasileiro de escravos*. Brasília: Senado Federal, Conselho Editorial, 2000, p. 10).

As numerosas vitórias legais de Gama, a maioria tendo como argumento a proibição decorrente da lei Feijó, foram um grande golpe para a instituição da escravidão no Brasil. Seus casos desafiaram a legitimidade de todo o sistema, e ele se tornou um símbolo de esperança para as pessoas escravizadas em todo o país. No entanto, seu ativismo também o tornou um alvo para aqueles que se opunham à abolição. Foi preso algumas vezes. No entanto, Gama continuou a lutar pelo que acreditava e nunca vacilou em seu compromisso com a causa da abolição.

Em 1850, trabalhando como ordenança do Conselheiro Furtado de Mendonça, já então professor da Faculdade de Direito do Largo de São Francisco, tentou Gama ingressar no curso. Negro e pobre, não foi admitido formalmente como aluno. Quase 150 anos depois, em 2019, a USP atribuiu-lhe o título de doutor honoris causa, tendo a homenagem sido entregue a Walter França, pentaneto do homenageado.

O caso do pardo Narciso, como narrado por Luís Gama e publicado no *Correio Paulistano* de novembro de 1870, é apenas um exemplo do destemor do advogado em defesa de seus pobres clientes. Aqui, além de denunciar a frustração do direito de um escravo, Gama não hesita em denunciar publicamente a conduta hipócrita de um pretenso "liberal" e "irmão" da maçonaria.[9] Assim conta Gama:

> D. Maria Carlota de Oliva Gomes, por seu falecimento, reconheceu a liberdade do pardo Narciso, seu escravo, e impôs-lhe a condição de prestar serviços, por dez anos, à exma. consorte do sr. dr. Rafael Tobias de Aguiar.[10]
>
> Os serviços de Narciso foram avaliados em 200$000 réis no respectivo inventário, que corre pelo cartório da provedoria. Algumas pessoas desta cidade, no louvável intuito de darem caridoso auxílio

[9] Alguns atribuem ao fato de Gama ter criticado acerbamente Nabuco de Araújo pelo descumprimento reiterado da lei Feijó o profundo silêncio de Joaquim Nabuco sobre ele.

[10] Rafael Tobias de Aguiar (1794-1857), filho de Domitila de Castro Canto e Melo (marquesa de Santos) e do brigadeiro Rafael Tobias de Aguiar, fazendeiro sorocabano de grandes posses, por duas vezes presidente da província de São Paulo e deputado provincial. Em 1842, foi um dos principais líderes da Revolução Liberal ao lado do padre Feijó.

> ao pardo Narciso, ofereceram-lhe a quantia de réis 200$000 para resgate dos serviços que cumpre-lhe prestar; e o sr. dr. Camargo, por parte da [Sociedade] Emancipadora Fraternização,[11] de que é digno presidente, requereu ao meritíssimo dr. provedor a exibição da mencionada quantia. E o meritíssimo dr. provedor mandou, por despacho seu, que dissessem sobre a impetra os interessados.
> Hoje, pelas 6h da manhã, o sr. dr. Rafael Tobias de Aguiar veio à cidade, mandou chamar à sua casa da Travessa de Santa Thereza o pardo Narciso, que trabalhava fora a jornal, mandou tosquiar-lhe os cabelos, e aplicar-lhe seis dúzias de palmatoadas para curá-lo da mania emancipadora de que estava acometido!...
> Não comentarei este fato. Deixo ao sr. dr. Rafael Tobias a impunidade deste delito, e a justa admiração dos seus concidadãos. Apenas acrescentarei que o sr. dr. Rafael Tobias de Aguiar pertence a uma das principais famílias de São Paulo; é nobre e rico; membro proeminente do partido liberal; formado em ciências sociais e jurídicas; já exerceu os cargos de deputado, de juiz municipal e de juiz de direito; é maçom e como outros muitos jurou manter os grandes princípios evangélicos da liberdade, igualdade e fraternidade!...

Duas semanas depois, Luís Gama fez publicar no *Correio Paulistano* de 2 de dezembro de 1870, a seguinte notícia:

> Não é ao ilmo. sr. dr. Rafael Tobias de Aguiar a quem tenho a honra de responder o artigo inserto no *Correio Paulistano* de hoje, relativo à questão do pardo Narciso, mas ao exmo. sr. dr. João Mendes de Almeida, que meditadamente o escreveu, como advogado, não para contestar ao sr. Luís Gama, mas para orientar o público sobre essa questão que interessará a todos os que possuem escravos. (...)

[11] Esta associação, destinada a constituir fundos para comprar alforria de escravos, foi criada pela Loja [maçônica] América, contando com a diligência de Luís Gama, que ali foi "venerável" por muitos anos.

Admirem agora os judiciosos leitores a notável disparidade que se observa entre as palavras do artigo escrito pelo exmo. sr. dr. João Mendes — escravo Narciso LEGADO —, e as da verba testamentária — serviços legados por dez anos. Eis a verba: O meu escravo Narciso SERVIRÁ por dez anos depois da minha morte à dita minha herdeira, e findo esse prazo ficará livre. Nos autos de inventário lê-se mais: Narciso, foram avaliados OS SERVIÇOS de dez anos, que o mesmo tem de prestar por 200$000, findos os quais, segundo a verba testamentária fica livre. (...)
Prezo muito o meu bom senso para não arriscá-lo em discussões e consultas com os admiradores da escada e do bacalhau.[12] O que cumpre-me demonstrar é a libertação real e incontestável conferida ao pardo Narciso, e isto vou fazer em face do Direito, guiando-me somente pelos princípios da ciência, e sem socorrer-me dos sábios conselhos dos honrados mercadores de carne humana. Guardarei essa autorizada opinião para algum dia se tiver eu a desgraça de sustentar alguma causa sobre coisas ilícitas, pois não desconheço o antigo provérbio italiano: "Buscam-se os autores conforme são as matérias".
Tratemos da questão: — O pardo Narciso foi libertado por D. Maria Carlota de Oliva Gomes, sob condição de servir sua filha por dez anos, ou foi legado a esta com a condição de por ela ser libertado, ou por outrem, findo este prazo? Da verba testamentária conclui-se necessariamente que d. Maria Carlota libertou o pardo Narciso, porque ela diz: "O meu escravo Narciso SERVIRÁ por dez anos, depois da minha morte, à dita minha herdeira, e findo esse prazo ficará livre."
A testadora não legou à sua herdeira o seu escravo Narciso, mas apenas, por seu falecimento, doou os serviços do mesmo pelo prazo de dez anos. E não doou o seu escravo porque ela pessoal e di-

[12] "Escada" é uma forma de castigo em que o escravo, amarrado de costas em uma escada, recebe golpes nas costas e nas nádegas com um "bacalhau" ou chicote de couro cru, trançado ou retorcido.

retamente libertou-o dizendo: — "E findo esse prazo ficará livre"; e isto assim é porque — As alforrias, em verba testamentária, são realizáveis por dois modos: 1.º direto; 2.º fideicomissário.
É direto o modo quando o testador por si mesmo confere a liberdade, sem condições ou com elas; É fideicomissário quando o testador incumbe ou impetra a alguém de conceder ou alcançar a liberdade, mediante as condições por ele preestabelecidas. As do primeiro modo chamam-se imediatas, por partirem diretamente da pessoa do testador; as do segundo, mediatas, por dependerem do concurso de terceira pessoa. As de um e outro modo podem ser incondicionais ou a termo. Na hipótese vertente trata-se da alforria conferida por modo direto e a termo, visto como a testadora, não tendo legado pessoalmente o seu escravo, mas tão somente os serviços por prazo fixo, faz depender o pleno gozo da libertação que ela concede de uma condição que impõe ao liberto.
Ora, se a liberdade ao pardo Narciso foi diretamente conferida por d. Maria Carlota; se por essa verba a testadora claramente legou à sua filha não a pessoa do seu escravo, mas somente os seus serviços, por dez anos; se ela em tal verba a ninguém cometeu a concessão de liberdade, segue-se que ninguém tem o direito de chamá-lo seu escravo; e, se ele não é escravo, é certo que não pode pertencer ao sr. dr. Rafael Tobias. *To be, or not to be: that is the question.*
Está provado, portanto, com os próprios documentos escolhidos pelo exmo. sr. dr. João Mendes de Almeida, que Narciso é livre, e não escravo, e isto a despeito dos avisos e pastorais desencavados por [sua excelência] para firmar a propriedade do seu infeliz cliente. Desta vez, pois, não fez vaza a reconhecida e provada argúcia alicantineira de sua excelência. Narciso está sob a minha humilde proteção, e em depósito judicial. É livre, e tão livre como o sr. dr. Rafael Tobias e o seu distinto advogado. Nós temos leis e eu sei ter vontade. São Paulo, 1º de dezembro de 1870.

As argumentações de Gama, como se viu, serviram em juízo e fora dele, nas numerosas publicações que fez em jornais e foram fundamentais para conscientizar seus contemporâneos sobre as atrocidades da escravidão e a imprescindibilidade da abolição. Sua obra ajudou a galvanizar o movimento abolicionista no Brasil e contribuiu para a queda da instituição da escravidão ao aumentar o fervor abolicionista que então já varria o país. Lembre-se que o país foi o último a abolir a escravatura nas Américas.

O legado de Gama continua sendo sentido no Brasil até hoje. Ele é lembrado como um dos maiores defensores da justiça social. Sua importância para a abolição no Brasil não pode mais ser subestimada.

Luís Gama morreu de diabetes, doença então praticamente desconhecida, em 24 de agosto de 1882, aos 52 anos. Uma multidão acorreu ao enterro do "amigo de todos", como ele era conhecido, e Raul Pompeia, um de seus ardorosos admiradores, descreveu, sob o título "última página da vida de um grande homem", detalhes do caráter do personagem e de seu enterro, realizado no Cemitério da Consolação:

> (...) Depois, não sei que grandeza admirava naquele advogado, a receber constantemente em casa um mundo de gente faminta de liberdade, uns escravos humildes, esfarrapados, implorando libertação, como quem pede esmola; outros, mostrando as mãos inflamadas e sangrentas das pancadas que lhes dera um bárbaro senhor; outros... inúmeros... E Luís Gama os recebia a todos com a sua aspereza afável e atraente; e a todos satisfazia, praticando as mais angélicas ações, por entre uma saraivada de grossas pilhérias de velho sargento.
>
> Toda essa clientela miserável saía satisfeita, levando este uma consolação, aquele uma promessa, um outro a liberdade, alguns dinheiro, alguns um conselho fortificante...
>
> E Luís Gama fazia tudo: libertava, consolava, dava conselhos, demandava, sacrificava-se, lutava, exauria-se no próprio ardor, como uma candeia iluminando à custa da própria vida as trevas do desespero daquele povo de infelizes, sem auferir uma sombra de lucro, entendendo que advogado não significa o indivíduo que vive

dos jantares que lhe paga Têmis; entendendo que deve-se fazer um pouco de justiça grátis. E, com esta filosofia, empenhava-se de corpo e alma, fazia-se matar pelo bem. O herói...

Pobre, muito pobre, deixava para os outros tudo o que lhe vinha das mãos de algum cliente mais abastado; doente, moribundo, encontrava no âmago da sua natureza uma reserva instintiva de energia, e ia gastá-la em proveito da justiça e da beneficência oculta, avessa à fanfarra das reclames, sublime. Tudo isto conglobava-se-me no espírito, como uma grande esfera de luz, sobre a qual levantava-se a figura nobre, irresistível do bom Luís Gama. Havia para ele como que um trono em minha alma.

(...)

Quando os coveiros iam descer para o túmulo o cadáver, um homem disse:

— Esperem!... O dr. Clímaco Barbosa (era o homem) ergueu então a voz. A voz soluçava-lhe na garganta. Disse duas palavras, sem retórica, sem tropos, a respeito do grande homem que ali jazia caído...

A multidão chorou.

Então, o orador reforçou a voz, reforçou o gesto; e intimou a multidão a jurar sobre o cadáver, que não se deixaria morrer a ideia pela qual combatera aquele gigante.

Um brado surdo, imponente, vasto, levantou-se no cemitério. As mãos estenderam-se abertas para o cadáver...

A multidão jurou.

***

Passaram os coveiros dois laços às extremidades do esquife e o desceram para o fundo da sepultura...

***

Eu olhei para a noite. Estava calma e estrelada. Com o espírito perdido em meio da majestade serena do espaço, fui-me encaminhando para casa.

***

Sobre minha mesa achei um jornal do dia.

Trazia a notícia do passamento de Luís Gama:

"Faleceu ontem o cidadão Luiz Gonzaga Pinto da Gama, conhecido advogado desta cidade."

Só.

Encolhi os ombros.

É preciso que, mesmo nos momentos épicos, apareça uma ponta da miséria humana.

François Dosse, ao conceituar o que é um "grande homem", afirmou ser "o indivíduo que consegue fazer coincidir sua determinação individual com a vontade coletiva de uma época".[13] Essa me parece a melhor síntese sobre Luís Gama.

[13] François DOSSE. *Le pari biographique*, p. 185 *apud* FERREIRA, Ligia Fonseca. "Luiz Gama por Luiz Gama: carta a Lúcio de Mendonça." *In*: *Teresa*. Revista de Literatura Brasileira [8|9]. São Paulo, pp. 300-321, 2008.

MYRTHES GOMES DE CAMPOS

Maria Thereza de Assis Moura[1]

É de esperar que a intervenção da mulher no foro seja benéfica e moralizadora, em vez de prejudicial como pensam os portadores de antigos preconceitos.
(Myrthes Gomes de Campos, 29 set. 1899.)

Tenho a grata satisfação de apresentar, neste ensaio,[2] a doutora Myrthes Gomes de Campos, nascida em Macaé, na então Província do Rio de Janeiro, em 1875, estado em que, aos noventa anos de idade, após uma admirável trajetória como escritora, advogada e mulher à frente de seu tempo, veio a falecer em 20 de janeiro de 1965.

Embora seja costumeiramente referida como a primeira mulher bacharela em direito a exercer a advocacia no Brasil, sua contribuição para a edificação do país se deu de várias formas.

Myrthes desenvolveu seus dotes de escritora, colaborando com diversos jornais do Rio de Janeiro,[3] que, então capital federal, irradiava

---

[1] Presidente do Superior Tribunal de Justiça. Mestre e doutora em Direito Processual Penal. Professora doutora de Direito Processual Penal da Faculdade de Direito da Universidade de São Paulo.

[2] Consigno meus agradecimentos pela contribuição com a pesquisa para a confecção deste ensaio à juíza Maria Paula Cassone Rossi.

[3] As publicações teriam tido maior concentração nas três primeiras décadas do Século XX, em jornais como: *A Cidade*, *A Época*, *A Notícia*, *Correio da Manhã*, *Gazeta de Notícias*, *Jornal do*

novas correntes de pensamento e cultura, tendo deixado um legado composto por diversos escritos e relatos de conferências.

Ela adentrou no território quase inexplorado, à época, de colaboração nos jornais de grande circulação na chamada *Belle Époque* carioca. A ocupação desse lugar foi fundamental, notadamente para sedimentar sua atuação no exercício da advocacia como atividade profissional: soube, como ninguém, arregimentar a imprensa ao seu favor, mantendo uma presença um tanto incomum, como mulher àquela quadra da história, nos jornais do Rio de Janeiro.

Entretanto, o edificar desse caminho viria a ser, de fato, um desafio!

Myrthes superou a barreira da formação em Direito, a um tempo em que as mulheres se encarregavam, precipuamente, dos afazeres domésticos e dos cuidados com os filhos. Nessa época, a figura feminina inseria-se, timidamente, nos espaços urbanos, podendo se dedicar, quanto muito, às obras sociais ou, em casos de menor poder aquisitivo, ao exercício do magistério, então compreendido como uma extensão do papel inerente à maternidade.[4]

Foi durante os seus estudos no Liceu de Humanidades de Campos que Myrthes se encantou pela leitura dos filósofos e, ao depois, pelos mestres do Direito, iniciando um percurso que culminaria com a advocacia em favor dos hipossuficientes.

Solteira e com núcleo familiar composto por pais (Eugenio Renato de Campos e Rosa de Campos) e irmão (Renato de Campos), pôde contar exclusivamente com o apoio por parte de sua genitora. Mesmo assim, ela olvidou inúmeros conselhos para que desistisse da trajetória universitária. Mudou-se para a capital, onde se submeteu aos exames preparatórios do Ginásio Nacional.[5] Cursou a Faculdade Livre de Ciên-

---

Brasil, Jornal do Commercio e *O Paiz* (SCHUELER, Alessandra Frota Martinez de; RIZZINI, Irma. "Myrthes de Campos [1875-1965]: a 'mulher-advogado' na luta pelos direitos das mulheres." *In*: *Revista Communitas*, v. 5, n.º 9, jan.-mar. 2021], p. 30).

[4] GUIMARÃES, Lucia Maria Paschoal; FERREIRA, Tânia Maria Tavares Bessone da Cruz. "Mulheres à frente do seu tempo: Myrthes Gomes de Campos e o exercício da advocacia no Brasil". *In*: *Faces de Eva*: estudos sobre a Mulher, n.º 18. Edições Colibri/ Universidade Nova de Lisboa, 2007, pp. 69-70.

[5] SCHUELER, Alessandra Frota Martinez de; RIZZINI, Irma. op. cit., p. 28.

cias Jurídicas e Sociais do Estado do Rio de Janeiro, bacharelando-se em 1898.[6] Única mulher e a mais nova da turma eminentemente masculina, há relatos de que se impôs frente aos colegas, angariando-lhes o respeito.[7]

Concluído o curso universitário, o caminho percorrido por Myrthes Gomes de Campos estava apenas iniciando, já que o término do bacharelado não era suficiente para que as mulheres ingressassem, de fato, no mercado de trabalho da advocacia.

Referências não faltam de que outras tantas, inclusive, já haviam cursado a Faculdade de Direito do Recife, sem que nenhuma delas houvesse logrado exercer a advocacia. Entre elas, Maria Augusta Meira de Vasconcellos, Maria Fragoso e Maria Secundina, que concluíram o curso superior em 1888.[8] Já a colega Maria Coelho da Silva Sobrinho, também laureada em 1888, que, ao contrário de Myrthes, proclamou não se interessar pela inscrição nos quadros do Instituto dos Advogados do Brasil, veio a ser a segunda mulher a advogar,[9] com ela interagindo profissionalmente anos mais tarde, entre outros na publicação de artigos e no envolvimento com movimentos trabalhistas e sociais.

O pioneirismo de Myrthes não viria, evidentemente, sem uma longa e árdua trajetória.

Foi necessário lutar pelo exercício da advocacia, enfrentando o preconceito, derivado da tradição do Direito Romano, de que se tratava de uma atividade com contornos eminentemente masculinos. Um "ofício viril", à luz dos termos empregados àquele tempo.

Ultrapassadas as barreiras à obtenção do diploma, coube à Myrthes o registro da carta de advogado no Tribunal da Relação do Estado do Rio de Janeiro e, posteriormente, o registro do diploma na secretaria da Corte de Apelação do Distrito Federal.[10]

---

[6] SILVEIRA, Mariana de Moraes. "Escrever, ser útil à sociedade: uma análise da produção intelectual de Myrthes de Campos". *In*: *Estudos Ibero-Americanos*. Porto Alegre, v. 47, n.º 3, p. 2.

[7] VIDAL, Barros. "Myrthes de Campos, a primeira advogada do Brasil". *In*: *Revista da Semana*, v. 40, 1939.

[8] Ibid.

[9] SCHUELER, Alessandra Frota Martinez de; RIZZINI, Irma. op. cit., p. 29.

[10] VIDAL, Barros. "Myrthes de Campos, a primeira advogada do Brasil". *In*: *Revista da Semana*, v. 40, 1939.

Ao longo desse percurso, no qual recebera apoio de seu colega advogado Vicente de Ouro Preto, foi necessário suplantar a resistência do desembargador José Joaquim Rodrigues, presidente da Corte de Apelação do Estado do Rio de Janeiro (na então capital do país), para quem a pretensão do exercício da advocacia por uma mulher equivaleria, praticamente, a um ato de loucura: "Insistentemente, mas em vão, aconselhou-me o digno magistrado, saturado de romantismo, a desistir do meu propósito, invocando ainda o concurso do secretario do Tribunal, dr. Evaristo da Veiga Gonzaga, para que me convencesse do erro em que cahia, pretendendo militar no fôro, meio que reputava improprio para o sexo feminino." (Grafia original.)[11]

Myrthes conquistou a participação da mulher no tribunal do júri, a partir da autorização dada pelo magistrado Viveiros de Castro, que o presidia. Muitas vezes nominada "mulher advogado" ou, ainda, "doutor Myrthes", a jovem, referida pela imprensa da época como "franzina, de cabelos muito crespos", estabeleceu-se profissionalmente, ainda em 1899, na rua da Alfândega n.º 83, no Centro do Rio de Janeiro[12].

Aliás, no primeiro julgamento do qual participara, realizado em 29 de setembro de 1899 e presenciado, segundo referências da época, por advogados ilustres e "mais de cinquenta senhoras da melhor sociedade"[13], Myrthes logrou obter a absolvição do réu, o qual, ao momento do pregão, teria chegado a lançar, à jovem advogada, um olhar desconfiado. Desbancando, por maioria esmagadora, um promotor considerado imbatível, sua fala trouxe consigo uma notável consideração acerca da inserção da mulher no contexto da Justiça:[14] "Tudo nos faltará: talento, eloquência, e até erudição, mas nunca o sentimento de justiça: por isso, é de esperar que a intervenção da mulher no foro seja benéfica e moralizadora, e vez de prejudicial como pensam os portadores de antigos preconceitos." (Grafia original.)

---

[11] Ibid.

[12] SCHUELER, Alessandra Frota Martinez de; RIZZINI, op. cit., pp. 27-29.

[13] Ibid., p. 27.

[14] GUIMARÃES, Lucia Maria Paschoal; FERREIRA, Tânia Maria Tavares Bessone da Cruz. op. cit., pp. 73-74.

Porém, à legitimação profissional ainda restava a filiação ao Instituto da Ordem dos Advogados do Brasil, que, desde sua fundação em 1843, jamais tivera uma mulher integrando os seus quadros.[15]

Myrhes inscreveu-se, inicialmente, como estagiária em 1899, que era a categoria destinada aos advogados formados há menos de dois anos.[16] Entretanto, o ingresso no quadro efetivo de sócios do Instituto da Ordem dos Advogados do Brasil viria somente anos depois, em 1906 — após sua exitosa participação no Congresso Científico Latino-Americano, que teria culminado com a intervenção em seu favor do advogado dr. João Marques[17] —, e a aprovação em assembleia, no âmbito do Instituto.[18]

Myrthes afirmou que, ao se formar em direito, tinha apenas o propósito de exercer a profissão. Entretanto, embora não lhe apetecesse, de início, a ideia de ser madrinha da causa relativa aos direitos das mulheres, a transposição dos obstáculos que se opuseram ao seu caminho teria propiciado o advento de uma nova mentalidade, conforme descrição do jornalista Barros Vidal, no ano de 1939:

> Calar-se, renunciar seria abdicar e ella não o podia fazer, pois não via a questão num ponto de vista pessoal. Ella não tratava mais do seu caso, que ella considerava, na sua modéstia, pequeno por se tratar de sua pessôa, mas a sua vida ia mais longe, pois estava em jogo o futuro de toda mulher que quisesse ser advogada! (Grafia original.)[19]

Nessa perspectiva, Myrthes induziu, direta ou indiretamente, o debate sobre temas muito importantes para os direitos humanos e para a

---

[15] Ibid., p. 70.

[16] Ibid.

[17] SILVEIRA, Mariana de Moraes. op. cit., p. 5.

[18] HIGIDIO, José. "Primeira advogada brasileira, Myrthes superou obstáculos para trabalhar." *Conjur*, 8 mar. 2021. Disponível em: https://bit.ly/3GNXwk1. Acesso em 8 de janeiro de 2023.

[19] VIDAL, Barros. op. cit., 1939.

equidade de gênero, entre os quais o direito à advocacia; a possibilidade de mulheres acenderem à magistratura; o tribunal do júri; o direito ao voto e à elegibilidade feminina.

Dos seus comentários jurídicos sobre o voto feminino (que viria a ser realidade somente a partir do Código Eleitoral de 1932),[20] publicados no *Jornal do Commercio*, nos idos de 1929, extrai-se o seguinte fragmento, na grafia original:

> Na realidade, até sem o auxilio da sciencia, com vulgar observação apenas, compreende-se que, nas aspirações políticas da mulher nada há de revolucionario. As actuaes reinvindicações de direitos, denominados *feminismo* e que com mais propriedade talvez foram classificadas por Gaston Richard em *La Femme dans l'Histoire* como individualismo feminino, são méra consequencia natural e logica de um estado social que collocou a mulher no mesmo pé de igualdade com o homem, desde que as condições do trabalho se tornaram as mesmas para ambos os sexos. Collaboram as mulheres na indústria, no commercio, nas profissões liberaes, nos cargos públicos e até obrigatoriamente, são levadas ao *Bureau* Internacional do Trabalho, cujos membros devem ser em parte do sexo feminino, conforme o disposto no art. 395 do Tratado de Versailles. (...) Evidentemente, contradictoria é a atitude do Estado que permite a mulher desempenhar todas as funções publicas, ao mesmo tempo que lhe nega o exercício dos direitos políticos *stricto sensu*, isto é, o eleitorado e a elegibilidade. Assim acontece no Brasil, onde para se manter o "o dogma político da desigualdade dos sexos", já condenado pelo maior dos nossos juristas — Ruy Barboza — na memorável conferencia sobre a questão social (Correio da Manhã, de 21 de março de 1919), traz-se à baila o fantasma da inconstitucionalidade do alistamento eleitoral feminino, que se não deve mais, nem congitar, à vista de terem o Senado e a Camara dos Deputados aprovado respectivamente em 1ª discussão nos anos de

[20] SILVEIRA, Mariana de Moraes. op. cit., p. 8.

> 1921 e 1922 os projectos do senador Justo Chermont e dos deputados Penido, Bittencourt da Silva e Octavio Rocha reconhecendo o direito de voto às mulheres, nas mesmas condições em que o têm os homens.[21]

Na temática do Direito de Família, defendeu o fim da tutela do marido, o direito à autodeterminação reprodutiva e o divórcio. Apoiou, publicamente, o aborto nos casos de mulheres violentadas e estupradas.[22] Abraçou, ainda, a tese em favor da educação sexual nas escolas[23] e do direito dos filhos espúrios, reputando injustos os preconceitos sociais e legislativos e exortando os pais à responsabilidade legal, quaisquer que fossem as condições de ordem moral que resultassem na procriação.[24]

Não raro, defendeu o estabelecimento de princípios mais equitativos e a supressão da submissão feminina disfarçada de proteção. Nesse particular, reputava a introdução da mulher no mercado de trabalho como fator importante para que pudesse deixar a condição de "protegida" pelo homem para atuar como sua colaboradora, alcançando, desse modo, posições superiores que antes constituíam privilégio da masculinidade.[25]

Afirmava, nesse contexto, que a mulher não poderia se eximir do cumprimento de seus deveres correspondentes, tampouco pretender conservar privilégios e regalias que somente lhes eram conferidos em virtude da suposta fragilidade: pregava o trabalho e a disciplina, sob

---

[21] CAMPOS, Myrthes Gomes de. Archivo Judiciário. Archivo Judiciário. V. IX, jan.-mar. 1929. Rio de Janeiro, 1929.

[22] SCHUELER, Alessandra Frota Martinez de; RIZZINI, Irma. op. cit., p. 34.

[23] CAMPOS, Myrthes de. "Educação moral e biológica". *In*: *Nação Brasileira*, ano II, n.º 13, set. 1924.

[24] CAMPOS, Myrthes Gomes de. "Codigo Eleitoral, voto feminino e direitos de familia." Archivo Judiciário. Publicação quinzenal do *Jornal do Commercio*. V. XXVI. Rio de Janeiro, 2 abr. 1932.

[25] CAMPOS, Myrthes Gomes de. "A propósito da mulher jurada: decisões divergentes." Archivo Judiciário. Publicação quinzenal do *Jornal do Commercio*. V. XXVI. Rio de Janeiro, 9 abr. 1933.

pena da conquista de uma situação cômoda; porém, na sua concepção, odiosa e insustentável.[26]

Assertiva, mas discreta e de temperamento sereno, Myrthes não gostava de exposição. Vivia no silêncio de sua simpática casinha na rua Uruguay, para quem a vida era aquele sossego, afirmando que o retraimento do seu temperamento não aceitava nenhuma modalidade de exibição.[27]

De personalidade bem definida, não transacionava, todavia, com os seus ideais, tampouco se intimidava em comentar publicamente decisões judiciais que considerava equivocadas.[28]

Na vida acadêmica, Myrthes participou de eventos científicos internacionais, como o Congresso Científico Latino-Americano, realizado no Rio de Janeiro em 1905, em que, sendo a única mulher a integrar a seção de ciências jurídicas e sociais, teve aprovada a sua tese da abolição da incapacidade civil da mulher casada, o que teria sido fundamental para a sua admissão pelo Instituto dos Advogados.[29]

Participou, ainda, do Congresso Jurídico Brasileiro, iniciado em 11 de agosto de 1908, na temática acerca da igualdade nos direitos civis e de família entre cônjuges,[30] tendo sido a única mulher expositora. Embora tenha ficado vencida durante a votação das conclusões, com a assertividade que lhe era costumeira, garantiu que fosse lançada em ata a sua divergência com a decisão plenária.[31]

---

[26] CAMPOS, Myrthes Gomes de. "Pró e contra feminismo". *Nação Brasileira*, ano II, n. 9. Mai. 1924.

[27] VIDAL, Barros. op. cit., 1939.

[28] Cf. neste aspecto: CAMPOS, Myrthes de. "O voto feminino e os fundamentos de uma sentença." Archivo Judiciário. Publicação quinzenal do *Jornal do Commercio*. V. X (abr.-jun. 1929), Rio de Janeiro, 1929.

[29] SILVEIRA, Mariana de Moraes. op. cit., p. 5.

[30] A tese exposta por Myrthes nesse evento acadêmico teria sido alvo de críticas, inclusive, por parte de mulheres, a exemplo da escritora Carmen Dolores, que, em publicação feita no periódico *A Semana*, teria posto em dúvida a competência feminina para gerir seus próprios bens (GUIMARÃES, Lucia Maria Paschoal; FERREIRA, Tânia Maria Tavares Bessone da Cruz. op. cit., p. 82).

[31] SILVEIRA, Mariana de Moraes. op. cit., pp. 5-6.

Filiou-se, em 1922, à Federação Brasileira pelo Progresso Feminino, tendo participado ativamente, inclusive como membro do Conselho-Diretor da União Universitária Feminina, criada em 13 de janeiro de 1929, que congregava acadêmicas ao redor da defesa dos direitos femininos.[32]

Myrthes aposentou-se em 1944, como encarregada da jurisprudência do Tribunal de Apelação do Distrito Federal, função eminentemente administrativa que exercia desde 1924,[33] mas teria dado sequência, até, ao menos, a década de 1930, na publicação de artigos em periódicos, na defesa da mulher nos espaços jurídicos.[34]

Sua trajetória inspirou a Ordem dos Advogados do Brasil — Conselho Seccional do Distrito Federal, por meio da Comissão da Mulher advogada, a instituir, em 2016, uma medalha e um diploma em reconhecimento a mulheres com efetiva atuação no cenário jurídico e, ainda, a valorização das mulheres que atuam perante o Poder Judiciário brasileiro,[35] que tive a grata satisfação de receber no ano de 2022, juntamente com renomadas colegas.

Mulher à frente de seu tempo, merece ser lembrada, sobretudo, por sua vanguarda e protagonismo, desafiando os padrões que lhe eram contemporâneos, na defesa da participação feminina na advocacia e, em última análise, no Poder Judiciário. Bem por isso, finalizo com um trecho, na grafia original, sobre a advocacia feminina no Brasil nos idos de 1924, sob as lentes de Myrthes Gomes de Campos:

> (...) pouco a pouco vão tendo ingresso as mulheres nas dependencias da Justiça, havendo já escreventes juramentadas em pretorias do Distritco Federal e dactylographas na Côrte de Appellação.
>
> No mais, o que lhe posso dizer em relação ao feminismo, não vae além da applicação ao caso, da anedota de Diogenes, que ouvido Zenon negar a existencia do movimento, lhe deu symbolica res-

[32] SCHUELER, Alessandra Frota Martinez de; RIZZINI, Irma. op. cit., pp. 32-33.
[33] SILVEIRA, Mariana de Moraes. op. cit., p. 3.
[34] SCHUELER, Alessandra Frota Martinez de; RIZZINI, Irma. op. cit., p. 33.
[35] Disponível em: https://bit.ly/3jQJxke. Acesso em 8 de janeiro de 2023.

posta, levantando-se e caminhando. Semelhantemente, não discutam as mulheres, para demonstrar capacidade: revelem as suas aptidões, desempenhando, da melhor maneira possível as funcções de que fôrem investidas.[36]

Referências bibliográficas

CAMPOS, Myrthes Gomes de. "Pró e contra feminismo." *In*: *Nação Brasileira*, ano II, n.º 9, mai. 1924.

_____________. "A mulher na advocacia: o feminismo e uma anedota de Diogenes." Entrevista à *A.B.C.*, em 31 de maio de 1924.

_____________. "Educação moral e biológica." "Comentario jurídico sobre o voto feminino." Archivo Judiciário. Publicação quinzenal do *Jornal do Commercio*. V. IX: jan-mar. 1929. Rio de Janeiro, 1929.

_____________. "O voto feminino e os fundamentos de uma sentença. Archivo Judiciário." Publicação quinzenal do *Jornal do Commercio*. V. X (abr-jun. 1929), Rio de Janeiro, 1929.

_____________. "Codigo Eleitoral, voto feminino e direitos de familia." Archivo Judiciário. Publicação quinzenal do *Jornal do Commercio*. V. XXVI. Rio de Janeiro, 2 abr. 1932.

_____________. "A propósito da mulher jurada: decisões divergentes." Archivo Judiciário. Publicação quinzenal do *Jornal do Commercio*. V. XXVI. Rio de Janeiro, 9 abr. 1933.

GUIMARÃES, Lucia Maria Paschoal; FERREIRA, Tânia Maria Tavares Bessone da Cruz. "Mulheres à frente do seu tempo: Myrthes Gomes de Campos e o exercício da advocacia no Brasil". *In*: *Faces de Eva*: estudos sobre a Mulher, n.º 18. Edições Colibri/Universidade Nova de Lisboa, 2007, pp. 69-70.

HIGIDIO, José. "Primeira advogada brasileira, Myrthes superou obstáculos para trabalhar". *Conjur*, 8 mar. 2021. Disponível em: https://bit.ly/3GNXwk1. Acesso em 8 de janeiro de 2023.

---

[36] "A mulher na advocacia: o feminismo e uma anedota de Diogenes". Entrevista à *A.B.C.* em 31 de maio de 1924.

SCHUELER, Alessandra Frota Martinez de; RIZZINI, Irma. "Myrthes de Campos (1875-1965): a 'mulher-advogado" na luta pelos direitos das mulheres". *In*: *Revista Communitas*, v. 5, n.º 9 (jan.-mar. 2021), p. 28.

SILVEIRA, Mariana de Moraes. "Escrever, ser útil à sociedade: uma análise da produção intelectual de Myrthes de Campos". *In*: *Estudos Ibero-Americanos*. Porto Alegre, v. 47, n.º 3, pp. 1-16 (set.-dez. 2021).

VIDAL, Barros. "Myrthes de Campos, a primeira advogada do Brasil". *In*: *Revista da Semana*, v. 40, 1939.

FRANCISCO ACAYABA GÊ DE MONTEZUMA[1]

Mary del Priore[2]

Nas primeiras décadas do século XIX, um personagem importante invadiu a cena urbana e a Corte: o "mulato". A palavra, então, tinha outro sentido: designava "mistura de branco com preto" e é encontrada nos documentos da época sem maiores adjetivações. Como bem explica a historiadora Silvia Lara, ainda que na origem esteja o termo "mulo", animal gerado de duas espécies diferentes, a infâmia atribuída a "esta casta de gente" não advinha da associação com os animais, como repetem erradamente alguns. Mas do "baixo nascimento", da modesta origem familiar. Justamente por designar pessoa de baixa extração e "ínfima condição", o termo foi ganhando, ao longo do tempo, conotações pejorativas de desqualificação. Mulatos e pardos compunham então aproximadamente 42% da população.

Como também elucida a historiadora Hebe Mattos, o termo deixou de ser uma simples designação de cor para designar a evidente emergência de uma população livre de ascendência africana. E, em alguns casos, gente dissociada da escravidão por algumas gerações. Estudos como

[1] Encontra-se a bibliografia de todos os autores citados no meu *À procura: quem são os negros e mestiços que ultrapassaram a barreira do preconceito e marcaram a história do Brasil.* São Paulo: Benvirá, 2021. Na mesma obra, encontra-se parte desse capítulo, que foi modificado para atual publicação.

[2] IHGB, IHGRJ, ACL, APL.

os dos historiadores Peter Eisenberg, Sheila de Castro Faria, Roberto Guedes e, sobretudo, da própria Hebe Mattos revelam que aquilo que hoje entendemos como cor mudava conforme a condição de cada um. Isto é: mudava de acordo com a posição do indivíduo na escala social e, evidentemente, de acordo com a maneira pela qual ele era percebido pela sua comunidade. Quanto mais alto na escala social, mais branco. A historiadora Kátia Mattoso sublinha também que o processo de tais ascensões ainda não foi bem elucidado, mas houve fatores capazes de atenuar antagonismos entre brancos e pretos. Grupos de homens negros tornados socialmente brancos conseguiram subir na sociedade, embora a legislação portuguesa pretendesse em vão impedir tal mobilidade. Segundo Mattoso, vivia-se então numa sociedade aberta, tolerante, de grande capacidade de assimilação. Documentos raramente mencionam a origem racial, social ou confessional dos indivíduos.

Pois, uma das mentes mais iluminadas da primeira metade do século XIX e uma das de maior destaque junto ao poder imperial foi o "mulato" Francisco Gomes Brandão. Nascido em Salvador, a 23 de março de 1794, Francisco era filho de Manuel Gomes Brandão, branco, e Narcisa Teresa de Jesus Barreto, negra, ambos baianos e modestos. Cresceu em Penedo, onde o rio e a cidade foram seu mundo até os 14 anos. Seu pai era comandante de um dos brigues que, no fim do período colonial, fazia a rota entre a Bahia e a costa da África traficando escravos. Segundo o desejo paterno, Francisco deveria se preparar para ser padre. Para isso, a família se instalou em Salvador e, em 1808, ele entrou para o Convento de São Francisco. Naquela época, a carreira eclesiástica ainda funcionava como um chamariz para muitos, pois ao conferir "foros de nobreza", o sacerdócio era sinônimo de prestígio social. E isso tanto para os filhos das mais ricas famílias da Bahia oitocentista quanto para alguns pobres diabos que, valendo-se dos poucos recursos que tinham, se aproveitavam das mais variadas estratégias como forma de ascender socialmente.

Escolha errada! Os métodos de ensino em mau latim e a avalanche de sermões foram suficientes para entediar Francisco. Por falta de vocação, ele abandonou o claustro sete meses depois. Quis assentar praça no

Exército — o que permitia grande mobilidade social —, mas não teve aprovação paterna. Optou, então, pela Escola Médico Cirúrgica, onde passou três anos. Havia exigências para ingressar na recém-fundada instituição: além de uma taxa de 6.400 réis, referente à matrícula, requeria-se que os estudantes não apenas soubessem ler e escrever corretamente, mas que também tivessem conhecimento de latim e francês. Esta é uma pista importante que serve como indicativo de que os estudos de Francisco não estiveram resumidos apenas às primeiras letras, explicou seu biógrafo Sebastião Eugênio Ribeiro de Castro Júnior.

Em 1816, vamos encontrar o jovem Francisco em Lisboa, frequentando hospitais ou a bordo de navios negreiros, pois um médico era figura obrigatória na tripulação. No ano seguinte, estava matriculado nos cursos de Direito e Filosofia da Universidade de Coimbra, onde adquiriu fama de bom aluno, porém muito desordeiro. Era líder de inúmeros acadêmicos brasileiros que seguiam sua personalidade magnética. Foi em Coimbra que ele tomou gosto pelas sociedades políticas secretas, muito comuns na época, fundando a denominada *Keporática* ou dos *Jardineiros*. Suas cores? O verde e o amarelo. Ele seria uma das faces pardas da melhor universidade portuguesa e seu objetivo era receber formação e, posteriormente, ingressar na magistratura ou em cargos de prestígio na administração metropolitana e colonial. Ele apostou no conhecimento, na leitura e na escrita como forma de abrir caminho ao enobrecimento. De forma alguma os estudos eram um atributo limitado apenas "a um punhado de famílias com longas genealogias", ou ainda puramente associado "a sonoros títulos concedidos pelo rei", como sublinhou Castro Júnior. O jovem afro-brasileiro se formou com notas regulares em mérito literário. Mas, graças às suas indisciplinas, ganhou zero em "probidade e prudência". Nada, porém, o impediu de estudar.

Mesmo reconhecendo a face parda de muitos membros dessa elite, pouco ainda sabemos sobre sua presença no interior do grande contingente de brasileiros ali matriculados. Descendentes de africanos frequentaram e deixaram registros da sua presença nas faculdades de Direito, de Medicina e de Teologia, como bem demonstrou a historiadora Lucilene Reginaldo. O problema não era o chamado "defeito de mulatice", mas a contiguidade com a escravidão. Somente filhos de escravos não entravam em escolas e universidades.

Francisco foi contemporâneo da mocidade ilustre: Miguel Calmon Du Pin e Almeida, Cândido José de Araújo Viana, Honório Hermeto Carneiro Leão, José Cesário de Miranda Ribeiro, José Maria Monteiro de Barros, e tantos outros que adquiriram nomeada mais tarde e foram seus aliados ou antagonistas na vida política. Francisco já era o líder inconteste de todos eles, o chefe da colônia brasileira, o "pontífice da troça da cidade universitária". Temiam-no os calouros e os veteranos respeitavam o mais popular estudante de seu tempo. Sabia ser amigo, mas também era combativo, maquiavélico, zombeteiro e cáustico.

Em 1821, ao regressar a Salvador, Francisco mergulhou na política e na guerra da independência. Tinha 27 anos e rebelou-se contra a junta provisória que subordinara a Bahia às cortes de Lisboa. Procurou o vice-governador Manuel Pedro, seu mestre e conselheiro de juventude, e tentou convertê-lo à causa revolucionária para tornar a província independente. Insistiu. Argumentou num diálogo cordial. Nada conseguiu. Num gesto cavalheiresco, Francisco lhe pediu licença "para daquele dia em diante nunca mais o visitar e fazer ao seu governo a oposição que pudesse". E se abraçaram: "despediram-se com sensíveis demonstrações de amizade", contou seu biógrafo. Restituir a Bahia ao Brasil, para que obedecesse ao príncipe regente, passou a ser a maior preocupação de Francisco. Por meio de textos incendiários, ele travou uma batalha enraivecida contra a metrópole. Seu talento como redator abriu-lhe as portas do *Diário Constitucional*, onde chegou empenhado em combater o "monstruoso fratricídio" com palavras como liberdade e autonomia. Apimentava seus textos com a imagem da Bahia vampirizada pelos portugueses. Era preciso defendê-la! Para fechar o ano, passou das palavras aos atos e, em novembro de 1821, participou da conspiração que levou oficiais da guarnição militar a prestar obediência ao governo de d. Pedro I, negando-se a obedecer às ordens de Lisboa.

Em janeiro de 1822, ocorreu a eleição para a presidência da Junta Provisória Governativa da Bahia, encarregada da administração da antiga capitania. Generais ficariam encarregados do governo das armas, em lugar dos antigos governadores. Esse cargo havia sido criado pelas cortes em decreto de setembro de 1821, como forma de restabelecer o controle militar do governo português sobre o Brasil, após o retorno de d. João VI para o Reino. De acordo com o decreto, o encarregado das armas nas províncias responderia unicamente às cortes em Lisboa, sendo independente das juntas provinciais de governo recém-criadas no Brasil. Para o cargo e sem surpresas, venceu o partido independentista.

Prevendo o resultado, as cortes portuguesas enviaram reforço militar a Salvador e substituíram o governador de armas eleito pelo tenente-coronel Inácio Madeira de Melo. A desculpa? Garantir a "pública tranquilidade". Um plano de recolonização do Brasil estava em curso. Francisco e seu grupo atrapalharam a posse de Madeira de Melo, enquanto explodiam sangrentos combates entre portugueses e brasileiros. Perseguido, Montezuma teve que se esconder, mas não interrompeu a publicação do jornal que era o órgão dos patriotas brasileiros. Em finais de agosto, o jornal foi empastelado. Com o agravamento da situação de guerra civil entre a comunidade portuguesa e os baianos, ele se juntou aos fugitivos que seguiram para Cachoeira, São Francisco e Santo Amaro, vilas do Recôncavo Baiano que tinham se declarado a favor do governo do Rio de Janeiro.

Seu papel combativo no *Diário Constitucional* deu-lhe um cargo de vereança. Ocupar um cargo na municipalidade era algo a que somente indivíduos que gozavam de grande prestígio poderiam aspirar. Eram os chamados "homens bons", "os principais da cidade" ou os homens "mais distintos e mais abastados" que nela viviam, para usar as palavras da época. Mas, como bem definiu seu biógrafo, tanto a indicação quanto a escolha de Francisco para integrar um órgão da elite eram um forte indício de que, apesar da origem apagada, nem o nascimento nem o seu modo de vida faziam com que fosse visto como alguém socialmente desqualificado. Era um bom sinal das oportunidades que começavam a surgir para um grupo reduzido de homens "de ação e de talento", mais em função de seu saber e de sua atuação política do que, propriamente, de seu sangue ou suas posses — como bem disse Castro Júnior.

Eleito e empossado, coube a ele ir ao Rio de Janeiro pedir ajuda a d. Pedro para a resistência das vilas do Recôncavo Baiano contra os portugueses. E sempre muito exuberante, despediu-se: "As minhas funções estão terminadas; só me resta, ilustres compatriotas, pedir-vos perdão de minhas faltas, agradecer-vos cordialmente o conceito que vos mereci; Oxalá possa eu desempenhar perante o Imperial trono do PAI da PÁTRIA a comissão de que vou encarregado".

Ao chegar à Corte, viu a cidade se preparando para a coroação de d. Pedro I. Arcos triunfais eram erguidos, ruas eram limpas do entulho e as testadas das casas, pintadas. Um clima eletrizante escondia as tensões políticas. Francisco foi bem acolhido pelo ministro dos Negócios do Império, o então todo-poderoso José Bonifácio de Andrada e Silva, que, observador de suas qualidades, o convidou a fazer parte do Apostolado da Ordem dos Cavaleiros de Santa Cruz, fundado por ele. A sociedade secreta tinha por objetivo defender a integridade do Brasil e lutar por sua independência. Porém, o propósito por baixo do pano era combater o grupo que, se de início havia aceitado a monarquia constitucional como caminho rápido para a separação de Portugal, agora queria a República.

Instalado na Rua da Ajuda, Francisco vivia momentos angustiantes com o boato espalhado pelos portugueses do Rio de Janeiro. Diziam que ele estava foragido por causa da vitória do partido português na Bahia. Traidor ou covarde, nunca! A falsa notícia que o humilhava foi adoçada pelo sucesso que fez na Corte. Recebido pela Câmara Municipal, ali foi aclamado, e depois, seguido pelo povo, se dirigiu ao Paço, onde foi apresentado oficialmente por José Bonifácio à Sua Majestade Imperial. Foram dias de prestígio. Francisco os enfrentou com absoluta naturalidade: jantou na mesa com d. Pedro, em São Cristóvão. E, ainda, do pavilhão nobre assistiu a um exercício das forças comandadas pelo imperador em cujas graças caiu.

O baiano também acompanhou a coroação de perto, pois foi convidado a pegar uma das varas do pálio que cobria d. Pedro, participando das festas que se seguiram. A honraria era dada a poucos. Quando lhe foi oferecido o título de barão da Cachoeira, recusou. Alegou que "um tal despacho me poria em dificuldades na província da Bahia, fazendo-me perder as afeições do partido liberal exaltado: ao mesmo tempo que criaria ciúmes que poderiam entorpecer o entusiasmo patriótico, tão necessário na crise em que estávamos". Foi, porém, condecorado com a Dignitária da Ordem do Cruzeiro, então criada para comemorar a aclamação, sagração e coroação do jovem imperador. De graça? Não. Os agraciados eram obrigados a dar uma joia qualquer, para dotação de uma caixa de piedade, destinada à manutenção dos membros pobres da Ordem ou dos que, por casos fortuitos ou desgraças, caíssem em pobreza.

Ao se despedir de d. Pedro, não escondeu suas ideias e deu-lhe um recado: "nem nos perturbará a demagógica ambição, instabilidade das repúblicas, nem nos definirá a bravura e prepotência das monarquias absolutas". E declarou que o movimento baiano objetivava "uma prudente e bem equilibrada divisão de poderes, guardados a inviolabilidade e mais direitos próprios à Majestade". Tal independência e outras atitudes levaram muitos de seus adversários a considerar Francisco um homem contraditório. Mas a verdade é que ele não cedia a favores, nem fazia agrados aos poderosos. Proclamava sua autonomia. Gostava de dizer: "sou pobre, pouco posso perder".

Em fins de dezembro, voltou a Salvador ainda ocupada pelos portugueses. Levou armamento para a luta, material tipográfico, uma imprensa e instruções para a escolha de deputados à Assembleia Geral Constituinte e Legislativa do recente Império do Brasil. Lançou então o *Independente Constitucional* e, com a verve antiportuguesa, explicou aos leitores sua nova assinatura. Queria ligar o nome português — Francisco — a três sobrenomes ameríndios: um tapuia, Gê, outro tupi, Acayaba, e outro asteca, Montezuma.

Os eventos, porém, se precipitaram. O comandante do chamado Exército Pacificador, Pierre Labatut, cuja meta era deter os conflitos entre brasileiros e portugueses, depois de ter constituído exército disciplinado e de ter vencido a batalha de Pirajá, foi traído por seus homens e feito prisioneiro. A razão? Ele confiscava escravos dos senhores de engenho, prometendo-lhes liberdade se lutassem do lado do Império.

Também atropelava decisões da elite baiana à frente do governo interino. Os poderosos locais se agastavam com a presença do general estrangeiro. E, o agora Montezuma, foi encarregado de voltar ao Rio para explicar tais tensões ao imperador. Ele, que já cruzara o Atlântico, não conhecia o interior do Brasil. Impossibilitado de fazer a viagem por mar, pois a Baía de Todos os Santos estava controlada pela Marinha portuguesa, subiu o rio Pardo, e durante 74 dias percorreu o interior de Minas Gerais. Passou por Ouro Preto e Barbacena até chegar ao Rio de Janeiro. Caminhou uma média de dez léguas por dia.

Montezuma passou tanto tempo na estrada que não soube da prisão de Labatut nem da situação em curso em Salvador cercada pelas forças legalistas. Enquanto peregrinava pelas estradas de Minas, a situação se deteriorou: sem alimentos, as doenças começaram a se disseminar entre a população. Diante do quadro, Madeira de Melo permitiu a saída dos moradores e cerca de dez mil pessoas abandonaram a cidade. Ao se apresentar ao imperador, Montezuma ostentava uniforme militar como miliciano da Cachoeira. Agradecido, d. Pedro lhe concedeu baixa na carreira das armas, prometendo-lhe posto nas milícias.

O desfecho da luta em Salvador se deu na ausência de Montezuma. Lá não ocorreu uma independência na forma de gritos à beira de um riacho. Mas uma luta a ferro e sangue, que deixou centenas de mortos e consagrou a separação de Portugal. Enquanto no dia 2 de julho de 1823, as tropas brasileiras entraram em Salvador, no Rio de Janeiro, Montezuma tomava posse como deputado na Assembleia Geral Constituinte e Legislativa do Império do Brasil, cargo que conquistara com um pequeno número de votos. Missão: realizar a primeira Constituição do país. A ideia era trabalhar para a construção de uma monarquia na qual a nação seria representada pelos deputados. Mas, rapidamente ela se transformou em palco de lutas entre novos interesses e paixões sem freio.

Ele era dos mais jovens deputados. Ativo, enérgico, brigava por suas ideais com ardor. E não recuava frente às opiniões dos mais experientes. Na apresentação do projeto de Constituição redigido pelo temido Antônio Carlos de Andrada, por exemplo, mostrou-se cético quanto à criação de duas universidades. Insistia que seria melhor a fundação de seis bons colégios nas principais cidades do país. A liberdade religiosa era motivo para intermináveis discussões e a adoção de princípios federalistas encontrou nele um defensor.

O problema é que Montezuma manifestava suas opiniões sem cerimônias, fazendo muitos inimigos com sua fala livre. Ainda era habitado pelo espírito do incendiário líder estudantil. Seu temperamento vulcânico inflamava os debates. Quando abria a boca, os colegas eram inundados por um dilúvio de citações e sentenças que sacudiam o teto da Assembleia. Trovejava por horas e, quando seus pulmões se esgotavam, dava gritos de fúria. Chamado à ordem várias vezes, chegou a desafiar seus colegas para duelos, como fez com o deputado Costa Barros. Acabaram medindo forças com palavras. A troca de ameaças era publicada no *Diário do Governo*, para ser acompanhada pela torcida. Não se confrontaram, mas Montezuma era osso duro de roer. Sua audácia misturava coragem com desprezo pelo perigo.

Colegas deputados que se encontravam na constituinte eram em sua grande maioria liberais moderados, reunindo o que havia de melhor e de mais representativo no Brasil. Foram eleitos de maneira indireta e por voto censitário e não pertenciam a partidos, que, aliás, nem existiam no país, como explicou a historiadora Isabel Lustosa. Havia, contudo, facções: os "bonifácios", que eram liderados por José Bonifácio e defendiam a existência de uma monarquia forte, mas constitucional e centralizada para evitar a possibilidade de fragmentação do Império. A dos "portugueses absolutistas", composta não apenas por lusitanos, mas também brasileiros que defendiam uma monarquia absoluta e centralizada que garantisse seus privilégios. E, por último, os "liberais federalistas", que contavam com portugueses e brasileiros e que pregavam uma monarquia meramente figurativa e descentralizada, se possível federal, em conjunto com a manutenção da escravidão. Eles combatiam com veemência os projetos dos "bonifácios", facção da qual Montezuma fazia parte.

Nesse ínterim, talvez para se livrar de sua incorrigível independência na Assembleia, d. Pedro I quis nomear Montezuma corregedor do cível.

Ele recusou, declarando "não ter vocação para o cargo, considerando que a Justiça é imperfeita, que a lei peia o juiz às vezes, e que não lhe agradava a função", como contou Raul Floriano. Até com o imperador ele não fazia cerimônias e deixava claro que sua liberdade não estava à venda.

Rumos políticos levaram os deputados a desejar d. Pedro I como uma figura meramente simbólica e subordinado à assembleia. Esse fato, seguido pela aprovação de um projeto, em 12 de junho de 1823, pelo qual as leis criadas pelo órgão dispensariam a sanção do imperador, levou Pedro I a entrar em choque com a Constituinte. Por trás da disputa entre o imperador e a assembleia havia uma outra, mais profunda, e que foi a real causa de sua dissolução. Desde o início dos trabalhos legislativos, os liberais federalistas tinham como principal intuito derrubar o ministério presidido por José Bonifácio e se vingar pelas perseguições que sofriam por parte dos irmãos Andrada.

A 5 de novembro surgiu o incidente que daria causa à dissolução da assembleia. Um jornalista, acusado de atacar os portugueses, foi surrado por dois militares lusitanos. Tal ofensa contra a liberdade de opinião seria também uma ofensa à nação, insistiam os Andradas. "Punição já!", clamavam os jornais. Na Constituinte, a comissão encarregada de examinar o ocorrido considerou que o caso era da competência do Judiciário, e não do Legislativo. Em reação, Bonifácio bombardeou a casa com discursos inflamados, acusando os deputados de omissão frente a um atentado ao povo. No ar, delírio da gente e dos deputados, Montezuma dentre os mais raivosos. A reação nas ruas foi uma onda de xenofobia antilusitana, com quebra-quebra e gritaria. Os ânimos se acirravam. E d. Pedro, que assistiu às cenas da janela do Paço Imperial, mandou que o Exército se preparasse para um conflito.

O medo da dissolução da Assembleia se instalou. Dizem que Bonifácio teria soprado a Montezuma: "Estou agora arrependido como Judas: eu mesmo fui que lhe disse que a podia dissolver por um decreto quando quisesse". Tarde demais. Na mesma manhã, o ministro Francisco Vilela Barbosa, fardado e de espada à cinta, compareceu à assembleia com uma ameaça: ou os deputados aprovavam medidas para censurar a imprensa e caçavam o mandato dos Andradas, ou as tropas entrariam em ação. Para sensibilizar os deputados, lembrou-lhes que em Portugal um golpe absolutista fora desfechado e tais acontecimentos estavam influindo no ânimo do imperador. De fato, sua mãe, a rainha Carlota Joaquina, e seu irmão, d. Miguel, junto com a nobreza e o clero, negavam-se a obedecer ao Congresso, preferindo o despotismo antigo. Durante suas explicações, o ministro ouviu deputados gritando que d. Pedro fosse declarado "fora da lei". Montezuma foi um deles. Ao saber disso, d. Pedro imediatamente enviou o brigadeiro José Manuel de Morais, afro-mestiço e futuro ministro da Guerra, com um decreto: estava dissolvida a Constituinte.

No mesmo ato, d. Pedro convocava nova Constituinte, que ele próprio apresentaria "duplicadamente mais liberal". Reações? Os deputados que tinham se declarado prontos a enfrentar as baionetas imperiais voltaram para casa com o rabo entre as pernas. Os irmãos Andrada, Montezuma e mais dois deputados foram presos. Num processo sumário, foram considerados culpados. Em um último diálogo entre Antônio Carlos de Andrada e Montezuma, ao avistarem as tropas que vinham prendê-los, Antônio Carlos disse: "Daqui sairemos para onde a força armada nos mandar". Deixaram a Assembleia pela única porta que as tropas deixaram aberta e levados à Fortaleza da Lage. Lá chegaram às onze horas. E Montezuma contou:

> Encarcerado e incomunicável em uma das abóbodas subterrâneas da fortaleza, cuja imundícia de todas as espécies seria impossível descrever, ali começou o martírio particular a que o condenara uma política meticulosa, se não retrógrada, ou ambas as coisas. Até o confinamento, (ele e Bonifácio) seguiram sob as vaias de moleques e os gritos de "Viva o imperador!" e "Morram os anarquistas!".

Segundo Montezuma, foram "generosa e humanamente tratados pelo comandante da fortaleza da Laje". Deixou até que matassem um galo, que foi cozido numa marmita e comido com farinha. Mas o bom tratamento não durou. Embarcaram. Logo depois da saída em mar alto, Montezuma ouviu propostas de um oficial ao comandante, para que aportassem em algum lugar onde os deportados pudessem ser postos a ferro. O destino era Bordéus, na França, mas, por conta de uma tempestade ou de conspirações, acabaram chegando ao porto de Vigo, na Espanha. Ali ficaram sabendo que havia "reclamações" do governo português contra eles. Para mantê-los prisioneiros, as autoridades recolheram o leme da embarcação e a lancha que poderia levá-los à terra. Montezuma tentou escapar e ir às escondidas a Madri, em busca de uma solução. Em vão. Foi graças à intervenção do cônsul inglês que o grupo de exilados conseguiu sensibilizar as autoridades espanholas permitindo-lhes atravessar a Espanha até a fronteira com a França.

Depois de várias peripécias pelo interior da Espanha, Montezuma alcançou a fronteira em Baiona, na França, onde se uniu à esposa. Ele tinha se casado com Mariana Angélica de Toledo Marcondes, de tradicional família de Taubaté, na igreja da Candelária, a 7 de outubro de 1823, meses antes de ser expulso do Brasil. Segundo contou, foi um "mau agourado casamento, que começou com a morte do primeiro filho ainda na barriga da mãe". Juntos prosseguiram até Orleans, onde se instalaram.

Montezuma foi várias vezes a Paris para encontrar seu conterrâneo Domingos Borges de Barros, que, como ele, também era ex-aluno de Coimbra. Além de poeta e escritor, era advogado e, na qualidade de diplomata, tratava com o rei Carlos X da França o reconhecimento da independência do Brasil. Não fosse a mesma cor de pele, tudo afastava os dois homens. Borges de Barros era grande senhor de engenho, respeitadíssimo em Salvador, com carreira bem-sucedida na França, abolicionista e futuro visconde de Pedra Branca, maliciosamente apelidado por Bonifácio de "Pedra Parda". Borges de Barros era homem do imperador, logo, um inimigo. Tais encontros nada renderam para Montezuma, que deles saiu fazendo denúncias. Passou a delatar calotes e outras irregularidades cometidas por funcionários portugueses a serviço do Brasil, sugerindo que enviassem para o exterior gente "sem pecha". A expressão referia-se a quem tivesse méritos e não gozasse de favores — um dardo envenenado na direção do inatacável Borges de Barros.

Diferente de Bonifácio, que se limitava a fazer poesias e insultar d. Pedro I de longe, Montezuma aproveitou o exílio para se aprimorar.

Em 1828, conseguiu o passaporte para Londres, onde, segundo Hélio Vianna, estudou ciências naturais, medicina e aprimorou o Direito. Frequentou o júri e assistiu a audiências. Entre Birmingham e Liverpool percorreu minas e fábricas. Conheceu também as principais cidades da Escócia e da Irlanda. Inquieto, circulou entre a Bélgica e a Holanda. Nessas deambulações, tudo aprendia e observava. Na Inglaterra, nasceram-lhe dois filhos, que mais tarde serviriam à Marinha inglesa. Na Europa, não abandonou seu interesse por sociedades secretas, ligando-se tanto à maçonaria francesa quanto a uma tentativa de reconstituição da medieval Ordem dos Templários, onde foi recebido como cavaleiro. Ele sabia que tais redes lhe podiam ser extremamente úteis. Contatos, amizades, informações, solidariedade, tudo se encontrava nesses grupos.

No ano de 1830, começou a segunda legislatura da Câmara, e os deputados liberais e d. Pedro I começaram a se arranhar. Medidas governamentais eram duramente criticadas. O imperador era acusado de "português". A emissão de dinheiro e a circulação de moedas falsas de cobre, além de aumentar a inflação, atingiam de perto as camadas mais pobres. Acirravam-se as tensões entre boa parte de brasileiros e comerciantes, a maioria deles portugueses, o que aumentava o antilusitanismo. Havia forte temor de uma reunificação do Brasil com Portugal. O uso do Poder Moderador foi um dos aspectos que tornaram o Primeiro Reinado um turbilhão de crises políticas. Com esse poder, d. Pedro I podia nomear cargos políticos vitalícios, apoiando-se em primícias do absolutismo monárquico. Irritava, assim, a oposição liberal, que lhe fazia frente tanto na atividade política direta quando por meio da imprensa.

Ao mesmo tempo, o Exército imperial sofria, sufocando revoltas e lutando em batalhas das quais se retirava humilhado. Foi o caso daquelas travadas na Guerra da Cisplatina, em que o Uruguai, com a ajuda da Argentina, sairia vitorioso e independente —, o que acabava por engrossar a crise do Primeiro Reinado. Somou-se a isso a terrível crise financeira de 1829, causando a desvalorização da moeda nacional e o fechamento do Banco do Brasil. Em abril de 1831, sem conseguir dar soluções aos problemas, d. Pedro I abdicou em favor de seu filho

Pedro II. Partiu para Portugal levando a segunda esposa, a princesa Amélia de Leuchtemberg. Nos primeiros meses do mesmo ano, Montezuma voltou ao Brasil.

Embora ausente por oito anos, em maio de 1831 Montezuma foi lembrado e eleito para a Assembleia Geral Constituinte. Deu início às suas atividades como advogado e logo teve sucesso. Na política passou a ocupar lugar de destaque. Restavam apenas dois partidos, o conservador e o liberal, mais movidos por interesses particulares do que por ideias políticas. No Rio Grande do Sul, explodiu a Revolta Farroupilha. No Pará, na Bahia e Maranhão, repetiam-se sedições que foram sufocadas. A Regência do Padre Feijó cedeu à de Pedro de Araújo Lima, que montou um gabinete conservador. Boa oportunidade para estar na oposição. Montezuma se tornou o primeiro deputado da história brasileira a lutar contra o tráfico negreiro. Confiava na sua eloquência parlamentar para defender com ardor um movimento abolicionista, mesmo que isso fosse considerado ilegal. Aplicava as lições aprendidas entre ingleses e franceses antiescravistas. Ele tinha a visão de um homem de Estado, mas continuava estranho a partidos.

Lutava só e, por seu espírito independente, não se afiliou aos chamados "moderados", mas, temporariamente, aos opositores, chamados de "exaltados" ou "jurujubas", que esperavam uma real democratização do processo político. O ambiente era ideal para os que desejavam um golpe que permitisse instalar uma República. Os debates acabavam com insultos pessoais cruzando os ares. Num campo minado, as conspirações se multiplicavam. O povo ansiava por um governo que restabelecesse a tranquilidade pública. Nos bastidores, tramava-se instalar a princesa Januária, filha mais velha do imperador d. Pedro I no trono, atropelando o jovem d. Pedro II. Gazetas e impressos agitavam corações e mentes. Artigos assinados por oficiais de média patente, lavradores, profissionais liberais, membros do clero, camadas urbanas pobres com seus homens negros, pardos e brancos colaboravam para uma cena incendiária. Manifestos coletivos, associações, clubes mostravam que havia projetos muito diferenciados para a nação, relatam as historiadoras Ana Luiza Martins e Tania de Luca.

A vitória dos liberais moderados, com Padre Feijó e Bernardo de Vasconcellos à frente, foi a derrota dos exaltados. Ambos os estadistas acreditavam que tinham que resguardar o trono para manter a unidade nacional. E a manutenção da monarquia e o reconhecimento de d. Pedro II como imperador foi a forma de controlar a situação. Vivia-se, de novo, a transformação dentro do caminho ordeiro, o preferido da elite que conduzia e conduziria as mudanças políticas. Em cada província, os grupos de poder compartilharam monopólios de tributação, de legislação e de coerção em nome da unidade do Brasil.

Durante este período, as arruaças dominaram o Rio de Janeiro e as revoltas se sucediam. Não contra o imperador ou contra a monarquia, mas contra a política regencial. Os governantes não se entendiam. Para resolver tal situação, Padre Feijó foi nomeado ministro da Justiça, cargo que aceitou apenas após ter recebido "carta branca" da Assembleia. O objetivo? Restabelecer a ordem. Se de fato conseguiu alguma vitória sobre os movimentos sediciosos no Rio de Janeiro, não conseguiu controlar a situação de insatisfação política que fez pipocar revoltas por várias províncias.

Montezuma recebeu e recusou o convite para ser o então ministro da Fazenda. Parecia estar mais à vontade nas querelas da Assembleia. Mudou de lado e aproximou-se dos caramurus, grupo político composto por comerciantes portugueses e militares, entre os quais figuravam os Andrada, já de volta do exílio. Eles queriam o retorno de d. Pedro I, duque de Bragança, até então lutando pelo trono de sua filha em Portugal. Montezuma fugiu, porém, da Sociedade Militar que congregava restauradores e que pretendia armá-los para uma luta civil. Certamente, não imaginavam que, em Portugal, d. Pedro I ironizava: "Esses que se lembram no Brasil do meu nome para fazer outra bernarda [revolução] são bem asnos!".

Na Câmara, entre vitupérios e discursos, Montezuma nadava como peixe na água: opôs-se ao pagamento da dívida externa, malhou o tráfico de africanos e propôs a criação de um banco nacional, necessário desde que d. João VI liquidou o Banco do Brasil. Fez oposição ao Padre Feijó, que se esforçava por manter a ordem na Corte.

Votou contra o proposto banimento do ex-imperador que o havia deportado. Quando a maioria tinha abandonado a família Bragança, teve coragem de defender o direito da imperatriz Amélia de receber dotação, o que foi negado por outros deputados. Mas, sempre independente, não se acanhou em pedir as contas do dinheiro enviado a Londres para d. Pedro I — 800 contos, via o banqueiro Samuel Phillips Impressionado, o embaixador francês, Edouard Pontois, cravou na correspondência diplomática: "o mulato" Montezuma "abraçou o partido caramuru e por muito tempo nos tribunais, nos clubes ou nas lojas maçônicas foi o principal orador". Parecia-lhe contraditório que alguém exilado pelo imperador lutasse pelo seu retorno. Mas o baiano não guardava ressentimentos. E também não recuava e investia contra os intocáveis, como quando denunciou o filho do brigadeiro Francisco de Lima e Silva, que matou com um golpe de espada um jornalista numa taberna do Largo da Carioca. Sabia como ninguém soprar, arranhar e morder.

Em tempos tão agitados, ressurgiu o publicista. Folhetos e periódicos caramurus redigidos entre 1831 e 1833 saíram de sua pena. Os títulos sempre chamativos: "Um brasileiro amante de sua pátria" ou "Os crimes da administração atual". Ele se dizia a encarnação do "verdadeiro brasileiro", amigo da liberdade, embora transitasse entre muitos comerciantes portugueses, caramurus como ele.

Além de escrever, tomava conta do púlpito. Seus discursos combativos eram motivo de críticas. O número de setembro de 1831 de *O Americano — Jornal Político e Literário*, por exemplo, ironizava suas falas de "duas horas e dez minutos", tempo que a Câmara poderia "aproveitar em trabalhos úteis", mas em que só se ouviam "termos acres e disposições vazias de interesse". Os insultos ao ministro da Fazenda eram vistos como exemplos de "falta de delicadeza e disparates". Ele não teria "decência parlamentar" e, se não houvesse oposição, suas opiniões já teriam levado aos "horrores de uma guerra civil".

Afora as condenações à sua atuação agressiva, foi perseguido por antigos aliados moderados e exaltados. Era então chamado de "o corsário Acayaba", "Montezurra", "chefe do partido restaurador", "eunuco do serralho da Boa Vista" — o chefe sendo o amigo Bonifácio. Agiu no violento jornalismo da época através de *O Catão* e *O Ipiranga.*

Vale lembrar que esse foi um momento importantíssimo para a chamada "imprensa mulata", que buscou ajustar os debates do dia a dia político à grande questão: como adequar a nação brasileira a um corpo de cidadãos desigual? Sim, pois os cidadãos negros livres sofriam com a ambiguidade de sua condição: livres, mas pretos. Muitas vezes eram confundidos com cativos, estando sujeitos a toda forma de arbitrariedade. Apesar de terem seus direitos reconhecidos pela Constituição outorgada em 1824 pelo imperador, mais lutavam pelo apagamento da cor da pele do que pela exaltação racial do mulato, como demonstrou a historiadora Hebe Mattos. Acreditaram que a liberdade aplacaria as diferenças.

Pipocavam os jornais. Surgiram *O Exaltado*, *O Homem de Cor*, *O filho da Terra*, *O Brasileiro pardo*, *O Cabrito* entre outros títulos que privilegiavam a cor em suas páginas. Segundo eles, o "mestiço" era o símbolo da identidade brasileira. Propunham a integração e a valorização desse elemento na "construção de um ideal de povo cidadão em oposição ao domínio estrangeiro" — ao português, como enfatizava *O Carioca*. Mas ser mulato era mais do que ser mestiço, e apresentar-se como jornalista tinha um sentido político espantoso. Daí que o espaço destes periódicos era usado para lutar contra discriminações. Em todos eles, os assuntos tratados eram a questão da liberdade, da igualdade e da cidadania. Esses pontos norteavam a discussão política, embasavam as propostas de um trato responsável da coisa pública e visavam a federação como forma para se gerir melhor o poder indivisível do povo, explica a historiadora Gladys Sabina.

Já a historiadora Ivana Stolze Lima sublinha outras questões: havia, sim, disputas políticas em torno dos termos raciais e seus significados políticos na construção da imagem ideal dos cidadãos do Império. Todos de acordo? Não. Pois o mulato prestigiado não seria qualquer um. E, sim, aquele liberal, cristão, amigo da ordem, podendo ser militar ou funcionário público. Jamais próximo do escravo. O liberalismo que encarnavam os tornava defensores do direito da propriedade. E o escravo era uma propriedade. Não por acaso, eles tinham os seus. Segundo a historiadora Christiane Laidler de Souza, esses homens formavam um grupo específico, inferior aos brancos livres, mas nem a cor nem o sentido de liberdade lhes dava coesão. Apenas os unia a desejada distância do cativeiro. E tudo indica ser essa a posição de Montezuma.

Desde o seu retorno ao Brasil, além de participar da Assembleia e escrever para jornais, Montezuma voltou a frequentar a maçonaria. Já era seu velho conhecido e sabia que os ideais maçônicos eram diversificados, embora houvesse a meta comum da luta pelo progresso e a valorização da racionalidade. Nos anos 1830, assistiu-se ao crescimento considerável das maçonarias, e somente no Rio de Janeiro existiam cinco delas, informa o historiador Marco Morel. Uma das mais influentes era o Supremo Conselho do Brasil, nome do centro situado no Largo da Ajuda e criado por Montezuma. Durante o exílio, ele tentou, em vão, receber o reconhecimento do Grande Oriente da França. Não o obteve, mas, em compensação, recebeu o aval do Conselho Supremo da Bélgica, que tinha visitado no exílio. Ao lado de Montezuma, dois outros personagens: Candido Japi-Assú e José Pereira Pinto. Tal grupo chamado também de Grande Oriente ou Grande Loja Central seguia o Rito Escocês Antigo e Aceito, explica Morel.

Indiciado durante a Regência como partidário do despotismo e do retorno de d. Pedro, Montezuma faria na Maçonaria uma homenagem à memória do "irmão LaFayette" quando de seu falecimento, em 1834. Conhecido como "herói dos dois mundos", por ter participado da Revolução Francesa e da guerra de Independência Americana, o político francês era tão contraditório quanto o baiano: impediu a fuga de Luís XVI, mas mandou as tropas dispararem contra os manifestantes. Lutou pela república dos Estados Unidos, mas discordava dos republicanos franceses a ponto de ter que fugir para a Holanda. Defendia a monarquia constitucional, mas participou da Terceira Revolução que depôs Carlos X. O ponto comum? Além de maçom e político, fundador da Sociedade dos Amigos dos Negros, LaFayette era um fervente abolicionista, como se tornou Montezuma.

De acordo com o pasquim *O Sete de Abril,* Montezuma foi acusado de estar abusando da maçonaria brasileira e de poderes que dizia lhe terem sido conferidos em Paris e na Bélgica, intitulando-se "Soberano e Grande Inspetor Geral do último grau, Muito Poderoso Soberano Grande Comendador e seu Fundador do Império do Brasil". O jornal o acusava de introduzir confusão e hábitos exóticos nas lojas brasileiras, presidindo sessões em grande uniforme escarlate e imensa coroa de folhas de flandres na cabeça. Há acusações de que teria facilitado, graças a contatos na instituição, a fuga espetacular de Bento Gonçalves, líder da Revolução Farroupilha, que escapou por entre as grades do forte de São Marcelo, dos mais bem guardados do Império. Só mesmo o controvertido Montezuma para ajudar o irmão maçom e liberal a voltar para casa. Apesar de sua intensa atividade como maçom, após tempestuosa disputa interna, acabaria expulso, em 5 de agosto de 1835, do Supremo Conselho que ajudou a criar. A acusação era a de que ele se aproveitava da maçonaria para obter cargos públicos importantes. Foi substituído pelo companheiro de Assembleia Constituinte e exílio Antônio Carlos, irmão de Bonifácio. Esses homens pretensamente unidos contra o despotismo não tinham indulgência uns com os outros. Talvez porque se conhecessem bem demais. Ou porque pertencessem a um meio seleto ou simplesmente porque suas relações se limitassem a um jogo de poder.

Entretempos, e muito temeroso da anarquia que as revoltas regenciais tinham acendido, Montezuma aproveitava para defender a Constituição, atacando o regime republicano implantado nos Estados Unidos e lembrando que, no "nosso regime, os direitos do homem em sociedade eram muito mais respeitados". Segundo ele, a monarquia constitucional "fundada no eterno Princípio da Igualdade perante a Lei" era o regime que oferecia "maiores garantias aos cidadãos", sempre desejosos de se verem livres de "odiosas divisões". Ele, sempre tão explosivo, agora defendia a moderação com unhas e dentes. Num livrinho que publicou, intitulado *A liberdade das repúblicas*, esclarecia os cidadãos sobre as delicadas relações entre o "Princípio Conservador da Liberdade" e as ideias de "ordem" e "tranquilidade do Estado". Logo na página três de seu livro, ele exibe especial preocupação com as classes menos favorecidas:

> As monarquias bem constituídas são os governos mais liberais e protetores, particularmente das classes pobres e industriosas, e menos sujeitos a preconceitos contra a igualdade natural dos homens, do que as repúblicas, onde não só se acreditam e tomam substância as distinções sociais, como os preconceitos de classe são menos generosos, completamente intolerantes e atrozes.

Alegava que nos Estados Unidos, como "em nenhuma outra parte", havia distinções das "mais caprichosas e sensíveis". Distinções que contrariavam a Declaração de Independência americana, segundo a qual todos os homens haviam sido criados em igualdade e "dotados pelo Criador de certos direitos inalienáveis, entre os quais figuram a vida, a liberdade e a busca da felicidade". Mas os tais direitos não eram para todos. A distância entre a República e seus cidadãos republicanos podia ser imensa. E botava o dedo na ferida: em vários estados da Federação, somente os "brancos" podiam tornar-se "eleitores e membros do Corpo Legislativo". Na Virgínia, se qualificava quem devia "ser considerado homem de cor, declarando-se que o é todo aquele de quem se provar descender até o quarto grau de preto ou preta". Denunciava casos de homens e mulheres "negros" que, ao parar nos tribunais, eram julgados sem a presença de um júri!

Segundo Montezuma, em muitas regiões não se permitia "à gente de cor", mesmo quando "livre e bem-educada", comer com os "brancos" em locais como as casas de pasto, por exemplo. A lista de constrangimentos era interminável. E, aos olhos de muitos brasileiros negros e pardos livres, tal realidade deveria beirar o absurdo. Afinal de contas, a Constituição imperial não comportava nenhum critério de base étnico-racial que diferenciasse os descendentes de africanos de qualquer outro cidadão. Ainda que os negros e mestiços já libertos não pudessem ter acesso aos chamados "direitos políticos", não havia nenhum impedimento para que seus filhos e netos viessem a desfrutá-los caso possuíssem renda para tanto. Como bem sublinhou o historiador Castro Júnior, Montezuma pretendia demonstrar que os regimes então ditos republicanos davam espaço às "distinções sociais", "intolerantes" e "atrozes". Sem usar a palavra que então não existia, ele acusava os Estados Unidos de racismo.

Esse foi um dos muitos argumentos que Montezuma usou para combater as hierarquias de cor entre a população livre do Império. Julgava-as intoleráveis. Argumentava, porém, como alguém instalado na elite. Elite constituída por um pequeno círculo de poder composto por indivíduos que não apenas se viam como "brancos", mas que também eram enxergados como tais pelo sucesso que tinham alcançado. Montezuma acreditava que a Monarquia Constitucional e a meritocracia podiam se dar as mãos no caminho de um império sereno e cidadão para todos. Menos para os escravos, que aliás, possuía.

Entre 1837 e 1840, durante a Regência de Feijó, indicado como ministro da Justiça e dos Negócios do Interior, Montezuma fez muito. Frente à tremenda revolta que rebentara no Rio Grande do Sul, empregou esforços e ofereceu anistia aos farroupilhas — afinal, conhecia bem Bento Gonçalves. Policiou, dentro da lei, os atos dos foragidos da luta armada no Rio Grande do Sul. Seu objetivo: restabelecer a tranquilidade pública e arrancar a semente revolucionária que parecia enraizada. Enfrentou eficiente oposição parlamentar, onde tempestuosos debates perturbavam as sessões. Ouviu insultos e injúrias pessoais. Estabeleceu a detenção por três dias das embarcações portuguesas, para vistoriá-las e impedi-las de traficarem escravos. Trabalhou ativamente, dando ordens e ditando normas ao juiz desembargador chefe de polícia, mandando apurar queixas que lhe chegassem até mesmo nos domingos, dias santos e de galas. E avisava: deviam ser entregues "na casa de minha residência na Rua do Rio Comprido".

Atento à mobilidade social dos libertos, cuidou da fixação de um salário mínimo quando continuassem trabalhando para os seus ex-senhores. Mas o homem e o jurista se revelaram genuinamente, quando mandou processar certa d. Umbelina, moradora na rua dos Arcos, e todos aqueles que maltratassem escravos; quando proibiu os juízes de paz de açoitarem escravos contra os quais não havia sentenças passadas. Ao mesmo tempo, denunciava violentamente o "vício ou insuficiência da legislação" nos processos que envolviam cativos.

Padre Feijó renunciou à Regência e foi substituído por Araújo Lima. Os anos seguintes foram ingratos para Montezuma. Não se reelegeu para o triênio 1834-1837, mas, de 1838 a 1841, integrou a oposição do novo partido liberal à regência conservadora de Araújo Lima e se empenhou num novo momento político: o da campanha pela maioridade de d. Pedro II.

O povo andava inquieto e insatisfeito. A autoridade do regente era contestada. No Parlamento, gritaria de deputados. Nas ruas, os artigos de jornais assustavam os espíritos. Nascia a sedutora ideia de declarar imediatamente a maioridade de d. Pedro II. O Partido Liberal abraçou a causa. O projeto se alastrou pelo país, conquistando corações e mentes. Fundaram-se associações. Em 1840, foi criada a Sociedade Promotora da Maioridade, que tinha Montezuma como um dos seus fundadores e que logo passou a se chamar Clube da Maioridade. A primeira reunião da sociedade ocorreu na casa do jornalista e escritor José de Alencar. Seus membros eram todos progressistas, em oposição aos que estavam no governo, os regressistas. Com esse título, a campanha ganhou a Câmara e o Senado. Buscavam-se intermediários que pudessem se comunicar com o jovem d. Pedro.

Na Câmara dos Deputados, Montezuma se envolveu com debates em tão alta voltagem que beiravam a violência física. Não abandonava a tribuna, cuspindo violentos discursos em favor da maioridade. E via nas ruas e praças vizinhas do prédio ondas de gente dando vivas à ideia. A proposta do Senado era de que no dia do aniversário de 15 anos do jovem imperador, 2 de dezembro, se lhe entregassem o governo. Mas o clima dentro da Assembleia e os populares pelas ruas não queriam adiar nada. Votou-se a proclamação imediata da maioridade e foi enviado ao palácio de São Cristóvão uma deputação encarregada de lhe solicitar que assumisse suas funções. Perguntado se aceitaria, o jovem respondeu: "Quero já!". No dia 23 de julho de 1840, d. Pedro II prestou juramento e assumiu o governo. Saudações populares explodiram dentro e fora do Paço do Senado. Começava uma nova fase e era o fim das Regências. Durante três dias e três noites multiplicaram-se estrondosas festas públicas e particulares, *te-déuns* nas igrejas, iluminações brilhantes, passeatas do povo acompanhadas de música. O príncipe moço, antes mesmo de reinar, já era adorado.

Ao mesmo tempo que agitava o Clube da Maioridade, Montezuma se envolveu com a fundação do Instituto Histórico e Geográfico Brasileiro (IHGB), uma verdadeira "ilha de letrados de elite". A elite era composta por um grupo moderado, que apostava na monarquia constitucional como forma de governo, tinha horror da anarquia e da fragmentação do país ou do retorno ao absolutismo. Seu liberalismo era uma mistura de modernismo burguês com democracia. Ali, Montezuma brilhava numa pequena corte que, inspirada no Romantismo alemão, buscava pensar a identidade nacional. Seus membros se dedicavam a criar uma história que exaltasse a pátria, que educasse através de exemplos do passado e que garantisse que no Brasil se formasse uma nação no caminho do progresso e da civilização. Para além das boas intenções, havia também o interesse em preservar a grande propriedade, o voto censitário, o padroado e a abolição da escravidão, que, quando tratada nos artigos da revista do Instituto, se mostrava "evolutiva". Nada de rupturas.

Membro muito ativo do Clube da Maioridade, em 1837, Montezuma ganhou como recompensa o cargo de ministro Plenipotenciário do Brasil na Inglaterra, que exerceu por nove meses. Só o deixou por discordâncias com o poderoso titular da pasta dos Negócios Estrangeiros, Aureliano de Souza Coutinho, conservador que tinha a estima e a confiança de d. Pedro II. As tensões entre os dois políticos tinham antecedentes. Montezuma fora escolhido para saudar o jovem imperador na Câmara quando de sua primeira visita à casa. Não mostrou seu discurso a ninguém e... Ele era quem era. E, por isso, em vez de saudar o imperador, preferiu criticar de forma deselegante e desbocada o governo da Regência conservadora que findava. A tal "oração" de congratulatória virou acusatória! Um escândalo. Deputados melindrados contiveram-se para não lavrar protestos contra o abuso. Choveram reclamações. Aureliano era um dos atingidos e dos mais ressentidos.

Segundo seu biógrafo, enquanto esteve em Londres, foi prestigiado pelo primeiro-ministro Lord Palmerston e pelo príncipe consorte,

Alberto. Não se sabe se teria sido empurrado para lá por seu colega de exílio Antônio Carlos de Andrada, que, depois de passar de conservador a liberal, tornou-se ministro do Império num gabinete onde encontrou todo o tipo de críticas. Reza a lenda que Montezuma encaminhou com extrema habilidade as questões do pagamento da dívida pública do Brasil, consolidou novos tratados comerciais, negociou a questão de fronteiras com a Guiana, apoiou a repressão inglesa ao tráfico de africanos para o Brasil, entre outras atividades. Afinal, sabemos o quanto era irrequieto e curioso.

De volta ao Brasil, abandonou o partido liberal e passou a agir de forma totalmente independente. Na política, eram tempos difíceis. As eleições eram marcadas pela presença de grupos armados, dirigidos por policiais disfarçados, que quebravam urnas, rasgavam cédulas e afugentavam votantes. A luta entre liberais e conservadores estava cada vez mais renhida. Apesar da estabilidade da monarquia, a instabilidade ministerial era assustadora. Revezaram-se à frente do Executivo 37 gabinetes, constatando-se permanência média no poder de pouco mais de um ano para cada uma das formações governamentais. Mais uma vez, Montezuma soube escolher seu caminho.

O exercício da advocacia passou a lhe ocupar, lustrando-lhe mais o nome. Em junho de 1843, colocou de pé a ideia que alimentava há muito: uma associação que congregasse advogados. Nascia o Instituto dos Advogados do Brasil (IAB), com sede na rua do Cano. Tinha um programa: colaborar com o governo e o Poder Legislativo, reformar o código criminal, elaborar um outro, comercial. Mas, sobretudo, formular projetos para o país. O artigo segundo dos estatutos do Instituto preconizava como um dos seus prioritários objetivos a criação do capítulo brasileiro da Ordem dos Advogados. Mas, enquanto para entrar no Instituto exigia-se a formação acadêmica, a Ordem dos Advogados, a quem efetivamente incumbiria dar o aval para o exercício da profissão, sofreu uma grande oposição dos "práticos" do Direito: os chamados "rábulas", também identificados mais tarde como "Provisionados", pessoas que sem o diploma universitário mas tendo conhecimentos, recebiam uma "Provisão", autorizando-os a advogarem. Em

1850, Montezuma como presidente do IAB tentou passar um projeto aprovando a futura OAB. Ele foi aprovado no Senado, mas a Câmara dos Deputados vetou. Razões? Não se sabe. Exerceu a presidência do IAB de 1843 até 1850, quando renunciou por considerar incompatíveis esta função com o posto de conselheiro de Estado. Manteve-se, porém, como presidente de honra do Instituto.

Montezuma não conseguiu se manter fora da política. Voltou em 1847 à Assembleia Provincial fluminense, onde saiu no tapa com um brigadeiro, seu desafeto. A partir de 1848, começou a tentar uma indicação para o Senado, pois, da lista tríplice de indicados, o imperador d. Pedro II escolhia um. Dirigiu ao imperador um dossiê apresentando seus feitos e realizações. E sobre sua indicação para o Senado pela Bahia, Hélio Vianna reproduz uma deliciosa anedota:

> [Montezuma] morava numa magnífica casa com grande chácara no Rio Comprido, na Rua Malvino Reis, uma bela residência. O imperador ouviu falar muito da casa do visconde e uma vez indo Montezuma ao Paço, d. Pedro disse-lhe que ouvira falar de sua "bela residência". Com o desembaraço habitual, Montezuma teria lhe respondido:
> "Vá, Vossa Majestade, lá almoçar e poderá ver que, se não é digna de receber Vossa Majestade, é, entretanto, confortável para um homem como eu."
> O imperador aceitou o convite e no dia marcado foi almoçar. Na mesa, ao longo da conversa, d. Pedro perguntou-lhe:
> "O sr. é fatalista?"
> Resposta: "Sem dúvida, e tenho motivos para o ser".
> "Quais são?"
> "Olhe, a primeira vez que meu nome veio a Vossa Majestade para ser senador, ao voltar do sertão da Bahia, onde fui pleitear a eleição num sítio próximo da capital, o cavalo em que montava tropeçou e eu caí. V.M. não me escolheu. Pela segunda vez deu-se o mesmo fato, e V.M. ainda desta não escolheu meu nome. Pela terceira vez deram-se as mesmas ocorrências e V.M. me escolheu."

"Mas onde está a fatalidade?", perguntou o imperador.

"É que V.M. havia de me escolher, quer quisesse, quer não."

Para ocupar o Senado, renunciou à presidência do IAB e tornou-se cada vez mais autônomo. Foram esses anos importantes para o político que, desde 1831, lutava pelo fim do tráfico de escravos. Enquanto, graças ao Poder Moderador, d. Pedro II manobrava a elite agrária, foi votada em 1850 a lei do senador e ministro Eusébio de Queirós proibindo o tráfico. Sempre ativo, em 1865 Montezuma apresentou vários projetos para a extinção gradual da escravidão e no mesmo ano traduziu e dedicou ao clero brasileiro uma *Carta do Bispo de Orleans à sua diocese,* sobre o mesmo tema. Em 1871, foi aprovada uma proposta do senador visconde do Rio Branco que declarava livres todos os filhos de escravas nascidos a partir de então. E em 1885 entrou em vigor uma lei sugerida pelo senador José Antônio Saraiva, concedendo a alforria a todos os cativos com mais de 60 anos. As normas entraram para a história como Lei Eusébio de Queirós, Lei do Ventre Livre e Lei dos Sexagenários.

Montezuma também publicou trabalhos econômicos e sobre finanças. Estudava e trabalhava incansavelmente em sua seleta biblioteca de 4.250 volumes, só saindo dela para tomar o cupê ou a vitória para ir ao Senado ou visitar um amigo. Às vezes fugia para sua casa de veraneio, no Alto da Boa Vista, onde se isolava totalmente, "mas gozando um bom clima, tomando meus banhos de Capacival, deitando-me cedo, e somente saindo deste retiro e pacífico modo de vida para satisfazer meus deveres de conselheiro de Estado". contava.

Segundo Hélio Vianna, em 1854, d. Pedro II resolveu distribuir títulos a todos os conselheiros de Estado. Deu a Montezuma o de visconde de Jequitinhonha, com honras de Grande do Império e conselheiro de Estado. Não faltou quem visse malícia na escolha do nome do rio, que em língua indígena quer dizer "folha fedorenta". Seu brasão trazia os signos da mestiçagem: a Cruz de Santo André, um índio nu apoiado num tacape, uma mangueira e três cabeças de leopardo africano. Seu papel de carta usava brasão mais simples: cinco flores-de-lis e uma sereia com um espelho na mão. Iemanjá? Machado de Assis, que o conheceu, assim o descreveu no outono da vida: “Um dia vi ali aparecer um homem alto, suíças e bigodes brancos cumpridos (...) um tipo de velhice robusta”.

Contou um contemporâneo que Montezuma amava estar sob holofotes e na mira de comentários. Quando era um pouco esquecido, escrevia ele mesmo artigos anônimos em que fazia acusações contra sua pessoa para, no dia seguinte, o visconde de Jequitinhonha poder responder. Convalescente de uma doença, fez um amigo mandar rezar um *te-déum* com grande pompa na igreja de São Francisco de Paula pelo seu restabelecimento. Mas não sem antes, para ter a igreja lotada, mandar avisar a todo mundo. Homem de gênio arrebatado nas discussões parlamentares, falava sem pensar e, por mudar de ideias ao sabor das circunstâncias, teria feito o marquês do Paraná exclamar: “esse preto não se vende, aluga-se!”.

Sobre suas mulheres, conta-nos Hélio Vianna que com a primeira, Mariana Angélica, falecida aos 29 anos, teve seis filhos, e há indicações de que não a tratou como merecia, apesar de ter publicado em sua homenagem, em 1828, o *Ditirambo poético*. Enfrentaram juntos o exílio. Depois de enviuvar, casou-se novamente, e dizia-se que a segunda esposa lhe infernizou a vida. Montezuma apontava seu retrato e dizia: “Esta era um demônio, o diabo a levou. Aquela [apontando para a primeira] era um anjo, Deus a levou”. Divorciou-se da segunda, que o adorava e que, certa feita, enviou-lhe por um escravo um vistoso pão de ló, em bandeja de prata. Não teve dúvidas: arrebatou-lhe a bandeja, dizendo que ela lhe pertencia e mandou entregar o pão de ló na casa de um desafeto, o senador Chichorro da Gama, ironizando: “Assim me vejo livre de ambos; do Chichorro, que é possível, se ao comer do pão de ló seja envenenado; e da viscondessa, que terá que responder pelo crime!”. Entre os dois casamentos, viveu em ligação consensual com Ângela Rosa da Conceição, que lhe deu mais um filho.

D. Pedro o tinha como um de seus mais notáveis conselheiros, como atestam as anotações feitas pelo imperador no decorrer das sessões do Conselho de Estado. Como diria sobre ele Machado de Assis: foi com sua “feição particular, metade militante, metade triunfante, um pouco de homem, outro pouco de intuição” que ele atravessou cenários bem diversos, amarrando seu destino às tramas e dramas da vida política do Império. A 15 de fevereiro de 1870, às 5h30 da manhã, poucos dias antes de terminar a Guerra do Paraguai e depois alforriar duas escravas, Helena e Maria Lucrécia, Francisco Gê Acayaba de Montezuma descansou. Fechava os olhos um "mulato" que se formou em Coimbra, participou diretamente da Independência, foi exilado, viajou por inúmeros países da Europa, foi jornalista atuante, fundador do IAB e do IHGB, ministro da Justiça e dos Negócios Interiores e ministro Plenipotenciário do Brasil na Inglaterra. Francisco Gê Acayaba de Montezuma foi alguém que viveu intensamente a aventura de ser ele mesmo.

NATÉRCIA DA CUNHA SILVEIRA E ALMERINDA FARIAS GAMA

Miguel Reale Júnior[1]

A luta contra a desigualdade e a discriminação de gênero encontra, a partir do primeiro quartel do século XX, o apoio de centenas de mulheres. Porém, já na Constituinte de 1890, o médico Cesar Zama, parlamentar baiano, propusera a concessão de direitos políticos às mulheres. A proposição sofreu muita reação, ao que o deputado Zama ponderou: "Bastará que qualquer país importante da Europa confira-lhe direitos políticos e nós o imitaremos. Temos o fraco pela imitação".

Na Constituinte de 1890, ao refutar os deputados defensores do voto feminino, o deputado Pedro Américo lançou a seguinte ponderação: "a maioria do Congresso Constituinte, apesar da brilhante e vigorosa dialética exibida em prol da mulher-votante, não quis a responsabilidade de arrastar para o turbilhão das paixões políticas a parte serena e angélica do gênero humano".[2]

---

[1] Jurista, político, professor e advogado brasileiro. Foi professor titular de Direito penal da Universidade de São Paulo e ministro da Justiça durante a presidência de Fernando Henrique Cardoso.

[2] MARQUES, Teresa Cristina de Novaes. *O voto feminino no Brasil*, 2ª ed., Câmara dos Deputados, 2.019. Previamente disponível em www.camara.leg.br/midias/file/2020/11/voto-feminino-brasil-2d=marques.

Vinte anos após, em 1910, Leolinda Daltro fundou o Partido Republicano Feminino,[3] em campanha em prol de Hermes da Fonseca. Em 1920, tendo por principal objetivo a obtenção pelas mulheres de direitos políticos, Bertha Lutz,[4] zoóloga, fundou a Federação pelo Progresso Feminino. Essa entidade exerceu incisiva liderança na reivindicação sufragista, incluindo a Federação brasileira no movimento internacional.

O estado do Rio Grande do Norte foi pioneiro em conceder direitos políticos às mulheres, com a edição da Lei n.º 660/1.927, em cujas Disposições Gerais do capítulo XII editava: "No Rio Grande do Norte poderão votar e ser votadas sem distinção de sexo todos os cidadãos que reunirem condições exigidas por esta Lei".[5] A professora Celina Guimarães, de Mossoró, foi a primeira mulher habilitada a votar em 1929, segundo a lei potiguar. Alzira Soriano elegeu-se prefeita no município de Lajes, RN, em 1930, a primeira mulher alcaide do Brasil.

Contou essa batalha com importante colaboração de várias advogadas, devendo-se lembrar de Myrthes Gomes de Campos[6] e Elvira Komel, além de Natércia da Cunha Silveira e Almerinda Farias Gama. Myrthes, fluminense, graduada na Faculdade Livre de Ciências Jurídicas e Sociais do Rio de Janeiro em 1898, brilhante oradora, foi a primeira advogada brasileira que enfrentou a discriminação do Instituto da Ordem dos Advogados, contrário à inscrição de mulheres. Myrthes,

---

[3] RIBEIRO, Antônio Sérgio. *O voto feminino*. Previamente disponível em: www.al.sp.gov.br/noticia/?id=262455.

[4] Sobre Bertha Lutz, veja-se: BESTER, Gisela Maria. *Direitos políticos das mulheres brasileiras*: aspectos históricos da luta sufragista e algumas conquistas políticas posteriores, Dissertação de Mestrado apresentada à faculdade de Direito da Universidade Federal de Santa Catarina, 1996; KARAWEJCZYK, Mônica. *O voto da costela*: O sufrágio feminino nas páginas do Correio do Povo (1930-1934), Dissertação de Mestrado apresentada ao Programa de Pós-Graduação em História da Faculdade de Filosofia e Ciências Humanas da Pontifícia Universidade Católica do Rio Grande do Sul, 2.008; KARAWEJCZY, Mônica. *As filhas de Eva querem votar*: uma história da conquista do sufrágio feminino no Brasil. Porto Alegre: Editora PUCRS. Edição do Kindle, 2020, p. 03.

[5] *Os 80 anos do voto de saias no Brasil - TRE-RN*. Previamente disponível em: www.tre-rn.jus.br/institucional/centro-de-memoria/os-80-anos-d0-voto-de-saias-no-brasil-tre-rn.

[6] Myrthes Gomes de Campos é objeto do precioso trabalho neste livro da Ministra Maria Thereza de Assis Moura.

por sua vez, sustentava não haver lei a proibir o exercício da advocacia pela mulher. Aos 06 de julho de 1899, então, conseguiu inscrever-se no Instituto da Ordem dos Advogados. Elvira Komel, primeira advogada mulher em Belo Horizonte e segunda eleitora mineira — alistada em 1928 —, liderou o movimento feminista em Minas Gerais, organizando o primeiro Congresso mineiro de mulheres em Belo Horizonte, no ano de 1931.[7] Veio, todavia, a falecer precocemente, no ano de 1932.[8]

Pretendo destacar, na campanha em favor da igualdade de gênero, duas advogadas, cujas vidas se entrecruzaram,[9] mas que pouco atuaram em conjunto: Natércia da Cunha Silveira e Almerinda Farias Gama.

São personagens muito diferentes em vista de suas origens, de suas vidas pessoais e profissionais, mas que têm em comum a atividade em prol de ampla igualdade entre homens e mulheres, não se limitando apenas à reivindicação do direito da mulher de votar e de ser votada. Exigiam o fim de qualquer discriminação da mulher, a ser respeitada como titular de iguais direitos e benefícios concedidos aos homens.

Lutavam ambas, portanto, contra uma mentalidade machista que encontrava no enaltecimento da mulher, em sua presumida delicadeza, a razão falsa para excluir do exercício dos direitos políticos e do tratamento igualitário no plano social e econômico. É imperioso, destarte, compreender como se materializava essa mentalidade que erigia dois mundos — o dos homens e o das mulheres — a justificar a injusta redução do exercício de direitos pela mulher.

No Brasil colonial e durante o império prevalecia a cultura patriarcal rural, destinando-se como natural a mulher ao confinamento

---

[7] O I Congresso Feminino Mineiro ocorreu em Belo Horizonte no dia 21 de junho de 1931, conforme noticiado no *Jornal Correio da Manhã*. Disponível em: http://memoria.bn.br/docreader/DocReader.aspx?bib=089842_04&pagfis=7230.

[8] BRASILIANA FOTOGRÁFICA. Série "*Feministas, graças a Deus!" I – Elvira Komel (1906-1932), a feminista que passou como um meteoro.* Disponível em: https://brasilianafotografica.bn.gov.br/?p=19943. Acesso em 12 de fevereiro de 2024.

[9] As advogadas Natércia da Cunha Silveira e Almerinda Farias Gama encontraram-se pela primeira vez em razão do caso Sylvia Serafim, jornalista que assassinou Roberto Rodrigues, irmão de Nelson Rodrigues. Sobre o caso Sylvia Serafim, ver: SCHARGEL, Sergio. *Minha bisavó matou um cara*. Previamente disponível em: https://piaui.folha.uol.com.br/materia/minha-bisavo-matou-um-cara/.

no mundo do lar. Sua missão seria procriar, cuidar dos filhos e da casa, sem nem mesmo ter acesso à educação, limitada à convivência no campo doméstico, sem participar da vida social e política. Relata Gilberto Freyre que no sistema patriarcal todas as oportunidades de atuação na sociedade estavam destinadas aos homens, enquanto às mulheres as oportunidades limitavam-se ao restrito mundo do lar, em contato com os filhos, a parentela, as amas e quando muito com o confessor.[10]

Essa mentalidade machista propiciou que fosse admitida a conclusão do positivismo científico, acreditando-se na inferioridade cerebral da mulher, pois seu crânio teria dimensão menor. Sob influência do positivismo científico no campo penal, chegou-se a reconhecer como válida a teoria da causalidade constitucional para prática delituosa, e com referência à mulher admitia-se sua inferioridade em face de ter uma menor circunferência craniana. Assim pensava o deputado Malaquias Gonçalves, médico, defensor da teoria do cientista Tito Livio de Castro,[11] ao qual, na Assembleia Legislativa Provincial de Pernambuco, Tobias Barreto se antepôs veementemente,[12] no bojo de discussão acerca do Projeto Lei n.º 129/1.879, o qual estabelecia o ensino para as mulheres.

---

[10] FREYRE, Gilberto. *Sobrados e Mucambos.* São Paulo: Global, 2004, p. 208.

[11] O médico Tito Livio de Castro defendia a inferioridade intelectual da mulher. Conforme pesquisa de BARBOSA, segundo CASTRO, o cérebro da mulher tem peso menor que o do homem. Explica BARBOSA que, de acordo com a teoria de CASTRO, "a mulher estaria na infância da humanidade comparando-se com o homem branco que representaria o auge da evolução da espécie". (BARBOSA, Anna Kristyna Araújo da Silva. *A mulher para o pensamento social brasileiro na segunda metade do século XIX:* Tobias Barreto e Tito Livio de Castro. Trabalho apresentado no XXI Congresso ALAS URUGUAY 2017. Disponível em: https://www.easyplanners.net/alas2017/opc/tl/5708_anna_kristyna.pdf.)

[12] BARBOSA, Anna Kristyna Araújo da Silva. *Um iluminista nos trópicos, Tobias Barreto e a questão feminina no século XIX.* Previamente disponível em: https://repositorio.ufpe.br/bitstream/123456789/43473/1/DISSERTA%c3%87%c3%83O%20Anna%20Kristyna%20Ara%c3%bajo%20da%20Silva%20Barbosa.pdf. Sobre TITO LÍVIO DE CASTRO veja-se ALMEIDA, Ana Maria Araújo de. *Um "mestiço irrecusável":* Tito Livio de Castro e o pensamento cientificista no Brasil do século XIX. Previamente disponível em: https://repositorio.ufmg.br/handle/1843/VCSA-8FVQAT. A autora assinala que a craniologia ajudou a legitimação do patriarcalismo ao apresentar a mulher como incapaz, tal como o faz TITO LIVIO em seu livro *A mulher e a sociogenia*, exemplo exato do reflexo das teorias evolucionistas acerca da capacidade da mulher, como acentua ALMEIDA, Ana Maria Araújo. Disponível em: http://www.eeh2010.anpuh-rs.org.br/resources/anais/anpuhnacional/S.24/ANPUH.S24.0768.pdf. Acesso em 12 de fevereiro de 2024.

Para Tobias Barreto, devia-se reconhecer identidade entre homem e mulher de vez que a sujeição da mulher era de ordem cultural e não constitucional, antes fruto de concepções patriarcais antiquadas e religiosas, faltando lhe dar acesso à educação, sempre sonegada.[13] Dizia o mestre sergipano, em seu pioneirismo, que "prevalecem velhos prejuízos a escravizar a mulher submetida à autoridade soberana do marido, quando deveria ter direitos iguais.[14]"

Mas a sujeição da mulher era até mesmo cinicamente defendida pela cultura patriarcal, como se o confinamento ao lar fosse uma medida de proteção de seres sensíveis em face de um mundo exterior pleno de deslealdades e de conflitos.[15] E aquela mulher que fugisse ao modelo

---

[13] Conforme aduz NUNES, "os prazeres da inteligência, para Tobias Barreto, além de uma faculdade natural da categoria humana, deveriam ser aplicados a ambos os sexos, e não apenas aos homens como ocorria. A ideia da mulher frágil, que o imaginário social veiculava, possuía raízes antigas, herdadas dos velhos tempos coloniais e dos padrões comportamentais adotados na Metrópole e tinha no clero seus principais defensores (...) Essa norma comportamental exaltava a virgindade, as virtudes familiares e o esforço discreto como normas a serem seguidas para adequar-se aos padrões de uma sociedade masculina e religiosa". NUNES, José Ricardo Freitas. *Tobias Barreto e o projeto de Lei n.º 129/1879*: uma proposta acerca da educação feminina. Dissertação de Mestrado apresentada ao Programa de Pós-Graduação em Mestrado em Educação na Universidade de Tiradentes, 2012, p. 68. Disponível em: https://openrit.grupotiradentes.com/xmlui/bitstream/handle/set/1022/DISSERTA%C3%87%C3%83O-TOBIAS-BARRETO-E-O-PROJETO-DE-LEI-N%C2%BA129_1879.pdf?sequence=1&isAllowed=y. Acesso em 12 de fevereiro de 2024.

[14] BARRETO, Tobias. *Estudos de sociologia.* Rio de Janeiro, Instituto Nacional do Livro, 1962, p. 75. No início do século XX, a voz mais potente de defesa da igualdade entre mulheres e homens foi a de Ruy Barbosa. Em seu famoso discurso sobre a Questão Social, na campanha presidencial de 1919 no teatro Lírico do Rio de Janeiro, disse: "Mas, como quer que seja toda a vez que a indústria emprega, indistintamente, nos mesmos trabalhos e o homem à mesma tarefa, ao mesmo horário, ao mesmo regime, não há por onde coonestar a crassa aburdeza de, no tocante ao salário, se colocar a mulher abaixo do homem. Nada tem a ver o sexo. Igual trabalho, salário igual".

[15] Nesse sentido, explica, novamente, NUNES: "Apesar dos espaços abertos na nova sociedade urbanizada que emergia no cenário nacional, mais notadamente nos grandes centros, Rio de Janeiro, São Paulo, Minas Gerais, Pernambuco e Ceará, o espaço da mulher era a casa, que continuava sendo seu local por excelência. Alçada à categoria de 'rainha do lar' graças aos positivistas e higienistas, a mulher que deveria se dedicar integralmente à família e aos cuidados domésticos. O trabalho para àquelas que faziam parte das classes média e hegemônica, era permitido e aceito somente em casos excepcionais e necessidade extrema, como viuvez ou falência financeira". (NUNES, José Ricardo Freitas. *Tobias Barreto e o projeto de Lei n.º 129/1879*: uma proposta acerca da educação feminina. Dissertação de Mestrado apresentada ao Programa de Pós-Graduação em Mestrado em Educação na Universidade de Tiradentes, 2012, p. 68. Dispo-

de "senhora do lar", saísse do sacrossanto reduto doméstico, era vista com desconfiança e até mesmo reprovação.[16]

Foi nesse universo de verdade estabelecida no sentido da inferioridade feminina que, nos anos 1920, as mulheres se arvoram para serem reconhecidas e lhes serem atribuídos todos os direitos concedidos aos homens. É nessa árdua missão que se apresentam as duas mulheres, Natércia e Almerinda.

Natércia era gaúcha de Itaqui, região de fazendas, filha de político da região, Manoel da Cunha Silveira, teve sempre atuação política, aderindo, ainda estudante em 1923, à Revolução Federativa contra Borges de Medeiros. Formada em 1926, com 21 anos, advogou em Porto Alegre e depois no Rio de Janeiro, destacando-se na tribuna do júri. Casou-se mais tarde com um médico, tendo uma filha. Cumpre dar voz a esta brilhante advogada.

Em artigo no *O Jornal*, de 18/07/27, diz: "Recusar à mulher a intervenção nos negocios públicos é violar o proprio principio republicano; é calcar aos pés, os mais nobres sentimentos de justiça e liberdade, que devem ser sempre o apanagio de todos os povos cultos. A unica desegualdade admissivel será a que se fundar na diversidade das qualidades intelectuais e morais do indivíduo".

E assevera a arguta causídica: "como poderia exigir da mulher em geral, que esposasse um ideal politico, se propositadamente se tem procu-

---

nível em: https://openrit.grupotiradentes.com/xmlui/bitstream/handle/set/1022/DISSERTA%-C3%87%C3%83O-TOBIAS-BARRETO-E-O-PROJETO-DE-LEI-N%C2%BA129_1879.pdf?sequence=1&isAllowed=y.)

[16] Exemplo ocorre no julgamento de Sylvia Serafim, acusada de ter dado causa à morte de Roberto Rodrigues, irmão de Nelson Rodrigues, tendo agido em face de o jornal da família ter lançado calúnias à sua pessoa em razão de seu desquite do médico Thibau. Natércia veio a ser a primeira advogada de Sylvia, que se tornou no cárcere amiga de Almerinda, a qual a visitou na prisão. Coincidentemente, Almerinda Gama veio a ser secretária do conhecido advogado Dunshe de Abranches, defensor de Sylvia no julgamento em que a ré foi absolvida. Na acusação, atuando Romeiro Neto como assistente de acusação, culpava-se Sylvia por ter buscado ir além das tarefas domésticas, sendo-lhe reprovado tentar se afirmar como jornalista. A acusação é reproduzida pelo *O Jornal* de 23 de agosto de 1930. Diz então o promotor sobre a acusada: "desde cedo mostrou seu grau de inadaptabilidade social, de revolta às normas sociais. Não se conformou com a situação de anjo do lar e preferiu a posição de jornalista para satisfação de sua vaidade".

rado afastá-la da política, por incapaz? E para o filho, qual a vantagem em ter por mãe uma creatura inferior"? Frente a essas questões tira a conclusão: "Existe para a mulher um titulo eterno e inalienável, que domina e precede a todos. — é o de creatura humana; e como tal tem ela direito ao mais completo desenvolvimento de todas as suas faculdades intelectuais".

Por fim, com fina ironia, argumenta: "Não será o exercício dos direitos políticos que virá poluir a sua pureza; não será nos momentos de entusiasmo e de intensa vibração cívica, quando a alma promove nobres expansões de patriotismo, que a mulher se ha de lembrar de praticar o mal".

Responde com precisão aos argumentos da cultura patriarcal, sendo contundente a indagação acerca de qual vantagem usufrui o homem ao ter por mãe uma incapaz, tal como era estatuído pelo Código Civil de 1916, segundo o qual, conforme o art. 147, as mulheres casadas seriam incapazes enquanto subsistir a sociedade conjugal, podendo o marido conceder-lhe ou não autorização para o exercício de profissão, como chefe da sociedade conjugal e por isso, detentor do pátrio poder.

Natércia diverge de Bertha Lutz ao aderir à campanha em favor da Aliança Liberal em 1930. Sai da Federação pelo Progresso Feminino e funda a Aliança Nacional das Mulheres, cujo objetivo era "proporcionar proteção à mulher que trabalhava em todos os ramos de atividades, amparando-a na conquista de sua independência econômica".

Eram amplos os objetivos da Aliança Nacional das Mulheres, não tão somente a obtenção dos direitos políticos, pois para a efetiva independência feminina era imprescindível dar à mulher uma posição na sociedade tal como a tem o homem. A ação da Aliança buscava, portanto, a largos desideratos, conforme seus Estatutos registrados em 7 de março de 1931:

I – Trabalhar pela elevação intelectual, independência econômica e segurança moral da mulher;

II – Zelar-lhe os interesses coletivos:

a) Amparando-a no trabalho, em todos os ramos de atividade;

b) Pleiteando seus direitos e aspirações legítimas;

c) Prestando-lhe assistência moral e judiciária;

d) Manifestando e defendendo oportunamente todas as medidas referentes a cada ramo de trabalho e que visem dar à mulher maior segurança econômica e independência moral;

e) Encaminhando para o trabalho as mulheres que dele careçam.

Ficou estabelecido, também, em primeira reunião da Aliança que a entidade promoveria conferências de instrução e orientação das mulheres sobre a educação moral e cívica, educação higiênica, educação doméstica, artística e política, compreendendo o estudo dos direitos políticos e civis. Pretendia também criar programa de alfabetização.[17]

Como se constata, a finalidade da Aliança ia muito além da obtenção de direitos políticos, objetivando a efetiva afirmação da mulher na sociedade, buscando viabilizar sua independência econômica e sua afirmação profissional em todos os ramos de atividade, ao mesmo tempo que pretendia assegurar à mulher a defesa de seus direitos e a busca de emprego àquelas necessitadas.

No que tange à conquista do direito ao voto, Natércia, em companhia de Elvira Komel, pressionou a Comissão elaboradora o Código Eleitoral,[18] obtendo sucesso, pois em segunda versão o Código estendeu o direito de voto à mulher que, no entanto, não era obrigatório. Elvira, tristemente, falece em 1932. Ambas conseguiram audiência com diver-

---

[17] Veja-se *Diário da Noite* de 2 de maio de 1931 e *Diário de Notícias* de 5 de maio de 1931. Confira-se Série "Feministas" graças a Deus! II – Natércia da Cunha Silveira (1905-1993), o Jequitibá da Floresta.Disponível em https://brasilianafotografica.bn.gov.br.

[18] Sobre o Código Eleitoral, RICCI, Paolo. "As eleições da era Vargas: que regime representativo é esse?" *In*: *O autoritarismo eleitoral dos anos trinta e o Código Eleitoral de 1932.* RICCI, Paolo (Org.), Curitiba: Appris Editora, 2019. Capítulo 9, *E-book.* O autor destaca que "A introdução da Justiça Eleitoral, do sistema eleitoral semiproporcional, do voto feminino, das garantias para o voto, e o alistamento obrigatório eram sinais claros que evocavam uma mudança de rumo". Em sua primeira composição, a comissão formada por Joaquim Francisco de Assis Brasil, João Chrysostomo da Rocha Cabral e Mario Pinto Serva reagiam à admissão do voto feminino, mas quando Maurício Cardoso assume o Ministério da Justiça, com a anuência de Getúlio Vargas, o voto feminino é adotado na proposta final do Código Eleitoral, mas em seguida falece.

sos ministros do Governo Provisório de Getúlio Vargas, como Juarez Távora, Lindolfo Collor, Assis Brasil.[19]

Natércia e Bertha vieram a integrar a Comissão de Juristas encarregada de elaborar o anteprojeto de Constituição a ser submetido aos constituintes de 1933, no qual se assegurava o voto feminino.

A Aliança Nacional de Mulheres estava, contudo, atenta não apenas à obtenção do voto feminino, como acima se frisou. No Carnaval de 1933, por exemplo, solicitou à polícia a proibição de homens fantasiados de mulher grávida, debochando de situação a ser respeitada, pedido deferido pelas autoridades.[20]

Outra mulher notável na luta sufragista foi Almerinda Faria Gama, alagoana, criada no Pará, e depois, aos 30 anos, datilógrafa e jornalista, residente no Rio de Janeiro, onde se uniu à Federação com Bertha Lutz. Almerinda casa-se no Pará com um primo com o qual teve um filho, mas ambos falecem. Almerinda casa-se novamente, mas o destino a persegue, pois tanto o marido como um filho desse matrimônio vêm também a morrer. Muda-se para o Rio de Janeiro, fato esse que teve ainda motivação em uma injustiça trabalhista, ao saber que seu colega homem recebia 300 réis para o mesmo trabalho enquanto recebia apenas 200 réis. Decidiu, então, ir ao Rio de Janeiro com a esperança de um salário melhor.[21]

Natércia e Almerinda são pessoas de vidas muito díspares, razão pela qual, malgrado tenham se cruzado, não tiveram maior aproximação, como reconhece Almerinda.

Mas, tinha Almerinda atuação política mais ampla, como presidente do Sindicato das Datilógrafas, em razão do que veio a ser delegada eleitora classista para a Assembleia Constituinte de 1933. Autodefinia-

---

[19] Em agosto de 1931 foi recebida juntamente com Bertha Lutz pelo presidente Getúlio Vargas, na condição de representantes do Brasil no II Congresso Nacional Feminista.

[20] *Diário da Noite* de 22/2/33.

[21] DMT em Debate, Democracia e Mundo do Trabalho, 15/05/2022. Disponível em: https://www.dmtemdebate.com.br/. Acesso em 12 de fevereiro de 2024.

-se como "advogada consciente dos direitos das classes trabalhadoras, jornalista combativa e feminista de ação".[22]

Apesar de formada em Direito, Almerinda continuou jornalista, assessorando a Federação. Acolheu, em nome da entidade, por exemplo, o justo reclamo das garçonetes,[23] relativo à exigência das mulheres que, trabalhando em bares e restaurantes, não obtinham inscrição no Sindicato dos Garçons, por não prever o estatuto a participação feminina.

Tal como Natércia, tinha atividade política e objetivo mais largo do que a obtenção dos direitos políticos, pois veio a ser a única mulher a participar da fundação do Partido Socialista Proletário do Brasil, batalhando para se estatuir a igualdade entre o homem e a mulher, sentimento que nutria desde criança, como revelou em entrevista concedida em 1984,[24] na qual dizia:

> Eu sempre, por instinto, me revoltei contra a desigualdade de direito entre homem e mulher. Lembro-me de que, quando criança, brincava com um primo (...) Nós éramos crianças — talvez com 10, 11 anos — e dessa discussão amigável surgiu uma dúvida: eu dizia que no casamento o homem e a mulher tinham direitos iguais e igual autoridade, que na casa, no casal, o direito era igual. Ele dizia que era do homem. Eu, não me conformando com aquilo, achei que devia servir de árbitro a nossa avó, que era considerada uma mulher sábia e que de fato era. (...) Então, fomos juntos perguntar a ela quem era que mandava. Ela com certo tato, com muito jeito, disse que deveria haver harmonia, mas a autoridade do casal era do homem. Isso me deixou convencida da injustiça dos fatos, mas revoltada com isso. Meu primo saiu

---

[22] DMT em Debate, Democracia e Mundo do Trabalho, 15/05/2022. Disponível em: https://www.dmtemdebate.com.br/. Acesso em 12 de fevereiro de 2024.

[23] *A Noite*, de 19/8/33. Previamente disponível em: http://memoria.bn.br/docreader/DocReader.aspx?bib=348970_03&pagfis=14134.

[24] GAMA, Almerinda Farias. *Almerinda Farias Gama*: depoimento. CPDOC – FGV, Rio de Janeiro, 08 de junho de 1984. Depoimento a Angela Maria de Castro Gomes e Eduardo Stotz.

vitorioso, eu saí cada vez mais revoltada e achando que devia haver igualdade.

O Partido Socialista Proletário do Brasil foi fundado em 1934 por deputados classistas, partícipes da Assembleia Constituinte de 1933, constituindo uma Coligação das Esquerdas. Em seu manifesto-programa reconhecia-se não estar a sociedade brasileira apta a um governo socialista, malgrado o capitalismo estivesse a apodrecer. Por essa razão a luta devia objetivar antes a promover a organização sindical e política do proletariado, lutando por reivindicações mínimas e vitais da massa trabalhadora. Era necessário unificar o proletariado em torno de suas demandas.[25]

Almerinda foi a única mulher a participar da diretoria do Partido Socialista Proletário do Brasil, que veio a ser dissolvido pelo golpe do Estado Novo.

Sua larga atuação em favor da independência da mulher justificou que se tenha dado seu nome ao corredor que une o salão verde da Câmara dos Deputados ao Plenário. Este acesso dos deputados ao Plenário deve lembrar aos parlamentares os compromissos de Almerinda com as causas populares e em especial com a afirmação da mulher na sociedade, ou melhor, em uma sociedade justa. Além disso, em 2016, a Prefeitura de São Paulo instituiu o Prêmio Almerinda Farias Gama, voltado a iniciativas em comunicação social ligadas à defesa da população negra.

Cumpria relembrar as figuras dessas corajosas advogadas, as primeiras a perorar nos Tribunais e as primeiras a proclamar com a devida veemência a igualdade entre homens e mulheres, que o obscurantismo machista procurou sempre impedir, sendo ainda hoje uma luta a ser empreendida, a se inspirar nos exemplos de Natércia e Almerinda.

Estas duas mulheres bem diversas, de origens e trajetórias muito diferentes, se assemelham na atuação desabrida em prol da afirmação e realização concreta da independência feminina.

---

[25] Veja-se https://neamp.pucsp.brorganizacoes.

O machismo próprio do patriarcalismo rural ainda viceja entre nós e há de ser definitivamente calado sob o signo da frase de Natércia no seu artigo de 1927: "sentimentos de justiça, patriotismo e humanidade fazem mister assegurar à mulher parte franca e ativa no governo de sua Pátria".

Natércia e Almerinda foram, sem dúvida, duas advogadas que ajudaram a formar o Brasil.

TULLIO ASCARELLI

Paula Andrea Forgioni[1]
Ruy Pereira Camilo Junior[2]

O nosso problema como juristas não é somente aquele da distinção entre o lícito e o ilícito, mas também aquele da fantasia; aquele da criação de instrumentos — diria máquinas jurídicas — que possam alcançar determinadas finalidades.

ao ser elaborada a norma legal, surge essa exigência de certeza e segurança e fica em perene contraste com as não menos justificadas exigências da equidade, da justiça do caso concreto, contraste que o direito supera nos diferentes casos segundo as diversas exigências dos vários institutos. Êsse contraste de equidade e de certeza, se encontra também, a cada passo, na interpretação da norma e nas sempre renovadas discussões metodológicas e exprime, aliás,

---

[1] Graduada em Direito pela Universidade de São Paulo e doutora em Direito econômico pela Universidade de São Paulo, além de pós-graduada em Direito empresarial pela Faculdade de Direito da Universidade de Bolonha e em Direito do comércio Internacional pelo Instituto Universitário Europeu de Turim. É professora titular e vice-chefe do Departamento de Direito Comercial e livre-docente pela Faculdade de Direito da USP.

[2] Graduado, mestre e doutor em Direito comercial pela Universidade de São Paulo, com pós-graduação lato sensu em Análise Econômica pela FIPE/Ordem dos Economistas do Brasil com extensão na Universidade de Grenoble II. É professor e membro suplente da Comissão de Cultura e Extensão do Departamento de Direito comercial da Faculdade de Direito da USP.

o contraste entre a justiça do caso singular e a generalidade da norma, entre a discricionariedade do juiz e o poder do legislador[3]
Tullio Ascarelli

I. O nazifascismo, a guerra e o Direito brasileiro

Em maio de 1938, Hitler fez uma visita de Estado a Roma, cercado da coreografia monumental que caracterizava os regimes totalitários. Aquele dia — retratado no belíssimo drama *Una Giornata Particolare*, de Ettore Scola, com Marcello Mastroianni e Sophia Loren — marcou o Direito Privado brasileiro.

As tendências racistas do fascismo — já presentes durante a guerra da Abissínia — ampliaram-se após a visita, como se Mussolini quisesse brindar Hitler com o espetáculo da perseguição racial. Em julho de 1938, intelectuais fascistas publicaram o famigerado Manifesto da Raça, afirmando serem os italianos arianos, os quais deveriam ser protegidos do sangue judaico. Editam-se em novembro, por decreto-lei real, as Leis Raciais, que proíbem aos judeus ocuparem quaisquer cargos públicos ou publicarem.

Com isso, cala-se e desemprega-se o maior comercialista do século XX — Tullio Ascarelli. Catedrático precoce, escritor incansável, é expulso das salas de aula e proíbe-se a impressão de quaisquer de suas ideias, pelo mero fato de ser judeu. Como sustentaria sua esposa e seus três filhos? Vagando pela Europa do pré-guerra e dos primeiros estalidos da conflagração, não logrou um posto à altura de seu gênio. Convidado

[3] Este artigo funde ideias que os autores foram formando e colecionando ao longo da vida, sobre Tullio Ascarelli. Vale a referência a dois textos anteriores: FORGIONI, Paula. "Tullio Ascarelli e os contratos de distribuição". *In*: AZEVEDO, Antonio Junqueira de; TORRES, Heleno Taveira; CARBONE, Paolo (coord.). *Princípios do novo Código Civil brasileiro e outros temas*: homenagem a Tullio Ascarelli. São Paulo: Quartier Latin, 2008 e CAMILO JUNIOR, Ruy Pereira. "Ascarelli Sinfônico: Direito e Economia na Interpretação Jurídica". *In*: LOPES, José Reinaldo de Lima; FRANÇA, Erasmo Valladão Azevedo e Novaes; CAMILO JUNIOR, Ruy Pereira; PESSO, Ariel Engel (org.). *Nas trilhas de Ascarelli*, v. 1. 1ª ed. São Paulo: Quartier Latin, 2022, pp. 343-363.

a vir ao Brasil lecionar, desembarcou em Santos para uma fase ainda mais brilhante de sua vida, com cinquenta dólares no bolso. A experiência sul-americana despertou-lhe o amor pelo Brasil e abriu-lhe novas perspectivas intelectuais. Considerava-se "meio brasileiro" e em sua casa falava-se português.

O Brasil recebeu quase 60 mil refugiados judeus entre 1934 e 1939. Fugindo da morte e da opressão, chegavam a uma terra que em tudo lhes era distinto, com uma língua que desconheciam: o filósofo checo Villem Flusser desembarcou no Brasil falando latim, na tentativa desesperada de se comunicar. Mas trouxeram com sua bagagem a coragem, o trabalho e a cultura, preservando do horror da guerra e do genocídio o que de melhor e de mais nobre havia na civilização europeia. Aqui muito semearam e deles seremos sempre devedores.

Este texto pretende registrar essa história, e identificar como Ascarelli impactou o Direito brasileiro, com uma força e uma extensão que ele não terá decerto antecipado ou imaginado. Muitos dos novos comercialistas brasileiros e italianos confessam-se, com orgulho, ascarellianos, passados mais de sessenta anos de sua morte. Como lembrava Henry Adams, "*a teacher affects eternity; he can never tell where his influence stops*".

II. Por que Ascarelli?

Um tema clássico de ensaios escolares é indagar com que personagem histórica a aluna ou aluno gostaria de passar uma tarde, conversando. Que outros respondam Napoleão ou Júlio César: nosso escolhido é Tullio Ascarelli! Esperamos que, ao final deste texto, o leitor possa incluí-lo ao menos em uma lista de finalistas dentre as figuras fascinantes de sua predileção.

Para além da contribuição de Ascarelli à cultura jurídica mundial e brasileira, Ascarelli era uma pessoa genial, criativa, com uma capacidade de expressão única. Nosso professor Eros Grau, com seu proverbial humor, lembra constantemente que "Há sempre um grego, ou um romano que, em matéria jurídica, refletiu antes de nós sobre todas as ideias novas que pensamos produzir. E se não o disseram gregos ou romanos, tê-lo-á dito Tullio Ascarelli".[4]

Homem do mundo, Ascarelli era fluente em todas as línguas latinas, bem como no alemão, no inglês e, mais tarde, até no russo — o que lhe permitia ler Pushkin e Pasternak no original. Conheceu e dialogou com os principais juristas de sua época. Discutia pessoalmente teoria processual com Carnelutti, economia com Karl Renner, teoria da moeda com Nussbaum, lógica jurídica com Chaim Perelman.

Pode-se comparar a obra ascarelliana a uma verdadeira sinfonia, com movimentos e temas variados. Jurista polivalente, dele dizia Messineo que no seu peito se abrigavam muitas almas.[5] Sua bibliografia compreendia 20 livros, 24 verbetes de enciclopédia, mais de 300 artigos e cerca de 90 resenhas.[6]

Escrevia com competência sobre rigorosamente tudo. Seus primeiros artigos foram sobre a história da medicina legal — uma homenagem intelectual a seu pai, médico legista. Jovem, resenhou livros de Freud. Escreveu sobre Direito Penal alemão nos anos 1920. Foi dos fundadores do direito monetário, escrevendo largamente sobre a moeda e disseminando entre nós o conceito de origem germânica de dívida de valor, que foi um dos fundamentos da correção monetária. Foi o pioneiro da doutrina do Direito Tributário no Brasil. Entre os comercialistas, constitui-se em verdadeira figura tutelar: grande estudioso da história do direito mercantil, tenaz defensor dos acionistas no direito societário, expositor cristalino dos princípios do direito dos títulos de crédito, inovador da doutrina dos contratos, pensador profundo sobre seguros, direito marítimo e bens imateriais, teórico da concorrência, a defender o imperativo de respeito às "*regole del gioco*" do mercado.

---

[4] Discurso publicado em Medalha Teixeira de Freitas. Rio de Janeiro: Instituto dos Advogados, 2003, p. 12.

[5] MESSINEO, Francesco. "Tullio Ascarelli". *In*: VV. AA., *Studi in Memoria di Tullio Ascarelli*, v. 1. Milão: Giuffrè, 1969, p. LXVII.

[6] A sua bibliografia completa acha-se listada no primeiro volume de VV. AA., *Studi in Memoria di Tullio Ascarelli*. Milão: Giuffrè, 1969.

A obra reflete o autor. Carnelutti dizia que dele emanava "força excepcional". Ferrara comparava-o a "um vulcão em permanente atividade". Bobbio apontava como sua marca "o amor pela aventura intelectual". Afirma-se que a juventude foi um traço de Ascarelli ao longo de toda a sua vida:[7] sempre curioso, não parava de pensar em novos projetos e descobrir novos temas. No leito hospitalar, nos seus últimos dias, discutia com quem o visitasse novos assuntos para investigação. Estudava então matemática, para refletir sobre a lógica jurídica. Lançava-se ao estudo das relações entre a filosofia e a dogmática, dedicando seu último estudo, publicado postumamente, a Hobbes e Leibniz.

Ascarelli valorizava a função socioeconômica dos institutos, louvava a criatividade e a capacidade de inovação dos juristas, seja criando mecanismos para a realização de nossos objetivos, seja reconstruindo incessantemente o ordenamento pela via da interpretação, para melhor adaptá-lo à sua época.

Era um erudito que não se perdia em bizantinismos ou polêmicas sobre questões irrelevantes. Tinha interesse apenas por aquilo que fosse importante para a compreensão do Direito e para dar resposta jurídica aos grandes problemas econômicos e sociais.[8]

Poucos compreenderam e decodificaram a lógica do direito brasileiro como Ascarelli. Poucos autores foram capazes de mesclar teoria e prática de maneira assim fértil. Ressentimo-nos hoje dessa temperança. Por um lado, há quem propugne um Direito puramente prático, como se fosse possível a resolução de complexos problemas sem lançarmos mão da dogmática. Por outro, aqueles que condenaram o direito à reclusão em uma torre de marfim, repetindo conceitos que, há muito, não guardam pertinência com nossa realidade, tampouco servem para explicá-la.

---

7 RICHTER Jr., Mario Stella. "Il Giovane Ascarelli". *In*: BIROCCHI, Tullio (Ed.). *Non Più Satellite*: itinerari giuscommercialistici tra Otto e Novecento. Pisa: ETS, 2019, p. 259.

8 Em suas palavras: "Não é infrequente que fenômenos de rara ocorrência prática recebam amplíssima consideração na legislação ou na doutrina, enquanto fenômenos de contínua ocorrência sejam ignorados ou, às vezes, forçados dentro do leito de Procusto" (ASCARELLI, Tullio. *Corso di Diritto Commerciale*. Milão: Giuffrè, 1962, p. 107).

Atente-se ao estilo eloquente de Ascarelli:

> (...) é frequente, entre os chamados práticos, o protesto contra as sutilezas das teorias, a *misterious sicence of law*, ora se limitando, a chamada prática, a um apêgo formalista à letra da lei ou a uma rotina preguiçosa, ora passando a confiar apenas no sentimento equitativo. Realmente, as sutilezas jurídicas visam evitar ambos êsses extremos; visam conciliar a aplicação da lei — e a aplicação consoante justiça, igual em todos os casos — aos casos sempre novos que a vida vem propondo e a necessária certeza jurídica e uniformidade de aplicação. Aquêles que limitam a tarefa do jurista à interpretação literal da lei, desprezando as "inúteis complicações" desprezam a primeira exigência; os que confiam apenas num sentimento equitativo desprezam a segunda. Ambos, visando apegar-se a uma prática que só errôneamente se contrapõe à teoria, mantêm-se distantes, simultâneamente, da teoria e da prática e se tornam substancialmente incapazes de entender e avaliar juridicamente a realidade social.[9]
>
> Princípios gerais e casuísticos devem continuamente ser relacionados; de outra forma, consoante uma contraposição célebre, fica a teoria vã; fica a prática cega ou tende a ser dominada apenas por um impressionismo equitativo ou por uma "routine" que, às vêzes, visa justificar, com a fácil e errada contraposição de teoria e prática, a sua preguiça e incapacidade de progresso. Princípios e institutos devem ser entendidos no seu real alcance, cumprindo descobrir, debaixo do necessário tecnicismo das teorias dogmáticas, o sentido econômico e social; os casos particulares, há que resolvê-los consoante uma orientação e um princípio de caráter geral e consoante.[10]

Nada desgostaria mais Ascarelli do que se tomarem dogmaticamente seus conceitos e teorias, ou repeti-los acriticamente, décadas após sua ela-

---

[9] ASCARELLI, Tullio. *Panorama do direito comercial.* São Paulo: Saraiva, 1947, pp. 226-227.
[10] Ibid., p. 219.

boração. São riquíssimas suas construções doutrinárias sobre os conceitos de atividade, contrato plurilateral e operação de seguros. Embora ainda relevantes, não é nesses pontos que reside sua atual importância.

O que segue atualíssima é a sua forma de ver o Direito, com a centralidade do tema de hermenêutica e com uma abordagem funcionalista e problematizante. Esta talvez seja sua maior inovação, no contexto da crise do positivismo do século XX. Isso faz com que sempre recomendemos a nossos alunos a leitura de seus textos, mais modernos do que muitos autores que hoje se apresentam como novidades. Afinal de contas, como nos ensinam os versos de Augusto de Campos, "o antigo que foi novo é tão novo como o mais novo novo".

III. O itinerário de Ascarelli

A) O percurso de um jovem catedrático

Cortázar advertia que toda biografia é conjectura. Narrar a vida de outrem é tarefa sempre incompleta, já que só temos indícios esparsos e esporádicos sobre os pensamentos e sentimentos do biografado. Em vez de examinar todos os fatos à luz do sol, debruçamo-nos apenas sobre aquelas circunstâncias iluminadas pela casualidade de pontos eventuais de luz, como um registro ou um documento.

No caso de Ascarelli, foram publicadas na Itália algumas de suas cartas e notas pessoais, sob o título *Pensieri e Lettere Familiari*. Além disso, vários intelectuais que com ele conviveram sentiram-se compelidos a registrar suas impressões pessoais, dado o magnetismo de sua personalidade. No mais, podemos apenas cogitar dos medos e ansiedades desse intelectual colhido por duas guerras mundiais, pelo fascismo e pela crise de 1929, pelo exílio na ditadura varguista e pelas turbulências da Itália democrática.

Tullio nasceu em Roma em 1903, em uma família de origem sefardita (originalmente, chamada Ascariel), que viera para a Roma do Renascimento, onde se tornara fornecedora de tecidos para a corte papal.

Seu pai Attilio era médico legista — trabalhando no Instituto Médico Legal — e livre-docente. Fora colega de Liceu do futuro papa Pio XII, que o auxiliou quando da edição das leis raciais, ajudando-o a obter posto docente na Pontifícia Universidade Ambrosiana. Attilio teve um papel histórico fundamental em 1944, quando chefiou a equipe de legistas que exumou e identificou as 335 vítimas massacradas pelos nazistas nas Fossas Ardeatinas — entre as quais se encontravam dois de seus sobrinhos. Documentou esse momento em sua obra póstuma *Le Fosse Ardeatine*. Attilio sobreviveu ao filho Tullio, morrendo em 1962.

Sua mãe, Elena Pontecorvo, pertencia a uma rica família industrial. Por esse lado, Ascarelli era primo-irmão do cineasta Gillo Pontecorvo, célebre pelo filme *A Batalha de Argel*.

Casou-se em 1930 com Marcela Ziffer, de Trieste. Sua esposa dedicava-se ao estudo do canto lírico. Tiveram três filhos: Gianni, Franca e Piero. Mas falaremos sobre sua família, ao descrevermos sua vida no Brasil.

Poupado pela idade de lutar na Primeira Guerra Mundial, Ascarelli graduou-se em Direito em 1923, aos 20 anos. Foi o último orientando de Cesare Vivante a ingressar na carreira docente. Seu mestre influenciou sua visão de mundo, levando-o a combinar liberalismo e solidarismo e a valorizar o direito vivo, nascido das relações concretas entre os agentes econômicos.[11]

Após se formar, passou um ano na Alemanha, com bolsa da *Humboldt Stifung*. Em 1925, já é livre-docente, aprovado por Banca composta por Vivante, Sraffa e Manara. Nomeado professor Extraordinário em Ferrara aos 23 anos, um bedel barrou-lhe o acesso à sala dos professores, dada sua juventude.

Tornou-se catedrático da Universidade de Cagliari em 1926 — precocíssimo, pois só tinha 23 anos! Posteriormente assumiu as cátedras de Catania em 1929, Parma em 1932, Pádua em 1933 e finalmente Bolonha em 1935. Sua ascensão foi interrompida em 1938 pelas leis raciais já mencionadas, que exigiram sua demissão.

---

[11] GUIDA, Roberta. *Renato Treves e Tullio Ascarelli*: Giuristi Esuli in Brasile. Roma: Stamen, 2018.

Antes de prosseguirmos na descrição de sua trajetória, cabe um breve registro sobre a relação de Ascarelli com Fascismo. Quando jovem, participou discretamente da oposição a ele, integrando o movimento Giustizia e Libertà e escrevendo textos para o jornal *Non Mollare* e outros órgãos da imprensa antifascista. Nomeado catedrático, cessou sua militância oposicionista e chegou a se filiar ao partido em 1932, *pro forma*, sem participar de suas atividades.[12] Teve também de jurar fidelidade ao regime para poder exercer a docência. Que não se extraia dessas circunstâncias qualquer inclinação ou simpatia de Ascarelli pelo fascismo: tratava-se de mero expediente para tentar preservar sua carreira docente, em um esforço de acomodação ao regime totalitário. Era continuamente vigiado pela polícia fascista, que controlava sua correspondência. Mario Stella Richter Jr. declara que, em todas as suas extensas pesquisas, jamais encontrou "uma palavra de elogio, aplauso ou admiração pelo fascismo ou pelo Duce".[13]

Proibido de lecionar ou de publicar pelas *Leggi Razziali*, mudou-se para a Inglaterra, mas fracassa em sua tentativa de obter uma posição docente na *London School of Economics*. Seguiu para a França, onde foi acolhido por Ripert e Picard e obteve um *Doctorat en Droit*, enquanto esperava que surgisse alguma oportunidade para lecionar.

Em 1939, no exílio em Paris, escreveu quatro verbetes sobre títulos de crédito para o *Nuovo Digesto Italiano*, mas foi obrigado a publicá-los anonimamente.

Com a invasão da França, fugiu com a família, através da Espanha, para Portugal. Desembarcou em Santos em 6 de novembro de 1940, declarando-se católico, para evitar riscos de recusa de ingresso, agindo de forma igual à de outros judeus a bordo do mesmo barco.[14]

[12] RICHTER JR., Mario Stella. "Ascarelli: as obras e os dias". *In*: ARAÚJO, Danilo Borges dos Santos Gomes. São Paulo: YK Editora, 2018, p. 22.

[13] Id. "Il Giovane Ascarelli". *In*: BIROCCHI, Tullio (Ed.). *Non Più Satellite*: itinerari giuscommercialistici tra Otto e Novecento. Pisa: ETS, 2019, p. 278.

[14] Essa circunstância foi descoberta por Ariel Engel Pesso em artigo que é fruto de sua minuciosa pesquisa: "Tullio Ascarelli no Brasil". *In*: LOPES, José Reinaldo de Lima, *et al.* (orgs.). *Nas trilhas de Ascarelli*, v. 1. 1ª ed. São Paulo: Quartier Latin, 2022, p. 201. Outros detalhes sobre a vida no Brasil referidos no texto são mérito do mencionado pesquisador.

B) A família Ascarelli no Brasil

Tullio Ascarellli chega ao Brasil com apenas 50 dólares e sem falar a língua. Em *Sguardo sul Brasile*, registra: "A imigração é uma aventura — dura aventura material e psicológica".[15]

Vivante tinha apresentado Valdemar Ferreira a Ascarelli, mas a esse tempo o próprio Valdemar estava exilado. Para a vinda de Ascarelli ao Brasil, foi decisivo o auxílio do professor e advogado Noé de Azevedo.

Ao chegar a São Paulo, Ascarelli enviou à Faculdade de Direito uma carta de apresentação firmada por Cesare Vivante e dirigida a seu diretor.

Em abril de 1941, começou a lecionar na Faculdade em um curso de extensão universitária, ao lado do processualista Enrico Tullio Liebman, igualmente exilado. O curso gratuito, ministrado às 17h30 das quartas e sextas-feiras, atraiu não apenas alunos, mas também advogados.

Em outubro de 1941, por sugestão do professor Honório Monteiro, a Congregação da Faculdade aprovou a contratação dos dois mestres italianos para que passassem a lecionar também no curso regular da escola, com dois votos contrários. Recebiam salários equivalentes aos dos catedráticos.

Paralelamente, Ascarelli passou a publicar artigos e livros em português e a advogar, com desenvoltura. Atente-se ao testemunho de Waldemar Ferreira:

> Para cá transplantando-se, o jurista europeu não se sentiu deslocado. Aprendeu a língua e passou a manejá-la, ao mesmo passo que se afronhou no direito brasileiro, auscultando-lhe o espírito e devassando-lhe as diretrizes. E isso sem maiores dificuldades. Tem-se a sensação de que, no Brasil, ele se encontrou em sua própria casa, com tanta presteza se adaptou e continuou a trabalhar.[16]

---

[15] ASCARELLI, Tullio. *Sguardo sul Brasile*. Milão: Giuffrè, 1949, p. 100.

[16] FERREIRA, Waldemar. "Prefácio a Problemas das Sociedades Anônimas e Direito Comparado". *In*: ASCARELLI, Tullio. *Problemas das Sociedades Anônimas e Direito Comparado*. 2ª ed. São Paulo: Saraiva, 1969, p. VI.

Ascarelli fundou escritório de advocacia com João Batista Almeida (que posteriormente fundaria outra banca, com Kenneth Demarest), tendo Ruy Barbosa Nogueira como estagiário. Prestavam consultoria à FIESP, entre outros clientes. Foi eleito conselheiro fiscal de companhias. Em 1944, viajou a Porto Alegre para uma série de palestras, publicadas em seu livro *Panorama do Direito Comercial*, encantando-se com o ar europeu da cidade.

A família aclimatou-se muito bem ao Brasil. Foram acolhidos com respeito. Ascarelli não enxergou antissemitismo em São Paulo, atribuindo isso ao fato de as elites descenderem de cristãos novos, de origem sefardita.[17]

Viviam a vida típica de uma família paulista de classe média. Frequentavam o Clube Pinheiros, onde a filha Franca treinava saltos ornamentais. Nos dias ensolarados no clube, Ascarelli escrevia à sombra dos eucaliptos, enquanto os filhos brincavam, como registrou em carta de 1º de novembro de 1945. No inverno, passavam dias em Campos de Jordão, onde o professor gostava de caminhar na serra.

O filho Gianni estudava Física na USP: em *Sguardo Sul Brasile*, Ascarelli elogia esse curso, considerando-o à altura das universidades americanas e europeias.[18] Gianni doutorou-se no MIT em 1955 e teve uma carreira docente relevante, na Europa e Estados Unidos.

Em 1940, Ascarelli estabeleceu sua residência na Alameda Lorena, 843. Em 1945, a família mudou-se para a rua Bucareste, 60, no Jardim Europa.

Com o fim da guerra, chegara o momento de retomada da carreira universitária na Itália. Em outubro de 1945, redige carta a Cardoso de Melo Neto, diretor da Faculdade de Direito, pedindo a resolução antecipada de seu contrato, pois devia reassumir seu cargo em Bolonha. Em tom pessoal, registra sua gratidão ao acolhimento que teve na USP:"Encontrei-me na Faculdade de S. Paulo, como em minha casa, e no Brasil, como em minha terra. O carinho e a cordialidade com a

---

[17] Id.. *Apresentação do Brasil.* 2ª ed. São Paulo: Edições Sal, 1952, p. 95.

[18] Op. cit., p. 122.

qual fui recebido também tornou a mim meio paulista e brasileiro, e espero, seja no Brasil, seja na Itália, poder sempre continuar na minha tarefa, para o melhor estreitamento e desenvolvimento dos laços entre o Brasil e a Itália".[19]

C) A volta à Itália: o Brasil mudou Ascarelli

Em 1947 retomou sua cátedra em Bolonha. Voltou mudado e amadurecido, com uma "surpreendente fertilidade de ideias", segundo Bobbio.[20] Nas palavras de Messineo, "*è un nuovo temperamento di studioso*",[21] enriquecido pela experiência da vida em uma sociedade tão diferente, pela prática do Direito brasileiro, pela mais ampla familiaridade com o *Common Law*, como fruto das leituras norte-americanas durante o exílio: no Brasil, lera os realistas norte-americanos — Cardozo, Holmes, Pound — e os institucionalistas como Veblen e John Commons. Tudo isso se acresceu à sua formação originária com ênfase na doutrina germânica, abrindo-lhe novas perspectivas.

Nas palavras de Asquini, depois do *Codice Civile,* a comercialística italiana perdera seu vigor e voltara-se a construções formalistas, distanciadas da tradição vivanteana. Ascarelli revigorou o pensamento doutrinário com suas reflexões sobre a história do Direito, a hermenêutica e o Direito comparado.

Liberal de esquerda, que compreendia a economia de mercado com suas virtudes e suas disfunções, ingressou no Partido Socialista Italiano após retornar e chegou a integrar listas eleitorais e participar de comícios.

Morava em Roma, mas lecionava em Bolonha, onde era hostilizado por Bigiavi. Sentia-se isolado e temia um conflito militar entre a União Soviética e os Estados Unidos, ou mesmo uma guerra civil na Itália, após a tentativa de assassinato de Palmiro Togliatti, em 1948. Por

[19] PESSO, Ariel Engel, op. cit., p. 227.

[20] BOBBIO, Norberto. L'Itinerario di Tullio Ascarelli. In VV. AA., *Studi in Memoria di Tullio Ascarelli*, v. 1. Milão: Giuffrè, 1969, p. XCV.

[21] MESSINEO, Francesco, op. cit., p. LXI.

esses motivos, e pelo desejo natural dos filhos de continuarem em São Paulo, com seus amigos e em suas escolas, sua família permaneceu no Brasil até 1952, residindo na rua Suíça, no Jardim Europa.

Para reencontrá-los, Ascarelli anualmente cruzava o Atlântico para aqui passar o verão do hemisfério norte. Aproveitava sua estada para dar cursos e palestras, além de escrever pareceres. Amigo de Assis Chateaubriand e de Piero Maria Bardi, participou da fundação do MASP e era frequentador assíduo de galerias e exposições em São Paulo.

Em 1953, assumiu a cátedra de Direito Industrial na Universidade de Roma — oportunidade em que lançou sua monumental monografia *Teoria della Concorrenza e dei Beni Immateriali*. Em 1954 foi eleito para a Academia dei Lincei.

Em 1956, fundou a *Rivista delle Società*, depois dirigida por seu discípulo dileto, Giuseppe Auletta.

Em 1959, vinte dias antes de morrer, foi indicado por unanimidade para a Cátedra de Direito Comercial da Universidade de Roma, outrora ocupada por seu mestre Vivante e na qual sucederia Asquini, mas nem sequer chega a apresentar sua *Prolusione*. Falece na Cidade Eterna em 20 de novembro de 1959, por causa de um tumor no pulmão — era inveterado fumante de cachimbos, e quase sempre aparecia pitando um deles nas suas fotografias. Tinha pouco mais de 56 anos e chegara havia meses de sua última viagem ao Brasil. No mesmo dia de sua morte, a Universidade de Bruxelas lhe conferia o título de doutor *Honoris Causa*, por iniciativa de seu amigo Chaim Perelman, na presença do Rei da Bélgica.[22]

Seu corpo foi velado em meio a seus livros, numa suprema metáfora da afirmação de Borges: uma biblioteca é a experiência do homem com o infinito.

---

[22] Ascarelli já recebera os títulos de doutor *Honoris Causa* das Universidades de São Paulo, Rio de Janeiro e do Rio de Grande do Sul e de Santiago do Chile. Segundo Mario Stella Richter Jr., quando de sua morte, as Universidades de Chicago e Paris preparavam homenagens da mesma natureza ao jurista (RICHTER JR., Mario Stella. "Racconti Ascarelliani". *In*: *Sulle Spale Dei Giganti*. Napoli: Editoriale Scientifica, 2020, p. 7).

Ainda a propósito de sua biblioteca, em 1959, realizando a vontade do falecido, sua viúva Marcela Ziffer doou à Faculdade de Direito de São Paulo as obras jurídicas, um acervo riquíssimo, que compreende exemplares raros, alguns dos quais impressos no século XVI. Seus livros não jurídicos foram doados à Embaixada do Brasil em Roma. Esse acervo reflete seu antigo dono, pois somos o que lemos, e, como adverte Alberto Manguel, toda biblioteca é autobiográfica.

A família Ascarelli nunca esqueceu o Brasil. Quando os filhos Franca, Gianni e Piero se encontravam, falavam em português.

IV. Contribuições de Ascarelli ao Direito brasileiro

A) Um estilo único

Os textos de Ascarelli não eram sistemáticos, nem seguiam uma rigorosa ordem de exposição. Seu brilho e sua capacidade de inovação vêm de seu caráter aberto, sempre apontando para as implicações econômicas, históricas e políticas de qualquer tema jurídico sobre o qual se debruçasse. É como um *flanêur* intelectual, passeando por toda a vizinhança do tema que lhe toca. O texto é bem construído e a redação clara, mas a leitura é lenta, para não se perder o fio da meada.

O tom digressivo chega a seu ápice nas longas e bem-estruturadas notas de rodapé, algumas das quais valeriam autonomamente como pequenas monografias. Essas notas por vezes ocupavam toda a página, o que impressionou Alfredo Augusto Becker, como ele anotou em seu clássico "Carnaval Tributário":

> Meu pai diariamente lia e estudava o volumoso livro que o Tullio Ascarelli escreveu quando residia no Brasil. Seu título: Problemas Jurídicos das Sociedades Anônimas no Brasil (sic). Era um livro curioso que provava a inteligência genial e a cultura borbulhante de ideias originais de Tullio Ascarelli. Na maior parte de suas páginas, o texto do livro limitava-se às dez primeiras linhas. Em

algumas, só à primeira linha. O restante da página estava todo preenchido, em letra miúda, com as linhas de rodapé, com as sub-notas às notas que aquela única linha de texto fizera germinar e florescer no cérebro genial de Tullio Ascarelli.[23]

B) As influências que formataram o pensamento de Tullio Ascarelli. Um historicista que não teme a inovação.

O historicismo é de fato a chave de todo o pensamento e da obra de Tullio Ascarelli. Fruto de sua adesão na juventude ao idealismo de Benedetto Croce, mais do que um método de análise, a leitura histórica era sua concepção de mundo e sua resposta à crise do positivismo.

Aqui, pede-se licença ao leitor para uma breve digressão. Como todo ser humano, Ascarelli era fruto das suas circunstâncias, colocando-se como vitrine de suas influências.

Ascarelli foi dileto discípulo de Vivante,[24] cujo *Trattato di diritto commerciale* é dedicado a Levin Goldshmidt. Diz Vivante que o professor alemão ter-lhe-ia educado "*con l'alto esempio a trarre dall'intimità della storia il sistema del diritto vigente*".

Levin Goldschmidt, além do domínio do direito comercial, foi um dos maiores historiadores do direito e escreveu texto inigualável sobre história do direito comercial (*Universalgeschichte des Handelsrechts*) publicado, em 1913 na Itália, com o título de *Storia universale del diritto commerciale.*[25] A influência de Goldschmidt sobre Ascarelli não se limita a mero reflexo da admiração nutrida por Vivante; prova da influência direta é a visão de Ascarelli de que o direito comercial é uma categoria

---

[23] BECKER, Alfredo Augusto. *Carnaval Tributário*. São Paulo: Saraiva, 1989, p. 41.

[24] A respeito das influências de vários autores, inclusive de Vivante, sobre Ascarelli, v. FERRI, G. "Il pensiero giuridico di Tullio Ascarelli". *In*: *Studi in memoria di Tullio Ascarelli*, v. 1. Milão: Giuffrè, 1969, p. CXLIX . Miguel Reale credita a visão historicista do direito de Ascarelli à influência de Benedetto Croce, assim como a "íntima interdependência entre as normas jurídicas e a experiência prático-econômica" (REALE, Miguel. "A Teoria da interpretação segundo Tullio Ascarelli". *In*: *Revista de Direito Mercantil*, v. 28. São Paulo, 1980).

[25] GOLDSCHMIDT, Levin. *Storia universale del diritto commerciale.* Trad. Vittorio Pouchain e Antonio Scialoja. Torino: Utet, 1913.

histórica e não ontológica. Ascarelli advertia-nos, já há muito, que o direito comercial somente poderia ser entendido em sua perspectiva história, que lhe atribuía independência metodológica. Disciplina autônoma graças à natureza das coisas, às necessidades dos comerciantes. Direito que molda e é moldado pela realidade.

O viés marcadamente histórico da obra de Ascarelli (i.e., a busca da racionalidade própria ao direito comercial e a seus institutos em sua origem) é bastante calcado em Goldschmidt[26] e, logicamente, em Vivante. A promessa que Vidari fez ao professor alemão em seguida a sua morte, em 1897, de que as sementes por ele lançadas entre os italianos seriam "*sempre per l'avvenire coltivati con lungo studio e grande amore*"[27] parece ter sido honrada, ainda mais se considerarmos que as lições de Ascarelli influenciam marcadamente a moderna doutrina privatística peninsular.

Ao mesmo tempo, é importante ter presente que o mesmo Goldschmidt (influência fundamental de Vivante e Ascarelli) orientou Max Weber em sua tese de doutoramento, indevidamente considerada uma obra menor. Tê-lo-ia convencido a escrever, com 25 anos, primoroso estudo sobre a história do direito comercial, sobre as sociedades comerciais na Idade Média: *Zur Geschichte der Handelsgesellschaften im Mittelalter*, publicada na Alemanha em 1889 e traduzida para a língua

---

[26] Para Goldschmidt (assim como para Ascarelli), são subsídios da história do direito comercial, além da história universal da civilização, em especial a história universal do comércio e da economia política. Vale a transcrição da seguinte passagem da obra do autor alemão, que bem poderia ter sido escrita por Ascarelli: "Perocchè la storia del diritto commerciale, come tutte le storie del diritto, non si può bene intendere se non in relazione con la storia universale della civiltà, e specialmente com la storia dell'economia, la quale comprende in sè anche la storia delle opinioni economiche, cioè della 'spiegazione' (oppure a volte anche del contrario) delle questioni economiche. Essa mira a una illustrazione *genetica* del vigente diritto del traffico. La 'storia' non è l'esposizione del semplice susseguirsi delle cose, nè si limita a paragonare tra loro le cose che in un dato tempo stanno unite o divise (...). Per la speculazione storica l'ieri, l'oggi e il domani formano una catena ininterrotta. (...) Poichè ogni diritto è il prodotto delle idee, spesso incoscienti, degli scopi (*utilitatis ratio*), quali sono determinati dalle opinioni e condizioni etiche ed economiche, nel diritto dei rapporti universali prevale naturalmente di gran lunga la base economica, ma i momenti etici (*Treu und Glauben, bona fides*) hanno anche qui una parte propria e di somma importanza" (op. cit., pp. 16-18. Itálicos do original).

[27] VIDARI, Ercole. "Lewin Goldschmidt". *In*: *Scritti Varii*, Milão: Hoelpi, 1908, p. 242.

inglesa com o título de *The history of commercial partnerships in the Middle Ages.*

Em suma: as semelhanças que encontramos entre as ideias de Tullio Ascarelli e de Max Weber, inclusive pela preocupação com as regras do jogo do mercado, da segurança e da previsibilidade jurídicas, podem em parte ser explicadas tendo em vista a influência de Goldschmidt sobre ambos. Constroem sua visão sobre o sistema jurídico desde a perspectiva do direito criado pelos mercadores e sua racionalidade peculiar, na busca de segurança e previsibilidade. A análise conjunta desses dois autores descortina a compreensão de ambos e do próprio sistema do direito comercial.

Nesse contexto de vida e de formação, Ascarelli não poderia acreditar no direito natural, nem em leis imutáveis da economia. À maneira de Heráclito, tudo está em fluxo. Tudo é história. O direito comercial não é vocacionado à manutenção do *status quo*, mas sim à inovação e ao estímulo ao desafio competitivo, caracterizando-se por uma exigência de "contínua renovação em contraste com aquela da manutenção das posições adquiridas".[28]

Outra grande lição de Ascarelli é que o jurista deve repelir o misoneísmo e a inércia jurídica e abraçar a mudança e o futuro, mas imbuído do "intuito de conciliar as novas exigências da vida prática com a certeza e a segurança da disciplina jurídica".[29] Critica os nostálgicos que sempre falam em crises do direito, quando a questão é como ajudar a elaborar um direito que responda às exigências atuais.[30]

---

[28] ASCARELLI, Tullio. *Teoria della concorrenza e dei beni immateriali.* Lezione di diritto industriale. 3ª ed. Milão: Giuffrè, 1960, p. 195.

[29] Id. *Problemas das Sociedades Anônimas e Direito Comparado.* 2ª ed. São Paulo: Saraiva, 1969, p. 193.

[30] Id. *Lezioni di Diritto Commerciale.* Milão: Giuffrè, 1955, p. 81.

C) A importância da função econômico-social dos institutos jurídicos

Os professores de direito comercial, ao iniciarem o ensino de qualquer ponto de sua matéria, explicam aos alunos para o que aquilo serve. Seguem, nesse ponto, a advertência de Cesare Vivante, no prefácio ao seu *Tratado de Direito Comercial*: "Não se aventurem jamais a qualquer investigação jurídica sem conhecerem a fundo a estrutura técnica e a função econômica do instituto objeto dos seus estudos. Reúnam nas bolsas, nos bancos, nas agências, nas sociedades comerciais, nos cartórios judiciais, o material necessário para compreenderem aquela estrutura e aquelas funções".

Seu discípulo Ascarelli foi além, dinamizou e problematizou a dialética entre o instituto e a função, sendo ambos mutáveis, cabendo ao intérprete o desafio de atualizar incessantemente esse precário ajuste, no evoluir da história.

Em outras palavras, a mutabilidade das circunstâncias leva à mutação do direito, já que a ordem jurídica existe para atender a funções sociais cambiantes e o jurista tem o dever de reconstruir os institutos para satisfazer a essas demandas da vida econômica. O doutrinador não deve "aplicar a situações novas os esquemas do passado",[31] nem deve se limitar a refinar logicamente conceitos, mas sim atualizá-los funcionalmente para os novos contextos socioeconômicos.

Essa é a essência do funcionalismo de Ascarelli, pioneiro na Itália no uso dessa abordagem para o enfrentamento dos grandes problemas jurídicos, segundo Bobbio. Mas o funcionalismo ascarelliano não é não dogmático ou automático: o autor percebe que um mesmo instituto jurídico pode servir a várias funções, enquanto uma dada função pode ser realizada por meio de diferentes institutos jurídicos.[32]

---

[31] Ibid., p. 108.

[32] "A mio avviso è fondamentale, specie nel diritto commerciale, la distinzione tra la funzione economica e la struttura giuridica dei singoli istituti; gli stessi istituti possono, grazie a particolari elementi, assolvere funzioni diverse; la stessa funzione può essere assolta da diversi istituti" (ASCARELLI, Tullio. *Consorzi Volontari tra Imprenditori*. 2ª ed. Milão: Giuffrè, 1937, p. 28).

Nesse contexto, Ascarelli foi o grande teorizador dos negócios indiretos, distinguindo-os da simulação, e demonstrando como é importante que possam as partes celebrar um negócio jurídico para atender a uma nova finalidade econômica, que pode ser distinta daquele objetivo típico e originário para o qual surgira a figura contratual.

D) Um mestre comparatista

Conhecendo profundamente diferentes sistemas jurídicos, Ascarelli estava em uma posição sobranceira para refletir sobre o direito comparado, distinguindo-o da mera legislação comparada. Em outras palavras, fazer direito comparado não é elencar ou reproduzir acriticamente normas estrangeiras sobre determinado tema. Vai muito além disso.

Um comparatista deve necessariamente levar em conta a unidade de um dado sistema jurídico, com seus princípios gerais, sua doutrina e sua jurisprudência, sua prática contratual, o seu grau de litigiosidade. A título de exemplo, para Ascarelli, não é possível se compreender o direito societário de um país sem se estudarem os estatutos sociais ali adotados.

Finalmente, destaca o autor ser fundamental para o comparatista a consideração das "premissas implícitas" do ordenamento estudado, em suas dimensões econômicas, sociais e doutrinárias. Essas premissas não formuladas são "de importância para evidenciar o alcance das soluções jurídicas, bem como para explicar a diretriz da evolução de determinado direito".[33]

O seu interesse pelo direito comparado nutre-se da mesma preocupação com que o direito responda a determinados objetivos, adaptando-se a seus distintos contextos culturais e sociais. O direito comparado revela na dimensão do espaço o que o estudo da história do direito ensina na dimensão do tempo. Se o historiador se debruça sobre as formas pelas quais o direito evolui para enfrentar determinados problemas, o

[33] ASCARELLI, Tullio. *Problemas das Sociedades Anônimas e Direito Comparado*, op. cit., p. 10.

comparatista fará o mesmo, deslocando-se pelo ordenamento dos diversos países: "[o direito comparado] proporciona a possibilidade de colher ao vivo, numa experiência concreta, o direito no seu ambiente social e de verificar todas as influências recíprocas entre o direito e o meio, de vê-lo, por assim dizer, em ação, de acompanhar a tradição em termos jurídicos do problema econômico e social, e colher o real alcance econômico e social do problema jurídico".[34]

Em síntese, o estudo do direito comparado permite identificar e compreender os problemas postos pelos fenômenos econômicos aos diferentes ordenamentos e examinar as possíveis soluções jurídicas para eles.

A título de exemplo, Ascarelli mostra como o Brasil criou a duplicata para atender às exigências da formalização ágil e da circulação de créditos originários da venda comercial, chamando-a de título-príncipe do Direito brasileiro, e considerando-a uma das inovações brasileiras do direito comercial universal. Sua criação, por outro lado, esvaziou as letras de câmbio, raras entre nós.

E) A interpretação em Tullio Ascarelli. Segurança, previsibilidade e adequação.

Para Ascarelli, "*l'ultima parola è sempre, per definizione, quella dell'interprete*". Isso significa dizer que a norma é efetivamente formulada e posta pelo hermeneuta: é ao interpretar o texto legal que se constrói a norma.

Segundo Asquini, as reflexões sobre a interpretação constituem o fio condutor de toda a obra ascarelliana.[35] Dada a visão de mundo historicista do autor, a interpretação é fruto da história e das circunstâncias e do contexto do intérprete.

Ascarelli tem uma visão crítico-filosófica da interpretação, buscando compreender seus fundamentos, e sobretudo o seu papel na própria

[34] Ibid.

[35] ASQUINI, Alberto. "Il Pensiero Giuridico di Tullio Ascarelli". *In*: VV. AA. *Studi in Memoria di Tullio Ascarelli*, v. 1. Milão: Giuffrè, 1969, p. LXXXVI.

reconstrução do ordenamento jurídico e a importância dos conceitos nessa atividade.

A atividade hermenêutica não se volta apenas a colmatar lacunas, e nem pretende identificar a presumida vontade do legislador. Tem uma tripla missão: identificar a *ratio legis*, para aplicar a norma em consonância com sua finalidade econômico-social; reformular constantemente o ordenamento jurídico — que é dinâmico e mutável; realizar a reconstrução tipológica da realidade social.

Quanto à reformulação do ordenamento, Ascarelli afirma o caráter assistemático e problematizante do Direito.[36] É uma visão do Direito vivo, que se interessa pela atuação dos seus aplicadores — advogados e juízes — na solução de problemas concretos. Como no mito de Sísifo, o jurista tem uma tarefa inesgotável. "*Il diritto non è mai compiuto e sempre da compiere, non è mai completo e sempre da completare*".[37]

A hermenêutica confere dinamismo ao Direito, fazendo com que um instituto — como, por exemplo, a sociedade anônima — transforme-se e evolua mesmo sem que se alterem os textos normativos, apenas com base na doutrina e na jurisprudência.

A ideia de reconstrução tipológica da realidade é mais complexa. Ascarelli enxergava os conceitos jurídicos em plano situado entre as regras e a realidade. Cabia ao jurista, no raciocínio jurídico, descrever conceitualmente essa realidade, que era lida com as lentes de conceitos jurídicos.

Na obra ascarelliana, os conceitos não são rígidos ou dogmáticos: são instrumentos flexíveis usados na interpretação do Direito. Essa flexibilização permite que Ascarelli nunca abandone por completo o conceitualismo, e nem se entregue ao realismo norte-americano, apesar de ler com interesse esses autores. Fica no meio-termo entre ambas as tendências — Bobbio classifica-o como um antiformalista moderado.[38]

---

[36] ASCARELLI, Tullio. *Problemas das Sociedades Anônimas e Direito Comparado*, op. cit., p. 162.

[37] Id.. *Corso di Diritto Commerciale*, op. cit., p. 86.

[38] BOBBIO, Norberto, op. cit., p. CXXV.

Ascarelli conhecia profundamente a ciência econômica — a ponto de Messineo chamá-lo de "doublé de economista" e Bobbio referir-se a ele como "jurista-economista".[39] Mas jamais abdicou da afirmação da autonomia do direito em relação à economia, denunciando a "impossibilidade do Direito operar de outro modo senão com conceitos jurídicos".[40] Sua visão, no entanto, era de um ordenamento jurídico aberto: "até quando o direito parece aproveitar conceitos psicológicos ou econômicos, ele, entretanto, os transforma, sempre e necessariamente, em conceitos jurídicos".[41]

Não defendia tampouco a Escola da Livre Interpretação. O limite e a fronteira da hermenêutica são a legalidade. "A norma legislativa (e, no sistema inglês, o precedente jurisprudencial) deve constituir sempre o fundamento da solução", mas o intérprete deve, "sempre guiado pela ideia de justiça, aproveitar os conhecimentos econômicos e sociológicos mais vastos". Conclui que o Direito tem de ser estável, mas não imóvel, adaptável "e ser, no entanto, certo".[42] O desafio do intérprete, ao aplicar o Direito a uma realidade "sempre diversa e mutável", é renovar o *corpus iuris*, mas "mantendo um critério de continuidade que só pode ser superado pelo legislador".[43]

A relação entre a lei e a interpretação é explicada de modo singular por Ascarelli, recorrendo à comparação com a ligação entre a planta e a semente:

> O Direito nunca é um dado, mas uma criação constante à qual o intérprete contribui de forma contínua, assim como todos os indivíduos, e é justamente por isso que vive na história, ou melhor, com a história.

---

[39] Sobre o tema, v. CAMILO JUNIOR, Ruy Pereira. Ascarelli Sinfônico: Direito e Economia na Interpretação Jurídica. *In*: LOPES, José Reinaldo de Lima, *et. al.* (orgs.). *Nas trilhas de Ascarelli*, v. 1. 1ª ed. São Paulo: Quartier Latin, 2022, pp. 343-363.

[40] ASCARELLI, Tullio. *Teoria della concorrenza e dei beni immateriali*. Lezione di diritto industriale. 3ª ed. Milão: Giuffrè, 1960, p. 6.

[41] Id. *Problemas das Sociedades Anônimas e Direito Comparado*, op. cit., p. 129.

[42] Ibid. p. 69.

[43] Id. *Lezioni di Diritto Commerciale*, op. cit., p. 67.

> A relação entre a lei e a sua interpretação não é aquela que corre entre uma realidade e o seu espelho, mas aquela que corre entre a semente e a planta. Por isso a lei vive somente com a sua interpretação e aplicação, que, porém, não é absolutamente sua mera declaração, mas criação do direito, todavia caracterizada pela sua continuidade com o dado do qual se origina.[44]

A preocupação de Tullio Ascarelli com o grau de segurança e de previsibilidade propiciadas pelo ordenamento jurídico poreja de toda a sua obra, juntamente com a consciência da necessidade de adaptação desse mesmo Direito à realidade regulada:

> ao ser elaborada a norma legal, surge essa exigência de certeza e segurança e fica em perene contraste com as não menos justificadas exigências da equidade, da justiça do caso concreto, contraste que o direito supera nos diferentes casos segundo as diversas exigência dos vários institutos. Êsse contraste de equidade e de certeza, se encontra também, a cada passo, na interpretação da norma e nas sempre renovadas discussões metodológicas e exprime, aliás, o contraste entre a justiça do caso singular e a generalidade da norma, entre a discricionariedade do juiz e o poder do legislador.[45]

A consciência de que o tráfico mercantil necessita de regras claras e previsíveis, adequadas à realidade, informa a compreensão de Ascarelli sobre os contratos comerciais. É a práxis dos comerciantes, a incessante busca da satisfação jurídica de suas necessidades econômicas, que dá origem aos contratos. A prática reiterada de acordos com a mesma função econômica leva à segurança e à previsibilidade em relação ao comportamento da outra parte, porque cria um padrão de mercado que passa a ser a conduta esperada do mercador (legítima expectativa). A possibilidade de previsão do comportamento gera calculabilidade e,

---

[44] ASCARELLI, Tullio. "Antígona e Pórcia". *In*: *civilistica.com*, a. 5. n.º 2. Trad. Maria Cristina de Cicco. 2016, pp. 10-11.

[45] Id. *Teoria geral dos títulos de crédito*. 2ª ed. São Paulo: Saraiva, 1969, p. 4.

consequentemente, maior grau de segurança sobre o futuro. A estabilidade (= possibilidade de previsão) leva ao azeitamento do fluxo de relações de mercado.[46] Aqui, a influência de Weber é notável.

O formalismo, por sua vez, reflete "exigências de certeza e segurança" que levam à "estandartização contratual" (em especial no comércio internacional). "A prática vem, com efeito, continuamente elaborando novos contratos, que só sucessivamente passam para os textos legais".[47]

Ascarelli assume — consciente das reações que sua posição viria a causar — que as classificações e o raciocínio dogmático são indispensáveis ao Direito (verdadeiros instrumentos), porque sua aplicação reverte em segurança e previsibilidade. Vale transcrever nota ao texto "O contrato plurilateral", em que esse posicionamento vem à tona sem dissimulação:

> Parece-me, no entanto, preferível o sistema tradicional de assentar as classificações jurídicas, antes de mais nada, sobre critérios formais; proporcionam eles uma certeza jurídica que, ao contrário, não pode ser própria a critérios econômicos. Geralmente, as classificações assentes em critérios formais e aquelas assentes em critérios econômicos acabam por coincidir, à vista da correspondência, normal, de uma determinada estrutura jurídica com uma determinada função econômica, e da natural influência desta sobre aquela; deve, aliás, o intérprete visar assentar a classificação sobre critérios que, embora formais, encontrem correspondência e significado em critérios econômicos; são, porém, os critérios "estruturais" os que devem prevalecer na classificação jurídica.[48]

[46] A respeito da forma dos negócios jurídicos, v. TORRES, Heleno Taveira. *Direito Tributário e Direito Privado*. São Paulo: Revista dos Tribunais, 2003, pp. 146 e ss.

[47] ASCARELLI, Tullio. *Panorama do direito comercial*, op. cit., p. 64.

[48] "O contrato plurilateral". *In*: *Problemas das sociedades anônimas e direito comparado*, op. cit., p. 275.

Afinal, "não há nenhuma contraposição entre rigor dogmático e apreciação do sentido econômico do instituto".[49]

Jurista atento à realidade como Ascarelli jamais poderá ser acusado de praticar formalismo estéril. Os critérios dogmáticos, assim como a forma, são instrumentos para catalisar o fluxo de relações econômicas: "a prática não pode dispensar instrumentos dogmáticos precisos e aperfeiçoados".[50-51]

No entanto, não tenhamos falsas impressões e não distorçamos as palavras de Ascarelli: sem prejuízo da maestria com que explicou a necessidade de segurança e de previsibilidade para o direito comercial, advertiu expressamente: "*Il diritto non è solo certezza e non è solo di certezza che andiamo alla ricerca. Andiamo in cerca anche di giustizia che è in noi, in una storia che è 'commedia umana' ma pur sempre storia etica e dove veramente sacro è l'uomo*".[52]

Por isso, parece-nos descabida a crítica feita por Meroni de que "[i]*l rispetto alla continuità non sembra sufficiente a garantire quella certezza del diritto che costituisce il fine da lui perseguito*". O "critério de continuidade" a que se refere Ascarelli somente pode ser entendido sob a sua perspectiva de que o "contraste de equidade e de certeza, se encontra também, a cada passo, na interpretação da norma". A atividade interpretativa, na medida em que o texto normativo é apenas sua "semente", admite mais de uma solução possível. No entanto, o fato de que a interpretação possa partir de uma "diversidade de valorações", embora sejam "cuidadosamente escondidas",[53] jamais foi negado por Ascarelli. Mesmo porque — é sempre Ascarelli quem diz — a aplicação do Direito, salvo intervenções "extraterrestres", "não pode ocorrer independen-

[49] *Panorama do direito comercial*, op. cit., p. 222.

[50] *Panorama do direito comercial*, op. cit., p. 228.

[51] Não pode deixar de ser notada a identificação entre a posição de Ascarelli e a explicação dada por Weber sobre a racionalidade do ordenamento jurídico. Sobre o tema, v. FORGIONI, Paula A. *Contratos empresariais*: teoria geral e aplicação. 7ª ed. São Paulo: Revista dos Tribunais, 2022, pp. 236-242.

[52] Op. cit., p. 82.

[53] ASCARELLI, Tullio. "Norma giuridica e realtà sociale". *In*: *Il diritto dell'economia*, a. 1, n.º 10, 1955, 8.

temente de uma interpretação humana" que — repita-se — baseia-se em uma "diversidade de valorações". Enfim, Ascarelli não pretendeu dotar o sistema jurídico de total certeza, segurança e previsibilidade, mas apenas diminuir a insegurança, conjugando a busca de equidade, adaptação e evolução do Direito com a da certeza que por ele *pode* ser propiciada. Não enxergar essa constatação que exsurge da obra de Ascarelli é cair na armadilha posta por aqueles que cuidadosamente ocultam a existência de uma "diversidade de valorações".

F) A função vivificadora da interpretação: Ascarelli x Jhering

A visão de Ascarelli sobre a necessidade de conjugação entre segurança/previsibilidade do Direito, de uma parte, e sua adaptação à realidade e a novas realidades, de outra, faz aflorar ponto cardeal de sua obra: o estudo da interpretação. Afinal, independentemente do sistema jurídico que esteja sendo analisado, independentemente de suas "premissas implícitas", do instituto jurídico estudado, como pode alguém duvidar que "o direito vive como história e seu momento culminante é o interpretativo"?[54]

Para ele, as "invenções jurídicas" são um primeiro instrumento de vivificação do ordenamento. Trata-se de "novas combinações de princípios jurídicos já conhecidos para alcançar a solução de um problema insatisfeito; criando-se novos instrumentos, quase diria novos maquinismos jurídicos, para o progresso econômico e técnico e a solução de problemas ocasionados por êsse progresso".[55]

Segundo Ascarelli, "as soluções reais são fruto da experiência e não surgem de chofre, perfeitas e acabadas com uma teoria ou um decre-

[54] Asquini relata que Ascarelli, ainda jovem, perguntou-lhe "come taluno potesse indugiare in certi dubbi e particularmente nel dubitare che tutto il diritto è un momento della storia, non solo sul piano dell'evoluzione legislativa, ma anche e soprattutto su quello della interpretazione" (ASQUINI, Alberto. "Nell'anniversario della morte di Tullio Ascarelli". *In*: *Rivista delle società*. Milão: Giuffrè, 1960, p. 998).

[55] *Panorama do direito comercial*, op. cit., p. 45.

to".[56] O desenvolvimento histórico dos institutos do direito comercial é a comprovação da assertiva de Holmes: "*the life of the law has been experience*".[57]

Nesse processo de evolução, a interpretação joga papel fundamental, por vezes quase subversivo. A relação entre a lei e sua interpretação — diz Ascarelli — não é semelhante àquela que há entre uma realidade e seu espelho, mas sim entre a planta e sua semente.

Como exemplo da função reservada por Ascarelli à interpretação jurídica, contraponhamos suas conclusões às de Jhering ao comentarem a mesma comédia (?) de Shakespeare: *O mercador de Veneza*.

Bassânio, na ruína econômica por prodigalidade, busca mais um empréstimo junto a seu amigo Antônio. Porém, este mercador enfrentava — hoje diríamos — certa "crise de liquidez": três navios em giro pelo mundo, e nenhum dinheiro em caixa. Seguindo conselho de Antônio, que se oferecia como garantidor, põe-se Bassânio à procura de quem pudesse emprestar-lhe numerário suficiente para viajar e buscar obter em casamento a mão de senhorita rica e órfã.

Para azar de Antônio, dispôs-se o judeu Shylock à concessão do empréstimo. Mas Antônio esmerava-se em perturbar a vida do "estrangeiro". Concedia empréstimos por pura bondade, sem exigir o pagamento de juros. Com isso, baixava a taxa de mercado e prejudicava os negócios de Shylock. Não bastasse, havia sempre desdenhado publicamente o judeu, desferindo-lhe zombarias. O mutuante, então, encontrou a ocasião de reagir e vingar-se de anos de humilhação. Para a concessão do empréstimo exigiu prestação acessória peculiar: uma libra da carne de Antônio, caso a dívida não fosse paga no prazo.

O garantidor, seguro de que seus navios já teriam voltado a Veneza até a data do pagamento, assina a nota e agradece a bondade de Shylock. Entendia que o empréstimo era-lhe concedido gratuitamente porque, se pago no prazo, não seriam cobrados juros.

---

[56] "[A]s soluções reais são fruto da experiência e não surgem de chofre, perfeitas e acabadas com uma teoria ou um decreto" (*Panorama do direito comercial*, op. cit., p. 104).

[57] *Panorama do direito comercial*, op. cit., p. 45.

Quis Shakespeare, no entanto, que a crise de liquidez de Antônio ultrapassasse o prazo para o pagamento. Em face do inadimplemento, Shylock reclamou do Doge o cumprimento da lei de Veneza. Sendo ele possuidor de um título existente, válido e eficaz (no texto de Shakespeare, nenhum desses três elementos é contestado por qualquer personagem), seu direito ao recebimento da dívida era líquido e certo. Negar-lhe a execução (= negar a aplicação da lei) seria uma "violação da liberdade".

Viu-se o Doge em encruzilhada incômoda. O que fazer? "Poder não tem o doge para o curso da lei deter". Em linguagem atual, seria como comprometer o marco regulatório, gerando insegurança e instabilidade no mercado, como bem notado por Antônio: "Se fossem denegados aos estrangeiros todos os direitos que em Veneza desfrutam, abalada ficaria a justiça da república, pois o lucro e o comércio da cidade se baseiam só neles". Negado o direito, "com o risco seja das leis e liberdades de Veneza". Todos poderiam dizer: "São fracos os decretos de Veneza"!

Entra em cena um jovem e brilhante jurista (na verdade, a já mencionada moça solteira, rica e órfã, travestida de advogado, de nome Pórcia) que conclui peremptoriamente: Shylock tinha direito a uma libra de carne de Antônio. "Força alguma pode em Veneza mudar as leis vigentes. Muitos abusos, ante um tal exemplo, viriam a insinuar-se na república. Não pode ser", diz a sagaz mulher.

No entanto — continua o raciocínio jurídico —, a lei assegurava a Shylock o direito ao recebimento do que estava literalmente escrito na cártula, nem mais, nem menos; não poderia derramar uma gota do sangue de Antônio e tampouco extrair de seu corpo um vigésimo de um escrópulo além ou aquém de uma libra. Neste caso, perderia todos os seus bens.

Ihering, n'*A luta pelo direito*, defende que Shylock foi ludibriado. Quando o estrangeiro brada "eu invoco a lei", sua pretensão "transforma-se num só lance, na questão do direito de Veneza. (...) Já não é o judeu quem reclama a sua libra de carne, é a própria lei de Veneza que bate à porta do tribunal — porque o seu direito e o direito de Veneza são um só".[58] Shylock acreditava na lei; a existência, validade e eficácia do seu título não tinham sido contestadas. A astúcia da argumentação de Pórcia e a decisão do Doge tiram-no a ilusão. Aprende, em vez disso, que "não é mais do que o judeu desprezado da Idade Média a quem se reconhecem todos os direitos para depois defraudar e iludir".[59]

Ihering, mesmo após ter sido alvo de ferrenhas críticas, reafirma: "desde o momento que a lei de Veneza declarava válido um escrito daquela natureza, o judeu era porventura um patife porque tirava partido dêle, e se nisso se quer descobrir uma cilada deve atribuir-se ao judeu ou à lei a sua responsabilidade?"

Ascarelli pensa a questão de forma diversa. Parte do pressuposto de que a oposição revolucionária ao texto normativo pode comprometer a certeza jurídica do direito positivo. Pórcia, com sua estratégia, afirma a validade do pacto; não se revolta, não o ataca. "Mas interpreta-o e, interpretando-o, reduz-no a nada".[60] O conflito entre a avença e a exigência moral de condená-la não é resolvido mediante a negativa de execução, mas sim pelo novo ângulo criado pela interpretação.

> A interpretação (...) é uma construção e uma reconstrução que explica, desenvolve, restringe, modifica substancialmente; reconduz-se sempre ao dado interpretado e sempre modificando-o. Pórcia parece sorrir para lembrar-nos que cada lei existe, no fim, qual interpretada; cada lei é qual a faz a interpretação que seja acolhida e esta interpretação na realidade reconstrói a lei e pode fazê-la diversa da sua primeira inteligência; transforma-a com o tempo; adapta-a e modifica-a; desenvolve-a ou a reduz a nada. E nesta interpretação se fazem valer as exigências e as convicções do intérprete, assim como aquela condenação moral que, todavia, não se ergue eticamente contra a norma, negando-a, mas se concretiza interpre-

[58] IHERING, Rudolf von. *A Luta pelo direito*. Tradução de João de Vasconcelos. Rio de Janeiro: Forense, 1972, p. 98.

[59] Ibid., p. 99.

[60] ASCARELLI, Tullio. "Antigone e Porzia". *In*: *Rivista Internazionale di filosofia del diritto*, a. 2, n.º 7. Torino: Emilio Bono, 1956, p. 762.

tando-a e plasmando-a (...); respeitando-a e assim respeitando a exigência de ordem e de certeza que esta sempre representa, mas, ao mesmo tempo, transformando-a e, assim, adequando-a a um sempre mutável equilíbrio de contrastantes forças e valorações".[61]

Para Ascarelli, deve haver o respeito ao texto, sob pena de comprometer-se a segurança jurídica, mas esse texto, juntamente com os fatos, há de ser interpretado. Mesmo porque a aplicação do Direito, salvo intervenções "extraterrestres", "não pode ocorrer independentemente de uma interpretação humana".[62]

A norma deve ser entendida em função de seu posicionamento no sistema e de uma reconstrução tipológica da realidade que, por sua vez, não podem prescindir da liberdade do intérprete (liberdade que não é, porém, "irracional").[63]

Mas Ascarelli, por conta da preocupação com a segurança e certeza jurídicas, coloca limites à liberdade de interpretação. O primeiro diz respeito à obrigatoriedade do respeito ao texto normativo. Para Ascarelli, o texto normativo é uma "semente", a partir do qual a interpretação desenvolve-se. Ao limitar a atuação do intérprete pelo texto, Ascarelli conjuga a atividade de interpretação com aquela legislativa que:[64]

---

[61] No original: "L'interpretazione (...) è una costruzione e una ricostruzione che spiega, sviluppa, restringe, sostanzialmente modifica; sempre riconducendosi al dato interpretato eppur sempre modificandolo. (...) [O]gni legge è alla fine quale interpretata ogni legge è quale la fa l'interpretazione che venga accolta e questa interpretazione in realtà ricostruisce la legge e la può fare diversa dalla sua prima intelligenza; la viene trasformando col tempo; la adatta e modifica; la sviluppa o la riduce al nulla. E in questa interpretazione pur si fanno valere le esigenze e le convinzioni dell'interprete, sì che quella condanna morale che tuttavia non si erige eticamente contro la norma negandola, pur si fa operosa interpretandola e plasmandola (...); rispettandola e così rimanendo sensibile a quell'esigenza di ordine e certezza che questa pur sempre rappresenta, am insieme trasformandola e così adeguandola a un sempre mutevole equilibrio di contrastanti forze e valutazioni" (ASCARELLI, Tullio. *Antigone e Porzia*, op. cit., p. 763).

[62] ASCARELLI, Tullio. *Norma giuridica e realtà sociale*, op. cit., p. 13.

[63] Ibid., p. 8.

[64] "[D]iminuisce la portata dell'opera dell'interpretazione, e, a sua volta, risponde alla necessità di una soluzione autoritaria di fronte a una fenomenologia nuova nel contrasto di valutazioni diverse. Questo contrasto trova più facilmente soluzione in via politica e perciò legislativamente (...). D'altra parte le nuove soluzioni importano spesso l'istituzione o la disciplina di peculiari organi — data la loro frequente coordinazione con un intervento pubblicistico —, istituzione

diminui a amplitude da atividade interpretativa e, por sua vez, responde à necessidade de uma solução autoritária em face de uma fenomenologia nova, que contrasta com valorações diversas. Este contraste é solucionado mais facilmente pela via política, ou seja, legislativamente (...). De outra parte, soluções novas muitas vezes importam a instituição ou a disciplina de órgãos especiais — dada a sua frequente coordenação com uma intervenção pública —, instituição e disciplina que, na maior parte das vezes, dificilmente e lentamente poderiam ser alcançadas por meio da interpretação.

Outro limite à liberdade do intérprete referido por Ascarelli toca o "critério de continuidade", segundo o qual a norma posta pela interpretação deve ser recondutível a uma outra.[65-66] A "necessidade de coordenação da solução com todas as outras"[67] não pode ser desprezada. A exigência ética que impõe a cada um a valoração[68] da norma levará o intérprete a repelir a reforma ou a fazer a revolução — segue Ascarelli — e assim será edificante a interpretação. Mantido o "critério de continuidade", a interpretação confluirá para o contínuo desenvolvimento do direito, tal como vige historicamente em sua positividade.[69-70]

---

e disciplina che assai difficilmente e comunque assai lentamente potrebbe essere raggiunta in via interpretativa" (Ibid., pp. 17-18).

[65] Meroni chama atenção para o fato de que, em alguns textos, Ascarelli refere-se ao "sistema precostituito" e, em outros, a "norma precostituita" (*La teoria dell'interpretazione di Tullio Ascarelli*. Milão: Giuffrè, 1989, p. 292).

[66] Sobre o "critério de continuidade" de Ascarelli, v. BOBBIO, Norberto. "L'Itinerario di Tullio Ascarelli". *In*: VV. AA., *Studi in Memoria di Tullio Ascarelli*, v. 1. Milão: Giuffrè, 1969. p. CXXVII.

[67] ASCARELLI, Tullio. "Certezza del diritto e autonomia delle parti". *In*: *Problemi giuridici*. Milão: Giuffrè, 1959, p. 124.

[68] Entende Bobbio que a "valoração", para Ascarelli, é "l'enunciazione di una soluzione non desunta logicamente o tautologicamente dalle premesse poste dal legislatore, ma ricavata da una preferenza che rivela un orientamento personale" ("L'Itinerario di Tullio Ascarelli". *In*: VV. AA., *Studi in Memoria di Tullio Ascarelli*, op. cit., p. CXXV).

[69] *Norma giuridica e realtà sociale*, op. cit., p. 9.

[70] A respeito do "critério de continuidade" referido por Ascarelli, diz Bobbio: "questo concetto di continuità, nonostante la parte importante che assume nella teoria, non è mai stato svolto analiticamente" (*L'itinerario di Tullio Ascarelli*, op. cit., p. CXXVII).

Para Ascarelli, a jurisprudência é fundamental no desenvolvimento do sistema jurídico: seu objeto não é o mero estudo das normas, mas sim da realidade em função das normas que, por sua vez, são também objeto de estudo para fins de sua aplicação à realidade e, assim, um ordenamento normativo da realidade.[71] À jurisprudência é reservado papel semelhante ao da prática comercial, porque reconhecerá a interpretação do Direito que, afinal, deverá prevalecer; ela é crucial na consolidação do critério de continuidade a que tantas vezes se refere Ascarelli como forma de atingir-se a certeza jurídica.[72]

G) Um pioneiro do Direito tributário

Exímio comercialista, Ascarelli vestiu também, no Brasil, o chapéu de tributarista. Mais do que isso, foi um dos fundadores e pioneiros do Direito Tributário brasileiro.

Curiosamente, só escreveu sobre o Direito Tributário no Brasil, e em português. Foi a ele levado pelas contingências da advocacia em nossa terra. Atuou na esfera administrativa e produziu pareceres relevantes em matéria fiscal. Foi seu estagiário Ruy Barbosa Nogueira, que décadas depois assumiu essa cátedra no Largo de São Francisco.

Ascarelli estava plenamente apto a fazer florescer esse ramo jurídico entre nós. Estudioso voraz, conhecia a literatura estrangeira sobre tributos, e a difundiu a um tempo em que não havia nada publicado no Brasil.

Fazia-o atento ao impacto do sistema tributário na conjuntura econômica e na estrutura produtiva.

---

[71] *Norma giuridica e realtà sociale*, op. cit., p. 9.

[72] Na dicção de Ascarelli: "Lo stesso ordinamento processuale, la pluralità delle istanze giudiziarie, il controllo della dottrina e dell'opinione pubblica, che a sua volta si collega con la pubblicità e la motivazione della sentenza, concorrono nel garantire l'osservanza di questo criterio di continuità, il cui giudice definitivo sarà, nè potrebbe essere diversamente, la generale convinzione che finirà o non finirà per accogliere una interpretazione, ora esposta dottrinalmente, ora sorta dall'iniziativa della pratica contrattuale, ora dettata dalla giurisprudenza, e che, accolta, sarà considerata diritto vigente" (Prefácio à obra *Studi di diritto comparato e in tema di interpretazione*. Milão: Giuffrè, 1952, p. XLI).

Como societarista, tinha pleno domínio da contabilidade, o que lhe serviu para desenvolver entre nós o ensino do regime do Imposto de Renda.

Em 1947, organizou na USP um curso de extensão sobre Imposto de Renda. Um dos alunos foi Rubens Gomes de Souza, autor do anteprojeto do Código Tributário Nacional, e que escreveu, em 1961: "Foi de Ascarelli que recebi a base científica, sobre a qual pude, em seguida, modestamente construir minha própria elaboração (...) se essa escola (brasileira de Direito Tributário) existe, ela é fruto da semente plantada por Ascarelli".

V. Ascarelli, pensador do Brasil

O olhar estrangeiro desvela o que nós, brasileiros, por vezes não enxergamos; estranha o que nos é habitual; chama a atenção para a idiossincrasia de práticas brasileiras que nos parecem universais.

O exílio e os subsequentes laços profissionais e de amizade ligaram Ascarelli ao Brasil por quase duas décadas. Sendo um dos maiores intelectuais da Europa, com uma curiosidade juvenil e um olhar atento e carinhoso para o Brasil, as referências ao país espraiam-se por toda a sua obra, em especial nos estudos de direito comparado e nas suas cartas e notas pessoais.

Por vezes, Ascarelli escreveu especificamente sobre o país. Redigiu em 1948 o verbete *Brasile* para a *Enciclopedia Trecanni*. Mas sua visão sobre o Brasil expressa-se em especial em sua monografia *Sguardo sul Brasile,* publicada na Itália e traduzida no começo dos anos 1950 com o título *Apresentação do Brasil.*

Nessa monografia, o autor discorre sobre a história, geografia, economia, política e religião do Brasil, apresentando em detalhes o candomblé.

Afirma que o país é um mosaico, em que, ao viajar apenas alguns quilômetros, o viajante é transportado para situações características de três séculos atrás. Descreve São Paulo como uma "*cocktail* entre Nova

York e Avelino", com imigrantes do sul da Itália vivendo em meio a arranha-céus e próximos a tribos indígenas.[73] Como todo estrangeiro, choca-se com as nossas desigualdades sociais, vendo o "*Lumpenproletariat* das favelas a poucos metros dos hotéis de Luxo de Copacabana".

O que caracteriza o clima do Brasil não é o calor (tendo São Paulo um verão mais ameno do que o de Roma ou Nova York), mas a ausência do frio e a inexistência de diferenças sensíveis entre as estações. Encanta-se com a possibilidade de se tomarem banhos de mar o ano todo.

Leu muito sobre o Brasil. Considera "os Sertões o mais belo, talvez dos livros brasileiros", e elogia Aleijadinho, Machado de Assis e Gilberto Freyre, entre outros. Escreve que Vargas apresenta-se como "um ditador cordato e sorridente", socialmente progressista, e que do fascismo só tomara emprestados os *slogans*.

Mas o mais instigante são suas reflexões sobre o Direito brasileiro. Estudioso profundo do nosso ordenamento, advogado atento às práticas do foro, percebeu como, sob o verniz de um direito liberal e racional, persiste o ranço da tradição colonial lusitana.

Afirmava que o intervencionismo estatal no Brasil não era conjuntural, nem refletia o movimento internacional de então, mas lançava raízes na tradição brasileira, já que os brasileiros tudo solicitavam às autoridades. Registra o hábito de uso de despachantes, atribuindo-o ao elevado formalismo burocrático e ao alto percentual de analfabetos. Esse formalismo é contraditório, pois facilmente esquecido para favorecer aqueles que contassem com a simpatia das autoridades.

As elites dirigentes têm "educação puramente legalista", formando-se nas faculdades de Direito, o que leva a classe média a fazer questão de ser tratada por doutor. Criticava duramente o nível da classe intelectual brasileira, que busca mero acúmulo de informações, por autodidatismo, sendo infecunda e carecendo de especialização. Denunciava-lhe o foco no estilo literário, o "amor pelas ideias gerais", o "caráter um pouco enciclopédico da cultura" que por vezes se colocava "num nível informati-

---

[73] ASCARELLI, Tullio. *Apresentação do Brasil.* Tradução por Olinto de Castro. 2ª ed. São Paulo: Edições Sal, 1952, p. 23.

vo estilo *readers' digest*". Os brasileiros são pródigos em citações, mas "o número de autores citados está bem acima dos autores lidos".[74] Trata-se de um juízo duro e contundente sobre nossos intelectuais, mas talvez ainda possa ser considerado atual...

Os problemas brasileiros mais se assemelhariam aos dos Estados Unidos após a guerra da secessão do que às questões que então se debatiam na Europa e América do Norte: grande parte do país ainda apresentaria uma economia pré-capitalista, com a persistência de estruturas coloniais. Por isso, "fórmulas e orientações oportunas na Europa podem ter efeitos diversos no Brasil".[75]

Faltavam mercados de capitais e crédito desenvolvidos, em especial para a atividade agropecuária. Uma das poucas opções de investimento era a compra de casas e terrenos a prazo, contando com a valorização decorrente da rápida urbanização. Havia também vários setores dominados por monopólios.

Aponta várias reminiscências do Direito reinol português entre nós. A longuíssima vigência das Ordenações Filipinas no Brasil — mais de três séculos — manteve vivas tradições do Direito comum pré-codificação, o que passa despercebido pela doutrina nacional que se limitava a acompanhar e espelhar obras estrangeiras. Aponta a peculiaridade do Código Civil de então ser mais moderno do que o comercial, por ter sido editado mais de meio século após este último.

Como sempre, a história era a chave da leitura que o autor fazia do Direito brasileiro.

Ao pensarmos histórica e problematicamente o Direito, ao entendermos de modo profundo a beleza e a importância da interpretação do Direito, ao não hesitarmos em abraçar o futuro — ajustando no mesmo compasso os institutos jurídicos —, tomamos parte na aventura intelectual desse erudito antiformalista, jurista-economista-historiador, que, acolhido entre nós em seu exílio, tornou-se, em suas palavras, "meio brasileiro": Tullio Ascarelli.

---

[74] Op. cit., p. 184.
[75] Op. cit., p. 184.

VI. Conclusão

Historiadores modernos têm assinalado que o curso da história não é fruto de um mecanicismo inafastável, mas influenciado por decisões de pessoas que, em determinado momento crucial, escolhem deliberadamente tomar uma estrada e não outra.

O Direito brasileiro seria outro não fosse Tullio Ascarelli ter conseguido atravessar o sul da França, Espanha e Portugal e, em 1940, tomar o navio que o trouxe para o Brasil, onde chegou com cinquenta dólares nos bolsos, três filhos e sua esposa.

No entanto, infelizmente — e sem prejuízo de tudo o que com ele aprendemos — talvez uma das suas mais importantes lições falte a alguns brasileiros, que se autodenominam "juristas": o respeito a nossa tradição e a nossa doutrina. Muitos nutrem prazer quase mórbido ao atacar nossas origens, esquecendo que renegar nosso passado é renegar nós mesmos. Pensam como juristas estrangeiros que, quando aqui se fazem ver, confundem hospitalidade com a subserviência própria dos atrasados. Pessoas que foram identificadas por Ascarelli e que "se comprazem num quadro pessimista do próprio país"; gente que "prefere encerrar-se em sonhos gerais em vez de participar do cotidiano e duro trabalho da criação da riqueza".[76]

Mas os que pensam assim são ou em breve serão esquecidos; a esperança tipicamente brasileira (tanto elogiada por Ascarelli) está em outro canto. Devemos renovar o voto por ele feito ao encerrar suas preleções na cidade de Porto Alegre, no ano de 1944:

> que a doutrina comercialista brasileira, continuando na tradição que, com o Visconde Cairu, teve um início dos mais gloriosos e que com os dois Carvalho de Mendonça, com Saraiva, Paulo de Lacerda, Lacerda de Almeida, Otávio Mendes, Margarino Torres, Russel, para mencionar apenas alguns nomes ao acaso, têm uma

[76] ASCARELLI, Tullio. *Apresentação do Brasil.* Tradução por Olinto de Castro. 2ª ed. São Paulo: Edições Sal, 1952, p. 139.

tradição das mais insignes, possa alcançar cumes sempre mais altos, contribuindo ao livre progresso do país.[77]

Referências bibliográficas

ASCARELLI, Tullio. "Antígona e Pórcia". *In*: *civilistica.com*, a. 5. n.º 2. Trad. Maria Cristina de Cicco. 2016.

___________. "Antigone e Porzia". *In*: *Rivista Internazionale di filosofia del diritto*, a. 2, n.º 7. Torino: Emilio Bono, 1956.

___________. *Apresentação do Brasil.* Tradução por Olinto de Castro. 2ª ed. São Paulo: Edições Sal, 1952.

___________. "Certezza del diritto e autonomia delle parti". *In*: *Problemi giuridici*. Milão: Giuffrè, 1959.

___________. *Consorzi Volontari tra Imprenditori.* 2ª ed. Milão: Giuffrè, 1937.

___________. *Corso di Diritto Commerciale.* Milão: Giuffrè, 1962.

___________. *Lezioni di Diritto Commerciale.* Milão: Giuffrè, 1955.

___________. "Norma giuridica e realtà sociale". *In*: *Il diritto dell'economia*, a. 1, n.º 10, 1955.

___________. *Panorama do direito comercial.* São Paulo: Saraiva, 1947.

___________. *Problemas das Sociedades Anônimas e Direito Comparado.* 2ª ed. São Paulo: Saraiva, 1969.

___________. *Sguardo sul Brasile.* Milão: Giuffrè, 1949.

___________. *Studi di diritto comparato e in tema di interpretazione.* Milão: Giuffrè, 1952.

___________. *Teoria della concorrenza e dei beni immateriali.* Lezione di diritto industriale. 3ª ed. Milão: Giuffrè, 1960.

___________. *Teoria geral dos títulos de crédito.* 2ª ed. São Paulo: Saraiva, 1969.

ASQUINI, Alberto. "Il Pensiero Giuridico di Tullio Ascarelli". *In*: VV. AA., *Studi in Memoria di Tullio Ascarelli*, v. 1. Milão: Giuffrè, 1969.

[77] *Panorama do direito comercial*, op. cit., p. 229.

__________. "Nell'anniversario della morte di Tullio Ascarelli". *In*: *Rivista delle società*. Milão: Giuffrè, 1960.

BECKER, Alfredo Augusto. *Carnaval Tributário*. São Paulo: Saraiva, 1989.

BOBBIO, Norberto. "L'Itinerario de Tullio Ascarelli". *In*: VV. AA., *Studi in Memoria di Tullio Ascarelli*, v. 1. Milão: Giuffrè, 1969.

CAMILO JUNIOR, Ruy Pereira. "Ascarelli Sinfônico: Direito e Economia na Interpretação Jurídica". *In*: LOPES, José Reinaldo de Lima; FRANÇA, Erasmo Valladão Azevedo e Novaes; CAMILO JUNIOR, Ruy Pereira; PESSO, Ariel Engel (org.). *Nas trilhas de Ascarelli*, v. 1. 1ª ed. São Paulo: Quartier Latin, 2022, pp. 343-363.

FERREIRA, Waldemar. "Prefácio a Problemas das Sociedades Anônimas e Direito Comparado". *In*: ASCARELLI, Tullio. *Problemas das Sociedades Anônimas e Direito Comparado*. 2ª ed. São Paulo: Saraiva, 1969.

FERRI, G. "Il pensiero giuridico di Tullio Ascarelli". *In*: *Studi in memoria di Tullio Ascarelli*, v. 1. Milão: Giuffrè, 1969.

FORGIONI, Paula A. *Contratos empresariais*: teoria geral e aplicação. 7ª ed. São Paulo: Revista dos Tribunais, 2022.

__________. "Tullio Ascarelli e os contratos de distribuição". *In*: AZEVEDO, Antonio Junqueira de; TORRES, Heleno Taveira; CARBONE, Paolo (coord.). *Princípios do novo Código Civil brasileiro e outros temas*: homenagem a Tullio Ascarelli. São Paulo: Quartier Latin, 2008.

GOLDSCHMIDT, Levin. *Storia universale del diritto commerciale*. Trad. it. Vittorio Pouchain e Antonio Scialoja. Torino: Utet, 1913.

GRAU, Eros Roberto. Discurso publicado em *Medalha Teixeira de Freitas*. Rio de Janeiro: Instituto dos Advogados, 2003.

GUIDA, Roberta. *Renato Treves e Tullio Ascarelli*: Giuristi Esuli in Brasile. Roma: Stamen, 2018.

JHERING, Rudolf von. *A Luta pelo direito*. Tradução de João de Vasconcelos. Rio de Janeiro: Forense, 1972.

MERONI, Massimo. *La teoria dell'interpretazione di Tullio Ascarelli*. Milão: Giuffrè, 1989.

MESSINEO, Francesco. "Tullio Ascarelli". *In*: VV. AA., *Studi in Memoria di Tullio Ascarelli*, v. 1. Milão: Giuffrè, 1969.

PESSO, Ariel Engel. "Tullio Ascarelli no Brasil". *In*: LOPES, José Reinaldo de Lima, *et al.* (orgs.). *Nas trilhas de Ascarelli*, v. 1. 1ª ed. São Paulo: Quartier Latin, 2022.

REALE, Miguel. "A teoria da interpretação segundo Tullio Ascarelli". *In*: *Revista de Direito Mercantil*, v. 28. São Paulo, 1980.

RICHTER JR., Mario Stella. "Racconti Ascarelliani". *In*: *Sulle Spale Dei Giganti*. Napoli: Editoriale Scientifica, 2020.

___________. "Ascarelli: as obras e os dias. *In*: ARAÚJO, Danilo Borges dos Santos Gomes. São Paulo: YK Editora, 2018.

___________. Il Giovane Ascarelli. *In*: BIROCCHI, Tullio (Ed.). *Non Più Satellite:* itinerari giuscommercialistici tra Otto e Novecento. Pisa: ETS, 2019.

TORRES, Heleno Taveira. *Direito Tributário e Direito Privado*. São Paulo: Revista dos Tribunais, 2003.

VIDARI, Ercole. "Lewin Goldschmidt". *In*: *Scritti Varii*, Milão: Hoelpi, 1908.

TOBIAS BARRETO[1]

Pierpaolo Bottini[2]

Ao fim da tarde, o centro de São Paulo parece dormir. Sob a garoa, pouco movimento. Alguns pálidos alunos e professores da velha faculdade de direito circulam pelos cafés. Entre tragos, relembram estudantadas ou discorrem solenes sobre a nova Lei Saraiva, ideias republicanas e as últimas notícias dos voos de dirigíveis, no Brasil e no mundo.

Nesse cenário, em um pequeno restaurante português, entre mesas escuras e nuvens de fumo, o já idoso professor de Direito Penal do Largo de São Francisco, Joaquim Augusto de Camargo, recebeu seu colega sergipano Tobias Barreto.

Havia tempo não se viam. Juristas de linhas distintas e antagônicas, não temiam o debate em defesa de suas posições, desde que regado a canja de galinha, cerveja e algum café ao final.

— Bom tê-lo por aqui, caro Tobias. Já me batia uma saudade de nossos vivos embates.

— Hoje nem tão vivos. Faltam-me forças para a ironia, para as artimanhas do intelecto, para levar a bom termo minha parte em nossa pequena e sempre interessante esgrima intelectual.

---

[1] Um encontro imaginário com personagens e ideias reais, extraídas das obras dos autores — com um agradecimento especial a Miguel Reale Jr., pela lembrança da autoria da poesia final.

[2] Pierpaolo Cruz Bottini, advogado e professor de Direito Penal da Faculdade de Direito da USP.

— Pareces bem, ainda moço. Olha para mim, já no fim da vida, mal suporto a garoa e o pó das bibliotecas. Mas conte, como anda a gloriosa Faculdade de Recife?

— Agitada. Ando na disputa para o cargo de professor. Não pareço ser o preferido, não encanto o corpo docente, mas acredito ser nomeado. Apesar de minha pouca amizade ao governo de Pedro II, não creio que o Imperador fará algum esforço para me afastar do cargo. No tempo livre aproveito para ler, e, quando a saúde me permite, ainda visito saraus e faço alguma poesia. A propósito, Sylvio Romero lhe mandou um afetuoso abraço.

— E que tal essas leituras? Ainda apegado às ideias alemãs, àquela cisma de ser o direito produto da evolução histórica?

— Como sempre. E tu, ainda pendurado em comparar o direito a um rochedo, fixo e imutável, presenteado pelos céus aos pobres mortais que representam a raça humana?

— Já começas com galhofas. Sei de seu incômodo com minhas ideias, mas não temo críticas nem acorro a modismos, em especial aos alemães. A ideia de que o direito antecede a organização social, e provém de uma ordem superior e universal é para mim a única forma de garantir a estabilidade institucional e limitar o arbítrio. Se entendermos que os preceitos jurídicos são superiores, absolutos e imutáveis, e que o trabalho do jurista é apenas usar das regras da razão para revelar seus contornos, não ficaremos à mercê da vontade humana na construção do direito. O ideal de Justiça sobre o qual se assenta meu sistema não deriva do contrato social, de pactos utilitários ou da decisão de governantes. Antecede tudo isso, está presente no mundo das ideias, e cabe a nós sua descoberta, através da razão. Pense no Direito Penal, o que legitima o Estado a colocar alguém na prisão ou até retirar-lhe a vida? Apenas a busca por um ideal de Justiça maior e mais forte, superior a qualquer vontade humana. *A meu ver não existe possibilidade moral, direito de impor uma pena, se esse direito não decorrer do princípio eterno e absoluto do justo.*[3] A estabilidade

---

[3] CAMARGO, Joaquim Augusto de. *Direito Penal brasileiro*. São Paulo: Revista dos Tribunais, 2005. p. 175.

do sistema, e a legitimidade do manejo de algo tão drástico como a pena exige considerar que sua aplicação tem em vista princípios superiores, solenes, absolutos. *O direito de punir funda-se na justiça absoluta, compreendida pela razão, e da qual emana a positiva. Está na lei moral, revelada pela consciência, que separa o bem do mal, o justo do injusto.*[4]

— Vejo que Carrara e Ferri ainda lhe embotam o espírito. Precisas superar essas ideias ultrapassadas, que assombram suas Arcadas e o impedem de dar um passo em direção ao futuro. Perdes um tempo precioso centrando estudos nessa tentativa de descobrir a Justiça ideal, o conceito absoluto do bem e do mal. Ficas às voltas com os grandes enigmas da razão, sem rendimento prático, enquanto deixas de lado a realidade, o que acontece nas ruas. Enquanto discutes passagens do *Digesto* ou o *Farinacius*, o magistrado, no cotidiano, se depara com complexas questões sobre cumplicidade, crimes omissivos, tentativa, para as quais você e seus colegas de cátedra têm apenas uma resposta: o silêncio. Quando tentam abordar tais temas, vocês o fazem de forma tão complexa, com conceitos tão incompreensíveis, que acabam por afastar o interesse de todos. Alguns de vocês *tem o dom especial de tornar incompreensíveis as coisas mais simples deste mundo, e que ao conceito mais claro, que se possa formar sobre esta ou aquela ordem de fatos, sabem dar sempre uma definição, pela qual o axioma se converte de repente em um enigma da esfinge*[5]. Com todo o respeito, esse *velho racionalismo jurídico, que se esforçava por descobrir no direito um elemento apriorístico, anterior e superior a toda experiencia, é um erro indesculpável, um testemunho de pobreza, indigna de compaixão*[6]. *A sua permanência é um obstáculo ao desenvolvimento da sociologia*[7]. *A fixidade do direito é uma verdade temporária e relativa, se não antes uma verdade local, ou uma ilusão de ótica psicológica, devida aos mesmos motivos que nos levam a falar na fixidade das estrelas*[8]. Não existe

---

[4] Ibid. p. 193.

[5] BARRETO, Tobias. *Menores e loucos em Direito Criminal*. Brasília: Senado Federal, Conselho Editorial, 2003. p. 125.

[6] Ibid.. p. 134.

[7] Ibid.. p. XII.

[8] BARRETO, Tobias. *Estudos de Direito*. Brasília: Senado Federal, Conselho Editorial, 2004. p. 144.

direito absoluto, solene, imutável. *O direito constituiria uma anomalia inexplicável ou uma espécie de disparate histórico, se no meio de tudo o que se move, somente ele permanecesse imóvel.*[9]

— Seus ataques à existência de um direito eterno e absoluto parecem sedutores, mas em termos de utilidade também deixam a desejar. Onde vai o legislador ou o jurista buscar inspiração para valorar suas regras, construir parâmetros, definir princípios? Se não há um ideal de Justiça, qual o critério que confere rumos o direito? Suas teses não trazem mais que insegurança, confusão. Retiram do jurista o farol, o guia, a bússola que orienta suas reflexões, que consiste justamente nos preceitos metafísicos, na ideia perfeita de Justiça, que existe e deve ser descoberta. Note a segurança de Carrara, quando diz que *é da lei superior da ordem que surge a própria condição de legitimidade de cada força do homem que se exerce para a manutenção da ordem jurídica, a qual não é mais que um instrumento e uma emanação da primeira, e, em consequência, constantemente subordinada às suas exigências.*[10] Ancorar o direito a uma ordem superior nos garante segurança e previsibilidade na prática jurídica.

— Cá entre nós, *o professor Carrara não é digno dos preitos que entre nós se lhe rendem. Pode-se dizer do celebre criminalista o que disse Daniel Spitzer do professor Lorenz Stein, isto é, que a força dos seus livros, semelhante à de Sansão, consiste somente no facto de ninguém ainda haver-se deles aproximado com uma tesoura, ainda que muitos já tenham dormido sobre eles, como Sansão nos braços de Dalila. Não deixa, pois, de ser um grande benefício feito à ciência reduzir às suas justas proporções esse sábio autor, cujo maior merecimento é o de tornar enigmáticas, obscuras, incompreensíveis, as mais simples, as mais velhas verdades do Direito Criminal.*[11]

— Mas então não acreditas mesmo em um ideal de Justo ao qual devamos almejar e lutar para alcançar?

— Isso não passa de fetichismo. Com todo o respeito, se trata de apenas uma ilusão. *Julgamos um dom divino, um privilégio de nossa in-*

---

[9] Id. Ibid., p.45.

[10] CARRARA, Francesco. *Programma – Parte Speciale.* Vol. I. Lucca, 1891. p. 11.

[11] BARRETO, Tobias. *Estudos de Direito.* Brasília: Senado Federal, Conselho Editorial, 2004. p. 103.

teligência aquilo que é apenas um sedimento dos séculos, um resultado do labor dos tempos.[12] A Justiça não existe no céu metafísico, mas no bojo das relações sociais, forjadas por anos de lutas e conflitos.

— Acreditas na modernidade de teu discurso, mas não é de agora que se ataca a metafísica. Suas críticas são apenas uma releitura das ideias de Auguste Comte, que sustentava ser necessário abandonar a ideia de um direito ideal e aplicar às ciências jurídicas e às demais ciências humanas os métodos das ciências naturais. Todos ficaram encantados com tais sugestões. Seu colega de Recife, João Vieira de Araújo, tece loas a esse positivismo naturalista, que prega ser possível, com o descarte da metafísica e o abraço aos métodos da física e da biologia, fazer evoluir o Direito Penal, curar os delinquentes e aprimorar a sociedade. Como se criminosos fossem plantas ou bactérias, e crimes um fato da natureza e não resultados de decisões livres de seres humanos conscientes.

— Não exageres. Não sigo a linha de meus colegas. É bem verdade que simpatizo com algumas ideias de Comte. Gosto quando ele sugere que desçamos do mundo metafísico, das discussões conceituais etéreas, para buscar no saber empírico os dados necessários para a evolução das ciências, inclusive as naturais. *Não há muito, veio-me às mãos a célebre obra — L'Uomo delinquente — do grande psiquiatra e professor italiano Cesare Lombroso,*[13] que defende tais preceitos. Gostei muito da abordagem inovadora, interessante. Aplicando o método das ciências naturais ao campo da criminalidade, ele classifica diversas espécies de delinquentes e analisa suas características físicas e sociais. Aponta, por exemplo, dentre os violadores que *um grande número tem lábios espessos, cabelos abundantes e negros, olhos claros, voz rouca,* enquanto que prostitutas e ladrões *tem paixão por cores vistosas, amarelo, vermelho, azul, berloques, correntes e brincos.*[14] Mas, cá entre nós, apesar de se tratar de uma abordagem peculiar, não é nada de grande valia. Sua obra acaba por ser um compêndio de observações, medidas, classificações *aparentemente*

---

[12] Id., Tobias. *Menores e loucos em Direito Criminal.* Brasília: Senado Federal, Conselho Editorial, 2003. p. XIII.
[13] Id. Ibid.. p. 65.
[14] LOMBROSO, Cesare. *O homem delinquente.* São Paulo: Ícone, 2007. p. 442.

profícuas, mas no fundo estéreis, incapazes de generalização, irredutíveis a uma lei. Em última análise, admiro o talento, a perspicácia, a paciência do autor, mas o proveito que se aufere não compensa o trabalho da fatigante leitura de um livro de 465 páginas de texto, com mais de 300 de apêndices, tabelas e pericias.[15] Para além disso, suas conclusões me parecem perigosas, em especial quando *propõe a substituição da cadeia pelo* manicômio criminale. *Dou de barato. Porém os seus princípios, os seus dados positivos, distendidos pela lógica, levam à consequência de ser talvez ser preciso meter-se no hospital a humanidade inteira.*[16]

— Há um romancista carioca que me disse ter no prelo um livro sobre isso, um médico alienista que pretendia colocar a todos no manicômio, e acaba ele mesmo na instituição...

— Ora, por mais que existam dados científicos sobre as causas dos crimes e as características dos criminosos, sempre será necessária a figura do jurista para tomar as decisões normativas. A resposta sobre qual conduta deve ser considerada crime e qual a pena adequada à defesa da sociedade nunca será dada pelo biólogo, médico ou psiquiatra. É certo que o Direito Penal deve levar em consideração o avanço das ciências, e pode-se até dizer que a construção de nosso sistema dogmático tem muito de *indutivo, mas esta filiação ao grupo das ciências naturais não tirará ao Direito Penal a sua posição autônoma, não apagará jamais o caráter jurídico da pena.*[17] *A teoria romântica do crime-doença, que quer fazer da cadeia um simples apêndice do hospital, e reclama para o delinquente, em vez da pena, o remédio, não pode criar raízes no terreno das soluções aceitáveis.*[18]

— Vejo que segues afiado na crítica, mas até agora não percebo muito de construtivo em suas palavras. Destronaste a metafísica e as ideias lombrosianas de erigir um novo Direito Penal a partir das ciências

---

[15] BARRETO, Tobias. *Menores e loucos em Direito Criminal.* Brasília: Senado Federal, Conselho Editorial, 2003. p. 69.

[16] Ibid., pp. 70-71.

[17] Ibid., p. 73.

[18] Ibid., p. 129.

naturais, mas não colocaste nada no lugar. Qual a estrela-guia de seu sistema jurídico, senhor Barreto?

— A própria sociedade humana. O direito não vem do céu metafísico, nem está dado pela natureza das coisas. É construído historicamente pelo ser humano, diante das necessidades de seu tempo. Se quisermos encontrar o bom direito, não devemos olhar para a ordem divina, para o ideal de Justiça, ou para o que dizem os botânicos ou psiquiatras. Devemos olhar para a sociedade, seus problemas contingentes, e buscar normas que solucionem os conflitos daquele determinado agrupamento social, naquele tempo e lugar.

— Parece um tanto vago.

— Deves atualizar seus estudos, caro Joaquim, ler os alemães, como Savigny, que defende o direito como um fenômeno social, e que as instituições jurídicas devem ser compreendidas sob uma perspectiva histórica,[19] ou Von Ihering, para quem o que importa ao direito é *o caráter do povo e toda a sua maneira,* mais do que o pensamento teórico e abstrato.[20] Perceberias, com tais leituras, que o direito não pode ser um ente metafísico, abstrato, divino ao qual o homem chega por um esforço racional. O direito é obra cultural do homem, fruto da ordem ou da desordem social.[21] Os princípios jurídicos não são um *presente do céu,* mas *resultado de um embate, como uma conquista.*[22] *O direito é a disciplina das forças sociais, o princípio da seleção legal na luta pela existência.*[23] Há muito de Darwin aqui, para não ficar apenas em autores alemães.

— Falas daquele da *Origem das espécies,* com ideias peculiares sobre a evolução dos animais?

---

[19] SAVIGNY, Friedrich Karl von. *Metodologia jurídica.* São Paulo: Rideel, 2006. pp. 42 e ss; BUSTOS RAMIREZ, Juan, *Introduccion al derecho penal.* Bogota: Temis, 1994. p. 111.

[20] IHERING, Rudolf von. *La dogmática jurídica.* Olejnik, 2019. p. 13.

[21] BARRETO, Tobias. *Estudos de Direito.* Brasília: Senado Federal, Conselho Editorial, 2004. p. 54.

[22] BARRETO, Tobias. *Estudos de Direito.* Brasília: Senado Federal, Conselho Editorial, 2004. p. 45; BARRETO, Tobias. *Menores e loucos em Direito Criminal.* Brasília: Senado Federal, Conselho Editorial, 2003. p. IX.

[23] Ibid., p. 11.

— Sobre a evolução dos animais e sobre a evolução do homem, que *é feito à imagem e semelhança não de Deus, porém da natureza.*[24]

Aqui, cumpre registrar, nosso Joaquim Augusto franziu sobremaneira a testa.

— E sobre a evolução do direito, que segue a mesma lógica. Há um aprimoramento constante, um desenvolvimento dos preceitos jurídicos, que não derivam da dedução de um direito ideal, mas de construções indutivas, derivadas dos problemas concretos que vão surgindo com o passar do tempo. *O direito é obra do homem, ao mesmo tempo uma causa e um efeito do desenvolvimento humano.*[25]

— Meu caro Tobias, folgo em saber que há intelectuais, como você, que buscam o novo. Mas desatrelar o direito de sua autoridade metafísica, dos postulados absolutos, pode ser perigoso. Se os princípios são produto da cultura humana, tudo pode ser admitido, desde que abraçado pela sociedade. Não haverá limites, restrições. Tudo será possível em nome dessa evolução, até as maiores atrocidades. Seus alemães não temem esse resultado?

— Meu caro, acreditas mesmo que tratados sobre a metafísica do direito impõem algum limite a quaisquer tiranias? Imagino um nobre professor de Direito empunhando uma obra sobre a legitimidade transcendental da monarquia diante de Robespierre no final do século passado. Que força, que limite ao fervor revolucionário. Esqueças seus postulados apriorísticos. Podem oferecer uma aparência de segurança, um alívio temporário, uma esperança de contenção de rupturas institucionais, mas é apenas figuração. Uma palavra do legislador, e toda a sua metafísica vira pó. *É preciso dizer a verdade, a legislação, em mais de um ponto, sacudiu a poeira da escola, que havia aqui e ali se acumulado.* É melhor aceitar a ideia de que o direito está em constante mudança, e se preparar para orientá-lo sempre em direção a algo melhor, aprimorando a lei, inserindo no texto legal os dispositivos que abrigam ideias mais relevantes para a solução dos problemas concretos. *Os Códigos penais em*

---

[24] Ibid., p. 68.

[25] Id. *Estudos de Direito*. Brasília: Senado Federal, Conselho Editorial, 2004. p. 47.

geral têm mais caráter científico do que a maioria dos tratados. Em muitos deles se acham resolvidas de modo satisfatório questões que os teoristas julgam dever conservar, sem proveito algum, num perpétuo status causae et controversiae.[26]

— Então abrimos mão da dogmática? Se tudo está na lei, não precisamos mais de faculdades, de sistemas, de regras de interpretação.

— Não vejas em minhas palavras um desprezo pela dogmática. Creio, como Ihering, ser relevante o pensamento sistemático. Apenas descarto que suas bases e fundamentos residam em um plano superior, afastados da realidade cultural da sociedade. Concordo que qualquer prática jurídica demanda juízos de valor, análises normativas, que só podem ser oferecidas por uma disciplina jurídica que organize os conceitos, com autonomia científica, metodologia própria, separada das ciências naturais. O estudo do direito supõe *um trabalho de exegese, uma explicação consciencioso daquilo que se acha legalmente determinado,* e por isso *o Direito Penal tem incontestável caráter científico.*[27]

— Em especial no campo do Direito Penal.

— Sem dúvida. Na seara penal, é preciso — para além do texto legal — lapidar conceitos como o dolo eventual, a tentativa, o crime continuado, a omissão juridicamente relevante, e tenho tratado disso em meus artigos. A lei não prevê tudo. Um exemplo disso é nosso Código Criminal, que simplesmente deixa de tratar dos crimes culposos, uma lacuna que não parece adequada aos avanços legislativos no mundo. Mas o material para construir tal sistema está na realidade social, no mundo concreto, e não em um plano apriorístico, metafísico, somente encontrado no idealismo dos livros de bibliotecas.

— Então crês que as faculdades continuam a desempenhar algum papel, para além de ensinar aos alunos a mera leitura da lei e o conhecimento da jurisprudência?

---

[26] BARRETO, Tobias. *Estudos de Direito*. Brasília: Senado Federal, Conselho Editorial, 2004. p. 60.

[27] Ibid., p. 51.

— Claro que sim — e os olhos de Tobias faiscaram. — Mas é preciso que a academia desça do pedestal e venha contribuir com a evolução do direito onde ela se faz necessária. Que importa gastar tempo de docentes e discentes com etéreos jogos conceituais. Precisamos *dar às faculdades, como órgãos pensantes, uma função nova, a de contribuir, em forma de pareceres e consultas, para a solução das questões mais graves, que fossem levantadas na esfera do direito.*[28] As teses não podem continuar a ser mais um *jogo de dominó, cuja ciência consiste sempre no mesmo processo de desmanchar e acertar as mesmas pedrinhas.*[29] Sabe o que é triste, caro Joaquim, é que *os moços que entram nas faculdades jurísticas com o ardor e a impaciência de quem vai porventura caçar um tesouro, delas se retiram com a triste desilusão de quem, em vez do tesouro sonhado, encontrou apenas uma camada de greda, ou uma caveira de burro.*[30]

Nesse momento, uma sensação de que as coisas não mudariam nem em um futuro distante perpassou o corpo de Tobias, que afastou o mal presságio com um súbito retorno aos alemães:

— Insisto muito com os alunos para que estudem os trabalhos alemães, em especial dos autores que mencionei. Tenho buscado difundir as novidades do pensamento daquele país, por meio de textos, artigos, e de uma bem articulada aliança com alguns germânicos que vivem no Rio Grande do Sul. Pensamos até em organizar um jornal nacional ou algo do gênero, para compartilhar ideias de pensadores que andam avançadas por lá. Sabes que dos mais de 400 livros de minha biblioteca, um quarto são de autores alemães. Fundei em minha cidade um periódico, o *Deutscher Kämpfer*, que em português significa o *Lutador Alemão*, e estou trabalhando em um livro que reunirá minhas análises sobre o pensamento jurídico naquele país.

— Não se trata de uma idolatria pouco crítica? Temos problemas jurídicos no Brasil distintos daqueles existentes na Alemanha. Adotar

---

[28] Ibid., p. 252.
[29] Ibid., p. 293.
[30] Ibid., p. 325.

sem filtros as ideias germinadas em outro país podem nos levar a distorções e à má interpretação da lei.

— Não as adoto sem filtro, meu caro professor. Seria incoerente sustentar o caráter histórico e relativo do direito e acreditar que o sistema germânico deve ser aplicado sem mais ao Brasil. Há aspectos de nossa realidade social que devem ser levados em conta no momento de legislar. Por exemplo, as regras sobre maioridade penal. Sabes mais que ninguém as diferenças entre as legislações nessa seara, porque descreveste em sua obra as diversas regras que regem tal questão nos mais variados países. A mim não encantam as tendências de rebaixamento da maioridade que andam em voga na Europa, em especial porque as condições miseráveis nas quais são criadas as crianças no Brasil dificultam seu desenvolvimento sadio e, em consequência, sua capacidade de imputabilidade. *Como podemos falar em responsabilidade penal de pequenas criaturas quando não oferecemos o básico para o desenvolvimento de seu intelecto? A Europa adota idades mais baixas para a responsabilidade penal, mas é preciso atentar para o estado cultural desses lugares em relação ao Brasil. A Itália mesma, em cuja última codificação penal aquela idade principia aos nove anos, é talvez,* coeteris paribus, *menos censurável do que este vasto país sem gente. Pelo menos me parece que um Estado no qual se obriga a aprender, e onde homens como Casati, Coppino, de Sanctis têm sido ministros da instrução pública, para promoverem a sua difusão, tem mais direito de exigir de um maior de nove anos uma certa consciência de dever, que o faça recuar da prática do crime, do que o Brasil, com o seu péssimo sistema de ensino, pode exigi-la de qualquer maior de quatorze.*[31] Acredito que a sociedade seja corré dos crimes eventualmente praticados por tais agentes, e de muitos outros, pela falta de amparo a muitos setores excluídos e estigmatizados.

— Nisso concordamos. Há peculiaridades que devem ser levadas em consideração quando tratamos da aplicação da lei penal em relação aos menores e aos loucos. Mas, note bem, jamais em relação às mulhe-

[31] BARRETO, Tobias. *Menores e loucos em Direito Criminal.* Brasília: Senado Federal, Conselho Editorial, 2003, p. 14.

res. Elas são diferentes dos homens, mas isso não justifica penas menores. Tenho para mim que *a inteligência é sempre menor na mulher, e tanto que o Direito Civil e pátrio lhe concede inúmeros privilégios e isenções. A mulher é mais débil e delicada em seu organismo do que o homem; ela tem uma suscetibilidade mais nervosa, mais tímida, mais modesta do que o homem.*[32] Mas na seara da reprovação penal, não pode haver distinção. Nelas, *o vexame, o santo recato, a delicadeza, o mesmo pudor dominam de modo tal que as afastam mais facilmente do que os homens de tudo quanto é ilícito e criminoso, mostrando-lhes a imoralidade que nestes fatos existe. Sendo assim, já se vê que o legislador, com toda a razão, não considerou a delicadeza do sexo como causa de não criminalidade.*[33]

— Bem se vê que desconheces a força das mulheres. Não vejo essa delicadeza submissa em figuras como Anita Garibaldi, Ana Neri, Joana Angélica, Maria Felipa, dentre tantas outras, que lutaram ao lado de homens e ideais em nosso país. A responsabilidade penal das mulheres é igual à dos homens porque é idêntica sua constituição intelectual.

— Nessa linha, abriremos espaço a elas no voto e nos cursos de Direito.

— Ora, não existe qualquer evidência científica que submeta o tirocínio das mulheres à racionalidade masculina. Negar-lhes instrução, mais do que incorreto, parece uma perda do potencial humano que elas podem representar. Há algum tempo me envolvi na defesa de estudantes pernambucanas que queriam cursar medicina na Suíça e nos Estados Unidos, financiadas pelo governo da província. *Já é tempo de irmos compreendendo que o belo sexo em Pernambuco, bem como no Brasil inteiro, tem direito a maior soma de instrução do que lhe tem sido até hoje fornecida pelos poderes públicos. A escassa instrução elementar que a província proporciona às suas filhas não satisfaz. A instrução é o alimento do espírito, e esse alimento, pelo que toca às mulheres, ainda se limita a pobres migalhas caídas da parca mesa da cultura masculina, são confeitos, em vez de pão.*

---

[32] CAMARGO, Joaquim Augusto de. *Direito Penal brasileiro*. São Paulo: Revista dos Tribunais, 2005, p. 347.

[33] Id. Ibid., p. 347.

Sim, nada mais do que confeitos; e a relação de semelhança conserva-se até na propriedade de enfastiar e indispor o espírito para tomar o verdadeiro sustento. Assim, um pouco de música, algumas peças de salão para o piano, um pouco de desenho, gaguejar uma ou duas línguas estrangeiras e ler as bagatelas literárias do dia, eis o total da maior cultura do sexo feminino em nossos tempos.[34] Em verdade, meu amigo, só consigo chamar de anomalia a *desigualdade civil e política da mulher em relação ao homem.*[35]

— Vamos evitar essa sensível discussão e voltemos ao Direito Penal estrito. Nessa sua proposta evolucionista, de um direito mutável através dos tempos, qual seria a função da pena? Seria um instrumento para inibir potenciais e futuros criminosos, como queria Feuerbach, ou um mecanismo para a ressocialização dos delinquentes, como sustentam os já citados positivistas italianos? Tenho receio, receio mesmo, dessas propostas utilitaristas. A mim, a pena deveria ser uma mera retribuição pelo mal praticado, sem finalidades outras que assegurar um castigo justo e proporcional. Trata-se de algo aplicado *para reparar o mal do delito.*[36]

— A questão da pena me aflige. Afasto-me das grandes questões filosóficas para assegurar apenas que sua aplicação é um instrumento de defesa social, um imperativo de segurança social. Não me agrada a ideia da pena como mera retribuição, abstrata, etérea, sem conexão com alguma necessidade social. Isso sempre me pareceu uma releitura da vingança, com ares de modernidade. Essa teoria não faz mais que *procurar prender a leis da racionalidade moderna uma velha coisa bárbara e absurda.*[37] Concordo que o Estado não é um instituto de educação e que a finalidade da pena não é curar alguém, mas também não é a mera distribuição de castigos sem rendimento real. A mim, a pena parece ser-

[34] BARRETO, Tobias. *Crítica política e social.* 2012. p. 68 *apud* Raylane Andreza Dias Navarro Barreto, *Composição intelectual como fruto de repertórios mobilizados: o caso Tobias Barreto.* 2020. Almanack, n.º 25, Universidade Federal de São Paulo.

[35] BARRETO, Tobias. *Menores e loucos em Direito Criminal.* Brasília: Senado Federal, Conselho Editorial, 2003, p. 30.

[36] CAMARGO, Joaquim Augusto de. *Direito Penal brasileiro.* São Paulo: Revista dos Tribunais, 2005, p. 194.

[37] BARRETO, Tobias. *Menores e loucos em Direito Criminal.* Brasília: Senado Federal, Conselho Editorial, 2003, p. 138.

vir à *defesa da sociedade*. Temos que ter claro que *o conceito da pena não é um conceito jurídico, mas um conceito político*.[38] Ela nasce das circunstâncias e das necessidades sociais. Por isso, entendo haver um ecletismo no direcionamento da pena, que deve ser justa, proporcional ao mal praticado, e ao mesmo tempo voltada para uma tentativa de correção do criminoso.

— Não me parecem muito claras as suas ideias. A tu, a pena é mais castigo ou um instrumento de ressocialização? Um mal aplicado a quem escolheu livremente praticar o delito ou um remédio a ser ministrado a um doente levado ao crime por circunstâncias alheias à sua vontade?

— Vejo que queres me enredar na armadilha do livre-arbítrio, caro Joaquim. Se respondo que a pena é um instrumento de cura, um remédio, terei que negar a existência do livre-arbítrio, e aceitar que o delito é o resultado de inúmeras circunstâncias sociais e biológicas, de forma que não cabe o castigo, mas a correção do caráter. Se digo que a pena é um mal, uma retribuição, devo demonstrar que o crime decorre de uma livre escolha, que merece ser punida e não remediada. Colocas-me em situação difícil.

— Touché.

— Mas aceito o desafio. Não acredito que o crime seja uma doença ou um desvirtuamento patológico de caráter, a não ser em certos casos. Ao contrário, acho que o delinquente, em regra, escolhe livremente agir contra a lei, e por isso deve ser castigado.

— Nisso acordamos, então. Mas como provar a existência do livre-arbítrio?

— Vocês metafísicos se incomodam demais com a necessidade de prova de seus preceitos, isso ainda vai lhes afetar a saúde. *Pouco importa que o homem seja livre, ou deixe de sê-lo. Para firmar a doutrina da imputação, o direito aceita a liberdade como um postulado da ordem social, e isto lhe é o bastante*.[39] Deixemos de lado a prova do livre-arbítrio. *O direito não exige, nem precisa exigir tanto. Basta-lhe somente a imputabi-*

---

[38] Ibid., p. 143
[39] Ibid., p. 7

lidade relativa, a única possível nos limites da fraqueza humana.[40] Vamos contornar essa grave questão presumindo que o livre-arbítrio existe, e deixemos para outros sua prova ou demonstração. Os seres humanos, quando decidiram se organizar em sociedade, optaram em *presumir* a existência de tal liberdade, sem a qual não seria possível sequer a existência do Direito ou de uma série de vínculos que tornam a convivência viável. Há uma espécie de consenso pela existência da liberdade, uma decisão normativa que assegura tal presunção. Me parece legítimo ao jurista construir sua ideia de pena sobre a premissa do livre-arbítrio.

— Então deixemos de lado o livre-arbítrio, vamos presumir sua existência e a liberdade de escolha. Mas, há um problema. Se presumirmos que todos têm livre-arbítrio, como fazer para afastar a imputabilidade dos loucos? Não parece adequado castigar alguém que não tem condições de compreender a norma penal ou agir de acordo com ela. Mas como podemos afirmar que tais pessoas não têm o livre-arbítrio se acabamos de presumi-lo para todos?

— Essa pergunta deu-me fome, caro Joaquim. Esta canja não sustentará esse pobre estômago nordestino, que demanda algo mais. Mas como estamos sem tempo de grandes refeições, vou pedir algo rápido. Garçom, podes me trazer em meio a um pão um pouco de rosbife, queijo e pepinos em conserva?

— Trata-se de alguma receita de avós sergipanas?

— Não, apenas um palpite de combinação que pode funcionar. Mas voltemos aos loucos. Aqui temos um ponto. Presumimos o livre-arbítrio a todas as pessoas, mas isso não nos impede de reconhecer sua inexistência em casos excepcionais, nos quais se constata uma patologia, uma doença, desde que confirmada por um técnico, um profissional da medicina.

— Então jogas por terra toda a pretensa autonomia do Direito, alhures defendida por você, quando se trata de reconhecer a inimputabilidade penal dos loucos? Aqui apenas o médico, o psiquiatra, terá voz?

---

40 BARRETO, Tobias. *Menores e loucos em Direito Criminal.* Brasília: Senado Federal, Conselho Editorial, 2003, p. 12

— Sim, embora esse termo "loucos" não me agrade e deva ser em algum momento substituído por algo menos torpe. Mas creio que a determinação da insanidade mental de alguém, para fins de decidir se a norma penal deve ou não ser aplicada, é terreno estranho ao jurista. Defendo deixarmos de lado nossa autonomia jurídica, nessa questão específica, e chamar à cena quem realmente entende dessa matéria: os médicos. Qual a capacidade de um juiz para atestar a sanidade ou insanidade de alguém? *A minha opinião está assentada: aos médicos, e só aos médicos, é que compete apreciar definitivamente o estado normal ou anormal da constituição psicofísica dos criminosos. Eles não devem limitar-se a* atestar *esse estado, mas antes devem julgá-lo magistrática e autoritariamente.*[41]

Barreto mastigava o sanduíche, enquanto Joaquim bebericava sua cerveja, pensativo. Longe de esgotado, o assunto jurídico cansava a ambos, de forma que o paulista tratou de derivar a conversa para outros temas.

— E como anda a causa abolicionista?

— Já não fala sobre isso aos sussurros, como dantes, meu amigo?

— Não é preciso. Aqui em São Paulo já se canta a abolição um pouco mais alto, mas com algum cuidado. Há boatos de que alguns antigos fazendeiros, confederados vindos do sul dos Estados Unidos, que vieram ao Brasil não faz muito, têm organizado missões punitivas contra autoridades abolicionistas, em especial aquelas que fazem corpo mole diante de queixas de negros fugitivos. Isso não vai acabar bem.

— Que horror. Tenho dedicado tempo a essa questão da abolição. A escravidão é uma vergonha, como cantava meu velho amigo Castro Alves, que tão cedo nos deixou. Não aguento alguns camaradas que sustentam a inferioridade da raça negra, essa *mania etnológica* que começa a ganhar corpo no Brasil, em especial na obra de Nina Rodrigues. Até Sylvio Romero, meu companheiro, andou flertando com elas. Queria que tais teóricos europeus, que tanto influenciam nossos pensadores, cá viessem para constatar o absurdo dessas ideias. Aqui *as chamadas*

---

[41] BARRETO, Tobias. *Menores e loucos em Direito Criminal.* Brasília: Senado Federal, Conselho Editorial, 2003, p. 65.

raças inferiores nem sempre ficam atrás. O filhinho do negro, ou do mulato, muitas vezes leva de vencida o seu coevo de puríssimo sangue ariano.[42] Eu mesmo sou prova disso...

— De pleno acordo. E as ideias republicanas? Aqui se agitam militares, fazendeiros do Oeste e até padres em prol da mudança de regime.

— Caro Joaquim, sabes que não gosto do Imperador. Este homem é *um dos principais fatores da nossa miséria*, mas tenho minhas reservas quanto à mudança do estilo de governo. Receio que a república traga instabilidade, que o país se fragmente em mil pedaços, a exemplo da América espanhola. Creio que com uma reforma nas instituições seria possível garantir uma maior participação popular no governo, sem que renunciemos à solidez monárquica. Há diversos modelos no mundo que podemos estudar, como o sistema russo atual, uma monarquia conduzida de forma serena por Alexandre II. *Oxalá aprendêssemos nós outros, pobres enfatuados, com a boca cheia de "regime livre e soberania nacional" tudo o que tem a ensinar-nos, de útil e grandioso, o autocrático império do norte.*[43]

— Não sei se aquela forma de governo se sustenta.

— Nem a nossa. O tempo dirá... De qualquer forma, é preciso mudar muita coisa. Essa Lei Saraiva foi um passo interessante, mas é necessário ir além. Por exemplo, é preciso rever nosso regime de imunidade penal concedida ao Imperador. É um privilégio, um instituto avesso aos padrões de uma sociedade que se apresenta como civilizada. Que diremos aos nossos tataranetos? Mais avançados, certamente não compreenderão a razão de conceder a certos baluartes da política nacional prerrogativas de foro, privilégios processuais, certamente estranhos às Constituições do futuro.

— Deixemos em paz nosso Imperador. Falemos de coisas mais amenas, como artes, poesia, cultura.

— Gosto do rumo de nossa pequena palestra. Sabes bem que já percorri muitos teatros, me levantava em meio a peças para declamar

---

42 Trecho mencionado por Sylvio Romero *In*: BARRETO, Tobias. *Estudos de Direito*. Brasília: Senado Federal, Conselho Editorial, 2004, p. XII.

43 BARRETO, Tobias. *Estudos de Direito*. Brasília: Senado Federal, Conselho Editorial, 2004, p. 367.

poesias, muitas vezes em conjunto com meu já citado amigo Castro Alves. Que deliciosas noitadas, quantas pequenas, saraus, bailes. Hoje já não tenho saúde para o sereno, mas sigo um apreciador da arte.

— Qual delas te toca mais?

— Cansei de romances, tramas novelescas, sem sentido ou utilidade. Acredito na arte engajada, na arte como processo de transformação social. A poesia não deve ser peça de salão, artefato decorativo, mas deve provocar, mobilizar. O verso é protagonista da luta política, um condor que leva novas ideias a esse modorrento sistema no qual vivemos. Cá entre nós, não aguento José de Alencar e seus personagens idealizados, românticos, sanitariamente distantes da vida real, das questões políticas e filosóficas que angustiam nossa existência. Até nisso os alemães são mais evoluídos, mas sábios, mais realistas. Veja Goethe, o quanto se aprende com *Fausto*, com seus diálogos e aflições, muito mais eloquente e instrutivo do que *Iracema*, *Senhora* ou *O Guarani*.

— Mas há gosto popular em José de Alencar.

— Nem tudo o que é popular é de bom alvitre. A poesia popular, os cânticos, as histórias podem servir de inspiração ao artista culto, mas nunca devem tomar seu lugar.

— Que aborrecido, Tobias. A arte deve encantar. O engajamento pode vir, mas não é necessário ou indispensável. Até nesse campo amas os alemães. Eles parecem em tudo melhores, mais preparados. Precisamos ter cuidado no louvor, daqui a pouco, eles acreditarão ser uma raça superior e vão querer dominar o mundo. Moras no Brasil, e quereres ensinar em alemão?

— Como diria Ihering, *só um louco recusará as laranjas com a desculpa de que não amadureceram em seu jardim.* Se os alemães trabalham com conceitos mais elaborados, não há equívoco em aceitar-lhes as ideias, desde que adequadas à nossa realidade, como já tratamos. Não acho que os alemães sejam os melhores do mundo, mas acredito em sua capacidade de inovar, de conceber, como já disse, o Direito como um produto cultural. Se escrevo em alemão, é porque quero fazer o Brasil e seus problemas conhecidos naquelas terras, quero poder discutir com seus autores e pensadores, e de certo não será em português que o farei.

— Esqueças disso, preserve nossa língua e cultura. Sei que tens pretensões de poeta, mas nunca serás reconhecido como tal se continuares com esse amor germânico e esse descaso com as ideias em voga. Falo ao menos por minha cidade e pelo meu quintal: os estudantes de minha faculdade, onde a poesia grassou nas figuras de Castro Alves, Fagundes Varela e Álvares de Azevedo, não abraçariam jamais versos condoreiros de alguém que confessadamente ama outra cultura. Não quero parecer antipático...

— De maneira alguma. Era minha intenção mostrar-lhe alguns poemas rascunhados, de minha lavra, mas vejo que não encontrarão grande acolhida junto ao público das Arcadas.

— De maneira alguma. Deixe-me ter a honra de guardar alguns de teus versos, talvez até sejam lidos em nossa Academia de Letras. Verás que há alguma modéstia em nosso meio.

Ainda sorrindo, enquanto pagava a conta e se preparava para a despedida, o professor paulista recebeu do sergipano um pedaço de papel, onde, em caligrafia miúda, lia-se:

Quando se sente bater,
No peito heroica pancada,
Deixa-se a folha dobrada,
Enquanto se vai morrer...

E saíram, cada qual por seu rumo, pela garoa, sem cuidar muito do futuro e do destino que poderiam ter aqueles modestos versos.

Referências bibliográficas

ALONSO, Angela. *Repertório, segundo Charles Tilly: história de um conceito*. Sociologia & Antropologia, Rio de Janeiro, v. 2, n.º 3, pp. 21-42, jun. 2012. Disponível em: http://www.scielo.br/scielo.php?script=sci_arttext&pid=S2238–38752012000300021. Acesso em 5 de março de 2017.

ALONSO, Angela; GUIMARÃES, Nadya Araujo. *Entrevista com Charles Tilly*. Tempo social, São Paulo, v. 16, n.º 2, pp. 289-297, nov. 2004. Disponível em: http://www.scielo.br/scielo.php?script=sci_arttext&pid=S0103–20702004000200012. Acesso em 1 de abril de 2017.

BARRETO, Luiz Antonio. *Tobias Barreto.* Aracaju: Sociedade Editorial de Sergipe, 1994.

BARRETO, Tobias. *Crítica de Literatura e Arte.* Rio de Janeiro: Solomon; Editora Diário Oficial, 2012.

________. *Crítica de Religião.* Rio de Janeiro: Solomon, 2012.

________. *Crítica política e social.* Rio de Janeiro: Solomon, 2012.

________. *Dias e Noites.* Rio de Janeiro: Solomon, 2012.

________. *Estudos Alemães.* Rio de Janeiro: Solomon, 2012.

________. *Estudos de Direito.* Brasília: Senado Federal, Conselho Editorial, 2004.

________. *Estudos de Direito I.* Rio de Janeiro: Solomon; Editora Diário Oficial, 2012.

________. *Estudos de Direito II.* Rio de Janeiro: Solomon; Editora Diário Oficial, 2012.

________. *Estudos de Filosofia.* Rio de Janeiro: Solomon, 2012.

________. *Menores e loucos em Direito Criminal.* Brasília: Senado Federal, Conselho Editorial, 2003.

________. *Monografias em Alemão.* Brasília: INL, 1990.

BENDA, Julien. *A traição dos intelectuais.* Tradução Paulo Neves, São Paulo: Peixoto Neto, 2007.

BIBLIOTECA DA FACULDADE DE DIREITO DO RECIFE. *Mostra bibliográfica da exposição Tobias Barreto: as marcas de um homem – 170 anos de nascimento, 1838-1889.* Recife: UFPE, 2009.

BLOCH, Marc. *Apologia da história ou o ofício do historiador.* Tradução: André Telles. Rio de Janeiro: Zahar, 2001.

BOBBIO, Norberto. *Os intelectuais e o poder: Dúvidas e opções dos homens de cultura na sociedade contemporânea.* São Paulo: Editora Unesp, 1997.

BOURDIEU, Pierre. *A ilusão biográfica. In*: AMADO, Janaina e FERREIRA, Marieta de Moraes (org.). *Usos e abusos da história oral.* Rio de Janeiro: Editora da FGV, 1996.

________. *Langage et pouvoir symbolique.* Paris: Essais, 2001.

________. CHARTIER, Roger. *El sociólogo y el historiador:* prólogo de Roger Chartier. Madri: ABADA Editores, 2011.

BUSTOS RAMIREZ, Juan. *Introducción al derecho penal.* Bogota: Temis, 1994;

CAMARGO, Joaquim Augusto de. *Direito Penal brasileiro.* São Paulo: Revista dos Tribunais, 2005.

CARRARA, Francesco. *Programma – Parte Speciale.* Vol. I. Lucca, 1891.

CHARTIER, Roger. *A beira da falésia: a história entre incertezas e inquietudes.* Tradução Patricia Chittoni Ramos. Porto Alegre: Editora da UFRGS, 2002.

GINZBURG, Carlo. *A micro-história e outros ensaios.* São Paulo: DIFEL, 1989.

GRAMSCI, Antonio. *Os intelectuais e a organização da cultura.* Tradução: Carlos Nelson Coutinho. Rio de Janeiro: Civilização Brasileira, 1995.

HABERMAS, Jürgen. *Direito e democracia: entre facticidade e validade.* Tradução: Flavio Sibeneichler. Rio de Janeiro: Tempo Brasileiro, 1997.

HAECKEL, Ernest. *Origem do homem.* Porto, Portugal: Editora Lelo & Irmão, 1914.

________. *Monismo – Laço de fé entre a religião e a ciência (Profissão de fé de um naturalista).* Tradução: Fonseca Cardoso. Porto: Livraria Chardon, 1908.

HORA, Graziela Bacchi. *Fragmentação e erística na Escola do Recife: uma leitura retórica da filosofia de Tobias Barreto.* Tese (Doutorado em Direito) – Universidade Federal de Pernambuco, Recife, 2010.

IHERING, Rudolf von. *La dogmática jurídica*, Olejnik, 2019.

KOSELLECK, Reinhart. "Espaço de experiência e horizonte de expectativas". *In*: KOSELLECK, Reinhart. *Futuro passado – contribuição à semântica dos tempos históricos.* Rio de Janeiro: Contraponto, 2006.

LE GOFF, Jacques. *História e memória.* Tradução: Bernardo Leitão, *et al.*. Campinas: Ed. Unicamp, 1990.

________. *Os intelectuais da Idade Média.* Rio de Janeiro: Jose Olympio, 2003.

LOMBROSO, Cesare. *O homem delinquente.* São Paulo: Ícone, 2007.

MAGALHÃES, Justino Pereira de; Barreto, Raylane Andreza Dias Navarro. *Os intelectuais e a educação – abordagem histórica e biográfica.* Revista Educação em

Questão, São Paulo, v. 54, n.º 41, pp. 61-85, mai./ago. 2016. Disponível em: https://periodicos.ufrn.br/educacaoemquestao/article/view/10158. Acesso em 12 de fevereiro de 2017.

MANNHEIM, Karl. *Ideologia e utopia*. Rio de Janeiro: Guanabara, 1986.

NASCIMENTO, Jorge do Carvalho. *A cultura ocultada ou a influência alemã na cultura brasileira durante a segunda metade do século XIX*. Londrina: Ed. UEL, 1999.

NAVARRO, Raylane Andreza Dias. "O moderno Tobias Barreto no Brasil Império". *In*: MESQUITA, Ilka Miglio de; BARRETO, Raylane Andreza Dias Navarro; NOGUEIRA, Vera Lucia (Org.). *Moderno, modernidade, modernização nos projetos de Brasil - séculos XIX e XX*, 4. Belo Horizonte: Mazza Edições, 2015, pp. 13-34.

________. *Tobias Barreto de Menezes e a Educação para um Brasil moderno (Século XIX)*. Revista História da Educação (Online), Porto Alegre, v. 21 n.º 53, pp. 38-55, set./dez. 2017, Disponível em: https://seer.ufrgs.br/asphe/article/view/71344/0. Acesso em 20 de janeiro de 2018.

________. *Composição intelectual como fruto de repertórios mobilizados: o caso Tobias Barreto*. 2020. Almanack, n.º 25, Universidade Federal de São Paulo. Disponível em: https://periodicos.unifesp.br/index.php/alm/article/view/1398. Acesso em 15 de maio de 2023.

SARTRE, Jean-Paul. *Em defesa dos intelectuais*. São Paulo, Ática, 1994.

SAVIGNY, Friedrich Karl von. *Metodologia jurídica*. São Paulo: Rideel, 2006.

SCHMITZ FILHO, Ricardo Sergio; ADEODATO, João Maurício Leitão. *A escola do Recife e o pioneirismo na elaboração de uma filosofia jurídica brasileira. In Altum* – Cadernos de Direito, 9(19). Disponível em: https://revistas.faculdadedamas.edu.br/index.php/cihjur/article/view/673. Acesso em 15 de maio de 2023.

SIRINELLI, Jean Francois. *Os intelectuais*. *In*: REMOND, Rene (Org.). *Por uma história política*. Rio de Janeiro: Fundação Getúlio Vargas, 2003.

SUCUPIRA, Newton. *Tobias Barreto e a filosofia alemã*. Rio de Janeiro: Editora Gama Filho, 2001.

VICTOR NUNES LEAL

Ricardo Villas Bôas Cueva[1]

Jornalista, advogado, professor, Chefe da Casa Civil da Presidência da República (1956-1959), Consultor Geral da República (1960) e Ministro do Supremo Tribunal Federal (1960-1969), Victor Nunes Leal foi um dos mais significativos intelectuais e juristas brasileiros no século XX. Criador da moderna ciência política acadêmica no país, com a obra *Coronelismo, Enxada e Voto*, que se tornou um clássico desde sua publicação em 1949, deixou também como legado uma importante contribuição em vários estudos de Direito Público. Destacou-se no Supremo Tribunal Federal por seus votos e pelas inúmeras inovações nos métodos de trabalho daquela Corte, sobretudo a criação da Súmula. Exemplo de integridade moral e coerência intelectual em todas as atividades que exerceu, continua a ser amplamente reverenciado pelas novas gerações que o sucederam em suas várias ocupações.

Nascido em Alvorada, Município de Carangola, na Zona da Mata, Minas Gerais, em 11 de novembro de 1914, desde cedo se interessou pela vida política local, estimulado por seu pai, Nascimento Nunes Leal, fazendeiro, comerciante e líder político. Bacharelou-se em Direito pela Universidade do Brasil, hoje Universidade Federal do Rio de Janeiro, em 1936, quando começou a advogar, passando também, na mesma

[1] Mestre e doutor em Direito, é ministro do Superior Tribunal de Justiça.

época, a integrar a redação da *Revista Forense* e a equipe que fundou a *Revista de Direito Administrativo*.

Durante o curso de Direito começou a trabalhar no escritório do renomado advogado Pedro Batista Martins, que era amigo de seu pai e o acolheu em sua casa nos primeiros tempos no Rio de Janeiro. Martins foi convidado por Francisco Campos a escrever o anteprojeto do que se tornaria o Código de Processo Civil de 1939. Já então se revelou a extraordinária capacidade de organização de Victor Nunes, ao catalogar as centenas, senão milhares de sugestões de aprimoramento do anteprojeto.[2]

Em 1939, foi convidado pelo ministro da Educação, Gustavo Capanema, a servir em seu gabinete, tendo sido nomeado, no ano seguinte, para o cargo de diretor do Serviço de Documentação. Em 1943, passou a ocupar interinamente a cátedra de Ciência Política da Faculdade Nacional de Filosofia. Em 1947, para se titularizar, defendeu a tese "O município e o regime representativo no Brasil: contribuição ao estudo do coronelismo", publicada em 1949 pela editora Forense sob o título *Coronelismo, Enxada e Voto: o município e o regime representativo no Brasil.*[3]

O livro foi desde logo percebido como um divisor de águas na ciência política brasileira,[4] apesar de uma grande incompreensão inicial quanto ao conceito de coronelismo. Para muitos leitores, coronelismo era sinônimo, simplesmente, de mandonismo local, fenômeno já estudado por outros autores que o precederam. Mas é o próprio Victor Nunes, em texto escrito décadas depois, quem esclarece: "O coronel entrou na análise por ser parte do sistema, mas o que mais me preocupava era o sistema, a estrutura e a maneira pela qual as relações de poder se desenvolviam na Primeira república, a partir do município".[5]

---

[2] VENÂNCIO FILHO, Alberto. "Victor Nunes Leal e a revista de Direito Administrativo". *In*: *A contemporaneidade do pensamento de Victor Nunes Leal* (org.). Instituto Victor Nunes Leal. São Paulo: Saraiva, 2013, pp. 29-52.

[3] Cf. o verbete sobre Victor Nunes Leal no *Dicionário Histórico-Biográfico do CPDOC/FGV*.

[4] Alberto Venâncio Filho assinala no prefácio à edição inglesa de *Coronelismo, Enxada e Voto* que se trata de "obra fundamental para compreensão das instituições políticas brasileiras, e que representa um marco divisório nos estudos de ciência política no Brasil, constituindo o início da fase universitária desses estudos".

[5] LEAL, Victor Nunes. "O coronelismo e o coronelismo de cada um". *In*: *Dados-Revista de Ciências Sociais*, Rio de Janeiro, vol. 23, n.º 1, 1980, pp. 11-14.

Em outras palavras, procurou entender as dificuldades da efetiva implantação de um modelo democrático representativo em uma estrutura econômica e social ainda marcada por elevada concentração da propriedade da terra e por uma atividade agrícola ineficiente e descompassada com as inovações tecnológicas, mas que nem por isso se desvencilhava do compromisso "coronelista", que visava garantir controle sobre redutos eleitorais importantes nas zonas rurais.

O livro também se distingue da literatura anteriormente produzida no Brasil ao abandonar esquemas analíticos dualistas que contrapunham litoral a sertão (Euclides da Cunha), eleição a representação (Gilberto Amado) e púbico a privado (Sérgio Buarque de Holanda). Sem ignorar essas polarizações, Victor Nunes procurou entendê-las como relações dinâmicas, que pressupunham contraprestações e inversões nas posições de poder. Como acentuado pelo saudoso historiador José Murilo de Carvalho, superou os determinismos que caracterizavam o pensamento social predominante, ainda anterior ao estabelecimento das universidades no Brasil. Mais do que tudo, o que lhe garantiu a distinção de ser considerado o primeiro trabalho moderno de ciência política no Brasil foi o método, que combinava rigorosa análise teórica e conceitual com pesquisa empírica. O que até então era disciplina meramente livresca passou, com antecipação de algumas décadas, a voltar-se à análise de fenômenos passíveis de aferição por métodos quantitativos. O "coronelismo" já não era apenas uma manifestação do mandonismo local, bastante conhecido e estudado, mas passa a ser contextualizado levando em conta as transformações econômicas e sociais, que se traduziam em novas distorções do sistema eleitoral representativo. Esse era o objetivo: entender como esse pilar da democracia se deixava subverter pelo *compromisso coronelista*, e como esse obstáculo à plena expressão da vontade popular poderia ser superado.[6]

---

[6] CARVALHO, José Murilo de. "Prefácio à 7ª edição de *Coronelismo, Enxada e Voto: o município e o regime representativo no Brasil*". São Paulo: Companhia das Letras, 2012. Do mesmo autor, vale lembrar o verbete "Coronelismo", escrito em 1984 para o *Dicionário Histórico-Biográfico do CPDOC/FGV*, assim como o discurso "Em louvor de Victor Nunes Leal", lido na abertura dos

Não é despropositado, assim, dizer que Victor Nunes Leal foi o primeiro a descrever com perspicácia o *equilíbrio instável entre o sistema oligárquico em decadência e um poder público fortalecido*, conforme observado por Bolívar Lamounier, que destaca duas características marcantes na obra: por um lado, o questionamento dos pressupostos ou da "ontologia" da literatura que lhe precedeu, *o que lhe permitiu uma visão mais diferenciada dos suportes do sistema político, das ligações micro/macro, e talvez até mesmo do indivíduo com unidade analítica em última instância*; por outro, deixou mais explícita a complexidade do sistema político e a recorrência das interações entre seus principais atores, sob formas variáveis.[7]

Ainda no campo da ciência política, na fronteira com a teoria do Estado, merece destaque o estudo, originalmente publicado em 1955, intitulado "A divisão de poderes no quadro político da burguesia", no qual Victor Nunes procura demonstrar que a doutrina de Montesquieu foi superada pelas "contundentes reivindicações sociais (...) que encontram no regime representativo (...) o instrumento adequado à sua expressão e realização". O desafio do mundo contemporâneo estava em "descobrir uma nova técnica" para atingir a mesma finalidade de proteger as liberdades do homem e do cidadão. Essa nova técnica, rematava o artigo, somente poderia ser "descoberta através da organização do próprio povo, isto é, o povo a descobrir por si mesmo, com a sua própria experiência e a ajuda de seus líderes autênticos, a maneira de se organizar para resistir a todas as tentativas de usurpação das suas liberdades".[8]

Como doutrinador, entre os vários artigos e estudos publicados, sobretudo em Direito Público, há um que chama atenção por sua presciência e atualidade. No artigo "Personalidade judiciária das Câmaras Municipais", publicado em 1949, Victor Nunes deu importante contribuição

cursos de doutorado do IUPERJ, no Rio de Janeiro, em 10 de março de 1980, e publicado *in Dados-Revista de Ciências Sociais*, Rio de Janeiro, vol. 23, n.º 1, 1980, pp. 5-9.

[7] LAMOUNIER, Bolívar. "Pensamento político, institucionalização acadêmica e relação de dependência no Brasil". *In*: *Dados-Revista de Ciências Sociais*, Rio de Janeiro, vol. 23, n.º 1, 1980, pp. 29-57.

[8] LEAL, Victor Nunes. "A divisão de poderes no quadro político da burguesia". *In*: LEAL, Victor Nunes. *Problemas de Direito Público*. Brasília: Imprensa Nacional, 1999, vol. 2, pp. 17-36.

ao debate acerca da necessidade de reconhecer personalidade judiciária a entes despersonalizados. Com base no direito português, sustentou a correção de acórdão do Tribunal de Justiça do Rio Grande do Sul que reconhecera a legitimidade de Câmara Municipal para impetrar mandado de segurança em defesa de suas atribuições.[9] Com o tempo, firmou-se na jurisprudência o entendimento de que certos órgãos públicos, ainda que não dotados de personalidade jurídica, podem defender em juízo direito-função lesado ou ameaçado de lesão, seja por meio de mandado de segurança, seja por meio de suspensão de segurança.[10]

No Supremo Tribunal Federal, onde atuou por mais de oito anos, até sua aposentadoria compulsória, em 1969, após a edição do AI-5, revelou-se grande magistrado, com atuação de destaque em casos paradigmáticos. Esteve à frente de seu tempo, não apenas no plano substantivo, por seus votos, mas também pela reorganização e modernização das práticas judiciárias no Supremo Tribunal Federal e do sistema de justiça como um todo, em iniciativas que até hoje frutificam e são objeto de debate.

Uma decisão sempre lembrada, na qual seu voto-vogal foi marcante, diz respeito à possibilidade de o Estado intervir na economia para garantir que um agente econômico continue a fornecer a matéria-prima por ele produzida a seus concorrentes, em defesa da livre concorrência.

---

[9] LEAL, Victor Nunes. "Personalidade judiciária das câmaras municipais". *In*: LEAL, Victor Nunes. *Problemas de Direito Público*, Brasília, Imprensa Nacional, 1999, vol. 1, pp. 424-439. Ver também Wagner Rossi Rodrigues, "Nos quadrantes da personalidade judiciária". *In*: *A contemporaneidade do pensamento de Victor Nunes Leal*, org. Instituto Victor Nunes Leal. São Paulo: Saraiva, 2013, pp. 326-342.

[10] A jurisprudência do Superior Tribunal de Justiça firmada no Recurso Especial Repetitivo n.º 1.164.017/PI (6/4/2010) se mantém: "A Câmara de Vereadores não possui personalidade jurídica, mas apenas personalidade judiciária, de modo que somente pode demandar em juízo para defender os seus direitos institucionais, entendidos esses como sendo os relacionados ao funcionamento, autonomia e independência do órgão. No caso, a Câmara de Vereadores do Município de Lagoa do Piauí/PI ajuizou ação ordinária inibitória com pedido de tutela antecipada contra a Fazenda Nacional e o INSS, objetivando afastar a incidência da contribuição previdenciária sobre os vencimentos pagos aos próprios vereadores. Não se trata, portanto, de defesa de prerrogativa institucional, mas de pretensão de cunho patrimonial". No Supremo Tribunal Federal: AgR n.º MS 37331 (rel. Min. Rosa Weber, julgado em 27/4/2021) e AgR no MS 32703 (rel. Min. Dias Toffoli, julgado em 10/4/2018), entre outros.

No RMS n.º 12.468, julgado pelo Supremo Tribunal Federal em 1963, relator o ministro Hahnemann Guimarães, o ministro Victor Nunes Leal, em linha com o voto condutor, mas aprofundando a análise da Constituição de 1946 e da Lei n.º 4.137/1962, fez cuidadosa análise de mercado que levou à conclusão de que a intervenção do Estado, no caso, era necessária e adequada. É que a estrutura do mercado de trigo no país, fundada em concessões especiais para se instalarem novos moinhos de trigo, contava com significativas barreiras à entrada de novos concorrentes, levando a um oligopólio altamente lucrativo. Além disso, já existia autorização legal para o controle do abastecimento por órgão administrativo. De todo modo, a propriedade, no quadro da ordem econômica fixada na Constituição, deve ser entendida no contexto do livre mercado. Ou, como se lê no voto-vogal:

> Se cada moinho resolver montar sua fábrica de rações balanceadas, nenhum deles, por iniciativa própria, venderá matéria-prima à outras fábricas de ração. Para evitar que o oligopólio de moagem também se converta em oligopólio da produção de rações balanceadas, o órgão administrativo competente estabeleceu um critério de distribuição, para garantir o funcionamento das outras fábricas de rações.

Em suma, Victor Nunes Leal acertadamente observou que a questão transcendia interesses meramente privados e que devia ser entendida à luz da proteção da livre concorrência, como somente anos depois, sob a égide da Constituição de 1988 e da moderna legislação pertinente, tornou-se fora de dúvida.[11]

Victor Nunes Leal enfrentou com desassombro, ainda, de modo inovador, sem apoio em jurisprudência ou doutrina, temas de Direito internacional, como, notadamente, a extradição de Franz Paul Stangl, da qual foi relator. O extraditando tinha sido oficial nazista, corres-

---

[11] Cf. Comentário de Ana Frazão, *in* "Victor Nunes Leal e a intervenção do Estado na economia em prol da livre concorrência". *In*: *A contemporaneidade do pensamento de Victor Nunes Leal*, org. Instituto Victor Nunes Leal. São Paulo: Saraiva, 2013, pp. 53-78.

ponsável pelo Holocausto, e o pedido foi formulado, simultaneamente, por Alemanha, Áustria e Polônia. Não havia à época tratados de extradição que vinculassem o Brasil aos países postulantes, que, por isso, fundamentaram seus pedidos em promessa de reciprocidade. A primeira questão examinada então foi a incidência da norma constitucional que exigia fossem aprovados pelo Congresso os tratados celebrados pelo chefe do Executivo. Como não havia tratado, nem sequer normas de Direito internacional a respeito de extração obrigatória para todos os Estados, não existia obrigação para o Estado requerido de conceder a extradição. Ademais, a aceitação da promessa de reciprocidade vincula apenas o Estado promitente, não o requerido, ou seja, não implica convenção ou compromisso internacional que deva ser submetido ao crivo do Congresso. No caso, a extradição foi deferida à unanimidade nos termos do voto do relator, no sentido de determinar a entrega do extraditando à República Federal da Alemanha, condicionada à adequação da extensão da pena a requisitos da lei interna brasileira e ao compromisso de posterior entrega à Áustria.[12]

Sempre fiel à Constituição e ao Estado de Direito, não se deixou intimidar pela ditadura. Basta lembrar, entre tantos votos, aquele proferido no HC 46.118, julgado em 2 de outubro de 1968. O habeas corpus havia sido impetrado em favor de Jânio Quadros no tocante a medidas de segurança (confinamento) impostas pelo AI-2. Victor votou vencido pela concessão da ordem, enfatizando a inconstitucionalidade da alegada ultra-atividade da lei penal no caso, bem como da própria medida de confinamento e da supressão da liberdade de opinião. Não é de estranhar, portanto, que fosse visto, na dicção de Francisco Rezek, como

> ameaça pelo regime militar na medida em que representava, sem precisar dizê-lo, toda a resistência do estado de direito à usurpação e à ilegitimidade no exercício do poder. Não era exatamente questão de haver sido nomeado pelo presidente Kubitschek e ter bom

---

12 REZEK, Francisco. "O fascínio da razão". *In*: *A contemporaneidade do pensamento de Victor Nunes Leal*, org. Instituto Victor Nunes Leal. São Paulo: Saraiva, 2013, pp. 198-210.

> trato com o presidente Goulart, não era questão de partidarismo, nem mesmo da clássica antinomia ideológica entre a esquerda, com seus tantos matizes, e a direita...,

mas de simples decência de um homem que sempre honrou seus princípios.[13]

Contudo, nunca se pôde acusá-lo de panfletário. Ao contrário, o ministro Aliomar Baleeiro referiu-se a ele, no julgamento do Mandado de Segurança 15.886, como "a própria jurisprudência viva do Supremo Tribunal andando pelas ruas". A voz da prudência e da razão. O ministro Francisco Rezek registra, ainda, que, em 1965, quartanista na Faculdade de Direito da UFMG, assistiu à palestra de Victor Nunes Leal que contrariou a expectativa generalizada dos estudantes:

> esperávamos algo como um comício, e o que ouvimos foi uma epifania de lucidez, de equilíbrio, de rigor científico na análise das responsabilidades do Supremo em hora tão difícil. Ele falou então da inutilidade de se ampliar a composição da corte, de onze para dezesseis ministros, e o fez como se pressentisse apenas parte das razões finais dessa aritmética.[14]

Não bastasse, desempenhou papel decisivo na modernização dos métodos de trabalho do Supremo, ao introduzir a Súmula, que, em seu dizer, é um

> meio-termo entre os antigos assentos da Casa de Suplicação, excessivamente rígidos, e os prejulgados das nossas leis processuais, que se têm revelado quase completamente ineficazes. [Não se trata de] interpretação obrigatória para os outros tribunais, mas é um método de divulgação oficial da nossa jurisprudência, de consulta e manuseio extremamente fáceis, permitindo aos inte-

---

[13] REZEK, Francisco. Ibid., p. 203.

[14] REZEK, Francisco. Ibid.

ressados conhecer, de imediato, sobre as questões compendiadas na Súmula, qual é o pensamento atualmente dominante no Supremo Tribunal."[15]

A modéstia sempre foi sua marca:

juiz calouro, com a agravante da falta de memória, tive que tomar, nos primeiros anos, numerosas notas e bem assim sistematizá-las, para pronta consulta durante as sessões de julgamento. Daí surgiu a ideia da Súmula, que os colegas mais experientes (...) tanto estimularam. (...) Por isso, mais de uma vez, tenho mencionado que a Súmula é subproduto de minha falta de memória, pois fui afinal o relator não só da respectiva emenda regimental, como dos seus primeiros 370 enunciados. Esse trabalho estendeu-se até às minúcias da apresentação gráfica da edição oficial...[16]

Atento ao sentido e ao alcance da Súmula e à sua importância para impor autodisciplina aos julgadores e para racionalizar e simplificar a atividade judiciária, Victor preocupou-se em diferenciá-la do *restatement of the law* dos Estados Unidos, que pode ser entendido como um repositório de jurisprudência sem caráter oficial, diversamente da Súmula, que se caracteriza como consolidação jurisprudencial autorizada.[17]

Para Victor Nunes Leal, a Súmula constituía mero método de trabalho, destinado a facilitar a atuação dos julgadores, envolvidos em um sem-número de controvérsias de maior ou menor complexidade, frequentemente sem informação adequada a respeito de precedentes específicos que apontariam o caminho já trilhado pela Corte para encontrar a solução exigida pelo caso concreto. Para evitar a repetição do

---

[15] LEAL, Victor Nunes. "A renovação de métodos do Supremo Tribunal e a Súmula de sua jurisprudência dominante". *In*: LEAL, Victor Nunes. *Problemas de Direito Público*. Brasília: Imprensa Nacional, 1999, vol. 2, pp. 45-58.

[16] LEAL, Victor Nunes. "Passado e futuro da 'Sumula do STF'", RT/553, pp. 287-299.

[17] LEAL, Victor Nunes. "A Súmula do Supremo Tribunal Federal e o *restatement of the law* dos norte-americanos". *In*: LEAL, Victor Nunes. *Problemas de Direito Público*. Brasília, Imprensa Nacional, 1999, vol. 2, pp. 59-64.

percurso hermenêutico já percorrido em hipóteses similares, bem como o risco de decisão dissonante da jurisprudência, Victor começou a anotar cuidadosamente em seus cadernos, fazendo referências cruzadas, as decisões dos colegiados de que participava, à procura de regularidade e padrões que pudessem servir de orientação segura para futuras deliberações. Desses cadernos nasceram os primeiros enunciados da Súmula, aprovados em 1963, após mudança do regimento interno do Supremo. A Súmula tem caráter instrumental, ancilar, não se confundindo com norma jurídica, não sendo, portanto, passível de interpretação. Em caso de dúvida, o melhor a fazer seria cancelar o enunciado, preservando seu número, que não deveria ser reutilizado, a fim de prevenir confusão. Em seguida, se possível e necessário, deveria ser discutida a nova redação do enunciado, levando em consideração as mudanças na jurisprudência.

Diante da incompreensão desses postulados, verificando que em inúmeras ocasiões a súmula foi objeto de interpretação em julgamentos, não raro com resultados contraditórios e surpreendentes, Victor procurava esclarecer o verdadeiro sentido e alcance da súmula. Como já se viu, diferentemente dos antigos assentos da Casa de Suplicação (Ordenações Filipinas, Livro I, Título V, § 5º) e dos prejulgados do CPC de 1939 (art. 861) que tinham a pretensão de vinculatividade, a Súmula surge com o propósito de compilar a jurisprudência reiterada, dominante, em enunciados claros e concisos, redigidos de forma canônica, para bem orientar julgadores e jurisdicionados.

Exemplo de aplicação incorreta da Súmula, na visão Victor, foi o RE 54.190, no qual foi vencido, ao discordar da conclusão da maioria de que o texto de um enunciado poderia ser entendido *a contrario sensu*, para decidir caso concreto em que se verificavam circunstâncias diversas daquelas que levaram à criação da Súmula. Como bem esclarecido por ele:

> Se tivermos de interpretar a Súmula com todos os recursos de hermenêutica, como interpretamos as leis, parece-me que Súmula perderá sua principal vantagem. Muitas vezes será apenas uma complicação sobre as complicações já existentes. A súmula deve ser

> entendida pelo que exprime claramente, e não *a contrario sensu*, com entrelinhas, ampliações ou restrições. Ela pretende pôr a termo as dúvidas de interpretação e não gerar outras dúvidas.
>
> É que a Súmula
>
> foi criada para pôr termo a dúvidas. Se ela própria puder ser objeto de interpretação laboriosa, de modo que tenhamos de interpretar, com novas dúvidas, o sentido da Súmula, então ela perderá sua razão de ser. Tratava-se, na ocasião, de definir a incidência do antigo imposto do selo. Por isso, quando a Súmula afirma que não é devido o selo se o contrato foi celebrado anteriormente à vigência da Emenda Constitucional 5, sobre esta afirmação, e somente sobre ela, é que já está tranquila a orientação do tribunal. Quanto a ser devido o selo nos contratos posteriores, o Tribunal Pleno ainda não definiu a sua jurisprudência.

Tal reflexão, a propósito, continua válida hoje, apesar do disposto no artigo 103-A da Constituição Federal (introduzido pela EC 45/2004), que autoriza o Supremo a editar súmulas vinculantes. Trata-se agora de saber qual a normatividade dos enunciados aprovados pelo STF nesse novo regime, ou seja, no que consiste o efeito vinculante das súmulas. A súmula vinculante tem uma dupla função normativa, pois implica um comando dirigido aos órgãos aplicadores do Direito (jurisdicionais e administrativos) de que adotem a mesma interpretação do STF e, portanto, reconheçam a normatividade das decisões jurisdicionais que motivaram sua edição. Desse modo, em linha com o professado por Victor Nunes, tampouco a súmula vinculante pode ser aplicada como norma.[18]

Sempre incansável na organização e na formulação de novas práticas de gestão do Judiciário, Victor Nunes procurou assegurar a máxima

---

[18] ALMEIDA, Fernando Dias Menezes de. "Súmula vinculante: um estudo com base no pensamento de Victor Nunes Leal". *In*: *A contemporaneidade do pensamento de Victor Nunes Leal*, org. Instituto Victor Nunes Leal. São Paulo: Saraiva, 2013, pp. 150-166.

publicidade e transparência às decisões da Corte. Até seu ingresso no Supremo Tribunal Federal, os acórdãos eram publicados sem periodicidade certa, e sem índice, nos suplementos de jurisprudência do Diário de Justiça. Por sua iniciativa, os acórdãos passaram a ser publicados em sua inteireza, semanalmente, com ementas e devidamente indexados por temas e por número.

Foi alterado o regimento interno para criar comissão de jurisprudência, composta por três ministros, a centralizar a divulgação dos acórdãos do STF, o que desde logo denota que a transparência, a publicidade e a coerência decisórias eram percebidos por Victor como valores essenciais para a boa condução da judicatura. Não fosse assim, não teria feito esforços extraordinários, como varar noites em sua casa, na companhia de assessores, até que se terminasse a tarefa, seguindo logo após, e sem dormir, para o Supremo, a fim de dirigir os laboriosos trabalhos de datilografia. Tudo isso, obviamente, em época na qual ainda não se podia imaginar que os autos deixariam de ser cartáceos e que existiria uma rede mundial de computadores que conteria amplo acesso à informação a qualquer hora, em qualquer lugar, sem interrupção. Esse esforço foi decisivo para a atualização da *Revista Trimestral de Jurisprudência*. O repertório autorizado da jurisprudência, que saía com atraso médio de três anos, passou, sob seus cuidados, a ser publicado com defasagem bem menor.[19]

O retorno à advocacia deu-se de modo imprevisto, em decorrência da arbitrária cassação imposta pela ditadura, em 16 de janeiro de 1969, como lembrado no discurso proferido ao receber o título de professor emérito da UnB, em 1984:

> (...) na noite da minha aposentadoria compulsória, pelo AI-5, irradiada na Hora do Brasil, vários amigos me foram levar seu abraço de consolação e, ali mesmo, na minha sala de estar, fizemos as primeiras combinações pra formar o nosso escritório que, depois,

[19] LEAL, Victor Nunes. "A renovação de métodos do Supremo Tribunal e a Súmula de sua jurisprudência dominante". *In*: LEAL, Victor Nunes. *Problemas de Direito Público*. Brasília: Imprensa Nacional, 1999, vol. 2, pp. 45-58.

se organizaria, em Brasília. Dele participaram Cláudio Lacombe, José Guilherme Vilela, Pedro de Freitas Gordilho, José Paulo Sepúlveda Pertence e, mais tarde, José Gerardo Grossi, D'Alembert Jaccoud, Fernando Neves, João Carneiro de Ulhôa e o Professor Fernando Pessoa Jorge.[20]

O novo escritório, como não poderia deixar de ser, nasceu sob o signo da inovação. Pedro Gordilho lembra que Victor soube idealizar e implantar modelo de escritório de advocacia que antecipava em muitos anos a estrutura adotada por outras organizações de advogados. Seu escritório já nasceu como sociedade de advogados e desde logo abraçou novas tecnologias, com a utilização de equipamentos da IBM, que era então a referência máxima em tecnologia de automação, e de novos métodos de trabalho, o que incluiu a criação de empresa destinada a produzir pesquisa doutrinária e jurisprudencial para os advogados do escritório, devendo-se observar que Victor teve o cuidado de entregar à empresa de informações jurídicas os mais de cinco mil memoriais recebidos ao longo de seus oito anos de judicatura no STF, todos indexados por assunto.[21]

Sempre destemido, participou, ao lado de colegas da estatura de Sobral Pinto, Evaristo de Morais Filho, José Paulo Sepúlveda Pertence, Canuto Mendes de Almeida, Noé de Azevedo, entre outros, da elaboração da estratégia e das peças de defesa judicial e administrativa do presidente Juscelino Kubitschek, acossado pela ditadura, tendo o cuidado de alertar seu mandante de que, sendo também ele um proscrito, sua assinatura no documento a ser entregue à temida Comissão Geral de Investigações poderia ser prejudicial à defesa.[22]

---

[20] LEAL, Victor Nunes. "Discurso proferido ao receber o título de professor emérito da Universidade de Brasília, 26/6/1984", *in* LEAL, Victor Nunes. *Problemas de Direito Público*. Brasília" Imprensa Nacional, 1999, vol. 2, pp. 325-338.

[21] GORDILHO, Pedro. "Victor Nunes Leal: advogado contemporâneo do futuro". *In*: *A contemporaneidade do pensamento de Victor Nunes Leal*, org. Instituto Victor Nunes Leal. São Paulo: Saraiva, 2013, pp. 299-310.

[22] LEAL, Victor Nunes. "Discurso proferido ao receber o título de professor emérito da Universidade de Brasília, 26/6/1984". *In*: LEAL, Victor Nunes. *Problemas de Direito Público*. Brasília: Imprensa Nacional, 1999, vol. 2, pp. 325-338.

A modéstia, a disciplina de trabalho, a atenção ao detalhe, o rigor intelectual e a honestidade foram traços marcantes da personalidade de Victor Nunes Leal, reconhecidos por seus contemporâneos, ao que se acresce o fato de ter sido um "estilista admirável, marcado pela obsessão da clareza e da simplicidade", como bem destacado pelo saudoso ministro Sepúlveda Pertence.[23] Mas isso não explica completamente a transformação do menino de Carangola num dos maiores pensadores e juristas do Brasil, que até hoje continua a dialogar com seus pósteros, deslumbrando a todos por sua quase clarividente inteligência.

[23] Prefácio de José Paulo Sepúlveda Pertence, na verdade uma reprodução do discurso por ele proferido enquanto Procurador-Geral da República na sessão do STJ em homenagem a Victor Nunes Leal, em 1985, poucos meses após a sua morte. *In*: *A contemporaneidade do pensamento de Victor Nunes Leal*, org. Instituto Victor Nunes Leal. São Paulo: Saraiva, 2013, pp. 7-28.

PEDRO LESSA

Roberto Rosas[1]

Indicar um grande nome, em qualquer atividade, é temerário, com possível injustiça, no caso não diante da notória indicação.

Pedro Lessa foi um dos maiores do STF, no seu tempo e nos tempos posteriores, na sua época — o maior, diante da sua coragem, o destemor.

No propósito desta grande obra, sim, porque Pedro Lessa foi um jurista que formou o Brasil.

Na Suprema Corte americana há uma assinalada distinção em torno de uma diretriz ou ascendência, para marcar um período destacado na atuação de um dos seus membros, assim foi a Corte de Marshall (1803), a Corte de Holmes, a Corte de Warren. Esse destaque é importante para a colaboração desses nomes em determinado momento, que se projeta naquele instante, e prossegue na história, como se vê com John Marshall até hoje citado e referido no controle da constitucionalidade lá, ou aqui no Brasil.

---

[1] É doutor pela Faculdade Nacional de Direito da Universidade do Brasil e pela Universidade de Brasília. Atuou como assessor jurídico no STF; foi advogado do BNDE; e procurador do Tribunal de Contas do DF, além de professor da UNB, da Universidade do Distrito Federal e do Uniceub. Foi ministro do Tribunal Superior Eleitoral na classe dos advogados. É membro da Academia Brasileira de Letras Jurídicas e da Academia Brasiliense de Letras.

No Supremo Tribunal Federal muitos assinalaram uma época, um momento, e perpetuaram suas lições no tempo afora, dentre eles, refiro-me a Pedro Lessa (1907-1921). Cabe a lembrança da figura imorredoura de Pedro Lessa, elogiado no seu tempo e, até hoje, citado e invocado na Corte. Assim, com traços pessoais e marcantes decisões na Corte, preserva-se a lembrança desse grande jurista, se não um dos maiores brasileiros, hoje, imortalizado na sua obra clássica Do Poder Judiciário, no Fórum Pedro Lessa, da Justiça Federal, na Avenida Paulista, em São Paulo, e na Sala Pedro Lessa, da Faculdade de Direito do Largo de São Francisco, com retrato a óleo de corpo inteiro.

Pedro Lessa exerceu notável papel no mundo jurídico brasileiro desde 1892, exatamente da assunção da cátedra de Filosofia do Direito na Faculdade de Direito de São Paulo, até sua morte em 1921, com espetacular passagem pelo Supremo Tribunal Federal (1907-1921).

Junto a Diamantina, nos contrafortes da Serra do Espinhaço, em Minas Gerais, ergue-se a cidade do Serro, que se denominou, no Império, de Vila do Príncipe. Seu casario colonial está mantido, apesar dos embates do tempo nas suas ladeiras idênticas às de Ouro Preto ou Salvador. Distante de Ouro Preto, constituiu-se na mais característica cidade do barroco mineiro, por suas peculiaridades, em confronto com sua vizinha Diamantina, cidade plana realçando suas igrejas do século XVII, que atestam a pujança do ambiente colonial, com a Matriz de Nossa Senhora da Conceição, construída em 1700, singular porque suas torres destacam-se do corpo da igreja. As igrejas do Rosário, de 1728, a de Santa Rita, de 1745, e a do Bom Jesus de Matosinhos, com suas torres ao centro da fachada e não ao lado, como acontece em Diamantina. Nota para a Igreja de Santa Rita, no alto de uma escarpa com fachada poligonal, fato raro nas igrejas do século XVII.

Andavam os meninos daquela época a percorrer suas ruas, quando na noite de 11 de novembro de 1872 a terra estremeceu no Serro Frio, as águas do Rio do Peixe subiram e se fenderam montanhas, como descreveu Xavier da Veiga em suas Efemérides Mineiras, e João Guimarães Rosa, na sua convivência com a mineiridade e com o barroco mineiro, não perdeu tempo e aproveitou o assunto em "Um Moço muito Branco" (Primeiras Estórias).

> Dito que um fenômeno luminoso se projetou no espaço, seguido de estrondos, e a terra se abalou num terremoto que sacudiu os altos, quebrou e entulhou casas, remexeu vales, matou gente sem conta; caiu outrossim medonho temporal, com assombrosa e jamais vista inundação, subindo as águas de rio e córregos e sessenta palmos da plana.

Saint-Hilaire esteve na Vila Príncipe em 1830, considerando-a muito populosa, e a segunda mais importante da Província de Minas Gerais depois de Vila Rica. Em 1816, a população era de 28 mil pessoas.

Ao lado do aspecto físico, a Vila do Príncipe, depois Serro, foi a maior sede de ideias liberais na abundante terra mineira.

Nela, Teófilo Otoni, com seu papel desassombrado, nos primórdios da Independência, já deixara seu nome gravado. O berço de Felício dos Santos, o escritor e autor de notável projeto do Código Civil, o único justificado exaustivamente por seu autor. Terra de políticos que cristalizaram e amalgamaram a civilização mineira do século XX, como João Pinheiro e Sabino Barroso. De militares como o general Gomes Carneiro e *last but not least*, honras das letras jurídicas e da magistratura: Edmundo Lins, Pedro Lessa e o primeiro presidente do Supremo Tribunal, Saião Lobato, o Visconde de Sabará (1828).

A presença de tão ilustre grupo no torrão mineiro, bem localizado no nordeste de Minas, está a merecer estudo sociológico de vulto, e principalmente o relacionamento dessas vidas com a Faculdade de Direito de São Paulo. Todos, à exceção do general Gomes Carneiro, seguiram da Vila do Príncipe para as Arcadas.

No Serro, nasceu Pedro Lessa em 1859. Lá estudara as primeiras letras, até fazer os exames preparatórios no Rio de Janeiro, em 1878. Portanto, quase vinte anos de vivência e convivência na pacata cidade, que o marcaria, na sua sinceridade e espontaneidade de sentimentos e revelações, inclusive um amor filial, até quando ministro da Suprema

Corte. Conta-nos Castro Nunes que o pai de Pedro Lessa ia ao Supremo Tribunal procurá-lo, o Pedrinho, e voltavam juntos para a casa em Botafogo, ao estilo da época, de bonde.

Que magnetismo possuía essa terra isolada no Espinhaço, longe do litoral, distante de Ouro Preto ou do Rio de Janeiro? Ela sempre foi foco de atenções da sede reinol, pois deu-lhe bom resultado na produção aurífera, em 1811, a maior porção de ouro para reconstituir Lisboa arrasada pelo terremoto de 1755. Dessa vida, da cidade adulta em meados do século XIX, surgiu um ambiente econômico seleto e, em consequência, o ambiente cultural, que propiciava a seus filhos melhor visão do mundo. Ela própria não tinha condições para a largueza do espírito, mas dava a informação para a procura do aperfeiçoamento.

Ali nasceu seu grande filho, um dos maiores juristas brasileiros — Pedro Lessa, professor, juiz e escritor, em 1859.

Aureolado na cátedra e na advocacia, Pedro Lessa hesitou, e dizem que não aceitou, momentaneamente, o convite de seu conterrâneo presidente Afonso Pena, para ocupar a vaga de Lúcio de Mendonça no Supremo Tribunal, tanto que a *Gazeta de Notícias* divulgou a versão corrente de que Pedro não aceitaria o cargo após ter sido nomeado, e que teria ido ao Palácio agradecer a nomeação (1907).

Se isso acontecesse, Rui não diria, mais tarde, em seu manifesto, que Pedro Lessa era o mais completo dos nossos juízes (2.4.1917).

Empossado em 1907, Lessa encontrou na Egrégia Corte a grande questão daquele tempo: o problema do governo do estado do Rio, onde se contravinham a investidura do presidente Becker e o mandato de Nilo Peçanha.

De 1907 a 1921, ano de sua morte, Pedro Lessa foi o grande magistrado, com o epíteto de "Marshall brasileiro" pelo maior advogado, aquele que, junto do magistrado insigne, postulou e requereu Justiça: Rui.

Possuía os requisitos exigidos por Edmundo Lins para ministro do Supremo: ser filiado à estirpe dos Paulos e dos Gaios e ser da espécie rara daqueles que personificam a jurisprudência na mais alta acepção da palavra. Nesses quase 14 anos de Supremo, lá conviveu com grandes figuras, entre elas: Pisa e Almeida, Alberto Tôrres, Epitácio Pessoa, Guimarães Natal, Amaro Cavalcanti, Viveiros de Castro, João Mendes Jr., Pires e Albuquerque, Edmundo Lins.

Seguia na prática o que pregara pela última vez a seus alunos em São Paulo: "Se fordes juiz, lembrai-vos de que tão altos e tão raros são os predicados".

Seguia a trilha delineada por seu espírito, e realçada na pena de Humberto Campos: "o homem puro, o varão forte, o magistrado inviolável, não era, na sua opinião, aquele que fugia a situações difíceis, aos pleitos fragorosos, limitando-se à prática perfeita da justiça no terreno desobstruído: era o que patenteava a sua integridade, o seu devotamento, desobstruindo o terreno".

Às grandes questões deu a vivacidade inerente ao grande advogado, a didática dos fatos pertinentes ao professor. Nele, a magistratura brasileira teve um repositório de ideias e transformações, a plainar as arestas das controvérsias e inumar as velharias e tradições obsoletas.

Disse-o bem Viveiros de Castro, contemporâneo e amigo de Lessa no Supremo, de quem discordava e sustentara pontos díspares: "Os partidários do tipo clássico do juiz marmóreo, inacessível às paixões humanas, aplicando automaticamente a lei, censuravam a Pedro Lessa o ardor com que ele defendia os seus votos, o desusado calor que imprimia às discussões, tornando-as talvez mais parlamentares do que judiciárias".

Tinha o espírito do advogado, o combatente destemido. Por isso, estava sempre ao lado das grandes causas, inclusive atingindo as raias da exceção. Levantava-se, então, questão de ordem sobre a limitação do tempo de sustentação oral para o advogado Rui Barbosa, que reclamava da tribuna a exiguidade do tempo: "Senhor Presidente — Estou aprendendo. Rui Barbosa, pelas luzes de sua sabedoria, há muito adquiriu o direito de falar nesta casa pelo tempo que entenda".

Pedro Lessa avançou no tempo e foi mais longe do que podia na interpretação da Constituição, do Direito. Expressivo é o depoimento de outro grande jurista, João Luiz Alves, ao suceder a Lessa na Academia Brasileira:

Verificando que a necessidade social ou política já não o exigia e dando alma à Constituição, convinha em reconhecer que nova orientação interpretativa se impunha, sem desfigurar ou violar a lei básica, antes, permitindo-lhe, pela autoridade da Suprema Corte, e só por ela, uma existência compatível com as necessidades sociais e políticas do País.

Disse Levi Carneiro: "Levara, para a magistratura, o sentimento e o apreço dos interesses de ordem prática que as teorias tantas vezes sacrificam, e o amor e o conhecimento da doutrina de que tanto se descura em nosso foro".

No capítulo do Recurso Extraordinário, ainda jovem remédio, recentemente ratificado pela Constituição de 1981, Pedro Lessa norteara a consagradora jurisprudência cuja consolidação pelo tempo desprezou as origens.

Assim, pelo não cabimento de ação rescisória das decisões do STF, quando proferidas em sentença que o Tribunal, em grau de recurso, confirma ou reforma. Essa sentença faz coisa julgada, que não pode ser alterada por ação rescisória, exceto quando haja nulidade.

No âmbito da competência da Justiça Federal, considerava-a competente para conhecer e julgar as causas em que fosse, de qualquer forma, interessada a União, ainda que ela não interviesse no feito, por intermédio dos seus legítimos representantes, como autora, ré, assistente ou opoente. Também a ela competia sempre que uma das partes fosse estrangeira, residente no estrangeiro, embora não houvesse conflito de leis.

Quanto ao exame da matéria civil, Pedro Lessa jogava com sua longa atividade advocatícia.

Ao examinar a relação posse-domínio, invocava a disposição do último período do art. 505 do Código Civil, afirmando que só teria cabimento quando dois litigantes pretendessem a posse da mesma coisa, alegando domínio simultaneamente, ou, pelo menos, um deles. Neste caso, é muito justo que se reconheça a posse àquele a quem, evidentemente, pertence o domínio.

Só há dois livros clássicos sobre o Judiciário brasileiro: de Pedro Lessa editado em 1915, no Rio de Janeiro, e de Castro Nunes, *Teoria e Prática do Poder Judiciário*, editado pela Forense, em 1943. Há mais estudos sobre esse poder, entretanto, sem a extensão e a pretensão do trabalho de Pedro Lessa.

Na obra *Do Poder Judiciário*, Lessa descreveu esse Poder com a maestria do juiz, a visão do advogado e a precisão do jurista. Dele partiu o filão que possibilitou a Castro Nunes elaborar obra substanciosa, sem dúvida, um dos primores da literatura jurídica brasileira.

Nesse livro, Lessa vai fundo às raízes do constitucionalismo americano, na obra de Hamilton, Madison e Jay, com razão; basta ver as origens do nosso federalismo e a cópia do modelo americano, principalmente em relação à Suprema Corte. Do sistema argentino foi buscar ensinamentos, que também era cópia da matriz americana.

Adotou como metodologia a descrição constitucional, para perpassar os artigos da Carta Magna formadora do capítulo do Poder Judiciário. Não quis situar o exame por temas ou grandes assuntos, mas fazendo a crítica aos artigos, não olvidou os grandes assuntos, até porque eles estão nos mesmos dispositivos. Já dividira, por isso, a jurisdição em contenciosa e voluntária, à feição de Gluck nos Comentários às Pandectas, para ficar somente com a contenciosa.

Partindo da independência dos poderes, não admitia que o Judiciário fosse um ramo do Executivo, e perguntava: que nação culta e livre outorgaria em nossa época ao Poder Executivo a atribuição de impor penas aos próprios réus confessos?

Pregava contra a unidade processual, porque ao contrário seria a mutilação do regime federativo. A adoção de uma só judicatura e um só processo para todo o país era absurdo. Dada a grande extensão territorial, a diversidade de cultura, a falta de meios de transporte, teria numa legislação judiciária uniforme sérios e manifestos inconvenientes.

E apresentava caso concreto com lei de 1907 referente à punição do crime de peculato. A formação de culpa não poderia exceder o prazo de vinte dias. E em todos os estados, as grandes distâncias e dificuldades de transporte impossibilitaram a conclusão formativa da culpa. Invocava as experiências americanas e argentinas.

Referiu-se ao duplo grau de jurisdição, para argumentar com Bentham contra uma terceira instância. Perguntava Bentham: quantos graus de apelação devem ser admitidos? Um só. Justificava, assim, a desnecessidade da procrastinação das causas, contrário àqueles que defendem uma cadeia recursal disparatada.

Ao tratar do significado de matéria constitucional, expressou que tudo o respeitante à formação, atribuição, exercício e limites dos poderes políticos e às garantias dos direitos individuais era constitucional. O tema não era fascinante, mas o tempo encarregou-se de mostrar sua importância, até agora quando muitos pretendem conceder somente ao Supremo Tribunal o exame da matéria constitucional. Mas Pedro Lessa entendia a mais ampla, à feição de Marshall ou da Suprema Corte Americana.

Na vigência da Constituição de 91, o procurador-geral da República era designado pelo presidente da República, feita a escolha dentre os membros do Supremo Tribunal. Pedro Lessa, após examinar as razões para a assertiva, discordava porque não raro o procurador-geral se vê obrigado a defender atos do governo, sem nenhum apoio nas leis, ou nos sentimentos de justiça, mais tarde, como juiz, terá necessidade de repudiar as opiniões que emitiu. De fato, o argumento não é definitivo, porque se não o procurador-geral da República nunca seria nomeado ministro do Supremo Tribunal, e muitos o foram com independência e brilho em ambas as funções. A crítica é procedente em tese, pelo absurdo da escolha. Além do desfalque, transforma-o em advogado da lei, no seu ambiente de fazer justiça.

O conceito de causa para efeito de recurso ao Supremo Tribunal ainda merece cuidado, porque a Constituição usa a expressão "causa para efeito de recurso". Lessa considerou causa como sinônimo de lide, o direito deduzido em juízo, ou na expressão de Pereira e Souza a questão agitada entre as partes perante o juiz.

Que é uma questão política? É a pergunta de Lessa. A resposta está em seus monumentais votos no Supremo Tribunal. Argumentava que é impossível muitas vezes evitar as decisões, que declaram a impossibilidade, ou julgam inválidos e inexequíveis atos do Legislativo ou do Executivo.

A declaração de inconstitucionalidade que ninguém impede ao Supremo Tribunal tem inegável caráter político. Para se furtar à competência do Poder Judiciário, não basta que uma questão ofereça aspectos políticos, ou seja suscetível de efeitos políticos. É necessário que seja meramente política. E respondia: as questões exclusivamente políticas são aquelas que se resolvem por meio de poderes exclusivamente políticos. É um poder discricionário que não pode ser restringido pela interferência de outro. Portanto, poder meramente político é poder discricionário.

O recurso extraordinário merece estudo especial. Está na sede da sua missão constitucional, porque sendo inerente ao regime federativo, à dualidade de leis e à dualidade de justiças, era necessário assegurar-se a aplicação das leis federais e a Constituição em todo o território nacional. Portanto, a finalidade do recurso extraordinário é a manutenção da autoridade da Constituição e das leis substantivas e tratados federais em todo o território nacional. Demonstrava que o nosso recurso extraordinário é idêntico a *writ of error* dos norte-americanos. A diferença está na competência aos estados americanos. Competência no Brasil conferida ao Congresso Nacional. Em virtude há, no Brasil, maior número de casos em que tal recurso pode e deve ser interposto, pois sua função no Brasil consiste em manter, não só a autoridade da Constituição e de algumas leis federais, como a autoridade e unidade do Direito Civil, comercial em toda União. Sem o recurso extraordinário as justiças autônomas dos estados poderiam ir pouco a pouco deixando de aplicar disposições da Constituição e das leis.

Repudia o recurso extraordinário para as decisões sobre direito local, nos termos em que a Súmula n.º 280 do STF atualmente preconiza. O recurso destina-se às leis federais.

Preconiza-se tese das mais salutares: o tribunal ao julgar o recurso extraordinário resolve a questão, aplicando o direito ao fato. Consagrou-se esse princípio na Súmula do STF n.º 456.

O livro do Poder Judiciário integrou-se à literatura jurídica brasileira definitivamente. Passadas décadas, ao estudioso do Direito Público não é lícito ignorar seu conteúdo, máxime quanto ao cerne do tema.

Ao ser publicado o livro, Levi Carneiro escreveu alguns artigos sobre o mesmo, lembrando que o Supremo Tribunal foi composto por juízes do Supremo Tribunal de Justiça do Império, espíritos tradicionalistas, que não somaram nada ao tribunal republicano. Somente com a chegada de homens públicos de alto valor foi possível a valorização do Tribunal. E, dentre esses, destacou Pedro Lessa que levou para a magistratura o sentimento e o apreço dos interesses práticos, que as teorias jurídicas tantas vezes sacrificam. O primeiro que conquistou, entre nós, a melhor e a mais ampla popularidade.

A obra de Pedro Lessa foi definitiva, ainda que traçada sobre a Constituição de 1891. Ficaram os ensinamentos, os princípios, as grandes ideias e os conceitos. Passeia-se pelo livro como respondesse hoje às questões (veja-se nas páginas originais): o duplo grau de jurisdição (p. 23), o conceito de matéria constitucional (p. 24), o conceito de causa (p. 52), o sentido da questão política (p. 54), a posição do Distrito Federal (p. 115) e a importância do recurso extraordinário (pp. 100-102). São páginas antológicas, como dissera em outra oportunidade, com "clareza que incomoda".

Sem dúvida, Pedro Lessa merece elevação de um jurista formador do Brasil, e assim bem colocado nesta obra, ao lado de outros grandes formadores.

GUIDO FERNANDO SILVA SOARES

Selma Ferreira Lemes[1]

"Um navio é sequestrado e, no momento em que um Estado estrangeiro descobre por detrás da máscara de uma companhia estrangeira de navegação, os juízes decretam a suspensão do embargo. Uma senhora deixa de pagar uma dívida contraída quando solteira, e no momento em que o tribunal julga os débitos, a ré apresenta-se como esposa do Embaixador de um país estrangeiro e a ação é mandada ser trancada."[2] Eram com esses exemplos da vida real que o professor Guido iniciava suas aulas com o objetivo de elucidar os aspectos das imunidades de jurisdição e execução, na disciplina de Direito Internacional Público na Faculdade de Direito da Universidade de São Paulo (USP). A partir daí, com um estilo peculiar — que não observava uma linha reta, pois suas aulas eram um colorido de história e direito —, iniciava sua explanação,

---

[1] Selma Ferreira Lemes, advogada e professora de arbitragem. Mestre e doutora pela Universidade de São Paulo.
Registro meus agradecimentos aos professores Celso Lafer, José Carlos de Magalhães, Umberto Celli Junior e ao embaixador Fernando de Mello Barreto, pelas entrevistas concedidas. Ao amigo e colega de turma da Faculdade de Direito da USP, José Rogério Cruz e Tucci, pelo incentivo para escrever este artigo. À Faculdade de Direito da USP, pelo auxílio nas pesquisas efetuadas. Ao ex-aluno e professor Fernando Fernandes da Silva pela agradável conversa e recordação dos tempos das Arcadas com o professor Guido.

[2] A referência encontra-se reproduzida na Apresentação do livro *Das Imunidades de Jurisdição e Execução* (SOARES, Guido Fernando Silva. Rio de Janeiro: Forense, 1984).

seguida de debates com os alunos, que se mostravam cativados pela matéria e sua forma de exposição.[3]

Ao recordar suas aulas, o pensamento nos remete a um afresco do pintor Rafael Sanzio do século XVI, "A Escola de Atenas", que se encontra no Salão das Assinaturas no Vaticano, em Roma.[4] Nessa magnífica pintura perfilam filósofos gregos e personalidades ilustres da história antiga. Eles representavam a fonte do saber na busca do conhecimento das causas. No meio do afresco estão Platão e Aristóteles. Platão aponta com o dedo indicador para cima, "o mundo das ideias", e Aristóteles aponta para o chão, "o mundo terreno", refletindo sobre as regras de convivência humana, como a virtude, a ética e a moral em que repousam as diretrizes e os princípios do Direito. "O filósofo escreveu que a norma de ação — o cânon moral — não deviam ser as ideias absolutas e eternas de Platão, mas a forma de comportar-se de um homem honrado e perfeito".[5] Assim se pautou o professor Guido, o nosso Aristóteles, que não andava pelo Ateneu dialogando com seus discípulos, mas em salas de aulas nas Arcadas, deixando seus alunos, aqueles que se interessavam pelos temas tratados, maravilhados. Sua didática em atrair a atenção dos alunos era insuperável. Seu saber jurídico enciclopédico. Incentivava

---

[3] Desde a fundação dos cursos jurídicos no Brasil por d. Pedro I, em 1827, em São Paulo e Olinda, que a Faculdade de Direito do Largo de São Francisco, antes de muitas escolas de Direito no exterior, ministra a disciplina de Direito Internacional. Aliás, a aula inaugural dos cursos jurídicos em março de 1828 na São Francisco foi de Direito Internacional. "A identidade nacional se fez concomitantemente ao funcionamento desta escola, à formação de sistema jurídico nacional, e de tradição, ao mesmo tempo, legal e humanista, desta escola, nesta escola, e, a partir dela, repercute para o estado, para o país, e forçosamente, também para o plano internacional. E se transforma, se adapta e se renova." (CASELLA, Paulo Borba. "Missão do Direito Internacional no Mundo Pós-Moderno – Reflexão pelos 190 anos do Direito Internacional nas Arcadas." *Revista da Faculdade de Direito da USP*, v.112/787, 2017). Disponível em: https://www.revistas.usp.br/rfdusp/article/view/149540/146658. Acesso em 6 de outubro de 2023.

[4] Apreciar o afresco de Rafael é efetuar uma viagem histórica pelo mundo do saber antigo. Disponível em: https://pt.wikipedia.org/wiki/Escola_de_Atenas. Acesso em 14 de outubro de 2023. José Roberto de Castro Neves analisando este afresco de Rafael o insere no capítulo do *Humanismo*, em que no início de século XVI, os quadros, embora religiosos, pretendiam recuperar a sabedoria existente nos trabalhos clássicos em grego e latim (CASTRO NEVES, José Roberto. *O Espelho Infiel, uma história humana da arte e do direito*. Rio de Janeiro: Nova Fronteira, pp. 134, 2020).

[5] VALLEJO, Irene. *El Infinito en un Junco*. Madrid: Siruela, p. 370 (tradução livre).

aos alunos a não se limitarem aos livros jurídicos. Pincelava suas aulas com literatura, história, música e cinema. Enviava a mensagem de que tudo se compunha. Sabia ser irreverente e perspicaz.

Em 1998, em seu discurso de posse como professor titular de Direito Internacional Público na Faculdade de Direito da USP reafirmou seu compromisso, em consonância com sua "vocação de servir aos interesses do Brasil, de profligar pelo desenvolvimento do Direito Internacional, em harmonia com os interesses da humanidade, e, em particular, de auxiliar, com todas minhas forças e meu entusiasmo, na formação humanística, científica e profissional da juventude do meu país".[6]

E isso ele cumpriu fielmente!

Guido Fernando da Silva Soares nasceu na cidade de São Carlos, interior do estado de São Paulo em 01 de julho de 1937 e faleceu em São Paulo em 30 de maio de 2005. Era filho dos professores José Soares Brandão e Guiomar Silva Soares. Concluiu seus estudos secundários no Colégio São Bento em São Paulo e ingressou em 1956 na Faculdade de Direito da USP, onde se graduou em 1961. Neste mesmo ano foi aprovado por concurso de provas ao curso superior do Instituto Rio Branco do Ministério das Relações Exteriores — MRE —, para a carreira de diplomata do serviço exterior brasileiro, concluído em outubro de 1963. Nesse ministério exerceu atividades no Brasil, entre elas atuando no Departamento de Assuntos Jurídicos do MRE e, no exterior, na Embaixada Brasileira em Moscou de 1965 a 1969 e na Embaixada Brasileira em Montevidéu de março de 1969 a fevereiro de 1970, quando em pleno regime militar foi obrigado a "solicitar exoneração da carreira diplomática".

Umberto Celli Junior em homenagem realizada logo após o falecimento de Guido Soares, menciona que ele buscou a carreira diplomática para servir seu país. "Corajoso, destemido, fiel seguidor de seus princípios democráticos aceitou sem hesitação à convocação para servir na Embaixada Brasileira em Moscou, na ex-União Soviética. Vivia-se no

[6] Revista da Faculdade de Direito da USP, v. 93, 1998. Disponível em: https://www.revistas.usp.br/rfdusp/article/view/67417. Acesso em 1 de outubro de 2023.

Brasil sob o domínio de uma ditadura militar (à qual ele jocosamente sempre se referia como a 'Revolução Gloriosa e Redentora') e logo seu gesto foi confundido como o de um adepto ou simpatizante do regime soviético. Justo ele, um incansável defensor da liberdade, da democracia e dos Direitos Humanos. Começou, então, a ser implacavelmente perseguido a ponto de ser forçado a retirar-se da carreira. (...) A perseguição política não abalou suas convicções e princípios. Pelo contrário, reforçou-os e ele encontrou na Universidade o caminho para realização plena de sua missão e vocação."[7]

Relata seu amigo e colega do Instituto Rio Branco, embaixador Fernando Guimarães Reis, que Guido: "enfrentou com absoluta dignidade a perseguição gratuita que lhe moveu o regime militar. Foi vítima de uma armadilha odiosa — a arrogância do poder se esmerava no absurdo e no ridículo. Guido não deixou que a injustiça o consumasse: demitiu-se ele próprio do Itamaraty."[8]

Relatava que nos tempos do curso no Instituto Rio Branco, no Rio de Janeiro, Guido teve que arranjar um emprego noturno para se sustentar e só lhe restava a madrugada para estudar. Dizia que Guido não se queixava nunca e competia com colegas que estavam longe de conhecer as mesmas dificuldades. "Fazíamos parte de uma geração imbuída pelo otimismo de JK e presenteada pela Bossa Nova", relata o embaixador Guimarães Reis, que também registrou que discutir com Guido era sempre um esporte estimulante.[9]

Alguns anos depois, fez-se justiça e, por meio de um processo político, administrativo e judicial, que contou com o auxílio de muitos de seus amigos e colegas de turma dos tempos do Instituto Rio Branco, o

---

[7] CELLI Jr. Umberto. "Homenagem ao Professor Titular Guido Fernando Silva Soares". *Revista da Faculdade de Direito. Universidade de São Paulo*, v.100, 2005, pp 829-832. Disponível em: https://www.revistas.usp.br/rfdusp/article/view/67691/70299. Acesso em 28 de agosto de 2023.

[8] REIS, Fernando Guimarães. "O Amigo na Memória: Guido". *In*: *Direito Internacional, Humanismo e Globalidade, Guido Fernando Silva Soares, Amicorum Discipulorum Liber.* CASELLA, Paulo Borba; CELLI, Umberto Junior; MEIRELLES, Elizabeth de Almeida; POLIDO, Fabrizio Bertini P. (orgs.). São Paulo: Atlas, 2008, p. 4.

[9] Ibid., p. 2.

embaixador Luiz Felipe Lampreia, Guido Soares recuperou seu posto de diplomata, tendo servido na Missão Brasileira em Genebra, junto à Organização das Nações Unidas — ONU — e à Organização Mundial do Comércio — OMC. Em 1993 foi agraciado com o título de comendador da Ordem do Rio Branco pelo MRE. Aposentou-se como ministro Conselheiro do Quadro Especial.

Quando Guido Soares se afastou da carreira diplomática em 1970, um novo mundo se abriu para ele: o magistério. Ele galgou degrau a degrau, com humildade e elevado senso cívico, a atividade de professor. Ministrou aulas de inglês e francês no Instituto de Arte e Ciências de São Paulo em 1970. Foi professor de "Política Internacional" na Escola de Sociologia e Política de São Paulo, instituto à época complementar à Universidade de São Paulo, que funcionava na rua Maria Antônia. Na Pontifícia Universidade Católica de São Paulo (PUC/SP), além de professor, exerceu atividades administrativas, tendo sido nomeado pelo reitor daquela Universidade como membro da comissão para implementar a reforma administrativa e universitária em 1971.

Seu mestrado foi obtido na Universidade de Illinois, Estados Unidos, em 1975. Para lá foi incentivado pelo professor Vicente Marotta Rangel, que dizia que o professor de Direito Internacional tinha que estudar e ter experiência no exterior.

Com o arcabouço jurídico e diplomático que possuía rapidamente inseriu-se na área acadêmica. Pesquisador de primeira linha, sempre teve um faro para o que era importante e foi um desbravador de temas jurídicos, entre outros, nas áreas de direitos humanos, meio ambiente e arbitragem. Como ele relatava, muitos desses estudos surgiram em decorrência de preparação para ministrar aulas na Faculdade de Direito e em outros cursos.

Sua tese de doutoramento defendida em 1974 na PUC/SP versou sobre matéria nuclear, "Contribuição ao Estudo da Política Nuclear Brasileira". Foi aprovado com distinção pela banca examinadora composta pelos eminentes professores Celso Lafer, Francisco Weffort, Geraldo Ataliba, Vicente Marotta Rangel e o físico e professor catedrático da USP Marcelo Damy de Souza.

Navegar em tema à época tão raro e desafiador lhe deu proficiência para elaborar o livro *As Salvaguardas nos Acordos Nucleares Brasil-EUA e Brasil-Alemanha.*[10]

Com sua bagagem de advogado e diplomata, enfrentou temas complexos no Direito Internacional Público sobre "Imunidades de Jurisdição e de Execução", que lhe outorgou o título de professor livre-docente em 1980. Posteriormente, em 1995, obtém o título de professor titular de Direito Internacional Público na Faculdade de Direito da USP com tese sobre "As Responsabilidades no Direito Internacional do Meio Ambiente", reproduzida na sua obra monumental "Direito Internacional do Meio Ambiente, emergência, obrigações e responsabilidades".[11] Disse Umberto Celli: "Com esta obra transformou-se, sem nenhum favor ou exagero, no maior especialista no Brasil e, quem sabe até, da América Latina em Direito Internacional do Meio Ambiente".[12]

Como dito, sua devoção ao magistério o moveu a escrever livros inovadores na literatura jurídica brasileira. Em várias de suas obras esclareceu que a ideia dos temas surgiu em salas de aulas. O livro *As Imunidades de Jurisdição e de Execução*, citado no início deste artigo, teve origem quando ministrava a matéria sobre "Direito e Deveres dos Estado".[13] Atento às necessidades didáticas de apresentar aos alunos o fenômeno das famílias jurídicas existentes e os elementos típicos do *Common Law,* redigiu o livro *Common Law, Introdução ao Direito dos EUA.*[14]

Federico Garcia Lorca, poeta espanhol, certa vez pontuou: "a poesia não necessita de adeptos, mas de amantes". Guido era um apaixonado pelo Direito, que foi o combustível para sua imensa produção literária e de suas encantadoras aulas nas Arcadas.

---

[10] São Paulo: José Bushatsky Editor, 1977, 206 pp.

[11] São Paulo: Atlas, 2001, 896 pp.

[12] CELLI, Umberto, op. cit., p 830.

[13] "Com muito didatismo, soube trazer para a teoria sua vivência diplomática. Os livros *Das imunidades de jurisdição e de Execução* (tema de sua livre-docência) e *Órgãos dos Estados nas relações Internacionais: formas da Diplomacia e as imunidades de jurisdição* não deixam dúvida disso." (CELLI, Umberto, op. cit., p. 831.)

[14] São Paulo: RT, 1999, 197 p.

Entre suas obras publicadas contam vinte livros, ensaios, monografias e teses. Elaborou mais de cem artigos publicados em livros coletivos, revistas nacionais e estrangeiras. Era profundo conhecedor de latim, português, francês, inglês, alemão e russo. Era religioso e professava a fé cristã, como se afere em seus textos. Certa vez, comentou em sala de aula que na Bíblia não havia citação ao meio ambiente.

Seus estudos em Direito Internacional do Meio Ambiente, pioneiros no ambiente nacional em densidade e forma (aliás, nada do que ele redigia era superficial), originou-se em decorrência de sua tese em Direito Nuclear, "em que a utilização pacífica da energia nuclear é diretamente relacionada aos aspectos de proteção do meio ambiente".[15] Afirma que os estudos nesta área foram impulsionados ao preparar palestras sobre Direito Internacional do Meio Ambiente em Universidades Paulistas, inclusive no III Curso Internacional de Direito Comparado do Meio Ambiente em 1983, organizado pela Sociedade Brasileira de Direito do Meio Ambiente, da qual chegou a ser seu presidente.

Guido tinha uma energia intelectual surpreendente para aceitar desafios. Como humanista que era e brasileiro com todas as tintas, preocupado com o meio ambiente, declarou que o impulso definitivo de se dedicar ao tema teve origem na organização e preparação de aulas em cursos sobre Direito Internacional do Meio Ambiente no Centro de Ciências Ambientais da Universidade do Amazonas em 1991 e, posteriormente, replicado na Universidade Federal do Pará, em 1993. Era, na academia, um pioneiro a se dedicar ao assunto. Menciona Guido: "A experiência didática em duas Universidades no Norte do Brasil, no coração da Amazônia Brasileira, em definitivo, determinou o tema do presente trabalho de suma importância para o país".[16] Palavras proféticas! Os dias atuais que o digam!

Além de toda essa profícua atividade de desbravador de temas importantes do Direito Internacional Público, Guido foi também pionei-

---

[15] SOARES, Guido Fernando Silva. *Direito Internacional do meio Ambiente, emergência, obrigações e responsabilidades*. São Paulo: Atlas, 2001, p. 21.

[16] Ibid., p. 22.

ro na batalha a ser travada para a inserção efetiva do instituto jurídico da arbitragem no Brasil, que dormitava no limbo do esquecimento, pois a legislação vigente não incentivava a sua utilização.[17]

Quando ainda eram escassos os livros sobre o tema, para gáudio da historiografia brasileira, foi autor, entre outros, de dois estudos importantes para a arbitragem, que tiveram o objetivo de atrair o interesse sobre o tema da arbitragem, instituto importante para os contratos cíveis e comerciais.[18] No primeiro, denominado *Concessões de Exploração de Petróleo e Arbitragens Internacionais*,[19] relata e analisa duas das maiores arbitragens internacionais ocorrida nas décadas de 50 e 60 do século XX. Referem-se às arbitragens entre o "Governo da Arábia Saudita" *versus* a empresa americana "Arabian American Oil Co. (ARAMCO)" e a segunda é o caso "Sapphire International Petroleum Limited" *versus* a "National Iranian Oil Company (NIOC)". Com extrema didática, explicando conceitos básicos da arbitragem, caminha paulatinamente para estudar os casos. Ambos dizem respeito às concessões e explorações de petróleo. O caso ARAMCO referia-se a uma concessão outorgada pelo próprio Estado e no caso NIOC a empresa era totalmente controlada pelo Estado. Sobre o estudo pragmático destas duas sentenças arbitrais Guido menciona: "refletem aspectos novíssimos criados com os movimentos de capitais e o aparecimento de formas novas de negócios, que, de certa maneira fogem à tipicidade dos direitos internos dos estados, dos princípios gerais do Direito Internacional Privado e das normas de Direito Internacional Público vigentes na comunidade de nações".[20] Aqui se antevê como Guido foi inteligente ao lançar lu-

---

[17] A Arbitragem é uma forma de solução de controvérsias que se referem a direitos patrimoniais disponíveis (contratos) em que as partes elegem um terceiro, o árbitro, independente e imparcial para solucionar o conflito. Encontra-se regulada pela lei n.º 9.307/96.

[18] O contrato é um instrumento jurídico, que regula os direitos e obrigações entre as partes que o assinam, mas também é um instrumento econômico, pois representa a circulação de riquezas. No estudo do Direito constitui a disciplina denominada "Direito e Economia" (*Law & Economics*), surgida na década de 1960 nos Estados Unidos. Atualmente a matéria é ministrada em alguns cursos de Direito no Brasil, tal como o da Escola de Direito da Fundação Getúlio Vargas.

[19] São Paulo: Bushatsky, 1977, 168 p.

[20] SOARES, Guido Fernando Silva. *Concessões de Exploração de Petróleo e Arbitragens Internacionais*. São Paulo: Bushatsky, 1977, p. 21.

zes sobre o que ocorria no âmbito da arbitragem internacional, com o objetivo didático de aguçar o interesse jurídico brasileiro sobre o tema.

Completa esse trabalho de catequese com um pequeno opúsculo, mas imenso em seu objetivo prático: *Órgãos das Soluções Extrajudiciárias de Litígios*.[21] Novamente o professor esclarece que a necessidade de estudar os aspectos das soluções extrajudiciárias de controvérsias e seus órgãos operadores nasceu da relativa escassez de estudos sobre o tema e que ministrava essa matéria no 5º ano da Faculdade de Direito da USP e no curso de Pós-Graduação.

Seus ensinamentos floresceram e influenciaram de forma marcante e decisiva a elaboração do anteprojeto da lei que se tornou a Lei Brasileira de Arbitragem de 1996, pois dois redatores do anteprojeto da atual Lei de Arbitragem foram seus alunos. Professor Guido, no Seminário realizado em abril de 1992 em Curitiba, organizado para apresentação do anteprojeto de lei à comunidade jurídica brasileira, proferiu palestra emblemática sobre Arbitragem, expondo a panorâmica internacional e ressaltando a importância de dotarmos o Brasil de uma lei que regulasse de maneira moderna e eficiente essa forma extrajudicial de solução de litígios.[22]

Os quase 30 anos da vigência da Lei de Arbitragem no Brasil demonstram o acerto de suas proposições. O sistema arbitral brasileiro é muito bem qualificado no cenário internacional e atua eficazmente para o desenvolvimento brasileiro, pois a cláusula arbitral inserida em contratos, inclusive em contratos públicos como os de concessão e parcerias público-privadas, que impulsionam a realização de obras de infraestrutura no Brasil, além de ser cláusula jurídica de solução de conflitos, é também cláusula financeira, pois reduz os custos de transação. Os con-

---

[21] São Paulo: RT, 1985, 104 p.

[22] "O interesse de Guido pelo Direito Internacional Privado e pelo Direito do Comércio Internacional o levou naturalmente a examinar, num mundo que se globaliza, a arbitragem comercial internacional que diz respeito a controvérsias privadas com componentes internacionais. Esta modalidade de arbitragem é hoje, reconhecidamente, uma prática frequente e de largo alcance." (LAFER, Celso. "Apresentação do Livro". *Arbitragem. Estudos em Homenagem a Guido Fernando Silva Soares.* LEMES, Selma Ferreira; CARMONA, Carlos Alberto; MARTINS, Pedro Batista, orgs. São Paulo: Atlas, 2007, p. viii).

flitos originados de contratos são solucionados mais rapidamente neste sistema, comparado com o tempo de uma demanda judicial.

Além de todo o relatado, o professor Guido produzia pareceres jurídicos impecáveis, inclusive influenciou alteração da jurisprudência do Supremo Tribunal Federal — STF —, em matéria de reconhecimento de sentença judicial estrangeira e seu cumprimento no Brasil. Relata o Professor José Carlos de Magalhães, seu amigo e colega de magistério na Faculdade de Direito da USP: "Dentre os diversos pareceres proferidos pelo professor Guido, tem relevância o apresentado ao Supremo Tribunal Federal, cuja decisão acatou a tese por ele defendida e que mudou a jurisprudência então dominante. Tratava-se de homologação de sentença judicial estrangeira contra investidor domiciliado no Brasil. Prevalecia o entendimento de Amílcar de Castro, segundo o qual a pessoa domiciliada no Brasil estava sujeita ao foro brasileiro, podendo se submeter voluntariamente ao do outro país. Aplicava-se o artigo 88, I do antigo CPC, que conferia competência ao juiz brasileiro processar pessoa residente no país. Em caso anterior, envolvendo cantor de grande nomeada, o STF indeferiu até sua citação para participar de processo contra ele promovido na Argentina. Confirmara o entendimento de que seria da competência do juiz brasileiro processar pessoa aqui domiciliada. O parecer do professor Guido Soares sustentava que, como os fatos objeto daquele processo haviam ocorrido inteiramente no exterior e o investidor era profissional da área com grande atuação nos mercados financeiros internacionais, haveria que se reconhecer a competência do juiz estrangeiro. O STF acolheu a tese, sendo de se destacar ter o investidor sido representado por outro professor da mesma Faculdade de Direito (prof. Irineu Strenger)".[23]

Em 1997, professor Guido passou a integrar a lista de árbitros do MERCOSUL, da Corte Permanente de Arbitragem de Haia (Holanda) e do Centro de Mediação e Arbitragem da Organização Mundial da

[23] Notas elaboradas pelo professor José Carlos de Magalhães, após entrevista concedida em 16.08.2023. Professor Magalhães, juntamente com o professor Guido, foram os precursores no Brasil em ministrar e inserir a disciplina "Arbitragem Internacional" em curso de Direito.

Propriedade Intelectual em Genebra. Pela imensa obra produzida era frequentemente convidado a ministrar cursos e palestras no Brasil e no exterior, sendo digno de destaque que também se dedicava a temas sobre Ciências Políticas e Relações Internacionais, em que "humanismo e globalidade informam a essência dos temas tratados".[24]

Professor Celso Lafer na apresentação de livro em homenagem a ele relatou: "Conheci Guido e ficamos amigos no início dos anos 70 quando começamos a lecionar na Faculdade de Direito da USP. Tivemos o apoio e o patrocínio do professor Vicente Marotta Rangel e fomos beneficiados pela inspiradora orientação de grande internacionalista. Guido era um esplêndido ser humano. Tinha as virtudes da simplicidade e da boa-fé. Foi um colega muito querido e um grande professor. Gostava do contato com os alunos e tinha vocação de *scholar*. Era um homem de cultura e gosto. Pude apreciar suas qualidades de diplomata quando serviu em Genebra no período que me coube, como embaixador, chefiar a Missão do Brasil junto à ONU, à OMC e os outros organismos internacionais sediados naquela cidade. Trabalhamos juntos mais recentemente na criação, na USP, do curso de Relações Internacionais e também na construção de uma área própria, multidisciplinar de Direitos Humanos na pós-graduação da Faculdade de Direito da USP. Escreveu a meu pedido, para a revista *Política Externa* (v.12, n.º 1, junho, julho e agosto de 2003), no contexto da intervenção norte-americana no Iraque, um artigo de grande densidade intitulado 'Legitimidade de uma guerra preventiva em pleno 2003?'. Evoco estas lembranças de afinidades e atividades compartilhadas para ilustrar como Guido deixa em todos nós que o conhecemos grandes saudades e, no plano intelectual e institucional, um vazio difícil de ser preenchido".[25]

Guido Soares foi um professor que tinha tempo para os alunos. Sabia ouvir e orientar. Com sua elegância costumeira era simples e gentil. Criativo e instigante, certa vez disse para os alunos, em dia de prova, que esta poderia ser redigida em prosa ou em verso!

---

[24] Apresentação do livro citado na nota 7, p. xxiv.

[25] Apresentação do livro citado na nota 21, pp. viii-ix.

O legado do professor Guido é indiscutível. Deixou pegadas indeléveis no caminho de professor que trilhou. A gratidão de seus alunos vinha com convites para prefaciar dissertações de mestrado e teses de doutorado. Com a serenidade do dever cumprido exarou que prefaciar essas obras só o faziam reafirmar a gratidão que tinha em Deus pela oportunidade da escolha da profissão de professor!

Guido foi um mestre e um maestro, mas, acima de tudo, um humanista a serviço do Brasil!

EVANDRO LINS E SILVA

Simone Schreiber[1]
Marcia Dinis[2]

No abençoado dia 18 de janeiro de 1912, nascia o mais ilustre cidadão do Delta do Parnaíba, município vizinho — e hospital mais próximo — às cidades maranhenses de Brejo e São Bernardo, onde o pai de Evandro Lins e Silva exercia "com muito orgulho"[3] a função de juiz municipal e, posteriormente, de juiz de direito.

Evandro cresceu no Maranhão até que seu pai se aposentou da magistratura e retornou com a família para a capital de seu estado de origem, Pernambuco, onde estudou no Ginásio Pernambucano. Mais tarde, viria com sua família ao Rio de Janeiro e terminaria os estudos no Colégio Pedro II.[4]

No tumultuado início da década de 1930, durante o governo provisório de Vargas e a ascensão do fascismo, especialmente sustentado pelos integralistas, Evandro cursou a Faculdade de Direito do Rio de Janeiro, hoje Faculdade Nacional de Direito (FND-UFRJ), recheada de

---

[1] Desembargadora Federal do Tribunal Regional Federal da 2ª Região. Doutora em Direito pela UERJ. Professora da UNIRIO.

[2] Advogada criminal. Mestre em Criminologia pela UCAM. Presidente da Comissão de Criminologia e Diretora de Biblioteca do IAB. Conselheira da OAB-RJ.

[3] SILVA, Evandro Lins e. *O Salão dos Passos Perdidos*: depoimento ao CPDOC. Rio de Janeiro: Nova Fronteira: Ed. FGV, 1997, pp. 29-31.

[4] Id., pp. 38-49.

polvorosos debates políticos e inúmeras greves. Em 1932 foi diplomado por decreto, como só haveria de acontecer durante os regimes autoritários, que temiam e reprimiam os então idealistas estudantes de Direito e seus professores revolucionários.[5]

Neste período, conciliava a graduação com o trabalho. Ainda no seu primeiro ano começou a trabalhar como repórter no jornal *A Batalha* e, no ano seguinte, no jornal *Diário de Notícias*.[6] Já formado, continuou o ofício em grandes jornais.

Na pauta do repórter, a cobertura de grandes julgamentos no Tribunal do Júri. Assistir aos debates travados entre os grandes advogados da época, como Evaristo de Moraes e Mário Bulhões Pedreira,[7] não poderia surtir outro resultado senão uma eterna e fiel paixão pelo Direito Criminal e pela defesa da liberdade.

Desde então, dedicou-se ao Tribunal do Júri, "o palco dos advogados criminais".[8] Ainda jovem, durante a ditadura varguista, também atuou perante o Tribunal de Segurança Nacional (TSN), que "de tribunal, diria ele, apenas tinha o nome e era, na verdade, um ajuntamento sem pejo, uma afronta à consciência jurídica da nação".[9] Sempre se manifestou em favor da liberdade e, nesse período autoritário, fez mais de mil defesas de presos políticos, todas gratuitas.[10] Evandro Lins e Silva construiu uma atuação de militância no TSN:

> (...) nos processos de natureza política, adotei como critério não cobrar honorários. Nunca cobrei honorários, porque eu partia do

---

[5] Id., p. 63.
[6] Id., p. 61.
[7] OAB Nacional. Documentário Evandro Lins e Silva - Defensor da Liberdade. [s.l.], Youtube, 23 out. 2014. Disponível em: https://www.youtube.com/watch?v=uMKXwFQ6j-E. Acesso em 1 de junho de 2023.
[8] Id., ibid.
[9] SILVA, Evandro Lins e. Medalha Rui Barbosa, 1991 *apud* PERTENCE, Sepúlveda. "Discurso". *In*: SESSÃO EXTRAORDINÁRIA DO PLENÁRIO DO SUPREMO TRIBUNAL FEDERAL, 32., 2003, Brasília. Ata da (...), realizada em 13 de novembro de 2003: homenagem póstuma ao Excelentíssimo Senhor Ministro Evandro Cavalcanti Lins e Silva. Diário da Justiça, 17 ago. 2005, Seção 1, p. 3.
[10] Id., ibid.

seguinte princípio (...): o crime político, diz o grande Francesco Carrara, no seu Tratado de Direito Penal, não é assunto de Direito Penal, é História. Sempre achei que os presos políticos estavam ali por uma questão de ideias e procuravam, certa ou erradamente, a melhoria das condições de vida do povo. Podiam não ter razão inclusive. Mas eram idealistas, românticos, achavam que iam mudar o Brasil para melhor, iam estabelecer a igualdade social, iam estabelecer um regime socialista, capaz de atender às necessidades do povo brasileiro.[11]

O grande jurista Sepúlveda Pertence, que há pouco nos deixou — e certamente estará neste momento entabulando uma boa conversa com o amigo de sempre — em emocionante discurso em homenagem ao centenário do Criminalista, no Plenário Evandro Lins e Silva, na OABRJ, definiu duas características do advogado: "de um lado, a coragem moral; de outro, a tolerância, que o fez defender com a mesma dedicação os perseguidos de esquerda, próximos do seu ideal socialista, mas também os integralistas e, até, acusados de espionagem nazista".[12]

"Eu sempre fui advogado", dizia Evandro, "e como advogado, é claro, defendi com o mesmo empenho, com a mesma determinação, os interesses daqueles que tinham confiado em mim".[13]

O compromisso com a liberdade nunca o abandonou, mesmo quando assumiu alguns dos cargos públicos mais relevantes da República, sempre sob o governo João Goulart: procurador-geral da República, chefe da Casa Civil e ministro das Relações Exteriores. Em 1963, foi nomeado ministro do Supremo Tribunal Federal. A atuação do Ministro Evandro Lins e Silva na Corte Constitucional durou pouco. Em 1969, a ditadura militar editou o Ato Institucional n.º 5 e o aposentou compulsoriamente, na honrosa companhia dos ministros Victor Nunes Leal e Hermes Lima. Os três ministros foram cassados por concederem

[11] SILVA, 1997, op. cit., p. 147.
[12] PERTENCE, op. cit., p. 3.
[13] SILVA, 1997, op. cit., p. 162.

habeas corpus a muitos presos políticos, o que desagradou o regime.[14] Nas palavras de Evandro, "embora nós apenas fizéssemos cumprir a Constituição, nossa atuação contrariava as violências dos que tinham tomado o poder à força".[15] No curto período de permanência na Corte Constitucional, proferiu mais de cinco mil votos.

Mesmo abalado com a injustiça que lhe foi imposta pela ditadura, de cabeça erguida e com o vigor inerente aos idealistas, o advogado Evandro Lins e Silva reassumiu a advocacia.

Perdeu o Supremo, ganharam os familiares e os amigos o inenarrável prazer de conviver mais com o espirituoso, afetivo e genial Evandro. Ganhou também a advocacia, com as inesquecíveis defesas criminais, a intransigente postura ética, firme e corajosa diante das injustiças sociais e violações a direitos humanos.

Sempre expôs ideais à frente do seu tempo. Bradava contra a pena de morte e defendia a abolição das prisões. Desde sua atuação perante o TSN sustentava que "não seria com a cadeia que se iria resolver o problema"[16] e em um de seus últimos júris, o caso Doca Street, considerou que "a aplicação de uma pena seria assim como uma pena vingança, uma pena ultrapassada no seu sentido filosófico, no seu sentido social",[17] visto que o autor do fato já estaria reintegrado à sociedade.

Essa posição não só se manteve ao longo dos anos, mas se intensificou na medida em que Evandro passou a se dedicar ao tema, o que resultou em diversos escritos sobre o assunto, inclusive o famoso ensaio *De Beccaria a Fillippo Gramatica*. No texto analisa a visão dos estudiosos sobre a crueldade das prisões ao longo dos séculos e coloca, sem parcimônias, sua própria visão.

---

[14] OAB NACIONAL, op. cit.

[15] SILVA, Evandro Lins e, 1969[?].

[16] SILVA, 1997, op. cit., p. 150.

[17] FALA Tribunos com Henrique Perez. Evandro Lins e Silva. O Criminalista do Século. [s.l.], Youtube, 4 abr. 2019. Disponível em: https://www.youtube.com/watch?v=dhWsiU3hPEE. Acesso em 1 de junho de 2023.

Evandro considerava "a prisão uma forma de tortura. É uma morte a conta-gotas".[18] Rebateu os conhecidos argumentos em favor da pena privativa de liberdade: "As resistências a essa posição atuam no sentido de agravar o sentimento de insegurança resultante do inegável aumento da criminalidade violenta e organizada, cujas causas geradoras são bem conhecidas: a miséria, a fome, o desemprego, a injustiça social".[19]

Sobre o imaginário da prevenção geral do crime: "o fator intimidativo pode ser exercido por outras formas de punição, que não a cadeia"; sobre a prevenção especial, deu exemplos de casos em que o ressarcimento do dano seria evidentemente mais eficaz; sobre a retribuição: "seria um retorno à pena castigo, anticientífica, verdadeiro talião patrocinado pelo Estado"; sobre a ressocialização, dizia que "jamais se viu alguém sair de um cárcere melhor do que quando entrou", além de rechaçar o estigma causado pelo sistema prisional.[20]

Nos tempos em que a Criminologia crítica não era conhecida,[21] Evandro se antecipava: "o encarceramento do homem não o melhora, nem o aperfeiçoa, nem corrige a falha cometida, nem o limpa de culpa para um retorno à vida da sociedade que ele perturbou com a sua conduta delituosa".[22]

Com fala eloquente e o melhor estilo literário, as sustentações orais de Evandro reverberavam nos tribunais e seus escritos eram — e são — lidos e compreendidos com a facilidade necessária à arte do convencimento. A excelência de seus escritos o levou a ocupar a primeira cadeira da Academia Brasileira de Letras.[23]

---

[18] SILVA, Evandro Lins e. *Grades vergadas de desespero*. Folha de S.Paulo. São Paulo, 11 mar. 2021. Disponível em: https://www1.folha.uol.com.br/fsp/mais/fs1103200110.htm. Acesso em 22 de junho de 2023.

[19] Id.

[20] Id. De Beccaria a Filippo Gramatica. Fortaleza, 1989, pp. 19-20. Disponível em: http://www.fragoso.com.br/acervos/artigos-e-entrevistas/. Acesso em 12 de junho de 2023.

[21] Os movimentos de descriminalização, despenalização e desencarceramento passaram a formar um novo paradigma criminológico na década de 60, cf. ANITUA, Gabriel Ignacio. *História dos pensamentos criminológicos*. Rio de Janeiro: Instituto Carioca de Criminologia, 2008, pp. 657-658.

[22] SILVA, 1989, op. cit., p. 20.

[23] Cf. https://www.academia.org.br/academicos/evandro-lins-e-silva. Acesso em 29 de maio de 2023.

A atuação como jornalista e leitor da melhor literatura moldaram o advogado: Evandro dominava a boa técnica de redação e conhecia com profundidade a alma humana e suas mazelas, condições essenciais para suas precisas e criativas defesas. Realmente se preocupava em "trazer alguma novidade" e, por isso, recomendava aos jovens que "leiam, leiam tudo que cair nas mãos, romance, história, poesia, tudo",[24] como fonte de inspiração para as defesas.

Mais do que suas notórias frases, Evandro brindava os amigos com palavras resgatadas do fundo do baú, expressões inusitadas e tiradas geniais. Falso modesto, se dizia "um velho cascabulho do Direito Penal" e que sua vida "foi uma sucessão de acasos felizes". Entre todas as suas falas, a predileta das autoras: "quando me vejo, me envergonho; quando me comparo, me orgulho". Atribuía a sua amada Musa,[25] companheira de vida, o sábio ensinamento: "é preciso saber a hora de sair da festa".

Evandro foi um grande incentivador e apoiador das mulheres emancipadas. Em tempos não muito longínquos, quando a advocacia criminal tinha reserva de mercado masculina, o criminalista demonstrava infinitas vezes seu respeito à nossa capacidade profissional. Ao depor para o CPDOC, em 1996, fez questão de citar, entre os nomes de destaque na advocacia criminal, três advogadas.[26]

Bom de garfo, aos domingos gostava de almoçar no Alfaia, a poucos passos de sua casa, de onde não sairia sem "adoçar a boca" com um pastel de natas. Sentia-se feliz quando andava pelas ruas de Copacabana e era reconhecido e cumprimentado pelos passantes. Em tardes de autógrafos, como outrora eram lançados livros, quando lhe pediam uma dedicatória, perguntava a preferência do freguês: "com ou sem intimidade?".

Espirituoso e bem-humorado, no trato pessoal Evandro era um grande contador de casos, que sua memória privilegiada desfiava com detalhes, não apenas os fatos, mas também os nomes de todos os perso-

---

[24] SILVA, 1997, op. cit., p. 270.

[25] Maria Luísa Konder, falecida em 1984, com quem teve quatro filhos e 11 netos.

[26] Evandro reverenciou Déa Rita Matosinhos, Kátia Tavares e a orgulhosa coautora deste texto, Marcia Dinis, cf. SILVA, 1997, op. cit., p. 254.

nagens envolvidos ao longo de sua bem vivida existência. Dono de uma generosidade sem fim, recebia jovens e velhos advogados angustiados com casos de difícil encaminhamento e apontava os melhores rumos a seguir. Sua experiência, sabedoria e espetacular biblioteca — que ocupava todos os cantos do duplo apartamento em Copacabana — salvaram muitos advogados e defensores da liberdade que abusávamos da infinita magnanimidade de nosso querido mestre.

A humanidade e compaixão do reverenciado criminalista eram grandiosas e foram muito bem demonstradas no caso de Leontina Pereira da Silva, empregada doméstica acusada de "de ter morto o filho, no momento do parto, no banheiro da casa da patroa".[27] No mesmo dia em que Evandro defendia Leontina no plenário do júri, sua filha dava à luz o seu oitavo neto. Na ocasião, o advogado reconheceu com sensibilidade quem precisava de sua ajuda: "Falei que minha filha, naquela hora, não estava precisando de minha ajuda (usei a palavra ajuda), tinha o resto da família a ampará-la. Quem precisava da minha ajuda, naquele dia, era a pobre, a abandonada Leontina, que tinha diante de si o fantasma, no mínimo, do desemprego, porque ninguém quer empregada com filho".[28]

Anos depois o advogado ainda sentia que não tinha se expressado da melhor forma possível e que podia ter transmitido de maneira mais adequada a situação de Leontina aos jurados: se eu conhecesse o poema de Brecht, a defesa teria consistido no refrão "não vos indigneis, toda criatura precisa da ajuda dos outros". Se eu fosse poeta, teria sabido dizer com a beleza do genial dramaturgo alemão: "Vós que paris em leito confortável / e chamais bendito vosso ventre inchado, / não deveis execrar os fracos e desamparados".[29]

A despeito da percepção de que sempre poderia aperfeiçoar a defesa — o que também nos serve de lição — ao lembrar do caso, Evandro continuou a mostrar terna sensibilidade. Para dizer que sua cliente foi

[27] SILVA, Evandro Lins e. *A Defesa tem a palavra*: O caso Doca Street e algumas lembranças. 4ª ed. Rio de Janeiro: Booklink, 2011, p. 56.
[28] Idem, p. 60.
[29] Idem, p. 61.

absolvida, afirmou: "os jurados do Rio de Janeiro não deixaram que a menina-moça Leontina Pereira da Silva morresse num cárcere qualquer. Absolveram-na, compreenderam sua fragilidade e sua desgraça".[30] Considerou que o caso possuía uma dimensão "dramática e humana que os jurados souberam sentir e enxergar".[31]

O criminalista inovava e surpreendia a cada defesa. Ler os escritos de Evandro era — e é — garantia de aprender novas palavras, novas técnicas defensivas e novas abordagens, cujo colorido livrava inúmeros clientes das masmorras e ensinava aos novos advogados que tudo pode ser visto sob diferentes prismas e que determinados ângulos poderiam reverter a compreensão dos mais rigorosos julgadores. Como dizia, "a amplitude que a defesa tem é muito grande, não se esgota no aspecto técnico".[32]

A originalidade sempre marcou a prática jurídica de Evandro. Não à toa, os mais novos estudantes o conhecem por ser o expositor da tese de legítima defesa da honra, que, embora muitos não saibam, foi primeiro usada para defender uma mulher, Zulmira Galvão Bueno.

Zulmira era esposa de Stélio Galvão Bueno, pai de seus três filhos adolescentes, quando o assassinou, em meio a uma crise de ciúmes, ao descobrir que ele tinha uma amante. A situação que hoje seria facilmente resolvida com o divórcio, em 1950, não possuía o mesmo desvalor social.

Naquele caso, os antecedentes do casal, a vida, a dedicação da mulher, tudo isso foi levado em conta. Era a companheira fiel, em todas as horas e todos os instantes e ele a abandona. Ela não tinha capacidade para ganhar a própria vida, naquele tempo a mulher não tinha uma profissão. Vejam a decepção, o desespero em que entrou quando se sentiu abandonada por seu companheiro, um homem a quem tinha dedicado mais de 20 anos de sua vida.[33]

---

[30] Id., ibid.

[31] Id., ibid.

[32] SILVA, 1997, op. cit., p. 152.

[33] Ibid., p. 239.

Além disso, o advogado salientou que a condenação "seria uma manifestação mais de vingança social do que de necessidade de aplicação de uma sanção", pois a autora do fato se encontrava fortemente arrependida e "o remorso é também um castigo".[34] Prenunciava Roxin[35] ao defender, no plenário do júri, que a pena não tem sentido quando não for necessária. O júri condenou Zulmira, porém, à branda pena de dois anos, em consonância com o sustentado pelo defensor, que afastou a necessidade de uma punição mais rigorosa.

Aqueles que, à época — e ainda hoje —, consideram que a tese de legítima defesa da honra atenta contra a dignidade da mulher não conhecem seu passado salvador da mesma dignidade nas mãos do talentoso advogado. Ao contrário, como bem dizia, "a legítima defesa da honra é um exemplo de como os advogados procuraram meios de invocar outras soluções, que podiam até não ser técnicas do ponto de vista jurídico".[36]

Tamanha criatividade e desenvolta oratória — embora afirmasse que suas pernas tremiam sempre que subia à tribuna — revolucionaram a advocacia e, especialmente, a defesa criminal. As muitas contribuições para a prática penal vieram de alguém que estudou na universidade pública em período autoritário, com pouquíssimas aulas e inúmeras cadeiras faltantes, o que revela ainda mais a sua excepcionalidade. Nunca teve aula de Direito Penal, mas se tornou professor no curso de doutorado da UERJ[37] e como advogado foi condecorado com o exato título de Criminalista do Século.[38]

No júri, o canto do cisne, como ele dizia, foi a memorável defesa do líder do MST, José Rainha Junior, quando voltou ao Tribunal Popu-

---

[34] Ibid., p. 236.

[35] Jurista alemão, responsável por revolucionar a dogmática penal a partir do funcionalismo teleológico.

[36] Ibid., p. 198.

[37] Evandro foi professor da disciplina "História do Direito Penal e ciência penitenciária" na pós-graduação stricto sensu em Direito da Universidade do Estado do Rio de Janeiro, à época, Faculdade de Direito do Estado da Guanabara, cf. SILVA, 1997, op. cit., p. 64.

[38] Título concedido pela Associação dos Advogados Criminalistas do Estado de São Paulo (ACRIMESP) em 1999.

lar depois de vinte anos, convencido por amigos como José Saramago e sua mulher, Pilar. Fechou sua exitosa atuação no Tribunal do Júri com chave de ouro. Lembrou aos jurados que "o que se julga aqui é o homem. Não é nenhuma abstração. Não é aquela cana chupada que se joga fora". Do alto de seus 88 anos, aproveitou a tribuna para erguer sua voz em prol da reforma agrária: "Não adianta abolir a escravidão sem fazer uma reforma agrária", disse, citando os abolicionistas. "Já se passaram mais de cem anos e nenhuma reforma foi feita".[39]

Evandro jamais esmoreceu na defesa intransigente das garantias fundamentais e se orgulhava do título de advogado de defesa. Ao final de sua carreira, quando atuou na acusação no processo de impeachment de Collor, dizia que estava na defesa do povo brasileiro.[40] Seu compromisso era com os direitos dos cidadãos, todos eles: "Não me considero advogado da acusação, mas da defesa do país".[41]

O trabalho exemplar na advocacia levou o ilustre piauiense radicado no Rio de Janeiro a receber inúmeras honrarias,[42] entre elas a Medalha Rui Barbosa, como reconhecimento de toda a classe. Atualmente Evandro Lins e Silva dá nome aos mais importantes prêmios em homenagem aos direitos humanos e à defesa das liberdades, democracia e ética, como o instituído pelo Conselho Federal da OAB em 2003.

O Criminalista do Século jamais esmoreceu na defesa dos ideais por ele propagados e dizia que encontraria "um pó, um elixir, uma pedra filosofal, capaz de manter a liberdade de toda a gente".[43] Que o

---

[39] 'GLÓRIA seria morrer no tribunal', diz Lins e Silva. *Folha de S. Paulo*. São Paulo, 05 abr 2000. Disponível em: https://www1.folha.uol.com.br/fol/pol/ult05042000293.htm. Acesso em 24 de junho de 2023.

[40] SILVA, 1997, op. cit., p. 446.

[41] OAB NACIONAL, op. cit.

[42] Recebeu o Prêmio Medalha Rui Barbosa, do Conselho Federal da Ordem dos Advogados do Brasil, e a Medalha Teixeira de Freitas, do Instituto dos Advogados Brasileiros, bem como o Prêmio Helder Câmara, de Direitos Humanos, conferido pela secional da Ordem dos Advogados de Pernambuco, e o Prêmio Clóvis Beviláqua, da Ordem dos Advogados do Ceará. Foi agraciado pela *Equitem Ordinis Piani*, do Vaticano, na coroação do Papa Paulo VI, em 10 de setembro de 1963, quando chefiou a delegação brasileira naquele evento. Em 2001, tornou-se Sócio Honorário da Associação dos Juízes Federal, por iniciativa do seu então presidente Flávio Dino de Castro Costa e da vice-presidente Simone Schreiber.

[43] SILVA, 1997, op. cit., p. 200.

legado de Evandro Lins e Silva sirva de lição e inspiração aos advogados e a todos aqueles que lutam por justiça e liberdade.

Referências bibliográficas

ANITUA, Gabriel Ignacio. *História dos pensamentos criminológicos*. Rio de Janeiro: Instituto Carioca de Criminologia, 2008.

FALA Tribunos com Henrique Perez. Evandro Lins e Silva — O Criminalista do Século. [s.l.], *Youtube*, 4 abr. 2019. Disponível em: https://www.youtube.com/watch?v=dhWsiU3hPEE. Acesso em 1 de junho de 2023.

'GLÓRIA seria morrer no tribunal', diz Lins e Silva. Folha de São Paulo. São Paulo, 05 abr 2000. Disponível em: https://www1.folha.uol.com.br/fol/pol/ult05042000293.htm. Acesso em 24 de junho de 2023.

OAB Nacional. Documentário Evandro Lins e Silva — Defensor da Liberdade. [s.l.], *Youtube*, 23 out. 2014. Disponível em: https://www.youtube.com/watch?-v=uMKXwFQ6j-E. Acesso em 1 de junho de 2023.

PERTENCE, Sepúlveda. "Discurso". *In*: SESSÃO EXTRAORDINÁRIA DO PLENÁRIO DO SUPREMO TRIBUNAL FEDERAL, 32, 2003, Brasília. Ata da (...), realizada em 13 de novembro de 2003: homenagem póstuma ao Excelentíssimo Senhor Ministro Evandro Cavalcanti Lins e Silva. *Diário da Justiça*, 17 ago. 2005, Seção 1, pp. 3-4.

SILVA, Evandro Lins e. *A Defesa tem a palavra*: O caso Doca Street e algumas lembranças. 4ª ed. Rio de Janeiro: Booklink, 2011.

________. *De Beccaria a Filippo Gramatica*. Fortaleza, 1989, pp. 19-20. Disponível em: http://www.fragoso.com.br/acervos/artigos-e-entrevistas/. Acesso em 12 de junho de 2023.

________. Grades vergadas de desespero. *Folha de S.Paulo*. São Paulo, 11 mar. 2021. Disponível em: https://www1.folha.uol.com.br/fsp/mais/fs1103200110.htm. Acesso em 22 de junho de 023.

________. *O Salão dos Passos Perdidos*: depoimento ao CPDOC. Rio de Janeiro: Nova Fronteira: Ed. FGV, 1997.

GOFFREDO DA SILVA TELLES JR.

Tércio Sampaio Ferraz[1]

Goffredo da Silva Telles Jr. (1915-2009) foi professor catedrático de Introdução à Ciência do Direito da Faculdade de Direito da USP. Quando começou a lecionar, lembra-se ele em seu livro de memórias (*A Folha Dobrada, lembranças de um estudante*), em 1940, tinha aproximadamente a mesma idade de seus alunos. Quando, 45 anos depois, se aposentou pela compulsória, era professor de muitos de seus antigos alunos.

Foi advogado condecorado com a Láurea de *Advogado Símbolo* pelo Conselho da OAB-SP. Professor Emérito da Universidade de São Paulo, foi sobretudo um docente. Sentia-se nele a missão de servir à docência, de respeitar e querer estar com seus estudantes, pois não cumpria burocraticamente seu ofício, mas nutria e realizava a esperança de *formar*, formar juristas, advogados, magistrados, estadistas, no que chamava de *a disciplina da convivência.*

Era um mestre que ensinava a pensar. Daí o encanto de suas aulas, uma sensação envolvente de um espetáculo sem falhas, onde tudo se completava, arrebatando o aluno, inspirando certeza, segurança e paz.

---

[1] Graduado em Direito e Filosofia pela USP, doutor em Filosofia — Universidade de Mainz--Alemanha, em Direito — Faculdade de Direito da USP, docente da Faculdade de Direito da PUC-SP, titular aposentado da Faculdade de Direito da USP, Professor Emérito das Faculdades de Direito da USP, São Paulo e Ribeirão Preto. Advogado.

"É da natureza do cérebro humano sentir dentro de estruturas, e perceber a parte dentro do todo e o todo dentro de um todo maior", dizia ele. O todo seria o que há de mais simples, pois é uma unidade, enquanto a parte é sempre uma entre outras. O todo é sempre uma ordem. No entanto, após tecer o enredado da ordem, sempre surpreendia o aluno com a pergunta: e a desordem? Que é a desordem? A ordem é uma disposição conveniente a um fim. O conhecimento é responsável pela conveniência. Daí a noção de que a desordem é também uma ordem, mas uma ordem que não nos convém. Donde a importância do que chamava de sistema de referência. Que não relativiza a ordem, mas lhe confere sentido. Isso porque o sistema de referência seria um conjunto de fatores que condiciona o sujeito que conhece e não ao contrário. Ou seja, não é a diversidade dos sujeitos cognoscentes que provoca a diversidade dos sistemas de referência, mas é a diversidade desses que faz do conhecimento uma diversidade. A "medida das coisas" — o sistema de referência — é que torna o conhecimento verdadeiro ou falso.

Goffredo apelava para o "trem de Einstein" para explicar-se. A abertura de duas portas de vagões do trem que passa, para o espectador externo, não é simultânea, mas o será para os viajantes do trem. Tudo depende do sistema de referência; ora, os sistemas de referência não dependem do sujeito, mas o antecedem: sem sistema de referência o conhecimento é desconhecimento.

Essa preocupação primária com o todo sempre conformou o raciocínio vivo, didaticamente forte de Goffredo. Donde sua ocupação com a lógica, expressão da ordem, numa obra que se chamou *Tratado da Consequência*. E por aí a razão de sua Iniciação à Ciência do Direito (de conteúdo conhecido de gerações de alunos), a ocupar-se inicialmente com uma *teoria do ser* para depois ali inserir a ética e, dentro da ética, o Direito. E, por fim, o requinte da análise, marcante e pessoal, do seu magistral e provocativo *O Direito Quântico*.

Aproximar Direito da física quântica foi uma ousadia. O fenômeno jurídico é algo peculiar da vida humana. Mas que é a vida? A vida começou a existir quando os elementos da matéria terrestre atingiram o nível de organização da célula. Essa evolução fascinou-lhe a imaginação.

Ao contrário de todos os seres, o homem é um ser livre. A vida humana é abertura para o mistério, em cujo recôndito está a liberdade.

Em sua peculiar paixão pela liberdade, dizia ele, não há que reduzir a liberdade a um ato de escolha, no sentido que se emprega, habitualmente, o termo liberdade. Pois o ato de escolha é dependente: depende do patrimônio genético, das informações recebidas, das circunstâncias, podendo-se falar de um ato sempre determinado por motivos. Mas a força de atração ou de repulsa, contida nessas informações, varia de sujeito para sujeito. Daí a imponderabilidade de uma previsão. Devido à sua imensa complexidade, o homem adquire propriedades que não são da matéria, como a capacidade de escolher, de autonomia. Donde a liberdade ter a ver com o grau de probabilidade do comportamento.

Mas, a rigor, não há uma diferença fundamental entre o comportamento de uma micropartícula e o comportamento de um ser livre. A diferença reside nas suas causas (sistema de referência), não neles mesmos, desligados de qualquer conjunto.

Micropartículas são essencialmente onda, embora sejam também corpúsculos. Uma pedra é, essencialmente, corpo, embora construída de micropartículas. Assim, pode-se dizer, o homem é corpo e onda. Corpo, porque possui massa. Onda, porque contorna obstáculos (difração). No homem, essa propriedade de difração constitui a sua inteligência.

De certo modo, altíssima velocidade e imensa complexidade são conceitos inseridos em sistemas de referência. O cálculo de probabilidade das altíssimas velocidades é possível, mas, nos seres livres, a imensa complexidade, que faz com que estes adquiram propriedades que não são da matéria (escolha, autonomia), levanta a questão da relação entre matéria e onda, entre corpo e inteligência, cuja união é ainda um mistério profundo. Assim, o grau de probabilidade e de seu cálculo, embora diferentes num e noutro caso, fazem do mundo um único e grande mistério. De um lado, o mistério da origem cósmica, de outro, o mistério da liberdade.

Houve quem desdenhasse Goffredo Telles por essas elocubrações, recriminando-o por preterir a rigorosa técnica jurídica e usar a perspectiva das ciências físicas e biológicas. Mas, convidado pelo professor José Goldenberg, diretor do Instituto de Física da USP, proferiu uma conferência sobre o tema, sendo aplaudido pelos mestres que o ouviram por revelar a *ponte* natural entre a biologia e o Direito.

Hoje esses estudos estão em franco desenvolvimento e muitos pesquisadores tentam entender e reavaliar importantes conceitos jurídicos, como o de responsabilidade, imputação penal, ato doloso, tudo à luz da ciência contemporânea.

O que é um homem, no entanto, não está nos textos que escreveu. Afinal, a escrita condensa e estiola. Só a ação viva lhe dá vida. E nisso Goffredo foi mestre: não ensinava coisas nem pensamentos, ensinava a agir. Era sua palavra, medida e calculada, sílaba por sílaba, que arrebatava a mente e desvanecia o coração.

Ele foi, por isso, em seu sentido próprio, um humanista, o homem que sabe como preservar, admirar e cuidar das coisas do mundo, sem a elas se escravizar. Aí o sentido de sua independência, como princípio e não mera qualidade, às vezes presente, às vezes ausente. Tratava-se, para ele, de uma capacidade de elevar-se em liberdade acima das especialidades que aprendemos e exercemos. Não reduz o indivíduo, ao integrá-lo. Não lhe confere liberdade, mas faz da liberdade um princípio supremo.

Daí o sentido maior de seu agir político, em que o Estado não deveria ser uma ordem avassaladora.

Como deputado constituinte participou da Assembleia Nacional Constituinte, com um discurso municipalista, voltado para a penúria em que viviam os municípios brasileiros, que não tinham recursos para atender nem mesmo necessidades mais urgentes. Batalhou, então, para que a Constituição de 1946 entregasse aos municípios, em cada exercício financeiro, uma justa cota percentual dos impostos indiretos, hoje conhecido como ICMS.

Mas isso seria apenas um detalhe de sua vida política. Vieram, depois, os anos do regime autoritário de 1964. Com ele a *doutrina da segurança nacional*, uma ordem política imposta pela força, que não admitia contestação, censura rigorosa, exercida severamente nos órgãos da mídia, apoiada em aparelhos repressivos. Foi também o tempo do chamado "milagre brasileiro", da vitória na Copa do Mundo de 1970, uma prosperidade, entretanto, embalada por um capitalismo selvagem, pressentido pela população, ao confrontar-se com a calamidade abissal de sua própria miséria.

Eram os anos da tortura, dos antros tenebrosos do DOI-CODI, o Destacamento de Operações de Informação — Centro de Operações de Defesa Interna, um órgão subordinado ao Exército, cujo objetivo era efetuar o controle das informações e da repressão aos opositores do regime. Apelidado de "açougue" por seus próprios agentes, era para lá que seguiam os opositores políticos, identificados ou suspeitos.

Wladimir Herzog, diretor de Jornalismo da TV Cultura de São Paulo, fora morto no DOI-CODI sob tortura, em outubro de 1975. Foram ouvidos seus gritos e gemidos, testemunhados por sobreviventes. Quatro meses depois, o operário metalúrgico Manuel Fiel Filho foi torturado e morto naquelas mesmas dependências. Eram alguns dos relatos que circulavam clandestinamente provocando revoltas a ponto de que *notícias* de tortura deixassem de correr, eficientemente controladas. Mas a marca infamante do regime não cessara. Era preciso fazer alguma coisa.

É conhecida a dificuldade de dizer livremente o que se sabe em forma compatível com a liberdade de viver cada qual como lhe pareça. No limite, o fantasma da censura. Censurar a liberdade de dizer em nome do interesse coletivo é tema que atravessa os tempos e ainda nos preocupa. Desde a era moderna, liberdade opõe-se à tutela estatal. Ninguém, a não ser o próprio homem, é senhor de sua consciência, do seu pensar, do seu agir, estando aí o cerne da responsabilidade.

Para os antigos gregos, havia uma palavra, *parrhesia*, palavra aliada à crítica, que inaugurava e estabelecia a singularidade de cada um na igualdade de todos. Era respeitada, até porque exercida sem medo. Pois o medo era a arma do tirano. Mas entre tirania e democracia, falar livremente era sempre preferível a ser calado.

Goffredo sabia o que era *parrhesia*.

Foi a coragem de Goffredo, esse humanista, que o fez proclamar, em 8 de agosto de 1977, no pátio da Faculdade de Direito do Largo de

São Francisco, sua memorável oração em defesa da liberdade, do estado de direito, no contexto daquele regime autoritário que, a partir daí, começou e fenecer.

Foi ele quem escreveu e leu, publicamente, a "Carta aos Brasileiros".

Tinha consciência do momento em que vocalizava críticas contra a ditadura militar. Em 27 de janeiro de 1977, Aldo Arantes, presidente da UNE, União Nacional dos Estudantes, foi, no DOI-CODI, barbaramente torturado durante mais de dez horas. No dia 18 de maio daquele ano, a Polícia cercara a Cidade Universitária da USP, o Largo de São Francisco, em que se localiza a Faculdade de Direito, e as áreas circunvizinhas da Pontifícia Universidade Católica de São Paulo. O objetivo era impedir manifestações contra o regime. Pouco depois, o dia 15 de junho seria, para os estudantes de todo o Brasil, o Dia Nacional de Luto. Brutais violências, praticadas nesse dia contra estudantes e contra os edifícios acadêmicos, produziam um sentimento de horror e revolta. No dia 21 de julho, o então general-presidente da República proibiu, por mais um Ato Complementar à Constituição da Emenda de 1969 (Ato n.º 104), a promoção de congressos ou sessões públicas, como afirmação oficial de que toda contestação ao regime era definida como "crime" contra a ordem instituída. Aliás, o que se via, durante 13 *anos de chumbo*, era um suceder ininterrupto de violências inauditas, praticadas por autoridades contra pessoas e direitos. Mas foi no silêncio das vozes oprimidas que Goffredo levantou sua voz, no pátio de uma Faculdade de Direito, para reclamar uma coisa só: *o Estado de Direito já*!

Parecia, no entanto, uma carta que não deveria passar de uma manifestação de juristas, preocupada com as bases jurídicas de sustentação da democracia e com o repúdio aos descalabros autoritários. No contexto, porém, foi inevitável que ela provocasse reações. Reações que, naquele contexto opressor, deveriam ficar recolhidas na subjetividade de cada um, transformar autocontenção em autocensura silenciosa. Mas, naquele momento, foi impossível conter os sentimentos, o que explicou uma repercussão sem precedentes, entrando para a história nacional como um dos marcos na luta pela democracia, pela participação mediatizada e institucionalizada através dos instrumentos políticos, como eleições, mandatos populares, pluralismo partidário, liberdade de expressão, enfim, um sentimento de agregação com base em crenças comuns, capazes de expressar uma vontade comum, a unir todos indistintamente.

Por isso, embora, para seus ouvintes, fosse a reivindicação do direito contra a opressão, tratava-se de muito mais. Pois, se direito tem a ver com liberdade, e esta com o mistério de ser humano, não há liberdade nem direito que a ampare sem a palavra que o exercita, faz pensar e comover. Talvez se entenda por que Goffredo, ao término de seus cursos, nunca se cansou de repetir que *o direito tem suas raízes enterradas no coração humano.*

Faz 22 anos que a morte privou gerações de alunos de seu convívio. Com a morte, a estampa da vida se imprime na memória. Não a memória de fatos. Essa é uma estampa que se esmaece com o tempo. Mas a memória de uma pessoa, um retrato que não se apaga.

CONHEÇA OUTROS TÍTULOS DA COLEÇÃO CÍCERO

A invenção do Direito: como Ésquilo, Sófocles, Eurípedes e Aristófanes mudaram para sempre o mundo jurídico, José Roberto de Castro Neves

Como os advogados salvaram o mundo: a história da advocacia e sua contribuição para a humanidade, José Roberto de Castro Neves

Direito e literatura: o que os advogados e juízes fazem com as palavras, José Roberto de Castro Neves

Medida por medida: o direito em Shakespeare – O que o Bardo nos ensina sobre justiça, José Roberto de Castro Neves

Música e direito, José Roberto de Castro Neves (org.)

O advogado do século XXI, José Roberto de Castro Neves (org.)

O caso dos exploradores de cavernas, Lon L. Fuller (Prefácio de José Roberto de Castro Neves)

O espelho infiel: uma história humana da arte e do direito, José Roberto de Castro Neves

O mercador de Veneza, William Shakespeare (Prefácio de José Roberto de Castro Neves)

O que os grandes livros ensinam sobre justiça, José Roberto de Castro Neves (org.)

Os advogados vão ao cinema: 9 ensaios sobre Justiça e Direito em filmes inesquecíveis, José Roberto de Castro Neves (org.)

Os grandes julgamentos da história, José Roberto de Castro Neves (org.)

Direção editorial
Daniele Cajueiro

Editor responsável
Hugo Langone

Produção editorial
Adriana Torres
Laiane Flores
Allex Machado

Copidesque
Alvanisio Damasceno
Fernanda Lutfi
Jorge Amaral
Letícia Cortes
Perla Serafim

Revisão
Aline Rocha
Cláudia Moreira
Eduardo Rosal
Rita Godoy

Diagramação
DTPhoenix Editorial

Este livro foi impresso em 2024, pela Vozes, para a Nova Fronteira.
O papel do miolo é avena 70g/m² e o da capa é cartão 250g/m².